Tirol

Laurin Luchner

Tirol

Von Kufstein bis Landeck

Prestel-Verlag München

Passavia Druckerei GmbH Passau
ISBN 3-7913-0595-6

Inhalt

»... Auf einem runden Kofel smal,
mit dickem wald umbfangen,
vil hoher berg und tiefe tal,
stain, stauden, stöck, snee, stangen,
der sich ich teglich âne zal ...«

OSWALD VON WOLKENSTEIN

Vorwort

WER heute Tirol sagt meint Nordtirol, jenen Teil der alten Grafschaft, der 1918 bei der Republik Österreich blieb, während Südtirol zu Italien kam und dadurch auch Osttirol vom Norden des Landes getrennt wurde. Das heutige Tirol bildet also nur einen Teil jener jahrhundertealten einheitlichen Kulturlandschaft, deren südliche Grenze einst an der Salurner Klause lag und die lange Zeit von Meran und erst später von Innsbruck aus regiert wurde.

Gegenüber den abgetrennten Landesteilen hatte Nordtirol seit dem 15. Jahrhundert das politische Übergewicht. Schon die alten Habsburger, allen voran Kaiser Maximilian I., regierten gerne von hier aus ihre Lande und würdigten die Bedeutung des Inntales durch Bauten hohen Kunstranges. Ja, Maximilian wünschte sogar, in Innsbruck begraben zu werden, und so entstand das größte Grabdenkmal im deutschen Kulturbereich.

Wirtschaftlich bildete zunächst das Haller Salz einen wichtigen Faktor, der aber vom Schwazer Bergsegen bei weitem überflügelt wurde und im Unterinntal die damals größte Industrielandschaft Europas entstehen ließ. Der damit verbundene wirtschaftliche Wohlstand dokumentierte sich mannigfach in der Nordtiroler Kulturlandschaft und hinterließ Zeugnisse, die bis heute zu sehen sind.

1669 wurde mit der Errichtung der Innsbrucker Universität ein neuer Schwerpunkt in den Norden des Landes gesetzt.

Im 17. Jahrhundert erreichte der Barock auf der Woge der Gegenreformation das Land im Gebirge und entfaltete eine in erster Linie religiöse Kunst und Kultur, die so manches aus früheren Zeiten überspielte. Daher sind es immer wieder sakrale Werke, auf die der Besucher hinzuweisen ist, wenn von Kunst gesprochen wird.

Dieses Buch versucht – nach einer geschichtlichen Einführung – Tirol nicht nur so zu schildern, wie es sich dem Reisenden darstellt, sondern auf mehr hinzuweisen und Gründe für das ›So und nicht anders‹ vieler Gegebenheiten aufzuzeigen. Dabei darf man nicht vergessen, welche Möglichkeiten für die einzelnen Tallandschaften vorhanden waren und wie außerordentlich schwierig der Existenzkampf eines Gebirgsbauernlandes bis ins 20. Jahrhundert hinein war und heute noch ist. Diese Gegenwart scheint Tirol in ganz besonderem Maße verändern zu wollen, und es ist ein Hauptanliegen des Autors, vor der restlosen Vermarktung seiner Heimat zu warnen. Gerade deshalb wird immer wieder auf die naturgegebenen Schönheiten des Landes hingewiesen, manche Bergfahrt nachvollzogen und auch das Volksgut in Sage und Brauch nicht vergessen. Dabei konnte Tirol natürlich nicht restlos dargestellt werden, weil seine Natur- und Kulturlandschaft zu vielfältig ist und noch dazu in jedem Tal ihre besondere Eigenart besitzt. Dementsprechend handelt es sich hier nicht um eine Landesbeschreibung, sondern um ein Landschaftsbuch, in dem Lücken unvermeidlich wurden. Sie sollen subjektiv und nicht wertend verstanden werden und gaben Raum für ausführlichere Besprechungen jener Stätten und Ereignisse, die dem Autor besonders wichtig erschienen.

An benützter Literatur sei in erster Linie auf die ›Schlern-Schriften‹ verwiesen, die der Autor als Basiswerke dankbar verwendet hat. Dazu kam eine umfangreiche Fachliteratur aus allen Lebensbereichen, die jeweils im einzelnen zu zitieren den Charakter des Buches vollkommen verändern würde. Nur deshalb wurde darauf verzichtet; aber alle diese Hunderte von Autoren haben zum Gelingen meiner Arbeit beigetragen, wofür ihnen hier gedankt sei. Herrn Josef Biller, dem Lektor des Verlags, schließlich verdankt der Autor zahlreiche Anregungen, ohne die das Buch sicherlich nicht das geworden wäre, was es nun darstellt.

Kurze Landes- und Kunstgeschichte Nordtirols

Vorzeit

Aus der Vorzeit Nordtirols gibt es bis heute keine sicheren geschichtlichen Hinweise. Sagen und Mythen sind in dieser Hinsicht nur für das Gebiet von Imst und Nassereith zu deuten versucht worden. Dabei lassen sich in Imst, Dormitz-Nassereith, Arzl, Karres, Obsaurs, Landeck, Kaltenbrunn, Fiß-Serfaus, Sautens, Silz und Mötz Kultzentren mit umliegenden Siedlungen vermuten, die später oft miteinander verschmolzen sind. Für das übrige Nordtirol ist nirgendwo ähnliches versucht worden, weil dort vom urtümlichen Sagengut kaum mehr etwas übriggeblieben ist. Man kann wohl zu Recht annehmen, daß auch der Berg Isel bei Innsbruck sowie der Festungsberg und der Zeller Berg bei Kufstein in der Vorzeit Kultstätten getragen haben.

Die Menschen dieser Zeit siedelten auf Höhen, den sogenannten Mittelgebirgen, und auf den großen Schuttkegeln, die von den Seitenbächen des Inns postglazial ins Haupttal vorgeschoben worden waren. Tiefer zu siedeln hinderten die Sümpfe und Überschwemmungen besonders zur Zeit der Schneeschmelze, höher den Berg hinauf gedieh keine der damals bekannten Feldfrüchte mehr. Solche prähistorischen Siedlungen lassen sich im Inn- und Wipptal überall nachweisen. Die bisher älteste Spur fand sich in einer Höhle bei Kufstein, deren unterste Schicht bis in die Jungsteinzeit um 2000 vor Chr. reicht. Aber auch im Landecker Becken sind Werkzeuge aus der gleichen Epoche gefunden worden.

Die Bronzezeit hinterließ zahlreiche formschöne Geräte und ausgedehnte Urnenfelder als Begräbnisstätten. Funde aus dem 9. Jahrhundert vor Chr. werden zahlreich nicht nur an Orten dauernder Besiedlung, sondern auch hoch oben auf den Bergen, an Jochübergängen und auf Almen, die entsprechend bewandert gewesen sein müssen. Der Stil dieser Gerätschaften ist überregional. Zum Teil wurde einheimisches Material verwendet, das aus den Kupfergruben bei Schwaz und auf der Kelchalm bei Kitzbühel (1300 vor Chr.) stammte. Solcher Funde wird bei der Besprechung des jeweiligen Ortes gedacht werden.

Die Römerzeit

Exakte Geschichte beginnt für Nordtirol mit dem Auftreten der Römer, die 15 vor Chr. durch die Alpen ins später bairische Gebiet bis an die Donau vorrückten. Unser Land bedeutete nur ein Durchzugsgebiet, durch das sie mehrere Straßen legten. Die Via Claudia Augusta verband Oberitalien über Bozen – Meran – Reschenpaß – Landeck – Imst – Dormitz – Fernpaß mit dem Fernziel Augsburg. Ein anderer Weg führte über den Brenner nach Matrei – Veldidena – Zirl – Nassereith. Von dieser Straße ging bei Matrei ein Weg Richtung Igls – Hall – Wörgl – Kufstein – Rosenheim ab. Bei Mascianum – heute Matzen bei Brixlegg – stand ein römischer Wachturm, aber das römische Hauptlager befand sich in Veldidena, dem heutigen Innsbrukker Stadtteil Wilten, wo es vor wenigen Jahren knapp nördlich der Wiltener Pfarrkirche ausgegraben worden ist. Eine Stadt haben die Römer in Nordtirol nicht angelegt. Trotzdem stößt man allenthalben auf römische Spuren, und mancherorts, wie etwa in Thaur oder bei Wörgl, lassen sich Zeichen römischer Feldvermessungen noch jetzt wahrnehmen. Da und dort gab es römische Landhäuser, aber immer im Haupttal und nahe der Straße.

Die Römer teilten die eroberten Alpentäler und das Alpenvorland in zwei Provinzen: Rätien im Westen, Noricum im Osten. Die Grenze zwischen beiden bildete der Inn von seiner Mündung in die Donau bei Passau bis zur Mündung des Zillerflusses aus dem Zillertal bei Jenbach. Damit lag das heutige Nordtirol zu zwei Drittel in der römischen Provinz Rätien, zu einem Drittel im Osten in Noricum. Diese Grenze erwies sich als sehr dauerhaft und hielt für die Gebiete um Rattenberg, Kufstein und Kitzbühel bis 1504, für das Zillertal sogar bis 1812 und besteht als Bistumsgrenze zwischen Salzburg und Innsbruck entlang des Zillers noch heute.

Bereits in spätrömischer Zeit begann das Christentum in Tirol Fuß zu fassen. Das Laurentiuskirchlein bei Imst bestand schon um 430. Für eine von Rom ausgehende Missionierung spricht nicht nur seine Lage an der Römerstraße, sondern auch die Person des Heiligen, der als Diakon 258 in Rom den Märtyrertod starb. Er gehört zusammen mit Stephanus, Petrus, Paulus und Johannes dem Täufer zu den in dieser Frühzeit am häufigsten gewählten Kirchenpatronen. Ein anderes ebenso frühes Laurentiusheiligtum bestand in Wilten, wohl auch hier im Zusammenhang mit dem Römerlager, ein weiteres in Teriolis (heute Zirl), gleichfalls eine römische Station, ein viertes in Praedium Virgilianum, dem heutigen Wörgl.

Das frühe Mittelalter

Im 6. Jahrhundert drangen die Baiern, auch Baiwaren genannt, durch das Unterinntal in Tirol ein. Es scheint eine friedliche Invasion gewesen zu sein, wie die vielen Ortsnamen beweisen, die sich aus vorbairischer Zeit erhalten haben. In zahlreichen Siedlungen scheinen sich auch die Ureinwohner lange unvermischt erhalten zu haben. So berichtet Venantius Fortunatus, der 565 von Augsburg aus über den Brenner nach Lienz in Osttirol reiste, von den Breonen, einem Stamm der Ursiedler im Inntal, dessen Spuren sich besonders in der Dörferreihe zwischen Hall und Innsbruck nachweisen lassen.

Bald nach Fortunatus' Reise müssen die Baiern weiter vorgedrungen sein, denn 590 bekämpfen sie bei Aguntum-Lienz slawische Stämme, und um 680 residiert ein bairischer Graf in der Bozner Gegend.

Ende des 6. Jahrhunderts, als das gesamte Inntal von Kufstein bis Finstermünz unter bairischer Hoheit stand, erfolgte eine zweite christliche Missionierung, diesmal von Norden her durch angelsächsische, iroschottische Mönche, die ihre ›eigenen‹ Heiligen mitbrachten. Bevorzugte Kirchenpatrone waren jetzt die Heiligen Martin von Tours, Briccius, Veit und Gallus. Ein Hauptstützpunkt der Mönche befand sich in Münster (Monasterium) am Ausgang des Zillertales, ein anderer in Zell (Cella) bei Kufstein. Die heiligen Bischöfe Rupertus und Korbinian vollendeten dann von Salzburg und Freising aus die

Christianisierung dieser Alpengebiete, und 738/739 legte der heilige Bonifaz endgültig die Bistumsgrenzen im Unterinntal zwischen Salzburg (südlich des Inns und östlich des Zillers), Brixen (westlich des Zillers sowie südlich und nördlich des Inns) und Freising (östlich des Zillers, aber nördlich des Inns) fest.

Kaiser Karl der Große (742-814), König der Franken, hat 788 mit dem Herzogtum Baiern auch das spätere Tirol seinem Reich eingegliedert. Aus den Gebietsteilungen nach seinem Tode ging im ostfränkischen Reich der Kern des mittelalterlichen Deutschlands hervor, dem die Kaiserwürde verblieb. Kaiser Arnulf (850-99), einer der letzten Karolinger, gab 889 den Großteil des Zillertales als Landbesitz an das Erzstift Salzburg, das hier bereits Bistumsherr war.

Im weiteren Verlauf der Entwicklung bildeten sich drei Verwaltungsgebiete heraus, die sich weitgehend mit den Bistumsgrenzen deckten. ›Landgrafschaft im Gebirge‹ hieß das Gebiet östlich des Zillers im gesamten Inntal. Es stand unter der Herrschaft bairischer Grafen. Die ›Grafschaft im mittleren Inntale‹, westlich des Zillers bis an die Mündung der Melach bei Zirl in den Inn sowie das gesamte Wipptal mit allen Seitentälern, wurde vom Kloster Brixen verwaltet und später an die Andechser Grafen als Lehen vergeben. Brixen hatte dieses Territorium von Kaiser Konrad II. (1024-39) zugeteilt erhalten. Das westliche Nordtirol schließlich regierten zunächst die bairischen Grafen Welf, von denen es 1190 an die Hohenstaufen kam, die es an die Grafen Ronsberg gaben, später an die Grafen von Eschenlohe und zuletzt an die Südtiroler Grafen von Ulten-Eppan.

Aus dieser frühen Zeit hat sich in Nordtirol so gut wie nichts an Kunstwerken erhalten. Wichtig für die spätere kulturelle Entwicklung war die Gründung des Klosters Sankt Georgenberg im Unterinntal um 950 durch Graf Rapoto III. (gestorben 954) aus dem Geschlecht der Rapotonen von Aibling, die damals die Landgrafschaft innehatten. 1138 wurden die Prämonstratenser zu Wilten offiziell vom Papst bestätigt. Hier in der Grafschaft im mittleren Inntal saßen die Andechser auf Schloß Ambras, nannten sich daher auch Grafen von Omeras. Ende des 12. Jahrhunderts gründeten sie Innsbruck und erhoben es wenig später schon zur Stadt. Nach ihrem Aussterben gelangte dieser Landesteil 1248 an die Grafen von Hirschberg, später an die Grafen von Tirol, die sich nach ihrer Burg Tirol unweit Merans nannten und auch Nordtirol von dort aus regierten. Vom Oberland kamen die letzten Gebiete 1266 in den Besitz des Grafen Meinhard II. von Görz-Tirol, der die Witwe Kaiser Konrads IV. (1250–54), Elisabeth, die Mutter des unglücklichen Konradin (gestorben 1268), geheiratet hatte. Damit war das Gebiet des Oberinntales mit dem der Grafschaft im mittleren Inntal bis zum Ziller zu einem einheitlichen politischen Territorium zusammengefaßt.

Das Unterinntal, die Landgrafschaft im Gebirge, wechselte im 12. Jahrhundert in den Besitz der Bischöfe von Regensburg, kam aber 1205 an die Wittelsbacher Herzöge von Oberbayern. Es umfaßte die drei Gerichtsbezirke Rattenberg, Kufstein und Kitzbühel. Dazwischen schob sich ins Brixental und mit einer Verbindung in den Pinzgau über den Gerlospaß bis ins Zillertal das Erzstift Salzburg.

Aus dieser Epoche sind einige bedeutende Kunstwerke erhalten geblieben, so die um 1160 erbaute Leonhardskapelle bei Nauders. Sie liegt typischerweise an der großen Durchzugsstraße über den Reschen. Die Ereignisse um die Stadtgründung Innsbrucks auf ehemals Wiltener Grund rechts vom Inn zeitigten das Dokumentargeschenk des Wiltener Kelches (1160/70), den Graf Berthold III. (gestorben 1188) von Andechs an das Kloster Wilten gab. Aus dem Zillertal stammt die älteste erhaltene Nordtiroler Holzplastik in Form eines Kruzifixes (um 1170), aus Wenns haben sich zwei ebenso alte Prophetenfiguren erhalten. Allenthalben begann der Burgenbau der Adeligen, zunächst in Form gewaltiger Türme, wie sie in Friedberg, Hall, Mariastein, Matzen, Freundsberg, Lichtenwerth, Schrofenstein, Kropfsberg, Fragenstein, Landeck und anderswo stehen. Viele sanken freilich in den Adelskriegen für immer dahin: Ebbs, Thierberg, Schintlburg, Rottenburg, Thaur, Kronburg, Altstarkenberg usw. Um 1200 malte ein Unbekannter Heiligenfiguren und Szenen in die einsam gelegene Eremitenkapelle Sankt Magdalena im Gschnitztal. Auch von der 1284 vollendeten romanischen Stiftskirche in Stams sind noch Teile erhalten geblieben. Graf Meinhard II. hat das Kloster im Todesjahr seiner

Frau Elisabeth 1273 als Grablege der Tiroler Landesfürsten gestiftet.

Die Regierungszeit der Söhne Meinhards II., der Herzöge von Kärnten und Grafen von Tirol, Ludwig und Otto, sah lokale Kleinkriege. Interessanter war das Schicksal von Meinhards jüngstem Sohn Heinrich, der zum König von Böhmen gewählt wurde und Anna von Böhmen heiratete. Er mußte aber vor den Machtansprüchen der Luxemburger aus Böhmen weichen und kehrte nach Tirol zurück. Hier führte er ein flottes Leben und sah drei Gemahlinnen ins Grab sinken: Anna von Böhmen 1313, Adelheid von Braunschweig 1320 und Beatrix von Savoyen 1331. Er selbst starb 1335 auf Schloß Tirol, wurde aber wie seine Frauen in Stams begraben.

Nachdem er keinen männlichen Nachkommen hinterlassen hatte, kam seine einzige Tochter Margaretha – mit dem späteren Zunamen ›Maultasch‹ – an die Regierung. Man hatte Margaretha schon als Kind mit zwölf Jahren dem zehnjährigen Johann Heinrich von Luxemburg, dem Bruder Kaiser Karls IV., angetraut. Der Böhme machte sich im Laufe der Jahre bei den Tirolern verhaßt, und auch die Ehe ging immer schlechter. So verwies Margaretha, unterstützt von den Tirolern, ihren Gemahl des Landes.

Ungeschieden heiratete Margaretha 1342 ein zweites Mal, und zwar Herzog Ludwig von Bayern (1314-47), den Sohn Kaiser Ludwigs des Bayern und Markgrafen von Brandenburg. Bereits auf der Brautfahrt stürzte der Bischof von Freising zu Tode, und nach vollzogener Ehe belegte der Papst das Paar mit dem Bann und verhängte über das Land das Interdikt. Er hat dies wohl in erster Linie als Gegner Kaiser Ludwigs getan. Die Luxemburger versuchten den Hinauswurf ihres Prinzen zu rächen, und die lang geplante Gegenwahl Karls IV. zum Kaiser erfolgte 1346. Schon zuvor hatten die Böhmen einen Einfall nach Tirol getan, waren aber zurückgeschlagen worden. Ludwig der Bayer ließ nun Tirol durch den schwäbischen Herzog Konrad von Teck verwalten, und es dauerte nicht lange, da waren die neuen Herren ebenso unbeliebt wie die alten. 1352 wurde Teck in München ermordet.

In diesen unstabilen Regierungsverhältnissen in Tirol sahen die habsburgischen Herzöge von Österreich ihre Chance. Albrecht II. intervenierte beim Papst um die Anerkennung von Margarethas zweiter Ehe, aber erst Rudolf IV. konnte dies und damit auch die Aufhebung des Bannes erreichen. 1361 starb Ludwig und zwei Jahre später der Erbprinz Meinhard (1344-63), Margarethas einziger Sohn. Wohl unter diesem Eindruck schloß sie mit Herzog Rudolf IV. von Österreich einen Vertrag, nach dem Tirol an Habsburg-Österreich fallen sollte. Unter etwas merkwürdigen Umständen wurde Margaretha nach Wien gebracht, wo sie 1369 praktisch als Internierte gestorben ist.

Für Nordtirol hatte Margaretha deshalb große Bedeutung, weil ihr zweiter Gemahl Herzog Ludwig von Bayern als Morgengabe die drei Gerichte östlich des Zillers, Kufstein, Kitzbühel und Rattenberg, an Tirol geschenkt hatte und somit ganz Tirol, wie es dann später von 1506 bis 1918 bestanden hatte, zum erstenmal vereinigt war.

Im 14. Jahrhundert begann sich die Kunst allgemein im Umkreis der weltlichen und religiösen Zentren zu konzentrieren, und da der landesfürstliche Hof in Meran lag, blieb Nordtirol zunächst arm an Kunstwerken.

Eine Ausnahme bildet freilich die weithin unbekannte Kapelle der abgekommenen Burg Aufenstein am Eingang ins Navistal bei Matrei am Brenner. Hier hat sich eine lebensgroße Verkündigungsgruppe erhalten, und auch ›Unser Herr im Elend‹ (1330) zu Matrei dürfte von Aufenstein gekommen sein. Zur gleichen Zeit sind die Wände der Burgkapelle freskiert worden. Ein Glücksfall trug zur Bewahrung bei: Alles lag jahrhundertelang hinter einer Holzvertäfelung verborgen, weil der Raum als Schulzimmer verwendet wurde.

Was die Stifte Georgenberg und Wilten an Kunstwerken bargen, ist bis auf geringe Reste längst untergegangen. Bestehen blieb das Gnadenbild (1340) in der Wiltener Basilika, und auch in Stams hat sich eine über drei Meter hohe Altartafel erhalten, die stilistisch nach Padua weist. Vielleicht hat sie Konrad von Tiergarten gemalt, der 1379 bis 1406 nachweislich am Hof zu Meran gearbeitet hat, aber auch für Stams urkundlich bestätigt ist. Auch die ›Marienkrönung‹ in der Laurentiuskirche bei Imst zeigt den Einfluß der Durchzugsstraße. 1370 hat sie ein Künstler im veronesischen Stil gemalt.

Nach Margarethas Tod entbrannte sofort ein heftiger Streit um ihr Erbe. Die Bayern pochten auf die Heirat Margarethas mit ihrem Prinzen und fielen in Tirol ein, die Habsburger verwiesen auf den Vertrag von 1363. Im Frieden von Schärding kam es 1369 zu einem Vergleich: Die Bayern erhielten ihre Morgengabe, die drei Gerichte östlich des Zillers, wieder zurück, die Habsburger traten die Nachfolge Margarethas als Grafen von Tirol an.

Nachdem Herzog Rudolf IV. 1365 erst fünfundzwanzigjährig überraschend in Mailand gestorben war, teilten die Brüder Albrecht III. und Leopold III. 1370 ihre Lande. Der Altar von Schloß Tirol scheint als Dokument dieses Vertrages gestiftet worden zu sein. Leopold erfreute sich seiner Regentschaft nicht lange, denn in der folgenschweren Schlacht bei Sempach fiel er mit ›der Blume der Ritterschaft‹ 1386. Nun war Albrecht III. Alleinregent bis zu seinem Tode 1395, auch für die zunächst noch minderjährigen Söhne seines gefallenen Bruders. Unter seinem Sohn Albrecht IV. und dessen Vetter Ernst fand keine weitere Teilung statt.

Anders dann, als Herzog Friedrich IV. zur Regentschaft in Tirol kam, die er von 1404 bis 1439 mit zweijähriger Unterbrechung ausgeübt hat. 1409 heiratete er Elisabeth von der Pfalz, die bereits ein halbes Jahr später starb. 1411 ehelichte er Anna von Braunschweig (gestorben 1432), mit der er vier Kinder hatte, darunter den späteren Nachfolger Sigmund. ›Friedl mit der leeren Tasche‹, wie er im Volk schon bald hieß, sah sich bei Antritt seiner Regentschaft in Tirol mächtigen Adeligen gegenüber, die durch den jahrelang fehlenden Landesherrn groß geworden waren. Die Südtiroler gründeten unter Führung Graf Ulrichs von Matsch den Elefantenbund, dem auch der Minnesänger Oswald von Wolkenstein (1375-1445) angehörte. Die Nordtiroler scharten sich im Falkenbund um Graf Heinrich von Rottenburg, den Landeshauptmann, und die Starkenberger verkörperten den Adelswiderstand im Oberinntal. 1410 kam es zum Aufstand des Falkenbundes, den Friedl vollkommen niederschlug. Die Rottenburg wurde geschleift, der gefangene Graf Heinrich starb schon ein Jahr später.

1414 berief Kaiser Sigismund ein Kirchenkonzil nach Konstanz ein, um zwischen drei verschiedenen Päpsten zu vermitteln. Einer von ihnen, der Italiener Johannes XXIII., reiste über den Arlberg, wo sein Wagen umfiel und er selbst im Schnee landete. Er soll fürchterlich geflucht haben, was nicht unwahrscheinlich ist, wenn man weiß, daß er einst als Matrose zur See gefahren war. In seiner Begleitung befand sich der junge Cosimo de' Medici, der spätere ›Pater patriae‹, den sein Vater Giovanni Bicci als Freund des Papstes diesem mitgegeben hatte. Die Medici waren es später ja auch, die Johannes aus der deutschen Gefangenschaft loskauften und ihm im Baptisterium zu Florenz ein prächtiges Grabmal errichten ließen.

Ein Freund von Johannes XXIII. war auch Herzog Friedl, der sich ebenfalls nach Konstanz begab. Johannes wurde dort abgesetzt, floh nach Schaffhausen, und Friedl, der sich weiterhin zu ihm bekannte, verfiel der Reichsacht, was dem Kaiser gerade recht kam, um dessen Besitzungen am Oberrhein einziehen und verpfänden zu können. Die Tiroler Stände wiesen es von sich, ihrem rechtmäßigen Landesherrn abzuschwören, und wandten sich an Friedls Bruder Herzog Ernst, Regenten in der Steiermark, dem sie in Bozen als neuem Landesherrn huldigten.

1416 floh Friedl über den Arlberg nach Berneck zu seinem Freunde Mülinen ins Kauner Tal. Diese Rückkehr paßte anderen Tiroler Adeligen wenig, sie hatten sich mit Herzog Ernst arrangiert, und dieser wollte seinerseits Tirol nicht wieder aufgeben. Man suchte Friedls habhaft zu werden, allein das Volk liebte seinen rechtmäßigen Landesherrn und verbarg ihn. Schließlich kam es 1417 auf Schloß Kropfsberg, damals eine salzburgische Exklave in bayrischem Gebiet, zum Ausgleich zwischen Ernst und Friedl, der Tirol zurückerhielt. Nun folgte die Abrechnung mit den mächtigen Adeligen, besonders mit den Starkenbergern. Nach wenigen Jahren hatte der Herzog sein Land befriedet, und der immer reichlicher fließende Bergsegen brachte ihm volle Taschen, ja sein Reichtum wurde so sprichwörtlich, daß die Legende ihn das Goldene Dachl erbauen ließ. Sein Nachlaßinventar zählt auf: 12 Mark Silber, 4655 Dukaten, 44000 Rheinische Gulden, 7 Fässer mit Silber, die 46 Zentner, 86 Pfund und 8 Lot Wiener Gewicht wogen.

Die unruhigen Regierungsjahre Friedls, in denen die beiden

großen Adelskriege stattfanden und zwischen denen die Interimsregierung Ernsts lag, erlaubten Nordtirol keine besonderen Kunstleistungen. Immerhin hat die Forschung in Erasmus von Bruneck, der 1406 das ›Weltgericht‹ in der Salvatorkirche zu Hall gemalt haben dürfte, sonst aber nur in Südtirol nachweisbar ist, den ersten einheimischen Maler von Format herauszuarbeiten vermocht. Auch ein Meister Hans, vielleicht sogar ein Hofmaler des Herzogs, hat um 1420 für das Kloster Wilten eine grandiose Epiphanie geschaffen, die ihn als frühen Meister der großen Form zeigt, die später in Tirol verlorenging. An einem ganz entlegenen Ort, in der Bergkirche Sankt Quirin im Sellraintal, entstanden nicht weniger als zwölf Holzfiguren der Apostel (1390-1400) von hohem Kunstwert. Wer mag sie in dem bitterarmen Bergbauernweiler geschnitzt und wer dorthin gestiftet haben? Auch die Sandsteinfigur Johannes des Täufers in der Pfarrkirche zu Stams (1410) hat ein unbekannter Meister geschaffen. Hingegen haben ein Haller die herrliche Pietà von Georgenberg um 1415 geschnitzt und ein Meister Ulrich sie gefaßt.

Herzog Friedls Nachfolger, sein Sohn Sigmund (1427-96), war beim Tode seines Vaters erst zwölf Jahre alt. So wie jener die Vormundschaft für seine Vettern Friedrich V. und Albrecht übernommen hatte, wurde nun von den Tirolern Friedrich V. (der spätere Kaiser Friedrich III.) zum Vormund für den jungen Sigmund gewählt. Allerdings verbanden sich erhebliche Verpflichtungen mit diesem Ehrenamt: Der junge Herzog sollte eine besonders gute Erziehung erhalten, er sollte »in dem Luft, in dem er erzogen und den er gewohnt ist, nämlich im Inntal« verbleiben und nicht ohne Zustimmung seiner Tiroler Anwälte außer Landes geführt werden. Auch der große Schatz, den ihm sein Vater hinterlassen hatte, sollte in Tirol bleiben.

Friedrich versprach alles – und hielt fast nichts, denn Sigmund wurde zwar sorgfältig, aber außerhalb Tirols erzogen. Der berühmte Humanist Dr. Fuchsmagen und der spätere Papst Pius II., damals als Aeneas Sylvius Piccolomini noch Sekretär bei Friedrich, teilten sich diese Aufgabe, und Sylvius hat 1443 sogar einen Brieftraktat der Fürstenerziehung für Sigmund verfaßt. Der große Schatz wurde aus Tirol hinausgebracht und kam niemals wieder.

Erst 1446 kehrte Sigmund als Landesherr nach Tirol heim, wo er begeistert empfangen wurde. Er scheint damals den Idealvorstellungen eines ritterlichen Fürsten entsprochen zu haben. Er war hochgewachsen, hatte lange blonde Locken, gütige Augen, war freundlich, freigebig bis zur Verschwendung, körperlich kräftig und in allen ritterlichen Übungen außerordentlich gewandt. Zahlreiche Harnische im Kunsthistorischen Museum zu Wien bezeugen seine imponierende Gestalt. Bereits mit zehn Jahren erschien er mit seinen Freunden beim Bürgertanz auf den Ratshäusern zur Fasnachtszeit, besonders in Hall, und seine Lebhaftigkeit zusammen mit seinem einnehmenden Äußeren trugen dazu bei, ihm auch später schnell alle Herzen, voran die der Frauen, zu gewinnen, denn die Zahl seiner ›Weibergeschichten‹ scheint unendlich gewesen zu sein. Bei aller Toleranz, die man seiner Zeit, seiner Stellung, seiner Schönheit, seinem Charme, seiner Jugend entgegenbringen mochte, wurde es der Landesregierung doch allmählich zuviel. Jeder, »dem das Trum zu kurz werde«, so räsonierte sie, gebe sich als Kind ihrer Durchlaucht aus; über vierzig wurden bald gezählt.

Zweimal war Sigmund verheiratet. Zunächst zweiunddreißig Jahre lang mit Eleonora, der Tochter König Jakobs von Schottland. Sie war eine vom Volk geliebte, hochgebildete Frau, die 1480 starb und in Stams begraben liegt. Vier Jahre später heiratete er – inzwischen 57 geworden – die fünfzehnjährige Katharina von Sachsen.

Sigmunds Regentschaft ist durch zwei politische Ereignisse gekennzeichnet: durch den Kampf mit Kardinal Nikolaus von Cusa, damals Bischof zu Brixen, um die weltliche Regentschaft innerhalb des Bistums und durch den Venezianischen Krieg 1487, den Sigmund nicht ohne Zutun der bayerischen Herzöge vom Zaune gebrochen hatte. Besonders dieser Krieg erregte die Bevölkerung sehr, und in mehreren Landtagen wurden die Machtbefugnisse des Fürsten mehr und mehr eingeschränkt. Schließlich dankte er 1490 zugunsten seines Vetters Maximilian I. ab. Er lebte hinfürder seinen Jagd- und Liebesleidenschaften, allerdings in zunehmendem Maße durch ein heftiges Podagra beeinträchtigt.

Sehr zum Unterschied von seinem Vater Friedl ›mit der leeren Tasche‹, der einen großen Schatz hinterließ, war Sigmund

›der Münzreiche‹ fast ständig in Geldverlegenheiten. Daran vermochte auch die zunehmende Silberausbeute der Schwazer Gruben nichts zu ändern. Noch als Greis liebte er es, in Schüsseln voller Münzen zu wühlen, und selbst an seinem Sterbebette waren derartige Behältnisse zu seiner Freude aufgestellt.

Er bereicherte sein Land durch die Erweiterung, Modernisierung und Bedachtnahme zahlreicher Burgen, die er alle mit seinem Namen zierte: Sigmundskron, Sigmundslust, Sigmundsried, Sigmundsruh, Sigmundsburg und auch den Neuhof der alten Innsbrucker Burg hat er zu bauen begonnen. Seine Bedeutung für Tirol liegt ferner im Erlaß der ersten Bergwerksordnung, in der Rückführung der Münzstätte von Meran nach Hall und damit nach Nordtirol sowie der neuen Münzordnung mit Prägung des Unzialis in Silber. Sigmund lebt noch immer im Volke als eine der glänzenden, vom Schicksal hin und her geworfenen Gestalten tirolischer Geschichte. Am 4. März 1496 ist er in der Burg zu Innsbruck gestorben. Er liegt in Stams begraben.

Die Nordtiroler Bauhütten der Spätgotik

Während sich unter Sigmunds langer Regentschaft von vierundvierzig Jahren in Südtirol Maler und Bildhauer, allen voran Michael Pacher, zu höchster Meisterschaft erheben, hat Nordtirol nur im Bauwesen ähnlich Bedeutungsvolles aufzuweisen.

Hier hatten sich um 1450 zahlreiche bauliche Zentren um größere Bauaufträge gebildet, deren Stifter das durch den wirtschaftlichen Aufschwung reich gewordene Bürgertum war. Die einzelnen Bauunternehmen schlossen sich 1460 in Sterzing zu einer Inntaler Haupthütte zusammen, der Hans Sewer (Seeoner), Baumeister der Haller Pfarrkirche, vorstand. Meister Hans kam aus der Schule Hans Stethaimers (gestorben 1432), der das Wunderwerk von Sankt Martin im niederbayrischen Landshut errichtet hatte und dann über dem Chor der Franziskanerkirche in Salzburg gestorben war. So kam nun lange nach der bairischen Landnahme im 6. Jahrhundert wieder bayrischer Einfluß nach Tirol. Er reicht bis in den Chor der Pfarrkirche zu Meran, den Stephan Tobler aus Burghausen zwischen 1480 und 1490 wölbte, ferner in die Spitalskirche ebendort (1487), den

Kirchturm der Pfarrkirche von Bozen (1519) und noch manch anderes Werk.

1480 schloß sich die Südtiroler Haupthütte unter Führung Merans mit Bozen, Vinschgau und Sterzing der Nordtiroler an, und 1496 folgte als dritte jene von Brixen, Klausen und Bruneck. Die drei Hüttenmeister von Hall, Meran und Brixen regierten gemeinsam die Tiroler Haupthütte, die sich vieler landesfürstlicher und kaiserlicher Privilegien erfreute und einen gemeinsamen Ausdruck Tiroler Lebensgefühles im gotischen Bauen fand. Die große Zahl dieser kleinen Bauhütten muß man aus den geografischen Gegebenheiten verstehen. Die Bauorte lagen damals weit voneinander entfernt: Eine Reise von Innsbruck über den Brenner nach Brixen dauerte mehrere Tage und war im Winter lange Zeit überhaupt unmöglich. Die einzelnen Kirchenbauten wie Hall, Schwaz oder Landeck übertrafen an Größe die Vorstellungskraft der Bauern und Bürger bei weitem. Schwaz wäre damals, ertrinkend im Silberaufkommen seiner Bergwerke, der einzige Ort gewesen, der die Mittel gehabt hätte, eine Großraumschöpfung im Sinne einer Kathedrale hervorzubringen. Aber Schwaz war weder Bischofs- noch Residenzstadt, sondern vor allem Industrieort, nicht Umschlagplatz, war auch kein Straßenknotenpunkt, und so kam es zu keiner überregional bedeutsamen Leistung, wie es im weltlichen Gebiet etwa das ›Goldene Dachl‹ darstellt.

Die tirolische Kirchenbauweise ist in der Spätgotik durch einfache, klare Bauten gekennzeichnet, deren ›Mystik‹ nicht im Andeuten liegt, sondern absolut jenseits alles Sichtbaren. Im Detail der kleinen Schmuckformen herrscht die dreikantige Lisene zwischen den Fenstern am Außenbau vor, auch sie eine bayrische Errungenschaft, manches Mal sogar noch auf einen Strebepfeiler aufgesetzt, dessen Hervortreten aus der Wand im übrigen tunlichst vermieden wird. Man hatte offenbar keinen Sinn dafür, eine bauliche Notwendigkeit zur Schmuckform zu veredeln. Es blieb den Bauhütten Innsbruck unter Hans Reichartinger und Hagau unter Jörg Steyrer vorbehalten, Schmuckelemente zu entwickeln, hier unter dem Einfluß des fürstlichen Hofes, an dem dann Niklas Türing weitaus das Niveau des kirchlichen Baustiles übertraf; in Hagau unter dem wirtschaftlichen Impuls des Bergsegens.

Wie anderswo auch betätigten sich die Werkmeister im gesamten öffentlichen und privaten Bereich des Bauens: angefangen von den Stadtmauern über die Wehrtürme, Stadttore, Kornspeicher, Spitäler und Bürgerhäuser bis zu den Rathäusern und Kirchen. Wo sie bis heute erhalten geblieben ist, wird dadurch die gotische Architektur in allen Lebensbereichen spürbar. In Nordtirol ist hier besonders Hall zu nennen.

Hans Sewer, Stadtwerkmeister von Hall, ist der überragende gotische Baumeister Tirols. Seine Haller Pfarrkirche wird zum Vorbild für alle gotischen Sakralbauten Nordtirols, wohl über fünfzig an der Zahl. Daneben muß man auch auf einen schwäbischen Einfluß hinweisen, der sich besonders in Schwaz zusammen mit dem wachsenden Engagement vor allem augsburgischer Bergbau- und Kaufmannsfirmen bemerkbar machte. Hier heißt der Hauptmeister Christoph Reichartinger, den andere Augsburger begleiten. Auch Entwurf und Ausführung des Turmes der Bozner Pfarrkirche kommen aus Augsburg.

Von allergrößter Bedeutung für Nordtirol wurde die Hagauer Bauhütte, die sich etwa 1465-70 um Christian Nickinger (gestorben um 1491) konstituierte und als Material den einheimischen roten Marmor einführte, der in der zweiten Hälfte des 15. Jahrhunderts westlich des heutigen Kramsach entdeckt worden ist. Er war in vorgeschichtlicher Zeit vom Pletzachkogl als Bergsturz in die Hagau im Inntal niedergegangen. Nickinger, mehr Baumeister als Bildhauer, und sein Nachfolger Jörg Steyrer (gestorben um 1514), mehr Bildhauer als Baumeister, schufen in den Kirchen von Sankt Leonhard auf der Wiese bei Kundl, Rattenberg, Mariathal, Brixlegg, und ihr Erbe im Handwerk, Lienhart Plutauer (gestorben 1522), am Pankrazberg bei Fügen eine Reihe grandioser Neuschöpfungen, von denen Sankt Leonhard vollkommen unversehrt auf uns gekommen ist. Es beweist, daß die heimische Baukunst, wenn auch von Bayern beeinflußt, zu eigenen Höchstleistungen befähigt war. Zusätzliche Bedeutung erlangte die Hagauer Bauhütte durch die Ausfuhr von bearbeiteten Werkstücken. Christian Nickinger schloß sich über die damals gültige Landesgrenze hinweg – die Hagau lag bis 1504 in Bayern! – an die Haller Haupthütte an und band damit seine Tätigkeit an Tirol und nicht an Bayern.

Die Bauhütte Schwaz, deren Unternehmungen vom wirtschaftlichen Aufschwung der Bergwerke getragen wurden, hat als erste Hauptmeister Hans und Gilg Mitterhofer hervorgebracht. Sie erbauten von 1460 bis 1478 die Pfarrkirche, die dann von Christoph Reichartinger, dem dritten Meister, von 1490 bis 1502 nach Umbauplänen Erasmus Grassers aus München vergrößert wurde. Hier lag der Auseinandersetzung mit dem Raum die Notwendigkeit zugrunde, eine Kirche für die Bergwerksverwandten und eine zweite für die Bürger unter einem gemeinsamen Dach, aber hinter zwei getrennten Chören zu vereinigen. Nicht weniger als 18 Freipfeiler tragen ein riesiges Sternrippengewölbe nach schwäbischem Vorbild. Die ›neuen‹ Kirchen in Jenbach (1491), Vomp (1480), Pill oder Stans wurden von Schwaz entscheidend beeinflußt. Reichartingers alleiniges Hauptwerk, die Schwazer Franziskanerkirche (1507), reicht schon weit in die Zeit Kaiser Maximilians hinein. Vielleicht hat Reichartinger auch in Schloß Tratzberg gebaut.

Die Bauhütte der Residenzstadt Innsbruck trug sehr bald höfische Züge. Zwar hatte Herzog Friedl 1418 Meran offiziell zum Tiroler Regierungssitz erhoben, aber wenig später wurde die Regierung nach Innsbruck und unter Sigmund die Münze nach Hall verlegt. Das Hauptwerk der Innsbrucker Hütte war die zweischiffige gotische Pfarrkirche Sankt Jakob, die der Hofwerkmeister Hans Reichartinger (gestorben 1470), Vater des Christoph in Schwaz, nach 1438 erneuert und erweitert hat. Sie steht nicht mehr, daher muß man sich an das zweite Werk Reichartingers halten, die Pfarrkirche in Seefeld. Hier hatte Meister Stefan von Zirl 1432 Turm und Chor neu errichtet; 1463 bis 1468 folgte Reichartingers herrliches Langhaus, schmuckbetonter als der frühe Chor. Als letzter gestaltete dann Meister Andre (1469-72) die Schauseite mit dem prächtigen Südportal und die Westempore. Auch in Seefeld endet die Bauhütte mit der dritten Generation der Meister. Aber die Umgebung des maximilianischen Hofes forderte eine Fortsetzung der Bautätigkeit besonders auf weltlich-repräsentativem Gebiet. Hier traten Niklas und Gregor Türing auf, Vater und Sohn, die Meister des Goldenen Dachls, die Erbauer der Burgkapellen zu Innsbruck (1510) und Hall (1519), der Johanniskirche zu Matrei am Brenner (1521) und Steinmetzen zahlreicher herrlicher

Wappensteine wie etwa zu Hall, Friedberg, Tratzberg und Flaurling. Die Türing entwickelten auch den Typ des Innstadthauses, das zum verbreitetsten Bürgerhaus-Schema der Renaissancezeit in den Städten am Inn und noch weit darüber hinaus geworden ist.

»Item die fünft püchsen soll seyn pey Maister Hainreich ze Ymbst«, so vermeldet das Tiroler Bruderschaftsbuch der Bauhütten. Der Ausdruck ›Büchse‹ bezieht sich auf den Mitgliedsbeitrag, der in der Bruderschaftsbüchse gesammelt wurde. Die Bauhütte von Imst hat ähnlich den anderen auch drei Generationen von Meistern aufzuweisen. Heinrich Parlier (gestorben 1475) übernahm den Stil Hans Sewers: hohen Sockel, dreieckige, durchgezogene Außenlisenen, Kaffgesimse, gemalten Fries unter dem Dach. Der Chor der großen Imster Pfarrkirche, wahrscheinlich auch der Plan des Langhauses, der Unterraum der Friedhofskapelle, die Chöre der Kirchen von Karres, Rietz und wohl auch die Fernsteinkapellen sind seine Werke. Auch die Sigmundsburg im Fernsteinsee hat er errichtet. Sein Sohn Meister Jörg Aschermann (gestorben um 1512) vollendete das Werk des Vaters und legte dabei etwas mehr Wert auf bauplastischen Schmuck. Dieser bleibt sparsam, Tirol war nicht Burgund, gibt aber dennoch den Lisenen gefaltete steinerne Dächlein, der hohen Westfront in Imst dreizehn spitzbogige Flachnischen, den Portalen reicheres Gefüge. Das Langhaus der Imster Pfarrkirche, der Oberteil der Friedhofskapelle, die Vollendung der Kirchen in Karres, Tarrenz, Wenns, Rietz, Ötz, Längenfeld, Sautens, Haiming und Mieming stammen von Meister Jörg. Der dritte Imster Meister, Jakob von Tarrenz (gestorben um 1525), der die bildhauerischen Ansätze seines Vorgängers verfeinerte, wird im Taufstein der Kirche zu Haiming erstmals nachweisbar. Ferner arbeitete er an den Kirchen von Sölden, Sankt Oswald in Sautens, Leonhard in Roppen (nicht mehr vorhanden) und an der Friedhofskirche in Dormitz. Insgesamt entstanden durch die Imster Bauhütte gut zwanzig Kirchen und Kapellen.

Die Bauhütte von Landeck, die auch ins Außerfern wirkte, entstand um den Neubau der großen Pfarrkirche, bei dem ungewöhnlicherweise 1460 zuerst das Langhaus von Hans Schedler aus Grins begonnen und 1507 von Meister Balthasar vollendet wurde. Den Chor errichtete Christian Frey 1518 bis 1521. Auch hier ist der jüngste Meister ein Bildhauer, der ins Chorrippennetz nicht weniger als zwanzig Schlußsteine meißelt. Stanz, Prutz und Serfaus, um nur die nächsten zu nennen, stehen unter dem Einfluß von Landeck.

Dieser gedrängte Abriß der Bautätigkeit in Nordtirol zur Zeit Herzog Sigmunds, aber noch hineinreichend in die Ära Kaiser Maximilians, zeigt, welch unerhörten wirtschaftlichen Aufschwung das Land durch den Bergbau genommen hat und mit welcher Kraft die Tiroler darangingen, ihr Land durch Bauwerke zu schmücken.

Was den gotischen Burgenbau betrifft, so haben sich außer in Tratzberg nur Einzelteile erhalten, meist auf romanischer Grundlage wie in den Türmen von Freundsberg über Schwaz, Mariastein, Hasegg in Hall, im gewaltigen Bergfried von Friedberg bei Volders, in Schrofenstein und in Landeck. Alles andere wurde umgestaltet oder fiel kriegerischen Ereignissen zum Opfer, wie die Rottenburg im Adelsaufstand von 1410.

Die Übergangszeit von der Gotik zur Renaissance

Die Regierungszeit Kaiser Maximilians I. in Tirol dauerte von 1490 bis zum Tode des Kaisers 1519. Sie ist die historisch wichtigste Zeit des ›alten‹ Tirol, bringt sie doch in den Jahren 1504 bis 1506 die Vereinigung mit den drei bayrischen Gerichten Rattenberg, Kufstein und Kitzbühel. Maximilian hatte sich im Bayrischen Erbfolgekrieg auf die Seite seines siegreichen Schwagers Herzog Albrecht von Oberbayern (Bayern-München) gestellt, der ihm dafür »als kleines Interesse« unter anderem diese drei Gerichte abtreten mußte.

Alle politischen Taten und Reisen des großen Kaisers hier aufzuführen erübrigt sich. Viel wichtiger für Tirol ist seine noch heute allgegenwärtige Präsenz, die im Umgang mit ›ihrem‹ Kaiser zu einer Selbstverständlichkeit für die Einheimischen geführt hat, die beispiellos ist. Schon Heinrich Heine fiel dies 1826 auf: »… wie denn überhaupt die Erinnerung an den ritterlichen Max in Tirol noch immer blüht und klingt …« Dabei besaß der Kaiser hierzulande nicht nur Freunde. Die Bauern ächzten unter den Wildschäden, die Maximilians Jagdwut nach sich zog, und sie machten kein Hehl daraus; die Gastwirte gaben den Pferden des Kaisers kein Futter, weil er zu viele Schulden bei ihnen hatte, und ein kecker Bäckermeister meinte einmal zu ihm, er solle seine Stammbaumforschungen nicht gar zu weit treiben, sonst könnte herauskommen, daß er, der Bäkker, und der Kaiser in Adam einen gemeinsamen Ahnen hätten. Wobei man sich deutlich an den Schlachtruf der Bauernkriege erinnert fühlen mag: »Als Adam grub und Eva spann, wo war denn da der Edelmann?«

Aber selbst bei oberflächlicher Durchreise kann man keinen Landesteil betreten, ohne nicht auf eine besondere Erinnerung an den ›Max‹ zu treffen. In Kufstein ragt der Kaiserturm auf, der Zeller Berg gegenüber trug Maximilians schwere Artillerie, die von Innsbruck den Inn hinuntergeflößt worden war, als er 1504 Kufstein belagerte. Wenige hundert Meter weiter westlich wurden der Burghauptmann und ein Teil seiner Besatzung auf Maxens Befehl schmählich enthauptet. In Rattenberg hat Maximilian die Stadtburg erbaut, im Tiergarten bei Jenbach einen Pulverturm, im Achensee fischte er, in der Rofan jagte er, in Schwaz fuhr er in die Stollen ein, wohnte auch im Freundsberger Turm, dessen oberstes Gemach vielleicht sein Hofmaler ausgemalt hat. Auf Schloß Tratzberg weilte er bei den Brüdern Tänzl zu Gast, im Gnadenwald bei Hall jagte er zusammen mit seinem Sohn, König Philipp dem Schönen von Spanien, im Halltal schlug er den Königsstollen an und wäre bei winterlicher Jagd fast von einer Lawine verschüttet worden. In der Stadtburg Hasegg zu Hall heiratete er seine zweite Gemahlin Bianca Maria Sforza. In den Jahren 1508 bis 1510 vergrößerte er die Haller Münze. Der Haller Messerschmied Hans Sumersperger lieferte 1496 ein Jagdbesteck, ein Jagdschwert und ein langes Messer für den Kaiser, und auch das sogenannte Lehensschwert, eine hochpolitische Zeremonienwaffe, hat Sumersperger 1496 für den Kaiser geschaffen. In Innsbruck stehen das Goldene Dachl, das Zeughaus und das Grabmal, weiter innaufwärts bildet die Martinswand ein natürliches Denkmal des Kaisers. Im Kloster Stams richtete er sich zwei eigene Stuben ein, und auf der Herzogswiese empfing er hier die Unterhändler des Sultans Bajazid. Bei Barwies stand eines seiner zahlreichen Jagdhäuser. 1500 fertigte sein Tiroler Hofmaler Jörg Kölderer aus Inzing ein Jagdbuch, 1504 ein Fischereibuch für den Kaiser. Von 1504 bis 1516 schuf der Zöllner Hans Ried die berühmte Sammlung mittelhochdeutscher Dichtungen, das ›Ambraser Heldenbuch‹, in des Kaisers Auftrag. Die Musiker Paul Hofhaimer, Ludwig Senfl und Heinrich Isaak wirkten an der Innsbrucker Residenz, wo Isaaks Lied ›Innsbruck, ich muß dich lassen‹ ein bis heute lebendiges Volkslied geworden ist. Den Landeckern verlieh Maximilian in Anerkennung ihrer Tapferkeit in der Schlacht von Calliano 1487 eine besondere Fahne, im Kühtai und im Pitztal standen weitere Jagdhäuser, im Kauner Tal bestieg er den Gepatschferner, im Heiterwanger See im Außerfern fischte er Goldforellen – und so weiter und so weiter, ich kann hier nicht alles aufzählen.

Am 23. Juni 1511 erließ Kaiser Maximilian als Tiroler Landesfürst zusammen mit den Ständen das ›Landlibell‹, das bis 1918 galt und den Tirolern, die seit Meinhard II. in allen Ständen Wehr- und Waffenfreiheit besaßen, zusicherte, nur dann Kriegsdienste leisten zu müssen, wenn es sich um die unmittelbare Verteidigung Tirols handelte. Gerade über dieses Gesetz stolperte die bayrische Besatzungsmacht 1809.

Maximilian war auch ein großer Förderer des heute verschwundenen Gewerbezweiges der Plattnerei. Die Plattner saßen anfangs in Mühlau bei Innsbruck, da sie für ihr Handwerk Wasserkraft benötigten, später hatten sie ihre Werkstätten auch in der Innsbrucker Vorstadt, heute Maria-Theresien-Straße, und fertigten Kriegswerkzeug, aber auch Turnier- und Prunkwaffen, von denen sich über die Ambraser Sammlung Erzherzog Ferdinands II. herrliche Stücke in der Wiener Rüstkammer erhalten haben. Konrad Seusenhofer (1455-1517) und sein Bruder Hans waren in Innsbruck die bedeutendsten. Vor diesen schmiedeten die Treyz, Riederer, Prunner und später Jakob Topf qualitätvolle Harnische und Blankwaffen.

Aber auch abseits des kaiserlichen Hofes in Innsbruck waren besonders die Bürger nicht müßig, das Leben zu verschönen und die Kunst zu fördern. Schloß Tratzberg entstand, von den Bauhütten ging schon die Rede, und 1505 stellte Veit Stoß seinen großen Hauptaltar in der Schwazer Pfarrkirche auf. Vielleicht ist das großartige Kruzifix aus Schloß Matzen bei Brixlegg ein Rest von der großen Herrlichkeit.

Die Erben Maximilians

Nach des großen Kaisers Tod übernahm sein Enkel, der Sohn Philipps des Schönen und Bruder des auf Maximilian folgenden Kaisers Karl v., Ferdinand I. (1522-64), die Regentschaft in Tirol. Ferdinand, ein kompromißloser Katholik, hatte viel mit Glaubensunruhen zu tun, die besonders durch die aus Deutschland zugewanderten Bergknappen entstanden. Fast gleichzeitig brach 1525 der große Bauernaufstand aus. 1539 wurden die reichen Erzvorkommen am Röhrerbichl bei Kitzbühel entdeckt, wo der tiefste Stollen des Abendlandes entstand. Aber auch der große deutsche Religionskrieg berührte das Land. 1552 erstürmten die Truppen des Schmalkaldischen Bundes unter Moritz von Sachsen die Ehrnberger Klause und drangen über den Fernpaß nach Nordtirol. Sie gedachten Kaiser Karl v. zu fangen, der sich in Innsbruck aufhielt, ihnen aber nach Kärnten entkam. Aus Wut darüber plünderten sie auf ihrem Rückzug die Fürstengruft im Kloster Stams und verstreuten die Gebeine der dort bestatteten Landesfürsten auf den Feldern.

Nachdem Ferdinand durch die Abdankung Karls v. Kaiser geworden war, bestimmte er seinen zweitältesten Sohn 1564 zum neuen Landesregenten. Dieser ging durch sein intensives Interesse an Tirol als ›Erzherzog Ferdinand II. von Tirol‹ in die Geschichte ein, ein Titel, der unkorrekt ist, denn Tirol war und blieb eine Grafschaft, und den Erzherzogstitel führte Ferdinand als Erzherzog von Österreich.

Bereits Ferdinand I. hatte die ins Stocken geratenen Arbeiten am Grabmal Kaiser Maximilians I. wiederaufgenommen und im Bau der Hofkirche den entscheidenden Schritt zur endgültigen Aufstellung des Denkmals getan. Unter Ferdinand II. wurde es – so wie es heute steht – aufgerichtet. Ferdinand II. und sein Nachfolger Max III. zeigten großes Interesse an retrospektiver Kunstbetrachtung. Ferdinand wurde zum größten Sammler seines Jahrhunderts. Tausende von Objekten konzentrierte er im Schloß Ambras bei Innsbruck, wo er der mittelalterlichen Andechser Burg einen ausgedehnten Museumstrakt anbaute. Vor allem der in spielerischen Turnieren und Prunkaufzügen ausklingenden Ritterzeit widmete der Fürst höchstes Interesse, besaß selbst zwanzig Leibharnische raffinierter Bauart und sammelte über hundert Harnische historischer Berühmtheiten. Auf dem Achensee ließ er durch einen venezianischen Schiffsbaumeister eine kleine Prunkflotte bauen, mit der Lustfahrten unternommen wurden. Als persönliche Grablege errichtete er die Silberne Kapelle an der Hofkirche, wo er selbst im Harnisch, den ihm sein Leibplattner Jakob Topf geschlagen hatte, über seinem Marmorgrabstein kniet.

Ferdinand war ein fortschrittlicher Mann, der als erster Habsburger eine Bürgerliche, Philippine Welser, heiratete, also seine persönliche Entscheidungsfreiheit über die Tradition stellte. Um so befremdlicher wirkt seine fast spanische Unerbittlichkeit in der Verfolgung Andersgläubiger. Protestanten und Wiedertäufer wurden gnadenlos hingerichtet oder des Landes verwiesen. Nach dem frühen Tode seiner ersten Frau 1580 hat er 1582 noch einmal, diesmal standesgemäß, geheiratet, eine Italienerin, Anna Katharina Gonzaga aus Mantua. Mit ihr wuchs der Einfluß der Italiener am Hofe. Hier hatten schon Andrea Crivelli, Giovanni und Alberto Lucchese als Baumeister gewirkt, der Sizilianer de Duca 1583 die Max-Figur für die Grabmalstumba gegossen, Giovanni Battista Fontana und Pietro Rosa als Maler gearbeitet und der Flame Alexander Colin alle bedeutenden plastischen Arbeiten geschaffen. Nur im Kunsthandwerk, bei den Tischlern, Zimmerleuten, Schlossern, Plattnern oder Hafnern, hielt man sich an einheimische Meister. Geist und Stil dieser internationalen höfischen Renaissance blieben in Tirol immer an den Adel gebunden und wurden im Volk nie heimisch. Die Bauern hatten keine Beziehung zu antiken Vorbildern und humanistischen Gedanken.

Maximilian III. (1602–18), der Deutschmeister, bestellte Restauratoren für die Ambraser Sammlungen, förderte Künstler im Sinne eines modernen Mäzens, kümmerte sich um die Befestigungsanlagen an den Grenzen des Landes. Auch er ließ sich ein Bronzegrabmal bauen, das heute im Innsbrucker Dom steht. Ohne des Fürsten Zutun entstand 1609 bis 1612 der riesige Figurenbaum des Stamser Hochaltares, die größte Altarschöpfung Tirols überhaupt.

Nach Max III. kam Erzherzog Leopold V. (1618–32) als Regent nach Tirol. Er war ursprünglich für den geistlichen Stand bestimmt und 1605 Bischof von Passau, 1607 von Straßburg

I

FRANZ MARC

(1880–1916)

Tirol

Öl auf Leinwand, 1913/14

München, Staatsgalerie moderner Kunst

Dieses Gemälde, eines der letzten Werke des Künstlers, geht auf Eindrücke zurück, die Franz Marc bei seinem Aufenthalt in der Gegend von Meran im März 1913 empfangen hat und deren Charakter besonders im Titel einer gleichzeitig entstandenen Zeichnung zum Ausdruck kommt: ›Das arme Land Tirol‹. Im Gegensatz zu der vermeintlich heiter gestimmten Farbigkeit des Bildes steht dessen verschlüsselte Komposition: Berstender Himmel, wankende Berge, tote Tannen, die drohende Diagonale vorne in Form einer Sense und im Mittelpunkt die Madonna mit Kind auf der Mondsichel als Apokalyptisches Weib. Im geschichtlichen Rückblick mag man in diesem Gemälde nicht nur eine expressionistische Versinnbildlichung des kargen und harten Lebens in einem ständig von Naturgewalten bedrohten Land sehen, sondern auch eine prophetische Vision jenes Krieges erblicken, der kurz darauf sowohl das Leben des Künstlers fordern wie das Land Tirol spalten sollte.

geworden. 1619 wurde er als Statthalter für Tirol ausersehen, das er 1625 unter Verzicht auf alle anderen Erbansprüche für sich und seine männlichen Nachkommen übertragen erhielt. Nun entsagte er dem geistlichen Stand, heiratete 1626 die Tochter des Großherzogs Ferdinand I. von Toskana, Claudia Medici, die nach seinem Tode 1632 die Regentschaft für ihre minderjährigen Söhne bis 1648 ausübte.

Bereits Ferdinand II. hatte mit dem Bau einer Jesuitenkirche in Innsbruck begonnen, und 1571 bezogen die ersten Patres das Kolleg. 1616 wurde die Kirche erweitert, aber zehn Jahre später stürzte sie anläßlich einer Freudenkanonade zur Feier des Sieges General Tillys über die Dänen zusammen. 1637 bis 1640 wurde nach Plänen Santino Solaris die heutige Kirche errichtet. Ihre Gruft bestimmte Leopold V. zur Grabstätte seiner Familie.

Die Regentschaft Claudia von Medicis ist gekennzeichnet durch den guten Willen der Fürstin, die sich jedoch zuwenig um die Erziehung ihrer beiden Söhne kümmerte, so daß diese, besonders Ferdinand Karl (1646-62), als Landesregenten später versagten. Mit Sigmund Franz (1662-65) starb diese habsburgische Seitenlinie aus.

Die Kaiser als Landesherren

Mit dem Erlöschen der ›Tirolischen Habsburger‹ fiel das Land an den Kaiser zurück, und dieser setzte keinen Landesfürsten mehr ein, sondern regierte Tirol durch die Kammern, durch Landeshauptleute oder Gubernatoren.

Leopold I. (1665-1705) kam als Tiroler Landesherr noch 1665 nach Innsbruck, wo er im Riesensaal der Hofburg eine Erbhuldigung abhielt. Gleichzeitig ließ er die Zimelien der Ambraser Bibliothek nach Wien schaffen. 1668 gründete er die erste Lehrkanzel der geplanten Universität zu Innsbruck, die 1677 offiziell eröffnet wurde.

Der Verlust einer echten Residenz traf Nordtirol und Innsbruck kulturell schwer. Schnell sank alles zu provinzieller Bedeutung herab. Erst durch die starken religiösen Impulse der Gegenreformation im Barockzeitalter, das in Tirol mit einer Verzögerung von gut hundert Jahren gegenüber Wien anbrach, kam es zu einem erneuten kulturellen Aufschwung.

Dazwischen lag die böse Erfahrung des bayrischen Einfalls

von 1703. In diesem Jahre rückte der bayrische Kurfürst Max Emanuel im Verlauf des Spanischen Erbfolgekrieges (1701-14) auf der Seite der Franzosen in Tirol ein, um sich mit den Truppen des französischen Generals Vendôme zu vereinigen, die von Süden her gegen das Land vorrückten. Getreu dem Landlibell von 1511 erhoben sich die Tiroler Bauern und warfen die Eindringlinge nach einigen Gefechten – unter denen vor allem der Kampf an der Pontlatzer Brücke bei Landeck berühmt geworden ist – wieder zum Land hinaus. Kaum zwei Monate hatte ›der bayrische Rummel‹ gedauert, aber das alte Kufstein und das Dorf Zirl waren vollständig abgebrannt. Die Annasäule in der Innsbrucker Maria-Theresien-Straße – der Kurfürst hatte am Sankt-Anna-Tag, dem 26. Juli, das Land wieder verlassen – wurde als Dank für die Errettung Tirols aufgestellt.

Fast etwas zu früh trat als erster bedeutender Barockmeister der Stiftsbildhauer Andreas Thamasch (auch Damasch) in Stams auf, der aus See in Paznaun kam, bei Thomas Schwanthaler gelernt hatte und bereits 1697, erst achtundfünfzig Jahre alt, gestorben ist. Seine dramatisch bewegten Figuren sind das Beste, was Tirol damals an Bildhauerei zu bieten hatte. Selbst Johann Schnegg (1724-84) aus Imsterberg, zwei Generationen später, reicht nicht ganz an Thamasch heran.

Es ist bereits die Zeit Maria Theresias (1740-90), die als Hauptleistung den Umbau der alten Hofburg mit dem Riesensaal vornahm. Wie die intensive Bautätigkeit im 15. Jahrhundert bewiesen hat, liegt die Begabung der Nordtiroler als bildende Künstler ganz offensichtlich auf diesem Gebiet. Eine Bestätigung dieser Vermutung liefert nun die Barockzeit, die in verschiedenen Klassen, so könnte man sagen, wiederum eine fast unglaubliche Bautätigkeit zeitigt. Dabei ist es fast tragisch zu nennen, daß die größten Baumeister des Landes, Jakob Prandtauer (1660-1726) aus Stanz bei Landeck und Josef Mungenast (1680-1741) aus dem Nachbarort Schnann, nur außerhalb Tirols arbeiteten: in Melk, Hohenbrunn und Sankt Florian der eine, in Dürnstein, Zwettl und Altenburg der andere.

Italienisch geschult und durchaus in der Lage, außer Kirchen auch barocke Profanbauten zu errichten, zeigen sich die zahlreichen Baumeister aus der Familie Gumpp. Christoph Gumpp (gestorben 1676) schuf den Plan zur Stiftskirche Wilten, einer

Wandpfeilerbasilika mit Emporengängen, kein ganz glückliches Gebilde, trotz aller Stukkaturen ein im Grunde starrer, kalter Raum. Besser glückten Gumpp die kleinen Zentralbauten Maria Hilf in Innsbruck und das Seekirchlein in Seefeld. Johann Martin Gumpp (gestorben 1729) schuf die Adelspaläste der Hauptstadt: Palais Taxis, Landesregierungsgebäude in der Altstadt, Palais Ferrari und 1734 ideenreich nach Berninis Vorbildern das imposante Landhaus der Stände. Sein Sohn Georg Anton Gumpp (gestorben 1745) baute nach langem Aufenthalt in Rom auch in Tirol römisch: die Sankt-Johannis-Kirche in Innsbruck 1729, in der bewegten Außengliederung der echteste barocke Kirchenkörper Innsbrucks. Bis 1732 hat Gumpp dann die romanische Stiftskirche in Stams überzeugend barockisiert.

Eine Erscheinung für sich ist die Schwazer Bauwerkstatt der aus Götzens stammenden Singer, die es unternahm, dem Bedürfnis der Zeit entsprechend über zwanzig Kirchen im Unterland zu ›barockisieren‹ und auch einige neue zu bauen wie etwa Fiecht, Eben, Hopfgarten. Ihre bewundernswerten Fähigkeiten, sich allen Gegebenheiten anpassen zu können, hat sie allerdings nicht vor einer gewissen gleichmäßigen Handwerksroutine schützen können.

Schließlich ist noch einer letzten Art des barocken Bauens in Tirol zu gedenken. Das sind die Werke des Pfarrers Franz de Paula Penz (gestorben 1772), den man einen ›Geistlichen Baudirektor‹ genannt hat. Es ist nicht ganz sicher, ob Penz wirklich nur der Manager seiner Bauten war und sich die Pläne, Kostenvoranschläge und dergleichen dazu von anderen machen ließ. Dazu wirkt die Architektur seiner Kirchen viel zu gleichförmig. Fest steht aber, daß er ohne alle Subventionen in der Lage war, insgesamt vierzehn Kirchen überall dort zu errichten, wo diese gebraucht wurden. Er beschäftigte etwa zwei Dutzend Bauarbeiterinnen, die ›Penzinnen‹, denen er für ihre Arbeit lediglich Kost und Quartier bot. Mit Hilfe und Spenden der Ortsansässigen stiegen die Bauten überraschend schnell empor.

Freilich die künstlerisch bedeutendsten Barockkirchen in Nordtirol haben ›Ausländer‹ gebaut: der Bayer Millauer (gestorben 1758) in Ebbs und Sankt Johann, die Schwaben Johann Jakob Herkommer (gestorben 1717) und Johann Georg Fischer (gestorben 1747) den Dom zu Innsbruck.

Als Stukkateure arbeiteten vornehmlich Wessobrunner Meister, als Freskanten Kosmas Damian Asam aus München, Matthäus Günther und Johann Georg Wolker aus Augsburg sowie Josef Adam Ritter von Mölk aus Wien. Daneben hatten die einheimischen Meister Christoph Anton Mayr und der Kitzbüheler Andreas Faistenberger einen sehr schweren Stand.

Alles an künstlerischen und kulturellen Unternehmungen fand aber durch die Napoleonischen Kriege ein jähes Ende.

Der Freiheitskrieg von 1809 und das 19. Jahrhundert

Die Vorgeschichte des Tiroler Freiheitskampfes gegen Napoleon reicht weit in das Wesen der einheimischen bäuerlichen Bevölkerung zurück, die hier nie leibeigen gewesen war. Seit jeher besaß der Großteil der Tiroler Bauern den Grund, den er bebaute, selbst, und seit Jahrhunderten saßen die Tiroler Bauern gleichberechtigt neben Geistlichen, Adeligen und Bürgern als vierter Stand in allen politischen Versammlungen. Es ist auch daran zu erinnern, daß der Lebenskampf in den Gebirgen ungleich härter war und ist als in den milderen Gegenden des Alpenvorlandes. Dieser Umstand unterstützte schon immer die kämpferische Haltung vor allem der männlichen, aber auch der weiblichen Bevölkerung Tirols. Noch heute findet sich im alpinen Sport, der hier einfach zum täglichen Leben gehört, ein Echo dieser Lebensumstände. Ein so vorgebildetes Volk wehrt sich nicht nur gegen die Natur, es wehrt sich auch gegen andere Feinde härter und geschickter als eines, das nur selten zur Verteidigung seines Lebens aufgerufen wird. Das Raufen, das Rangeln, das Steinheben, das Scheibenschießen, das Wildern, ja insgesamt das Sich-kühn-einer-Gefahr-Aussetzen – und streife sie auch die Grenzen des Erlaubten – lagen den Tirolern im Blut, waren doch ihr täglicher Kampf mit der Natur, mit Lawinen, Wildbächen, Unwettern, und die tägliche Arbeit in den Berghängen, das Holzfällen, das Schlittenziehen, die beste Vorübung aller für einen Kampf notwendigen Voraussetzungen.

Seit der Zeit der habsburgischen Landesfürsten Friedl, Sigmund und Maximilian bestand eine fast persönlich zu nennende Liebe und Ergebenheit dem Kaiserhause gegenüber. Ebenso unvorstellbar wie die Aufgabe seiner Freiheiten war für den

Tiroler der Gedanke, ›sein‹ Kaiserhaus aufgeben zu müssen oder von diesem verlassen zu werden, und dieser naive Glaube an gegenseitige Treue wurde dem Lande zum Verhängnis.

Wenn man sich heute mit unserer erweiterten politischen Toleranz die Vorgänge zwischen 1805 und 1809 kurz in Erinnerung ruft, so kann man nur den Kopf schütteln und sich wundern, wundern darüber, daß der Aufstand nicht schon im ersten Jahr der Besatzung losgebrochen ist. Die erste Entscheidung fiel durch die Schlacht bei Ulm, die einen Sieg der Franzosen brachte. Dementsprechend wurden auch die Flanken des Rückzugs der österreichischen Truppen entblößt. In Tirol rückte 1805 Marschall Ney ein und übergab das Land einen Monat später an die mit Frankreich verbündeten Bayern. Der Frieden von Preßburg, geschlossen am 26. Dezember 1805, erklärte in den Artikeln 8 und 15 Tirol zur bayrischen Provinz.

Die praktische Durchführung der Übernahme des Landes brachte mannigfache Schwierigkeiten. Allein die Umwechslung des Geldes verursachte arges Kopfzerbrechen, die finanzielle Entflechtung der Beziehungen Tirol–Wien dauerte Jahre. Die Bayern übernahmen keineswegs ›nur‹ blühende Zustände in Tirol. Die Kontinentalsperre Napoleons hatte den Handel arg betroffen, besonders in Bozen, in den Eisenfabriken des Stubaitales, bei der Leder- und Kattunerzeugung in Reutte, Lermoos und im Zillertal. Der Verfall der Montanindustrie in Schwaz, der Rückgang der Baumwollfabrik in Imst, wo 1804 noch 4791 und wenig später nur mehr 905 Arbeiter beschäftigt werden konnten, bereiteten den neuen Herren größte Sorgen.

Dort am Münchner Hof huldigte man nicht nur im Sog des französischen Diktators einer fortschrittlichen, aufgeklärten Politik, die zwar die Grundfesten des Christentums nicht antastete, aber vieles daran als rückständig beseitigen zu müssen glaubte. Vieles historisch Gewachsene, Traditionelle ließ man, ganz im Sinne der Französischen Revolution, nicht mehr gelten, und so geschahen nun auch in der neuen Provinz Tirol Dinge, die unweigerlich provokativ empfunden werden mußten.

Zunächst verschwand der jahrhundertealte Begriff ›Tirol‹, der durch ›Provinz Südbayern‹ ersetzt wurde. Dann reorganisierte man die Wirtschaft, was dringend notwendig war, weil etwa die Holzeinschläge ohne jede zukunftweisende Planung durchgeführt worden waren. Im medizinischen Bereich wurde 284 ›Bauerndoktoren‹ das Handwerk gelegt und ein allgemeiner Impfzwang für Kinder eingeführt. Ungeimpfte Kinder durften, falls sie starben, nur nachts und ohne jede Begleitung beigesetzt werden. Man versuchte auch das bedenklich niedrige Niveau der Innsbrucker Universität zu heben, und schließlich begann man auch, die christliche Religion von einheimischen Bräuchen, Aberglauben und überholten Ritualen zu ›säubern‹, ohne sich im klaren darüber zu sein, was dies für die Tiroler bedeutete. Nacheinander wurden verboten: die Christmette, das Beten von Rosenkränzen während der Messe, die Errichtung der Heiligen Gräber zur Osterzeit, der Wettersegen, alle Kreuz- und Bittgänge, das Läuten der Sterbeglocke. Man kann es heute nicht fassen, was da getrieben wurde.

Mit diesen Anordnungen wurden nicht nur die gesamte Bevölkerung vor den Kopf gestoßen, sondern vor allem die Priester in Gewissenskonflikte gestürzt, die in diesen Dingen an die Weisungen ihrer Bischöfe gebunden waren. Aber auch diesen ging es ans Amt. Die Einsetzung von Pfarrern bedurfte zuerst staatlicher Genehmigung. Eine ganze Reihe von Klöstern wurde aufgehoben, so die Kapuzinerklöster in Meran, Schlanders, Mals, ferner die Klöster Wilten, Neustift, Stams, Gries, Marienberg, Fiecht, Rattenberg sowie die Niederlassungen der Serviten in Volders und Innsbruck. Das Klostergut wurde zum Kauf geboten, und da sich die Bevölkerung scheute, Kirchengut zu erwerben, wurde vieles von handelstüchtigen Juden ergattert, was natürlich helle Empörung hervorrief. »Wer sich am Geweihten des Herrn vergreift, ist ein schlechter Kerl«, gab ein Höttinger Bauer bei einem Polizeiverhör zu Protokoll.

Nicht genug damit betraf nun eine Welle von Soldatenaushebungen auch die Tiroler selbst, die noch dazu wußten, daß sie gegen ihr geliebtes Kaiserhaus Österreich kämpfen sollten. Man pochte vergebens auf das Landlibell, dessen Einhaltung im Frieden von Preßburg zugesichert worden war. Die Besatzer stellten Listen auf, und das Würfelsystem wurde eingeführt: Wer die meisten Augen warf, mußte gehen. Es erfolgte eine regelrechte Flucht aller wehrfähigen jungen Männer, die zu Dutzenden ins Engadin oder Salzburgische wanderten, wo sie sich als Knechte verdingten. Viele blieben auf den Almen und in den Wäldern verborgen. In einem Wehrkreis kamen von 158 Burschen ganze 15 dem Gestellungsbefehl nach.

Im Fleimstal kam es zu einer lokalen Revolte, die damit endete, daß 15 Fleimstaler über Mantua nach Elba deportiert wurden. Im Außerfern wurden widerstrebende Gemeindevorsteher öffentlich mit Stockhieben gezüchtigt – und dabei wurde gleichzeitig von der Gnade und Güte des Königs von Bayern geredet, der von schärferem Vorgehen absähe.

Die Tiroler nahmen heimlich Verbindung mit Wien auf, um einen Aufstand vorzubereiten. Im Januar 1809 reisten Hofer, Nessing und Peter Huber nach Wien. Die Tiroler profitierten vom Mangel einer entschlossenen und planmäßigen Führung der Bayern. So marschierten zwei französische Truppenkontingente von je 3000 Mann von Italien aus durch Tirol nach Norden. Hätten sie sich vereinigt und kriegsmäßig bewegt, so wäre es wohl nicht so einfach gewesen, das Militärjoch in wenigen Tagen abzuschütteln. Die Österreicher rückten über Lienz ins Pustertal vor und drängten die Besatzung bis nach Sterzing hinaus, wo sie aufgerieben wurde. Inzwischen marschierte die erste Heeressäule, von den Tiroler Heckenschützen ununterbrochen gestört, mühsam über den Brenner nach Innsbruck vor. Hier wurde ihr von den Einheimischen mitgeteilt, daß es keine bayrische Militärmacht mehr gäbe und daß die Österreicher im Anrücken seien. Nach einigem Zögern kapitulierten die Franzosen, ohne daß eine echte kriegerische Auseinandersetzung erfolgt wäre. Denn die Stadt Innsbruck war von den Oberländer Schützenkompanien am 11. April 1809 von Hötting aus erobert worden. Nach einem gewaltigen Siegesfest zogen die Bauern noch am selben Tage wieder nach Hause. Sie ließen Wachen da, und eigentlich hatte niemand den Oberbefehl. Dabei fragte auch niemand, woher denn plötzlich die vielen Franzosen gekommen waren, und diese fragten nicht viel, warum die Tiroler revoltierten, sondern ergaben sich.

Insgesamt gewannen die Tiroler Bauern drei Schlachten am Berg Isel gegen das französisch-bayrische Militär. Andreas Hofer residierte in der Hofburg. So bieder, wie er war, so waren auch seine Entscheidungen. Der Kaiser übersandte ihm huldvoll eine goldene Kette. Dann ging nach den verlorenen Schlachten auf dem Hauptkriegsschauplatz auch ›das letzte

Aufgebot‹ der Tiroler verloren. Steckbrieflich verfolgt floh Hofer auf eine Alm, wurde verraten, gefangengenommen und am 20. Februar 1810 in Mantua erschossen.

Über Andreas Hofer ist viel geschrieben worden. Positives und Abträgliches, Weitblick und Kurzsichtigkeit, Dickköpfigkeit und Wankelmut wurden ihm zugemessen. Sicherlich ist er naiv zu nennen, weit von jedem Raffinement entfernt, wenngleich ihm manchmal eine gewisse Verschmitztheit zukam, schließlich war er Viehhändler. Aber seine Schlauheit betraf nie seine eigene Person oder deren Vorteil. Im Krieg stellte er sich ganz der Allmacht Gottes anheim, felsenfest davon überzeugt, daß das Recht siegen müsse. Als er verloren hatte, gab er sich drein. Er war wohl auch innerlich erschöpft, denn er machte während des Transportes nach Mantua nicht den geringsten Versuch zur Flucht. Als man ihn steckbrieflich suchte, nahm er sich nicht einmal seinen charakteristischen Bart ab, um sich unkenntlich zu machen; und dabei kannten ihn die Franzosen und Italiener überhaupt nur unter dem Spitznamen ›Barbone‹ – ›Großbart‹. Von ›allen‹ verlassen, von einem Landsmann verraten, sprach er sich offenbar jede weitere Daseinsberechtigung ab. Das klingt auch aus seinem Abschiedsbrief, den er wenige Stunden vor seiner Hinrichtung seinem Freund Pühler nach Neumarkt schrieb. Darin heißt es am Ende: »... Liebster Herr Bruder! Sag zu der Wirtin, sie soll sich nicht so bekümmern, ich werde bitten für sie bei Gott und für alle. Ade du schnöde Welt, so leicht kommt mir das Sterben vor, daß mir nicht einmal die Augen naß werden. Geschrieben um 5 Uhr in der Früh, und um 9 Uhr reis ich mit Hilf aller Heiligen zu Gott. Dein im Leben geliebter Andre Hofer am Sand. Im Namen des Herrn will ich die Reise vornehmen.«

Nachdem Napoleon gestürzt und Tirol wieder zu Österreich zurückgekehrt war, verlor auch Salzburg seine Souveränität und fiel 1816 an Österreich. Bei dieser Gelegenheit wurde das östliche Zillertal zu Nordtirol geschlagen. Unermeßlich waren die Schäden an Leben, Hab und Gut, die der Krieg dem Lande zugefügt hatte. Am schwersten hatte es die einst so reiche Silberstadt Schwaz getroffen, die vollkommen abgebrannt ist.

Alle diese Ereignisse sind Thema der Historienmalerei des 19. Jahrhunderts in Tirol geworden, deren Hauptmeister Franz

Defregger (1835-1921) wurde. Seine Bilder und die Tiroler Volkssänger, allen voran die Rainer aus dem Zillertal, die ganz Europa bereisten, haben jenes romantische Bild des Tirolers geschaffen, das heute noch durch die Prospekte des Fremdenverkehrs und die ›Tiroler Abende‹ geistert. Außerhalb des Landes stehen die Werke des Außerferners Josef Anton Koch (1768-1839), der sich ganz in Rom niedergelassen und dort im Sinne der deutsch-römischen Romantiker gemalt hat. Die Baukunst hatte nichts Eigenständiges mehr aufzuweisen. Patriotische Dichtungen blieben in lokaler Ebene befangen. Nur in Karl Schönherr (1867-1943) erstand dem Lande ein bedeutender Dramatiker, der die Gabe hatte, den Tiroler Lebenskampf in vielen Schattierungen, glaubwürdig, überzeugend und verständlich auf die Bühne zu stellen.

Im übrigen wandte man sich dem ›modernen Geist‹ zu. 1858 erreichte die Eisenbahn Innsbruck, 1884 konnte der Arlbergtunnel eröffnet werden. Den Schienen entlang entstanden historisch geformte Stationsbauten, die kleinen gotischen Burgen glichen. Die Hauptstadt schmückte sich mit riesigen Zinskasernen im Gründerstil. Während die sentimentale Alpenbegeisterung im deutschen Flachland allenthalben ›Tiroler Häuschen‹ aus dem Boden sprießen ließ, setzte der beginnende Fremdenverkehr Cottages in die freie Natur um Igls, Kitzbühel und Kufstein, die reine Importformen waren und keinerlei Bezug zu Tirol hatten, das immer noch ein Bauernland war. Klassizismus, Neugotik und Neubarock fanden im Kirchenbau einige Beachtung. 1898 wurde Imst zur Stadt erhoben, 1899 folgte Schwaz.

Das 20. Jahrhundert

Der Erste Weltkrieg brachte erbitterte Kämpfe an den Fronten gegen Italien am Isonzo und in den Dolomiten, wo man heute noch auf manchen Klettersteigen an den verfallenen Felsenkavernen der Standschützen vorbeikommt. Südtirol ging verloren, und damit wurde eine völkische und kulturelle Einheit zerstört, die seit dem frühen Mittelalter (1266) bestanden hatte. Sie hat Siegern wie Besiegten viel Kummer gebracht.

Nach dem Zweiten Weltkrieg wurde in feinsinniger Diplomatie Nordtirol den Franzosen als Besatzungszone zugewiesen, aber diesmal erhob sich kein Andreas Hofer mehr. Man arrangierte sich mit den Besatzern, die 1955 endlich abzogen.

Der Wiederaufbau der zerstörten und zerrütteten Wirtschaft gelang vor allem mit Hilfe des Fremdenverkehrs, der zur Haupteinnahmequelle des Landes wurde. Kein Tiroler muß mehr ins Ausland ziehen, weil er zu Hause keine Arbeit fände. So geht es den Menschen gut, der Landschaft freilich immer schlechter. Vor allem die Mechanisierung des alpinen Sports und über tausend ›Aufstiegshilfen‹ haben zu einer Vermarktung Nordtirols geführt, die keine Grenzen zu kennen scheint. Das Zillertal, in dem während der Saison auf einen Einheimischen mindestens vier Fremde kommen, ist ein Beispiel dafür. Die Energiebeflissenen möchten am liebsten in jedem Tal einen großen Staudamm errichten, und man fragt sich allmählich, wo eigentlich jenes Tirol übrigbleiben wird, das als Beispiel für Heimatliebe, Freiheitssinn und Redlichkeit gilt. Zweimal wurden in Innsbruck-Axams und Seefeld die Olympischen Winterspiele durchgeführt, und der Schisport mit seinen ›Kanonen‹ verdrängt selbst am Berg Isel allmählich die Erinnerung an jene anderen, die hier auch geklungen.

Die größte landschaftliche Veränderung hat der Bau der Inntalautobahn gebracht, eine bittere Notwendigkeit freilich bei den chaotischen Verkehrszuständen, die sich früher fast dauernd auf den Durchgangsstraßen abgespielt hatten. Einige Teilstücke wie die Europabrücke sind technische Meisterleistungen geworden, andere wie die Zusammenführung der Strecken im Bereich des Berg Isel kann man von sehr verschiedenen Aspekten her beurteilen. Leider ist der Verkehrslärm, der von den Autobahnen inmitten des Tales ausgeht, bis weit in die Berge hinauf zu hören, so daß es hier nirgends mehr einen geräuschfreien Bereich gibt.

So steht Nordtirol im Begriff, sein Gesicht und seine Struktur gründlich zu verändern. Das wirtschaftliche Resultat unter dem Strich scheint zu stimmen. Daß dieses Ergebnis aber auf Kosten dessen geht, was Tirol ausmacht(e), übersieht man ganz geflissentlich. Kaum irgendwo wird die Landschaft so unbedenklich zerstört wie im Inntal, auch deshalb, weil ›oben‹, an den Felsen, doch immer alles gleich bleibt und daher scheinbar kein Schaden eintritt. Wie lange noch?

Im
Herzen
Tirols

Innsbruck und seine Umgebung

In einem Landschaftsbuch über Nordtirol darf natürlich ein Kapitel über die Landeshauptstadt nicht fehlen. Aber Innsbruck muß hier als Mittelpunkt eines ganzen Landes verstanden werden und nicht als Denkmal für sich, das heißt, hier kann nur Wesentliches erwähnt werden, wogegen vieles andere, sehr Reizvolles, echt ›Innsbruckerisches‹, verschwiegen bleiben muß, um den vorgegebenen Umfang nicht zu sprengen.

Innsbrucker Stadtgeschichte

Wichtig ist die Stadtgeschichte, wichtig ist das Gesicht der Altstadt rings ums berühmte Goldene Dachl; erwähnt und besucht werden muß natürlich das Grabmal Kaiser Maximilians I. mit den ›Schwarzen Mandern‹ ebenso wie die theresianische Hofburg. Erwähnen muß man auch Veldidena-Wilten, das römische Castrum am Fuße des Berg Isel, des Heldenberges Tirols. Schon etwas ferner gerückt stehen dann Schloß Ambras mit seinen Sammlungen und schließlich das Karwendelgebirge.

Der Name Innsbruck lenkt das Augenmerk auf die Brücke über den Inn, womit die mittlere gemeint ist, die von der Höttinger Gasse direkt gegen die Ottoburg, das ehemalige Inntor der Altstadt, herüberführt. Auch Albrecht Dürer hat die Stadt 1494 vom Nordufer aus aquarelliert. Wann die erste Innbrücke geschlagen wurde, ist nicht bekannt, vielleicht schon vor dem Jahre 1000. Die Römer, die am Südende der Stadt ihr festes Lager Veldidena errichtet hatten, bauten jedenfalls hier keine Brücke. Ihre Straßenzüge trennten sich bereits bei Matrei. Von dort aus zog die östliche über das Mittelgebirge am Fuß des Patscherkofels nach Hall, die westliche über Wilten und Zirl ins Oberland.

Anfang des 12. Jahrhunderts wissen wir von den Prämonstratensern, die sich in Wilten ein Kloster erbauten und denen Bischof Reginbert von Brixen dazu ausgedehnte Gründe bis zum Inn hinab schenkte. Ende desselben Jahrhunderts, etwa um 1170, erwarben die Grafen von Andechs als Herren im mittleren Inntal von Wilten jene Gründe, auf denen später die Innsbrucker Altstadt entstand. Sie wurde als südlicher Brückenkopf mit einer Burg am Inntor angelegt, während auf dem Nordufer schon früher eine Siedlung, nun Anpruggen genannt, bestanden hat.

Wann die Stadt das Stadtrecht und damit die Pflicht zu Wall und Graben erhielt, ist ungewiß. Das früheste diesbezügliche Dokument vom Jahre 1239 ist eine Bestätigung bereits bestehender städtischer Rechte, die Stadterhebung dürfte also früher liegen. 1209 wird Innsbruck als ›Civitas‹ bezeichnet, wogegen 1187 noch vom ›Markt‹ gesprochen wird. Demnach hat vielleicht Graf Berthold IV. die Stadterhebung vorgenommen.

Die mittelalterliche Anlage besaß nach jeder Himmelsrichtung Tore, die alle längst verschwunden sind. Das Rumer Tor nach Osten steckt in einem Rondell der Hofburg. Auch von der Stadtmauer und deren Türmen kann man nur mehr den Schatzturm an der Nordostecke der Hofburg gegen den Rennweg hin ahnen. Alle anderen, es waren etwa zehn, sind in den Häusern aufgegangen. Da die Befestigungen nie ernsthaft geprüft wurden, begannen die Innsbrucker bald ihre Häuser an die Stadtmauern anzulehnen, wodurch die Wehrgänge verschwanden. Der wirtschaftliche Aufschwung der Stadt beruhte auf dem Zusammentreffen der Straßen, verlief aber viel zögernder als etwa im nachbarlichen Hall, wo seit den Salzfunden im 13. Jahrhundert Handel und Schiffahrt auf dem Inn blühten. Die Andechser legten auf Innsbruck mehr Wert und betrieben hier seit 1230 eine Münze. Die folgenden Grafen von Tirol, die von Meran aus regierten, stellten diese ein, und die Stadt fiel an Bedeutung hinter Hall und Meran zurück.

Das änderte sich erst wieder, als Herzog Friedl mit der leeren Tasche Innsbruck zur Residenz erhob und hier eine neue repräsentative Burg zu bauen begann, deren Hof Dürer 1494 gemalt hat. Sechs Jahre danach begann man am mittleren Teil der Burg den Bau des Goldenen Dachls.

Mittlerweile hatte sich Innsbruck deutlich über die alten Mauern und Gräben ausgedehnt. In der heutigen Maria-Theresien-Straße, damals Vorstadt genannt, standen Häuser der Handwerker und ein Hospital, an das jetzt noch der Name der Spitalkirche erinnert. Auch an den Südhängen der Nordkette wuchs die Zahl der Siedler. Hier ließen sich vor allem jene Berufe nieder, die auf Wasserkraft angewiesen waren wie die Schmiede und Gießer. Um 1500 verwandelte die Stadt durch den Typus des Innstadthauses ihr Antlitz. Dieses neue, vom Fundament bis zum Dach aus Stein errichtete Haus hängt mit der Tätigkeit der Baumeisterfamilie Türing zusammen. Damals residierte Kaiser Maximilian I. häufig in Innsbruck, wo er auch sein Grabmal zu errichten beschloß. Ein großes Magazin für sein Kriegsgerät entstand im Zeughaus unweit der Sill, wo man es wieder besichtigen kann.

In der zweiten Hälfte des 16. Jahrhunderts dehnte sich die Stadt auch gegen Osten aus, die Hofkirche wurde zur Aufnahme des Grabmals gebaut, Schloß Ambras erneuert und erweitert, die Stadt zählte schließlich um 1600 bereits 5000 Einwohner. 1614 eröffneten die Jesuiten ein Gymnasium, 1628 wurde das große Hoftheater fertig, dessen Reste in Form von Arkadenbögen im modernen Kongreßhaus integriert wurden. Als 1665 die gefürstete Grafschaft Tirol wieder an das Kaiserhaus zurückfiel, beschloß Kaiser Leopold I., keinen Landesfürsten mehr einzusetzen, sondern Tirol durch Statthalter regieren zu lassen. Zum Trost für den Verlust der Residenz stiftete er 1669 die Innsbrucker Universität. Die kulturelle Initiative ging nun nicht mehr von einem Fürstenhof aus, sondern von den ansässigen Tiroler Adelsgeschlechtern und den Bürgern. Es entstanden einige hübsche Stadtpalais und auch ein repräsentatives Ständehaus.

1765 starb Kaiser Franz I., der Gemahl der Kaiserin Maria Theresia, plötzlich während der Hochzeitsfeierlichkeiten seines zweiten Sohnes in der Hofburg. In den folgenden Jahren wurde deren stockende Modernisierung energisch weitergeführt; es entstand der prachtvolle Riesensaal mit den farbsprühenden Deckenfresken Maulpertschs, und es entstand die schlichte, aber in ihrer Dimension eindrucksvolle Barockfassade der Burg gegen den Rennweg.

IOACH
IESVS
IAC
MA
NOR·
IOSEPH·IVSTVM

II

SEBASTIAN SCHEL

(um 1479–1554)

Blick auf die Türme von Innsbruck

Ausschnitt mit der Darstellung der Heiligen Sippe,
Mitteltafel des Flügelaltars aus
Schloß Annaberg im Vinschgau 1517
Innsbruck, Tiroler Landesmuseum Ferdinandeum

Der Vorliebe seiner für die Schönheit und Eigenart heimischer Landschaften aufgeschlossenen Zeit folgend – es ist die Epoche der Donauschule –, hat Schel den Schauplatz dieser biblischen Szene sichtlich in die Uferauen des Inns gegenüber der Tiroler Landeshauptstadt verlegt. Im Hintergrund erscheint über den Fluß hinweg die Ansicht einer mauerbewehrten Stadt, die sehr wohl ein Erinnerungsbild des alten Innsbrucks darstellen mag. So könnte der Fachwerkbau mit den Erkern der Ottoburg am Inntor entsprechen, der höchste Turm gleicht ganz dem Innsbrucker Stadtturm, ehe er 1560 seine erste ›Welsche Haube‹ aufgesetzt erhielt. Und der Kirchturm daneben erinnert vielleicht an jenen der gotischen Stadtpfarrkirche Sankt Jakob, die 1717 dem barocken Dombau Johann Jakob Herkommers aus Füssen weichen mußte. Die Topografie ist freilich noch im Sinne der Zusammenschau verstellt, wie sie dem Künstler am günstigsten erschien.

Der Freiheitskrieg der Tiroler 1809 sah erbitterte Kämpfe an der Innbrücke und an der Hauptwache am Burggraben Nr. 1, noch nach bereits siegreichen Gefechten am Berg Isel.

Um 1840 begann dann erneut lebhafte Bautätigkeit außerhalb der Altstadt. Es entstand das Innsbruck des 19. Jahrhunderts, in vielen Teilen eine trostlose Angelegenheit mit reinen Zweckbauten zur Unterbringung der Menschen, die bereits die zehntausend überschritten hatten.

1858 wurde die Stadt an das Eisenbahnnetz angeschlossen. 1904 folgte die Eingemeindung der Dörfer Wilten und Pradl, die längst Vorstädte Innsbrucks geworden waren. 1938 geschah das gleiche mit Hötting, Mühlau und Amras, vier Jahre später folgten Vill, Igls und Arzl. Damit war Innsbruck zur Großstadt geworden, die 1975 bereits 120 336 Einwohner zählte.

Im Zweiten Weltkrieg wurden fast 4000 Häuser und elf große Hauptkirchen von Bomben schwer beschädigt. Der Wiederaufbau und die Austragung zweier Olympischer Winterspiele brachten erhebliche städtebauliche Veränderungen, und die Zusammenführung der Autobahnen aus West und Ost im Bereich des Berg Isel hat die alte Bedeutung der Lage der Stadt an einem Straßenstern erneut betont.

Berg Isel und Wilten

An keiner Stelle Nordtirols kann man so deutlich und fast schlagartig die kulturelle Wandlung des Landes erkennen wie auf dem *Berg Isel*. Die heroische Walstatt des Tiroler Freiheitsdranges trägt ein großes bronzenes Denkmal Andreas Hofers von Heinrich Natter, 1893, ein ausgedehntes Museum der Kaiserjäger und auch ein Mahnmal für die Gefallenen dieser Elitetruppe der österreichisch-ungarischen Monarchie. Die letzten beiden österreichischen Kaiser Franz Joseph I. (1848-1916) und sein Großneffe Karl I. (1916-18) stehen in bescheidenen Denkmalen fast verborgen zwischen den Büschen. In einer kleinen Kapelle wird das monumentale Kruzifix aufbewahrt, das die Tiroler Bauern in ihren Schlachten vorantrugen und von dem eine fast mittelalterliche Wucht ausging.

Der Berg Isel trägt aber symbolhaft für das heutige Tirol auch die größte Sportkampfstätte des Landes, die Olympia-

Sprungschanze. Die Schwerkraft hat sich von der historischen in die sportliche Arena verlagert. Beiden Richtungen liegen gemeinsame kampfbetonte Wurzeln zugrunde. Schon im Kaiserjägerdenkmal wird Sportliches spürbar, denn in der vorwärtsstürmenden Bronzefigur des jugendlichen Kriegers erkennt man unschwer den jungen Luis Trenker, der dem Bildhauer Hans Piffrader 1918 dazu Modell gestanden hat. Der Heimatdichter Bruder Willram hat die Verse des Kaiserjägerliedes geschrieben:

Gerungen wie die Helden, verblutet Mann für Mann,
Nur Lieder werden melden, was Großes sie getan.
Und findet man einst Gräber im Sand, die niemand kennt,
Das waren Kaiserjäger vom großen Regiment ...

In den erbitterten Auseinandersetzungen um Südtirol sprengten italienische Extremisten den stattlichen Andreas Hofer am 1. Oktober 1962 von seinen Füßen, so daß er neben dem hohen Denkmalsockel am Boden lag und mit der ausgestreckten Rechten anklagend nach Süden zeigte. Und es wird weiter erzählt, der Ander habe eine schwarze Binde vor den Augen getragen, als nach dem Zweiten Weltkrieg am 15. Juli 1951 die französische Besatzungsmacht auf dem Rennweg vor der Hofburg eine Parade abhielt. Liebevolle Patrioten wollten selbst noch dem Denkmal diesen Anblick ersparen.

Auch der berühmte Hohlweg zum Sonnenburgerhof hinauf ist noch da, in mehr oder minder verstümmelter Form. Er hat 1809 viel Blut getrunken. Die Kämpfe zogen sich ja östlich und westlich des Berg Isel weit über die Mittelgebirge hin. Die Tiroler hatten keinen Schlachtplan gegen den Feind unten in der Ebene der Wiltener Wiesen und Felder um die Pfarrkirche. »Balds di Boarn treffts – drauschlogn und nit auerlaßn!« galt als Hauptdevise, und die fremden Soldaten mußten schwer für die Dummheit ihrer Generäle büßen, die sie immer wieder gegen die bewaldeten Hügel hinaufhetzten. Wilten war damals ein kleines Dorf, von dem aus sich weite Wiesen bis Innsbruck hinzogen, das erst bei der Triumphpforte begann. Heute empfindet man es als südlichen Abschluß der Stadt. Ringsumher hat der moderne Straßenbau wahre Orgien gefeiert. Ja, man hat den Tiroler Heldenberg auch mit zahlreichen Eisenbahn- und

Straßentunnels durchlöchert. Einen ›historischen‹ Hügel nahe dem Sonnenburgerhof, der 1809 heiß umkämpft war, hat man zum Entsetzen tirolischer Patrioten kurzerhand abgetragen, als er der Autobahn im Wege stand.

Das 20. Jahrhundert begann dann im neuen Geiste die historische Kampfesstätte in eine sportliche zu verwandeln, indem man am höchsten Punkt des Berges die *Berg-Isel-Sprungschanze* installierte, einen anderen Hang ins Tal hinaus verschob, um 1964 und 1976 die beiden Sprungwettbewerbe würdig abhalten zu können. Man mag den Wandel dieses Kampfplatzes mit gemischten Gefühlen betrachten, voll akzeptieren oder ablehnen, eines steht auf jeden Fall fest: Er entspricht vollkommen dem gewandelten Geist der Tiroler. Lebendig ist der Schisport, museal das Tirol von 1809. Da hilft auch kein noch so klangvolles Dichterwort:

Tiroler Adler lebe hoch! Du wirst den Kranz behalten!
Von gleichem Eisen sind ja noch die Jungen wie die Alten!

Das *Kloster Wilten* zu Füßen des Berg Isel gilt als Geburtsstätte der Stadt Innsbruck. Zahlreich sind die bronzezeitlichen Funde in dieser Gegend, und den Römern schien das Gelände für ein Lager so geeignet, daß sie hier knapp um Christi Geburt ein Kastell bauten, dessen eindrucksvolle Reste 1955 beim Umbau der Eisenbahntrasse zutage traten. Das Kastell Veldidena befand sich knapp nördlich der doppeltürmigen Pfarrkirche. Mit den Römern kam das Christentum nach Wilten, wo bereits im 5. Jahrhundert ein Laurentiuskirchlein stand, so wie an der Römerstraße bei Imst und in Wörgl. 870 heißt Veldidena in einer Urkunde zum erstenmal Vuiltina, woraus dann später Wilten werden sollte.

Die Geschichte der Landnahme durch Fremde hat sich in der Gründungslegende des Klosters niedergeschlagen. Ein Riese namens Haymo aus fremden Landen hatte den einheimischen Riesen Tyrsus, der in der Gegend von Seefeld wohnte, im Kampf erschlagen und als Sühne für diese Untat das Kloster gegründet, in das er sich selbst zurückzog. Den gefährlichen Drachen in der Sillschlucht erschlug er gleichfalls, schnitt ihm die Zunge aus dem Rachen, die in der Kunstkammer des Klosters lange zu sehen war.

1128 wurden die Kirche und ein kleiner freier Konvent von Bischof Reginbert in Brixen den Prämonstratensern von Rot in Schwaben übergeben. 1138 bestätigte Papst Innozenz II. das neue Kloster in einer Urkunde, die es noch bewahrt. Bischof Reginbert hatte es reich mit Ländereien ausgestattet, um den Lebensunterhalt der Mönche sicherzustellen. 1180 trat Wilten einen Streifen Landes am Inn an Graf Berthold III. von Andechs ab, der dort Innsbruck gründete. 1805 und 1939 wurde das Kloster aufgehoben, 1944 schwer von Bomben getroffen. Erst 1952 waren alle Schäden wieder geheilt.

Die heutige Stiftskirche steht auf dem Boden einer mittelalterlichen dreischiffigen Pfeilerbasilika, deren Geist noch immer etwas im Langschiff mit den eingezogenen Pfeilern nachzuwirken scheint. Die neue Kirche wurde 1651 begonnen, stürzte jedoch 1657 zum Teil wieder ein und konnte erst 1661 eingeweiht werden. Die Ausgestaltung vor allem auch der Fassade zog sich bis 1716 hin, ja der südliche Fassadenturm blieb im Sockel stecken. Christoph Gumpp hatte die Pläne geliefert, Georg Anton Gumpp die endgültige Gestaltung ausgeführt.

Das Innere ist von einer pompösen Vornehmheit, ganz in Weiß, Schwarz und Gold gehalten, mit schwerem italienischen Stuck von Bernardo Pasquale geziert. Die Fresken stammen von Kaspar Waldmann; sie haben wie der Stuck unter den Bombardements 1944/45 schwer gelitten. Das Hochaltarbild malte Ägid Schor 1671. Es zeigt Maria mit den beiden Kirchenpatronen Laurentius und Stephanus. Hoch über dem Bild wurde ein theatralischer Thron Salomonis mit Löwenallee errichtet mit der Inschrift: »Ecce plus quam Salomon hic – Siehe, hier ist mehr als Salomon«, denn auf dem Thron sitzt Christus.

Im schmalen Vorraum des Hauptschiffes steht eine drei Meter hohe Holzstatue des Riesen Haymo aus der Zeit um 1500, von dem am Sockel gesagt wird:

Als Tag und Jahr verflossen wer,
Acht hundert schon verstrichen,
Zu sibenzig acht hats auch schon gmacht,
Da Haymon Todts verblichen.
Der tapffer Held hat sich erwehlt
Ein Closter auff zu führen:

Gab alls hinein, gieng selbst auch drein,
Wollts doch nit selbst regieren.
Hat löblich glebt, nach Tugend gstrebt,
Ein Spiegel war er allen.
Riß hin, Riß her, ist nit mehr er,
Ins Grab ist er hier gfallen.

Das Grab des Riesen soll im Chor links gewesen sein, es wurde aber nie gefunden.

Das Kloster, das für das älteste in Tirol gilt, hat sich im Laufe der Jahrhunderte sehr um die Kunst und Wissenschaft verdient gemacht. Seine wertvollen Sammlungen wurden leider großteils in den Jahren der Klosteraufhebung verschleudert. Restliche Stücke sind jetzt im gotischen Kapitelsaal ausgestellt worden. Sehenswert ist auch das Vestibül im ersten Obergeschoß, ein architektonisch ansprechender Raum. Auch der Festsaal, Norbertisaal genannt, mit Deckenbildern Kaspar Waldmanns ist sehenswert, selbst wenn sich hier inzwischen einiges verändert hat.

Den Prämonstratensern oblag schon immer die Seelsorge, und so erhielten auch die Wiltener unweit des Klosters eine Pfarrkirche zugeteilt, in der seit alters ›Unsere liebe Frau unter den vier Säulen‹ verehrt wurde. Die vier Säulen waren wohl nichts anderes als die Träger eines Ziboriums. Diese *Pfarrkirche von Wilten* erfuhr mehrere grundlegende Erneuerungen, die letzte 1751–56 durch Franz de Paula Penz, der hier die Anlehnung an die neuerbaute Pfarrkirche in Innsbruck eine Doppelturmkirche aufführte. Es entstand eine helle einfache Wandpfeilerbasilika, die ihre Besonderheit erst durch die Ausschmükkung bekam. Der Augsburger Matthäus Günther malte die zwei großen Langhausjoche und den Chor mit vollkommen raumfüllenden Fresken der Mariengeschichte aus, die zum Besten gehören, was er je geschaffen hat. Kühne Untersichten, stürzende Linien und bewegte Massenszenen wechseln ab, alles in zarte, helle Farben getaucht. Judith und Esther als vorausweisende Symbolgestalten der Gottesmutter sind in reicher Umgebung dargestellt. Über der Orgel wird die Legende des Gnadenbildes erzählt. Es handelt sich um eine Thronende Madonna aus Sandstein um 1330, die sich heute unter einem großen Rokokoziborium, eben den vier Säulen, über dem Hochaltar befindet. Franz Xaver Feuchtmayr aus Wessobrunn schuf allenthalben herrlichen Stuck, mit vielen kleinen Engelsszenen, die es wert sind, genau betrachtet zu werden, selbst eine schwarze Kanonenkugel mit der Unterschrift ›1809‹ kann man in der Mauer entdecken. Auch hier wie etwa in Fiecht bei Schwaz sieht man, daß die Vorstellung der Tiroler vom Barock nicht in einer Raumbewegung, sondern vielmehr in einer Lebendigkeit der Details bestand.

Zwischen Pfarrkirche und Stiftskirche steht das wuchtige Renaissancegebäude des alten *Amtsgerichts,* deutlich dem 16. Jahrhundert verhaftet. Diese drei großen Gebäudekomplexe standen schon so wie heute, als die Kämpfe 1809 um den Berg Isel tobten. Die Bayern hielten auch das Kloster besetzt, das von den Tirolern erstürmt wurde. In friedlichen Zeiten fanden auf der großen Wiese vor der Pfarrkirche die großen Pferdemärkte statt. Bis ins 19. Jahrhundert hat das Dorf Wilten seine Selbständigkeit bewahrt. Um 1900 verkehrte noch täglich eine Bötin nach Innsbruck hinein und besorgte Bestellungen und Kleintransporte. Dann schob sich die wachsende Stadt immer näher heran, und 1904 kam es schließlich zur Eingemeindung.

Vorm Goldenen Dachl

Die Geschichte jedes Landes hat ihre besonderen Brennpunkte, in denen sich entscheidende historische Ereignisse – wie Lichtstrahlen durch eine Linse gebündelt – gesammelt haben und von wo aus sie weitere Schicksale entzündeten. In Tirol gibt es drei derart schicksalhafte Plätze: vorm Goldenen Dachl, im Riesensaal der Hofburg und am Berg Isel zu Innsbruck.

Während aber die beiden letztgenannten viel von ihrem geschichtlichen Glanz verloren haben, blieb das *Goldene Dachl* inmitten des Innsbrucker Alltagslebens gleichsam lebendig bestehen und durch seinen Standort unmittelbar vor der Kulisse der Nordkette auch mit der typischen Landschaft Nordtirols verbunden. Daran schmälert kaum, daß die denkmalpflegerische Sorge gebot, die berühmten Reliefs des Prunkbalkons durch Kopien zu ersetzen und die Originale ins Landesmuseum zu bringen, wo man sie jetzt aus nächster Nähe studieren kann. Zwar waren sie ursprünglich nicht für solche Nahsicht gedacht, aber der handwerkliche Ernst der ausklingenden Gotik, der stets auch auf das prüfende Auge, »das ins Verborgene sieht«, ausgerichtet war, dieser handwerkliche Ernst ist zur Zeit, da diese Arbeiten entstanden, noch so tief, daß auch eine Nahbetrachtung des Goldenen Dachls jeder Prüfung standhält.

Das Goldene Dachl steht als Prunkerker am sogenannten Mitterhof der Landesfürstlichen Neuburg, der 1425 erbaut worden war. Den Anlaß zum Auftrag für den Erker bildete offensichtlich 1494 die Heirat Kaiser Maximilians I. mit Bianca Maria Sforza von Mailand-Savoyen. Laut Inschrifttafel ist der Balkon um 1500 fertig geworden. Als Baumeister und Steinmetz gilt der Hofbaumeister Niklas Türing, wir haben seiner bereits bei der Schilderung der Tiroler Bauhütten gedacht. Seinem Sohne Gregor, später Stadtwerkmeister, werden einige Wappenreliefs zugeordnet, für uns heute nicht von wesentlichem Belang. Einige Details kann man ganz genau datieren. So führte zum Beispiel Maximilian erst ab 1508 den Titel ›Erwählter Römischer Kaiser‹, gekrönt vom Papst im alten Sinne zu Rom ist er ja nie worden, und deshalb kann nach dem damaligen Wappenkodex das Relief mit dem doppelköpfigen Kaiseradler im Wappen nicht früher als ab diesem Zeitpunkt am Goldenen Dachl angebracht worden sein.

Wie alle Kunstwerke, die Kaiser Maximilian in Auftrag gab, zielte auch das Goldene Dachl über den aktuellen Anlaß hinaus auf eine allgemeine Repräsentation des Fürsten und des Reichsgedankens. Daß Türing, der Steinmetz, und Jörg Kölderer, der Maler, neben dem offiziellen Programm, das zweifellos unter der Anweisung des so sehr kunstinteressierten Kaisers selbst entstand, ein noch wesentlich tiefschichtigeres Denkmal schufen, bedeutet ihre besondere Tat, eben das Werk des Künstlers schlechthin.

Trotz oder wegen der zahlreichen Restaurierungen hat der Balkon viel von seiner ursprünglichen Farbigkeit verloren, ist ›tonig‹ geworden, ein Zustand, den wir seit Rembrandt schätzen, der aber der Farbenfreudigkeit gerade auch der Heraldik um 1500 absolut nicht entspricht. Immerhin haben besonders die jüngsten Erhaltungsarbeiten die Farbigkeit des verwendeten Materials wieder zutage gefördert: grauen Sandstein aus Mittenwald, roten Marmor aus Kramsach, gesprenkelten Nagelfluh (Brekzie) aus Hötting und vergoldete Kupferplatten fürs Dach wohl aus Innsbruck. Zu diesem eher zarten Schimmer der verschiedenen Gesteinsarten traten noch die lauten Farben der Wandbilder sowie die Bemalung der Wappen und Figuren, so daß das Ganze aus der Ferne wohl eher wie ein großer, bunter Teppich gewirkt haben muß als wie ein grauer Steinbalkon.

Aber nicht nur die zahlreichen Restaurierungen haben sich etwas wichtigtuerisch mit Daten und Inschriften vermerkt – die ausführlichste nach dem großen Erdbeben von 1670 steht als Chronogramm (1671) unten über dem Bogen –, sondern auch der Bauabschluß ist auf einem Täfelchen über dem Mittelfenster vermerkt: »xv^mo Jar«, das heißt: »Quincentesimo Jar«, also: »Im fünfzehnhundertsten Jahr«.

Vor dem Goldenen Dachl gilt noch die Anschauungsweise des Schnitzaltares, an dem die vollrunden Plastiken des Schreines als das Realste verstanden werden müssen gegenüber den in die Fläche zurückweichenden Reliefs oder der ganz flachen Malerei. Das räumlich Vorderste war auch das Begreifbarste, im doppelten Sinne des Wortes, und daher auch das Wirklichste: Das sind demnach hier die fast vollrunden Plastiken der Brüstung des Balkones. Sie gruppieren sich um die Hauptstücke in der Mitte, in denen beide Male der Kaiser zu sehen ist: einmal zwischen Rat und Narren, das andere Mal seinen beiden Gemahlinnen gegenüber. Schon die Präsentation der fürstlichen Majestas zwischen Weisheit und Narrentum ist ein geistiger Geniestreich, wie wir ihn sonst nur mehr bei Shakespeare finden. Wir können nicht sagen, ob man sich damals der Tragweite der Schaustellung bewußt war oder ob das Zeitlose daran nicht einfach dazugefallen ist. Jedenfalls ist es präsent und redet laut auch heute noch für alle Mächtigen dieser Erde.

Und nun erhebt sich zum erstenmal in unserer Interpretation die Stimme des Volkes, die uns noch mehrmals unterbrechen wird. Sie identifiziert den kaiserlichen Rat mit Kunz von der Rosen, jenem erstaunlichen Manne, der es vom Hofnarren zum kaiserlichen Rat gebracht haben soll. Hingegen bleibt der Narr anonym. Auffallend ist, daß er sich ganz deutlich zu den Damen hinwendet, wobei er die Schwurfinger der Rechten erhebt und ihm Marie von Burgund sogar ein wenig zuzuhören scheint.

In diesem zweiten Mittelstück sieht man den Kaiser mit seinen beiden Gemahlinnen. Die bereits verstorbene Marie von Burgund mit der typischen burgundischen Kopfbedeckung, dem Hennin, unter dem das Haar der verheirateten Frau aufgebunden war (daher die Redensart: ›unter die Haube gekommen‹), steht entfernter von Maximilian am Rand der Szene. Der Kaiser hat sie sehr geliebt, es war eine der wenigen politischen Liebesehen im Hause Habsburg. Jahre nach dem Tode Marias hat der Letzte Ritter, selbst in Gegenwart seiner zweiten Gemahlin, manchesmal ein kleines Bildchen der Verstorbenen hervorgezogen, es geküßt und beziehungsvoll tief geseufzt.

Bianca Maria Sforza mit den langen Zöpfen hält einen Apfel in der Hand. Zunächst denkt man vielleicht an eine Art Parisurteil, ja selbst an Adam und Eva; dies alles aber klingt nur eben an, denn es handelt sich auch bei diesem Apfel um eine Preisfrucht, und zwar für den närrischsten Maruskatänzer unter den sich in den übrigen Szenen der Brüstung wahrhaft grotesk bewegenden Männern.

Dieser Mariska-, Maruska- oder Moriskentanz war ein damals sehr beliebter Modetanz, der von den Mauren über Südspanien und Frankreich nach Deutschland gekommen und hier in der zweiten Hälfte des 15. Jahrhunderts nachweisbar ist. Dabei wurde er zu einem Tanzspiel gestaltet, das jenem den Preisapfel zuerkannte, natürlich als biblisch-erotisches Symbol der Eva gemeint, der sich in Wort und Tanz am verrücktesten gebärdete. Hier wirkt der Hochzeitsgedanke als Preisvergabe durch.

In den tanzenden Figuren ringsum, ausnahmslos Männer, steckt noch sehr viel Grotesk-Fratzenhaftes, wie wir es von den mittelalterlichen Fassadengespenstern an den großen Kathedralen her kennen, auch viel Zeitloses, wir brauchen dabei nur an unsere Liebestänze zu denken. Manchmal endeten derartige Tanzvergnügungen mit dem beliebten ›Umschmeißen‹, bei dem alles, Männlein und Weiblein, in einem großen Knäuel aufeinanderlag.

Auch die Tanzszenen lassen sich etwas ›lesen‹, nicht leider bis heute die hebräischen Schriftzeichen, wohl aber die bildlichen Darstellungen. Man erkennt einen Trommler, der unter deutlicher Hinwendung zu den Fürstlichkeiten einen Beginnwirbel schlägt und damit einen bereits rhythmisch zuckenden Mann gegenüber buchstäblich von seinem Hocker reißt. Dressierte Hündchen, die auf ihren Hinterpfoten hüpfen, und ein tanzender Bär begleiten die Verrenkungen zweier Schlangenmenschen, wogegen im westlichsten Feld ein deklamatorisches Duett gehäuften Unsinn von sich zu geben scheint der Clown und sein Widerpart. Auch unsere ›Akrobat-Schööön-Meister‹ sind nicht weiter gekommen als diese Gaukler hier. Und gerade inmitten dieser bewegten Szenerie ringsum wirkt der ganz en face dargebotene Kaiser zwischen Rat und Narren distanziert als gottähnliche Majestät. 1500 – es ist auch das Jahr des großen christomorphen En-face-Selbstbildnisses Albrecht Dürers.

Spätestens bei den langen Zöpfen Bianca Marias bricht die Volksmeinung der Einheimischen neuerlich gegen die Wissenschaft los. Wie gibt es denn das: Eine Frau, die längst ›unter der Haube‹ ist – und 1500 war es die Sforza bereits sechs Jahre –, trägt ihr Haar noch in jungfräulichen Zöpfen? Und wieso sind aus dieser zweiten Ehe des Kaisers keine Kinder entsprossen? Soll dies nicht vielleicht ein Hinweis darauf sein, daß diese Ehe gar nie wirklich vollzogen worden ist? Die hohe Wissenschaft von damals schob die Unfruchtbarkeit der Italienerin auf deren übermäßiges Schneckenessen! Schließlich war es doch nur eine politische Geldheirat, darauf deutet doch auch der – natürlich – goldene Apfel hin.

Soweit die Volksmeinung dazu, die ja überhaupt auch die Urheberschaft Maximilians am Goldenen Dachl hartnäckig in Zweifel zieht. Dazu tragen die Beinamen zweier im Volksbewußtsein noch sehr lebendiger Landesfürsten bei, nämlich Friedl mit der leeren Tasche und dessen Sohn Sigmund der Münzreiche, den wir bereits als Urheber des Schwazer Unzialis kennen. Der eine dieser beiden Regenten hatte offenbar kein Geld, der andere hatte zuviel. Und besonders der ›ohne‹ Geld wollte beweisen, daß er es eben doch hatte – wie der verkleidete Prinz im Märchen! –, und so erbaute er den Prachtbalkon und ließ das Dach mit reinem Gold eindecken.

Ja, die Wirkung des Goldenen Dachls und seiner Hochzeitsgeschichte ist von solcher Art gewesen und geblieben, daß man es zur historischen Stätte jeder in Innsbruck geschlossenen Hochzeit par excellence erhoben hat. Im selben Gebäude vollziehen sich seit vielen Jahren nämlich alle Innsbrucker Hochzeiten, da sich dort das Standesamt mit der spätgotischen Traungshalle (1510–16) befindet. Die Stadthistoriker werden sagen, daß es sich hier um einen Zufall handle! Ich aber glaube, daß es keiner handgreiflicheren Zeugnisse mehr bedarf für die Ausstrahlung eines Kunstwerkes und seine Lebendigkeit im Volke, als sie hier in Legende und Wirklichkeit gegeben wird. Hier ist zumindest im Unbewußten die ›Mitte‹ noch nicht verloren.

Betrachten wir nun die gemalte Szene hinter dem Balkon. Sie konnte in ihrer Bedeutung noch nicht restlos geklärt werden. Offenbar handelt es sich auch um eine höfische Unterhaltung: Wieder sehen wir den Narren agieren, recht derb und eindeutig greift er in die Weiberröcke, und dieser Narr trägt unverkennbar die Züge Maximilians selbst. Auch dazu sind mehrere historische Umstände bekannt. So wissen wir, daß schon Maria von Burgund ihrem Maximilian »vergunnte«, auf seinem Turnierhelm »Örlein zu tragen«, das heißt Narren-Eselsohren. Im Tower zu London hat sich überdies ein Harnischhelm in Form eines Narrengesichtes, mit sehr großer Habsburgernase, abnehmbarer Brille und Bockshörnern, erhalten, den Maximilian anfertigen ließ, um ihn König Heinrich VIII. zu schenken, so daß dieser sich in den gehörnten Narren Max verwandeln konnte. Es lag also nahe, eine derartige Mummerei auch hier abzubilden. Freilich, das große Pferd zwischen den Gestalten weist doch auf eine ganz bestimmte Geschichte hin.

Unter dem Balkon schaffen dann die gemalten Bannerträger mit den Fahnen des deutschen Königtums und der Grafschaft Tirol eine Verbindung zwischen den Majestäten und der Wappenreihe. Diese, tiefer in die Fläche gedrückt als die Figuren der Brüstung, zeigen die maximilianisch-habsburgischen Länder: Steiermark (seitlich); Österreich, Ungarn, Kaisertum, Königtum, Burgund, Mailand, Tirol (seitlich). Auch das Rippengewölbe im Erdgeschoß zwischen den Pfeilern, die den ganzen Aufbau tragen, ist mit vielerlei Wesen bevölkert: Tiere, Pflanzen, Menschlein, Wappen samt Wappenhaltern und auf der Konsole wiederum ein Narr mit Narrenkeule und gewaltiger Hakennase.

Früher befand sich noch in Höhe des ersten Stockes, eine Fensterachse neben dem Goldenen Dachl, ein großer prächtiger

Wappenstein Erzherzog Sigmunds, wodurch die heute allzu steril wirkende Fassade des alten Hauses belebt wurde.

Es gibt im deutschen Kulturraum kein zweites Denkmal, das seit Jahrhunderten so vielschichtig ins Volksbewußtsein gedrungen ist wie dieses Goldene Dachl. Schon in der Kindheit des Innsbruckers beginnt es, wenn die Figürchen, besonders der Narr, der Kasperl, vor den Kinderaugen wie Handpuppen zu agieren scheinen, wenn dann die märchenhaften Legenden um das Gold, den armen und doch reichen Herzog Friedl, den Apfel, den Kaiser usw. auftauchen, die ›wahre‹ Geschichte vom Letzten Ritter dann erfahren wird und vielleicht sogar hohe Kunstwissenschaft noch mitredet; wenn der Bund fürs Leben hier geschlossen wird, so wie es einst der Kaiser tat, oder ein Verstorbener ins Register des Standesamtes eingeschrieben werden muß. Vor dem Goldenen Dachl steht auch ›alle Jahre wieder‹ eine riesige Weihnachtstanne, an die vierzig Meter hoch, deren Glühbirnen in den sparsamen Festen der Nachkriegszeit geheimnisvoll verschwanden, aber nicht durch Engelsfinger. Immer beteiligt sich das Goldene Dachl am Leben eines Innsbruckers und eroberte sich so seine einmalige Stellung im Herzen Tirols.

Wenden wir uns nun nach diesen historisch-psychologischen Betrachtungen hinaus gegen die ›Neustadt‹ oder ›Vorstadt‹, wie sie einmal hieß, gegen die *Maria-Theresien-Straße*. Unschwer erkennt man die Straßenenge, wo sich bis 1765 das Vorstadttor befunden hat. Man errichtete dann an seiner Stelle zwei hohe Flügelmauern, die in Pylonen endeten; sie standen da das ganze 19. Jahrhundert wie steinerne halb geöffnete Torflügel, bis sie schließlich dem immer mehr anwachsenden Verkehr weichen mußten. Den Zustand der Altstadt, als noch alle Fahrzeuge in vollem Strome, natürlich in beiden Richtungen, hier hindurchbrausten, kann man sich nur mit Schaudern ins Gedächtnis zurückrufen. Heute ist die Fußgängerzone selbstverständlich geworden.

Blickt man den Häuserfronten der *Herzog-Friedrich-Straße* entlang – sie trägt den Namen nach jenem Herzog mit der leeren Tasche –, so sieht man entzückt die ganz im Original erhaltenen typischen Hausformen des 15. und 16. Jahrhunderts.

Diese Fassaden werden mit der Tätigkeit der beiden Türing in Zusammenhang gebracht; und warum nicht? Gregor, der Sohn, war Stadtwerkmeister und hatte bei der Gestaltung der Häuser sicher ein ganz maßgebliches Wort mitzureden, und von einigen Umbauten können wir sogar Dokumente über die Tätigkeit der Baumeister beibringen.

Diese ›Innstadthäuser‹, so lautet der Fachausdruck, zeigen über wuchtigen Arkaden im Erdgeschoß, den Lauben, eine schmale Front von erstaunlicher Höhe; Platz war kostbar innerhalb der Stadtmauern. Die Häuser ziehen sich tief in sehr enge Höfe hinein, für deren besondere Ausstattung etwa durch Arkaden nur selten Raum blieb, wie zum Beispiel im Trautsonhaus (Nr. 22). Kennzeichnend schieben sich flache Erker durch alle Geschosse vor und tragen häufig Reliefs als Schmuck der Brüstungen. So das nahe *Katzunghaus* (Nr. 16), das 1517 im Besitz des berühmten Hofplattners Kaiser Maximilians I., Konrad Seusenhofer, gewesen ist. Es zeigt Turnierszenen (1525), wie sie vor dem Goldenen Dachl vor sich gegangen sind. Man ritt aus der Hofgasse und von der Ottoburg her gegeneinander und traf etwa vor dem Goldenen Dachl zusammen, von dem aus die hohen Herrschaften zusahen. Später wurden Turniere, die sich immer mehr zu Massenkämpfen entwickelten, am breiten Rennweg vor der Stadt im Osten abgehalten.

1541 baute Gregor Türing das schon erwähnte *Trautsonhaus* für den Erbmarschall von Tirol, Ritter Hans Trautson, um und schmückte es auch aus. Ebenso geschah es mit dem *Deutschordenshaus* (Hofgasse 3), das bereits 1532 in seine heutige Form gebracht wurde.

Der Giebelabschluß des Innstadthauses verläuft ursprünglich gerade, es ist ein Scheingiebel, eine Mauer, hinter der sich das sogenannte Grabendach befindet. ›Verborgene Dächer‹ nannte man das treffend im 16. Jahrhundert. Erst später wurde dann der Fassadenabschluß dem wechselnden Schmuckempfinden der Zeiten jeweils angepaßt. Der ehemals waagrechte Abschluß zog sich als Feuermauer rings um das Hausdach und versuchte es gegen ein Feuer beim Nachbarn abzusichern. Es scheint, daß diese Hausform, zumindest aber dieser Fassadenabschluß, der den ganzen deutsch-österreichischen Alpenraum eroberte, von Innsbruck ausgegangen ist, denn nach dem verheerenden

Großbrand in Klagenfurt 1514 forderte Kaiser Maximilian 1518, dort nur noch »innsbruggerische« Dächer zu bauen. Man muß sich das alles ja holzverschindelt vorstellen, großteils wurde in den Höfen Vieh gehalten, Heuvorräte gab es ebenso in den Häusern wie Misthaufen, und Klein- und Großvieh bevölkerte alle Straßen und Plätze.

In der Häuserreihe linker Hand der Herzog-Friedrich-Straße, wenn man vom Goldenen Dachl aus nach Süden blickt, steht das *Alte Rathaus,* fast schmucklos, und neben ihm der Stadtturm, 75 Meter hoch, dessen Besteigung sehr zu empfehlen ist. Die Vogelschau über die Altstadtdächer hinweg, in die engen, gewundenen Gassen hinein, in die Höfe und Plätze, legt vieles der alten Zustände offen, die selbst jetzt noch jeden Brand in einem dieser uralten Häuser zu einer hochgefährlichen Situation für alle machen.

Aber auch zum besseren Verständnis der Lage der alten Stadt an der Innbrücke ist der Ausblick vom Stadtturm lohnend. Man sieht hinüber auf die bunte Häuserzeile von ›Anpruggen‹, wie das hieß, wohl der ältesten Wohngegend im Bereich Innsbrucks überhaupt, man sieht hinauf zum Höttinger Turm, einer architektonisch seltenen Baulösung, und man kann die alte Stadtgrenze gegenüber der Neustadt entlang dem Markt- und dem Burggraben deutlich ziehen. Man sieht leider so manche Bausünden, die hier in Innsbruck wie anderswo in der Hast des Wiederaufbaues nach 1945, als es um die nackte Existenz ging, geschahen, aber auch andere, die wohlüberlegt nach geplanten Wettbewerben zustande kamen.

Auch den *Stadtturm* hat übrigens Gregor Türing, der Stadtwerkmeister, 1542 ›restauriert‹; 1658 geschah dann ähnliches noch einmal. Der Turm wird in seiner Architektonik meist unterschätzt, er fügt sich im Sockel den Lauben vollständig ein, und ›von außen‹ betrachtet man ihn immer nur aus solchem Abstand, daß man eigentlich nur die Haube richtig sieht. Das ging schon Albrecht Dürer 1494 so, als der Helm noch gotisch spitz war. Die moderne Dachgestaltung durch eine ›welsche Hauben‹ erfolgte 1560, die Wasserspeier stammen von 1586, aber die älteste der vier Turmglocken wurde schon 1468 gegossen. In hervorragend unaufdringlicher Weise, so überzeugend wie selbstverständlich, wurde aus dem kubisch-quadratischen

Unterbau ein achteckiger Oberteil mit gerundeten Erkerformen entwickelt, daß man sich dies erst deutlich bewußt machen muß, ehe man es auch sieht und die künstlerische Leistung ermessen kann.

Gewisse Dinge beharrten im Bereich der Altstadt durch Jahrhunderte. In die Hofgasse mündet immer noch ein Teil der Hofburg, und daneben sitzen die Glaser seit 1723 im selben Gewölbe. In der Seilergasse gibt es immer noch ein Seilergeschäft, auch wenn der Inhaber heute nicht mehr seiledrehend im Krebsgang die enge Gasse entlangschreitet. Im *Schöpferhaus,* Herzog-Friedrich-Straße 19, gibt es seit 1515 Apotheker, und im Haus Nr. 20, dem *Vogelsangerhaus,* existiert seit 1688 eine ›Spezerei und Kramerei‹. Auch der *Goldene Adler* steht immer noch dort, wo er 1598 als Gasthaus erstmals erwähnt wurde, und die Zweckarchitektur der Lauben, der Arkadengänge zu beiden Seiten der Herzog-Friedrich-Straße, ist bis heute unübertroffen geblieben.

Blicken wir nun nach rechts, so stehen wir dem *Helblinghaus* (Nr. 10) an der Ecke gegenüber. Es trägt seinen Namen von einem Besitzer des 19. Jahrhunderts, der hier ein kleines Kaffeehaus betrieben hat. Auch das Helblinghaus ist eine altehrwürdige gotische Individualität, die 1730 lediglich mit dem Blütenregen des Rokoko übergossen worden ist. Es war ein Wessobrunner Stukkateur namens Anton Gigl (gestorben zu Innsbruck 1769), der den Schmuck außen und auch in einigen Erkern innen angebracht hat. Er goß wirklich einfach darüber, denn an den zwei südlichsten Erkern im ersten und zweiten Stock trat während einer Restaurierung unter schadhaftem Stuck alter gotischer Zierat – spitzbogiges Maßwerk und ein Wappenschild – hervor. Man kann ihn deutlich sehen.

Wenn man durch die Lauben des Helblinghauses innwärts geht, so steht man nach wenigen Schritten vor dem gleichfalls auf alt bemalten Gasthaus *Goldener Adler,* wie schon erwähnt dem ältesten erhaltenen Innsbrucker Gasthaus überhaupt. Hier logierte alles, was Rang und sogar manches Mal auch Namen hatte, fast alles, denn der kleine Mozart nächtigte mit seiner Karawane im Hotel ›Weißes Kreuz‹, sonst aber alles, selbst Goethe – nur kurz – und Paganini. Heine (1828) fehlte auch nicht und konnte sich einige sarkastische Bemerkungen zu dieser Umgebung nicht versagen: *In der Wirtshausstube des Herrn Niederkirchner zu Innsbruck hängen einträchtig nebeneinander die Bilder von Andreas Hofer, Napoleon Bonaparte und Ludwig von Bayern. Innsbruck selbst ist eine unwöhnliche, blöde Stadt. Vielleicht mag sie im Winter etwas geistiger und behaglicher aussehen, wenn die hohen Berge, wovon sie eingeschlossen, mit Schnee bedeckt sind ...*

Simon Thaddäus Niederkirchner war seit 1775 im Besitz des Gasthauses. Und ein anderer Reisender in Tirol – der Münchner August Lewald – beschreibt den ›Goldenen Adler‹ 1835 wie folgt:

Der nun verstorbene Besitzer Aloys Niederkircher hatte den Charakter Innsbrucks ... richtig begriffen und ihn in seinem grandiosen Hotel widerzuspiegeln gesucht. Es schimmert darin überall die Naivität des Gebirgs hervor, bei allem Anstrich von großstädtischem Wesen. Herr Niederkircher hat seine Zimmer und Korridore mit den Reden Hofers, die dieser einst aus seinen Fenstern an das Volk hielt, geschmückt, daneben hängen Karten und Ansichten des Landes, Schmetterlings- und Mineraliensammlungen von Tirol, und die Aussicht, die man aus seinem Garten sowieso auf das Gebirge hat. Das Maß eines riesengroßen Einwohners aus dem Val di Ledro, der einst hier als Hausknecht diente, ist an allen Ecken und Enden angegeben und mit erklärenden Inschriften versehen; zu dem allen kommt noch eine originelle Empfehlungskarte, worauf die Karte von Tirol en miniature befindlich ist.

Besonders interessant wird das Gasthaus für uns durch die Gegenwart Andreas Hofers, der auch mithineingehört in diesen Brennpunkt der Geschichte vor dem Goldenen Dachl. Nach der dritten siegreichen Berg-Isel-Schlacht im August 1809 hielt er vom Fenster des ›Goldenen Adler‹ folgende Rede ans Volk:

Grüeß enk Gott, meine liabn Spruker [Innsbrucker], weil ös mih zum Oberkommadanten derwöhlt habts, so bin ih halt da. Es sein aber no viel andre da, dö koane Spruker sein. Alle, dö meine Waffenbrüeder sein wöllen, do müessn für Gott, Koaser und Vaterland als tapfre, rödle und brave Tiroler streitn. Dö aber dös nit tien wölln, dö solln hoamziechn. Do meine Waffenbrüeder wearn wölln, solln mih nit verlassn, ih wear enk a nit verlassn, so wahr ih Andre Hofer hoaß. Gsagt hab ih enks, gsöchn habts mih, pfiat enk Gott!

Schon das Wissen um die Anwesenheit Hofers genügte, um den Pöbel der Stadt von allen Exzessen zurückzuhalten, wie sie nach dem Abzug der französischen Besatzung gedroht hatten.

Ein halbes Jahr später war schon alles verloren und der Sandwirt erschossen. Mit keiner historischen Figur, mit keiner Vatergestalt, identifiziert sich auch der liberalste Tiroler heute noch im Unbewußten so stark und so oft wie mit dem Sandwirt aus dem Passeiertal. Hier treffen viele Aspekte zusammen: Bauerntum als die Urwurzel der Bevölkerung, Heimatliebe, Schützenwesen, Freiheitsdrang, seit dem Ersten Weltkrieg auch die Sehnsucht der Wiedervereinigung mit Südtirol, nach der glorreichen ›Alten Zeit‹, nach Anerkennung in aller Welt, nach Brauchtum, nach geradem, einfachem, bestimmtem Wesen. Die neue, wirtschaftlich so lebenswichtige Fremdherrschaft in Form des überbordenden Fremdenverkehrs hat von dieser Sicht aus zwei Seiten in der Brust des Einheimischen. Wir wollen sie nicht zu genau betrachten.

Wenden wir uns nun von der Gastlichkeit dieses Hauses samt seinen illustren Gästen ab und betrachten wir das gegenüberliegende *Alte Regierungsgebäude* (Nr. 3). Hier befand sich seit dem späten 16. Jahrhundert der Sitz der Landesregierung, der Ämter der Hofkammer. Nachdem Erzherzog Ferdinand II. 1564 die Regentschaft über Tirol und die Vorlande übernommen hatte, wurde die alte Hofburg zunächst als Residenz adaptiert, und die Regierungsämter, die bis dahin dort untergebracht waren, mußten auslogiert werden. Sie zogen hierher, und das neue Amtsgebäude wuchs im Laufe der Zeiten im Innern der einzelnen Häuser immer weiter. Auch hier hatten die Türing den alten Kern der Bauten mitgestaltet. Die spätgotische Kapelle und die Pfeilerhalle im ersten Stock, beide gegen 1511, sind zweifellos ihr Werk. Der große Saal im zweiten Stock darüber geht auf Claudia von Medici 1645 zurück. Sie führte nach dem Tode ihres Gatten Erzherzog Leopold V. einige Zeit die Regentschaft über Tirol. Dieser ›Claudiasaal‹, auch den Innsbruckern nicht allzu bekannt, trägt eine herrliche, tief gekehlte hölzerne Kassettendecke, in deren Mitte ein Wappenfeld mit den Wappenschilden von Österreich, Tirol und der Medici prangt. Groß war die Überraschung, als man auf der Rückseite des Tiroler Adlers mit Bleistift die Signatur der prachtvollen Arbeit fand. Da konnte man lesen: »Bonifacius Eck Cohr Maintz ahm Reunstrohm Dieschler 1645«. Also ein kurmainzischer Schreiner inmitten von Innsbruck!

Am 21. und 22. Dezember 1689 erschütterte ein Erdbeben diese Häuser so schwer, daß man sich gezwungen sah, sie gründlich zu überholen. Damit wurde der Hofbaumeister Johann Martin Gumpp d. Ä. beauftragt, der im Innern wie Äußern das Konglomerat aus mehreren alten Bürgerhäusern geschickt vereinheitlichte. Er schuf die noch heute sichtbare Fassade im manieristisch-barocken Stil mit Maskendekor, das sich in der Hoheitszone an die Vorbilder des Maxgrabes hielt, das dazumal schon längst echte Geschichte geworden war. Früher spieen unter dem Sims Phantasiegesichter bei Regen wahre Sturzbäche auf die Straße. Auch hier gab es ja noch ›verborgene Dächer‹.

Neben dem Alten Regierungsgebäude – und damit hart am Ende des alten Innsbruck – stößt man auf den Wohnturm der *Ottoburg,* der ehemals etwas niedriger, aber immer schon mit Ecktürmchen versehen war. Er stand unmittelbar neben dem alten Inntor, das die Verbindung zur alten Burg der Grafen von Andechs hergestellt hat und erst 1790 samt seinem Turm abgetragen worden ist. Dürer hat beides, Alte Burg und Stadttor, deutlich gemalt.

Allenthalben in der Altstadt sieht man die schräg gegen die Häuserwände aufgeführten Erdbebenpfeiler, meist aus der sehr stabilen Höttinger Brekzie gemeißelt. Das alte Innsbruck hat viele heftige Erdbeben erlebt, das moderne übrigens auch! 1572 zählte man nicht weniger als vierzig Stöße, die den damaligen Landesfürsten Erzherzog Ferdinand II. veranlaßten, das hölzerne Schloß ›Ruhelust‹ im Hofgarten zu errichten, da Holzbauten als absolut erdbebensicher galten. 1707 hat es der Franzose de Blainville hier noch gesehen: *Ganz in der Nähe der Hofburg steht ein anderer Palast, der viel kleiner ist und ganz aus Holz. Beim ersten Erdbebenstoß flüchten der Statthalter und sein Hof hierher, weil die Gefahr, von fallenden Steinen erschlagen oder verletzt zu werden, hier bei weitem nicht so groß ist.*

Hundert Jahre später, am 17. Juli 1670, zwischen zwei und drei Uhr früh, erwachte die Bürgerschaft dadurch, daß die Kirchen- und Turmglocken ob der wankenden Erde von selbst zu läuten begannen. Die hohen Schornsteine fielen auf die Straße, und die Figur des heiligen Jakob stürzte von der Fassade der Pfarrkirche auf den Platz hinunter, wo sie zerbarst. Tagelang folgten immer neue Erdstöße. *Bauernhöfe, Städel und Alphütten waren mit Menschen angepfropft, welche zwar des Tags in die Stadt kamen, die Nächte aber bis in den Monat September teils unter Dekken, teils unter freiem Himmel zubrachten.* Auch das Goldene Dachl mußte damals überholt werden. »Restauror post horrendos continuo anno et ultra perpessos terrae motus« heißt es über dem Bogen, und das Chronogramm ergibt 1671.

Das Grabmal Kaiser Maximilians

Das überragende Kunstwerk Nordtirols ist das Grabmal Kaiser Maximilians I. in der *Hofkirche* zu Innsbruck. Es reicht weit über lokale Bedeutung hinaus und zeigt deutsches Kunstvermögen von abendländischem Rang.

Kaiser Maximilian, der ›Letzte Ritter‹ (1459-1519), hat wie kein zweiter deutscher Kaiser getrachtet, sich und dem habsburgischen Erzhaus Denkmäler, ›Gedechtnus‹, zu setzen, sei es in der Symbolschrift von Wappen, sei es durch figürliche Darstellungen wie am Goldenen Dachl, sei es durch umfangreiche Biographien oder eine ausgedehnte Ahnenforschung. Er war darin ein typischer Renaissancemensch, der Epoche der Wiedergeburt und Wiederbesinnung auf den Menschen selbst als dem Mittelpunkt der göttlichen Schöpfung und dem Maß aller Dinge. Aus 192 Holzstöcken ließ er das papierene Riesenwerk der ›Ehrenpforte‹ den römischen Triumphbögen nachbilden, und der ›Triumphzug‹, auch eine Holzschnittfolge, tat ein gleiches. Auch die Idee eines Reiterstandbildes seiner kaiserlichen Majestät hat er, ganz im Sinne italienischer Vorbilder, jahrelang gefördert. Zur Ausführung dieser und zahlreicher weiterer Vorhaben beschäftigte er an vielen Orten Gelehrte und Künstler, die auch alle in Erscheinung traten, als sich beim Kaiser ab 1500 die Absicht zu einem Grabdenkmal immer mehr festigte. Ihm schwebte dabei nichts Geringeres vor als eine bildhafte Versammlung aller Kaiser von den Römern bis zu ihm selbst, wobei es sozusagen um den Stammbaum des römisch-deutschen Kaisertums an sich ging. Dahinein verflochten sollten die wichtigsten Vorfahren im Fleische, die ›Sipp- und Magschaft‹, dargestellt werden, und zwar alles nach der Stilerkenntnis des 15. und 16. Jahrhunderts; also die römischen Imperatoren in

Büsten, was für sie nach den Funden in Italien besonders typisch erschien, die Verwandtschaft in Schnitzfigurengröße von etwa sechzig Zentimeter Höhe, aber die christlichen Kaiser besonders des Hauses Habsburg überlebensgroß. Alle Darstellungen aber sollten in echt antikem Geiste auch im antiken Material der Bronze entstehen.

Damit gab es schon vom Handwerklichen her schwierige Probleme. Niemand – abgesehen von den Florentinern – hatte seit der Antike mehr lebensgroße Standbilder in Bronze gegossen; Kanonen und Glocken zwar, aber Standbilder? Um es vorwegzunehmen: Es gelang schließlich nach vielen und größten Schwierigkeiten, eine Gußhütte in Mühlau bei Innsbruck einzurichten, in welcher der ebenso geniale wie psychisch labile Gilg Sesselschreiber nach ›Visierungen‹ (Skizzen) der Hofmaler die ersten elf Figuren goß. Drei davon gerieten so fehlerhaft, daß sie später eingeschmolzen werden mußten. Man goß in Teilstücken in einer Sandform, die im Boden steckte wie beim Glockenguß. Die einzelnen zentnerschweren Teile wurden über Stangengestelle im Hohlraum der Plastiken zusammengesetzt und die Oberfläche vom Possierer nachgearbeitet, bis alle Nähte verschwanden.

Maximilian hatte sich, um den Fortgang der Arbeiten möglichst zu beschleunigen, auch nach anderen Gießern umgesehen und zwei Figuren, die Könige Artus und Theoderich, bei Georg Vischer in Nürnberg in Auftrag gegeben. Albrecht Dürer lieferte die Entwürfe. 1513 war das herrliche Paar in jeder Hinsicht vollendet. 1518 wird Sesselschreiber wegen großer Schulden und säumiger Arbeit entlassen. An seine Stelle tritt Stefan Godl, ein Nürnberger, weniger genial als sein Vorgänger, aber dafür ein hervorragender Handwerker, im modernen italienischen Gußverfahren nach der verlorenen Form gründlich bewandert: Ihm mißlang kein einziger Guß. Als gewissenhafter Meister war er von den Vorlagen abhängiger als Sesselschreiber, der so manches selbst visiert oder verändert haben dürfte.

Als Stefan Godl 1534 starb, war der ›alte Kaiser Max‹ schon fünfzehn Jahre tot, und begraben vor dem Altar der Burgkapelle zu Wiener Neustadt, wo er heute noch ruht.

Damals waren auch 34 Cäsarenbüsten durch den Augsburger Jörg Muskat fertiggestellt, von denen heute zwanzig in Innsbruck und eine in München sind. Die Innsbrucker Stücke kann man vollkommen deplaziert im Schloß Ambras besichtigen, aus dem Zusammenhang mit dem Grabmal gelöst, eine Tat, der sich erst die allerjüngste Zeit rühmen darf. Auch die 21 Bronzestatuetten der ›Heiligen, Sipp-, Mag- und Schwägerschaft‹ des Hauses Habsburg waren fertig.

Ab 1534 ruhten die Arbeiten, vor allem auch deshalb, weil niemand wußte, wo und wie das Grabmal aufzustellen geplant gewesen war, wenn so ein Generalplan überhaupt je existiert haben sollte. Erst 1547 kamen die Dinge wieder in Bewegung. 1550 wurde die letzte Großfigur, der Merowingerkönig Chlodwig, nach einer Skizze von Christoph Amberger durch Gregor Löffler in Hötting gegossen, aber erst zehn Jahre später, ab 1560, nahm die Idee eines Hochgrabes allmählich greifbare Formen an. Es entstand eine gewaltige Tumba, die auf den Seitenwänden in Marmorreliefs die Großtaten des Kaisers schilderte, der als Bronzefigur auf dem Kenotaph zwischen den vier Kardinaltugenden kniend zu sehen ist. Die Kaiserfigur goß der Italiener Ludovico de Duca 1584 nach einem Modell des niederländischen Hofbildhauers Alexander Colin, der am Hofe Erzherzog Ferdinands II. viel galt.

Inzwischen hatte sich König Ferdinand I., der Enkel Max I., 1553 entschlossen, zur Aufstellung des Denkmals eine neue Kirche zu bauen zusammen mit einem Kloster, das die Grabstelle betreuen sollte. Es entstand die Hofkirche, weil sie die Kirche des landesfürstlichen Hofes in der nahen Burg wurde, eigentlich eine Kirche zum Heiligen Kreuz. Baumeister waren Italiener: Andrea Crivelli aus Trient bis zur Einwölbung 1559, dann Marx della Bolla, Alessandro Longhi aus Mailand und als einziger Tiroler Niklas Türing d.J., ein Enkel des Meisters vom Goldenen Dachl. Es entstand eine dreischiffige Hallenkirche, nicht unähnlich der Franziskanerkirche zu Schwaz. Das Gewölbe trug ein Rautenmuster aus Rippen, das bis auf kleine Partien unter den Emporen bei den Restaurierungsarbeiten nach dem schweren Erdbeben von 1689 dem modernen Stilempfinden zum Opfer fiel.

Als die Kirche 1563 in Anwesenheit Kaiser Ferdinands I. eingeweiht wurde, war die Innenausstattung noch lange nicht fertig. Erst 1573 konnte der Glasmaler Thomas Neidhart aus

Vorarlberg die Chorfenster liefern, die 1710 als schadhaft entfernt wurden. Auch die alten Altäre wurden damals durch neue ersetzt. Alt sind noch die Chororgel (1561), die Choruhr (1576) sowie die hölzerne Fürstenloge (1571), die Erzherzog Ferdinand II. durch den Ravensburger Tischler Hans Waldner bauen ließ.

Die vielfachen baulichen Veränderungen der Kirche, vor allem die barocke Stuckierung, haben die Architektur dem Grabmal entfremdet. Niemand würde vermuten, daß die Kirche planmäßig zur Aufstellung des Denkmals gedacht war. Auch seine Hüter, die Patres Franziskaner, haben das längst vergessen und viele Jahre gegen den unfrommen weltlichen Wandel der kunstinteressierten Besucher im Kirchenschiff gewettert.

Wenn man die Kirche betritt, so wirken die Bronzeriesen zunächst bescheiden klein zwischen den hohen Rotmarmorsäulen, und dies um so mehr, als die Statuenreihe erst im vierten Langhausjoch beginnt. Anfangs waren ja vierzig Figuren geplant, von denen nur achtundzwanzig ausgeführt worden sind. Der Platz für die restlichen zwölf blieb also leer, wodurch die ganze Reihe gegen den Chor zu verschoben erscheint. Ein weiteres kommt hinzu: Man kann die einzelnen Statuen nicht umschreiten, sondern nur der rechten und linken Figurenreihe entlanggehen. Dieser Umstand und die verhältnismäßig hohen Marmorsockel, auf denen sie zwischen den Säulen stehen, distanziert sie vom Betrachter und erweckt in ihm unschwer auch das Gefühl der historischen Entferntheit. Fast alle Figuren halten eine Hand bereit, eine Kerze oder Fackel darin zu tragen, und nur wer sie einmal in dieser Beleuchtung gesehen hat, die jahrhundertelang die einzig mögliche war, kann sagen, er habe die volle Wirkung dieser Gestalten erfahren. Sie entzieht sich der sachlichen Beschreibung; sie bedeutet für den empfänglichen Betrachter aber geradezu eine lebendige körperliche Aufnahme in den Kreis seiner Ahnen im Abendland.

Unser Rundgang beginnt nun links und führt im Uhrzeigersinn um den Kenotaph herum, den wir zuletzt betrachten wollen.

ALBRECHT II. *(1397-1439), Verwandter Maximilians und als deutscher König Vorgänger in der Regentschaft. Guß von Stefan Godl, um 1526; gehört zu den schwächsten Figuren.*

FRIEDRICH III. *(1415-93), römisch-deutscher Kaiser, Vater Maximilians. Guß von Godl, 1515-22. Dargestellt ist der alte, von der Last der Krone gebeugte Herrscher.*

LEOPOLD III. *(1075-1136), Markgraf vom alten Österreich ob und unter der Enns aus dem Hause Babenberg, das hier vor den Habsburgern regierte. 1484 heiliggesprochen. Guß von Godl, 1519/20.*

ALBRECHT IV. *von Habsburg (1240 auf einem Kreuzzug gestorben), Vater des ersten gewählten habsburgischen deutschen Königs Rudolph I. Entwurf 1513 durch Albrecht Dürer; Holzmodell von Hans Leinberger; Guß 1518 von Godl, wodurch er eine Probe seines meisterhaften Könnens ablegte. Bewundernswert sind gleichermaßen der Dürersche Entwurf, der vom spätgotischen Kontrapost über eine besondere Charakteristik der Persönlichkeit bis zur Spiraldrehung des Manierismus reicht, wie auch die Präzision der stofflichen Darstellung durch den Gießer und Bossierer.*

LEOPOLD III. *(1351-86), Herzog von Österreich. Hier übertrifft die meisterhafte Behandlung der Oberfläche, also das Handwerkliche, weit den künstlerischen Entwurf von Ulrich Tiefenbrunn. Guß von Godl, 1518/19. Wenn man diese Figur mit der Graf Albrechts links der Säule vergleicht, ermißt man die Bedeutung des künstlerischen Entwurfes bei gleicher Güte des Gusses.*

FRIEDRICH IV. *(1382-1439), Herzog von Österreich, Graf von Tirol, mit dem Volksnamen ›Friedl mit der leeren Tasche‹, die am Gürtel der Figur zu sehen ist. Guß von Godl, 1523/24.*

ALBRECHT I. *(1255-1308), deutscher König, von seinem Neffen Johannes Parricida nahe der alten Habsburg ermordet. Guß von Godl, 1527.*

GOTTFRIED VON BOUILLON *(1063-1100), König von Jerusalem, einer der Führer des ersten Kreuzzuges, der die Eroberung Jerusalems erreichte. Die Krone des Heiligen Landes war der Dornenkrone Christi nachgebildet. Letzter Guß Godls vor seinem Tod 1534, über zwanzig Jahre nach dem Guß der ersten Grabmalsfigur.*

ELISABETH VON UNGARN *(1396-1443), heiratet Albrecht II., wodurch erstmals Böhmen und Ungarn an das Haus Habsburg gelangen. Guß von Godl, 1529/30.*

MARIE VON BURGUND *(1457-82), erste Gemahlin Kaiser Maximilians, Mutter Philipps des Schönen und Margarethas von Österreich, die auch beide hier stehen. Nach dem Tode ihres Vaters Herzog Karl des Kühnen von Burgund 1477 brachte sie das Herzogtum Burgund als Erbland an das Haus Habsburg. Guß von Gilg Sesselschreiber, 1513. Etwas plumpe Figur mit porträtähnlichem Kopf.*

ELISABETH *(1263-1313), Gemahlin König Albrechts I. Zusammen mit Zimburgis die künstlerisch bedeutendste Frauenplastik des Grabmals, von ruhiger, beseelter Größe; das Gesicht vielleicht nach der Grabplatte. Auch hier hat man an einen Entwurf Dürers gedacht. Guß von Sesselschreiber, 1515. Man betrachte die Figur auch von rückwärts, damit man die herrlichen Zöpfe sehen kann.*

KUNIGUNDE *(1465-1520), Schwester Maximilians. Betonte Ähnlichkeit der Gesichter der Geschwister. Als Sesselschreiber 1516 die Statue fertigte, war Kunigunde noch am Leben. Sie lebte als Witwe Herzog Albrechts* IV. *von Bayern im Franziskanerkloster zu München.*

Diese drei zuletzt genannten Werke Gilg Sesselschreibers, entstanden zeitlich vor den übrigen der linken Reihe, die Godl erst ab 1518 goß. Sesselschreibers Figuren sprechen eine ganz andere Sprache als die Godls, sie wirken urtümlicher, klobiger und sind in ihrer Qualität einheitlicher als die Figuren des stark vom Vorbild abhängigen Godl. Wir wissen nicht, wer die Gruppierung vorgenommen und die Aufstellung Ende des 16. Jahrhunderts in dieser Reihenfolge bestimmt hat; wahrscheinlich war es Erzherzog Ferdinand II. selbst, der kurz vorher sein Waffenmuseum in Ambras – wie man nachweisen kann – eigenhändig arrangiert hat. Beim Sesselschreiberschen Dreigestirn wurde darauf Bedacht genommen, die glatt fließende Komposition der Elisabeth durch die gemusterten Kostüme Mariens von Burgund links bzw. Kunigundes rechts zu erhabener Schlichtheit zu steigern. Vielleicht dachte man auch an die drei Lebensalter: Elisabeth-Zöpfe-Jugend; Marie-Gemahlin-Reife; Kunigunde-Witwe-Alter. Bestimmt weniger beabsichtigt war die künstlerische Dokumentation der Sesselschreiberschen Arbeitsgruppe mit Marie als sehr früher Figur (1513), Elisabeth (1515) als Höhepunkt und Kunigunde (1516) als Abgesang, großenteils bereits Arbeit des Schwiegersohns.

Etwas aufdringlich nahe hat man 1731 die bunte Marmorkanzel an die nächste Säule gehängt. Darunter findet sich ein polierter Marmorstein auf die Sockelbank gemauert, der meistens übersehen wird. Niemand weiß, was er bedeutet, vielleicht enthält er ein Dokument.

Links und rechts des breiten Choraufganges steht je ein Figurenpaar:

FERDINAND V. *(1452-1516), König von Aragonien, genannt der Katholische, Vater der neben ihm stehenden Johanna der Wahnsinnigen. Guß von Godl, 1530/31.*

JOHANNA DIE WAHNSINNIGE *(1479-1555), Gemahlin Philipps des Schönen, des Sohnes Maximilians, Mutter von Kaiser Karl* V. *und Ferdinand* I. *Nach dem Tode ihres Gemahls 1506 wäre ihr die Nachfolge in der Regentschaft Spaniens zugestanden, sie wurde aber stillschweigend übergangen. Es fällt auf, daß Karl* V. *1556 im Jahr nach ihrem Tode abdankte, woraus der Schluß gezogen wurde, den Kaiser habe sein Gewissen gedrückt wegen der Mutter, über deren Geisteszustand die Meinungen – von Schizophrenie bis zu voller Gesundheit – weit auseinandergehen. Jahrelang war sie interniert, ohne auch nur zu wissen, daß ihr Vater gestorben war. Guß von Godl, 1527.*

PHILIPP DER GUTE *(1396-1467), Herzog von Burgund. Die Figur erinnert in manchem an jene Friedrichs* III.*, ist aber von höherer Qualität. Man beachte die Kette des Goldenen Vlieses – Philipp hat diesen Ritterorden gestiftet – oder die gotisch historisierenden Reliefs am Schwertgehänge. Besonders hübsch ist die Rahmung des greisen Gesichtes durch das frei schwebende Hutband, eine gießerische Meisterleistung. Guß von Godl, 1513-21.*

KARL DER KÜHNE *(1433-77), letzter Herzog von Burgund, Vater Mariens und Schwiegervater Maximilians. Guß von Godl, 1513-26.*

Steigt man die Stufen zum Chor hinauf, so kann man die kniende Kaiserfigur auf der Tumba am besten sehen. Ihr Ausdruck wirkt gegenüber den Giganten ringsum viel weniger bestimmt, viel glatter, eleganter, wenn man so will. Auch hier hat der Zufall in der Grabmalsgeschichte etwas Gutes gewirkt. Die Figur des Kaisers entstand erst 1584, ist also ihrer Entstehung und ihrem Stil nach die jüngste. Und das stimmt auch mit der historisch-genealogischen Wirklichkeit aller Figuren im Rahmen der Aufstellung hier überein. Ob Maximilian mit dieser unantiken, für einen Kaiser demütigen Haltung einverstanden gewesen wäre, ist fraglich. Hier wirkt bereits das Gedankengut der Gegenreformation und des erzkatholischen Erzherzogs Ferdinand II. hinein.

Die zweite lange Figurenreihe, die wir nun in Gegenrichtung abschreiten, beginnt mit drei Frauenfiguren, so daß sich – bestimmt beabsichtigt – die Frauenfiguren des Grabmals gegenüberstehen.

ZIMBURGIS VON MASOWIEN *(gestorben 1429), Großmutter Maximilians, war eine polnische Prinzessin von ungewöhnlicher Körperkraft, die Hufeisen mit bloßen Händen biegen konnte. Das Faltenwerk der Figur wirkt spätgotisch, der Turban soll wohl das Polnische andeuten, der neue Kunstgeist verrät sich aber wie in der Figur Albrechts nach Dürers Skizze auch hier in einer Spirale, die sich bis in die Turbanspitze dreht. Als Entwerfer hat man aus stilistischen Erwägungen an Veit Stoß gedacht, der ja auch für die Pfarrkirche Schwaz einen Hochaltar gearbeitet hatte. Guß von Sesselschreibers Söhnen, 1511-16.*

MARGARETHE *(1480-1530), Tochter Maximilians, seit 1508 Statthalterin in den Niederlanden. Als Gegensatz zur historisch hundert Jahre älteren Zimburgis höfisch-elegant wirkend. Stellenweise erinnert die Linienführung der Gewandfalten an Säulenkanneluren. Guß von Godl, 1513-22.*

BIANCA MARIA SFORZA *(1472-1511), zweite Gemahlin Kaiser Maximilians, streng porträtähnlich gestaltet. Guß von Godl, 1525.*

SIGMUND IV. *(1439-94), Erzherzog von Österreich, Graf von Tirol, legendäre Gestalt unter den Tiroler Landesfürsten, genannt ›der Münzreiche‹, Sohn ›Friedls mit der leeren Tasche‹, resignierte 1490 zugunsten Maximilians als Landesregent von Tirol, Entwurf von Jörg Kölderer, Guß von Godl, 1523.*

ARTUS, *König der Briten im 4. Jahrhundert, mit seiner Tafelrunde die sagenumwobene Idealgestalt höfischen Rittertums schlechthin. Die künstlerische Höhe der Komposition, vollkommen im Geiste der Renaissance, muß auch hier an Dürer denken lassen. Die Oberflächenbehandlung des Waffenrockes, die zwischen Realismus und künstlerisch subjektiver Gestaltung die Waage hält, weist mit ihrer Beachtung der Lichtführung auf der Bronze bis ins 19. Jahrhundert zur Materialbehandlung eines Rodin. Guß von Peter Vischer in Nürnberg, 1513.*

FERDINAND VON PORTUGAL *(gestorben 1313), Großonkel der Eleonore von Portugal, der Mutter Maximilians. Die älteste Figur, als erster Guß nach einer Visierung Sesselschreibers vom kaiserlichen Geschützgießer Peter Löffler d. Ä. in der Gußhütte zu Mühlau 1509 gewagt. Von unübertrefflicher Meisterschaft ist das Halsband (Souvenirlücken wurden 1900 wieder ergänzt). Das herabgelassene Visier der Hundsgugel, eine der ältesten bekannten Helmformen, entrückt den Träger in die Anonymität einer Kriegsmaschine und in eine weit zurückliegende Vergangenheit. Ferdinand und Artus – jede dieser Figuren ist in ihrer Art vollendet, wenn sie auch ganz gegensätzliche Ausdruckswerte zeigen. Artus verkörpert die individuelle Persönlichkeit der Renaissance, unterstrichen durch höchste Eleganz der großen Form, unter die sich das Detail ordnet. Ferdinand hingegen stellt den anonymen Typus des Mittelalters dar, in plumper Wucht, technisch bis zu höchstem Detailreichtum ziseliert, mit der beunruhigenden Vorstellung eines roboterhaft wirkenden Ritterheeres in der Schlacht verbunden.*

ERNST DER EISERNE *(1377-1424), Herzog von Österreich, Gemahl der Zimburgis, Großvater Maximilians. Guß von Sesselschreiber 1516.*

THEODERICH *(493-526), König der Ostgoten, als Vorgänger Maximilians im germanisch-deutschen Königtum gedacht. 1513 von Peter Vischer in Nürnberg gegossen, der Entwurf auch hier wohl von Dürer. Gesicht, Schnurrbart, Stoffzaggen erinnern an Albrecht gegenüber.*

Wer immer das Nürnberger Paar Artus und Theoderich entworfen hat, hat es als Gegensatzpaar konzipiert, etwas, was der Dürerschen theoretischen Gedankenwelt ›von den Gegensätzlichkeiten‹ sehr nahe steht. Möglich, daß man sie gerade deshalb auseinanderstellte, nicht ganz, aber etwas, um sie nicht als abgeschlossenes Paar für sich die Reihe sprengen zu lassen. Lediglich Albrecht von Habsburg, auch ein Dürer-Entwurf, kann sich noch mit ihnen an Vollendung der Komposition messen, und alle drei zusammen haben so viel Gemeinsames, daß ihre Entwürfe wohl von ein und demselben Meister stammen müssen. Das bewußt Denkmalhafte der Sesselschreiberschen Figuren ist ihnen fremd, sie wirken als besondere Persönlichkeiten durch alle modischen oder waffentechnischen Zutaten hindurch.

ALBRECHT II., *der Weise (1298-1358), Herzog von Österreich, Sohn König Albrechts I.; eine der schwächsten Figuren: Modell von Leonhard Magt nach Entwurf von Hans Polheimer, Guß von Godl, 1528/29.*

RUDOLF I. *(1218-91), der erste deutsche König aus habsburgischem Geschlecht. Maximilian ließ durch seinen Augsburger Hofmaler Knoderer die Grabplatte Rudolfs in Speyer kopieren. An dieses Vorbild hält sich die Figur. Beim Vergleich dieses Gesichtes mit jenem des alternden Maximilian, wie wir es von zahlreichen Porträts kennen, merkt man die starke habsburgische Ähnlichkeit durch Jahrhunderte hindurch. Rudolf trägt einen etwas stilisierten Kastenharnisch, wie er um 1400 aufgekommen ist. Der auffallende Glanz der Schamkapsel beruht auf einem alten Tiroler Volksglauben, demzufolge jede Schwangere, die sie berührt, einen Sohn gebären werde. Ursprung also einer mythischen Verwandtschaft vieler Tiroler Söhne mit Habsburg. Guß von Sesselschreiber, 1516/17.*

PHILIPP DER SCHÖNE *(1478-1506), Sohn Maximilians und Marias von Burgund, Gemahl Johannas der Wahnsinnigen, das Gesicht nach der Totenmaske geformt, mit großer Ähnlichkeit zu seiner Mutter. Eine der besten Leistungen Sesselschreibers, im Charme der Elisabeth, Gemahlin Albrechts I., ähnlich. Der Riefelharnisch war zur Zeit, da die Figur 1516 entstand, hochmodern. Dürers Ritter in ›Ritter, Tod und Teufel‹ trägt den gleichen Typ.*

CHLODWIG I. *(466-511), König der Franken, Gründer des Fränkischen Reiches, dessen bedeutendster Herrscher Karl der Große auch als Grabmalsfigur geplant war. Guß 1550 durch Gregor Löffler, einen Sohn des Peter Löffler, der vierzig Jahre früher die erste Figur gegossen hatte.*

Während des Zweiten Weltkrieges waren alle Figuren ausgelagert, wobei man beachtliche Gewichte bewegen mußte. Das Gewicht hängt natürlich ganz wesentlich mit der Form der Statuen zusammen, so wiegt Godls Figur Kaiser Friedrichs III. stattliche 28 Zentner, der Dürersche Graf Albrecht aber nur elf. Sesselschreibers gewichtigste Figur, die wieder eingeschmolzene Eleonore von Portugal, soll 37 Zentner gewogen haben, wobei man bedenken muß, daß der Meister nach Gewicht der Figur bezahlt worden ist!

Die Reihe der kleinen Bronzefiguren der ›Sipp- und Magschaft‹ steht auf der Brüstung der rückwärtigen Musikempore. Man kann sie mit Führung besichtigen. Die Entwürfe stammen vom Hofmaler Jörg Kölderer, Leonhard Magt schuf die Modelle, und Godl besorgte den Guß. Grundlage waren die genealogischen Forschungen, die der Bregenzer Humanist Jakob Mendel bis 1514 angestellt hatte. Die Reihe wirkt in ihrer künstlerischen Aussage verglichen mit den großen Figuren ›brav‹, keine einzige zeigt einen genialen Zug. Sie könnten für Nischen rings um ein Hochgrab gedacht gewesen sein.

Die Büsten, wie gesagt zur Zeit leider in Ambras, wurden nach Münzbildern geschaffen, wobei Jörg Muskat die plastischen Modelle fertigte und Laux Zotmann den Guß in Augsburg von 1509 bis 1517 besorgte. Die Reihe der neun Kaiser von Caligula bis Domitian hat offensichtlich ein viel schwächerer Künstler als Muskat modelliert, der damals wohl nicht mehr lebte.

Wenn man sich in die Welt der Bronzeriesen eingefühlt hat, fällt es schwer, sich in jener der blassen kleinfigurigen Marmorreliefs zurechtzufinden, die in 24 Tafeln die Tumbawände schmücken. 21 meißelte Alexander Colin, drei schufen die trunksüchtigen Brüder Abel aus Köln, die nach dieser Anfangsleistung aber an Herz, Hirn und Leber versagten und unter Hinterlassung ungeheuerer Schulden das Zeitliche segneten. Die Tafeln schildern große Ereignisse aus dem Leben des Kaisers in enger Anlehnung an die Holzschnitte der Ehrenpforte. Ratlos blickt man zwischen diesen zinnsoldatenartigen Dioramen, die noch dazu – schlecht beleuchtet hinter Glas und einem herrlichen schmiedeeisernen Gitter (1573) – kaum zu erkennen sind, und den Bronzegiganten hin und her, wohl auch hinauf zur halbgroßen Verwandtschaft auf der Empore, die vielleicht als Verbindung zwischen den extremen Dimensionen gedacht waren. Schmerzlich empfindet man, daß das ganze herrliche Denkmal ein Torso geblieben ist, ein Los, das es mit so manchem geplanten Denkmal jener Epoche teilt, man denke nur an das unvollendete Grabmal Papst Julius II. von Michelangelo.

Abschließend setze ich noch die Inschrift hierher, die Kaiser Ferdinand I. in Latein auf der Tumba anbringen ließ. Dazu beauftragte er Georg Bocskay zu Wien, der 1562 ein berühmtes Schriftmusterbuch veröffentlicht hatte.

Sie lautet zu deutsch:

Dieses Denkmal hat Kaiser Ferdinand I. seinem Großvater gesetzt, dem zu seiner Zeit berühmtesten Fürsten, unter dessen Regierung Deutschland, sein süßes Vaterland, gleich in Waffen und in Wissenschaften, mehr als alle anderen Nationen blühte. Er war geboren am 27. März 1458 und starb im Jahre des Herrn 1519 am 12. Tag des Monats Januar.

Auch Tirols zweiter Volksheld, Andreas Hofer, fand in diesem Heldentempel sein Grab. Es steht nahe dem Haupteingang an der Ostwand der Kirche, wohin die Gebeine des in Mantua erschossenen Freiheitskämpfers 1823 übertragen wurden. 1834 folgte die Einweihung des Sarkophages, auf dessen Langseite ein Relief ›Fahnenschwur‹ der Künstler Josef Klieber und Josef Martin Scharmer zu sehen ist. Die Figur des Sandwirts mit der Fahne steht obenauf. Damit hatte man hier die Gedenkstätten der beiden die Tiroler Landesgeschichte bestimmenden Persönlichkeiten vereint: die des großen Kaisers und die des biedern

Bauern. Einige seiner Getreuen hat man ihm nach dem Tode beigesellt: Josef Speckbacher, Pater Haspinger und schließlich Leutnant Georg Hauger, der die Gebeine Hofers 1823 überführt hatte.

Ein kurzer Blick in den Chor der Hofkirche zeigt einen *Hochaltar,* dessen Altarbild 1765 durch Kaiserin Maria Theresia bei Karl Auerbach in Auftrag gegeben wurde. Die Bleistatuen der Heiligen Franz und Klara schuf Balthasar Moll 1768, man sollte sie nicht mit den Bronzefiguren des Grabmals vergleichen.

Auch Maximilians Urenkel, Erzherzog Ferdinand II. von Tirol, der tatkräftige Vollender des Grabmals, suchte in der Nähe des großartigen Jahrhundertdenkmals sein eigenes zu errichten. So ließ er nahe dem Verbindungsgang zwischen Burg und Hofkirche eine Kapelle erbauen, für die der Hofgoldschmied Anton Ort einen Altar arbeitete, der in Silberreliefs auf Elfenbeingrund die Madonna und ihre Symbole zeigt. Nach dieser Silberarbeit wurde die Kapelle bald *Silberne Kapelle* genannt. Alexander Colin arbeitete das Grabmal mit der liegenden Marmorfigur Ferdinands und vorher schon das seiner geliebten ersten Gemahlin Philippine Welser. Deutlich wurde durch ein trennendes Gitter der Unterschied im Standesrang wiederhergestellt, den Ferdinand als moderner Fürst zu Lebzeiten negiert hatte. Auch die Bemalung der beiden Raumteile ist unterschiedlich. Giovanni Battista Fontana schuf die kleinen Bilder mit Begebenheiten aus der Passion. Der ritterlichen Tradition genügte der leidenschaftliche Harnischsammler Ferdinand durch eine über seiner Grablege angebrachte Figurine mit porträtähnlichem Kopf, die einen Harnisch von des Fürsten Hofplattner Jakob Topf trägt. Eine in Mailand gestickte Fahne und ein Funeralschwert verschwanden während der Besatzungszeiten 1809 und 1950.

Heute steht in der Kapelle noch eine Renaissanceorgel aus Zedernholz. Die kleine Silberne Kapelle wirkt eher nüchtern und kühl, und gegenüber den sich in vielen Dimensionen verflechtenden Ideen des Maximiliansgrabes ist der ideelle Hintergrund nicht tief und geht kaum über die Persönlichkeit Ferdinands hinaus.

III

RUDOLF VON ALT

(1812-1905)

Innenansicht der Hofkirche von Innsbruck

Aquarell (Auschnitt), 1886

Wien, Graphische Sammlung Albertina

Rudolf von Alt spürte allem nach, was ihn an den Erscheinungen des täglichen Lebens faszinieren konnte, und hielt es in frischen und unmittelbaren Eindrücken fest. So verdanken wir ihm besonders reizvolle Interieurs von Kirchen und Schlössern, die noch in einer Zeit entstanden sind, als bereits die Fotografie dieses Feld zu erobern begann. Hier ein unprätenziöser, schier zufälliger Blick vom Mittelschiff gegen die Sängerempore und zum Chor der Hofkirche; rechts im Anschnitt das Renaissancegitter um den Kenotaph Kaiser Maximilians, links acht der achtundzwanzig ›Schwarzen Mander‹: Herzog Leopold III., Friedl mit der leeren Tasche, Kaiser Albrecht I., Gottfried von Bouillon, Elisabeth von Ungarn, Maria von Burgund, die erste Gemahlin des Kaisers, Elisabeth von Österreich und Kunigunde von Bayern, die Schwester Maximilians und Gattin Herzog Albrechts IV. von Bayern.

Die Hofburg trägt heute das Gesicht des höfischen Barocks aus der Zeit, da Maria Theresia Österreichs und Tirols Landesmutter war. Von der alten Burg gibt es nur mehr ein schwaches Echo in den beiden Eckrondellen, in denen im Süden der Wappenturm und im Norden der Schatzturm stecken, der erste eigentlich das alte Stadttor nach Osten. Dürer hat den menschenleeren Burghof 1495/96 aquarelliert und damit die ersten reinen Architekturbilder des Abendlandes geschaffen. Die Fundamente des achteckigen Treppenturmes, den Dürers Bilder zeigen, und auch einen der alten Bögen im Hintergrund hat man wieder aufgefunden. Optisch aber atmet heute alles den Geist des 18. Jahrhunderts.

1765 war die Burg Schauplatz einer Tragödie, an die auch die Triumphpforte am Südende der Maria-Theresien-Straße erinnert. Während der Hochzeitsfeierlichkeiten seines zweiten Sohnes, Erzherzog Leopold, mit der Infantin Marie Louise von Spanien 1765 hier in Innsbruck starb Maria Theresias Gemahl Kaiser Franz I. binnen weniger Stunden. Die Kaiserin erhielt die Nachricht während einer Theateraufführung. Sie soll vor Schreck erstarrt und keiner Bewegung fähig gewesen sein, während die damalige Favoritin des etwas leichtlebigen Kaisers in Ohnmacht fiel. »Wir beide haben viel verloren«, soll die Kaiserin am nächsten Morgen zu dieser Hofdame gesagt haben. Maria Theresia befahl, aus dem Sterbezimmer eine Schloßkapelle zu machen, die einem Damenstift, das im nachbarlichen Harnischhaus in der Hofgasse seinen Sitz nahm, zur Pflege anvertraut wurde. Außerdem ordnete die Kaiserin an, die ins Stocken geratene Modernisierung der alten Hofburg fortzuführen. Bislang war nur der Südflügel, in dem auch das Sterbezimmer lag, von Johann Martin Gumpp verändert worden. Konstantin Edler von Pfeilsberg besorgte bis 1773 den Rest, von dessen zahlreichen Schauräumen der *Große oder Riesensaal* der weitaus bedeutendste ist. Der Name ging vom Saal der alten Burg, der mit Bildern von Riesen geschmückt war, auf den neuen über. Aber auch die Maße des Raumes allein – 31 x 13 x 11 m – würden die Bezeichnung rechtfertigen. Der Eindruck ist ebenso prächtig wie bezaubernd. Der Kaiser, die

Kaiserin und ihr Mitregent ab 1765, Josef II., stehen dem Eintretenden an der nördlichen Stirnwand in vollem Ornat lebendig geschildert gegenüber. An den Langseiten stehen die vielen Kinder des Paares, und an der zweiten Schmalseite sieht man drei verstorbene Kinder als Genien schweben.

Der Saal ist sehr hell, weil er durch die ganze Breite des Traktes reicht und so auf jeder Seite sieben Fenster hat, über denen noch Halbfenster die Pfeilernischen durchbrechen. Mit dieser Helligkeit rechnet auch die großangelegte Deckenmalerei von Franz Anton Maulpertsch, 1775-77. Das Programm verfaßte Baron Sperges, ein Freund des Staatsministers Kaunitz. Das große ovale Mittelbild stellt die Verherrlichung der Häuser Habsburg und Lothringen dar, allerdings nicht mehr als direkte Vergöttlichung wie etwa im Kuppelsaal der Wiener Hofbibliothek fünfzig Jahre früher, sondern bereits im Sinne der Aufklärung als Porträts in allegorischer Umwelt. Die Bewegtheit der Szene, die lebendig hin und wieder leuchtenden Farben stehen in deutlichem Kontrast zu der glänzenden, aber etwas gleichförmig wirkenden Familienparade darunter.

Von besonderem lokalen Interesse sind die beiden kleineren Ovalbilder zu beiden Schmalseiten des Hauptbildes, denn in ihnen wird auf Tirol Bezug genommen. Im Bild Südtirols sieht man zu Füßen der Göttinnen Pomona und Ceres ein Bauernmädchen mit einer hölzernen Milchbutte, neben dem der Überlieferung nach Maulpertsch selbst, kenntlich am Malerstock, Münzen neben das Obst des Landes auf einen Tisch schüttet. Burschen in Landestracht schaffen Säcke und Weinfässer herbei, ein Rechen und eine Hahnenfeder ragen vor schneebedeckten Gebirgen in die Luft.

Das andere Seitenbild ist durch die Verkörperung von Inn und Sill als Nordtirol kenntlich. Der Jäger mit Stutzen und Beute erscheint, der Flößer, der Fischerknabe mit Reuse, ein Säumer mit Tragtier, ein Wasserfall sind zu sehen und schließlich des Meisters Signatur unter einem Maulbeerzweig.

Beide Bilder stellen großformatige Szenen des Tiroler Landlebens dar, es sind fast schon Genrebilder, die einiges von dem vorausahnen, was Defregger und Blaas später malen werden. Vom Thema des apotheotischen Mittelbildes trennt die Tirolszenen eine Welt.

Dieser Riesensaal mit den Porträts der kaiserlichen Familie und der Apotheose der Fürstenhäuser war als Denkmal gedacht, so wie Ferdinand II. 1571 im Spanischen Saal in Schloß Ambras die Porträts aller Landesfürsten einschließlich seiner eigenen Person an die lange Nordwand des Saales hatte malen lassen, nicht anders, als er die Statuen um das Maximiliansgrab in der Hofkirche hat aufreihen lassen. So besitzt Innsbruck nicht weniger als drei große Denkmäler des Erzhauses Habsburg aus drei verschiedenen Perioden seines Wirkens.

1809 hat Andreas Hofer kurze Zeit als Landeshauptmann von Tirol in der Hofburg ›regiert‹, so wie er es eben verstand. Die Herren Beamten zogen saure Gesichter, als er sie nach gemeinsamem sehr bäuerlichen Abendessen aufforderte, kniend mit ihm seinen gewohnten Abendrosenkranz zu beten: »Habts mit uns gessen, könnts auch mit uns beten.«

Domkirche Sankt Jakob

Wie der Riesensaal in der Hofburg die bedeutendste weltliche Kunstleistung des Barocks in Innsbruck darstellt, so die Domkirche Sankt Jakob die kirchliche.

Dieser Bau trat an die Stelle einer zweischiffigen gotischen Pfarrkirche, die man auf Dürers Stadtbild von Innsbruck 1494 deutlich mit dem Fassadengiebel über die Häuser aufragen sieht. Sie war ein Werk Hans Reichartingers, auch sie bereits eine Nachfolgerin älterer Kirchen an dieser Stelle der Stadt, die urkundlich 1180 zum ersten Mal erwähnt werden. Diese Stadtpfarrkirche, die Dürer sah, war durch verschiedene Erdbeben 1689 schließlich so gründlich durchgeschüttelt worden, daß man sogar einen Teil des Turmes abtragen mußte. Schließlich berief der Stadtrat nach umständlicher Beratung 1712 Johann Jakob Herkomer aus Füssen als Baumeister für eine neue Kirche. Herkomer hatte kurz zuvor in seiner Heimat die Stiftskirche Sankt Mang errichtet, und der Ruhm dieses Baues, den wohl auch maßgebende Tiroler bereits gesehen hatten, war bis Innsbruck gedrungen. Am 12. Mai 1717 wurde der Grundstein zur neuen Innsbrucker Stadtpfarrkirche gelegt, nachdem man das alte Haus in knapp zwei Wochen abgerissen hatte. Fünf Monate danach verstarb Herkomer ganz unerwartet an einem

Gehirnschlag. Sein Nachfolger wurde sein Vetter Johann Georg Fischer, der als Polier bei ihm gearbeitet hatte. Er vollendete bis 1722 den Rohbau der Kirche nach Herkomers Plänen.

Das *Innere* ist eine sogenannte Wandpfeilerbasilika, genannt nach dem barocken Bauprinzip, die Strebepfeiler, die Stützen der hohen Wände und des Daches nicht wie in der Gotik außen, sondern im Innern der Kirche aufzuführen. Sie wurden deutlich vor die Wände gestellt, bildeten gleichzeitig Nischen für Seitenaltäre und trugen manchmal Emporen. Dieses Bauprinzip hatte sich im römischen Barock ausgebildet, wobei zahlreiche Kirchen des Jesuitenordens als Verbindungsglieder gelten können, so etwa in Nordtirol in Hall 1610 und in Innsbruck 1627-40. Aber während sich dort die Pfeiler noch weit in den Innenraum vorschieben, hat Herkomer in Innsbruck diese Stützen als Pilasterbündel nur wenig vor die Innenwände gestellt. Und auch die lichtspendende Hauptkuppel hat er vom Schnittpunkt des Langhauses mit dem Querschiff unmittelbar über den Chor mit dem Hochaltar fortgerückt, wodurch diesen, besonders an hellen Tagen, eine überirdische Lichtflut übergießt. Diese Lichtführung trägt der Theatralik jener Epoche Rechnung, so sehr, daß sich selbst die Malerei und Stuckierung der Gebrüder Kosmas Damian und Egid Quirin Asam über dem Hauptschiff etwas im Schatten bewegen müssen. Zwar flutet auch hier durch die großen Fensterkombinationen der Langschiffwände reichlich Helligkeit von beiden Seiten in den Raum, aber an wolkenreichen Tagen bleiben die Fresken doch im Halbdunkel gefangen. Sie haben außerdem durch Bombentreffer 1944/45 schwerstens gelitten, und wenn auch alle Wunden verschwunden sind: Der unnachahmliche Glanz Asamscher Kunst ist dahin. Noch einmal sei ganz besonders auf die riesigen Pilasterpfeiler vor den Wänden hingewiesen. Man beachte ihre Stellung fast losgelöst von der Wand dahinter, eine seltene und eigenartige Konstruktion, die in Stein manches der Eisenkonstruktionen des späten 19. Jahrhunderts vorwegnimmt.

Von der *Ausstattung* nenne ich, abgesehen vom überreichen Silberschmuck des Hochaltares, nur drei besondere Objekte. Zuerst das Gnadenbild von Lukas Cranach über dem Hochaltar, ebenso berühmt wie in Tausenden von Kopien nachgeahmt und verbreitet. Es stellt das berühmteste Muttergottesbild im deutschen Sprachraum dar, wohl deshalb, weil es wie ein Volkslied genau die Mitte zwischen hoher Kunst und verständlicher Aussage, auch für die Seele des Volkes begreifbar, einhält. Zwischen 1520 und 1530 entstanden, kam es erst 1650 als Stiftung von Erzherzog Ferdinand Karl an die Pfarrkirche, wo es sich bald größter Beliebtheit auch als Wallfahrtsziel aller Stände erfreute. 1712 wurde ihm ein prächtiger Altarschmuck geschenkt, und 1750 fand unter großer Anteilnahme aller eine Jubelfeier um das Bild statt.

Als zweites Hauptstück der Ausstattung muß die goldene Kanzel genannt werden. Sie stammt von Nikolaus Moll, 1724. Auch sie hatte im letzten Krieg so sehr gelitten, daß es zunächst fraglich schien, ob man sie überhaupt wiederherstellen könnte. Sie verkörpert einen gemessenen, höfischen Barock, deutlich in der Mitte zwischen dem Feuerodem der Frühzeit und der Überfeinerung des nachfolgenden Rokoko.

Schließlich sollte man auch das Bronzegrabmal des Tiroler Landesfürsten Erzherzog Maximilians III. beachten, das neben dem Kanzelaufgang im nördlichen Querschiff steht. Es ist das Werk des Plastikers Hubert Gerhart und des Gießers Heinrich Reinhart, um 1620. Die lebensgroße Bronzefigur des Fürsten in kniender Haltung mit betend gefalteten Händen erinnert an das große Vorbild in der Hofkirche. Neben dem Betenden steht sein Schutzpatron Sankt Georg, und zu beider Füßen ringelt sich ein greulicher Bronzedrache. Maximilian III. trägt seinen Leibharnisch, der ebenso wie jener des Heiligen in der Ambraser Rüstkammer aufbewahrt wurde. Für den Heiligen Georg wählte man ein spätgotisches Eisenkleid Erzherzog Sigmunds zum Vorbild. Der Baldachin wird von vier gewundenen bronzenen ›Berninisäulen‹ getragen, ganz ähnlich jenen über dem Altar von Sankt Peter in Rom, nur verglichen mit diesen ›en miniature‹. Im Weinlaub, das diese Säulen umrankt, sieht man allerhand Getier: Vögel, Raupen, Schmetterlinge, Würmer, Käfer, Fliegen und vieles mehr, alles ist ganz realistisch wiedergegeben und legt Zeugnis von der hohen Gießkunst Reinharts ab.

Die Domkirche Sankt Jakob, von den älteren Innsbruckern immer noch einfach ›die Pfarrkirche‹ genannt, ist erst seit der Erhebung Innsbrucks zum Bischofssitz 1964 zur Kathedrale erhoben worden. Die kurze Zeit ihrer Entstehung zwischen 1717 und 1730 spiegelt sich in der ungewöhnlich einheitlichen Ausstattung. Die nach innen schwingende Fassade zwischen den beiden Türmen hat wiederholt sakrale Schauspiele zu ihren Füßen gesehen, ohne daß sich diese aber als dauernde Institutionen bewährt hätten. Bei Ausschachtungen stieß man 1866 im Bereich eines der Fassadentürme auf zahlreiche Überreste von Bestatteten des alten gotischen Friedhofs, der bis 1510 die Kirche umgab. Darunter befand sich auch das »zehn guete Mannsschuech große« Skelett des Hofriesen Niklaus Haidl. Ihm hatte Erzherzog Sigmund um 1490 durch Niklas Türing d.Ä. in der Hofgasse das Burgriesenhaus errichten lassen, das heute noch steht und auch Prinz Eugen 1711 bei einem Stadtaufenthalt Logis bot, obgleich er kein Riese an Gestalt, wohl aber an Taten war. Der alte Burgriese steht heute noch in einer Nische an der Fassade seiner ehemaligen Behausung als Steinfigur, und wer genau hinsieht, bemerkt unschwer, daß die Figur die Augen geschlossen hält und ihr Kopf auf einem Kissen ruht. Es handelt sich offenbar um die Grabfigur Haidls. Sein Skelett bewahrt das anatomische Institut der Universität Innsbruck als besondere Kostbarkeit: Und daher wissen wir genau, daß Haidl 223 Zentimeter groß war.

Schloß Ambras und seine Umgebung

Südlich von Innsbruck steht auf einem ins Tal vorragenden Ausläufer des Mittelgebirges inmitten eines großen Parks das traditionsreiche Schloß. Vielleicht bewachte hier einst ein römischer Turm ›ad Umbras‹, zu den Schatten, die Flanke von Veldidena-Wilten und die Straße nach Hall. Im Mittelalter residierten hier die Grafen von Andechs, die als Vögte der Bischöfe von Brixen mit der Grafschaft im mittleren Inntal belehnt waren. Sie nannten sich Grafen von Omeras nach der Burg. Von hier aus verhandelten sie Ende des 12. Jahrhunderts mit dem Kloster Wilten, von dem sie Land südlich der Innbrücke bekamen, worauf dann bald die Stadt Innsbruck entstand.

Als 1564 Erzherzog Ferdinand II. zum Statthalter von Tirol bestellt worden war, suchte er noch von Prag aus einen geeigneten Wohnsitz für seine Familie. Die Wahl fiel auf *Ambras,* das die Hofarchitekten Alberto und Giovanni Lucchese modernisierten. Der gewaltige Bergfried und Wohnturm an der Südwestecke und die Kapelle im Nordosten des heutigen Hochschlosses verschwanden in einem großen dreistöckigen Gebäude, das kaum mehr wehrfähig war. Hier wohnte die vom Volke bald sehr geliebte bürgerliche Gemahlin des Fürsten, Philippine Welser, und konnte von den Fenstern des Schlosses aus bis nach Innsbruck blicken, damals eine halbe Stunde zu Pferd entfernt.

Nachdem Philippine 1580 gestorben war, verlegte Ferdinand seine Kunstsammlungen aus der Hofburg nach Ambras, so als wollte er dort sein zerstörtes irdisches Glück durch ein geistiges ersetzen. Dazu ließ er das Unterschloß durch vier neue große Trakte erweitern, um darin in sechs Sälen seine Rüst- und Kunstkammer unterzubringen. Bibliothek und Antiquarium wurden in die Kornschütte gelegt, in der sich zur ebenen Erde die Pferdeställe befanden.

Ferdinands Sammelleidenschaft stand ganz im Zeichen der Geisteshaltung ihrer Zeit, der Renaissance. Den Mittelpunkt des Interesses bildete der Mensch, besonders der ritterliche Held, wie es Petrarca in seinen biographischen Studien über ›große Männer‹ angeregt und wie es in zahlreichen Porträtreihen italienischer Meister einen Niederschlag gefunden hatte. Ferdinand fügte diesen Bestrebungen eine neue Dimension hinzu: Er ergänzte die gesammelten Harnische und Kriegstrophäen berühmter Männer durch deren Porträts. Aus der Zusammenschau von Bild und Eisenkostüm nebst geschriebener Biographie trat der Held in einer denkmalartigen Gestalt hervor, die in einem großen Museumskatalog 1603 der staunenden Um- und Nachwelt in Kupferstichen präsentiert wurde. Natürlich war es einfacher, Porträts als Waffen zu erhalten, noch dazu, weil Ferdinand eine Miniaturgalerie zu schaffen suchte, deren Formate in Papier ausgeschnitten den Briefen beigefügt waren. So kamen schließlich weit über tausend Kleinbilder zusammen, die aber nicht mehr nur Helden, sondern alles an Berühmtheit umfaßte: Adlige, Kriegshelden, Philosophen, Gelehrte, Forscher, Weiße, Schwarze, Riesen, Zwerge, Krüppel, übermäßig Behaarte und so fort. Aus der Verwandtschaft mit dem Kleinbild erwuchs ein besonderes Verständnis an Medaillen und Münzen, wozu noch deren materieller Wert trat. An die

Seltsamkeiten im lebendigen Bereich schloß sich ein wachsendes Interesse an Seltsamkeiten überhaupt an. Alle diese Objekte füllten schließlich, streng nach Material geordnet, »achtzehen hoche unterschidliche Cästen« in der Kunstkammer. Damals interessierte das Unerhörte, Unbekannte, das ›Wunder‹, weit mehr als dessen Kunstwert. Das Skelett eines unschuldigen Kindes, das Herodes ermordet hatte; der Strick, mit dem sich Judas erhängt hatte; ein Stein vom Berge ›Libano‹; Bergkristallgefäße, darunter der burgundische Hofbecher aus dem Schatz des Ordens vom Goldenen Vlies; das Salzfaß, das Benvenuto Cellini für König Franz I. von Frankreich gefertigt hatte; Korallengrotten und Kugelfische, Eidechsen, ausgestopfte Haifische, Einlegearbeiten in Holz und Marmor, Erzstufen aus den Gruben von Schwaz; ein Hirschgeweih, das in einen Baum eingewachsen war; Trinkgefäße aus Ton in Gestalt von Männlein und Weiblein, venezianische und augsburgische Automatenuhren, Zirkel und Astrolabien, Musikinstrumente, Schlösser und Schlüssel, Bezoare, Straußeneier, Greifenklauen, Gläser und Spiegel aus Venedig, Taschensonnenuhren und vieles andere mehr, darunter der Federmantel des Aztekenkönigs Montezuma, Marmorbüsten der legendären römischen Kaiser und so weiter. Dies alles war hier untergebracht und wuchs allmählich zur größten Sammlung Europas überhaupt an, deren Ruhm alle Lande erreichte. Dafür sorgten schon Ferdinands Agenten, die zum Teil als habsburgische Gesandte an verschiedenen Fürstenhöfen, zum Teil als Künstler oder Kaufleute immer auf der Suche nach neuen Schätzen waren.

Auch den Tiroler Landesfürsten schuf Ferdinand einen Denkmalsaal im ›Spanischen Saal‹, der aus dem Felsen, auf dem die Grundmauern des Hochschlosses stehen, herausgesprengt werden mußte. An seine Wand malte der Tizian-Schüler Pietro Rosa die Reihe der Landesregenten bis zu Ferdinand selbst, also eine lange Ritterreihe, nicht unähnlich jener, die in der Hofkirche um das Grab Kaiser Maximilians I. zu dieser Zeit allmählich Gestalt annahm.

Im Park wurden märchenhafte Spiele mit Bacchanten und Nymphen, mit Bacchuskult und kreisenden Tischen, mit riesigen Vogelkäfigen und unterirdischen Gängen aufgeführt, die uns Besucher von damals genau beschrieben haben.

Nach Ferdinands Tod 1595 begannen für die Ambraser Sammlung düstere Zeiten. Zwar hatte der vorausblickende Fürst den Verbleib und ungeschmälerten Bestand in Ambras testamentarisch zu sichern gesucht, aber bereits sein Sohn Karl verkaufte die Kunstkammer an seinen Vetter Kaiser Rudolf II. nach Prag, der freilich glücklicherweise nicht imstande war, sie auch dorthin zu verlagern. Später waren es immer wieder ›Gäste‹, die den Bestand gefährdeten. Kaiser Leopold I. ließ sich anläßlich seiner Erbhuldigung 1665 die Zimelien der Bibliothek für die Hofbibliothek in Wien überreichen, die Franzosen und die Bayern beraubten Harnisch- und Kunstkammer, so daß man heute zehn Rüstungen in Paris und einige Plastiken im Bayerischen Nationalmuseum wiederfinden kann. Schließlich holten die Habsburger, nachdem sie Tirol 1805 an Bayern hatten abtreten müssen, selbst das Gros der Objekte nach Wien, wo alles im Unterschloß des Belvedere aufgestellt wurde und als ›Ambraser Sammlung‹ das Entzücken des Wiener Kongresses erweckte.

Die Tiroler versuchten bis heute vergeblich, unter Hinweis auf das Testament des Stifters, ›ihre‹ Sammlung zurückzuerhalten. Diese ging mit dem Ende der Monarchie 1918 in den einzelnen Abteilungen des Kunsthistorischen Museums Wien auf. In Ambras war ein geringer Rest zu sehen, von dem Victor von Scheffel meinte: »Ich warne vor der Sammlung im Schloß Ambras, die darin besteht, daß einem die Schubladen der Schränke gezeigt werden, mit der Bemerkung, der Inhalt sei in Wien verwahrt; ebenso die Pferde von Holz, auf denen ehemals Rüstungen waren, ein Garten, der ehemals mit Statuen verziert war, und anderes mehr.«

Der erste Kustos nach 1805 war der Autor dieser Zeilen, der zusammen mit den Herren des Kunsthistorischen Museums daran ging, die Bestände in Ordnung zu bringen und sie nach modernen Gesichtspunkten neu aufzustellen. Dabei stellte sich heraus, daß mit Ausnahme eines Saales alles noch vorhanden wäre, um die einmalige Sammlung des 16. Jahrhunderts zu rekonstruieren. Erreicht wurde eine schrittweise vorgenommene Revitalisierung der Museumsbauten im Untergeschoß, jenem Teil, den der Besucher heute zuerst betritt. Im Nordflügel liegen zwei Rüstkammern, deren erste dem unter Ferdinand noch mit Eifer betriebenen Turnierwesen gewidmet ist. Die zweite enthält verschiedene Kuriositäten, wie Harnische von Riesen, Zwergen und Kindern, ein ausgestopftes Pferd, das in den Innauen zu Füßen der Burg einen unerhörten Sprung getan hatte, und ähnliches mehr. Dann führt eine kurze Stiege in die große Leibrüstkammer des Stifters selbst, in der seine persönlichen Harnische, über zwanzig an der Zahl, auf Pferden und Puppen unter aufziehbaren Schutzdecken saßen. Auch dieser Raum ist heute wieder zugänglich und zeigt jetzt die große Harnischreihe zum Fußturnier. Der letzte Raum, der zwischen Fels und Arkaden gleichsam in der Luft schwebt, enthielt seinerzeit die Kunstkammer. Hier standen sechzehn hohe Kästen Rücken an Rücken in der Längsachse, übervoll mit Kostbarkeiten und Objekten, die damals als interessant galten. Heute bemüht man sich, den Eindruck dieser Sammlungsabteilung in der alten Bibliothek wiederzugeben, wo die verschiedenen Sachgebiete des damaligen Interesses in den alten Bibliothekskästen durch ausgewählte Gegenstände angedeutet werden. In den Nischen des anschließenden Antiquariums stehen neben anderen die Bronzebüsten der Cäsaren, die zum Programm des Grabmals Kaiser Maximilians I. in der Innsbrucker Hofkirche gehören.

Überquert man den Hof des Unterschlosses, so kommt man zum Spanischen Saal, vor dem der Renaissancepark mit seinen Grotten und Wasserspielen liegt. Auch hier ist in letzter Zeit einiges wiedererstanden. Den Saal betritt man heute von Westen her, wo es ursprünglich keinen Eingang gab, sondern die Rundfenster durch den natürlichen Felsen herauslugten. Das 19. Jahrhundert schuf dann einen Haupteingang mit Terrasse davor. Die Galerie der Tiroler Landesfürsten im Innern des langgestreckten, eindrucksvollen Raumes zeigte die Fürsten zu Ferdinands Zeiten vor Nischen stehend. Das 19. Jahrhundert hat sie vor Landschaften gestellt und an den Sockeln mit erklärenden Hexametern in lateinischer Sprache versehen, die heute kein Mensch mehr versteht. Das Prunkstück des Saales, die große Holzintarsiendecke, schuf der Tischler Gottlieb Conrad aus Hall (Signatur 1571 an der Osttüre).

Das Hochschloß, in dem noch die alte Wehrburg der Andechser steckt, wurde zu Ferdinands Zeiten bewohnt. Heute kann man noch in der Badestube von 1564 die große alte Zinkwanne bewundern, eine Rarität ersten Ranges. Im übrigen wird im Hochschloß derzeit eine umfangreiche Porträtgalerie der Habsburger gezeigt, als Anklang an Ferdinands eigene Porträtsammlung.

Alles in allem gewinnt man in Schloß Ambras und seinen Sammlungen einen einzigartigen Einblick in die Welt der deutschen Renaissance, wie man ihn sonst in dieser Harmonie und Geschlossenheit nirgends mehr erleben kann.

Unweit des Schlosses liegt der Waldfriedhof Tummelplatz, auf dem vielen fern der Heimat vermißten oder gefallenen Kriegern Erinnerungsgräber bereitet sind. Früher diente die Waldlichtung zum Tummeln der Pferde vom nahen Schloß Ambras.

1809 zogen sich die Schützenlinien der Tiroler vom Berg Isel bis nach Ambras herüber, das auch kurze Zeit als Lazarett benützt wurde.

Das *Dorf Amras* – es wird ohne das altertümelnde ›b‹ geschrieben – zu Füßen des Schloßhügels, heute von diesem durch die Autobahn abgeschnitten (kein Kommentar!), birgt in der Dorfkirche eine spätgotische Madonna, die das Jesuskind so in Armen hält, als sei es eben von oben herabgefallen. An diese Figur knüpft die Legende an, der kleine Wallenstein sei als Page auf Schloß Ambras aus dem Fenster gefallen, aber von einer schönen fremden Frau aufgefangen und unverletzt auf die Erde gelegt worden. Eine Vorwegnahme des Prager Fenstersturzes mit wünschenswerterem Ausgang!

Rings um das Dorf gab es noch bis um die Jahrhundertwende die künstlichen Amraser Seen. Der Blick über diese viereckigen Teiche hinweg auf die ferne Stadt und die Nordkette hat motivisch damals einige Ähnlichkeit mit der Winterlandschaft auf dem Bilde ›Heimkehrende Jäger‹ von Pieter Breughel im Kunsthistorischen Museum zu Wien, so daß die Theorie entstehen konnte, der Künstler habe auf seinem Heimweg von Italien dieses Motiv in sein Bild übernommen.

Einige hundert Meter höher als das Schloß liegt im Süden das schmucke Dorf *Aldrans,* von dem aus ein Hohlweg zur einsamen Kirche von *Ampaß* führt, deren kleiner freistehender Glockenturm die Vermutung nahelegt, daß er auf dem Sockel einer alten Burg steht. Die Kirche liegt außerordentlich romantisch auf einem Hügel in einem kleinen Tal, in dem es von Hasen wimmelt, hoch über den Häusern des Dorfes Ampaß, das sich weiter östlich in einer tiefen Geländemulde verbirgt. Vielleicht zog die mittelalterliche Salzstraße hier von Hall herauf.

Igls und Umgebung

Das Mittelgebirge, das sich am sanften Nordhang des Patscherkofels (2248 m) und des Glungezers (2678 m) entlangzieht, ist ein beliebter Naherholungsraum der Innsbrucker und der Briten, die schon in der Steinzeit des Fremdenverkehrs *Igls* für sich entdeckt haben und auf seinen flachen Wiesen Golf spielten, ein Vergnügen, das die Tiroler mißtrauisch beobachteten. Die Affinität der Engländer zu Igls besteht heute in der vierten oder fünften Fremdengeneration immer noch. Und auch der englischen Königin Elisabeth II. wurde bei ihrem Österreichbesuch im Mai 1969 ein Sistranser Kuhstall als typisch für ›Tyrolean look‹ gezeigt; natürlich steckte alles in echter Landestracht – bis aufs Vieh!

Der Name Igls hat mit dem Stacheltier nichts zu tun, sondern leitet sich von Iglesia – Kirche – ab, und wenn man das zugehörige Dorf, Villa, sucht, so befindet es sich wenig unterhalb gelegen und heißt Vill. Es war einer der ältesten Siedlungsbereiche im mittleren Inntal, auf den Viller Hügeln saßen schon zur Hallstattzeit die Illyrer und blickten ahnungslos dorthin, wo heute die Autobahn das Land verschönt.

Igls hat im Laufe der Zeit sein Gesicht dem Wintersport zugewandt, besonders seit es vom Patscherkofel Schiabfahrten aller erwünschten Schwierigkeitsgrade gibt und hier auch zweimal der Olympia-Abfahrtslauf der Herren stattfand. Aber bereits in den zwanziger Jahren gab es hier eine Bobbahn, auf der echte Rennen gefahren wurden, und zahlreiche Mannschaften machten mit den die Bahn eng umstehenden Fichten und Tannen schwungvolle Bekanntschaft. Nach der Siegesfeier wurde dann im Sieges- und Alkoholrausch das Rennen auf der spiegelhart gefrorenen Igler Straße bis nach Wilten hinunter fortgesetzt, und die scharfkantigen Bremseisen der Bobs rissen die Straßendecke auf, daß die Funken stoben. Besonders das Gluirscheck, um das eine am Hang ausgesetzte, nach außen hängende Kurve herumführte, war gefürchtet; hier gab es sogar Tote.

Wenig unterhalb dieser Kurve stehen die *Gluirschhöfe,* Heimstatt der berühmten Musiker Josef Pembaur Vater (1848-1923) und Sohn (1875-1950). Der Vater war Komponist und leitete den Innsbrucker Musikverein; der Sohn war Pianist und besonders für seine Interpretationen von Brahms und Schumann berühmt, wobei er ganz im Stil Franz Listzs während der Konzerte Klaviersaiten zum Zerreißen brachte. Ich habe Pembaur-Sohn in meiner Jugend selbst zweimal gehört, und das grandiose Klangphänomen seines wie durch Elektronik verstärkten Spieles ist mir noch in lebhafter Erinnerung.

Bergwärts von Igls führte knapp am Bergfuß die alte Salzstraße auf den Geleisen des Römerweges – von denen man noch ein konserviertes Stück dort sehen kann – um den Fuß des Patscherkofels herum nach Süden ins Dorf *Patsch,* das dem Berg seinen Namen gab. Auf halbem Weg dorthin steht eine Thurn-und-Taxissche Poststation, der Grünwalderhof, ein Ausflugsziel für gehobene gastronomische Ansprüche, herrlich gelegen mit freiem Blick nach Südwesten ins Stubaital bis zu den Gletschern, auf die Serles, die Nockspitze und ins Wipptal.

Ostwärts von Igls breitet sich das Hochplateau als bäuerliche Kulturlandschaft aus. Es gibt auch zwei im Sommer chronisch überfüllte kleine Badeseen und ein kleines Moor unterhalb der Lanser Köpfe, bewaldete Bergkuppen, auf denen im Krieg Flakgeschütze standen. Das Hauptdorf ist hier *Lans,* aber die Zersiedelung der hübschen Gegend macht jährlich weitere Fortschritte. Sankt Lambert ist der Lanser Kirchenpatron, ein eher seltener Heiliger, schon gar in Tirol. 1457 weihte Bischof Nikolaus Cusanus, damals auf dem Brixener Bischofsthron, eine Erweiterung der Kirche, die 1722 bis auf die Holzfigur des Patrons ganz barockisiert wurde. 1944 malte der Tiroler Hans Andre im Innern die Stichkappentonne des Langschiffes mit Bildern von Tiroler Wallfahrten aus.

Durch einen Zubau arg entstellt findet man den alten Ansitz *Hohenburg* zwischen Igls und Lans am Waldrand stehen. 1358 wird er schon erwähnt, 1490 vergibt ihn Maximilian I. als Lehen. 1877 wurde der ruinöse Bau wieder aufgerichtet, und 1898 kaufte ihn der Herausgeber der Zeitschrift ›Der Brenner‹,

Dr. Ludwig von Ficker, der wiederholt den Dichter Georg Trakl hier und in der Fickerschen Villa in Mühlau beherbergte.

Abend in Lans

Wanderschaft durch dämmernden Sommer
An Bündeln vergilbten Korns vorbei. Unter getünchten Bogen,
Wo die Schwalbe aus und ein flog, tranken wir feurigen Wein.

Schön: o Schwermut und purpurnes Lachen.
Abend und die dunklen Düfte des Grüns
Kühlen mit Schauern die glühende Stirne uns.

Silberne Wasser rinnen über die Stufen des Walds,
Die Nacht und sprachlos ein vergessenes Leben.
Freund; die belaubten Stege ins Dorf.

Nicht nur dieses Gedicht entstand 1913 in Lans. Wer zur Herbst- oder Winterszeit hier spazierengeht, der kann, so will mir's scheinen, noch manches andere aus der Traklschen Lyrik rein stimmungsmäßig deutlich nachempfinden. Ich denke an Gedichte wie ›Im Winter‹ oder ›Am Moor‹. Ficker war es auch, der 1925 für die Überführung der Leiche des Dichters aus Krakau nach Innsbruck sorgte und sie auf dem Mühlauer Friedhof beisetzen ließ.

In Lans laufen die Straßen sternförmig auseinander: nach Westen gen Igls; nach Süden zum Grünwalderhof und nach Patsch; nach Norden über Aldrans und Schloß Ambras nach Innsbruck; nach Osten schließlich in das stattliche Dorf *Sistrans* und direkter noch nach *Rinn,* in dessen reinem Bioklima sich seit vielen Jahren die ›Tiroler Landesanstalt für Pflanzenzucht und Samenprüfung‹ niedergelassen hat. Im umgebenden Wald hausen viele Rehe, die am Abend unbekümmert um die nahe Autostraße in den Lichtungen äsen.

Zu Rinn gehört das jetzt als Bad modernisierte ›Unterlavierenbad‹ am gleichnamigen Bach. Es gibt auch ein Oberlavierenbad, aber das ist eigentlich ein Gasthaus. Im Wald gegen das Inntal zu liegt die vielbesuchte Wallfahrtsstätte *Judenstein.* Hier fand der legendäre Tiroler Freiheitskämpfer Josef Speckbacher seine zweite Heimat. Im Gnadenwald auf der anderen Talseite des Inns geboren, heiratete er herüber, wo er von den feindlichen Besatzern ebenso eifrig wie erfolglos gesucht wurde. Er verbarg sich im Tal, im Wald, in verschiedenen Höhlen, einmal saß er ein paar Tage auf dem Kirchturm, einmal stand er angeblich mehrere Stunden in der Jauchegrube, bis die Militärstreifen wieder abzogen.

Die Kirche in Judenstein wurde um einen großen Stein herumgebaut, auf dem 1462 der vierjährige Andreas Oxner angeblich durch ein altorientalisches Opferungsritual getötet worden war, während seine Mutter auf dem Felde arbeitete. Plötzlich fielen ihr Blutstropfen auf die Hand und kündigten ihr das Unglück an. Der Marterstein des seligen Anderl von Rinn bildete durch Jahrhunderte das Ziel zahlreicher Wallfahrer, die Krücken und andere Zeichen für erlangte Hilfe auf dem Judenstein zurückließen. Auch Josef Speckbacher nannte seinen Buben Anderl. Im 19. Jahrhundert wurde die Szene durch halblebensgroße Schnitzfiguren krippenartig im Nazarenerstil nachgebildet und auf dem Stein angebracht, aber nach dem Zweiten Weltkrieg entdeckte man darin etwas Antisemitisches, und so mußten die Figuren bis auf den Tiroler Anderl verschwinden. Sein von den Gräfinnen Tannenberg 1743 prunkvoll eingefaßtes Skelett befindet sich aber noch in der Kirche, und auch der Stein des Anstoßes ist noch da, und schließlich steht das Ereignis nicht weniger unverrückbar im Volksbewußtsein, das sich vielleicht nur eines uralten Heidensteines erinnerte, ehe der gelehrte Arzt Guarinoni die Legende in den festen Rahmen einer gedruckten Abhandlung einspannte.

Wer von Rinn aus noch weiter ostwärts zieht, erreicht bald das Dorf *Tulfes* und damit die letzte Siedlung, hinter der das Mittelgebirge unvermittelt ins Voldertal abfällt. Seit Errichtung des großen Schiliftes ist Tulfes ein Schidorf geworden mit einem riesigen Parkplatz, Autoschlangen, Schifahrern, Tankstelle und was sonst noch die Basis hoher Wirtschaftlichkeit bilden muß. An den waldigen Hängen oberhalb dieser Dörfer liegen die zu ihnen gehörigen Almen, die bald schon die Zeichen der Zeit erkannten und sich von der einfachen Rast zu mehr oder weniger komfortablen Gaststätten entwickelt haben. Sie alle sind durch ein Netz herrlicher Wanderwege verbunden, zum Teil auch in die Schiabfahrten einbezogen. Eine solche typische Schitour möchte ich nun beschreiben, denn das Schilaufen gehört zu Tirol wie das Segeln zur norddeutschen Küste.

Patscherkofel und Glungezer stellen zwei Schiberge par excellence dar, weil ihre Abfahrten durchwegs über Nordhänge führen und durch diese Schattenlage lange bis ins Frühjahr befahrbar bleiben. Seinerzeit, als der Schisport noch ein Vergnügen und keine Massennotwendigkeit war, fuhr man mit der Mittelgebirgsbahn von Innsbruck nach Igls und von dort mit der Seilschwebebahn auf den Patscherkofel. Zum Ärger der Sportler hatte die ›Koflbahn‹ eine Mittelstation, wo man umsteigen mußte. Diese Station ›Heiligwasser‹ war für bresthafte Wallfahrer gedacht, die von ihr aus eben zum Kirchlein und Gasthaus *Heiligwasser* pilgern konnten. Der Gnadenort existiert, seit die Muttergottes 1606 einigen Hirten half, verlorenes Vieh beim ›Butterbrünnl‹ wiederzufinden. Als dann noch ein stummes Kind beim Brünnl die Sprache wiederfand, errichtete man 1665 eine gemauerte Kapelle um ein Gnadenbild der Madonna mit Kind von 1430. 1723 wurde die Kapelle zur noch bestehenden kleinen Kirche vergrößert. Die weltlichen Bedürfnisse der Pilger befriedigte ein Gasthaus, dessen Speckknödelsuppen einen im ganzen Lande wohlerhörten Ruf erreichten.

Die Sportler aber seilten sich mit der Bahn weiter nach oben. Vor einigen Jahren riß einmal das Zugseil, und die Gondel fuhr wie der Blitz talwärts, bis glücklicherweise die Bremsen wirkten. Mittlerweile hatten sich die Reisenden in einen Menschenknäuel verwandelt und für Monate mit blauen Flecken eingedeckt.

Es gab immer wieder heftige Debatten über die ›vesuvische Form‹ des kahlen Patscherkofels, und ergraute Innsbrucker beobachteten argwöhnisch die Errichtung einer Fernseh- und UKW-Station auf eben diesem runden Gipfel, denn, so meinten sie, man sollte ihn nicht zu sehr ›magnetisieren‹, sonst werde er vielleicht doch wieder einmal vulkanisch. Die Geologen sagen uns aber, es seien nur die Urgletscher gewesen, die den Berg so rund geschliffen hätten.

Die besondere Würze der dreistündigen Fellwanderung vom Patscherkofel zum Glungezer bestand in einem Lawinenhang, über den sich die Schispur – jedes Jahr aufs neue »saublöd angelegt«, von den ersten nämlich, die da aufgestiegen waren – gefährlich hinwegzog. Mied man diese Spur, so bedeutete dies einen beträchtlichen Umweg, also mied man sie gewöhnlich

IV

JOSEF ANTON KAPELLER

(1761-1806)

Tracht aus der Gegend von Innsbruck

Aquarell über Feder, um 1800

Innsbruck, Tiroler Landesmuseum Ferdinandeum

Hand in Hand mit der künstlerischen Entdeckung der Tiroler Landschaft um 1800 (siehe Farbtafel XI auf Seite 400-401) ging die Beschäftigung aufgeschlossener Maler mit der Tracht und überhaupt der Lebensart der Alpenbevölkerung, wie sie gerade auch im benachbarten Bayern unter dem Einfluß von Wilhelm von Kobell, Josef Wagenbauer und Ludwig Neureuther festzustellen ist. Den schönsten Blättern dieser Künstler an die Seite zu stellen sind die duftigen und genau beobachteten Trachtenaquarelle Josef Anton Kapellers, die mit zu den frühesten volkskundlichen Dokumenten dieser Art in Tirol gehören. Kapeller stammte aus Imst, war in Reutte Schüler von Franz Anton Zeiller und hatte in Wien unter Füger studiert. Seine Tiroler Trachten wurden vom Münchner Simon Warnberger radiert und erschienen im Wiener Industrie-Comptoir in vier Heften zu je sechs Blatt (darin als Nummer 2 das vorliegende Motiv mit der Unterschrift: Gegend von Inspruck).

nicht. Und gewöhnlich ›hielt‹ der Hang auch, aber so jedes zweite oder dritte Jahr einmal hielt er nicht, und dann erwischte es ein paar. Das Unglück bildete eine Zeitlang Tagesgespräch, und die Erfahrenen schüttelten die Köpfe über so viel Dummheit. Aber wenn man diese Erfahrenen zufällig am Glungezer traf, dann marschierten sie allesamt genau in der Spur. »Heut hebts schon!« sagten sie recht urig und schwitzten vor Angst.

Die Abfahrt von der Glungezer-Hütte (2600 m), zehn Kilometer lang, war ein Traum. Hier gab es jeden Winter die längste Zeit reinen Pulverschnee, denn es war nicht jedermanns Sache, so weit zu wandern. Zuerst fuhr man im freien Gelände zur Tulfein-Alm (2035 m), dann durch Waldschneisen und über Almwiesen ganz im Stil der Trenkerschen Schifilme hinunter nach Windegg (1216 m) oder Tulfes!

Windegg, einst ein einfacher Bauerngasthof, ist jedem Innsbrucker ein Begriff, war er doch das Ziel aller Glungezerfahrer, zahlloser Schulausflüge und Sammelpunkt aller durstigen Wintersportler dieser Strecke – und alle Wintersportler waren durstig! Großes Gedränge in der verrauchten Stubn und der ›Ferandda‹. ›Glühwein‹ und ›Tee mit‹ (Rum) hießen die Parolen. Zu den Fenstern hinaus blickte man nicht, von dort kam man ja. Erst wenn es wieder galt, die Schier anzuschnallen, lenkte man sich durch die herrliche Aussicht von der mangelnden Balance ab. Es folgten halsbrecherische Sturzfahrten ins Tal, Bodenwellen tauchten auf, wo Gruben lagen, und Gruben wurden gesehen, wo in Wirklichkeit dann Zäune standen, und Zäune, wo Bodenwellen die Fahrt beendeten.

Meiner Meinung nach hat man von Windegg auch mit klarem Kopf den besten Ausblick über das mittlere Inntal mit der alten Salzstadt Hall, der Dörferlinie nach Innsbruck. Die ganze Nordkette bis zur lotrechten Martinswand, das Sellraintal bis zum Bergdorf Sankt Quirin, die Nockspitze, aber auch das Bettelwurfmassiv über Hall liegen – eben nicht zu unseren Füßen, sondern gerade eben so richtig entrückt, daß man die Berge noch als Berge empfindet und die baulichen Scheußlichkeiten unseres Jahrhunderts im Tal nicht mehr genau sehen kann. Heute hat sich Windegg modernisiert. Man kann mit dem Auto bequem hinauffahren und sollte vielleicht auch kurz in die alte holzverschindelte Kapelle hinterm Haus treten.

Südwestlich von Innsbruck erhebt sich die Pyramide der Nockspitze (2403 m), ein Hausberg der Jugend, wenn es gilt, mittelschwierige Schiabfahrten oder Wanderungen zu bewältigen. Man sieht die Schneisen der Abfahrten bei den Nockhöfen, der Mutterer Alm und am Pfriemesköpfl deutlich im Wald, und alljährlich gibts hier zahlreiche klubinterne Schirennen. Die Dörfer Mutters und Natters liegen auf einer ersten Geländestufe über dem Wipp- und dem Inntal, die sich bis zum Einschnitt des Sellraintales ins Oberinntal fortsetzt. Sie gehört zum Innsbrucker Naherholungsraum, ist an Sonntagen viel durchwandert und bedeutet auch die Anfahrtsrichtung zur Axamer Lizum, dem alpinen Schigelände der Olympischen Winterspiele. Die Dörfer Götzens, Birgitz und Axams liegen auf diesem Mittelgebirge und waren in den Freiheitskriegen 1809 die ersten, die sich gegen die fremde Herrschaft tatkräftig erhoben.

Götzens ist uns aber auch durch die Familie Singer bedeutsam, die in der Kulturgeschichte Tirols einen festen Platz einnimmt. Singer gibt es heute noch viele im Dorf, und desgleichen üben noch zahlreiche von ihnen das Maurerhandwerk aus. Emporgestiegen aus der Masse dieser Handwerker ist Franz Singer (1724-87), der 1772 bis 1775 die Pfarrkirche seines Heimatortes erbaut hat, vielleicht nicht ganz allein, was die grundsätzliche Planung betrifft. Immerhin heißt er in den Urkunden ›Paumeister, Stuckadorer und Bauersmann‹; er scheint sehr vielseitig gewesen zu sein. Sein viel älterer Bruder Jakob (1690-1760) gründete 1726 in Schwaz jenes Baugeschäft, das an die zwanzig Kirchen im Unterland barockisiert hat. Daran war auch der dritte Bruder, Hans Singer (gestorben 1740), als Stukkateur beteiligt, offensichtlich nach einer Lehre bei Wessobrunner Meistern. Der letzte in der Reihe war dann Kassian Singer (gestorben 1759), der Sohn des Jakob, der die Werkstatt von Schwaz nach Kitzbühel verlegt und die Kirchen von Fiecht und Hopfgarten neu geplant und zum Teil auch errichtet hat.

Die Pfarrkirche in Götzens ist im Äußeren schlicht gehalten, überrascht aber im Innern durch einen großartigen Wohlklang des Spätbarocks, wie er in Tirol in dieser Einheitlichkeit von Architektur, Stuck, Plastik und Malerei sonst nicht mehr zu finden ist. Der Grundriß arbeitet klug, nicht ohne Raffinesse auf den erhöhten Altarraum zu, einem Würfel hinter zwei nicht ganz regelmäßigen Quadraten. Die Fresken (1775) stammen von Matthäus Günther und zeigen Begebenheiten aus dem Leben der Kirchenpatrone Petrus und Paulus, sowohl in den großen Flachkuppelbildern wie auch in den kleinen einfarbigen Szenen an den Zwischenbögen. Die Stukkaturen, wahrscheinlich von Singer selbst, gipfeln im Schalldeckel der Kanzel, der zu einer einzigen lodernden Rocaille abstrahiert worden ist. Man kann es kaum glauben, daß ein ›Stuckadorer und Bauersmann‹ aus Götzens dies alles allein erfunden haben soll. Die figürlichen Plastiken fertigte um 1775 Johann Schnegg aus Imsterberg, ein Mann, der es bis zum Akademiedirektor in Bayreuth gebracht hat, in Sanssouci für Friedrich den Großen arbeitete und anscheinend in einer plötzlichen Heimwehdepression wieder nach Nordtirol zurückgeflohen ist, wo er 1784 in Arzl bei Imst starb. Die Figuren gehören zu seinen Spätwerken. Besonders auf das ausdrucksstarke freistehende Kruzifix in der rechten vorderen Bankreihe sei verwiesen. Die hohe bildhauerische Meisterschaft Schneggs ist in Tirol nicht mehr erreicht worden. Schließlich stammt noch das Hochaltarblatt von Franz Anton Maulpertsch, dem damals bedeutendsten österreichischen Barockmaler überhaupt.

Das ganze Ensemble der Pfarrkirche Götzens bleibt trotz seiner überwältigenden Fülle überschaubar und auf den Betrachter bezogen, die klaren Gedanken des einheitlich durchgeführten Grundplanes sind immer spürbar, und so kommt es, daß man sofort eine direkte Beziehung zu diesem Gesamtkunstwerk herstellen kann.

Die Urpfarre der Gegend, bereits im 10. Jahrhundert urkundlich genannt, lag in *Axams,* dem alten Quxumes, das direkt unter dem Schutz der Könige stand. Damit ist dieses Dorf der wichtigste Ort des Hochplateaus gewesen und wohl auch geblieben.

Axams ist der Schauplatz eines seltenen sakralen Theaters, des ›Josefspieles‹ um den Ägyptischen Josef und seine Brüder, und ferner bekannt durch den eigenartigen Faschingsbrauch des ›Wampelerreitens‹, das alle vier Jahre durchgeführt wird. Der Wampeler ist ein in ein weites, prall mit Heu ausgestopftes

Hemd eingenähter Bursch, der von seinen Reitern im Angriff von hinten auf den Rücken geworfen werden muß. Da der Wampeler seine Reiter nicht kennt – jeder aus der Zuschauermenge kann es versuchen –, vollführt er im Gehen, sich immer um sich selber drehend, eine unwirkliche, kreisende Bewegung, die seiner käferartigen Gestalt etwas Dämonisches verleiht. Sein Ziel ist, mit weißem Rücken, also ungeritten, durchs ganze Dorf zu kommen. »Wenn es viele Wampeler sind, gibts ein gutes Türken-(Mais-)jahr«, sagt man dazu: Es handelt sich also um einen Fruchtbarkeitsritus. Im Zug der Wampeler bewegen sich auch noch andere Maskengestalten, vor allem der berüchtigte Axamer Ziegenbock, der, weil er immer wieder durchging, arretiert und in die Kirche gesperrt wurde, wo ihn der nichtsahnende Mesner für den Leibhaftigen hielt.

Die Kirche steht mitten im Dorf auf einem kleinen Hügel. Sie entstand in ihrer heutigen Form 1732 bis 1734 mit Stukkaturen Anton Gigls aus Wessobrunn. Der hohe gotische Turm stammt noch vom Vorgängerbau. Hier gibt es eine alte Barockkrippe mit 110 Zentimeter hohen Figuren, die Wachsköpfe tragen.

Axams ist der Geburtsort des schon erwähnten einzigen bedeutenden Tiroler Dramatikers Dr. Karl Schönherr (1867–1943). Schönherr schrieb Bühnenwerke, die bereits damals zeitlose Aspekte des Bauerntums aufweisen. ›Erde‹, ›Weibsteufel‹, ›Glaube und Heimat‹, vor allem aber ›Der Judas von Tirol‹, eine psychologisch meisterhaft angelegte Studie um den Verrat an Andreas Hofer, sind den Bauern, nicht nur Tirols, aus dem Herzen geschrieben und haben noch kaum Patina angesetzt.

Hinter Axams hört das Mittelgebirge bald auf und bricht ins Sellraintal hinunter. Davor noch zweigt der Weg zur Axamer Lizum ab, ein vielbesuchtes hochalpines Schigebiet mit den weiten Hängen am Hoadl (2343 m) und am Birgitzköpfl (2035 m). Dazwischen ragt die Gruppe der Kalkkogel auf, die im Sommer den Kletterern gehören.

Hinter Innsbruck ragt als einmalige Kulisse einer Großstadt die Nordkette empor. Im Winter wirkt sie noch unmittelbarer, wenn das einheitliche Weiß des Schnees jede Hangneigung ausgleicht und alles wie eine riesige weiße Wand emporsteigt. Die höchste Erhebung stellt im Westen das Brandjoch (2559 m) dar, an dessen Südgrat oft sehr junge Innsbrucker erste Klettererfahrungen sammeln. Im Einschnitt unter dem Gipfelmassiv, im Frau-Hitt-Sattel, steht der Felsenzacken der Frau Hitt (2269 m), in dem man mit Phantasie eine Reiterfigur schräg von unten her sehen kann. Königin Frau Hitt wurde durch den Fluch einer Bettlerin, der sie als Almosen einen Stein gereicht hatte, selbst zu Stein verwandelt. Im Osten schließt die Rumer Spitze (2453 m) die Nordkette ab. Etwa in der Mitte sieht man das Berghotel Seegrube und etwas östlich darüber am Kamm oben das Hafelekar (2334 m), die Endstation der Nordkettenseilbahn. Mit Seegrube und Hafelekar, innsbruckerisch als ›Gruabn‹ und ›Kar‹ bezeichnet, verbindet jeder einheimische Schifahrer herrliche Schneefreuden bis ins Frühjahr und viele Blitztouren, die – wenn die Bahnanschlüsse funktionieren – sogar in einer zweistündigen Mittagspause Platz haben. Im Sommer ist das Hafelekar Ausgangspunkt einer Gratwanderung auf breitem Wege, der als ›Goetheweg‹ das höchstgelegene Denkmal des Dichters in Europa darstellt. Und zur Zeit der Sommersonnenwende ist die Nordkette sowohl mit ihrer Kammlinie als auch ihren Hängen und Almen prädestiniert zur Aufnahme Hunderter von Bergfeuern und brennenden Schriftzeichen.

Eigentlich stellt dieser Gebirgszug nichts anderes dar als die südlichste von vier Karwendelgebirgsketten, die ziemlich parallel hintereinanderstehen. Die *Nordkette* beginnt schon im Gebiet von Seefeld. Sehr deutlich sieht man hinter der Rumer Spitze im Osten das Bettelwurfmassiv hervortreten, das für Hall eine ähnliche Kulisse bildet wie die Nordkette für Innsbruck. Der Bettelwurf ist das östliche Ende einer zweiten Kette, die bei Scharnitz beginnt. Hinter ihr liegt das Hinterautal, durch das die ganz junge Isar nach Westen fließt, während das Vomper Tal mit der wilden Schlucht des Vomper Loches im Osten ins Inntal mündet. An der Wasserscheide steht das Haller-Anger-Haus (1768 m), an einem Platz, an dem die Haller einst ihre Anger, ihre Weidewiesen, hatten. Dann folgt die dritte und längste Karwendelkette zwischen Hinterautal und Karwendeltal. Sie beginnt gleichfalls bei Scharnitz, endet aber nach sanftem Bogen gegen Norden erst am Achensee beziehungsweise bei Jenbach. In ihrer Mitte stehen die berühmten Laliderer Steilwände, erhofftes Fernziel aller Karwendelfelsgeher, tödliche Endstation auch berühmter Kletterer. Stützpunkt dieser verwegenen Hochalpinisten ist die Falkenhütte (1846 m), die auf einem Kamm zwischen zwei Talenden steht. Nach Westen zieht das Karwendeltal hinaus mit dem Karwendelhaus (1765 m) an seinem Ostende und der Larchetalm (1174 m) in seiner Mitte. Zwischen Karwendelhaus und Falkenhütte liegt am Ende des Johannestales, das von hier nach Hinterriß im Norden hinausführt, der Kleine Ahornboden.

Nördlich des Karwendeltales, nur halb so lang wie dieses, liegt dann die vierte, die sogenannte *Nördliche Karwendelkette,* die nahe Mittenwald beginnt und in der östlichen Karwendelspitze (2538 m) endet. Auf ihrem Kamm verläuft die Staatsgrenze gegen Deutschland. Die markante Vogelkarspitze (2523 m) mit ihrem Trapezprofil bietet bergbegeisterten Münchnern bei klarem Wetter einen Orientierungspunkt.

Nordöstlich dieser vier Ketten stehen noch einige durch längere Quertäler abgegrenzte Berggruppen. Auch sie gehören noch zum Karwendel und reichen bis zum Achensee, der die Ostgrenze darstellt.

Im Karwendel, das die Geographen als Ödlandschaft bezeichnen, gibt es nur eine einzige kleine Ortschaft, nämlich *Hinterriß* (931 m) im Rißtal, das bei Vorderriß im Bayerischen ins Isartal mündet. Der Ort entstand im 16. Jahrhundert um einen kurzlebigen Eisenhüttenbetrieb, der später dem Holz- und Forstwesen weichen mußte. Mit den Knappen kamen schon die Jäger, allen voran Kaiser Maximilian I., der hier ein Jagdhaus besaß, wie die Familie Coburg-Gotha seit 1846 bis heute. Es ist ein kleines neugotisches Schlößchen. Schließlich unterhielten die Patres Franziskaner hier ein Hospiz, das ›Klösterl‹, das aber inzwischen aufgegeben worden ist. Sie besorgten auch die Kirche ›Maria zur Schmelz‹ (1774), aus deren Namen noch die alte Knappenkapelle hervorklingt.

Das Rißtal zieht noch weit zwischen die Berge hinein, wobei eine Reihe von Kurztälern nach Süden abzweigen: Rontal, Tortal, Johannestal, Laliderer Tal; schließlich endet es bei den Engalmen (1218 m) und einem heute von den Autotouristen gern besuchten Gasthaus ›In der Eng‹ am Südende des Großen Ahornbodens.

Diese Ahornböden haben den Ruhm des Karwendels für den Wanderer, der nur über die Jöcher steigt und nicht durch die Felsen klettert, begründet. Es sind Hochalmen mit flachen Weidegründen, auf denen uralte, zum Teil ganz verwitterte Ahorne stehen, in ihrer ausgeprägten Individualität nur den antiken Ölbäumen vergleichbar. Im Herbst, wenn ihr Laub bunt ist und der Frühschnee schon auf den Felsen liegt, stellen sie zusammen mit den gelbgrünen Wiesen und den rotbraunen Almhütten eine vollkommen schöne Urlandschaft dar, wie man sie für viele Tiroler Hochtäler früher annehmen darf. Und damit berühren wir eine Besonderheit des Karwendels, das wie keine zweite Gegend einen Begriff vom unberührten Tirol vermitteln kann. Seit der Entdeckung der Täler für den Fremdenverkehr und dem Bau entsprechender Straßen hört dies allmählich auf. Es gibt zwar immer noch Almen im echten Sinn, etwa die Ladizalm, ohne elektrisches Licht, wo das offene Herdfeuer noch unterm Kessel brennt, der Senner noch Mus und Nocken ißt, kein Obst und Gemüse gedeiht und wo die alten Almfunktionen durch Kaser, Senner, Melker, Hüter oder Putzer noch ausgeübt werden. Aber schon auf die Engalmen wird das Vieh per Lastauto vom Spediteur transportiert, das ist ungefährlicher und kräftesparender als der Marsch über viele Jöcher. Sonst aber erinnern nur mehr die Namen an die alte Zeit. Eng, das kommt von Anger oder Wiese, nicht von Enge; Riß deutet die Bergwerkstätigkeit an; Spielißjoch kommt vom Spielen der Rinder vorm Bespringen her und von der Isse, der Alm; und Karwendel selbst soll von Gerwentil abgeleitet sein, dem hier einst Gebiete gehörten.

Die Tiroler haben schon lange die Herrlichkeiten der stillen Karwendeltäler entdeckt und je nach Zeit, Unternehmungslust und körperlicher Verfassung verschiedene Touren beschritten. Da gibt es den Kleinen und den Großen Karwendelexpreß, Durchquerungen von Scharnitz bis Pertisau oder kürzer, die der ehrgeizige Sportler in einem, der genießende Wanderer aber in drei Tagen ausführt. Irgend jemand kam dann auf die Idee, durch einen jährlichen Karwendelmarsch die Einsamkeit der Täler wenigstens für einen Tag zu einem Volksgaudium zu benützen, und so marschieren nun an diesem Tage jeweils etwa viertausend (!) Teilnehmer etwa fünfzig Kilometer mit insgesamt viertausend Meter Höhenunterschied, zwischen Labestationen, Rotkreuztrupps und Kontrollstellen, wo es Stempelbestätigungen für die Zielpreise gibt, durchs Karwendel, unter der Schirmherrschaft des jeweiligen Landeshauptmannes.

Das Wipptal

Das Wipptal verbindet Innsbruck geradewegs mit der Tiroler Landesgrenze von 1918 am Brenner, die zugleich die österreichische Staatsgrenze gegen Italien ist. Von dort her kommt die Sill, die sich in der Urzeit dieses Tal gegraben hat und in Innsbruck in den Inn mündet. Sie erhält Zufluß aus zahlreichen Seitentälern, von denen das Stubaital, das von Westen ins Wipptal tritt, das berühmteste ist. Brennerwärts folgen auf dieser Seite das Gschnitz- und das Obernbergtal. Nach Osten zweigt vom Wipptal zuerst das kurze Viggartal ab, dann das Arztal, beides wenig besiedelte Hochtäler, wogegen das brennerwärts folgende Navistal Bauernland darstellt. So auch das lange Schmirntal, das zusammen mit dem kurzen Valser Tal bei Sankt Jodok ins Wipptal mündet.

Der Name Wipptal leitet sich vom römischen Namen Vipitenum für Sterzing, südlich des Brennersattels, her, woraus man ersehen kann, daß der Brenner seinerzeit nicht als Grenze empfunden worden ist. Über diesen Sattel zogen ganze Generationen deutscher Italienfahrer gen Süden, darunter nicht weniger als sechsundsechzig deutsche Könige und römisch-deutsche Kaiser, viele hundert Künstler, Dichter und Gelehrte, unter ihnen Albrecht Dürer, Wolfgang Amadeus Mozart und Johann Wolfgang von Goethe. Seit die Autobahn existiert, hat der Wanderstrom über den Brenner noch zugenommen.

Den Grund zu allen Brennerstraßen haben die Römer gelegt, die in Veldidena am Fuße des Berg Isel bei Innsbruck ein Castrum errichteten, das den wichtigen Verbindungsweg über Seefeld–Scharnitz–Augsburg – die sogenannte ›Untere Straße‹ im Gegensatz zur ›Oberen‹, die über Reschenpaß–Landeck–Imst–Fernpaß nach Augsburg führte – schützen sollte.

Ein Seitenarm der Römerstraße setzte bei Matrei über die Sill und zog am Osthang des Tales über Pfons (von lateinisch Pons – Brücke), Ellbögen, Sankt Peter, Patsch, Igls, Lans, Ampaß zur Innbrücke bei Hall. (Beim Parkplatz an der Europabrücke, links vom Aufgang zur Kapelle, kann man noch einen Rest der Römerstraße mit tief eingeschnittenen Geleisen sehen.) Dieser Weg wurde mit dem wachsenden Salzhandel im 13. Jahrhundert zur wichtigen Handelsstraße ausgebaut.

Die Straßengabel bei Matrei war notwendig, weil von Matrei bis Innsbruck die Sill in einer tiefen Schlucht fließt und ein ebener Talboden, auf dem die Straße ziehen könnte, nicht vorhanden ist.

Matrei und sein Hausberg

Matrei (992 m) entwickelte sich an der Brücke und Straße als frühester und jahrhundertelang wichtigster Ort des Wipptales nördlich des Brenners bereits im 3. Jahrhundert, wahrscheinlich hat sogar schon Strabon (gestorben um 24 nach Chr.) die Sill erwähnt. Wenn man sich in Matrei umsieht, erkennt man unschwer die drei ›Matreier Hügel‹ als eine Art natürlichen Bollwerks im Tale, das auch die Sill zwingt, in einem Bogen nach Osten auszuweichen. Auf zweien dieser Hügel standen Burgen, deren letzte erst den Bomben des Zweiten Weltkrieges zum Opfer gefallen ist. 1368 hatte der Bischof von Brixen hier die bayrischen Eindringlinge aufgehalten, die sich prompt in den Burgen verschanzten und einer Belagerung standhielten.

Die Herren von Matrei, von 1360 bis 1778 die Trautson, waren auch die Herren des Gerichtes, das weit über die Berge bis ins Tuxer Tal reichte. Ihr Schloß mit seinem Burgfrieden, die Pfarrkirche und einige Wohnhäuser bildeten ›die alte Stat‹, auch ›Altenstadt‹ genannt. Der jüngere Markt entwickelte sich am Mühlbach, westlich des heutigen Ortskernes, wo man römische und urgeschichtliche Siedlungsfunde gehoben hat.

Verheerende Feuersbrünste, die der Föhn wie in einem Kamin durch das enge Tal von Dach zu Dach trug, haben Matrei immer wieder vollkommen eingeäschert, die Bomben taten 1944 noch ihren Teil dazu. Trotzdem macht der Ort entlang der Straße einen historisch gewachsenen Eindruck. Im ›Gasthaus zur Uhr‹ etwa kann man noch die alte Verkaufshalle dieses ehemaligen Ballenhauses bewundern, wobei ein Balkon als

Waageplatz diente. Auch zwei kleine Ansitze bestehen bis heute: die Latschburg mit ihrem malerisch geschmückten Paradieszimmer und Arnholz, das bereits 1271 erwähnt und 1595 umgestaltet worden ist.

Fast makellos erhalten blieb die *Kapelle Sankt Johannes* am Friedhof, ein Werk der Türing, der Meister des Goldenen Dachls zu Innsbruck. 1509 oder 1511 gilt als Vollendungsdatum des Neubaues. Ihn erfüllt eine für Tirol ganz ungewöhnliche Zartheit, man betrachte dazu etwa die Öffnungen des Dachreiters oder im Innern die Empore mit ihrer fein ziselierten Maßwerkbrüstung und den vielen kleinen Lebewesen in den Rippenzwickeln. Derartiges findet sich auch am Goldenen Dachl. Die Wappen der Gstirner und der Hufschmiede an der Brüstung nennen vielleicht Stifter des Bauwerkes.

Daneben wirkt die *Pfarrkirche Maria Himmelfahrt* fast etwas plump. Sie wurde 1755 barockisiert und erhielt dabei ein Querschiff angebaut, wodurch es gelang, den Längs- und Höhenzug des gotischen Hauses in Richtung eines Zentralraums zu verschieben. Josef Adam Mölk hat ihn 1755 ausgemalt: Kaiser Karl VI. als Türkensieger mit Hilfe der Rosenkranzkönigin Maria und des Heiligen Dominikus sowie Salomo mit seiner Mutter Bethsabe als prophetischer Hinweis auf Christus und Maria. Die Figur des Schmerzensmannes auf dem Hochaltar (um 1350) ist von Legenden umrankt. Ritter Heinrich von Aufenstein soll sie aus dem Heiligen Land hierher gebracht haben; nach anderen schwemmte die Sill die Figur dort an, wo sie bleiben wollte, ein Legendenmotiv also, das man immer wieder findet. Die Arme der Plastik sind verstellbar, so daß man einen Gekreuzigten daraus machen kann. Zusammen mit dem Christus an der Brücke vor Fulpmes im Stubai gehört die Matreier Plastik zu den ältesten dieser Region und wird nur noch von den Aufensteiner Verkündigungsfiguren übertroffen.

Matrei ist oder war nicht nur durch die Jahrhunderte der Hauptort des Wipptales, es liegt auch zu Füßen des Hauptberges, der dieses Tal regiert, der Serles oder Waldrastspitze (2718 m). Der zweite Name weist auf die berühmte Wallfahrtsstätte *Maria Waldrast* (1641 m) hin, wo nach Wunderbegebenheiten um den Bauern Christian Lusch bereits 1429 eine Kapelle für ein Gnadenbild erbaut worden ist. 1472 wurde ein Engadiner nach Gelöbnis einer Wallfahrt hierher aus einer Lawine gerettet; 1480 ein Schweizer, dem man die Hirnschale eingeschlagen hatte, wieder gesund und 1628 ein Appenzeller von Besessenheit geheilt. 1624 errichteten die Serviten mit Hilfe der Landesfürsten ein kleines Kloster mit Kirche, das sich besonders bei Erzherzog Leopold V., seiner Gemahlin Claudia von Medici und deren Söhnen Ferdinand Karl und Sigmund Franz großer Beliebtheit erfreute.

... Zur himmlischen Apothecken hat sich gewendet der Durchlauchtigste Ertzhertzog von Österreich Sigismundis Franciscus. Da sich selbe 1658 auf einer Jagd mit einer Schrottbüchsen so gewährlich verwundet ... ihre Zuflucht ... zu den Gnaden Bild auf der Waldrast genommen und sich mit einem Gelübd verbunden, insofern der allerhöchste Gott durch die mächtige Fürbitt seiner göttlichen Mutter Deroselben die genesung verleihe, wollen selbe den ersten Ritt zur Danckbarkeit auf die Waldrast machen, 50 Thaler in Geld, zwey Wachs-Kertzen in Dero Schwere, dessen in Silber drey Spannen hoch gemachtes Brust-Porträt zu einem Opfer verehren und jährlich die Wunder-thätige Bildnuss einmal besuchen. Auf welches auch bald die gewünschte Gesundheit erfolget.

So berichtet der Servitenpater Marianus Maria Mooshammer in seinem Buch ›Der höchst beglückte Lerchen-Stock, das ist kurtze Beschreibung des ... Marianischen Gnaden Bildts auf dem hohen Berg Waldrast‹, das 1738 in Augsburg erschienen ist. Mit der Klosteraufhebung durch Kaiser Josef II. 1785 begann ein Verfall, der erst 1850 nach neuerlicher Übernahme durch den Servitenorden aufgehalten werden konnte. Auch unter den Nationalsozialisten sah Maria Waldrast schlimme Zeiten. In den Not- und Hungerjahren nach dem Krieg pilgerten unzählige zaundürre Studentlein nach Maria Waldrast, als es sich herumgesprochen hatte, daß der Orden dort oben eine besonders offene Hand für die leiblichen Bedürfnisse hungerleidender Studenten habe.

Die Serles, der alpine Hausberg der Innsbrucker, ist ungefährlich zu besteigen, im letzten Stück ab dem ›Halsl‹ ein bißchen mühsam, aber die Sicht von der Spitze besonders auf das Innsbrucker Talbecken und die Nordkette belohnt jede Mühe. Das tausend Kilogramm schwere Gipfelkreuz von sieben Meter Höhe errichteten 1949 die Jungbauern des Bezirkes Innsbruck-

Land. Und die Paläontologen identifizierten einen seltsamen Stein, der am Serlesgipfel gefunden wurde, als Teil eines Saurierzahnes!

Nördlich des herrlichen Berges zieht das Stubaital nach Südwesten. Zwischen 1842 und 1846 baute man über den Ruetzbach, der aus dem Stubai kommt, die »kühne Stefansbrücke, genannt nach dem Erzherzog Stefan von Habsburg, der am 30.8.1842 allergnädigst den Grundstein zu diesem Werk zu legen geruhte«. Damit war zwar die Schlucht an der Sill überwunden, nicht aber der Schönberg, ein Alptraum aller nach dem Süden Reisenden noch unserer Tage, bevor die Autobahn gebaut worden ist.

Wer diese Route ins Wipptal nimmt, fährt durch historische Gegenden, die dem Tiroler besonders teuer sind, denn im Freiheitskampf 1809 zog sich das Aufmarschgebiet der Bauern zu den Berg-Isel-Schlachten bis an die Stelle der Stefansbrücke hinein, die es ja damals noch nicht gegeben hat. In Matrei stand der Sandwirt selbst an der Straßengabel und teilte die anrückenden Kämpfer nach seinem Gutdünken in jene, die gegen Vill und Igls auf der alten Salzstraße vorrücken sollten, und jene, die geradeaus über das Gasthaus ›Schupfen‹ zum Berg Isel marschieren mußten. Der ›Schupfen‹ war eines der Hauptquartiere Hofers während der Kämpfe um Innsbruck. Er steht noch, knapp nördlich der Stefansbrücke, und ist heute wieder an die Einheimischen ›zurückerstattet‹ worden, nachdem er zur Zeit der ›Alten Brennerstraße‹ wachsenden Verkehr sah und international besucht war. Die reizvolle neue Rundkapelle mit einer bezaubernden Terrakottaplastik ist neben der historischen Bedeutung des Platzes allein schon einen Besuch wert.

Das Stubaital

Heute überwindet man die elf Kilometer von Innsbruck bis zum Schönberg am Eingang ins Stubaital auf der Autobahn über die 180 Meter hohe und 820 Meter lange Europabrücke in wenigen Minuten. Diese Autobahnstrecke ist, was die landschaftliche Schönheit betrifft, vielleicht die schönste Straße Europas überhaupt, denn man fährt gleichsam in der Luft auf die majestätische Felspyramide der Serles und die Wunderlandschaft der Stubaier Gletscher zu. Das Gefühl wird noch himmlischer, wenn man weiß, daß die vier über 150 Meter hohen schlanken Brückenpfeiler aus statischen Gründen vollkommen hohl sind.

Neben der Bundesstraße im Talgrund und der Autobahn auf luftiger Höhe gibt es seit 1904 schon eine andere Reisemöglichkeit ins Stubaital, nämlich eine Schmalspurbahn mit originellen Eigenheiten wie Hornsignalen oder schlingernden Wagen, bei denen man beobachten kann, wie sich die rechteckigen Fensterrahmen in den Kurven durch die Macht der Fliehkraft bei vollbesetztem Waggon ächzend zu sanften Parallelogrammen verschieben.

Die Stubaitalbahn fährt auf den sonnigen Südhängen der Nockspitze nach *Telfes,* dem früheren Hauptort des Tales. Am Muggnbichl wurden Siedlungsspuren aus der frühen Bronzezeit entdeckt. 1133 wird der Ort urkundlich erstmals erwähnt, während die Urpfarre der ganzen Gegend hier schon ein paar Jahrhunderte bestand. Auch Dingstätte und Gericht, das die Cherlinger innehatten, befanden sich in Telfes. Der Name ist ladinisch, wie auch der des Nachbarweilers Luimes (Licht). Hingegen leitet sich Kreith, etwas weiter im Wipptal gelegen, vom Reithen – Reuten, Roden – ab. Zwischen Kreith und Telfes erstrecken sich die wahrhaft paradiesischen Telfer Wiesen, herrliche Bergmatten, von Lärchengruppen bestanden. Schon frühzeitig wurden hier die Tannen und Fichten gerodet, um Wiesen zu bekommen. Dabei ließ man die Lärchen stehen, da diese ihre Nadeln als willkommenen Dung im Herbst abwerfen. Der Erfolg dieser biologischen Überlegung zeigt sich in einer herrlichen Fauna. Weite Spazierwege führen durch das prachtvolle Gebiet.

Die Telfer haben meiner Meinung nach auch die schönste Kirche im ganzen Stubaital, die man zu besuchen nicht versäumen sollte. Der geistliche Bauunternehmer Franz de Paula Penz hat sie und übrigens auch alle anderen im Tal gebaut. Wir haben seiner Tätigkeit schon im Kapitel über die Tiroler Baukunst des Barocks gedacht. Hier aber in Telfes ist er gestorben, und man wird ihm die Achtung nicht versagen können, wenn man seine Grabinschrift in der Kirche liest: *Hier ruht der hochzuverehrende Franz de Paula Penz, Lizentiat der Theologie und Can-*

V

ANTON HANSCH

(1813-1876)

Der Stubai-Gletscher in Tirol

Öl auf Leinwand, um 1873

Wien, Österreichische Galerie

Anton Hansch gehörte zu jener Generation österreichischer Landschaftsmaler, die – wie Franz Steinfeld und Friedrich Loos – der Tradition des Wiener Biedermeier mit ihren realistischen, klar gebauten, licht und groß gesehenen Alpenbildern bis weit in die zweite Hälfte des 19. Jahrhunderts treu geblieben sind. Obwohl der Begriff des ›Stubaigletschers‹ für den Gletscher am Zuckerhütl, dem höchsten Berg der Stubaier Alpen, – zumindest in der jüngeren Zeit – ungebräuchlich ist, war das Bild kurz nach seinem Entstehen unter diesem Titel in der Nachlaßausstellung im Wiener Künstlerhaus 1877 gezeigt worden.

ditat beider Rechte, durch 20 Jahre Pfarrer, erbaute er 14 Kirchen, 8 Pfarrhöfe, stiftete 13 Priesterstellen mit des Himmels Hilfe. Er bewies sich freigebig gegen die Armen und als ein unermüdlicher Eiferer für seine Herde, der er sich und das Seinige ganz dahingab. Er war unerschrocken bei Unternehmungen, die er mit Beharrlichkeit durchführte und zum glücklichen Ende brachte. Er ist in der von ihm erbauten Kirche beigesetzt worden am 14. März 1772, in dem Alter von 65 Jahren. Wanderer staune und, soweit du kannst, ahme ihn nach.

1755 vollendete Penz den Neubau, den Anton Zoller aus Telfs im Oberinntal bis 1757 mit sehr reizvollen und in ihrem ursprünglichen Kolorit unverdorben erhaltenen Fresken ausmalte. Besonders das Bild der Rosenkranzmadonna mit den verschiedenen Vertretern der Landstände, ja der ganzen Welt, in der Flachkuppel des Querschiffes verdient eingehende Beachtung. Die geschlossene Malerei beherrscht den sehr hellen und gut proportionierten Kirchenraum so vollkommen, daß man kaum bemerkt, wie schmucklos er sonst ist.

Die Kirche in Telfes besitzt noch ihren alten Turm von 1626, aus dessen auffallend großen Schallfenstern die gewaltige Stimme der landweit berühmten Telfer Wetterglocke ertönt. Bereits wenige ›Worte‹ von ihr zwingen Gewitter zur Umkehr. Sie ziehen sich dann meist nach Kreith zurück, auf das sie dann niedergehen, und die Kreither haben immer wieder namhafte Angebote gemacht, um die Telfer Wetterglocke zum Schweigen zu bringen. Etwa zweitausend Gulden waren einmal im Gespräch, aber die Telfer ließen sich bis heute nicht mürbe machen.

Erst 1389 erhielt die Urpfarre Telfes einen zweiten Priester, für dessen Lebensunterhalt die Gemeinden Mieders und Fulpmes sorgten, damit er auch in anderen Orten des Tales die Messe lese und Seelsorge betreiben könnte. Bis ins 18. Jahrhundert versorgten so zwei Geistliche das ganze Tal!

Eineinhalb Kilometer taleinwärts von Telfes kommt man bereits nach *Fulpmes,* dem Hauptort des Stubaitales. Fulpmes hat sich über seine Eisenindustrie dazu erhoben. Auch im Stubai wurde wie im übrigen Nordtirol der Bergbau betrieben, und zwar auf Gold und Eisen. Gold erwies sich nicht als besonders ergiebig, man versuchte es auch aus der Ruetz zu waschen, wohl aber fand man im Schlickertal am Hohen Burgstall (2613 m) Eisen. Hier gab es zwölf Gruben, die 1587 allerdings durch einen gewaltigen Bergsturz stillgelegt wurden und erst achtzig Jahre später wieder aufgetan werden konnten. Im Zusammenhang mit der Eisenverarbeitung siedelten sich in Fulpmes entlang dem Schlickerbach, der als Energiespender benötigt wurde, zahlreiche Schmiede an. Diese Werkstätten entlang dem Wasserlauf bestehen heute noch, aber die moderne Eisenindustrie benützt sie längst nicht mehr. Erzeugt werden jetzt vor allem Werkzeuge und Sportartikel, auch Sensen, und exportiert wird in fünfzig Länder der ganzen Welt. In der Fachschule für Metallverarbeitung wird modernste Eisenverarbeitung gelehrt. Der Tiroler bevorzugt besonders bei seiner Ausrüstung für extreme Fels- und Eiskletterei ›Werkzeuge‹ aus Fulpmes.

Es gibt hier auch ein außerordentlich interessantes Schmiedemuseum, das um eine alte Hauptschmiede herumgebaut wurde. Man kann die fast zweihundert Jahre alten wassergetriebenen, riesigen Pochhämmer in Betrieb gehen lassen, und das gewaltige rhythmische Klopfen wird zum Verständnis beitragen, warum Schmiede im Dorfchor immer den rhythmisierenden Baßpart zu singen haben.

Fulpmes ist schon lange vom Fremdenverkehr eingeholt und überrollt worden. Eine Million Nächtigungen zählt das ganze Tal zusammen im Jahr. Fatalerweise ist der Juli der niederschlagsreichste Monat, aber das sagt man nicht laut, und wer weiß, obs heuer auch so sein wird? Eben. Bereits 1765 kam ein allerhöchster Tourist in Gestalt Kaiser Josefs II. hierher und bestieg den Alpeiner Ferner.

Heute schätzen Fremde und Einheimische den Schizirkus im Schlickertal gleichermaßen, mit den Liften zum Sennesjöchl (2436 m) aber auch den sommerlichen Übergang zur Starkenburgerhütte (2229 m), die einst die Sektion Darmstadt hier errichtet hat. Die weitbekannte Fulpmer Theaterleidenschaft ließ seit dem 17. Jahrhundert eine ununterbrochene bäuerliche Tradition des Schauspielens wachsen. 1748 führten die Stubaier ›Die Erschaffung der Welt‹ auf, bei der Gott Vater, aus großer Pfeife rauchend, auf dem Regenbogen als Zeichen des Alten

Bundes hin und her spazierte und neben anderen auch die folgenden ergötzlichen Verse sprach:

Ich bin Gott Vater auserkoren,
der die Welt und alles hat geboren,
ich spazier in meinem Himmel auf und ab
und freu mich, daß ich alles hab.

Die Pfarrkirche zum Heiligen Vitus (Veit) vollendete Franz Penz 1747, und der Augsburger Akademieprofessor Johann Georg Bergmüller freskierte sie im selben Jahre. Fast bemerkenswerter noch sind die Stukkaturen, die Anton Gigl aus Innsbruck anbrachte, mit anakastischer Angst um genaue Symmetrie, die sein künstlerischer Impetus nur in der Rahmung des Kruzifixus überwinden konnte.

Bei Fulpmes treffen die beiden Talflanken zu einem gemeinsamen ebenen Talboden zusammen, oft genug nach Unwettern im Talinnern von verheerenden Überschwemmungen heimgesucht, und hier beginnt die tiefe Ruetzschlucht hinaus ins Wipptal.

Gegenüber von Telfes, auf der anderen Seite des Tales, liegen die Orte Schönberg und Mieders, die als Besonderheiten einige Hausberge mit Traditionen bis zurück ins 10. Jahrhundert erkennen lassen. Der in Mieders ist leicht zu finden, steht doch die Kalvarienbergkapelle drauf. In viel späteren Zeiten hatte bis 1798 in Mieders das Gericht seinen Sitz, dann wurde es bis 1850 nach Schönberg verlegt. Die Römer hatten mit dem Innern des Tales, wie meistens in Nordtirol, nichts vor. Man fand ihre Münzen und einen Meilenstein draußen bei Schönberg, eben an der Durchgangsstraße. Die entscheidende Besiedelung des Stubai erfolgte im 6. Jahrhundert auch hier durch die Baiwaren, die sich im Inntal friedlich mit den einheimischen Illyrern vermischten. Um 1000 wird ›Stupeia infra alpes‹ erstmals schriftlich erwähnt, und wirklich, es liegt immer noch ›unter‹ den Bergen.

In *Schönberg* war Johann Joachim Pfaundler (1723-1811) als Kurat tätig, dem seine seelsorgerlichen Pflichten noch Zeit genug ließen, sich – gleich seinem Amtsbruder Penz – der Kunst zu widmen. Er malte viele Vogel- und Blumenbilder, schuf auch ein liebenswürdiges Selbstporträt, das noch im Pfarrhaus hängt, und hinterließ seiner Gemeinde ein großes ›Heiliges Grab‹ (um 1765), das eines der bedeutendsten erhaltenen Zeugnisse dieser barocken Kunst in Tirol bildet und heute noch zur Karzeit in der Pfarrkirche aufgestellt wird, wo es den ganzen Chorbogen ausfüllt. Die Kirche selbst ist von dem bereits des öfteren genannten Baupfarrer Franz de Paula Penz 1748/49 errichtet und von Josef Mages (Chor), Giuseppe Gru (Querschiff) und Franz Anton Leitensdorffer (Schiff) mit farbfrohen Fresken ausgemalt worden.

Über Schönberg stehen bei 1500 Meter, hoch oben am Kamm, die Gleinser Höfe. Ähnlich wie bei Telfes gibt es auch hier Lärchenwiesen, nicht so ausgedehnt, und die Flora ist ob der Höhe etwas karger, aber dafür hat man einen berauschenden Blick auf die Gletscher am Talende. Der Gleinser Steig führt als bequeme Wanderung fast eben zur Wallfahrtskirche Maria Waldrast (1641 m), dem oben schon erwähnten beliebten Ausgangspunkt zum Aufstieg auf die Serles.

Das Dorf *Mieders* war schon in früheren Jahrhunderten wegen seines Heilwassers geschätzt, heute ist dieser Anreiz durch die Anziehungskraft der Schilifte zum Waldrastjöchl geschmälert worden, wie es auch wenig bekannt ist, daß hier bereits zur La-Tène-Zeit eine Siedlung existiert hat.

Der mit knapp 3000 Einwohnern volkreichste Ort des Stubaitales *Neustift* hieß früher, treffend seine Lage charakterisierend, ›Im Tal‹, ehe Kaiser Maximilian I. dort eine neue Kirche zum Heiligen Georg stiftete. Diese ›Neue Stiftung‹ wurde 1516 geweiht, und allmählich trat diese Bezeichnung an die Stelle des Siedlungsnamens. Die Weiler Milders (1039 m) und Ranalt (1260 m), die bereits um 1250 urkundlich genannt werden, ferner Krößbach, Gasteig, Volderau, die dazwischen im Unterbergtal liegen, gehören ebenso zur Gemeinde Neustift wie Ober- und Herrengasse am Eingang ins Pinnistal und das im Oberbergtal gelegene uralte Bärenbad (1252 m), von dem es in einer Urkunde 1550 heißt: »Vlrich Tänndler zu Valpein in Obernberg hat vom König Ferdinand die Erlaubnis erhalten, das Wasser, so von alters her das Pernbad genannt ist, einzufangen und ein Padhaus zu bauen.« Waschechte Bären wechselten noch im 19. Jahrhundert vom Nachbartal im Süden, dem Gschnitz, über den Sattel, auf dem heute die Innsbrucker Hütte steht, ins Pinnistal herüber und kamen bei Neustift ins Stubai. 1870 wurde hier der letzte Braunbär erlegt. In diesem Zusammenhang sei ein einschlägiges Marterl zitiert, das in der Nähe besagten Bärenbades den Heiligen Wendelin als besonderen Viehpatron anruft: »O heiliger Wendelin, du Viechpatron, siech uns als deine Kinder an.«

In Neustift hat Pfarrer Penz die letzte Kirche seines Lebens erbaut, die größte des Tales, als hätte er damals schon die Verschiebungen in der Bevölkerungszahl vorausgeahnt. 1780 ist dieses 1774 bereits vollendete Bauwerk eingeweiht worden, acht Jahre nach Penzens Tod. Josef Anton Zoller malte 1772 in der mittleren Flachkuppel das Pfingstwunder in einer fast erdrückenden Scheinarchitektur, die an Krippenkulissen erinnert. Der sehr große Kircheninnenraum wird nur durch die Flachkuppeln gegliedert; schwunglose Hausfenster durchbrechen die kahlen hohen Wände, es will kein sakrales Gefühl aufkommen. Den breiten, dunklen Hochaltar schmückte Johann Karl Henrici aus Südtirol mit großen Altarblättern.

Natürlich hat sich auch Neustift einen kühnen Schilift zugelegt. Er führt zur Elferhütte auf 1080 m empor, und weitere Aufstiegshilfen sollen folgen. Diese von Zahlen abgeleiteten Bergnamen übrigens, die man oft im Gebirge finden kann – Elfer, Zwölfer, Einser –, sind alte Zeitweiser der Einheimischen, die hier je nach dem Sonnenstand die (Jahres-)Zeit ablasen. Auch im Stubai gibt es neben dem Elfer (2499 m) einen Zwölfer (2549 m).

Das hinterste Stubaital verästelt sich in das Ober-, das Unterberg- und das Pinnistal. Von diesem letzten ist nicht viel zu sagen, als daß es manchmal zum Abstieg von der Innsbrucker Hütte benützt wird, was einen Marsch von stattlichen neun Kilometern bedeutet. Bekannter ist es noch ob seiner gewaltigen Gewitter, deren Blitzentladungen ringsum auf alle Felsspitzen einer grandiosen Felsarena niedergehen.

Das Unterbergtal zieht sich von Neustift vierzehn Kilometer lang bis zum Ursprung der Ruetz, das heißt bis zu den Gletschertoren unterhalb der Stubaier Wildspitze (3498 m), der Schaufelspitze (3333 m), des Zuckerhütls (3505 m), von den Einheimischen auch nur kurz ›Hütl‹ genannt, dann des Wilden Pfaff (3457 m) und des Wilden Freigers (3419 m). Damit sind schon die Gipfel genannt, allen voran das Zuckerhütl, der höchste Berg der Stubaier Gruppe, in der es nicht weniger als siebzig Dreitausender gibt. Seit die Stubaier Gletscherstraße bis zur Mutterbergalm hochgeführt worden ist und von dort die Gletscherlifte auf 3200 Meter hochziehen, sind die Dreitausender näher als je zuvor. Die Bergstation Eisgrat (2900 m) bildet auch vielen Nichtalpinisten einen bequemen Ausgangspunkt, um auf gut gesichertem Steig in einer knappen Stunde das Eisjoch zu bezwingen. Die Stubaier Fremdenverkehrsförderer sind stolz darauf, daß ihr ›Ganzjahresschigebiet‹ mit zwölf Quadratkilometern Fläche das größte von Tirol ist. Man möchte sehr wünschen, daß es dabei bleibt.

Inmitten dieses Schizirkus liegt die einst so stille Dresdner Hütte (2302 m), die man von Ranalt aus zu Fuß erobern mußte, auf acht Kilometer langem Anmarsch, mit tausend Metern Höhenunterschied. Nach meist nur kurzer Nachtpause marschierte man dann am nächsten Morgen noch unter den verblassenden Sternen los über den Pfaffengrat auf den Sulzenauer Ferner, den man weit oberhalb seines riesigen Eisbruches betrat. Und jetzt sah man schon das ›Hütl‹ leuchten, im aufgehenden Tag am hohen Horizont! Je näher man kommt, desto verblüffter ist man, wie es immer größer und größer wird, diese von der Ferne so kleine Zacke, und wie sehr man selbst immer mehr schrumpft angesichts der gigantischen Eismassen. Man besteigt das Zuckerhütl dann auf dem Ostgrat, der hinauf längst nicht so steil und ausgesetzt wirkt wie zurück, herunter, wenn die breite, schwarzblau schimmernde Randkluft ›einsehbar‹ wird.

Oben ist alles vergessen, die Welt ist herrlich wie am ersten Tag, und dieser Tag ist heute! Man kann nicht begreifen, warum es Streit und Zank und Krieg und Elend da unten geben muß. Man sieht in die offenen Augen einiger kleiner Karseen südlich des Kammes und ringsum auf Hunderte von Gipfeln, die alle glückliche Erlebnisse bereithalten für jene, die zu ihnen kommen. Das vier Meter hohe eiserne Gipfelkreuz hat die Jugend des Stubaitales mit dem bergbegeisterten Kaplan Loven 1947 errichtet, wogegen das am benachbarten Freiger 1952 von zweihundert Mitgliedern der Katholischen Jugend Kölns aufgestellt worden ist.

Die klassische Tour führt dann vom Hütl hinüber zum Wilden Pfaff und von diesem über den Freiger zur Nürnberger Hütte (2280 m). Ausdauernde oder Termingeplagte queren noch am selben Tag via Feuersteine und Simmingjöchl zur Bremer Hütte (2412 m) im obersten Gschnitztal hinüber. Meist aber geschieht das am dritten Tag. Zwischen Pfaff und Freiger wandert man mit dem rechten Bein in Italien, mit dem linken in Österreich, denn hier verläuft die Staatsgrenze seit 1918 genau auf dem Grat.

Wer nicht auf Gletschern wandern will, dem sei die Mairspitze (2781 m) oberhalb der Nürnberger Hütte empfohlen. Sie ist ein einfacher und ganz »trockener« Felsberg, von dem aus man wie in einer Loge das einmalige Gletscherrund beschauen kann.

Am Ende des dritten Stubaier Endtales, dem Oberbergtal, steht hinter Bärenbad die Franz-Senn-Hütte (2100 m), genannt nach dem Mitbegründer des Alpenvereins und Erschließer des alpinen Ötztales. Erst in seinen letzten Jahren wirkte Pfarrer Senn in Neustift, wo er auch begraben liegt und sein Denkmal steht.

Zwischen Fremdenverkehr und Alpinismus, zwischen Eisenindustrie und Heilbadln geht die Hälfte aller Stubaier immer noch der Landwirtschaft nach, wobei die Viehzucht vorherrscht. Die modernen technischen Möglichkeiten kommen freilich auf den vielen sehr schrägen Hängen wortwörtlich ins Rutschen, so daß hier vieles beim alten geblieben ist, das jahrhundertelang genügt hat. Wer mit Aufmerksamkeit herumsieht, wird es unschwer erkennen. Und noch etwas kann er entdecken. Mitten im Tal an der Fulpmer Brücke steht ein altes gotisches Kruzifix aus der Zeit um 1400, wenn nicht noch davor. Es ist ein ungelenker Christus mit großen Füßen und breitem Brustkasten, mit schweren Arbeitshänden, die Heugabeln gleichen. Schmerzvoll ergeben starren seine Augen aus dem harten Gesicht seines klobigen Schädels. Es geht keine ästhetisch erbauende Wirkung von ihm aus, aber dieses Schnitzwerk ist wie ein Ruf aus alter Zeit, da dieser Gekreuzigte vor fast sechshundert Jahren ein Bruder aller hier um ihre Existenz ringenden Bauern war.

Im Navistal

Kehrt man ins Wipptal nach Matrei zurück und dringt nun hier weiter nach Süden vor, so öffnet sich bald nach Osten das Navistal, ein Hochgebirgseinschnitt, an dessen Beginn die Burg *Aufenstein* stand. An ihrer Stelle erhebt sich heute auf steilem Felsen die Kirche Sankt Kathrein. Am äußersten Rande, unmittelbar neben dem Steilabfall, nimmt man noch ein zweites Gebäude wahr, das zwar eng mit der Kirche zusammengebaut, aber aus ganz anderem Baumaterial aufgeführt ist. Der Felskopf, auf dem die beiden Gebäude stehen, ist mit dem ›Festland‹ nur nach Norden über eine Mulde hinweg verbunden, und der Name berichtet sinnfällig, daß die alte Burg direkt ›auf den Stein‹ gebaut wurde, das heißt: ohne Keller. Und daher ist sie denn auch restlos verschwunden, als ihre Mauern verfielen. Aber der Name täuscht, denn es waren die Herren von Aufenstein, die hier ihren Namen hinterließen, der von ihrem Wappentier herkam, von einem Uhu, mittelalterlich ›Auf‹ genannt.

Im Krieg zwischen Herzog Otto von Österreich und Margarethe Maultasch wurde die Burg belagert und von Volkmar von Burgstall, Margarethas Vogt auf Schloß Tirol, 1336 eingenommen. Sie ist damals nicht zerstört worden, wir wissen aber nicht, warum sie knapp hundert Jahre später so sehr verfallen war, daß man ihre Steine zum Bau der Katharinenkirche benützte. Nur die alte Burgkapelle der Aufensteiner blieb bestehen. Sie ist jenes Gemäuer am Steilabfall des Felsens. 1718 wurde die alte Katharinenkirche, die an Stelle der Burg Anfang des 15. Jahrhunderts errichtet worden war, barockisiert. Die alte Kapelle diente als Depot und im 19. Jahrhundert als Schulraum. Erst 1909 entdeckte eine aufmerksame Lehrerin hinter morsch gewordener Holzvertäfelung an den Mauern ihrer ›Klasse‹ Freskenreste. Das Denkmalamt konnte sich damals aber nicht durchsetzen, und so schlug man das Holz wieder vor die Malereien. So blieb es bis nach dem Zweiten Weltkrieg, ich habe den Raum noch selbst in diesem Zustand gesehen. Endlich, nachdem die Gemeinde 1953 ein neues Schulhaus erhalten hatte, konnte man zur Restaurierung schreiten, die schließlich das heute zu bewundernde Ensemble freilegte.

Es handelt sich um eine zweigeschossige Kapelle, die wie alle derartigen Räume unten für das Volk und oben für die ›gehobenen‹ Herrschaften gedacht war. Aus der Gründungszeit haben sich alle drei Altartische erhalten. Im Erdgeschoß steht ein größerer vor einer breiten, apsisähnlichen Nische, die ein schmales, streng geostetes Fenster aufweist. Im ersten Stock befinden sich ebenfalls an der Ostwand zwei kleinere Altartische, ebenfalls unter je einem Fenster, die noch mit den Butzenscheiben des 15. Jahrhunderts verglast sind. Ein seltener Zufall hat im Archiv zu Matrei die Einweihungsurkunde von 1330 erhalten. Daher wissen wir, daß Bischof Albert von Brixen, in dessen Diözese Aufenstein lag, am 2. Februar die Altäre wie folgt weihte: den unteren der Heiligsten Dreifaltigkeit, dem Leib und Blut Christi (Eucharistie), dem heiligen Kreuz, dem Heiligen Michael und allen Engeln sowie dem Heiligen Erasmus. Der obere rechte Altar: Maria, den beiden Johannes, den Heiligen Drei Königen, den Unschuldigen Kindern, den Elftausend Jungfrauen und der Heiligen Ursula; der linke schließlich den Aposteln, den Vierzig Märtyrern, den Heiligen Georg, Blasius und Genossen (nämlich den Vierzehn Nothelfern). In Kenntnis dieser Weiheurkunde verstehen wir jetzt auch das Freskenprogramm. So beobachtet man etwa in der Fensterlaibung des rechten oberen Altares die Schutzmantelmadonna und Ursula.

Es wurde also ein Programm aufgestellt, eingehalten und entwickelt, wie wir es wohl für alle derartigen Kapellen annehmen können. Die Planer nahmen dabei Rücksicht darauf, daß man zwischen der Heilslehre fürs Volk zur ebenen Erde und derjenigen für den Adel im Obergeschoß zu unterscheiden hätte. So finden wir im Erdgeschoß den schauerlichen Triumph des Todes und die greulichen Laster, wogegen oben auch seltenere Themen wie Christi Mahlzeit mit den Pharisäern Platz und Verständnis finden konnten.

Und nun können wir noch weiter in die Gedankenwelt dieser Zeit eindringen, wenn wir beobachten, daß neben dem unteren Altartisch zwei nischenartige Aussparungen bestehen, ganz unmittelbar neben dem Tisch. In diese Nischen möchte ich die beiden Figuren stellen, die sich in Aufenstein erhalten haben, erhalten aus der Zeit der Weihe von 1330! Sie befinden sich jetzt im Altarraum der Barockkirche. Es ist eine Verkündigungsszene, ein Engel grüßt eine Madonna, jede Figur 160 Zentimeter groß, in vollem Fichtenholz geschnitzt, zum Teil mit alter Fassung. Dem Engel fehlen die Flügel, vielleicht gab es auch eine Lilie. Diese Figuren gehören meiner Meinung nach in die Aussparungen neben dem Hauptaltartisch, denn dann vollzog sich hier das Wunder der Fleischwerdung aktuell. Wenn der Priester in der Wandlung die Hostie hob, so kam das Wort vom Himmel herab zwischen die beiden Figuren auf den Altartisch, wie man es ja in vielen gotischen Verkündigungsbildern sieht, als kleines Jesuskind, das auf einem Strahl von Gott Vater abgesandt in steiler Diagonale durch das Bild in die Madonna fliegt. Und selbst der Lichtstrahl wird sichtbar geworden sein an jenen Sommertagen, an denen die Sonne genau in das Ostfenster schien, vor dem sich die Wandlung vollzog.

Damit können wir in Aufenstein sehr Wesentliches von der damals hochaktuellen und lebendig wirklichen Glaubensmeinung nachempfinden, die das Mittelalter beherrscht hat. Über den Meister der Verkündigungsfiguren weiß man nichts, man findet seine Arbeit verwandt mit jenen der Dombauhütten im Rheinland, keine sehr präzise Zuordnung bis heute also, es mag ein wandernder Künstler gewesen sein. Über den Planer dieses Gotteshauses, seiner Lichtführung, seiner augenfälligen Wandmalereien, der verlebendigten Verkündigungsszene wissen wir noch weniger.

Das 16. Jahrhundert hatte dies alles wohl längst vergessen. Denn man übermalte die obere rechte Altarnische mit dem Bild eines Hortus conclusus. Diese Fresken konnten abgenommen werden und sind nun frei an der Nordwand der Kapelle zu sehen. Derjenige, der das wilde Einhorn in den Schoß der Jungfrau treibt, ist der Erzengel Gabriel, als Jäger mit Horn dargestellt, den seine vier Hunde Veritas (Wahrheit), Justitia (Gerechtigkeit), Pax (Friede) und Misericordia (Barmherzigkeit) unterstützen. Damit entschlüsselt sich das Einhorn als Symbol Christi.

Bleibt noch zu sagen, daß die Wandbilder von unterschiedlicher Qualität sind. Mindestens drei verschiedene Hände kann man unterscheiden. Ihre Hauptkraft liegt im Duktus, heute nach dem Verlust vieler Farben natürlich noch mehr als früher.

Noch einer Nachricht von Aufenstein sollten wir gedenken. Sie steht in Form eines Bildstockes in Puig, einem Weiler an der

Mündung des Naviser Baches. Dort heißt es: »Anno domini MCCCCLXVIII den Sant Eurasen tag ist die wolgeborne Frau Afra von Villanders, Witib zu Aufenstein, geborene Trautsonin ob Matrei über die Bruggen mit dem Pferd gefallen und gestorben, der Gott gnädig sei.« 1468 – damals regierte Kaiser Friedrich III., und wahrscheinlich war die erste Katharinenkirche gerade im Baubeginn.

Das Navistal ist die engste Heimat des fleißigsten aller Tiroler Kirchenbauer, des Pfarrers Franz de Paula Penz, über den wir vor allem im Stubaital berichtet haben. Auch in *Navis* hat er die Pfarrkirche und das Pfarrhaus, das gleichzeitig das Gasthaus darstellt, gebaut. Die Naviser sind noch echte Bergbauern, die Ortschaft ist über das ganze Tal verstreut, das sie in jahrhundertelangen Kämpfen mit der Natur kultiviert haben.

Steinach und Mauern

Nur wenige Kilometer südlich von Matrei liegt *Steinach,* das moderne Zentrum des Wipptales nördlich des Brenners. Der Ort ist viel jünger als Matrei und hat keine solch ehrwürdigen Baudenkmäler wie jenes aufzuweisen, obgleich im Gerichtshaus eine kleine Maximilianische Burg stecken soll. Ein Kuriosum stellt in mancherlei Hinsicht die Pfarrkirche dar. 1763 baute Pfarrer Penz hier eine große Barockkirche, die dem Heiligen Erasmus geweiht wurde und knapp hundert Jahre später 1853 zusammen mit dem ganzen Ort abbrannte. Aus den Ruinen errichtete bis 1863 der Steinacher Neuromaniker Josef Vonstadl den heutigen Bau. Auf die barocken Turmstümpfe wurden romanische Satteldächer gesetzt, und im Innern blieb nur der sehr helle, anmutige Chorraum mit dem barocken Hochaltar des Südtirolers Johann Perger (1729-74) aus der Erbauungszeit übrig. Als blendendweiße Figuren beleben die Vierzehn Nothelfer den Altar bis hoch hinauf ins Gebälk, wo die Heiligen Georg und Eustachius sitzen. Vier Statuen verbrannten damals, sie haben die Szenerie sicherlich noch weiter bereichert. Nur der Kirchenpatron ist gemalt, und zwar auf dem Hochaltarblatt. Martin Knoller (1725-1804), einer von Tirols größten Malern, hat die Altarblätter der Kirche geschaffen.

Knoller war Steinacher; er brachte eine erstaunliche Karriere hinter sich. Als Künstler galt seine Bewunderung vor allem Anton Rafael Mengs, zu dem er in Rom in enge Verbindung trat. Die Grafen Firmian hatten dem begabten Tiroler 1760 bis 1765 ein Stipendium dorthin ausgesetzt. Hier schloß sich Knoller dem Kreis um Winckelmann an und begeisterte sich für die Ideen des Klassizismus. Freilich überwältigte ihn dann ›in loco‹ immer sein angeborenes barockes Naturell, woraus sich in seinen Werken nicht selten ein gewisser Zwiespalt des Ausdrucks ergibt.

Manchmal vermag sich eine partienweise fast trockene Detailpedanterie nur zögernd mit den an sich groß geschauten und räumlich tief entwickelten Kompositionen zu verbinden. Erst in den letzten Jahren seines Lebens bändigte Knoller sein Naturell zu echter klassizistischer Gelassenheit – leider, möchte man sagen.

Östlich von Steinach steht weithin sichtbar am Hang die kleine romanische Kirche zur Heiligen Ursula in *Mauern,* dem bereits 955 urkundlich erwähnten ›Muron‹. Sowohl der Platz als auch die Überlieferung lassen an heidnische Kultbauten als Vorgänger denken. Das Äußere der Kirche, vor allem aber des wuchtigen Turmes wirkt noch rein romanisch. Nur die Fenster sind 1678 vergrößert und ein neues Ostportal eingesetzt worden. Gleichzeitig wölbte man das Schiff. Mauern war die Hauptbegräbnisstätte des Gerichtes Matrei und später Steinachs. Übers Joch trug man die Leichen vom Tuxer Tal herüber, und die ungetauft verstorbenen Kinder vergrub man streng von den ›echten‹ Christen getrennt in einem besonderen Bereich des Friedhofs. Einige der typischen Tuxer Grabkreuze stehen noch aufrecht.

Das Gschnitztal

Bei Steinach öffnet sich nach Westen das Gschnitztal, ein rauhes alpines Hochtal mit den Dörfern Trins (1233 m) und Gschnitz (1242 m). Gleich am Eingang steigt gegen Süden der Schilift zur Berger-Alm (1550 m) und weiter zum Nößlachjoch (2231 m) hoch. Es stellt dieses Gelände besonders im unteren Teil eine nicht gerade bequeme Schiabfahrt dar, die aber trotzdem viel unternommen wird.

Das ›Gschnitz‹ selbst hat noch viel Urtümliches bewahrt, in alten Namen, Bräuchen und Sagen. Bereits im hohen Mittelalter gab es eine weitum berühmte Einsiedelei, hoch am Felsen, fast auf 1600 Meter Höhe, zu einer Zeit, da im ganzen Wipptal außer Matrei keine Pfarrei oder Kuratie existierte: *Sankt Magdalena am Bergl*. Die Patronin des kleinen Heiligtums ist eine Seltenheit in Nordtirol. Bis von Patsch und Ellbögen wallfahrtete man zu ihr in Angelegenheiten Wetter. Das Kirchlein steht an hervorragender Stelle über Gschnitz mit weitem Ausblick über das ganze Tal und auch selbst weithin sichtbar. Das Felsplateau ist, wie bei Sanierungsarbeiten 1949 festgestellt werden konnte, künstlich erweitert worden, es mußten also zwingende Gründe bestanden haben, gerade hier und nicht in günstigerem Gelände daneben das Heiligtum aufzurichten. Die Ursache hiefür wird in einer eigenwilligen Quelle gesehen, die von unten her in einen zu vorchristlicher Zeit aus dem Felsen gehauenen Trog steigt, der hinter dem Altar liegt. Manchmal bleibt das Wasser aus, manchmal überflutet es einen Teil des Altarraumes. Die Gründungslegende von Sankt Magdalena weiß nichts davon. Ein schuldbeladener Ritter hatte seinem Pferd freien Lauf gelassen, und dieses sei über den Brenner vom Süden herauf bis an den Fuß des Kirchenfelsens gelaufen und dort tot zusammengebrochen. Von 1307 hat sich eine Schenkungsurkunde für die Wallfahrt erhalten, und Kaiser Maximilian, der im Gschnitz gerne jagte, hat die Schenkung 1485 bestätigt und vermehrt. Andere Pilger taten weitere Stiftungen, und so kam es, daß Sankt Magdalen am Bergl bald reich begütert dastand und im Laufe der Jahrhunderte mit seinem Besitz die armen Siedler im Gschnitztal unterstützte, die sich ihrerseits wegen des Besitzes der Gnadenkirche jahrzehntelang in den Haaren lagen. Die Pilger kamen, wie gesagt, wegen des Wetters: Die aus Patsch und Ellbögen baten um Abhilfe vom ›trockenen Wind‹, das war der Föhn, der ihnen die Bergäcker wie Sanddünen verschob und die Häuser abdeckte; die Gschnitztaler selber gingen ›Sunnebeten‹ nach Sankt Magdalen, wenn es zu lange regnete. Wahrscheinlich hängt die Vorstellung der Heiligen Magdalena als Wetterheilige, die sonst nirgendwo vorkommt, an dieser Stelle mit der launischen Quelle zusammen. Auch verschiedene Flurbezeichnungen wie Truitenacken (Druidenacker) oder Geigenstein weisen in älteste Zeiten. Nicht minder die Bergnamen Zaisspitze (2200 m) von Ziu – Zeus – und Torspitze (2636 m) von Thor – Donar – gleich gegenüber von Sankt Magdalen. Nach 1666 heißt es von den Trinsern, sie seien »weitenlegen in einem wilden Ort wohnhaft«, und hundert Jahre später, 1768, wird berichtet, daß ein von Natur aus »melancholischer Kurat [Hilfsgeistlicher] hier endlich in eine völlige Blödsinnigkeit verfallen ist …« Der Provisor Staffler schreibt im selben Jahr an die geistliche Obrigkeit nach Brixen: »Niemand weiß und niemand kann sich einbilden, was Gschnitz sey, der es nicht erfahren hat.« Die Phantasie der Talbewohner ließ sich auch in christlichen Zeiten nicht zügeln. So versicherten sie, daß der Habicht (3277 m), der den stolzen Abschluß ihres Tales bildet, genau die gleiche Form wie der Berg Sinai habe und deshalb ein Bannberg für Hexen und den Teufel sei und daß das Gschnitztal als ganzes jenem Tal beim Roten Meer ähnlich sei, durch das die Juden auf der Suche nach dem gelobten Land gezogen seien.

Das alles spielte sich zu Füßen und um Sankt Magdalen ab. Dort hatte der Mesner seit alters die Erlaubnis, den erschöpften Pilgern Branntwein auszuschenken, und in der Einsiedelei war auch Platz, um Pilger zu beherbergen. Aber 1757 hatte es ein Mesner vierzig Jahre so handelsfreudig getrieben »wie ein Pier- und Branntweinwirth«, daß es zu lauten Flüchen der Betrunkenen in der Kirche, ja zu Raufereien kam, wodurch »manches Mal der geistliche Herr vor dem Altar in Irrung« versetzt worden sei.

1787 wurde die Einsiedelei aufgehoben, aber bereits 1791 scheint sie wieder, legal oder illegal, besetzt gewesen zu sein. Beachten sollte man beim Besuch des Kirchleins seinen Ziegelbau, denn diese Bauziegel aus gotischer Zeit mußten das ganze Tal hereingeschleppt werden; ferner fällt der reiche Freskenschmuck auf, der erst in letzter Zeit wieder aufgedeckt worden ist. Einige Malereien gehen bis 1200 zurück (Adam und Eva, Flucht nach Ägypten), andere wie das ›Leben der heiligen Magdalena‹ stammen aus gotischer Zeit (1460). Von den Schnitzfiguren, die sich am Altar der Kirche befanden, stehen heute drei in der Kirche unten in *Gschnitz*. Hier wurde 1755 eine ständige Kirche errichtet, ›Maria Boden‹ als Gegensatz zu ›Magdalena am Bergl‹. Der uns schon vertraute baueifrige Pfarrer Penz hat sie errichtet und selbst noch tausend Gulden dazugezahlt, Anton Zoller hat sie 1759 ausgemalt.

Dem Bergsteiger ist das Gschnitz gut bekannt als klassischer Anmarschweg zur Besteigung des Habichts (3277 m) via Innsbrucker Hütte (2369 m) am Pinnisjoch, wo der andere Aufstiegsweg aus dem Stubaital heraufführt. 1836 schon hat der geistliche Herr Peter Thurnwieser den Berg als erster bestiegen. Der Habicht fordert auch immer wieder Bergopfer, da er wie so viele Berge unterschätzt wird. Er trägt ein kleines Gletscherfeld, das allzu leichtfertig ohne Sicherung begangen wird, und ein Abrutschen endet oftmals tödlich in einer wüsten Geröllhalde. Der unberührte Charakter dieses Hochtales hat es noch vor wenigen Jahren dem Filmschauspieler Omar Sharif so angetan, daß er hier ein ›einsames‹ Kulissendorf errichtete, in dem er einen Film drehte und schließlich dann alles verbrannte.

Das Schmirntal

Noch viel karger ist das Tal, das wenige Kilometer brennerwärts bei Sankt Jodok nach Osten abzweigt. Dieses Schmirntal ist ein langgestrecktes Hochtal, dem Tiroler meist von innen her, von Innerschmirn aus, bekannter als von Sankt Jodok, wo es mit einem wilden Bach ins Wipptal eintritt. Ins Innerschmirn kommt man vom berühmten Tuxer-Joch-Haus, und das, was heute eine gern unternommene Bergfahrt darstellt, unternahmen die Tuxer früher als ernstes traditionelles Unternehmen, wenn es galt, einen Toten zum Friedhof nach Mauern bei Steinach zu tragen. Almen gabs schon lange im hintersten Tal in Madern oder Kasern, und 1757 wurde von unserem Freund Penz eine neue große Kirche im *Schmirn* gebaut, in der Anton Zoller sein geschlossenstes Freskenwerk gelungen ist. Von manchen wird es auch für sein qualitätvollstes gehalten.

Zum Brenner

Noch zweimal begegnet man uralten kleinen Kirchlein, ehe man von Steinach aus den Brenner erreicht. Über dem letzten Ort vor der Grenze, *Gries* (1165 m), steht eines, das den Wanderpatronen Jakobus major und minor geweiht ist, und in

Sichtverbindung dazu sieht man unten in der Talenge Sankt Sigmund am Lueg malerisch in seiner Ringmauer stehen. Das Jakobskirchlein hat 1305 ein Graf Peter Trautson vor seiner Reise nach Santiago de Compostela gestiftet. Turm und Chor stammen noch aus jener Zeit, das kurze Schiff wurde 1656 verändert.

Das Kirchlein am *Lueg* hat eine andere Geschichte. 1287 entstand hier, nachdem eine Sperrfeste vernichtet worden war, ein befestigtes Zollamt, woran noch der Name Zollfeld erinnert. Im 15. Jahrhundert stiftete der Tiroler Landesfürst Friedrich IV. zum Zollamt eine Kapelle, die 1449 vergrößert, 1684 verändert worden ist. 1809 brannte das Zollgebäude nieder, aber die Kirche blieb erhalten. Sie hat, wie schon erwähnt, Sichtverbindung zu Sankt Jakob, dieses mit Mauern, und über ähnliche markante Punkte wurde einst mittels Feuerzeichen ein Nachrichtensystem aufgebaut, das in erstaunlich kurzer Zeit Signale über weite Strecken vermitteln konnte.

Gleich hinter der alten Zollstätte am Lueg folgt die letzte Talstufe zum Brennersattel hinauf, vor dem der kleine Brennersee liegt. Die Autobahn überwindet das feuchte enge Talstück auf der Höhe, die alte Straße zieht am Grund dahin. Am Brennersattel (1374 m) endet Nordtirol mit seinem herben Klima und beginnt Südtirol, dessen laue Luft schon wenige Kilometer jenseits zu wehen anhebt.

Auch hier soll noch ein Wort zu den Bergen gesagt werden. Kurz ehe man den Brenner erreicht, zweigt gen Osten ein kleines Hochtal ab, das zu den Quellen der Sill führt. Sie liegen bei einem kleinen Wildsee am Nordhang des Wolfendorns (2776 m). Seit 1918 ist er Grenzberg gegen Italien Seine Besteigung kostet besonders im Winter erhebliche Mühe. Man umgeht den Gipfel im letzten Teil und erreicht ihn von Süden her.

Wie der Wolfendorn, so gehört auch der Kraxentrager (2998 m) zum Repertoire jedes zünftigen Innsbruckers. Man besteigt ihn entweder über das Venntal und die Landshuter Hütte von Norden oder über das Pfitscher Joch (2248 m) und den Landshuter Höhenweg von Süden her. Die Landshuter Hütte (2693 m) am Kraxentragersattel und die Geraer Hütte (2324 m) weiter nordöstlich sind die beiden Hauptstützpunkte für Touren im Bereich des Tuxer Hauptkammes, der den westlichen Teil der Zillertaler Alpen bildet. Der Kraxentrager ist der Hausberg der Landshuter Hütte, die in ihrer ersten, viel kleineren Form 1899 von der Sektion Landshut erbaut worden ist. Hüttenbau in dieser Höhe war damals, als es noch keine Materialseilbahnen oder Hubschrauber gab und zunächst natürlich auch keine Zubringerwege, ein abenteuerliches Unternehmen. Heute markiert die Hütte etwa die Mitte des Landshuter Höhenweges, eines der ältesten Südtiroler Alpinsteige, der vom Pfitscher Joch (2248 m) aus über die Hütte zur Wildseespitze (2633 m), den Wolfendorn, die Flatschspitze (2567 m) zum Hühnerspiel (2749 m) führt. Ab dem Wolfendorn wandert man auf italienischem Staatsgebiet, wovon man in guten Zeiten nichts bemerkt. Die Staatsgrenze läuft auch quer durch die Landshuter Hütte. Als ich vor vielen Jahren auf den Gipfel des Kraxentragers stieg, dem zum Dreitausender nur zwei Meter fehlen, traf ich dort ein romantisches Paar an. Da stand ein Bursch und hatte sein nicht gerade esoterisches Mädchen auf den Schultern sitzen. Der Wind pfiff, daß man sich kaum aufrecht halten konnte, aber er meinte etwas geniert, ›sie‹ wollte halt unbedingt auch einmal einen Dreitausender machen, nun, und da hier nur zwei Meter fehlten, »und überhaupt ...«, dabei machte er eine unbeholfene Handbewegung. Das Mädchen lachte und wandte das Gesicht ab. In der Art, wie er ihr dann von seinen Schultern half, war etwas rührend Behutsames, das mich noch einmal genauer hinsehen ließ: Das Mädchen war blind! Wir anderen aber sahen ringsum in die herrliche Bergwelt, als hätten wir ihre Schönheit noch nie so kostbar und gar nicht selbstverständlich empfunden. Man sieht vom Kraxentrager an klaren Tagen von den Zillertaler Alpen über die Dolomiten, den Ortler und die Stubaier bis zum Karwendel.

Den Zugang zur Bergwelt westlich des Brennersattels vermittelt das romantische Obernbergtal, das bei Gries ins Reich der Tribulaune führt. Das Dorf *Vinaders,* der Hauptort, liegt ganz am Taleingang, die berühmte Barockkirche von 1760 im Penz-Typus mit dem fotogenen Turm aber in *Obernberg* am Ende des Tales in einem Talkessel.

Hall und sein Umland

Jeder Chronist der Stadt Hall in Tirol, der etwas auf sich hält, zitiert zu Beginn seiner Ausführungen Franz Schweyger (gestorben 1572), der als Organist und Mesner an der Pfarrkirche noch die Zeit fand, eine ›Chronik der Stadt Hall 1303–1572‹ zu verfassen.

Seine für Tirol besondere Bedeutung leitet sich von mancherlei Umständen ab. Da war das Salz, das der Stadt den Namen gab: Es war – denn seit 1956 wird hier kein Salz mehr gewonnen oder aufbereitet. Mit dem Salztransport eng verbunden war die Innschiffahrt, die im Süden vor der Stadt an der Lend ihren Anfang nahm, stromaufwärts aber hier ihr Ende fand. Mit dieser Endstation begann zwangsläufig ein Umschlaghandel, denn gleich daneben befand sich die wichtige Innbrücke, auf der schon die Römerstraße vom Unterinntal über den Fluß nach Süden weitergeführt hatte. Hier mußten die Waren vom Schiff auf Lasttiere oder Wagen umgeladen werden, und diese Tätigkeit samt einem Lagerungsgebot im Ballenhaus trug für die Haller Wirtschaft reiche Früchte. Schließlich befand sich in Hall von 1477 bis 1805 eine der bedeutendsten Münzstätten Europas.

Für die Kunst ist wichtig, daß zu Hall der Baumeister Hans Sewer wirkte, der die entscheidende Persönlichkeit für das gesamte Nordtiroler Bauwesen des 15. Jahrhunderts war. Am 23. Februar 1460 fand unter Sewers Vorsitz in Hall die Gründungsversammlung der Tiroler Bauhütte statt. Die Haller Pfarrkirche wurde zum Vorbild für über fünfzig andere Tiroler Kirchenbauten.

Und hier in Hall finden wir heute noch einen weitgehend mittelalterlichen Stadtkern, das ›Tiroler Nürnberg‹, sogar erst teilweise mit allen Annehmlichkeiten des städtebaulichen Fortschritts ausgestattet. Niemand wird sich des herben Reizes dieser Stadt entziehen können, wenn er die engen, gewundenen, manches Mal steilen, schluchtartigen Gassen durchwandert, vielleicht in einen spätgotischen Hausflur tritt, einen verborgenen Durchgang entdeckt, auf dem unteren und später auf dem oberen Stadtplatz steht, den stillen Jesuitenplatz besucht, Burg Hasegg und das Rathaus besichtigt.

Von allen Städten Nordtirols hat Hall zweifellos die schönste Lage. Es steht auf der ersten Stufe zum Gebirge, und obwohl die untere Stadt bis an die Flußlände des Inns hinabreicht, befindet sich die Pfarrkirche hoch darüber. Diesen Stadtsockel hat der Bach aus dem Halltal im Laufe urgeschichtlicher Zeiträume allmählich aufgeschüttet.

Die Stadt steht also seit jeher auf schiefem Grund, und schon beim ersten Gang durch die Gassen wird man nachdrücklich auf diesen Umstand aufmerksam gemacht. Denn die vielen Erdbeben, die den Ort heimsuchten und überall aufgemauerte Stützpfeiler notwendig machten, hatten es durch den schiefen Grund leichter als anderswo, die Mauern zum Wanken und Stürzen zu bringen.

Östlich und südlich der Stadt ziehen breite Terrassen an den Berghängen dahin. Sie bilden den Rest des eiszeitlichen Bettes, das der Inntalgletscher – mit einer Höhe von 1900 bis 2000 Metern – einnahm. Im Norden hinter Hall steigt das wuchtige Massiv des Bettelwurfs steil an, zunächst noch etwas bewaldet, karg zwar, nur durch Legföhren bedeckt, die an den Felsen in ganz charakteristischen Spitzzonen enden, alle etwa in tausend Meter Höhe, wo sich auch die Salzlager befinden, die Hall Namen und Bedeutung bis in unser Jahrhundert eingetragen haben. Darüber stehen dann nur mehr die bleichen Kalksteinwände des Karwendels.

Im Süden der Stadt bietet sich ein ganz anderes Bild dar. Sanft und bis hoch hinauf bewaldet steigen hier die Hänge an, von einzelnen Almen und Wintersportschneisen durchsetzt, grün in allen Schattierungen, so weit das Auge reicht. Nur ganz oben an den Kämmen meldet sich dann auch hier der Fels mit den Gipfeln.

Alle Orte, in deren Namen die Silbe ›hall‹ vorkommt, haben etwas mit Salz zu tun. Bereits im 8. Jahrhundert bedeutet ›das hal‹ nichts anderes als eine Salzbereitungsstätte. Wahrscheinlich besteht hier ein Zusammenhang mit dem Mittelhochdeutschen ›hel‹, was ›austrocknen‹ bedeutet und somit ebenfalls auf das Salz – und zwar den Vorgang des Versiedens der flüssigen Sole – angewendet wurde.

Die älteste bis heute bekannt gewordene Urkunde, die Hall erwähnt, stammt aus dem Jahre 1256 und nennt denn auch »das Salzhaus und der Zoll ze Halle«, woraus die Historiker folgern, daß bereits damals die Saline nahe dem Innufer, geschützt durch den Wehrbau der Burg Hasegg, in Betrieb stand. 1287 ist Hall bereits Markt, und 1303 verleiht ihm Herzog Otto von Kärnten, damals auch Graf von Tirol, die gleichen Rechte und Freiheiten, wie sie die Stadt Innsbruck innehatte. Man kann aus den Steuerbeträgen von damals auf etwa 500 Einwohner schließen. Um 1500 ist die Stadt gleich groß wie Innsbruck mit 5200 Einwohnern, 1767 sind es 4200, 1817 noch immer nicht mehr, 1951 dann 10000.

Mit dem Stadtrecht bekommt Hall 1303 auch ein Wappen: eine weiße, von Goldreifen umfaßte Salzkufe im roten Feld. Kaiser Maximilian I., ein besonderer Gönner der Stadt, verlieh 1501 noch zwei goldene Löwen als Kufenhalter dazu. Dieser Wappenkübel trug bei zum Spitznamen ›Haller Kübel‹ für die ehrsamen Bürger der Stadt.

Mit der Verleihung des Stadtrechtes wurde der Ort zur Erhaltung der wichtigen Innbrücke verpflichtet, deren Übergang wie die Landstraße allen offenzuhalten war. Dafür wurde der Stadt die einzige Warenniederlage neben Innsbruck im Bereich der Grafschaft im mittleren Inntal, also zwischen Mellach und Ziller, gewährt. Dies betraf vor allem jene Güter, die den Inn aufwärts kamen. Deshalb soll hier etwas zur Schiffahrt auf dem Inn in Tirol gesagt werden.

Die Schiffe, die den Inn heraufkamen, wurden mittels Pferden geschleppt. Entlang der Ufer führten eng neben dem Flußbett Pferdepfade, Schifftritt oder Hufschlag genannt, auf denen die Tiere, zu sechs bis zwölf, ja auch zwanzig hintereinandergespannt, die Schiffe aufwärts zogen. Auf einem Leitschiff und zwei bis drei Lastschiffen, Klozillen genannt, wurden in einem solchen Zug bis zu 2000 Zentner Getreide innaufwärts geschafft.

Hingegen baute man für die Schiffahrt innabwärts in Angath oder Langkampfen bei Wörgl und andernorts, wo das Holz nahe stand, leichte Schiffe oder auch nur Flöße, die am Bestimmungsort als Bauholz verkauft wurden. Mit ihnen schwammen Weine aus dem Süden, Bausteine, Holz, Marmor, etwa aus Rattenberg, den Inn hinunter. In Kriegszeiten reisten auch die Soldaten so.

Die verschiedenartigsten Reisenden stiegen in Hall zu Schiff. Der unglückliche Tiroler Kanzler Bienner wurde von hier nach seinem Hinrichtungsort Rattenberg gebracht. Die Leiche des 1765 in Innsbruck plötzlich verstorbenen Kaisers Franz I. wurde in Hall gen Wien eingeschifft, und Michael Pacher transportierte seinen Altar für Sankt Wolfgang am Abersee von Bruneck über die alte Brennerstraße bis Hall. Hier verlud er ihn auf ein Schiff, das ihn bis Braunau trug, von wo es wieder über den Landweg nach Sankt Wolfgang ging.

Von Hall bis Kufstein, eine Entfernung von 60 km, fuhr man fünf Stunden, flußaufwärts aber fünf Tage, und das ging nur bei geringem Wasserstand, der die Schiffstritte freiließ. Bis Wien reiste man eine knappe Woche. 1722 kamen noch 343 Schiffe in Hall an, 1763 war es nur mehr die Hälfte, ein Jahr später noch 120. Als 1840 der Bau der Stefansbrücke am Schönberg über die Sill vollendet und wenig später die Eisenbahn Kufstein–Innsbruck eröffnet wurden, die 1867 schon bis Bozen fuhr, war Hall mit seiner Innbrücke und Schiffahrt kein Verkehrsknotenpunkt mehr. Das allerletzte Schiff legte aber erst 1873 ab.

Das *Münzertor* gegen Süden ist das letzte erhaltene Stadttor Halls. Wer davor steht, erkennt noch sehr gut den Verlauf der mittelalterlichen Stadtmauer rechts, während sich auf der linken Seite die Stadtburg Hasegg befindet, überragt vom Wahrzeichen der Stadt, dem wegen seiner Schönheit weitum gerühmten Münzerturm. Das Stadttor war und ist aber von der Burg stets getrennt gewesen. Es trägt einen herrlich gearbeiteten Wappenstein mit den Schilden Tirols und Österreichs samt der Inschrift: »Erzherzog Sigmund zu Osterreich Grave zu tirol 1489«. Der Stein gilt als Arbeit der Türing, der damals mit Abstand bedeutendsten Steinbildhauer Tirols.

Der Turm der *Burg Hasegg* steigt als gewaltige Säule empor und trägt oben ein gotisches Zwölfeck, das in sechs erkerartige, heute mit Fenstern versehene Zinnen ausläuft, zwischen denen seine letzte verjüngte Höhe wie aus einer Krone emporwächst. Wahrscheinlich stammt der Kern der Burg und damit auch der Bergfried aus romanischer Zeit und wurde später von Erzherzog Sigmund entscheidend ausgebaut. So sieht man hier die Gotik wie einen kantigen verfeinerten Ring um die wuchtige romanische Säule liegen.

Wer sich die Mühe nimmt, im Rahmen der Besichtigung der Burg den Turm zu besteigen, der muß auf fast zweihundert Stufen gefaßt sein, die zwar nicht die äußerste Firsthöhe von sechsundsechzig Metern erreichen, aber bis unters offene Dachgeschoß führen. Nicht nur der Blick aus den Fenstern hinab auf die Stadt, den Fluß und das umgebende Land ist lohnend, sondern auch jener hinauf in den offenen Dachstuhl, der noch immer das Wunderwerk der Zimmermannskunst von einst zur Schau stellt. Er bietet sich als eindrucksvolles Zeugnis dafür an, daß Zweckmäßigkeit und Schönheit für Handwerker des Mittelalters selbstverständlich waren. Da alle Holzteile durch Holznägel zusammengehalten werden, gibt es keine Stelle, an der sich mit einsetzendem Rost eine Verrottung hätte breitmachen können. Der Turm überstand auch alle Erdbeben, und als 1670 jener der Pfarrkirche einstürzte, rührte sich der Münzerturm noch immer nicht, ja selbst den zahlreichen Fliegerbomben, die in seiner Nähe niedergingen, trotzte er ungerührt. Er ist mit einem Wort durch und durch ein Meisterwerk.

Die alten Grafen von Andechs, die Herren im mittleren Inntale, hatten bald nach 1200 in Innsbruck eine Münzstätte errichtet, die 1250 unter den Grafen von Tirol, die eine eigene Prägestätte in Meran betrieben, geschlossen wurde. 1477 verlegte Erzherzog Sigmund die landesfürstliche Münze nach Hall. Sie wurde zunächst im Schlößchen Sparberegg eingerichtet, einem Bau, der jetzt im Komplex des Damenstiftes steckt. Ab 1478 wurde dann die Goldmünzenprägung vorbereitet, »in der hütten, da ich die firer prenn«, wie es in einem Schreiben des

Erzherzogs heißt. Von 1478 bis 1485 wurden nicht weniger als 251 500 Goldgulden in Hall geschlagen, 1486 die ersten Taler, auf die wir noch in Schwaz zu sprechen kommen werden. Neu war das Münzbild des ganzfigurig im Harnisch dastehenden Erzherzogs, eine bedeutende Leistung des Stempelschnittes.

Einige Münzmeister bzw. deren Familien kennen wir mit Namen. So spielten unter Max I. vor allem die Behaim eine Rolle: Bernhard d. Ä. starb 1507; sein Grabstein steht unter den Arkaden der Pfarrkirche. Bernhard d. J. (gestorben 1547) war um 1510 oberster Münzmeister auch in Ober- und Niederösterreich, sein Bruder Hans Münzmeister in Hall bis 1535.

Unter den Stempelschneidern ragt Gian Marco Cavalli, 1506 aus Mantua berufen, hervor. Ab 1495 bis 1507 arbeiteten auch Benedikt Burkhart und Ulrich Ursentaler als Stempelschneider in Hall. Von 1565 datieren die ersten Versuche der sogenannten Walzenprägung, des maschinellen Münzdruckes. Dabei wurden auf zwei gegeneinanderlaufenden Walzen Vorder- und Rückseite des Münzstempels angebracht und dem Münzmetall gleichzeitig eingedrückt. Damit entfiel das manuelle, naturgemäß nicht ganz gleichmäßige Schlagen der Münzen auf den Stempeln. Diese Prägemaschinen liefen mit Wasserkraft und wurden in Mühlau bei Innsbruck erprobt. Als die Apparate funktionierten, kamen sie nach Hall. Etwa um die gleiche Zeit, 1567, wurde die Münzstätte aus Sparberegg in die Burg Hasegg verlegt. Die Walzenprägemaschinen liefen und lieferten so vorzügliche Münzen, daß sie rasch weltweite Berühmtheit erlangten. 1584 wurden dem spanischen König Philipp II. auf Wunsch zwei solche Münzwerke geliefert. Sie wogen 81 Zentner und kamen mit 13 sachkundigen Werkleuten nach Segovia, wo sie in der Münzstätte aufgestellt wurden.

In Hall standen vier Generationen der Familie König von 1647 bis 1747 der Walzenprägung vor. Der letzte, der hier Münzen prägen ließ, war Andreas Hofer 1809, dann wurden erst wieder zur zweiten Winterolympiade in Innsbruck 1976 Hundertschillingmünzen geprägt, um der Tradition Genüge zu tun. Kein Wunder, daß die sehr rührige numismatische Gesellschaft von Hall sich jetzt im ersten Stock des Südtraktes der Burg ihren Sitzungssaal erkor, unter einer wuchtigen alten maximilianischen Balkendecke.

Betritt man den Innenhof der Burg, so sieht man sich von zwar stellenweise etwas verdeckter, aber doch vielerorts deutlich durchschimmernder maximilianischer Bauform umfangen. Man beachte nur etwa die zahlreichen Türen und Tore verschiedener Größe, verschiedener Niveauhöhe, verschiedener Biegung, man betrachte die gedeckte Außentreppe, die sich an der Ostwand hinaufwindet, man erinnere sich der Torhalle mit ihrer unregelmäßigen Stichkappentonne, unter der man durch das Burgtor wenige Schritte stadteinwärts des Münzertores hereinkommt.

Wir steigen durch ein kleines, fast verstecktes Türlein nahe dem Treppenaufgang über eine herrliche alte Spindel in jene Halle empor, in der sich die Burgkapelle befindet. Auch sie gilt als Werk der Türing, Vater und Sohn, und wird 1515 datiert. Als technisches Meisterwerk, als ›Haus im Haus‹, stellt sie eine seltene Kostbarkeit der Baukunst um die Zeitwende von der Gotik zur Renaissance dar. Als eigenes kleines Haus steht sie quer in einer Halle des Osttraktes und ragt mit dem Apsiserker vor die Mauerfront der Münzergasse hinaus. Damit erfüllte man die Forderung, daß niemand höher als das Sakrament im Altare wohnen sollte. Ein großes spätgotisches Rotmarmorportal mit herrlichem Barockgitter im Rund führt in den Kapellenraum, der an seinen beiden Längswänden durch je zwei Fenster mit schrägem Gewände beliebig zur mitfeiernden Menge in der Halle vor dem Kirchlein geöffnet und damit vergrößert werden konnte.

Der Raum ist flachgewölbt und mit einem Netzwerk sehr tief profilierter Rippen versehen, die stellenweise absichtlich wie abgebrochen enden und nicht weitergeführt worden sind. Sie ragen als Stümpfe ins Gewölbe. Hier äußert sich eine für den Letzten Ritter und seine Zeit ganz typische Geisteshaltung: Nicht nur bewußte Antikisierung galt als entsprechend, sondern eine ganz generelle Archaisierung sollte erzielt werden. Das heißt, es wurde ganz bewußt das Alte nachgeahmt und wie hier durch Teilruinen Altertum vorgetäuscht. Ein zutiefst romantischer Zug, der sich besonders im Formengut der Künstler der Donauschule Albrecht Altdorfer und Wolf Huber findet.

Dreihundert Jahre später wird die Romantik in ihren künstlichen Ruinen ganz Ähnliches unternehmen.

Die Rippen steigen von sieben Konsolen auf, die durch wappenhaltende Engelchen gebildet werden. Man sieht die Symbole für Tirol, Steiermark, Kärnten, Krain, den österreichischen Bindenschild, Burgund und den doppelköpfigen Kaiseradler, den Maximilian erst ab 1508 als ›erwählter römischer Kaiser‹ führte. Damit ist schon ein Zeitpunkt gegeben, vor dem diese Burgkapelle in Hasegg nicht gebaut worden sein könnte.

Bei der letzten Restaurierung 1952 kam über dem Portal an der Innenseite der Eingangswand hoch oben ein schräger Mauerschlitz zutage. Da man nachweisen kann, daß Kaiser Maximilian Räume im Stockwerk über der Kapelle bewohnte, wenn er in Hall war, liegt es nahe zu vermuten, daß er von dort oben durch diesen ›Spion‹ in die Kapelle sehen und dem Gottesdienst beiwohnen konnte.

Schließlich sei noch der fröhlichen Rankenmalerei an den Wänden gedacht, um die maximilianische Epoche hier abzuschließen, und auch auf das Türchen der Sakramentsnische verwiesen, das, mit den Emblemen des Goldenen Vlieses verziert, ebenfalls zur maximilianischen Ausstattung des Raumes gehört.

1713 wurden das Barockaltärchen und das schmiedeeiserne Lünettengitter über dem Tor geschaffen. Das Schnitzaltärchen fügt sich so gut in die Asymmetrie der hellen Apsis ein, so zierlich, so barock-gotisch, daß es direkt für diesen Aufstellungsort geschaffen worden sein muß. Ein typischer Georgsaltar ist es nicht, gleichviel wird er heute für einen solchen genommen und stört auch die Protestanten nicht, die hier ihren Betraum haben.

Kaiser Maximilian heiratete in Hasegg 1495 seine zweite Gemahlin Bianca Maria Sforza, woraus man die Bedeutung der Stadt und ihrer Burg ermessen kann. Die Trauung fand freilich nicht in dieser Kapelle statt, die wir heute bewundern – da sie ja erst zwanzig Jahre später vollendet worden ist –, möglicherweise aber, wie es der Burgentradition entspricht, in einer älteren Burgkapelle an der gleichen Stelle.

Seit 1979 hat nun auch das *Haller Stadtmuseum* im selben Trakt seine hoffentlich endgültige Heimstatt gefunden. Sein

Besuch ist sehr zu empfehlen. Am bedeutendsten sind die Altartafeln des Waldaufaltares aus der Pfarrkirche, aber auch stadtgeschichtlich gibt es viele hochinteressante Objekte zu sehen.

Die Stadtplätze

Wir verlassen nun die Burg Hasegg und gehen unter einem breiten Durchgang durch das alte Salinengebäude auf den *Unteren Stadtplatz* hinaus. Er bildet das Zentrum der Unterstadt, wirkt allerdings seit langem eher als Durchgangsstraße denn als Platz. Nach Osten, wo die Häuser ganz nahe zusammentreten, blieb er noch geschlossener als im Westen. Erst 1770 wurde die Straße direkt zum Ostausgang beim alten Zoll geführt.

Im Norden steht eine geschlossene Häuserfront, die sich im langen Graben öffnet, aber daneben auch noch ein paar ›geheime‹ Durchgänge hat. Eine zweite Häuserzeile steht höher darüber, noch einmal überragt von der riesigen Kirche und der letzten Kulisse vor dem Himmel, dem Bettelwurfmassiv. Die Felsenkette scheint sich im Auf und Ab der Giebel zu spiegeln, und so setzt man beides, Stadt und Gebirge, in direkte Beziehung.

In einer kleinen Bucht des Unteren Stadtplatzes steht die Barbarasäule. 1486 wurde sie von der Sankt-Barbara-Bruderschaft der Knappen und Bergherren als sichtbares Zeichen ihres Versammlungsplatzes beim Absamer Tor errichtet. 1840 stellte man sie hierher vor den Eingang des Salinenhofes. Sie gilt als Arbeit des heimischen Meisters Christian Nickinger von Rattenberg und zeigt auf einem tief gekehlten Pfeiler unter spitz zulaufender Bedachung einen würfelförmigen Aufsatz, der mit Reliefs geschmückt ist: Kreuzigung, Auferstehung, die Heiligen Barbara und Sigmund sowie den damals regierenden Landesfürsten Erzherzog Sigmund nebst seinem Wappen.

Ehe die Autobahn südlich der Stadt entstand, wälzte sich der ganze Autoverkehr von und nach Italien über diesen Platz. Um den Fußgängern überhaupt noch eine Chance zu bieten, jemals heil auf die andere Seite zu gelangen, sah man sich schließlich gezwungen, eine Unterführung zu graben. Die Lokalhistoriker stellten bei dieser Gelegenheit fest, daß der Untere Stadtplatz einst ein Teil des Stadtgrabens gewesen sein muß, unter dem ein Gang zur Burg Hasegg geführt hat. Heute endet der unterirdische Gang vor dem ›Langen Graben‹, der alten Herrengasse, mit der man in das alte »fest erbaute Stadtl«, wie es der Chronist nennt, eintritt.

An der Führung der Gassen hat sich seit dem Stadtrecht 1303 und schon lange davor nichts mehr geändert. Linker Hand vom Eingang des Langen Grabens zieht die enge Salvatorgasse nach Westen, wo im Hause Nr. 13 Hans Sewer, der große Baumeister des mittelalterlichen Hall, gewohnt hat. Zum Oberen Stadtplatz und damit mitten ins Herz der Stadt steigt die Gasse in einer sanften Windung empor. Die Häuserfronten haben zwischen ihrer historischen Präsenz und der fortschreitend sich ändernden Notwendigkeit des Alltags Kompromisse geschlossen, indem die Erdgeschosse in moderne Geschäfte verwandelt wurden, wobei aber viele noch einen Hauch der mittelalterlichen Gewölbe bewahrt haben. Allenthalben stehen die schon erwähnten breiten Stützpfeiler, die den Einsturz der Häuser verhindern sollten, wenn der Boden schwankte, denn Hall ist die Erdbebenstadt Tirols schlechthin.

1344, 1662, 1665, besonders aber 1670 haben schwere Beben den Ort heimgesucht. Am 17. Juli 1670, dem Tage des Heiligen Alexius, *ist gerade, nachdem es vom Turm zwei Uhr geschlagen hatte, unversehens dieser Erdpoden mit einer Windsbraut also erschröcklich ausgebrochen, das er das ganze Unterinntal, vornehmlich die Städte Innsbruck und Hall und dero stärkste Türme und Gebäude mit drei so starken Stößen eine gute halbe Viertelstunde auf einander als zerstoßen und zerschüttelt, daß es den Ansehen gehabt, es fiele alles über den Haufen, und es wäre auch geschehen, wenn es nochmal so lange gedauert hätte* (Erdbebenchronik).

Als besonders böses Omen galt, daß der Kirchturm der Pfarrkirche unter schauerlichem Getöse bis zum Glockenstuhl einstürzte. Die herabfallenden Trümmer zerschlugen die kleine Wolfgangkirche auf dem Friedhof. Die ganze Stadt mußte notgestützt werden. Dazu holte man Floßbäume vom Schiffsplatz an der Lend. Dort unten tobte der angeschwollene Fluß und warf die Schiffe aufeinander. 447 Floßbäume dienten als erste Mauerstützen bei etwa 300 Häusern!

Unter dem Eindruck dieser Gewalten suchten die Haller die

›Götter‹ gnädig zu stimmen und wählten noch am selben Tag den Heiligen Franz Xaver zum Patron ihrer wankenden Stadt und gelobten, seinen Festtag am 3. Dezember jährlich festlich zu begehen. In den folgenden Monaten gabs noch zahlreiche Nachbeben, und aus dem 18. Jahrhundert werden gleichfalls Beben berichtet. Präzise wieder am 17. Juli 1820 warf ein neuerliches Schwanken des Bodens die Haller frühmorgens aus den Betten und erinnerte sie nachdrücklich an den Alexiustag von 1670 und ihre fast vergessenen Schwüre von damals.

Dem Schrecken der Erdbeben standen jene der Feuersbrünste nicht nach. Der furchtbarsten eine war am 30. März 1447, der die ganze Oberstadt zum Opfer fiel. Der Kirchturm brannte ab, die Glocken fielen herunter. Der heftige Föhn, der in die Flammen blies, sorgte dafür, daß »nit ain Schintl darfun wär bliben«. Es brannten auch die Befestigungsanlagen, die Wehrgänge, die Mauertürme, ja die Brücken, so daß die ganze Stadtbefestigung neu errichtet werden mußte. Zum Glück blieb wenigstens das Sudhaus verschont, so daß der wichtigste Wirtschaftsbetrieb aufrechterhalten werden konnte. 1647 brannten neun Häuser in der Schmiedgasse nieder, 1741 wurden 61 Häuser und 21 Städel eingeäschert, das heißt jedes fünfte Haus. Bereits 1795 fielen den Flammen neuerdings mehr als 30 Häuser und 70 Dachstühle zum Opfer, und heute noch stellt jeder Zimmerbrand in der Altstadt die Haller Feuerwehr vor fast unlösbare Probleme.

Nach diesem durch die Enge der Gassen angeregten Ausflug in die Geschichte der lokalen Katastrophen gelangen wir auf den *Oberen Stadtplatz*. Er gleicht einer flachen Schüssel, die sich leicht gegen den Langen Graben hinneigt. Der Stadtbrunnen verdient Beachtung und die als scharfe Schluchten von allen Seiten her einmündenden Gassen. Sie verleihen dem Platz bühnenhaftes Gepräge. Hier spielte und spielt sich ein Großteil der Haller Stadtgeschichte ab. Zu den mittelalterlichen und barokken Spielen, die in Hall aufgeführt wurden, dienten die Stadtplätze, die Kirche und der Stadtgraben als Bühne. 1430 fand ein Osterspiel statt; 1434 wurde es in der Hauptkirche aufgeführt; 1451 gab es ein Auffahrtspiel von Christi Himmelfahrt. Beim Aufziehen der Figur in der Kirche riß das Seil, sie fiel hernieder und zerbrach in viele Stücke. Die Haller, nicht wenig erschrokken, ließen nicht locker, holten einen Kübel, packten die Trümmer hinein und zogen den Kübel unter den frommen Zurufen der Gemeinde: »Aui muaß er! – Hinauf muß er!« empor. Hier die zweite Wurzel des Spitznamens ›Haller Kübel‹!

Im 15. und 16. Jahrhundert spielte man in der Osterzeit manchmal im Stadtgraben, manchmal am Oberen Stadtplatz. Ein schöner Knabe gab die Madonna, ein Hutmacher den Judas, »vil namhafter Leit und anseliche Personen« (Schweyger) spielten auf eigene Kosten mit.

Zur gleichen Zeit mehren sich Nachrichten über Fastnachtsspiele, und 1457 spendierte Erzherzog Sigmund ein ›Freudenspiel‹. Die ›Stubenkomödien‹, eine Art Zimmertheater, kamen auf und schilderten Zeitprobleme. 1748 wurde die ›Figurierte Karfreitagsprozession‹ der Südtiroler Kapuziner übernommen, dann aber beendete das allgemeine Spielverbot unter Kaiser Josef II. ›jedes Theater‹ für fast vierzig Jahre.

Wir verlassen die Haller Theaterszene und blicken nochmals zum Langen Graben hinunter, durch den wir heraufgekommen sind. Linker Hand steht das *Stubenhaus,* eines der ältesten Häuser der Stadt, das seinen Namen von einer großen Stube bekommen hat, die fast durch das ganze erste Stockwerk reicht. Eine durch Schnitzereien verschönte alte Balkendecke schmückt sie, und von ihren beiden Erkern aus überblickt man den gesamten Stadtplatz. Das Haus wurde um die Mitte des 15. Jahrhunderts nach dem großen Brand aufgebaut und bildete jahrhundertelang einen gesellschaftlichen und kulturellen Mittelpunkt der Stadt. 1486 lud Erzherzog Sigmund den Rat und einige bedeutende Haller Bürger samt ihren Frauen zu einem Festmahl in die Stube. Man kann sich leicht vorstellen, welche Massen Volkes dieses Schauspiel auf dem Stadtplatz miterlebt und gefeiert haben. Waren es nicht auch die schönen Hallerinnen, die dem von ihnen so sehr geliebten Landesfürsten bei einem Ball einmal die Sporen von den Stiefeln rissen, um ihn am vorzeitigen Verlassen des Festes zu hindern.

Ritter Florian Waldauf, von dem wir noch bei seiner Kapelle in der Pfarrkirche hören werden, gründete hier 1508 zusammen mit dem Humanisten Dr. Johannes Fuchsmagen die nach ihrem Lokal benannte ›Stubengesellschaft‹. Sie besteht noch heute und hat ihren Mitgliederkreis nun auch auf das emanzipierte Geschlecht ausgedehnt, so daß die alte Beschreibung nicht mehr ganz wörtlich gilt, daß sie ein Ort sei, »allwo die Herren und Adeligen, Salzbeamte, Bürgermeister und Rat und Honoratioren zusammenkommen«. 800 Wappen der Stubengesellschaft-Mitglieder weist das 1527 begonnene Wappenbuch auf, das die goldene Rose im blauen Feld, das Zeichen der Stubengesellschaft, ziert.

Wenn man vom Ostteil des Oberen Stadtplatzes gegen Westen blickt, so erkennt man die enorme Größe der Kirchenanlage, die sich über dem Sankt-Josefs-Kirchlein wie ein Gebirge erhebt. Ihr gegenüber steht das Königshaus unter seinem hohen Walmdach, seit Jahrhunderten Haller Rathaus, und zwischen diesen beiden Baukomplexen taucht bei klarem Wetter im fernen Hintergrund die scharfe Silhouette des Brandjoch-Südgrats auf. So steht man einem bestimmenden Tiroler Dreiklang gegenüber: Glaube, Recht und Gebirge.

Die Pfarrkirche

Die *Stadtpfarrkirche Sankt Nikolaus* bildet den Höhepunkt aller in Hall bestehenden Kunstwerke. Sie war ursprünglich nur eine Tochterkirche der Urpfarre Absam, wo die Pfarrer bis 1785 installiert wurden. Erst 1786 wurde Hall eigene Pfarre. Bereits die älteste Kirche in Hall, um 1200 entstanden, war dem Heiligen Nikolaus geweiht. Er galt als Beschützer vor Wassergefahren und wurde damit Patron der Innschiffer. Nachdem zu seinen Attributen die Salzkufe zählt, erkannte man in ihm auch den Beschützer des Salzwesens. Nikolaus mit Vornamen hieß auch der Edle von Rohrbach, der im 13. Jahrhundert zur Modernisierung des Haller Salinenwesens aus dem Salzkammergut berufen wurde.

1281 wurde die älteste Kirche wesentlich vergrößert, und nach der Stadterhebung 1303 schritt man zu einem weiteren Neubau. 1315 bis 1318 wurde der Chor gotisch nach dem Vorbild des Regensburger Domes neu aufgeführt, 1330 folgte die Sakristei, an die sich 1345 der große Turm anschloß. 1352 entstand das dreijochige Langhaus. Fünfzig Jahre später forderten die wachsende Bevölkerung und die Repräsentation der Stadt bereits wieder eine größere Kirche. Der Baumeister dieses Werkes sollte Hans Sewer, auch Seoner geschrieben, sein. Wir kennen ihn schon etwas aus dem Abschnitt über das Tiroler Bauhüttenwesen. Um 1390 dürfte er geboren sein, um 1464 ist er gestorben. Sicher hat er in Landshut bei Stethaimer gelernt. 1420 wird er als »Maister Hanns Stainmezz, bürger ze Hall« urkundlich genannt. Er bewohnte das Haus Nr. 13 in der Salvatorgasse. 1439 und 1451 gehörte er dem Haller Stadtrat an; 1454 schafft er den Zinnenhof und den »hinteren Pfeiler« im Rathaus. 1460 leitet er in Hall die Gründungsversammlung der Tiroler Bauhütte. In seiner Stellung als Stadtwerkmeister oblag Sewer auch die bauliche Sanierung der Befestigungsanlagen. 1423 baute er den unteren Englhausturm neu, 1424 den Turm beim Absamer Tor, 1425 den oberen Englhausturm. 1435 errichtete er eine neue Schule, 1451 das Milser Tor gegen Osten. Keines dieser Tore besteht mehr. 1463 baute er den Turm am Graben. Sein Taglohn betrug zwölf Kreuzer.

An der Kirche hat Sewer zunächst den im Stil, nicht nach der Zeit der Entstehung, frühgotischen Chor um etwa zwei Meter erhöht. Er tat dies, indem er außen auf die halbrunden Strebepfeiler dreikantige Lisenen aufsetzte, die er bis ans Dach hochführte. Man sieht sie heute noch ganz deutlich. Unmittelbar unter dem Dach zog er einen breiten gemalten Maßwerkstreifen um den Chor und später um die ganze neue Kirche. Dies ist ein besonders auffälliges Merkmal der Landshuter Bauhütte (gegründet 1358) Hans Stethaimers (gestorben 1432). Die Überhöhung des Chores diente vor allem der vermehrten Wandauflösung durch neue große Fenster. Das Innere mußte auch ein höheres Gewölbe erhalten: Sewer schuf ein dreijochiges Rautengewölbe, an das sich die vier Zacken des halben Achtecks anschließen. Drei Schlußsteine im Chor meißelte er selbst.

Mit dem alten Langhaus verfuhr man rigoroser: Es wurde bis auf die südliche Außenwand abgetragen. Dann wurde diese um ein Joch nach Westen verlängert, und im Norden entstand anschließend an den Turm eine neue Wand bis hin zur gewaltigen Westfassade. Zwanzig Jahre, bis 1440, dauerten diese Arbeiten. Sie ergaben eine hohe, mehrjochige, dreischiffige Halle, deren Hauptschlußsteine Sewer selbst geschaffen hat. Drei von ihnen mit Datum 1437 sind erhalten geblieben und jetzt neben den Seitenportalen eingemauert. Die Gewölbe im Hauptschiff und

VI

MARX REICHLICH

(tätig 1489 bis etwa 1520)

Blick in eine Straße der Stadt Hall

Ausschnitt aus dem Tafelbild ›Die Heimsuchung‹,
aus dem um 1505 für die Waldauf-Kapelle in der
Pfarrkirche Hall geschaffenen Flügelaltar mit dem
Zyklus des Marienlebens
Wien, Österreichische Galerie

Von der südlich anmutenden Heiterkeit und kubischen Klarheit der Architektur, wie sie die Innstädte bis heute auszeichnet und sogar den Stilbegriff der ›Innstadt-Bauweise‹ geprägt hat, fühlte sich Marx Reichlich sichtlich eingenommen, als er um 1501-02 seine Tafelgemälde für den Altar des Ritters Florian Waldauf schuf. Nach den Forschungen von Ernst Verdroß* hat der Künstler dabei eine ganz bestimmte Situation des alten Hall überliefert, nämlich die obere Partie der Wallpachgasse mit Blick zum heute verschwundenen Absamer Tor und den dahinter aufragenden Kalkwänden des ›Walder Kamms‹ im Massiv des Bettelwurfs. Rechts erscheint das Eck des sogenannten ›Junker-Hauses‹ (Wallpachgasse 8), dessen Lauben zwar später zugemauert wurden, aber im Innern an den Gewölben noch erkennbar sind, während die Zinnen beim Aufstocken des Hauses entfernt werden mußten.

* »Ein Bild von Hall um das Jahr 1500«, in *Tiroler Tageszeitung*, Nr. 31, 7. Februar 1959.

in den gleichhohen, aber engeren Seitenschiffen ruhen auf sechs gewaltigen Pfeilern, denen je vier Halbsäulen vorgestellt sind. Von ihnen steigen die Rippen auf. In der Barockzeit wurden sie zum Teil weggeschlagen, aber die Grundstruktur der Sewerschen Konstruktion ist viel zu zwingend, als daß sie nicht auch noch heute nachwirken könnte.

Schwierigkeiten bereitete nun der Anschluß dieses riesigen Langhauses an den Chor. Man wagte nämlich nicht, das Langhaus um die Breite des südlichen Seitenschiffes näher an den Rand der Geländestufe, auf der die ganze Oberstadt steht, hinauszurücken. Daher verlängert der Chor heute das Mittelschiff nicht in gerader Achse, sondern steht etwas seitlich davon verschoben.

Im Westen steigt ein gewaltiger Treppengiebel an, der in flache spitzbogige Nischen aufgegliedert ist, in denen früher gemalte Heiligenfiguren standen. 1490 wurde die Halle, auf der die Fiegerkapelle steht, vor diese Fassade gestellt, wodurch der einfache, monumentale Eindruck des Sewerschen Werkes verschwand. Alt aus der Sewerschen Zeit sind noch die Freskenreste an der Fassadenwand und das große Portal selbst. Die Kirchentüren tragen Beschläge des frühen 16. Jahrhunderts.

Im Innern ist der erste Eindruck zwiespältig. Man steht in einer überraschend bunten gotischen Halle, die ein barocker Mantel vollkommen bedeckt. Gleichzeitig fällt auch die starke Achsenverschiebung des Hochaltares sofort auf. Die Kartusche am hohen Fronbogen berichtet in einem doppelten Chronogramm zwei wesentliche Daten der Baugeschichte: HonorI · DIVI · nIColaI · DeVotI · CIVes · eXstrVxerVnt · haLenses qVos · seCVtI · aVItae · pIetatIs · aeMVLI · artIfICIoso · hoC · penICILLO · eXornarVnt · haLenses · posterI. Das heißt zu deutsch: Zu Ehren des heiligen Nikolaus haben fromme Haller Bürger [diese Kirche] gebaut; die Nachfahren haben es im Wetteifer mit der Frömmigkeit ihrer Vorfahren durch diesen kunstreichen Pinsel geschmückt. Die hervorgehobenen Großbuchstaben ergeben im ersten Satzteil das Jahr 1352, im zweiten 1752.

Der kunstvolle Pinsel gehörte dem vielbeschäftigten Josef Adam Mölk, dem man in Tirol öfters begegnen kann. Seine Stärke liegt in der Phantasie, mit der er seine etwas schematischen Scheinarchitekturen zu bevölkern weiß. Er machte große Karriere: 1755 wurde er Hofmaler zu Wien, 1774 geadelt, so daß er sich fortan ›Ritter von‹ nannte. In der Pfarrkirche schilderte er im Mittelgewölbe das Leben des Heiligen Nikolaus, wogegen in den Seitenschiffen die Fresken auf den jeweiligen Heiligen, dem der Seitenaltar geweiht ist, Bezug nehmen. Zweitausend Gulden zahlte ihm die Stadt für seine Arbeit.

Von der Ausstattung nimmt die *Waldaufkapelle* den ersten Rang ein. Ihr handgeschmiedetes spätgotisches Eisengitter gehört zu den Hauptwerken der seltenen Reste gotischer Schmiedekunst im Alpenraum. Man trete nahe heran und betrachte das System der durchgesteckten vierkantigen schweren Eisenstangen und prüfe nach, welcher Vorausplanung es bedurfte, dieses komplizierte Gebilde herzustellen. Über dem mannshohen – damals mannshohen! – Schutzgitter folgt zwischen teilweise gedrehten Wimpergen eine Zone des spielerischen gotischen Überschwanges. Alles dieses ist herausgeschmiedet, nicht zusammengeschweißt, man versteht die Bezeichnung ›Meister‹ in der hohen Bedeutung des Mittelalters. Während die Schutzzone des Gitters gleichartig, linear und unbewegt in ihrem Rahmen steckt, zeigt die doppelflügelige Eingangstür durch ein herabrieselndes Fischblasenmuster, in das ein Vierblattmotiv hineinspielt, zarte, kurvige Bewegung. Damit wird die Funktion dieses Gitterteiles, eben bewegtes Gitter, Tür zu sein, verdeutlicht. Darüber stehen, aus bemaltem Eisenblech kunstvoll herausgeschnitten und geformt, die aufwendigen Wappen des Ritters Florian Waldauf und seiner Gemahlin Barbara Mitterhofer von Freudenthurn.

Die Karriere Waldaufs zeigt, daß auch damals schon dem Tüchtigen eine große Laufbahn offenstand. An der Wiege war es ihm 1440 zwar nicht gesungen worden, denn sie stand in einem Bauernhof zu Asch bei Anras im Südtiroler Pustertal. Im Dienste Herzog Sigmunds des Münzreichen und Kaiser Maximilians I. erreichte er aber den Rang eines Protonotars, heute vielleicht mit dem Amt eines Staatssekretärs zu vergleichen. Das Besondere an Waldaufs Stellung erwuchs aus der freundschaftlichen Zuneigung, die der Kaiser dem Tiroler entgegenbrachte, den er sogar in den Adelsstand erhob. 1487 gerieten der Kaiser und Waldauf fern ihres geliebten Tirols auf der Zuidersee in Seenot, und Waldauf gelobte für die Errettung aus dieser Bedrängnis, der Muttergottes eine Kapelle mit Altar zu stiften. 1492 wurde mit der Einlösung des Gelübdes begonnen, 1501 übertrug der Stifter seine große Reliquiensammlung aus seinem Schlosse Rettenberg nach Hall. Zu dieser feierlichen Prozession waren über 30000 Menschen gekommen, eine unerhörte Zahl, wenn man denkt, daß ganz Hall damals nur etwa 5000 Einwohner zählte. 1505 konnte die Einweihung der Kapelle vollzogen werden. Heute sieht man nur mehr Reste der Reliquiensammlung, damals ›Heiltumb‹ genannt, die so reichhaltig war, daß für jeden Tag des Jahres Reliquien des Tagesheiligen zur Verehrung ausgestellt werden konnten. Jährlich einmal wurde eine Heiltumsschau veranstaltet, und Hans Burgkmair bildete in einer Art Katalog 124 kostbare Behälter dieser Sammlung in Holzschnitten ab. Von diesen Behältnissen blieben nur fünf erhalten, darunter die riesige Turmmonstranz der Pfarrkirche. Sie ist 135 Zentimeter hoch und wiegt 15 Kilogramm. In ihr sind die Architekturformen der Gotik ins abstrakt Phantastische gesteigert. Türmchen, Krabben und Fialen bilden ein hoch aufstrebendes, durchsichtiges, ätherisches Ganzes, in dessen Nischen kleine Figürchen stehen und in deren vollkommen leerem Innern, in einem abgeschlossenen mystischen Raum ›vierter‹ Dimension, sich einst die Reliquie befunden und gewirkt hat. Der Fuß der Monstranz wurde 1626 erneuert. Natürlich stellt sie nicht ein Goldgewicht von 15 Kilogramm dar, der Materialwert ist vergleichsweise gering, es ist der geistige, der künstlerische Gehalt, der dieses Werk so wertvoll macht.

Der für uns heute wesentlichste Schatz der Waldaufschen Stiftung ist die Madonnenfigur des alten Flügelaltares, dessen Tafelbilder im Stadtmuseum zu sehen sind. Auf ihnen treten uns der Stifter und seine Frau mit den Namensheiligen, von Marx Reichlich gemalt, lebendig entgegen. Auch zwei geschnitzte Leuchterengel, die einst vor dem Altar an Ketten niederhingen, haben sich im Schloß Weiherburg bei Innsbruck erhalten. Aber es war vor allem die Madonnenfigur, die auf die Umgebung wirkte, und hier besonders auch auf die Tiroler Krippenschnitzer und Bildhauer jüngerer Zeiten. Josef Bachlechner (1871-1923) schnitzte die Engel zu der Figur hinzu, die von manchen mit Michael Pacher in Verbindung gebracht wird. Diese Figur ist eines jener seltenen Beispiele der bildenden Kunst, wo ein an sich nicht schöner Vorwurf durch die Originalität und bildnerische Meisterschaft des Ausführenden zu höchster Symbolkraft verklärt und geläutert wird. Denn diese Bauersfrau trägt kein schönes Gesicht, sie schielt sogar etwas nach auswärts, ihr Körper ist deutlich jenseits der Blüte ihrer Jahre, sie ist vor allem Mutter und nicht strahlende Königin, noch nicht, denn sie befindet sich gerade im Übergang vom Menschentum zum Himmelswesen, sie wird eben in den Himmel aufgenommen. Es galt also, den Übergang vom menschlichen zum verklärten Leib zu schildern. Und genau dieses mystische Geschehen hat der Künstler dargestellt.

Selbst der Barock ließ die Kapelle bestehen, wenn er auch nicht umhin konnte, an ihren Wänden etwas illustrative Musik zu machen, die sich freilich schwertut neben einem Werk wie dieser Plastik.

Viel älter und zum Großteil noch aus der Sewerschen Zeit ist die Palmeselgruppe, die bei den Spielen und Prozessionen, von denen wir gehört haben, am Palmsonntag verwendet wurde. Die Figur ist von bäuerlicher Derbheit, mag aber in der Prozession fremdartig eigentümlich und damit ›entrückt‹ gewirkt haben. Sie ist aus mehreren Stücken heimischen Kiefernholzes zusammengesetzt und innen hohl. Kopf und Hände Christi sowie das Zaumzeug und die Beschläge des Esels wurden in der zweiten Hälfte des 16. Jahrhunderts erneuert.

Das architektonische Kunstwerk des Chores von Hans Sewer wird leider durch den Aufsatz des Hochaltares von 1657 empfindlich verstellt, sowohl was die Lichtwirkung betrifft – alte Glasfenster haben sich in der Kirche nur sehr wenige erhalten – wie auch im Aufwärtsstreben der Wölbungen. Erasmus Quellinus malte das Altarblatt, Maria mit Heiligen. Er hatte noch bei Rubens gelernt, man spürt es aus vielen seiner Bilder, und gehört so zu den Boten niederländisch-flämischen Stils in Tirol.

Noch steht aber, meist ganz verborgen unter den Paramenten, der alte, mit gotischem Maßwerk verzierte Altarstein, den Sewer selbst gearbeitet hat, und auch die kleine Empore für die Chororgel, das ›Schwalbennest‹, gilt als eigenhändiges Werk.

Schließlich gibt man ihm noch den Weihwasserstein mit den Wappen der Fieger (Kleeblatt) und Grantner (Gemsbock) unter der Westempore. Er hat sich auch seinen Grabstein in der Kirche selbst gemeißelt.

Im Chor befinden sich noch zwei große Epitaphe der Fieger, ›Jüngstes Gericht‹ (1574) und des Hans von Gienger ›Taufe Christi‹ (1602), die allerdings gegenüber einer Ecce-homo-Tafel (um 1510) verblassen. Diese wird mit dem sonst nahezu unbekannten Künstler Sebastian Frosch in Zusammenhang gebracht, der aus Vorarlberg zugewandert sein soll und seine Komposition an Schongauersche Kupferstiche anlehnt.

Beim Rückweg durch das Langhaus erkennt man auch die große Westempore als alt, auf der die neue Orgel von 1934 steht. Das durchbrochene Maßwerkgeländer hat keine barocke Umgestaltung erfahren. Auch die beiden Wendeltreppen besitzen noch ihre alten schmiedeeisernen Türen mit den Wappen der Fieger und Tänzl. Aus der Barockzeit stammen hingegen die Apostelfiguren an den Wänden der Seitenschiffe wie auch die Statuen der Heiligen Georg und Sebastian von 1750 am Pfeilerpaar vor dem Triumphbogen. Allenthalben stehen Zunftstangen in den Kirchenbänken und große bemalte Fahnen (um 1700), die bei Prozessionen, besonders zu Fronleichnam, mitgetragen werden.

Viele alte Grabsteine, die einst den Fußboden der Kirche bedeckten, finden sich heute an die Außenwände versetzt, und 1820 kam an der Südwestecke noch eine Erinnerungsstätte für den berühmtesten Landesverteidiger aus der Haller Gegend, Josef Speckbacher, hinzu.

Die Pfarrkirche ist das bedeutendste und lebendigste Denkmal der Haller Kulturgeschichte, ›bewachsen‹ mit vielerlei Schichten von Ereignissen der Frömmigkeit, der Tradition und des Brauches, eine Art steingewordene Heimat dieses Tiroler Bezirkes. Gegen sie stehen selbst die beiden anderen Berühmtheiten der Salinenstadt, nämlich Burg Hasegg und Rathaus, deutlich zurück.

Wir machen noch eine Runde um die Kirche und begehen dabei den Platz des alten Friedhofes, der erst 1898 aufgelöst worden ist. Von den alten umlaufenden Arkaden ist nicht mehr viel übriggeblieben, doch sollte man einige Grabsteine darin nicht übersehen. Darunter jenen des Münzmeisters Bernhard Behaim d.Ä. (gestorben 1507), von dem wir bereits anläßlich des Münzwesens gesprochen haben. Es handelt sich um eine sehr qualitätvolle, reich mit Wappen und Schriftbändern gestaltete Grabplatte, die das Innere einer Gruft mit seinem halbverwesten Leichnam zeigt. Vielleicht hat sie der Bildhauer Sebald Bocksdorfer geschaffen, der aus Franken nach Tirol gekommen und hier vor allem als Schnitzer sehr kunstvoller Totenschilde (Waldauf, Trautson, Schrofenstein) bekannt geworden ist. Auch der Grabstein des Hans Fieger d.Ä. (gestorben 1409) steht noch hier unter den Arkadenresten am Josefskirchlein.

Dieses wurde an Stelle der Wolfgangskapelle 1698 von der Grafenfamilie Khuen-Belasi als Familienmausoleum erbaut, mit einer achtseitigen Laternenkuppel versehen, wobei das Portal des Vorgängerbaues wiederverwendet worden ist. Das Deckenbild ist von Johann Geyn, das Altarbild von Paul Ainhauser.

Viel älter, ja wahrscheinlich das älteste Gotteshaus der Stadt überhaupt ist die bereits 1330 urkundlich nachweisbare *Allerheiligenkapelle,* freistehend im Südosten neben dem Sewerschen Chor. Es ist ein zweistöckiges Gebäude, dessen unterer Raum (1281) ehemals als Gruft verwendet wurde; hier gibt es noch ein spätromanisches Gewölbe. Heute dient er als Geschäftsraum. Der obere Teil ist seit 1923 Kriegergedächtnisstätte. An Fenstern und Portalen erkennt man Züge der Gotik; die Wandmalereien beginnen um 1410 (Ostwand) und reichen über das berühmte Weltgericht von 1466 bis zu einem barocken Allerheiligenbild um 1600. Ein etwas derber spätgotischer Schnitzaltar (1480), der ursprünglich in der Magdalenenkapelle im Halltal stand, ließ das kleine Kirchlein als neuer Standort zur Magdalenenkapelle werden. Und damit endet der eindrucksvolle geistliche Bezirk der Haller Pfarrkirche zum Heiligen Nikolaus.

Das Rathaus

Das Haller Rathaus steht seit Jahrhunderten ununterbrochen im Dienst der Bürger. Auch hier begegnen wir wieder Hans Sewer, der den westlichen Teil, das sogenannte Königshaus, nach dem Brand von 1447 in seiner heutigen Form zwischen 1453 und 1459 wieder aufgebaut hat: Im Ostteil entstanden »daz clain stübl mit dem Erker«; dazu der kleine Balkon zur öffentlichen Verkündung von Ratsbeschlüssen, die »Sprachgrueben«; schließlich umschloß Sewer den Winkel zwischen Ost- und Westtrakt mit einer Mauer, wodurch das »Zinnenhöffel« (Mosaiken von 1897) entstand. Es distanzierte die Räte, aber auch die Herren vom hohen Adel, die hier abzusteigen pflegten, vom Volke, von dem man vielleicht nicht immer sicher war, daß es sich nur dankbar jubelnd vor dem Rathaus zusammenfinden würde.

Das hohe Westhaus heißt heute noch ›Königshaus‹. Es wurde samt einem Turm, der nicht mehr erkennbar ist, 1406 von Herzog Leopold IV. der Stadt Hall geschenkt. Vermutlich stammt der Name vom Tiroler Landesfürsten Herzog Heinrich, der 1306 die Tochter Anna des Böhmenkönigs Wenzel geheiratet hatte und am 15. August 1307 in Prag selbst zum König gekrönt worden war. 1310 verlor er Böhmen aber an Johann, den Sohn Kaiser Heinrichs VII. von Luxemburg, und kehrte als Flüchtling nach Tirol zurück, wo er bis zu seinem Tode 1335 ein ebenso großzügiges wie verschwenderisches Leben führte. Den Titel ›König von Böhmen‹ führte er weiterhin, daher ward sein Haus in Hall auch Königshaus genannt, und diese Bezeichnung blieb an dem Bau haften. Heinrich errichtete übrigens auch das landesfürstliche Salzmonopol bei Strafe des Verfalles von Fuhrwerk und Ladung.

Das Dach des Königshauses deckt die Ratsstube mit ihrer alten Balkendecke und neuen Täfelung von 1660. Die Sitzbänke gleichen Kirchenbänken, und über der Eingangstüre steht zwischen Pax und Fortitudo das geschnitzte Kufenwappen. Das Rokoko setzte einen großen violetten Ofen in die Stube, und das 19. Jahrhundert bemalte den Mauerstreifen zwischen Täfelung und Zimmerdecke in romantisch-historisierendem Stil. Im Rathaus fanden auch häufig öffentliche Mahlzeiten statt, die sich eines weithinreichenden Rufes erfreuten. Für den Stadtrat waren es jährlich neun. Aber auch alle anderen Gemeindebediensteten erhielten jährlich eine bestimmte Zahl von ›Trünklein‹, 1480 nicht weniger als 262!

1803 hat man eine alte Brunnenfigur vom Stadtbrunnen, einen ›Roland‹, wie man glaubt, als Sinnbild der Stadtgerechtigkeit an die Rathausfassade gesetzt. Ein ›Roland in Tirol‹ wäre eine ganz ungewöhnliche Angelegenheit und bleibt daher etwas anzuzweifeln. Die Signatur HF auf dem Sockel, einem Säulenkapitell, das mit der Figur zugleich aus einem Stein geformt wurde, könnte man, allerdings mit andauernder Unsicherheit, auf Hans Frosch (gestorben 1550) beziehen, den Sohn des Meisters der Ecce-homo-Tafel in der Kirche. 1882 versetzte man zwei Wappen vom ehemaligen Milser Tor, das auch einst Hans Sewer errichtet hatte und das bereits 1836 dem Verkehr weichen mußte, hierher. Sie gelten als eigenhändige Steinmetzarbeiten des Meisters und zeigen seine Kunst zwar auf beachtlichem Niveau, aber bei weitem nicht etwa auf der Höhe des Türingschen Wappensteines am Münzertor, zwanzig Jahre später. Die Wappen zeigen den Tiroler Adler und den österreichischen Bindenschild für das Erzherzogtum. Darüber steht neben dem Pfauenstoß einer der vielen habsburgischen Wahlsprüche: »an end«, das heißt: »ohne Ende«.

Durch seine reizvolle Originalität vermag das Rathaus gut gegenüber dem architektonischen Riesenbau der Kirche zu bestehen, wohl nicht zuletzt eben deshalb, weil es sich so ganz anders präsentiert als diese. Bis 1751 war es mit ihr durch einen hohen hölzernen Gang sogar verbunden. Zur Weihnachtszeit steht neben dem Tor zum Zinnenhöfl eine große Tanne im Lichterschmuck und erfreut nicht nur die Herzen der Kinder.

Geht man durch das Rathaus hindurch, vorbei an Sewers »Pfeiller hinttn am Rathaus« (1459), so kann man sich gleich einen Eindruck vom führenden und seinerzeit viel umstrittenen Tiroler Freskanten der Gegenwart verschaffen. Max Weiler hat hier seinen weltlichen Namenspatron Kaiser Maximilian I. 1952 an der Südwand der Knabenhauptschule verewigt. Mit ihm zugleich sieht man mehrere Porträts historischer und lebender Tiroler Persönlichkeiten.

Nagglburg und Sankt Salvator

Aus dem Bezirk der Pfarrkirche und des Rathauses führt westwärts die enge Waldaufgasse hinab zur *Nagglburg*, einem schmalen, höchst romantischen Zwickelhaus zwischen Waldauf- und Salvatorgasse. Unzählige Maler, Zeichner und Kupferstecher, ganz zu schweigen vom Heer der Fotografen, haben dieses alte Haus, an dem keine gerade Kante ist, dieses Zwischengebilde zwischen Bauern- und Stadthaus, verewigt. Am nördlichen Ende des kleinen Platzes, der sich hier bildet, steht das *Speckbacher-Denkmal,* das den Freiheitshelden und seinen Sohn Anderl (Andreas) in porträtähnlichen Bronzefiguren, 1908 durch den Bildhauer Ludwig Penz (1876–1918) geschaffen, darstellt.

Wir tauchen zurück in die alte Stadt und zwar in die Salvatorgasse, wo bald rechter Hand die *Salvatorkirche* in der Häuserreihe steht. Sie ist seit ihrer ersten Erbauung bis heute eng mit dem Schicksal der Familie Kripp von Brunnenburg verbunden, die hier durch eine Bulle von Bonifaz IX. 1403 die Erlaubnis einer Familiengruft erhalten haben. Aus dem Geschlecht der Kripp gingen nicht weniger als zwölf Haller Bürgermeister und mehrere Stadtrichter hervor. Noch steht ihr Haller Stadthaus am Oberen Stadtplatz (heute Stadtwerke), aber ihr Stammsitz ist seit 1484 der Ansitz Krippach in Absam, das wir noch besuchen werden.

Johannes Kripp baute hier 1392 »von frommem Eifer entflammt und vom Wunsche beseelt, in glücklichem Tausche das irdische in himmlisches, das vergängliche in ewiges Gut zu wandeln«, ein erstes Kirchlein. Es stand an jener Stelle, an der ein Priester beim Versehgang zu einem Kranken durch den morschen Zimmerboden brach, wobei geweihte Hostien in die Tiefe fielen und nicht wieder aufgefunden werden konnten. 1951 entdeckte man bei Restaurierungsarbeiten die Rotmarmorgrabplatte des Stifters unter dem Kirchenboden und mauerte sie nun in die Chorwand ein. 1525 wurde neben der Kirche ein Frauenkloster errichtet, in das die dreißig Augustinerinnen aus dem abgebrannten Klösterle im Gnadenwald einzogen. Die Chorfrauen zeigten sich bald allzu aufgeschlossen für die städtischen und weltlichen Freuden und ließen es überdies zu, daß Dr. Jakob Strauß in ihrer Kirche die Lehre Luthers verkündete. Strauß selbst konvertierte zwar am Ende seines Lebens wieder zur katholischen Konfession zurück, aber die Nonnen verließen, lutherisch geworden, die klösterliche Gemeinschaft. 1566 zog die letzte Nonne ins Schwesterkloster nach Schwaz.

Die Kirche selbst überstand die Wirren dieser Zeit. 1788 wurde sie barockisiert, wobei man die gotischen Rippen entfernte und Josef Anton Zoller beauftragte, alles mit biblischen Szenen und bezugreichen Wappen auf das Wirken derer von Kripp auszumalen. 1871 brannte die Kirche samt aller barocker Pracht ab, nur die alten gotischen Mauern blieben stehen. Der Wiederaufbau erfolgte nun im neugotischen Stil, dem aber auch keine Dauer beschert war, denn 1945 trafen zwei Fliegerbomben das Hauptschiff und verwüsteten es gründlich. Erst 1950-52 konnte alles ein drittes Mal wiederhergestellt werden. Jetzt wurde mit viel Erfolg der alte Bestand von 1406 wieder hervorgeholt und ergänzt. Dabei kam auch das große Wandbild im Chor zutage, das Christus als Weltenrichter zeigt und wohl von Hans von Bruneck zwischen 1399 und 1406 geschaffen worden ist. Ein spätgotischer Schrein und eine Madonnenfigur der gleichen Zeit heben die Seitenaltäre hervor.

Das barocke Hall

Die barocke Stadt hat zwar nicht die Bedeutung der gotischen, es fehlten ihr auch so überragende Persönlichkeiten wie Erzherzog Sigmund, Kaiser Maximilian I. oder Hans Sewer. Aber die Barockzeit hat in der Stadt ausgedehnte Bauten hinterlassen, sie hat durch die Gegenreformation tiefgreifenden Einfluß auf die Volksstruktur und ihre geistige Ausrichtung genommen und darf deshalb nicht übergangen werden.

Die Wurzeln des barocken Hall, das fast zur Gänze im Ostteil der alten Stadt liegt, reichen bis in die zweite Hälfte des 16. Jahrhunderts zurück und lagen nicht bei den Haller Bürgern selbst, sondern außerhalb. Es waren die drei Schwestern Erzherzog Ferdinands II., die Prinzessinnen Magdalena (gestorben 1590), Margaretha (gestorben 1567) und Helene (gestorben 1574). Sie beschlossen, ihr Leben in klösterlicher Zurückgezogenheit zu verbringen. Dazu erwählten die ›drei Königinnen‹, wie sie das Volk nannte, die Salinenstadt, wo sie mit Hilfe ihres Bruders 1567 den Grundstein zu einem königlichen Damenstift legten. Bereits zwei Jahre später, am 5. Dezember 1569, bezogen Magdalena und Helene – Margaretha war inzwischen gestorben – zusammen mit drei Jugendgefährtinnen, zwei Kammerfrauen und einem getauften Türkenmädchen das neue Stiftsgebäude. 1570 wurde auch die Stiftskirche fertig.

Das Stift, die ›Versammlung‹, wie es in alten Berichten stets genannt wird, erfreute sich regen Zuspruchs. Bis zur Aufhebung durch Josef II. 1783 gab es nicht weniger als 163 adelige und bürgerliche Stiftsdamen, die in diese Zufluchtsstätte eintraten. Sie legten die Gelübde der Keuschheit und des Gehorsams ab und versprachen, zeitlebens im Stift zu bleiben, das aber keine Klausur hatte. Es wurde sechsstündlich gebetet und betrachtet, und obwohl es sich also um eine Versammlung und nicht um ein Kloster handelte, fiel es den Reformen zum Opfer, wurde aufgehoben und sein Besitz versteigert. Durch Vermittlung Erzherzog Franz Ferdinands von Este erwarben 1914 die Filles du Sacré Cœur aus Belgien das Stift.

Die Gebäude nehmen die Südostecke der alten Stadtbefestigung auf der erhöhten Geländestufe ein. Dabei wurde das alte Schlößchen Sparberegg in die Anlage miteinbezogen und die darin untergebrachte Münze in die Burg Hasegg verlegt. Die Gebäude zeigen im Innenhof Erdgeschoßarkaden mit niedrigem Obergeschoß. 1692 riß man vor der Front das sogenannte Katharinenhaus fort, das »so unbequem gegen die Kirchthür hinybergestandten«, und so ergab sich der noch heute bestehende Stiftsplatz, ein ruhiges, langgestrecktes Rechteck, das ein ganz anderes Gesicht trägt als der Obere oder der Untere Stadtplatz.

Nach Südosten schließt sich die lange stuckverzierte Fassade der Stiftsbauten an die Kirche an. Der künstlerisch bedeutendste Teil des weltlichen Komplexes ist aber das vom Stiftsplatz aus nicht sichtbare *Sommerhaus* im Stiftsgarten. Es war die Oberin Eleonore von Herberstein, die den Bau dieser luftigen Halle unternahm und 1715 den Grundstein dazu legte. Simon Gremblich fungierte als Baumeister. Das langgestreckte, rechteckige Haus, seinerzeit auch außen mit Scheinarchitektur bemalt, umfaßt im wesentlichen einen einzigen hohen Raum, den Festsaal oder Magdalenasaal, den Kaspar Waldmann ausgemalt hat. Zwischen die hohen Fenster stellte er hohe Säulen, vor denen weibliche Symbolgestalten postiert wurden. Die Kapitelle tragen ein schweres umlaufendes – auch nur gemaltes – Gebälk, auf dem ein gewaltiger Rahmen liegt. Er wird von kartuschenähnlichen Aufbauten getragen und öffnet den Plafond zu einer apotheotischen Himmelsszene, in der die Klosterstifterin, Erzherzogin Magdalena, über Vermittlung ihrer Namensheiligen und Mariens den Stiftsbau der Dreifaltigkeit empfiehlt. Der kompositorische Weg über die genannten Hauptpersonen führt im Zickzack bis zur Taube des Heiligen Geistes empor, umrahmt von viel kleinem und größerem Engelsvolk. Besonders prächtig hat Waldmann auch die Türen an den Schmalseiten des Saales dekoriert: Säulen, Sprenggiebel, Balkonaden, Kartuschen, Fruchtgehänge und dergleichen mehr sind dort angebracht. Das Ganze entbehrt freilich der lockeren Schwerelosigkeit späterer Barockmeister, muß aber bei geöffneten Fenstern eine große, helle, jubelnde Wirkung tun. Auch eine kleine Kapelle hat man an der Schmalseite des Sommerhauses nicht vergessen.

Wir kommen zur *Stiftskirche,* vor der das moderne Standbild der fürstlichen Stifterin steht. Der Kirchturm zählt zu den Wahrzeichen der Stadt. Das große Erdbeben von 1670 erschütterte ihn schwer in seinem Oberteil, so daß man zehn Jahre später das ganze Oktogon samt allen seinen Zierformen aus Eisen und Kupfer neu in der heutigen Form herstellte. Daran sollten die Beben nichts mehr zerrütteln können, und so war es tatsächlich.

Die Kirche selbst stammt in ihrer Grundform wahrscheinlich vom damaligen landesfürstlichen Baumeister Giovanni Lucchese, die drei Wappen an der Fassade arbeitete der Hofkünstler Alexander Colin, der die Reliefs an der Tumba des Maximiliansgrabes zu Innsbruck geschaffen hatte. Der Kirchenraum war prächtig ausgestattet, doch ist diese Erstausstattung, für uns heute nicht verständlich warum, bereits im 17. Jahrhundert durchgreifend verändert worden. In den Jahren 1629-30 schmückten die bayerischen Stukkateure Onofrius Weigl und Jakob Gigl Wände und Wölbung mit handwerklich meisterhaftem Stuck, und Johann Briederl (gestorben 1634) aus München malte das große Deckenbild der Himmelfahrt Mariä. An seiner Stelle befindet sich heute eine Kopie von Hans Hilber, wogegen das Original in der Kapelle des neuen Haller Gymnasiums hängt. Die räumliche Wirkung ist eher enttäuschend und kann mit jener der Pfarrkirche überhaupt nicht verglichen werden. Sehr erwähnenswert, aber leider nur selten zu sehen ist hingegen das vom heimischen Maler Egid Schor 1692 geschaffene

›Heilige Grab‹. Es ist nach dem Untergang jenes der Stiftskirche Wilten im letzten Krieg das größte in Nordtirol noch vorhandene.

Wir verabschieden uns von der versunkenen Welt des Haller Damenstifts mit der Erwähnung des einfachen achteckigen Brunnenhauses im Stiftsgarten, das in seinem lebendigen Wassergeschwätz noch einiges von damals zu erzählen weiß, als der Sinn derartiger Bauten nicht bereits im Zweck erschöpft war. Es klingt wie ein Wahlspruch dessen, was die ›Versammlung‹ suchte, wenn man die Inschrift am Oktogon liest: »O beata solitudo, o sola beatitudo – O selige Einsamkeit, o einzige Seligkeit.«

Neben dem Damenstift steht die *Jesuitenkirche zu allen Heiligen,* und daran schließt sich das Jesuitenkolleg an, heute als Landesberufsschule genützt. Die Jesuiten kamen als Seelsorger des Damenstiftes nach Hall, wo sie als Prediger und Beichtväter wirkten; ja, der Status einer Versammlung und nicht eines Ordens war von den Gründerinnen mit Vorbedacht auch deswegen gewählt worden, weil nur so eine Seelsorge der Jesuiten innerhalb des Stiftes möglich war. Und obgleich die Oberen der Gesellschaft Jesu, besonders der Ordensgeneral Franz Borgia, die totale finanzielle Abhängigkeit ihrer Patres von den ›Damen‹ gar nicht goutierten: Den Beziehungen der ›Drei Königinnen‹ im internationalen Hochadel, der selbstverständlich auch bis Rom reichte, waren sie nicht gewachsen. Hall war damals so bedeutend, daß es Großherzog Franz von Toskana 1565 unter den österreichischen Städtebildern im Hof des Palazzo Vecchio zu Florenz für seine österreichische Braut aufmalen ließ.

So bauten sich die Jesuiten schließlich wenigstens eine eigene Kirche. Baumeister war ein Mitglied ihrer Gesellschaft, Stefan Huber, ein Architekt von Rang, der bereits Sankt Konrad in Konstanz errichtet hatte. 1610 wurde die neue Kirche zu Hall eingeweiht, 1634 die Eingangsfassade durch Fenster und einen Giebel einschneidend verändert. Ein Jahr später erhöhte man auch den Turm. Das Innere nähert sich dem allgemein verbindlichen Jesuitenbauschema, allerdings finden sich hier an Stelle der sonst üblichen Seitenkapellen nur tiefe Nischen. Das Hochaltarbild malte 1609 Matthias Kager, der sich darauf selbst in der Figur des harfespielenden Königs David verewigt haben soll. Die Jesuitenkirche besitzt eine der ältesten, wenn nicht gar die älteste erhaltene Kirchenkrippe Tirols, die freilich ergänzt und verändert worden ist, aber im Kern aus dem frühen 17. Jahrhundert stammt.

Die Jesuiten begannen im Sinne der Gegenreformation eine Art Volksmission. Ihre stolze Statistik wies um 1700 60000 Kommunionen gegenüber 18000 um 1610 auf. Die Tiroler Volksbildung vollzog sich damals mangels allgemeiner Schulen praktisch ganz durch diese Christenlehren. Dabei fanden sich außergewöhnliche Männer unter den Jesuiten zu Hall. Pater Eusebius Chino etwa, ein Südtiroler, ging 1678 nach Mexiko und Kalifornien, wo er acht Missionsstationen gründete und so nebenbei die Mündung des Rio Grande entdeckte. Martin Schmid zog 1726 nach Bolivien, wo er vierzig Jahre bei den Chiquitos-Indianern lebte. Er baute mit ihnen eine Reihe von Kirchen samt deren kompletter Einrichtung und Kirchenorgel, auf denen er die Indianer auch gleich spielen lehrte. Der Großteil dieser Bauten soll noch heute existieren und in Benützung der Tiroler Franziskanerpatres dort drüben stehen.

Die Franziskaner wurden aber nicht nur in Bolivien die Nachfolger der Jesuiten, sondern auch in Hall, indem sie nach jahrzehntelangem Ringen das mit der Aufhebung des Jesuitenordens 1796 verschwundene Gymnasium wieder zu betreiben unternahmen.

Vom Halltal und vom Salz

Wann das Salz entdeckt worden ist, bleibt »vom neidigen Altertum verhüllt«, schreibt der Oberbergmeister Georg Holzhammer 1764 in seinem fünfbändigen Werk ›Gründliche Beschreibung des unschätzbaren Tyrolischen Kleinods‹, womit der Haller Salzberg gemeint ist. Und wir können ihm auch heute noch nur beistimmen. Wahrscheinlich geschah die Entdeckung durch Hirten oder Jäger, die das Vieh oder Wild beobachteten und so zu salzhaltigem Gestein oder Quellen geleitet wurden, wie dies an anderen Orten auch geschehen ist, etwa in Mergentheim durch Schafe. Der Zeitpunkt dieser Entdeckung muß schon um 1200 liegen, denn bereits in der ersten Hälfte des 13. Jahrhunderts kann man bedeutende Salzvergebungen nachweisen, und 1244 erteilt Bischof Egnos von Brixen dem Probst Heinrich von Wilten die Vollmacht, Salzarbeiter zur Beachtung der Sonn- und Feiertagsruhe bei Anordnung kirchlicher Strafen zu ermahnen.

Das Gebiet des Salzbergwerkes und des Pfannhauses, das sich zunächst auch im hintersten Halltal befand, wurde rechtlich zur ›Freyung‹ erhoben. Das bedeutete, daß niemand, der bei der Salzgewinnung beschäftigt war, in dem genau bezeichneten Bezirk vom Landgericht verhaftet werden durfte, selbst dann nicht, wenn es sich um einen Schwerverbrecher handelte. Dieses Recht wurde von König Heinrich von Böhmen verliehen und von Maximilian I. 1491 erneuert. Die Freyung reichte von der Bergkapelle das ganze Tal hinauf bis weit hinter den Salzberg.

Als 1280 die Saline an den Grafen Meinhard II. von Tirol kam, wurde wenig später der salzkundige Nikolaus von Rohrbach aus dem Salzkammergut geholt und die Saline erneuert und verbessert. Während sich die Art der Salzgewinnung im Berg selbst, wie wir sie unten schildern werden, im Prinzip durch Jahrhunderte kaum geändert hat, wurden die Einrichtungen des Pfann- oder Sudhauses zu wiederholten Malen von Grund auf auch im technischen Vorgang erneuert. Um 1350 wurden jährlich bis zu 30000 Meterzentner Salz gewonnen, das etwa ein Achtel der gesamten Einnahmen des Landesfürsten einbrachte – Grund genug, daß das Salzmonopol immer landesfürstliches Eigentum war und blieb. 1890 wurden noch 130000 Meterzentner gewonnen. Entsprechend dieser Bedeutung ließen es sich die hohen Herren auch nicht nehmen, neue Salzstollen eigenhändig und mit einem großen Fest anzuschlagen. So Kaiser Maximilian, Kaiser Ferdinand I. und 1648 Erzherzog Ferdinand Karl. Schon damals beobachteten die Arbeiter argwöhnisch jeden maschinellen Fortschritt in der Salzaufbereitung, wodurch ihnen etwa ein Arbeitsplatz strittig gemacht werden könnte. Als 1710 eine neue Sudpfanne installiert wurde, brach eine Revolte aus, und die Arbeiter zerschlugen das neue Rinnwerk. Dieser ›wilde Streik‹ wurde nicht mit Aus-, sondern mit Einsperrung geahndet. Die Rädelsführer erhielten mehrere Jahre Zwangsarbeit in Form von Galeerendiensten, acht Arbeiter bekamen zwei Jahre Festungshaft, neun andere sechs Monate Schanzarbeit. Etwa 250 Arbeiter waren damals an der Saline Hall beschäftigt. Diese Arbeiter scheinen ausnehmend kräftige Leute gewesen zu sein; so heißt es bei einem Chronisten: *Die Unterinntaler sind wohlgefärbt, überaus hoch von Person, stark vom Leib, wohl untersetzt, wie man sonderlich in hiesiger Stadt Hall an unseren Fuderträgern im Pfannhaus ... sehen kann, deren jeder einen Salzknollen von drei Zentner gut Wiener Gewicht, und noch einen Mann darauf sitzend, auff die Achsel schwingt und geraden Leibs davonträgt.*

Die Begleiterscheinungen des Salzsiedens wurden jedermann, der sich in Hall befand, drastisch vorgestellt, was man nur allzuleicht übersieht. So schreibt Heinrich Laube 1837 in seinen Reisenovellen: »... der Wagen rollt durch Hall, das von den Salzsiedereien über und über in Dampf gehüllt wird ...«

Innerhalb Tirols gedieh der Salzhandel innabwärts zunächst nur bis Rattenberg, das heißt zur Grenze nach Bayern und Salzburg, die beide ja ihr eigenes Salz gewannen und vertrieben. Seit dem 14. Jahrhundert belieferte Hall über die Brennerstraße vor seiner Haustür Südtirol und Oberitalien und über das Oberinntal Schwaben und die Schweiz. Zwischen 1938 und 1945 blieb die Saline wegen zu geringer Rentabilität geschlossen, und lediglich der Gesundbrunnen der Sole als Kur im ›Solbad Hall‹, wie es nun hieß, wurde weiter propagiert; schon 1930 hatte man ein Kurmittelhaus erbaut. Ein Versuch, nach dem Zweiten Weltkrieg die Saline neu zu beleben, schlug trotz großer Investitionen fehl, und heute ist sie ganz stillgelegt: Aus dem ›Solbad Hall‹ ist wieder das einfache ›Stadtl Hall‹ geworden.

Den Mittelpunkt der Salzgewinnung bildeten die Herrenhäuser am Ende des Halltales, 1485 Meter hoch gelegen. Wie schon ihr Name sagt, dienten sie als Unterkünfte für die Herren und nicht für die Knappen und bestanden schon im Mittelalter. Die heutigen gehen auf einen Vergrößerungsbau um 1481 zurück. Hier begann der Königsstollen oder der Stollen im Königsberg, den Maximilian I. 1492, damals noch deutscher König, anschlug. Für den ältesten Stollen hält man freilich den Oberberg (1608 m). Wenig später muß auch der Wasserstollen entstanden sein (1620 m), der das Wasser zur Auslaugung der anderen sieben Stollen sammelte und daher zwecks einfacher Ableitung am höchsten von allen liegt. Auch der Mitterberg (1575 m) dürfte schon um 1300 oder knapp danach begonnen worden sein. Der Steinberg (1533 m) war etwa hundert Jahre jünger, und 1563 begann Kaiser Ferdinand I. den Kaiserberg (1458 m). Der Erzherzogsberg (1422 m) wurde noch einmal hundert Jahre später am 26. Mai 1648, im Jahre des Westfälischen Friedens, angeschlagen. Schließlich folgte 1808 als jüngster der Kronprinz-Ferdinand-Stollen (1334 m).

Der technische Vorgang der Auslaugung ging folgendermaßen vor sich: Es wurden in einem bestimmten Abstand zwei Stollen übereinander in den Berg getrieben. Vom unteren aus wurde eine erste runde Aussprengung von etwa vierzig Metern Durchmesser und zwei Metern Höhe, tief im Berginnern, vorgenommen. Vom oberen Stollen wurde dann ein Wasserkanal schräg zu dieser Werksaussprengung hinuntergebohrt und mit Wasser gefüllt. Das Wasser löste das Salz aus dem Gestein und sättigte sich so zur Sole auf, die durch den unteren Stollen oder ›Horizont‹ abgelassen wurde. Die Rückstände sanken auf den Grund der Höhle, und der Boden wuchs allmählich dem ›Himmel‹ nach. So laugte man in vielen Jahren große Hohlräume in den Salzberg, worin man im Kriege Kunstwerke bombensicher lagern konnte. Die Sole floß in Holzrohren direkt zum Pfannhaus, zuletzt neuneinhalb Kilometer weit von den Herrenhäusern bis nach Hall hinunter.

Das Aussieden der Sole veränderte das Tiroler Landschaftsgebiet kaum weniger als das Abholzen des Appenin durch die Römer zum Bau ihrer Schiffe. Es verschlang ungeheure Holzmengen. So sah man sich bald schon im 13. Jahrhundert gezwungen, das Salzhaus an den Ausgang des Halltales ins sogenannte Aichat zu verlegen. Hier läßt der Name eine Erinnerung an einen der in Tirol sehr seltenen Eichenwälder anklingen. Es ist nur mehr eine Erinnerung, denn die Salzsiederei fraß den Baumbestand radikal und in kurzer Zeit fort. Schließlich verlegte man das Pfannhaus in die Nähe des Inns, an den Unteren Stadtplatz, wo es nach zahlreichen Veränderungen noch immer steht. Und hier stand es am besten, nachdem einmal die Soleleitung installiert war, denn über den Inn hinauf oder hinunter konnte man das nötige Brennholz für die damalige Zeit einigermaßen bequem heranflößen. Bereits 1307 wurde der als technisches Wunderwerk weitum gepriesene große Holzrechen über den Inn durch Christian Greil errichtet, der die letzte Auffangstation für die Holzzufuhr aus dem Tiroler Oberland bedeutete. Die Reise dieser Holzbestände begann in den sogenannten Klausen, von denen bereits 1290 einige im Paznauntal, im Pitztal, im Fotscher und im Sellraintal, im Stubai, im Wipptal, im Watten- und im Weertal genannt wurden. Reste von Klausenanlagen existieren noch im Brandenbergtal bei Kramsach. 1766 wurden dann die Braunkohlenlager bei Häring im Unterinntal entdeckt und die Sudverhältnisse mehr auf Kohle umgestellt. 1951 wurde die ganze ›Sotterei‹ elektrifiziert. Aber auch sie konnte schließlich die Stillegung der Haller Salzgebarung nach gut und gerne 750 Jahren nicht verhindern.

Den Edlen Saltzperg hat Gott hergeben,
wer mag doch sein abgang erleben,
hat noch guet Salz vil hundert Jar!
(Tiroler Landreim, 1558)

Die moderne Industrie siedelte sich um 1950 mit einem Röhrenwerk in Hall an.

Bestehen blieben die alpinistischen Möglichkeiten des Halltales. Eine relativ sanfte Möglichkeit besteht im Aufstieg zur Kaisersäule (1701 m). Diese elf Meter hohe vierseitige Marmorpyramide wurde 1838 errichtet und erinnert an die Anwesenheit Kaiser Franz I. 1815. Man sieht sie schon von weitem von Innsbruck aus als weißes Dreieck gegen den schwarzblauen Kamm des Berges oberhalb des ›Törls‹ (1773 m) stehen. So heißt ein Gebirgseinschnitt, durch den man vom Halltal her auf die Südseite des Berges gelangt.

Nimmt man von den Herrenhäusern die Serpentinen nach Norden, so kommt man aufs Lavatscher Joch (2085 m), über das man Holz und Kohlen für den Bergwerksbetrieb im Salzberg im 19. Jahrhundert mittels Muli lieferte.

Verfolgt man vom Joch aus den Weg nach Norden, so führt er weiter ins Quellgebiet der Isar im Lafatschtal. 1587 verlieh der Landesfürst Erzherzog Ferdinand II. der Stadt Hall dieses Gebiet als einen ›Anger‹, woher später der Name Haller Anger für diese Gegend kam. Mit dem Haller-Anger-Haus (1768 m) erhielt es im 19. Jahrhundert ein weitbekanntes Schutzhaus am Fuße der Speckkarspitze (2651 m). Auch hier im Gebiete des Haller Angers war im 16. Jahrhundert Silberbergbau betrieben worden, den im 19. Jahrhundert ein urtirolisches Original, Sebastian Kandler, mit einigen Knappen wieder zu beleben suchte. Kandler, seines Zeichens Magazineur und Kantinenwirt der Klosterkaserne zu Innsbruck, beförderte das gewonnene Erz mit Muliwägelchen nach Scharnitz, wo es auf die Bahn verladen wurde. Kandler, damals schon hoch betagt, schürfte eigentlich wohl nach der ›guten alten Zeit‹, die ihm als Schatz abhanden gekommen zu sein schien.

Wer aber vom Lafatscher Joch nicht hinuntersteigen will nach Norden, der kann mit geringer Mühe zur Bettelwurfhütte (2077 m) weitergehen, zum Hauptstützpunkt für die Besteigung des Großen (2725 m) und des Kleinen Bettelwurfs (2649 m), entlang den Seilsicherungen des Eisengattergrates. Das Gipfelkreuz am Großen Bettelwurf ist fünf Meter hoch und wurde 1948 aus Aluminiumplatten errichtet, die von einem amerikanischen Bomber stammten. Er wurde bei einem der ersten Bombenangriffe auf Innsbruck am 19. Dezember 1943 am Largotz abgeschossen. Ich kann mich noch gut erinnern, wie wir Buben von unserem Geschützstand, der sogenannten Heimatflak, das schwere Bombenflugzeug wie ein Ahornblatt im Herbstwind heruntertanzen sahen, bis es im frühen Schnee aufprallte. Es öffneten sich auch zwei Fallschirme. Wir hatten freilich mit dem Abschuß nichts zu tun, der durch ein deutsches Jagdflugzeug erfolgt ist, aber wir waren tief beeindruckt von der Wirklichkeit des Krieges.

Zurück zum Bettelwurf! Gemsen gibts hier jede Menge, was schon Kaiser Maximilian I. wußte, der gerne im Halltal jagte und einmal nur mit knapper Not einer Lawine entkam. Den unbeweglichen Institutionen erging es freilich oft nicht so glimpflich. 1671 wurde die Trinkwasserleitung aus dem Tal zur Stadt ›abgelahnt‹. Zehn Klafter tief lag sie zerbrochen unter dem Schnee, und im selben Winter wurde noch die ›Solensträhn‹ durch Lawinen abgestoßen, woraufhin 72 000 Eimer Sole in vierzehn Tagen in den Schnee rannen, womit wir wieder beim Salzbergbau sind und unsere Schilderung aus diesem Gebiet beenden wollen.

Rings um Hall befinden sich etwa dreißig Ansitze des Stadtadels, die trotz Verbauung für den Kenner auch heute noch auffindbar sind. Diese ›Ansitze‹ halten die Mitte zwischen Burg und Bauernhof. Von der einen haben sie die geschlossene Steinbauweise und die Kapelle, vom anderen die ausgedehnten Wirtschaftsteile.

Wichtig für die Stadtgeschichte ist der Ansitz *Glaskasten* (Scheibenegg), die damalige Glashütte, die der Augsburger Wolfgang Vitl 1534 in feuersicherem Abstand von der Stadt am Inn errichtete. Die vielen Fenster dienten zum Trocknen der Gläser. 1635 mußte die Hütte wegen Holzmangels nach Kramsach verlegt werden. Im Ansitz *Scheidenstein* (Recheisstraße 1) gab es 21 Räume, zwei Säle, eine Kapelle und ein Badhaus. Er bestand schon 1400 und wurde von Erzherzog Sigmund gerne benützt. Auch *Taschenlehen,* südlich der Innbrücke am Hang gelegen, läßt sich schon im 14. Jahrhundert nachweisen. 1694 gestalteten es die Tasch um, versahen es mit einem ›Prunksaal‹ und einem Türmchen, das eine prachtvolle Aussicht gewährt.

Mils bei Hall

Östlich vor den Toren Halls lag schon im 6. Jahrhundert Mulles, das sich erst 1279 aus der Pfarre Thaur löste und später durch die Milser Heide berühmt wurde. Da war es nicht ganz geheuer; 1525 versammelten sich dort die aufständischen Bauern; im 19. und 20. Jahrhundert verwendete man sie als Militärübungsplatz. Im 15. Jahrhundert stand irgendwo auf der Heide das Jagdschloß Grünegg oder Hirschlust, das Herzog Friedl und sein Sohn Sigmund gerne benützten. Erzherzog Ferdinand II. erbaute es 1589 neu und versah es mit einer Kapelle. 1588 schenkte er es seiner zweiten Gemahlin Anna Katharina Gonzaga von Mantua. Während der Fürst jagte, »lag sie umgeben vom Klerus in der Kapelle«.

Von der alten Milser Kirche, die 1791 abgebrannt ist, blieben nur geringe Reste übrig, die man im Neubau 1804 mitverwendete. Die *Sankt-Anna-Kapelle* im Friedhof hat sich noch samt spätgotischem Rippennetz erhalten; erhalten hat sich darin aber auch die große Ölberggruppe aus Zirbelholz, die ihrer Herkunft nach den Kunsthistorikern weitum Kopfzerbrechen gemacht hat, da man nicht weiß, von wem sie stammt. Der Legende nach sei sie von Nürnberg aus nach Wien zu bringen gewesen. Das Transportschiff strandete aber unterhalb von Mils, womit der Himmel selbst kundtat, wo er die Gruppe haben wollte. Früher stand sie im sogenannten Regelhaus, einem heute nicht mehr existierenden Kloster in Innsbruck, woher auch das Hochaltarbild ›Glorie Mariens‹ von Johann Anwander in der Pfarrkirche kam. Wie immer hat auch hier die Legende ein Stückchen Wahrheit für sich. Das Vorbild der Gruppe, bis in manches Detail reichend, bildet nämlich ein Holzschnitt von Albrecht Dürer in seiner ›Großen Passion‹, der zwar schon 1498 entstanden, aber erst 1511 erschienen ist, weshalb die Gruppe kaum früher geschnitzt worden sein kann. Imponierend in ihrer pathetischen Größe und Wucht – die kniende Figur Christi mißt 175 Zentimeter, die schlafenden Apostel und der Engel sind etwas kleiner – übt sie einen gewaltigen Eindruck auf jedermann aus. Im 19. Jahrhundert bestand auch eine Zeitlang eine Ölbergbruderschaft, deren Buch sich noch im Pfarrarchiv befindet. Ob die Gruppe wirklich so alt ist, wie die Fachleute glauben, die sie ins 16. Jahrhundert stellen? Ich könnte mir vorstellen, daß sie erst Anfang des 19. Jahrhunderts entstanden ist, aber ich sage dies nur ganz leise.

Die große Glocke von Mils wurde 1797 aus dem Metall ihrer Vorgängerin unter Zugabe der Bronze erbeuteter französischer Kanonen gegossen. Die alte Glocke hatte ein Kirchenbrand zum Schmelzen gebracht. Sie war 1791 als letztes Werk des berühmten Räubers vom Glockenhof vor seiner Hinrichtung gegossen worden.

Der Gnadenwald

Nordöstlich von Hall liegt auf einer Moränenterrasse des eiszeitlichen Inntalgletschers der Gnadenwald. Er zieht sich fast zehn Kilometer am Fuße des Bettelwurfs und des Walderkamms gegen das Unterinntal hin, bis er, schon fast auf der Höhe von Schwaz, vom Vomper Bach jäh begrenzt wird. Warum der Gnadenwald so heißt, scheint nicht wirklich geklärt zu sein. Schwärmerische Dichterworte wie: »... das ist ein Wald, ein Wald so voller Gnaden, du findest Glück und Frieden überall ...« (Renk), werden ebenso zur Erklärung bemüht wie die gnadenvolle, gute Luft: »Der Name Gnadenwald hat mit der Siedlungsgeschichte nichts zu tun, sondern entstammt den freudigen Herzen der Besucher dieser lieblichen Gegend ...« (Metzler). Am ehesten glaubwürdig ist die Meinung des Historikers Stafflers, die Siedler hätten durch landesfürstliche Gnaden Waldstücke zur Rodung erhalten.

Der Gnadenwald ist eine reich mit Sagen durchwachsene Gegend, in der es so manchem Zecher, der spät aus dem Wirtshaus schwankt, noch heute nicht so ganz geheuer dünkt. Es wird dann von riesigen Katern berichtet, die da auf den Zaunpfählen säßen, feurige Augen rollten und sich plötzlich in Luft auflösten. Vor allem viele Seelen in Sünden gestorbener Haller Bürger sind aus der Stadt, wo sie zur Geisterstunde rumorten, durch die Kapuzinerpatres in den Wald und die Höhlen des Gebirges gebannt worden. In den kurzen Tälern, die von dort oben her den Gnadenwald durchschneiden, machen sie sich im Frühjahr zur Zeit der Schneeschmelze bemerkbar. Der Ursenbach, zu deutsch Bärenbach, erinnert daran, daß der letzte Bär in Nordtirol erst 1898 hier im Karwendel erlegt worden ist, nachdem er vier Jahre im Vomper Loch, gleich hinterm Walderkamm, ein wüstes Junggesellenleben geführt hatte.

Im Farbental befand sich seit 1667 eine der strategisch wichtigen Tiroler Schießpulvermühlen, die von der bekannten Pulvererfamilie Unterberger betrieben wurden. Die Folge dieser gefährlichen Industrie war lebhafter Verkehr von Pulverfuhrwerken, begleitet von verwegenen Pulverknechten, die schwarz und pulverig von Kopf bis Fuß immer gleich selbst zu explodieren drohten und überdies von einem Gendarmen eskortiert waren, dessen aufgepflanztes Bajonett die Gefährlichkeit des Transportes sichtbar machte. Am 9. Oktober 1809 schrieb Andreas Hofer an den Pulverer im Gnadenwald: »Jetzt ist der zeit Punkt, arbeit was du nur der Thuen magst, das mir Pulverkriegen.« 1827 flog ein Teil der Pulvermühlen in die Luft, aber der Hof ›Zum Pulverer‹ (Gnadenwald 15) besteht noch heute. Im Anbau gibt es einen großen Raum, der ›Kapelle‹ heißt, aber nur dazu diente, die Leichen der beim Pulvermahlen Getöteten bis zur Abholung zu verwahren. Daß man dazu einen eigenen großen Raum benötigte, spricht für sich.

Nicht weit vom Pulverer steht das Geburtshaus Josef Speckbachers (Gnadenwald 16), des ob seiner Kühnheit berühmten Kampfgefährten Andreas Hofers. Über der Tür des unter Denkmalschutz stehenden Hauses kann man lesen: *Der Nachwelt zur Erinnerung. Geburtshaus des Josef Speckbacher, k.k. Landesschützenmajor, Anführer der Landesverteidiger 1809, geboren dahier 13. Juli 1767, gestorben zu Hall am 28. März 1820. Unvergeßlich bleibe uns sein Wahlspruch: Für Gott, Kaiser und Vaterland. 1885.*

Aus Speckbachers Jugendzeit im Gnadenwald ist eine Reihe verwegener Mutproben bekannt. Als Hüterbub soll er schon mit zwölf Jahren auf der Alm einen gewaltigen Lämmergeier mittels eines Schafes angelockt und dann mit bloßen Händen gefangen haben. 1793 heiratete er auf einen Hof nach Rinn auf der gegenüberliegenden Talseite und verzog dorthin, von wo aus er 1809 aktiv wurde.

Den Eingang zum Gnadenwald bewacht die Walderbrücke, wie ein Vorwerk die Brücke zur Hauptburg beschützt. Jenseits der Brücke steht die Walderkapelle, auch sie eine Zufluchtsstätte, wenn es geisterte oder der Walderriese im Frühjahr so heftig nieste, daß die Fuhrleute samt Fuhrwerk quer übers Inntal in die Gegend von Speckbachers Heiratshof nach Rinn flogen.

Zwei Kilometer waldeinwärts kommt man zum ›Wiesenhof‹, der sich eine Zeitlang in Händen einer spiritistischen Gesellschaft befand. Es heißt, daß auch Rudolf Heß an einer Sitzung teilgenommen habe, während der kein Geringerer als der Geist Bismarcks über den Ausgang des Zweiten Weltkrieges befragt wurde. Die Antwort fiel negativ aus, und wenige Tage später trat Heß seinen Flug nach England an.

Die Kapelle zu den sieben Schmerzen Mariä hat Graf Ferdinand Karl von Wicka 1732 gebaut. Er ließ sich auch in der Gruft beisetzen, mußte allerdings fast ein Jahr in Sankt Martin darauf warten, da er starb, ehe die Kirche ganz fertig war. Die sogenannte Wickaburg stand im 17. Jahrhundert an der Stelle des Wiesenhofes, brannte jedoch 1805 ab.

Auf die beiden Hotels ›Wiesenhof‹ und ›Gnadenwalder Hof‹ konzentrierte sich der Unternehmungsgeist des Innsbrucker Kaufmannes Alois Hepperger, der hier eine Kurstätte zu gründen versuchte, was aber vollständig mißlang, wenn auch eine stille Vorliebe der Innsbrucker für einen sommerlichen Aufenthalt im Gnadenwald bis heute fortbestand, zumindest bei den höheren Semestern. Nach dem Zweiten Weltkrieg fand der ›Walderhof‹ als Zwischenstation für auswanderungswillige Juden Verwendung. Die Phantasie der Einheimischen erhielt durch einige Vorkommnisse, wie sie in den Wirren solcher Zeiten und solcher Lager geschehen, rege Nahrung, und so ist der Gnadenwalder Hof einbezogen in die mystischen Nachrichten über diese Gegend.

Der Gasthof ›Speckbacher‹, jetzt vollständig modernisiert, umgibt sich mit dem Flair des Freiheitshelden. Auf der anderen Seite der Straße, etwas den Hang hinaufgerückt, liegen Kirche und Kloster *Sankt Martin,* vulgo ›'s Klösterle‹. Darüber erhebt sich nicht minder steil als ihre berühmte Schwester bei Zirl die zweite Martinswand Nordtirols. Wenn schon sich nicht verstiegen, gejagt hat der Letzte Ritter auch hier und sogar zusammen mit seinem Sohn, Philipp dem Schönen, wie dessen Wappenschild in der Kirche beweist (1496). Die Chronik berichtet allerdings, daß Philipp den Hirsch, den man ihm zutrieb, fehlte. Auch im Halltal hatte er kein Glück, wo bei der Gemsjagd in der Hohen Wand »ein vast [sehr] gueter huettender Gambshundt herabgevallen«. So ritt man in die Haller Au, aber die stand voll Hochwasser. Schließlich erstach Philipp dann dennoch im Thaurer Feld einen Vierzehnender vom Pferd aus.

Ob der Patron von Sankt Martin, der reitende französische Bischof von Tours, wirklich als christlicher Ersatz für den berittenen Wotan da einzog, bleibe dahingestellt. Skurriles Gebaren gabs hier aber schon, wie etwa aus einer Nachricht im ›Weistum von Terfens‹ 1594 hervorgeht. Wenn der Richter Gerichtstage »auf dem Wald« oder in Terfens abhielt und er »hat ain ainaugks ros, ain ainaugken knecht und ain ainaugken hund, so ist man ime das mal schuldig«, was bedeutet, daß er sein Amt nur ausüben konnte, wenn er das einäugige Trio nachzuweisen in der Lage war. Wir erinnern an die Einäugigkeit Wotans, der sein Auge für höchste Weisheit an der Quelle Mimirs opferte.

Die Vorgängerbauten der Kirche Sankt Martin gehen bis ins 11. Jahrhundert zurück, die erste Besiedelung des Waldes geschah aber wohl 500 Jahre zuvor. Die Klostergemeinschaft entstand erst 1497 durch die Augustinernonne Magdalena Götzner, die als Witwe mit einer Tochter den Schleier genommen hatte. Als die Tochter leidend wurde, erwirkte die Mutter bei Papst Alexander VI. Borgia die Erlaubnis, hier auf dem Wald, in der besseren Luft, ein neues Kloster zu gründen. Bald gehörten ihm dreißig Schwestern an. Die Gründerin war längst gestorben und ihre leidende Tochter zu einer tyrannischen Priorin avanciert, als Kloster und Kirche 1520 abbrannten. Die Nonnen fanden ein neues Domizil neben der Salvatorkirche in Hall, wo sie aber bald dem Luthertum des Predigers Dr. Strauß erlagen.

Erst hundert Jahre später begann der Pfarrer von Hall, Christoph Wenig, die Ruinen im Gnadenwald wieder aufzubauen. Was noch stand, wurde erneut verwendet; so kamen die gotischen Kirchenwände zu ihrer barocken Bedachung. 1743 malte Michael Ignaz Milldorfer, ein schwacher Schüler Paul Trogers, die Kirche mit Szenen aus dem Leben Sankt Martins aus.

Nach Wiedererrichtung der Baulichkeiten etablierten sich in ihnen zweimal Eremiten – Gemeinschaften, die aber keinen Bestand hatten und den Keim der Auflösung bereits in ihrer sinnverkehrten Vereinigung trugen. Die Aufhebung des Damenstiftes in Hall 1783 bestimmte die letzte Stiftsdame, sich in Sankt Martin niederzulassen, wohin sie Andenken an die selige Kreszenzia von Kaufbeuren (gestorben 1744) brachte: Kelch und Ampel. Man hatte die fromme Seherin im Damenstift sehr verehrt. An Kreszenzia erinnern auch Name und Spruch auf der größten der drei Kirchenglocken: »Kreszenzia behüte, der Gnadenwalder Blüte, unserer Kinder zarte Herzen, ihrer Eltern Freud und Schmerzen. 1924.«

Das 19. Jahrhundert bescherte der Kirche eine Weihnachtskrippe mit achtzig Zentimeter hohen Figuren. Seit 1935 betreiben Klosterschwestern hier eine kleine Fremdenpension. Auch der ›Speckbacher‹ war ja aus einer ›Bier- und Branntweinfräzschlerei‹ des Mesners von 1720 entstanden.

Wenig weiter nach Osten steht *Sankt Michael,* die Pfarrkirche der Gemeinde Gnadenwald. Auch diese Kirche geht bis ins 11. Jahrhundert zurück, im frühen 14. Jahrhundert erscheint sie bereits urkundlich. Seit 1433 gab es regelmäßig Gottesdienst, den Priester aus der Pfarre Absam, auch eine Michaelskirche, besorgten. Erst 1471 wurde mit Hilfe der schon beim Wiesenhof genannten Grafen Wicka, diesmal Fürsterzbischof Caspar Ignaz von Wicka zu Brixen, eine ständige Kuratenstelle errichtet. Das Pfarrhaus baute Franz de Paula Penz, damals noch Hilfspriester in Hall; es diente gleichzeitig als Schule. Johann Anton Kirchöbner malte 1730 die Kirche aus, wobei die Trachten seiner Figuren heute am meisten interessieren. Eine ansehnliche Reihe tirolischer Bildhauer hat zur weiteren Ausstattung der Kirche beigetragen.

Vor Zeiten gab es im Gnadenwald auch ein Schloß, die *Thierburg*. Inmitten von mehreren kleinen Fischweihern stand sie oberhalb des Ortes Fritzens am Südrande des Waldes, ja sie steht dort noch, wenngleich der ›Fürstentrakt‹ und Teile der Mauer längst dahingesunken sind. Um 1480 wurden die Wohnbauten begonnen, 1488 die Kapelle neu errichtet. Ganz ritterlich gibt sich der sogenanne Wappenturm, eigentlich das alte Eingangstor, ein Steinbogen mit Satteldach, der durch die aufgemalten Wappen aller Schloßbesitzer an Farbe und Ausdruck gewinnt. Es war Dr. Paul Weinhart, seines Zeichens oberösterreichischer ›Wesensphysikus‹, der die Thierburg 1662 kaufte und bereits erheblich zu restaurieren hatte, »mit lärchenen großen und villen durchzügen und darein geschlagen eüßenen schleideren, sondern auch sauber geziert«. Dazu gehört auch die Inschrift auf dem Wappenturm: *Tierburg der adelich Ansiz dessen Freiheiten des Reissgeiaid federspil vnd Vishwaid sovil in Frizner Gesuech ist vnzt (bis) hinab in Fumper Bach vnd dan die Fishwaid avf vnd in den Bach der gerab get von S. Martin avf die Mair Mil von E. Maximilian A. 14 vnd Leopold I. R.K. Anno 1674 confirmiert.*

Auf den Weihern konnte man mit Schiffchen fahren und fischen. Da standen Hechte bis zu fünf Kilogramm Gewicht, Berg- und Rotaugler, Schleien, Karpfen.

Der Erbauer der Thierburg, Peter Rummel von Liechtenau, ›gewester hausmaister oder camerpräsident‹, muß ein origineller Kopf gewesen sein. Unweit der Burg, etwa hundert Meter gegen den Lärchenwald hin, ließ er einen Wall als Begrenzung eines rechteckigen Platzes aufwerfen, der 180 zu 30 Meter mißt und noch deutlich zu erkennen ist. Inmitten dieses Gebildes stellte er die Schloßkapelle. Weinhart schreibt dazu: *Die capellen hat er anfangs in den negst davon gelegenen lärchwald gegen mittnacht plantieren lassen und ainen thaimb aufgeworffen, so in der lenge und breite der Archen Noe gleich ist, wie noch auf dise stundt gewisen wird.*

Vielleicht hat Rummel in dieser Kuriosität der Arche, der Ur-Tierburg aller Tierburgen, ein Denkmal setzen wollen. Es gab ja auch einen Tiersaal, der ganz mit Tierbildern vertäfelt war. Den Namen bestimmte allerdings kein geringerer als Kaiser Maximilian I., der »des wildtprets halben, so dazumalen gueter anzahl derselben end seinen standt gehabt Tyerburg genant«.

Die ›Gunggl‹ steht im Herzen des Inneren Waldes. Der Name leitet sich vom Kunkellehen her, das heißt von einem Lehen, das die weibliche Erbfolge einschloß. Dieses Weiberlehen entstand aus einem Besitz des Hochstiftes Augsburg um 1300. Seit 1730 gab es in der Gunggl Schank- und Wirtsbetrieb.

Weiter ostwärts orientiert sich der Gnadenwald mehr gegen die Dörfer, die unter seinem Rand im Inntal liegen, vor allem gegen Terfens. Hier heißt es auch schon Umlberg. Die Grenze bildet, wie so oft in Tirol, ein Bach, der dementsprechend March (Mark) heißt, und auch die Höfe an ihm heißen eigentlich Marchbach und nicht Mairbach. Dahinter beginnt bei Schlögelsbach das Larchtal nach Terfens. 1674 gab es die erste Kapelle zum Schutze eines einfachen Marienbildes, das sich an einer Lärche, bei der Larch, befand. 1718 hatte das stumme Mädchen Maria Jennewein hier eine Vision, die ihr die Sprache verlieh. Daraufhin entwickelte sich eine lebhafte Wallfahrt, und 1724 ließ sich ein Einsiedel daneben nieder. Als Kaiser Josef II. 1782 alle Einsiedeleien aufhob, hauste hier Franz Spindler, ein gebürtiger Haller, der weit in der Welt herumgekommen war, ehe er sich hier niederließ. Er schnitzte recht ansprechend in Elfenbein, und vielleicht geht auf ihn die Idee zurück, das Brunnenwasser in der Kapelle aus der Seitenwunde einer Christusfigur fließen zu lassen.

Nun auf zur Walder Alm (1501 m) zwischen Walder Joch (1666 m) und Gungglkopf (1509 m), einem ehemaligen Verhüttungsplatz für Erze, die auf dem Knappensteig aus der Gegend des Überschalljoches beim Haller-Anger-Haus heraufgetragen wurden. 1276 bis 1490, an einer Stelle sogar bis ins 16. Jahrhundert, wurden dort Blei, Galmei und Erz geschürft und im

19. Jahrhundert nochmals ein kurzer Versuch unternommen. Unweit der Almhütte am Arzboden (Erzboden) standen die Verhüttungsöfen. Vom Walder Joch genießt man einen herrlichen Ausblick übers Inntal bis Kufstein und weiter, wie man auch auf die Zillertaler Gletscher schauen kann. Am Nordhang hinter der Alm ging im Zweiten Weltkrieg ein für die Fabriken in Wattens bestimmter Bombenteppich nieder.

Selbst im Gnadenwald ist überall die Stille im Abnehmen begriffen. Den echtesten Eindruck vom Alten, falls man ihn erhalten will, bekommt man noch zur Winterszeit, da die Loipen und Lifte sich hier in Grenzen halten und man in den Rauhnächten vielleicht doch noch eine Menschengruppe in Kleidern vergangener Jahrhunderte lautlos vorbeiziehen sehen kann.

Absam

Bis in die Mitte des 13. Jahrhunderts gehörte Absam zur Pfarre Thaur, die sich weit über das Dorf hinaus über Hall, Mils und den Gnadenwald erstreckte. 1279 wurde Mils daraus gelöst und wohl etwa zehn Jahre später Absam, von dem aus Hall kirchlich mitbetreut wurde. Nachdem das Hochstift Augsburg in der Absamer Gegend reiche Ländereien besaß und auch den obersten Verwaltungssitz seiner Tiroler Besitzungen hier hatte, übte der Bischof von Augsburg das Patronat über die Pfarre aus. ›Abazanes‹ wird urkundlich freilich schon um 990 erwähnt; auch der Kirchenpatron Sankt Michael, der Kämpfer, weist auf eine Kirchengründung hin, die bereits zur Zeit der ersten Missionierung erfolgt sein muß, wenngleich die Urkunden erst 1331 eine Kirche nennen. Aus dieser Kirche stammt vielleicht das stark verwitterte romanische Christushaupt, das heute neben der Kellerstiege im Mesnerhaus eingemauert ist.

Durch die aufblühende Stadt Hall (Stadtrecht 1303), die als Filialkirche der Pfarre Absam unterstand, diese aber an Bedeutung in jeder Hinsicht weit überflügelte, geriet der Ort Absam in einen gewissen Zwiespalt. Denn die Absamer Pfarrer, vornehmlich mit den viel zahlreicheren Haller Agenden beschäftigt, wohnten wohl schon ab 1350 durchwegs in Hall, und die Mutterpfarre wurde nur durch Hilfspriester mehr schlecht als recht versorgt. Als dann die Bayern am 29. Januar 1413 Absam verwüsteten und niederbrannten, verlagerte sich auch das kirchliche Schwergewicht noch eindeutiger nach Hall, das den Feinden widerstanden hatte und heil davongekommen war. So gab es bis 1636 keine regelmäßig geführten Pfarrbücher in Absam, weshalb wir etwa auch über das Geburtsjahr Jakob Stainers im unklaren sind. Erst 1785/86 wurde Absam zum zweiten Mal Pfarrei und Hall davon losgetrennt, nachdem die Lage der Dinge schon 400 Jahre lang de facto so gewesen war, wie sie nun de jure geordnet wurde.

Hall hat sich aber nicht nur negativ auf die Mutterpfarre ausgewirkt. Als man 1420 den Neubau der zerstörten *Pfarrkirche Sankt Michael* zu errichten begann, nahm man sich das Haller Kirchenwerk Sewers so genau zum Vorbild, daß man ohne weiteres auch an einen persönlichen Einfluß Sewers denken darf. Die Bautechnik mit den dreikantigen Lisenen, den Strebepfeilern an den Ecken und der Betonung der Westfront erinnert an Hall. Der alte Turm steht an gleicher unverrückbarer Stelle wie dort, was auch in Absam den Hochaltar aus der Mittelachse des Langschiffes schiebt. Diese baulichen Verwandtschaftsgefühle wirkten bis 1898 fort, als der barocke Giebel der Westfassade Haller Treppenformen weichen mußte und auch hier eine breite Vorhalle entstand. 1779 ist der Hallenraum innen barokkisiert worden, und zwar auch nach dem ›rippenverschlingenden‹ Vorbild, das man 25 Jahre vorher an der Haller Pfarrkirche angewandt hat. Josef Anton Zoller hat 1780 die barocken Dekkenbilder geschaffen, Malereien, die schon ins Luftige, Atmosphärische streben, freilich ohne große Meister, etwa Maulpertsch im Riesensaal der Innsbrucker Hofburg, erreichen zu können. Auch das Hochaltarbild ist Zollers Werk.

Interessanter sind zwei andere Malereien in der Kirche. Zunächst eine Thronende Madonna mit Heiligen, eine Santa conversazione von 1470, ähnlich der Art des ›Meisters vom Haller Weltgericht‹. Das hohe, gut erhaltene Bild befindet sich hinter dem rechten Seitenaltar. Davor steht in reichem Goldrahmen das berühmte Absamer Gnadenbild, eine Art Schwarzweiß-Hinterglasmalerei, die 1797 plötzlich über Nacht am Fenster eines Hauses im Dorfe erschien.

Über dem Musikchor sieht man Bergleute die Bergwerkspatrone verehren (1780), eine Szene, die daran erinnert, daß auch

Absam ein Knappenort war. Erhart Mauter, Schaffer im Haller Salzberg, gilt als Stifter des Wandgemäldes von 1470 hinter dem Seitenaltar.

Der alte Friedhof ist bis auf wenige Gräber aufgelassen worden. Ein Grabstein von 1423 erinnert an Konrad Öder, augsburgischen Obristmaier und Herrn auf Melans; eine Erinnerungstafel gedenkt Jakob Stainers, des Vaters der deutschen Geige. Sein Haus in der jetzt nach ihm benannten Stainergasse Nr. 7 nahe der Kirche regt dazu an, dieses großen Künstlers etwas ausführlicher zu gedenken, um so mehr, als er in fast allen Tirolbüchern vergessen wird.

Der Vater der deutschen Geige

Jakob Stainer entstammt einem Bergknappengeschlecht aus Gossensaß, dessen Angehörige um die Wende des 16. zum 17. Jahrhundert als Erzknappen im Südtiroler Pflerschtal arbeiteten, von wo aus des Künstlers Großvater Paul Stainer nach Absam übersiedelte. Der Grund dafür ist wahrscheinlich im Rückgang des Erzbestandes zu suchen. Auch des Geigenbauers Vater Hans (gestorben 1652) arbeitete als Schöpfknappe, als ihm etwa 1617 ein Sohn geboren wurde, den er Jakob hieß.

Den Violinbau hat Jakob Stainer zweifellos in Italien erlernt, wobei manches für Venedig (Pietro Vimercati, gestorben 1660) spricht, weniges für Cremona (Amati). Auch Vimercati baute nach den Amati-Modellen. Des jungen Tirolers Lehrzeit wird mit fünf bis sechs Jahren angeschlagen, worauf eine ebenso lange Wanderzeit folgte, die gegen 1650 ihr Ende gefunden haben dürfte. 1645 hat Stainer Margarethe Holzhammer in Absam geheiratet, nachdem die Braut acht Wochen vorher die erste gemeinsame Tochter geboren hatte.

Man muß sich den Geigenmacher vorstellen, wie er mit der damals üblichen Kraxen auf dem Rücken die Märkte, Klöster und adeligen Höfe besuchte, um dort seine Instrumente, vier bis sechs Gulden das Stück, feilzubieten. Später arbeitet er auch für den Innsbrucker Hof, und 1655 verkauft er dem Kurfürsten Ferdinand Maria von Bayern eine Geige aus Zypressenholz, »mit Helfenpain und Ebenholz geziert nebst indianischem Bogen und Fueteral«, bereits um dreißig Gulden. 1656 erwirbt er das Haus im Absamer Oberdorf, er wird als »ersam und fürnemb« bezeichnet und darf ein Wappen führen. Der landesfürstliche Hof verleiht ihm den Titel eines erzfürstlichen Dieners, woraus sich einige Privilegien ergaben.

Etwa um 1665 stand Stainer auf der Höhe seines persönlichen Ansehens. Trotzdem war er auch damals nicht frei von Schulden, was von seinen Biographen mit zeitweiliger Arbeitsunfähigkeit wegen beginnender Krankheit erklärt wird, aber hierfür fehlen alle echten Belege. Sieben oder vielleicht auch acht Töchter wurden ihm bis 1667 geboren und 1657 ein Sohn; aber an der Bahre des Meisters werden nur seine Frau und drei erwachsene Töchter stehen, alle anderen Kinder werden dann schon längst gestorben sein. Besonders der Tod des Sohnes ist für die Nachwelt schmerzlich, denn er hätte der Erbe der väterlichen Kunst werden können, um so mehr als Stainer keine Schüler, ›Lerner‹ hieß man das, ausgebildet hat. »Das weiß er, daß er nur allein ohne Manserben oder Lerner ist, dahero die Kunst mit ihm absterben und seine Geigen heunt oder morgen mehrens ästimiert werden mechten«, schreibt Johann Franz Khuen, Kämmerer und Landobrist, an den Fürstbischof von Olmütz, der Instrumente bei Stainer bestellte und den Preis zu drücken suchte. Der Meister erhielt seine Forderungen.

Um 1668 geriet Stainer in Konflikt mit der Kirche. Er scheint das geistige Oberhaupt einer Gruppe Gleichgesinnter gewesen zu sein, die wöchentlich zusammenkamen und dabei auch über religiöse Fragen sprachen. Bezeichnend ist der kolportierte Ausspruch eines Teilnehmers: »Er glaube mer dem Stainer als denen Geistlichen.« Allmählich begannen die kirchlichen Behörden gegen den Schneider Jakob Meringer und gegen Stainer, beide der »haeresi suspect«, vorzugehen. Bei Hausdurchsuchungen wurden ketzerische Bücher gefunden und daraufhin die beiden Verdächtigten, die sich keiner Schuld einbekannten, zum Prozeß vor den Bischof nach Brixen befohlen. Aber sie weigerten sich, dort zu erscheinen, und das war wohl auch ihr Glück. Denn nun mußte man die öffentliche Regierungsgewalt um Intervention angehen, die sich aber weit weniger für die religiösen Verdächtigungen als die juristischen Vorgänge, die von kirchlicher Seite vorgenommen worden waren, interessierte. Schließlich sperrte man die beiden ein, zunächst in Hall, dann im Kräuterturm zu Innsbruck. Sechs Monate dauerte die Haft insgesamt, während der man aber dem Geigenbauer gestattete, sein Handwerk im Gefängnis zu betreiben, um den Aufträgen nachkommen zu können. Hier also – und nicht in Italien! – steht die Historie des Geigenbauers in der Einsamkeit der Kerkerzelle auf urkundlich festem Boden, was ich freilich nicht zu den Ruhmestaten der Tiroler Landschaft rechne.

Inzwischen hatte die Geistlichkeit nach Exkommunikation ihre Sentenz gesprochen: In härenem Hemde, die brennende Kerze in der Hand, sollten die beiden vor versammelter Gemeinde ihrem Irrglauben abschwören, gegeißelt werden, laut das Glaubensbekenntnis beten und dann losgesprochen werden. Es ist das Verdienst der Landesregierung, die Geißelung auf drei mehr symbolische Rückenstreiche moderiert und die öffentliche Zeremonie in den kleinen Raum der Sakristei der Haller Pfarrkirche abgedrängt zu haben. Hier endete der bedauerliche Vorgang am 12. September 1669 mit der Ausführung der Sentenz, trotz lauten Protestes der beiden Angeklagten.

Prozeß und Arrest und vielleicht auch die immer wieder sich meldende Krankheit hatten Jakob Stainers finanzielle Verhältnisse angegriffen. Obwohl er mit Aufträgen geradezu überhäuft wurde, konnte er sich in der ihm noch verbleibenden Lebenszeit nie mehr sanieren, sondern starb schwer verschuldet. Die Bestellungen kamen aus Olmütz, Nürnberg, Lambach, Salzburg, vom spanischen Königshof und sogar aus Italien. Im Testament des florentinischen Geigers Francesco Maria Veracini (1690–1768), dessen Stücke heute noch auf den Programmen der Violinvirtuosen stehen, werden nicht weniger als zehn Geigen Stainers aufgezählt; sie rangieren in der Liste vor drei Amatis, einer Brescianer und einer Geige aus Pesaro. Auch Großherzog Ferdinand von Medici besaß 1716 zwei Stainer-Instrumente.

Die Originalität der Instrumente aus Jakob Stainers Hand geht mit der Art der musikalischen Besonderheit seiner Zeit zusammen. Stainers Instrumente dienten der Kirchen- und Kammermusik. In eher kleinen Räumen waren Klarheit und Durchsichtigkeit des Klanges für die Darstellung polyphoner Strukturen besonders begehrt, und gerade hierin war und blieb das Stainersche Instrument unerreicht. Während den Italienern die Umsetzung des strömenden, sonoren Belcantos in die Stimmen der Geigen gelang, blieb Stainers Klangwelt der gedanklichen, intimen Singweise verhaftet. Wer Stainer-Instrumente in Streichquartetten Haydns oder Mozarts in geeigneten Räumlichkeiten hören konnte, wird mir beipflichten, keine entsprechendere Tonqualität finden zu können. Der silberklingenden abstrakten Tonwelt der Kompositionen des Barocks werden die Geigen mit dem Löwenkopf, oft statt der Schnecke geschnitzt, so gerecht wie keine anderen Instrumente. Wer selbst musiziert, der nehme die Werke Heinrich Ignaz Franz Bibers vor, besonders seine Sonaten über die Mysterien des Rosenkranzes, um sich ein typisches Bild dessen zu machen, was auf Stainer-Instrumenten erklang. Biber, wahrscheinlich mit Stainer befreundet, wirkte 1668 bis 1670 in Olmütz und ab 1670 in Salzburg, wo er 1686 Hofkapellmeister wurde. Seine Violinwerke scheinen mit Klangmöglichkeiten der Violinen von Jakob Stainer besonders vertraut zu sein. Stainer war weit in der Welt von damals herumgekommen, was Wunder, daß er noch von anderem reden konnte im Kreise seiner ›absonderlichen Familiares‹, wie die kirchlichen Beobachter seine Freunde nannten, als von tirolischen Begebnissen. Weitreichend war seine Korrespondenz, geübt und fehlerfrei seine Handschrift.

Des Meisters Leiden, das im Herbst 1683 seinen Tod herbeiführte, liegt im Dunkel. Fest steht nur, daß er an einer in Schüben verlaufenden Krankheit gelitten hat, die ihn zu Zeiten »ganz sinnlos« oder »dermalen im Kopf derartig verrückt« machte, daß man ihn an eine Bank in seiner Stube anbinden mußte. In den Phasen der Remissionen schuf er unglaublicherweise weiterhin Meisterwerke immer noch steigender Qualität. Dieser Umstand und das Fehlen weiterer Nachrichten über Krankheitsart und Beginn verhindern auch eine nur mutmaßende Diagnose. An der Nordseite der Absamer Pfarrkirche erinnert eine Bronzetafel an den großen Tiroler, den hier irgendwo die Erde deckt.

In Absam bestehen zwei sehr alte Ansitze: *Melans,* nördlich des Ortskernes in erhöhter Lage, wurde leider so oft umgebaut, daß vom wirklich Alten außer der herrlichen Lage wenig erhalten blieb. 1499 besaßen es die Fieger ›von Melans‹.

Bedeutender für die Ortsgeschichte ist das *Schlößchen Krippach,* das sich mitten im Ort hinter einer langen Mauer verbirgt und einst der Obristmaierhof des Hochstiftes Augsburg war. Seit 1454 befindet sich Krippach im Besitz der Familie Kripp, die bereits im 13. Jahrhundert in Hall nachweisbar ist, wo Johann Kripp 1392 die Salvatorkirche gestiftet hat. Die zahlreichen Erdbeben im 17. Jahrhundert wackelten den mittelalterlichen Bau in Absam allmählich derart zusammen, daß am 26. Mai 1701 ein Böllerschießen in der Nähe genügte, um es über seinem betagten Besitzer Adam Kripp zusammenfallen zu lassen. 1710 stand der Neubau, wie man ihn heute sieht. Auf Wehrhaftigkeit wurde verzichtet, der Bergfried aufgelassen, der runde zierliche Westturm, der die Kapelle und ein Verlies enthält, bekam seinen barocken Abschluß.

Man kann von Absam aus einen hübschen Spaziergang durch die Wiesen zum Dorf *Heiligkreuz* machen, das seinen Namen nach der Kirche Zum heiligen Kreuz erhalten hat. Dort verbrachte ein beliebter Tiroler Volksdichter, der Geistliche Sebastian Rieger (1867-1953), vulgo Reimichl, seine letzten Jahre und liegt auch dort begraben. Er hat in über dreißig Bänden ländliche Geschichten verbreitet, hat jährlich einen Volkskalender herausgegeben, der unter seinem Namen noch heute erscheint. Seine dichterische Höhe ist bescheiden, aber wie es so geht mit diesen naiven Poeten, plötzlich gelingt ihnen ein Verslein, das weit über sie selbst hinausragt und etwas aussagt, von dem sie selbst nicht ahnten, daß sie es wußten. Für Reimichl war es die erste Strophe seines Gedichtes ›Tirol‹:

Tirol isch lei oans, isch a Landl a kloans,
isch a Landl a feins und dös Landl isch meins.

Thaur

Das Dorf Thaur, halbwegs zwischen Hall und Innsbruck am Südhang der Nordkette breit hingelagert, blickt auf eine reiche Geschichte zurück. Es gehört zu den am längsten besiedelten Gebieten Nordtirols überhaupt. Ein Urnengräberfeld am Ostrand des Ortes weist bis 1200 vor Chr. zurück und scheint von den illyrischen Breonen, den ältesten Ureinwohnern im mittleren Inntal, herzustammen. Auch die Römer fühlten sich in Thaur wohl, zu einer Romanisierung des Namens kam es aber nicht, und die Baiwaren, die im 6. Jahrhundert hier friedlich eindrangen, ließen auch alles beim alten.

Eine urkundliche Nennung erfolgt um 827 und ist damit die älteste bekannte des mittleren Inntales überhaupt. Seit der karolingischen Zeit bis um 1300 bildete Thaur die Urpfarre und das gleichnamige Gericht, das von Mühlau, unweit Innsbrucks, bis zum Vomper Bach, etwa 15 Kilometer östlich von Hall, reichte. Die älteste Pfarrkirche lag hoch über dem Ort, dort, wo heute weithin sichtbar das Romediuskirchlein steht. Diese Urpfarrkirche war dem Heiligen Petrus geweiht und vielleicht ehemals Kapelle der Burg Thaur, deren Trümmer gleich dahinter liegen. Noch 1277 wohnte der Pfarrer von Thaur in der Burg. Im 15. Jahrhundert erlitt die Kirche schweren Schaden, da der Landesfürst Herzog Friedl mit der leeren Tasche unter dem Hochaltar einen Schatz zu heben hoffte, von dem sich eine Überlieferung erhalten hatte. »Nihil invenit – Nichts fand er«, notierte Bischof Ulrich Putsch von Brixen, der 1432 kam, um den restaurierten Altar neu zu weihen. Der Herzog hatte die Überlieferung zweifellos mißverstanden. Sie dürfte sich nur darauf bezogen haben, daß hier schon in Urzeiten eine Kultstätte bestand. Auch die von den Römern nachweislich vorgenommene Flurteilung richtete ihre Mittelgrenze, den heutigen Kreuzweg im Dorf, genau nach diesem Punkt aus.

Was die Burg, das ›Gschloß Thaur‹, betrifft, so kam ihr große Bedeutung zu. Ende des 13. Jahrhunderts zählte sie zu den Residenzburgen Graf Meinhards II. von Tirol; später war sie von Pflegern verwaltet. 1414 bewohnte sie der minderjährige Tiroler Erbprinz Herzog Sigmund, ehe ihn und seine Schätze sein dubioser Vormund Kaiser Friedrich III. außer Landes brachte. Maximilian I. verwendete Thaur als Lustschloß, ließ aber dennoch die Wehranlagen etwas stabilisieren und schenkte es 1515 seiner natürlichen Tochter Margarethe von Edelshaim. 1581 überschrieb es Erzherzog Ferdinand II. seinem Sohn Karl von Burgau; als letzte wohnte 1595 dessen Stiefmutter Anna Katharina Gonzaga hier. Danach wurde die Burg nicht mehr benützt und verfiel.

Burg und Kirche sind eng mit der Legende vom Heiligen

Romedius verbunden. Dieser Edelmann, aus dem Schlosse Thaur stammend, pilgerte nach Rom, kehrte auf dem Rückweg beim Trentiner Bischof Vigilius ein, schenkte diesem Land und »einige tausend Seelen« in Tirol und zog sich dann als Eremit ins Nonstal zurück, wo er starb. So die Legende, die ein Dominikaner im 13. Jahrhundert in Trient verfaßte.

Nun läßt sich in Thaur tatsächlich Grundbesitz des Bistums Trient nachweisen. Auf diesem Grund steht die Kirche zum Heiligen Vigilius. Der Beweis liegt in der Tatsache, daß die Heiligkeit des Vigilius kirchenrechtlich nur in der Diözese Trient und deren Gebiet anerkannt ist, so daß er also nur dort verehrt und Kirchenpatron werden kann, wo es sich um Trentiner Gebiet handelt. So hat also ein Thaurer Edelmann tatsächlich Schenkungen an das Bistum Trient und vielleicht auch an das Hochstift Augsburg gemacht, das in Thaur ebenfalls begütert war. Möglicherweise hieß der freigebige Mann Romedius. Aus diesen verschiedenen Grundherrlichkeiten erklärt sich die für Tirol einmalige Tatsache, daß in diesem Dorf nicht weniger als drei Kirchen und darüber am Berg noch eine vierte, die als *Wallfahrtskirche* verwendete ehemalige Pfarrkirche Sankt Peter und Paul, stehen. Diese Umgestaltung geschah anfangs des 17. Jahrhunderts durch den unternehmenden Haller Stadtarzt Dr. Hippolyt Guarinoni und den damaligen Pfarrer von Thaur. Es wurden Reliquien aus dem Nonsberg geholt, in der Kirche beigesetzt und diese 1648 neu geweiht. 1779 malten sie die Gebrüder Giner aus Thaur aus. 1851 erhielt sie vom Kloster Sankt Georgenberg als hochverehrte Reliquie das Haupt des heiligen Romedius, das Kaiser Heinrich IV. 1097 dem Kloster geschenkt hatte. Der Kaiser selbst empfing es als Gabe des Bischofs von Trient, der es direkt von jenem Kloster bekommen hatte, das sich um die Einsiedelei im Nonstal gebildet hatte. Allerdings ist die Echtheit nicht unbestritten, da es Stimmen gibt, die da sagen, der Prior hätte damals das echte Haupt im Kloster behalten und dafür den Schädel eines der Jünger des Heiligen fortgegeben. Im Volksmund aber heißt das Gotteshaus seitdem Romediuskirche.

Die *Vigiliuskirche* ist in ihrem heutigen Zustand ein Bauwerk von 1643. Das alte Kirchlein war viel kleiner, Reste davon stekken noch im Turm und Chor, wo einige spitzbogige Fenster zugemauert worden sind. Im Innern ist das Hochaltarbild mit den Vierzehn Nothelfern von Dominik von Beselaer, einem Flamen, um 1658, zu sehen.

Die größte Kirche, die *Pfarrkirche Mariä Himmelfahrt,* steht hier schon 1244. 1497 wurde sie gotisch umgebaut. Damals entstand auch ein zweiter Turm im Süden, der im 17. Jahrhundert abgetragen worden ist. Das architektonische Prunkstück ist der erhaltene Nordturm, der durch Wechsel von Tuff- und Kalkstein eine ornamentale Bänderung bekommen hat. Gotisch sind auch noch die Schallfenster, aber die Haube von 1612 ist barock. 1766 wurde auch der Innenraum durch den Steinmetzen Michael Umhaus (gestorben 1784) barockisiert. Sein Grabstein steht neben der Westtüre. 1878 erhielt das Innere ein neugotisches Gewand, von dem nur die spätgotische Madonnenfigur auf dem Hochaltar verschont blieb. Die Kirche bewahrt einen herrlichen barocken Kelch, den der Südtiroler Abraham Hußl (1695–1753) geschaffen hat.

Im Dorf stehen viele große Bauernhöfe mit der hier typischen Frontteilung: Wohnhaus, Scheune und Stall gehen mit drei gesonderten Eingängen auf die Straßenseite heraus, wobei das große Scheunentor in der Mitte steht. Von dieser eigenartigen Anordnung leitet sich auch der Begriff ›Mittertennhaus‹ her. Gelegentlich sind auch zwei Tore zusammengefügt wie in Nr. 10, 12, 13, 14, 16. Von vornherein als herrschaftlicher Sitz gestaltet wurde der *Lenardhof,* auch Gschwendtgut genannt (Nr. 9), in dem seit 1650 die Gerichtsschreiber saßen. Das mächtige Portal und der dreiseitige Erker darüber weisen das Haus schon vom Typ her nicht als Bauernhaus aus, noch dazu ist es zur Gänze aus Stein aufgeführt und trägt über dem Dachaufzug ein Krüppelwalmdach.

Ähnlich verhält es sich mit dem *Afrahof,* der dem Hochstift Augsburg gehörte. Auch er ist ganz in Stein aufgeführt, mit einem Krüppelwalmdach versehen und schließt an die romanische Kirche *Sankt Ulrich* an, die im Niveau etwas tiefer liegt, so daß man aus dem Erdgeschoß des Hauses auf die Empore der Kirche treten kann. Sie hat noch immer ihren romanischen Grundriß und eine nach altem Vorbild flache Holzdecke bewahrt. Die ältesten Wandmalereien sind die Wellenranken in der Apsis (1300), sodann das fragmentarisch erhaltene Weltgericht (1470), das vom selben Meister stammt wie die Absamer Santa conversazione. Eine große Schutzmantelmadonna wird von den Heiligen Afra und Ulrich flankiert, den Patronen der Stadt und des Hochstiftes Augsburg.

Thaur war und ist eine der bedeutendsten Hochburgen der Nordtiroler Krippenschnitzer. Durch viele Generationen haben die Thaurer ihren eigenen unverkennbaren Stil beibehalten. Damit eng verbunden ist die Tätigkeit der Künstlerfamilie Giner, die Maler, Bildhauer, Schnitzer und Vergolder hohen Ranges hervorgebracht hat. Franz Giner (1740-99) und Josef Giner (1730-1803) waren Schüler Josef Anton Zollers (gestorben 1791). Johann Giner d.Ä. (1756-1833) soll der Tradition nach bei Ignaz Günther in München gelernt haben. Giners Krippenfiguren, etwa vierzig Zentimeter hoch, sind Einzelplastiken, die sich in und um die Krippe beliebig gruppieren lassen. Zweifellos hat der Meister dabei Porträts aus seiner heimatlichen Umgebung angefertigt, was diese Krippen zu gleichsam anonymen Denkmälern macht. Sein Bruder Romed und sein Sohn Johann Giner d.J., der den Stil seines Vaters dramatisierte, waren an der Werkstatt beteiligt, wobei die Thaurer die Krippenherstellung schon frühzeitig im ganzen Dorf aufteilten. Michael Deiser arbeitete die Krippenberge, er war beruflich Schmied, wie auch Romed Riedmüller, der als Grundmaterial Wurzelstöcke verwendete. Andere malten die Krippenlandschaften: Johann Kramer im biedermeierlichen Stil; Johann und Andrä Leitl in romantischem Heroismus. Johann Plank schuf liebenswürdige Romantikerkrippen, deren Wirkungskreis bis in die USA reichte. Wichtiger für Tirol selbst war sein Schüler Alexander Öfner, der in seinem Heimatort Zirl eine große Krippenschnitzerei betrieb und die Thaurer Errungenschaften an das Oberinntal weiterzugeben suchte. In Thaur trat allmählich das Schnitzergeschlecht der Speckbacher besonders hervor, das heute Krippen für die ganze Welt schnitzt.

Schließlich sei noch das Mullerlaufen erwähnt, ein Faschingsbrauch aus alter Zeit, am Ende der närrischen Tage vollzogen, beliebt bei alt und jung, ohne freilich die Suggestivkraft und Schönheit des Imster Schemenlaufens zu erreichen.

Das Tiroler Unter-land

Innaufwärts von Jenbach nach Hall

Schwaz, die Mutter aller Bergwerke

Vielleicht ist es doch am besten, die Beschreibung der Stadt Schwaz mit dem Lahnbach zu beginnen, der seit jeher das Schicksal der Gemeinde kräftig und anschaulich mitbestimmt hat. Er war es, der vom Kellerjoch herabkommend die Bäche aus dem Proxental, dem Talzlgraben und den Rappach in sich vereinigte und einen fast hundert Meter hohen steilen Schuttkegel gegen den Inn vorschob. Die ungeheueren Schuttmassen drängten den Lahnbach selbst immer weiter nach Westen, wo er schließlich die Grenze zwischen der bäuerlichen Siedlung Schwaz-Dorf und dem späteren Markt Schwaz zog. Im Dorf stand die alte Martinskirche, eine ›Kolonie‹ der iroschottischen Missionare aus dem nahen Münster; im Markt wuchs die riesige Liebfrauenkirche in mehreren Bauperioden zur Pfarrkirche heran. Der Lahnbach scheidet aber auch am Berg die Zone des hellen Schwazer Dolomits, die Lager des ›valchen‹, das heißt ›fahlen‹ Gesteins, wovon sich die Bezeichnung Falkenstein bildete, von jener des Schiefers im Westen. Zur Blütezeit des Ortes bedeutete der Bach das wichtigste Energiepotential der Schmelzhütten, Rinnwerke, Göpel und Pochhämmer, doch hauste er wiederholt so verheerend, daß man sich entschloß, Teile der Bergwerksindustrie an sanftere Gewässer bei Jenbach zu verlegen, wohin das Rohmaterial auf Plätten den Inn hinabschwamm. Allein im 16. Jahrhundert verschlang der Bach 140 Menschen. Am 25. Juli 1526 brach er ganz besonders wild hervor: *Ayn gewaltigh ausspruch des Lannpach prynngt vill stayn yns tal, wesshalbn an perchh undt smölzgepay vill schadn undt nachtayll bschycht undt die Smölczen aym andrn Ort verlagn mueß werdtn,* so die Chronik.

1669 wütete er gleichfalls grimmig und in der Nacht des 26. Juli 1807 riß er, aus seinen Ufern tretend, mitten im Markt sieben Häuser um. Mit dem Eingehen der Bergwerke ließ seine Wut merklich nach. Durch das unkontrollierte Abholzen des Waldes für den Bergbau kam es bei Regen zu großen Geländeveränderungen, so daß immer wieder Erdrutsche den Bach aufstauten, bis dieser dann durch den wachsenden Druck des Wassers das Hindernis plötzlich durchbrach und zu Tal stürzte. Im 19. Jahrhundert hat man ihn endgültig verbaut, dem Abholzen folgte ein Aufforsten, und der wilde Geselle scheint nun endgültig gezähmt.

Hebt man den Blick über die Stadt, so sieht man als höchste Erhebung im Süden das Kellerjoch (2344 m) dessen oberster Gipfel auch den urzeitlichen Inntalgletscher überragte, ganz ähnlich wie die Hohe Salve am Eingang zum Brixental. Der Inntalgletscher hat auch das Stanser Joch gegenüber, nördlich des Inns, flachgeschliffen, und von dieser Landschaftshöhe (2100 m) aus haben sich die Flüsse in Tirol dann erst ihre Täler gegraben. Sie haben dabei gewaltige Schottermassen – wie der Lahnbach noch weit später – losgelöst und weiterbewegt, so daß die heutigen Talsohlen nicht den wirklichen geologischen Talgrund bedeuten, sondern ein Plateau von Aufschüttungen. 1921 hat man im Inntal zwischen Innsbruck und Hall über 200 Meter tief gebohrt, ohne auf echten urzeitlichen Felsen zu stoßen.

Die erste Urkunde, die ›Suates‹ nennt, stammt von 930, und 1180 kann man Güter des Augsburger Hochstiftes in ›Swates‹ nachweisen. 1329 wird zu ›Swatsche‹ der Wochenmarkt genehmigt, aber erst 1899 wird aus dem Markt eine Stadt, nun natürlich ohne Mauern und Tore.

Im 16. Jahrhundert zählte der Markt mehr als doppelt so viele Einwohner wie heute, da es 10000 sind. Im Zuge der Freiheitskriege wurde Schwaz 1809 ein Raub der Flammen, und erst allmählich erholte sich der einst so blühende Ort von diesem Schicksalsschlag. 1840 gab es nur mehr 4500 Einwohner, 1900 dann 6500 und 1950 schließlich 9500.

Etwa im oberen Drittel der Berge südöstlich der Stadt sieht man einige steile Felspartien, den Eiblschrofen mit großen Schutthalden. Sie liegen mitten im Wald und sind nichts anderes als die Abraumhalden der Bergwerke am Falkenstein, die

Schwaz und sein Silber einst weltberühmt und weltmächtig gemacht haben. Daß es hier Bergschätze gab, wußte man schon im Mittelalter, wie der Name Arzberg-Erzberg beweist, der 1273 urkundlich genannt wird. Die Neuentdeckung geschah 1409, als ein weidender Stier im Koglmoos am Falkenstein mit seinem Horn den Erdboden aufriß und der Hütermagd Gertraud Kandlerin das blanke Erz entgegenleuchtete. Was hätten die götterkundigen Griechen nicht aus diesem Ereignis für eine Mythe zu phantasieren gewußt! Die rein wirtschaftlich denkenden Tiroler begannen umgehend mit dem Abbau.

Um jenen Wirtschaftsfaktor, der Nordtirol für mehrere hundert Jahre zu einem reichen und für Europa wichtigen Land gemacht hat, einigermaßen verstehen zu können, muß hier kurz etwas Grundlegendes erläutert werden.

Der Bergbau war persönliches Eigentum des Landesfürsten, er gehörte zu den Regalien, das waren die ursprünglich dem Könige vorbehaltenen Hoheitsrechte. In Nordtirol nahm das Bergwerkswesen nach 1400 einen großen Aufschwung und dauerte in seiner Blüte bis zum Ende des 16. Jahrhunderts. Herzog Friedl mit der leeren Tasche übertrug seinem Hofkanzler Ulrich Putsch die Leitung des landesfürstlichen Bergbaues und die Gesetzgebung gegenüber den Bergwerksverwandten, so hießen alle diejenigen, die mit dem Bergwerk zu tun hatten, damit auch alle Zulieferer wie Köhler, Holzfäller, Seiler, Tischler, Zimmerleute und viele andere mehr. Für die einzelnen Bergbaubezirke ernannte der Landesfürst Bergrichter, die für alle rechtlichen Belange im Bergwerksbereich zuständig waren, wodurch alle Bergwerksverwandten unter einer besonderen Jurisdiktion standen und zum Beispiel nicht verhaftet werden durften, um den Betrieb in den Gruben nicht zu gefährden. 1539 gab es nicht weniger als siebzehn solche Bergrichter.

Dieser Richter verlieh die Fundplätze, gab ihnen Namen, verlieh die Schmelzrechte, die Halden, die Hütten, die Poch- und Wasserwerke, die Bäche und Zuleitungen, die Wälder zur Holz- und Kohlebeschaffung und war damit die maßgebendste Person im Bergrevier. Schürfen und Graben konnte jedermann. Es wurde ihm zunächst die Fundgrube am Platze verliehen, nach Maßgabe des Ortes, den der Bergrichter begutachtete. Dieser erste Platz war etwa 60 Meter lang und 17 Meter breit, nach unten hin unbegrenzt in die ›ewige Teufe‹ reichend, wie das hieß. Der Schürfer hatte zur Vermeidung längerer Arbeitspausen bestimmte Fristen zu wahren. Konnte er ihnen nicht nachkommen, so konnte ihm die Grube wieder genommen und anderweitig vergeben werden. Viele Schürfer übernahmen sich und sahen sich bald gezwungen, mit anderen gemeinsame Sache zu machen, woraus die Grubenanteile entstanden. Diese Gesellschaften von Bergwerksverwandten oder Gewerken hießen Gewerkschaften. Hier taucht der Begriff in seiner ursprünglichen Bedeutung zum erstenmal auf.

Der Gruebeninhalt unterstand den landesfürstlichen Gesetzen nach Fron und Wechsel. Der Fron bedeutete, daß der zehnte Teil des besten Roherzes, das in drei Güteklassen eingeteilt war: Stuef, Bruch, Kies, dem Landesfürsten abgeliefert werden mußte. Der Wechsel bezog sich nur auf Silber, auf das der Landesfürst ein besonders günstiges Vorkaufsrecht besaß. Es gab einen schweren Wechsel, niedrige Zahlung, und einen ringen Wechsel, der südöstlich unserer Stadt dem ganzen Silberrevier seinen Namen gegeben hat: Am Ringenwechsel.

Da der Zuzug von Bergknappen die Versorgungslage des armen Landes in Bedrängnis brachte, entwickelte sich sehr bald ein eigener Konsumhandel für die Bergwerksverwandten, wo sie alle nötigen Dinge einkaufen konnten, ja einkaufen mußten, was sie dem Preisdiktat der ›Pfenwert‹-Händler auslieferte. Getreide kam aus Bayern, Schmalz aus Vorarlberg, Fleisch wurde lebend in Form von Rinderherden aus Ungarn herangetrieben.

Noch ein Wort zur Technik. Sie war vom 15. bis ins 17. Jahrhundert Handarbeit. Die Stollen wurden durch ›Feuersetzen‹ vorangetrieben: Man verbrannte einen Holzstoß möglichst nahe am Gestein, um dieses zu erhitzen, goß dann schnell kaltes Wasser darüber, wodurch der Fels zerrissen wurde und man ihn durch Schrämmen, das heißt mittels Schlägel und Eisen, ›händisch‹ abarbeiten konnte. Je tiefer der Stollen war, desto schlechter brannte das Feuer mangels Luftzufuhr und auf desto mehr Wasseradern stieß man. Damit sind beide Hauptprobleme aller Bergwerke bis auf den heutigen Tag angesprochen: das Belüften, ›Bewettern‹, und das Ausschöpfen des Wassers, da man Pumpen ja noch lange nicht kannte. Damals geschah alles von Hand. Im Erbstollen in Schwaz reichten noch 1530 hundert Mann Wasserschöpfer pro Schicht zu vier Stunden das Wasser in Ledereimern von Mann zu Mann bis an den Stollenmund!

Man unterschied Stollen und Schächte. Jene führten waagerecht oder in geringer Steigung, damit das Wasser leichter abfließen konnte, in den Berg; diese wurden ziemlich senkrecht angelegt und von ihnen aus verschiedene Stollen, die Horizonte, seitlich vorgetrieben. Das Schürfen und Graben begann immer am ›Ausbiß‹. Darunter verstand man den Austritt der Erzader aus dem Gestein. Diese Ader wurde dann in den Berg oder die Tiefe hinunter weiterverfolgt, solange sie brauchbares Material zeigte oder vermuten ließ. Lief der Stollen im blanken Fels, so war zwar die Handarbeit schwieriger, aber die Einsturzgefahr weit geringer als im gemischten Gestein, wo die Stollen mit Holz verbaut werden mußten. Besondere Probleme brachten die Tiefschächte mit sich, wie sie am Rerobichl bei Kitzbühel angelegt wurden. Sie reichten bis zu 800 Meter unter die Erde (180 Meter unter dem Meeresspiegel), und für diese großen Tiefen erwies sich die Zufuhr von Frischluft, das Bewettern, als fast unmöglich. Die einzige Kontrollmöglichkeit für die Giftigkeit der Gase bildeten die Grubenlampen, deren Flammenfarbe und Helligkeit von den Hauern besonders aufmerksam beobachtet wurden. Da die Stollen alle miteinander in Verbindung standen, herrschte zwar ein gewisser Luftdurchzug, der sich aber bei Grubenbränden verheerend auswirkte. Auch das Einfahren in Förderkörben, die an sieben- bis achthundert Meter langen Seilen hingen, die allein für sich schon Tausende von Kilogramm wogen, war gefährlich. Der kleinste Ruck oben am Seil warf unten als weitausschwingende Pendelbewegung den Korb samt Inhalt an die Wände. Diese Förderkörbe wurden anfangs mit Menschenkraft, später mit Tier- und schließlich mit Wasserkraft bewegt. Die Wasserkraft brachte aber in den kalten Tiroler Wintern weitere schier unlösbare Probleme mit sich. In 26 Jahren kamen am Rerobichl in Kitzbühel über 700 Arbeiter ums Leben, meist durch die schlagenden Wetter, Methangasexplosionen und Grubenbrände, im April 1585 bei einem einzigen Grubenbrand über fünfzig. Man versuchte diese Brände dadurch zu löschen, daß man die Stollen, in denen das Feuer wütete, zuwarf, um den Flammen die Luft zu nehmen, aber in diesem Falle mußte man fast ein Jahr warten, ehe die Gruben wieder befahren werden konnten. Durch alle diese Fährnisse war die Lebenserwartung der Knappen außergewöhnlich kurz. Auch der Tiroler Landreim, den 1558 Georg Rösch von Geroldshausen aufschrieb, nennt stichwortartig die Probleme:

Der Perckhwerch Schwatz vnd Gossensaß,
Kitzpühl, Ratemberg, Ymbst, Törlan,
Stertzing, Clausn, Primer, nern manchn man.
Allda ist wunderbarlichß gsindt.
Zu allen sachen hurttig gschwindt.
Die Perg zufarn hin vnd wider
Tieff Stölln, Schächt, Techn, hoch vnd nider.
Schwäre arbait vnd grosse gfar
Erschreckhte Sy nit vmb ain har.
Der Wein frischt in wider das Lebm
Gott hat Ins vmb Ir arbait gebm.

Aufs Wasserwerckh die newe kunst
Durch Gäppl, vnd in ander weg sunst.
Aufgericht zu Schwatz mit grossm fleyß
Zu Kitzpühl zuvor gleicherweyß.
Dartzu man praucht Eysen vnd Sail
Vil Cennten schwer vnd nit wolfail.

Trotz aller Schwierigkeiten gab es 1427 am Falkenstein schon vierzig Stollen, für die der Landesfürst im selben Jahr den ersten Bergfreiheitsbrief erließ. Diesem ließ 1447 Herzog Sigmund dann die Schwazer Bergordnung folgen, die 1449, 1474 und 1485 ergänzt wurde. Als Sigmund 1490 abdankte, arbeiteten im Revier Falkenstein 7400 Knappen, die jährlich 9800 Kilogramm Feinsilber und 780 Tonnen Kupfer förderten. Welche Gesteinsmassen dabei bewegt werden mußten, kann man überschlagend vermuten, wenn man hört, daß der Dolomit des Falkensteins 40 Prozent Kupfer, 8 Prozent Quecksilber, aber nur 0,6 Prozent Silber führte. Die Rekordsilberausbeute brachte hier das Jahr 1523 mit 15640 Kilogramm Feinsilber. 1526 gab es am Falkenstein 142 Gruben mit 4000 Knappen. Hauptfaktoren waren seit etwa 1500 die Fugger, denen bereits Herzog Sigmund 1488 Teile der Bergwerke verkauft hatte. Unter Antony Fugger erreichte die ›Fuggersche Bergmacht‹ ihren absoluten

Höhepunkt. Allein aus dem Falkenstein zogen sie einen Jahresgewinn von 200 000 Gulden. Das Schwazer Silber in den Fuggerschen Händen verhalf als Pfanddarlehen keinem Geringeren als Karl V. auf den Kaiserthron. Als er 1530 Schwaz besuchte, paradierten 5600 Knappen in weißer Tracht beim Erbstollen und überreichten ihm eine 95 Kilogramm schwere silberne Schaumünze mit den Wappen der habsburgischen Länder.

Die Knappen, von denen der überwiegende Teil aus Deutschland kam, brachten große wirtschaftliche und soziale Probleme mit sich. Allein ihre Versorgung mit Nahrungsmitteln erforderte umfangreiche Importe, und die lutherischen Freigeister bedurften nach Meinung der Obrigkeit eines ständig wachsamen Auges. Alle paar Jahre gab es Unruhe, Aufruhr, Streiks, so 1523, 1525, 1526, 1566, 1583, 1589, 1593, 1649 und so weiter. Oft genug marschierten die Knappen als geschlossene Truppe ›auf‹ Innsbruck. Meist kamen sie nur bis Hall, wo ihnen die Regierungsbevollmächtigten entgegenkamen, vieles versprachen und später wenig davon hielten. Ab 1666 wandte man eine neue Methode des Stollenbaues an: Man sprengte mit Schwarzpulver. Nach anfänglichen Fehlschlägen mit Verletzten und Toten wurde dies die bevorzugte Arbeitsweise.

1800 war der Schwazer Bergbau endgültig passiv, 1827 wurden die Stollen am Falkenstein und Ringenwechsel aufgelassen. Der Falkenstein war zwar das wichtigste Revier, aber bei weitem nicht das einzige. Nach Osten, im fahlen Dolomit, gab es noch den Ringenwechsel und den Weißen Schrofen, nach Westen, im Schiefergestein, die Alte Zeche, den Zapfenschuh, die Kreuzzeche und andere. Die Grubenbaue Alte Zeche hatten am Arzberg von etwa 1050 Meter Höhe einen Schacht bis 130 Meter unter die Inntalsohle abgeteuft, und vom Mehrerkopf (1667 m) hatte man sogar bis 240 Meter unter die Talsohle gegraben. Noch heute kann man am Eiblschrofen 50 Stollenöffnungen aufsuchen, von denen etwa 10 noch begehbar sind. Im ganzen Bereich östlich des Lahnbaches gab es 224 Stollen, von denen noch 170, zum Teil ganz verbrochen, erkennbar sind. Als tiefster – der Laie versteht es besser, wenn man sagt: als längster – Stollen gilt der Wilhelm-Erb-Stollen mit 2500 Meter Länge. Hier ging man gut dreißig Minuten lang in den Berg hinein.

Nach dem, was wir gehört haben, wundert es uns nicht mehr, daß auch die großen Kunstwerke des Ortes ganz wesentlich mit dem Knappen- und Bergwerksbetrieb zusammenhängen, vor allem die Pfarrkirche und das Franziskanerkloster.

Die *Stadtpfarrkirche* wird 1337 zum erstenmal als ›Liebfrauenkirche‹ urkundlich genannt. 1460 mußte sie wegen des Bevölkerungszuwachses vergrößert werden. Es entstand eine dreischiffige gotische Hallenkirche ganz unter dem Einfluß der Landshuter Bauhütte. Die Dreieckslisenen, heute an beiden Chören außen zu sehen, der gemalte Dachfries und die schlanken Rundpfeiler im Innern weisen jetzt noch darauf hin. Gilg und Hans Mitterhofer gelten als Meister. 1478 wurde diese neue Kirche fertig, und bereits zwölf Jahre später war sie schon wieder zu klein. So schritt man 1490 bis 1502 erneut zu einem vergrößernden Umbau, der in genialer Weise das Vorhandene bestehen ließ, gleichzeitig aber mit der Vergrößerung auch dem neu entstandenen sozialen Gefüge der Schwazer Gesellschaft Rechnung trug. Hier gab es nämlich, deutlich voneinander geschieden, die Gruppe der Bürger und jene der Bergwerksverwandten. Indem man nun die neue Kirche mit zwei Chören, zwei Haupt- und zwei Nebenschiffen auslegte, konnte man jedem Bevölkerungsteil eine ›ganze halbe‹ Kirche zuweisen, mit je einem eigenen Chor, eigenem Haupt- und Seitenschiff und eigenem Westportal. In der Mitte war der Kirchenraum bis 1858 durch eine zweieinhalb Meter hohe getäfelte Holzwand der Länge nach unterteilt. Der Plan zu diesem Neubau geht auf den Münchner Bildhauer und Bausachverständigen Erasmus Grasser zurück. Er orientierte sich am bereits bestehenden Chor, der auch das Modell für den zweiten, neuen im Süden abgab, beließ das Langschiff und das nördliche Seitenschiff der Mitterhoferschen Hallenkirche, wie es war, und errichtete diese beiden Schiffe spiegelbildlich nochmals im Süden. Gleichzeitig verlängerte er den Bau um zwei Joche nach Westen, wo sich früher der Kirchplatz befunden hatte. Durch dieses Vorgehen konnten alle bereits vorhandenen Rundpfeiler stehenbleiben, und nur die zum südlichen Seitenschiff mußten neu errichtet werden. Ausführender Meister dieses genialen Planes war

Christoph Reichartinger, der Sohn des Tiroler Hofbaumeisters Hans Reichartinger. Dieser hatte in Innsbruck die alte gotische Pfarrkirche (1425-65) erbaut, deren Nordfassade Dürer auf seinem Innsbruck-Aquarell von 1494 deutlich zeigt. Unverkennbar ist die Ähnlichkeit mit der Schwazer Fassade, auch soll die alte Pfarrkirche in Innsbruck gleichfalls zwei Hauptschiffe gehabt haben. Ein anderes Vorbild stand in Rattenberg seit 1473 im Bau, aus den gleichen sozialen Gründen zweischiffig, aber ohne Seitenschiffe.

Das bauliche Ergebnis entbehrt nicht einer stilistischen Merkwürdigkeit: Indem man die hochaufstrebenden Hallenkirchen als Vorbilder beibehielt und nur verdoppelte, erzielte man einen eher behäbig zu nennenden Raumwürfel, wie er besonders die gleichzeitig entstandenen Kirchen Schwabens auszeichnet. Ob dies Grasser beabsichtigt hat, wissen wir nicht. Es war aber nur logisch, sich nach erzielter Raumschöpfung auch des entsprechenden Rippenmusters zu bedienen, wobei die Heiligkreuzkirche in Augsburg vielleicht Pate gestanden hat. Wir erinnern an die zahlreichen wirtschaftlichen Verbindungen dorthin.

So schön die Kirche mit einem geschnitzten Hochaltar von Veit Stoß (1500-03) im Bürgerchor und einem anderen von Ulrich Vaist aus Landsberg im südlichen Knappenchor (1518) auch war: 1728 wurde alles vom Geiste des Modernen, das heißt also des Barocks, besiegt. Die im Tiroler Unterland so oft erwähnte Bauwerkstatt, die Jakob Singer aus Götzens seit 1726 in Schwaz betrieb, gab dem Innern einen barocken Mantel, dem die alten Gewölberippen zum Opfer fielen. Barocker Stuck und barocke Fresken schufen ein neues Raumbild, barocke Altäre traten an die Stelle der zwölf (!) spätgotischen Schnitzaltäre, und die anderen »überflüssigen Sachen« wurden auch »ausgeräumt«. Nur die beiden Emporen, die der Frankfurter Konrad Vogel 1517 bis 1520 im Westen und im Knappenchor aufgeführt hatte, blieben bestehen. 1909 schwang das Geschmackspendel zurück zu einer Regotisierung, die ihrerseits kaum einen der Barockaltäre verschonte. Nun wurde auch der Stuck wieder beseitigt, die Fresken mußten verschwinden, und die Rippen wurden wieder ergänzt. Bis heute bestehen blieb auch der prachtvolle Dachstuhl, den Thomas Scheinbacher

1503 bis 1508 fünfstöckig der Kirche aufsetzte und auf ihm die 15000 handgehämmerten Kupferplatten vom Kupferschmied Christian Kofler aus Absam als ewige Erinnerung an die große Zeit der Stadt. Diese Kupferplatten verhinderten 1809 das Übergreifen des Stadtbrandes auf das Kirchendach.

Auch an der Nordfassade ist die alte Einteilung der riesigen Mauerfläche unverändert geblieben. Eine Madonna mit Kind von 1650 steht am mittleren Strebepfeiler unter einer großen Uhr. An den Hauptportalen hängen noch die herrlichen Löwenköpfe mit den Türringen von 1512, wohl Nürnberger Gußarbeit.

Im Innern steht der rotmarmorne Taufstein mit der Inschrift: »Ulrich Kandler zalt den stain 1470«. Also noch für die Vorgängerkirche. Von den alten Glasfenstern gibt es nur mehr Spuren, aber das große Kruzifix am Mittelpfeiler zwischen den beiden Chören gehört noch in die Zeit um 1500. Die beiden Seitenaltäre an den Enden der Nebenschiffe sind jeweils Mischungen von barockem Rahmen und gotischem Kern. Ähnlich verhält es sich mit der barocken Orgel auf der gotischen Empore.

Im Bürgerchor vertritt ein neugotischer Altar schlecht und recht Meister Veit Stoßens Retabel, von dem noch 1806 Teile vorhanden waren. Ein Bronzeepitaph erinnert an Ulrich Fugger, der 1525 gestorben ist. In die drei Fenster des südlichen Knappenchors, in dem übrigens Ulrich und Hieronymus Fugger begraben liegen, sind Scheiben von Fred Hochschwarzer von 1959 eingelassen. Das gotische Chorgestühl stammt noch von 1506. Neben der Sakristeitüre steht der Grabstein des 1491 gestorbenen Gewerken Christian Tänzl, von Wolfgang Leeb aus Wasserburg gehauen, der auch das gleiche Monument für Anna Hofer geschaffen hat, das neben dem rechten Seitenaltar steht. Der Mann der Verewigten, Virgil Hofer, war jener Gewerke, der als erster eine Schmelzhütte von Schwaz nach Jenbach überstellt und in Rattenberg die herrliche Hoferkapelle im Augustinerkloster gestiftet hat.

Der Turm der Kirche blieb ein Fragment. Es nützt nichts, auf die berühmten Entwerfer hinzuweisen, die in Augsburg saßen und auch den Turm für die Pfarrkirche in Bozen gestaltet haben. Der Übergang ins Achteck, in Bozen so exemplarisch geglückt, ist hier aus irgendwelchen Gründen unterblieben, obwohl die Gewölbekonstruktion im Innern des obersten Geschosses schon deutlich diese Art Weiterführung vorbereitet.

Erwähnt werden muß noch die schlichte, aber elegante *Totenkapelle* an der Nordseite der Kirche. Auch sie hat Christoph Reichartinger gebaut, 1504 bis 1506, und das obere Geschoß durch eine außerordentlich wohlproportionierte Arkadentreppe zugänglich gemacht. Auf einem kleinen Relief über einem Portal lesen wir: »Hie ligen Bir all geleych Riter Edel arm und reich 1506«. Rechts und links daneben sind zwei Handsteine, Erzstufen, in die Mauer gesetzt worden. Die Unterkapelle ist dem Heiligen Michael geweiht. 1730 ging sie ihrer ›altmodischen‹ Rippen verlustig. Die Oberkapelle hat den Heiligen Veit (Vitus) zum Patron. Hier steht ein Schnitzaltar, den Christoph Scheller aus Memmingen 1511 geschaffen hat.

Tritt man aus der Totenkapelle heraus, so steht man im Schatten des Hauptschiffes der Liebfrauenkirche und kann sich noch einmal die Ausmaße dieser größten gotischen Kirche des Landes bewußt machen.

Auch das *Franziskanerkloster,* weiter oben am Berg, den der Lahnbach aufgeschüttet hat, geht in seiner Existenz auf das Berggeschrei zurück. 1507 stifteten Hans und Christoph Fieger von Friedberg als Dank für den großen Bergsegen den Klostergrund, auf dem Maximilian I. – zunächst gegen die Einwände des Bischofs von Brixen, des Abtes von Georgenberg und des Pfarrers von Vomp – den Bau förderte. Der Pfarrer von Vomp hatte deshalb eine gewichtige Stimme, weil Schwaz bis 1645 zur Pfarre Vomp gehörte.

Die Franziskaner waren schon seit vielen Jahren als Aushilfspriester in der wachsenden und unruhigen Schwazer Gemeinde sehr willkommen gewesen. 1509, zwei Jahre nach der Gründung, wurde auch bereits der Klosterkreuzgang eingeweiht. Auch ihn hat Christoph Reichartinger geschaffen. Und die Gönner des Unternehmens – die Fieger, Tänzl, Stöckl, Katzbach, Paggl und die Zünfte und Bruderschaften – haben sich an den Gewölbeschlußsteinen ihre Wappen und Zeichen als Denkmäler setzen lassen. An den kaiserlichen Mäzen erinnern die 22 Wappen der maximilianischen Länder und Fürstentümer an den Konsolen, von denen die Rippen aufsteigen. Die großen

Wandflächen bemalte bis 1526 Bruder Wilhelm aus Schwaben, ein im Alter erblindeter Franziskaner, mit 24 Passionsfresken, von denen aber heute nur mehr die expressiven Vorzeichnungen von den Mauern blicken. Die Originalfarben wurden mehrfach überstrichen, ›restauriert‹ und freigelegt, so daß davon nichts mehr übriggeblieben ist. Um so deutlicher erkennt man jetzt an den riesenformatigen Wandzeichnungen die Vorbilder Schongauer, Dürer, Altdorfer, Burgkmair, Breu und manch andere. Meister Wilhelm war ein versierter Künstler, ein Genie war er nicht.

1515 wurde die Klosterkirche eingeweiht. Auch sie hatte Reichartinger gebaut, und auch ihr ist die Barockisierung leider nicht erspart geblieben. Die Raumwirkung ist von großer Schönheit und konnte selbst durch die barocken Veränderungen kaum geschmälert werden. Der Chor als Raum für die Ordensbrüder blieb trotz seiner ungewöhnlichen Länge vollkommen erhalten; der Lettner hingegen wurde auseinandergenommen und zum Teil als Tragwerk der Musikempore und in der Vorhalle benützt. So ist das Werk, das Jörg Steyrer aus Rattenberg erstellt hatte, nur mehr in Einzelteilen zu bewundern.

Reichartingers hoher, schlanker Hallenbau auf fast ätherisch wirkenden Rundpfeilern hat in seiner Konstruktion die Barockkünstler so beeindruckt, daß sie ihre Dekorationen den alten Rippenlinien entlang anbrachten und somit die alten Gewölbe praktisch nicht veränderten. Wir werden von Hans und Kassian Singer, die hier am Werke waren, bei der Stiftskirche von Fiecht am Nordufer des Inns gegenüber von Schwaz noch zu reden haben. Das Chorgestühl entstand erst 1618. Auf einem Seitenaltar steht eine spätgotische Madonnengruppe, ein Holzrelief mit schwäbischen Stilmerkmalen; das steinerne Kruzifix am Kreuzaltar im südlichen Seitenschiff hat Loy Hering aus Eichstädt 1521 gemeißelt. Die Kanzel ist ein Werk Hans Singers von 1736.

Schwaz weist noch eine ganze Reihe bemerkenswerter Profanbauten auf, die aber bei den Bombenangriffen Ende des Zweiten Weltkrieges arg gelitten haben. So wurde der große Saal im *Palais Tannenberg* neben der Pfarrkirche ein Opfer der Bomben, mit ihm die sogenannten Gigantenfresken an den

Wänden und am Plafond, die Kaspar Waldmann um 1700 gemalt hatte. Das Palais ist im ersten Erbauungszustand um 1515 spätgotisch und war der etwas anmaßende Stadtpalast der reichen Tänzl, die auch Schloß Tratzberg erbaut haben. In der Barockzeit erwarb Freiherr Josef von Tannenberg das Gebäude, vergrößerte es und gestaltete es im Stil der Zeit um. Auch auf Tratzberg wurden die Tannenberg Nachbesitzer der Tänzl. 1703 nahm Kurfürst Max Emanuel von Bayern während seines Tirolabenteuers hier Quartier, und vom 12. bis 13. Mai 1708 die Königin von Hispanien, die Braut Karls VI., Elisabeth von Braunschweig, Mutter Maria Theresias. Dazu wird berichtet: *Sie hat allda des Baron von Tannenberg große Behausung zu Dero Hauptquartier genommen, allwo, als die Königin zu nacht gespeist, von denen alldortigen Bergknappen einige sehr curiose Lieder auf Tyrollerisch gemeine Sprach und Weise in Dero anticammer gesungen worden, daß die Königin wegen der artlichen aussprach undt geberden Sich des Lachens nit enthalten können.* Folklore, schon damals geschätzt, wie man hört.

Das nächstbedeutende Gebäude ist das *Rathaus,* gemeinhin Fuggerhaus genannt. Es steht heute am Eingang der Stadt, an der Ecke Franz-Josef-Straße und Fuggergasse. 1954 wurde ein Bronzestandbild des Landsknechtvaters Jörg von Frundsberg hier aufgestellt, das auf eine Holzfigur des modernen Schwazer Bildhauers und Krippenschnitzers Ludwig Penz von 1916 zurückgeht. Penz versuchte, die Errungenschaften der modernen Plastik, insbesondere auch die Oberflächenbehandlung eines Rodin, mit der tirolischen Bildschnitzertradition zu verbinden. Der Arkadenhof des Rathauses zeigt mit seinen vielen Marmorsäulchen, daß hier Leute von Stand wohnten.

Sehr zu beklagen ist der Untergang des Meistersingersaales im Gebäude des alten *Pfleggerichtes.* Die regen Beziehungen nach Schwaben und Franken brachten auch den Meistersingerbrauch nach Schwaz. Hier wurde etwa seit 1530 an den ›Feyrtägen im gerichczhaus‹ gesungen. Ringsum an den Wänden war der Saal mit biblischen Darstellungen nach einem Lehrgedicht von Hans Sachs bemalt. Das alles hat der Krieg vernichtet.

Nachdem nun Knappen, Bürger und Klöster zu Wort gekommen sind, muß noch des hohen Adels gedacht werden. Er saß ›zuooberst‹ – nicht nur hierarchisch, sondern auch körperlich – auf der *Burg Freundsberg,* 170 Meter über dem Tal, auf einem vorgeschobenen spitzen Hügel mit kleinem Gipfelplateau und fast ständigem Wind. Von unten sieht man zuerst nur die hell gefärbelte Kirche, die ›Neue Schloßkirche‹ im Gegensatz zur alten, 1176 von Erzbischof Konrad von Mainz geweihten Burgkapelle, und erst bei genauem Hinsehen gewahrt man dahinter einen mächtigen viereckigen Turm mit friedfertig anmutendem Krüppelwalmdach. Diesem Turm gilt unser Hauptinteresse, nicht nur weil er alt ist, sondern wegen seines köstlichen Inhalts, der ›Lustwohnung‹ des oft genannten Tiroler Landesfürsten Sigmund des Münzreichen, und wegen des Schwazer Heimatmuseums, das 1949 im Turm neu eingerichtet worden ist.

Die Freundsberger, 1128 erstmals urkundlich genannt, haben hier ihre Stammburg errichtet. Sie entstammen dem Inntal selbst, und wir finden sie immer wieder bei allen wichtigen Anlässen. Sie erbauten die Wohntürme ob Schwaz, in Lichtwert, Matzen, Stein, Thierberg, errichteten die abgekommene Schindlburg, wohl auch Neideck, das ebenfalls verschwunden ist. 1416 ist Hans von Freundsberg Hauptmann über das ganze mittlere und obere Inntal bis Finstermünz. 1467 tauschen und verkaufen die Freundsberger ihre Stammburg an Erzherzog Sigmund, und Ulrich von Freundsberg übersiedelt nach Mindelheim, dem Erbe seiner Frau. Ihrer beider Sohn Georg (1473-1528) wird als Feldobrist, nun schwäbisch ausgesprochen als Frundsperg, der berühmte Landsknechtführer.

Der unterste Teil des Bergfrieds zu Schwaz reicht noch ins 12. Jahrhundert zurück, er ist ganz aus Rundsteinen errichtet. Hundert Jahre später, etwa 1250, folgte eine Aufstockung, halb so hoch wie der Sockel, und 1472 wurde schließlich das oberste Viertel mit der Dachhaube aufgesetzt. Nachdem der Einstieg noch an alter Stelle hoch über dem Niveau des Burghofes liegt, muß der Turm frei gestanden sein, wie damals ja alle Bergfriede. Dementsprechend kann sich ein Palas nur an Stelle der heutigen Neuen Schloßkirche befunden haben, und die vom Erzbischof geweihte Burgkapelle muß im Bereich des heutigen

Kirchenchores gegen Osten gestanden sein. Damit war die alte Burg komplett, wenn auch sehr klein. 1467 tauschte der Landesfürst die Burg von den Freundsbergern gegen Sankt Peter bei Ellbögen im Wipptal und Sterzing ein. Bald darauf baute er die Burg um, wobei er sich das oberste Turmgeschoß als ›Lustwohnung‹ einrichtete. Er war damals ein Mittfünfziger und durchaus kein Kostverächter, wie seine etwa vierzig natürlichen Kinder beweisen.

Aber steigen wir langsam hinan über die alten oder stilecht erneuerten Blockstiegenleitern, welche die einzelnen Stockwerke im Innern miteinander verbinden. Das erste Geschoß ist der Darstellung der Bergwerkszeit vorbehalten und zeigt einen interessanten Stollenplan. Das zweite ist dem bäuerlichen Schützenwesen auch der Freiheitskriege gewidmet, wobei ein Bildchen Andreas Hofers mit der berühmten Lebzelter-Mariandl, den Stutzen im Arm, sich sehen lassen kann. Es folgt ein Stockwerk zum Thema ›Handel und Zünfte‹, ein weiteres der neueren Maler, von denen Christoph Anton Mayr vulgo Stokkinger große tirolische Bedeutung erlangt hat: Er war es, der im Rahmen des Singerschen Bauunternehmens ein Dutzend gotischer Dorfkirchen im Unterland bei ihrer Barockisierung freskiert hat. Die Turmgeschosse sind ganz verschieden hoch, das vierte ist auffallend niedrig, das fünfte und letzte aber mißt über drei Meter. Hier also befindet sich die fürstliche Wohnung, die sowohl durch ihre Größe wie auch ihre Raumeinteilung besticht. Von einem kleinen Vorplatz aus kann man getrennt zum ›Heimlichen Gemach‹ (Abtritt), zur Küche oder zur Stube kommen. Diese ist der größte Raum, fast fünf mal fünf Meter groß. Gegen Norden hängt ein flacher Erker buchstäblich über Schwaz, auf das man seinen Blick wie einen Turmfalken niedersenden kann. Zur Vorsicht sind in den Boden dieses Erkers zwei Gußlöcher eingebaut, die genau auf den Einstieg zielen. Man konnte nie wissen, welche Gäste da etwa anklopften. Der Stubenofen wurde von der Küche aus bedient. Eine hölzerne Trennwand mit geschnitzter spitzbogiger Pforte trennt die Stube von der Kammer, deren Zauber in einer zarten, alle gemauerten Wände überziehenden Rankenmalerei besteht. Auf den Jagd- und Tierszenen tummeln sich Steinbock, Hase, Eule, Hund, Elster, Einhorn und ein ebenso wie dieses (!) bei uns längst ausgestorbener Waldrapp. Wir sehen aber auch ein Paar aus einer Stadt zur Reiherbeize reiten; wir beobachten, wie sich die Reiher am Teich gütlich tun; wir sehen einen Hund auf einer Fährte im Kornfeld und wir sehen in einer Bildecke einen Ritter auf hohem Turm – wie hier – den Reitern entgegenzeigen. Die ortskundigen Fachleute sind sich nicht einig, ob diese außerordentlich hübsche Malerei von etwa 1475 sei und damit vielleicht von Sigmunds Hofmaler Josef Weninger oder ob sie erst um 1510 entstanden ist, als Kaiser Maximilian hier Burgherr war und wiederholt in dieser Gegend jagte. Wer immer die Szenen geschaffen hat, ist unserer Bewunderung fünfhundert Jahre später sicher.

Verlassen wir den hochgemuten Herzog und sein Mahnen. Nach seiner Abdankung 1490 soll er die restlichen sechs Lebensjahre hier wiederholt gewohnt haben. Fischen und Jagen waren ihm so wichtig, daß sie bei seiner Resignation ihm ausdrücklich im ganzen Lande ›frei‹ zugestanden werden mußten.

Die freundliche Turmhaube des Freundsberger Bergfrieds trog schon bald. 1508 wurde hier das Gericht untergebracht, und 1619 schildert der Tiroler Historiograph Burglechner die Burg als »allein ain großer viereggeter gemauerter Thurm, darinnen die Malefiz Personen torauiert werden«. Wir können heute nicht sagen, wie tief das Verlies unter dem Einstiegsgeschoß hinabgereicht hat, weil der Raum allmählich vom Schutt und Gerümpel der Verfallszeiten aufgefüllt worden ist.

1634 bis 1637 wurden sowohl der alte, wohl schon sehr ruinöse Palas wie auch die Burgkapelle »mittels gesammelten Opfers und frommer partikularer Leute Hilfe« von Peter Tumb zur heutigen Kirche umgebaut, vor allem als Votivzeichen gegen die schwer auf dem Lande lastende Pestseuche. Daher wurde sie auch den Pestheiligen Sebastian und Rochus geweiht sowie den Vierzehn Nothelfern und Jakobus dem Älteren auch noch, der einst Patron in der Burgkapelle gewesen war und den man offenbar nicht vor den Kopf stoßen wollte. In einer Nische steht eine hübsche Papierkrippe, deren Figuren Christoph Anton Mayr in der zweiten Hälfte des 18. Jahrhunderts gemalt hat.

Erzherzog Sigmund war am Besitz von Freundsberg vor allem wegen der Nähe zu den Silberbergwerken gelegen. 1486 ließ er in Hall eine große Silbermünze schlagen, eine Unze schwer, daher Unzialis genannt. Die Schauseite zeigt den Fürsten in spätgotischem Harnisch, den Erzherzogshut auf dem Haupte, das Zepter in der Hand und das Schwert an der Seite. Das Bild stammte vom alten Sigmundischen Goldgulden und war sicher als bewußte Anspielung auf diesen gemeint, dem der neue silberne ›Guldengroschen‹ dem Werte nach gleichgesetzt wurde, weshalb er auch Guldiner hieß, ohne von Gold zu sein. Die Kehrseite des Unzialis gestaltete man in Anlehnung an das mittelalterliche Reitersiegel und mit sechzehn habsburgischen Wappen.

Diese große Silbermünze wurde der Stammwert für alle gleichartigen Geldstücke der Welt. Für den Taler, den Dollar, den Duro, den Ecu, den Scudo und wie sie alle heißen. Hätten sie ihm alle gehört, so wäre der ewig verschuldete Sigmund tatsächlich ein Münzreicher gewesen.

Schloß Tratzberg

In Tratzberg betreten wir das schönste Nordtiroler Schloß. Es befindet sich im Besitze der Grafen Enzenberg, die es nicht nur liebevoll bewahren und pflegen, sondern auch den interessantesten Teil dankenswerterweise der Besichtigung zugänglich gemacht haben.

Die Deutung des Namens Tratzberg ist bis heute nicht überzeugend gelungen. Man denkt an Trutzberg, aber es gibt erhebliche Schwierigkeiten, eine sprachliche Brücke vom u zum a zu bauen. Dabei war die älteste Burg sicherlich ein echter Trutzbau, der eine Klause zu seinen Füßen an der Straße neben dem damals ungebändigt dahinströmenden Inn verstärkte. Hier befand sich ja viele Jahrhunderte lang, bis 1505, die Landesgrenze gegen Bayern. Graf Meinhard von Tirol hielt sie Ende des 13. Jahrhunderts gut befestigt. Etwa ein halbes Jahrhundert war die Burg dann Verwaltern anvertraut, später gleich lange als Pfand den Freundsbergern, die sie aber 1407 dem damaligen Landesfürsten Friedrich IV. wieder zurückgaben. In den folgenden hundert Jahren wurde die Anlage weiter verstärkt, so daß sie schließlich aus einem Bergfried, einem Palas, zwei Wohnhäusern und Wirtschaftsgebäuden bestand. Alles war durch eine zinnenbewehrte Mauer mit Wehrgängen gesichert.

1490/91 brannte Tratzberg nieder. Vielleicht hat Maximilian I. den Wiederaufbau noch selbst begonnen, jedenfalls stand für ihn fest, daß die Burg wieder errichtet werden sollte. 1499 kauften sie die Brüder Jakob und Simon Tänzl vom Kaiser, der dafür außerdem Berneck im Kauner Tal erhielt.

Die Tänzl waren Gewerken von bedeutendem Ansehen. Vater Christian schürfte bereits in Gossensaß nach Erz, aber auch in Schwaz hatten sie Besitz. Wappenführend waren sie seit 1390, ihr Schild zeigte zwei auseinandergekehrte Schachspringer; 1502 wurden sie geadelt, und ab 1511 erscheinen sie in den Tiroler Adelsverzeichnissen.

Die Tänzl errichteten ein gerade noch wehrfähiges Schloß, mit Torfront, Fluchtwegen, hölzernem Wehrkranz, aber sie schufen ein Schloß, in dem der Bergfried neben dem Tor ganz verschwindet und das auch keinen Graben mehr braucht. Das dreigeschossige Torhaus gegen Westen, die gotischen Wohnräume, die Rüstkammer, der Habsburgersaal, die Kapelle, Pferde- und Kuhstallungen sind ihr Werk. Gegen Norden stand nur die Kapelle, neben der die Wehrmauer den Hof begrenzte.

In der Südostecke entstand eine neue repräsentative, mäßig ansteigende Treppe, an der die Brüder einen herrlichen Wappenstein setzten: *1500 Veit Jakob unnd Symon Tänzl geprider haben gepawt das schloß.* Unter der Inschrift halten zwei geharnischte Männer das Wappen der Brüder, bereits quadriert, was erst anläßlich ihrer Nobilitierung 1502 geschah, weshalb die Inschrift historisch zu verstehen ist. Darüber schwebt der Königsadler als Reverenz an den Freund Maximilian, der wiederholt auf Tratzberg zu Gast weilte.

Der Tänzlsche Schloßteil zeichnet sich in der Innenausstattung durch eine eigenwillige Kombination von meisterhaften Marmor- und Holzarbeiten aus. Die Steinmetzleistungen gehören zum Besten, was Europa in jener Zeit an Dekor aufzuweisen hat. Den Gipfel bildet die gedrehte Marmorsäule im Habsburgersaal, der jene in der Maximilianstube kaum nachsteht. Von den Portalen ist besonders jenes vor dem Erker der Fuggerstube zu nennen, das vor dem hellen Erker wie ein Triumphbogen wirkt. Die tragenden Mittelsäulen stehen durch alle Geschosse immer wieder auf Säulen, sind also gleichzeitig wichtige Baukonstruktionen.

Die Zimmer waren für die damalige Zeit nach Anlage, Größe und Ausstattung Prunkräume. Daß sie trotzdem so wohnlich wirken, geht auf ihre Holzvertäfelungen zurück. Dieses zweite Hauptmaterial wurde sehr sorgfältig ausgewählt und so meisterhaft verarbeitet, daß es fünfhundert Jahre überdauern konnte. Über den Türen und an den Wandschränken zeigt es hochqualitätvolle Schnitzereien, aber auch die Deckenprofile sind bis ins letzte saubere Handwerksarbeiten. Besondere Bewunderung verdient dabei der Anteil des Zimmermannes, nicht nur am Dachstuhl, der ja verborgen bleibt, sondern vor allem auch an den verschiedenen Deckenbalken, die über die einzelnen Räume hinwegziehen, in der Maximilianstube und -kammer genauso wie in den Fuggerräumen, oder etwa gar der Riesenbaum von 16 Meter Länge, der über den Habsburgersaal hinwegreicht, und jener im Rüstsaal darunter ist genauso lang. Alle diese Balken sind natürlich nicht maschinell gesägt oder poliert, sondern von Hand mit dem Beil des Zimmermannes gehauen. Dabei zeigt sich die gleiche Präzision wie bei den Steinmetzarbeiten. Die Deckenbretter sind ›gekämmt‹, das heißt mit einem Eisenkamm geriefelt, wodurch sie dem einfallenden Licht schmale Reflexzonen bieten, die dem Holz eine Art Leuchtkraft verleihen.

Die Türen tragen alle noch ihre alten Beschläge von 1500, auch diese in geometrischen Mustern und überbordender Fülle der letzten Gotik ausgeführt und farblich auf die einzelnen Wohnraumgruppen abgestimmt. Denn die Tänzlschen Raumfolgen wurden planmäßig als zusammengehörige Raumgruppen angelegt. Sie bestehen jeweils aus Stube und einer oder mehreren Kammern. Die Stube ist heizbar, die Kammer nicht. Dafür gibt es aber Öffnungen in den Wänden, wodurch die wärmere Stubenluft einströmen und die kalten Schlafräume temperieren konnte.

Den Höhepunkt des Tänzlschen Schlosses bildet der Festsaal, nach dem an die Wand gemalten Stammbaum meist *Habsburgersaal* genannt. Den Stammbaum hier anbringen lassen zu dürfen setzt ein enges freundschaftliches Verhältnis zum Kaiser voraus, der ja die Vorlagen der Genealogie und der vielen Porträts, die dabei benützt wurden, zur Verfügung stellen mußte. 148 Habsburger, von Rudolf I. bis zu den Enkelkindern Maximilians I., sind zu sehen, und nach dem Darstellungsalter der Enkel dürfte die Malerei um 1508 anzusetzen sein. Trotz mehrfacher Restaurierungen ist die wesentliche Substanz unverfälscht erhalten geblieben. Als Künstler wird Hans Maler aus Schwaz genannt.

Auch der hohe Raum der *Schloßkapelle* ist ein Werk der Tänzl. An den Schlußsteinen der Rippensterne erscheinen ihr und ihrer Frauen Wappen und das des deutschen Königs Maximilian I.

1523 starb Simon und 1530 Veit Jakob Tänzl, an dessen Heimgang ein Totenschild in der Rüstkammer des Schlosses erinnert. 1552 gingen die Tänzl-Nachkommen in Konkurs. Das Schloß gehörte damals dem zweiten Sohn des Simon, Kaspar Joachim, dessen Verpflichtungen bei der damals schier unvorstellbaren Summe von 76000 Gulden angelangt waren. Masseverwalter wurde für zwei Jahre ein Schwiegersohn Kaspar Joachims, Mathias Manlich, der Tratzberg 1554 an seinen Vetter Georg Ilsung verkaufte.

Die Ilsung, bis 1587 auf Tratzberg, vollendeten dieses zu jenem Schloß, das wir heute bewundern. Sie waren Augsburger Patrizier, und Georg Ilsung setzte über das innere Eingangstor 1571 eine stolze Inschrift in Marmor, in der er sich »Ritter von Tratzberg« nennt, »Rat der Kaiser Karl V., Ferdinand I., Maximilian II., der Erzherzöge Ferdinand II. und Karl«. Er war zwar ein nicht sehr bauverständiger, aber außerordentlich kunstliebender Mann, der Ausbau und Einrichtung des Schlosses dort weiterführte, wo die Tänzl aufgehört hatten. Das war östlich des Habsburgersaales bis zur Kapelle und von dieser den ganzen Nordtrakt bis zum Westflügel. Auf Ilsung geht auch der Arkadengang im zweiten Stock des Südteiles zurück, wozu er das ganze Dach anheben ließ. In der sogenannten *Ilsunghalle* nördlich vor dem Königinzimmer, das die Südostecke des Schlosses einnimmt, führte er beängstigende Bauarbeiten durch, höhlte tragende Wände aus, schob Türen zwischen Kaminen hin und her und brach zusätzliche Fenster aus. Im *Königinzimmer* setzte er der Ausstattungskunst der Tischler seiner Zeit ein seltenes Denkmal in einer phantastischen Holzdecke und ebensolchen Türstöcken. Vielleicht war der Meister Hans Waldner, der auch an der Fürstenloge in der Hofkirche zu Innsbruck tätig gewesen ist. Hier gibt es auch noch alte Wandbehänge aus der Zeit um 1600. Die Kassettendecke ist ein kunstvolles Reliefwerk aus vielen Stufen und Schichten, in denen sich das Licht in den verschiedensten Winkeln bricht, so daß neben fast spiegelblanken Zonen viele andere ›Farben‹ auftreten. Den Eingang zum Erker flankieren zwei Marmorpfeiler, gleich gearbeitet wie jener in der Mitte des Raumes, der die Decke trägt. Ilsung hat das Prinzip der Tänzlschen Raumausstattung also sehr wohl verstanden und weitergeführt. Ähnlich wie die Ilsunghalle ist auch die *Hofmeisterstube* ausgestattet, die über dem Königinzimmer liegt. Die Kassettendecke ist allerdings schlichter gehalten. Die Tiefe der Kassetten erreicht aber fast einen halben Meter, wohin die Tragebalken in vielen Stufen absteigen.

Ilsung hat dann an die Wehrmauer im Norden des Innenhofes einen Wohntrakt angebaut, allerdings von außen, wohl um mit der Kapellenfront nicht in Kollision zu geraten und dem Hof seine wohltuenden Proportionen zu erhalten. Weit davon entfernt, die architektonischen Errungenschaften seiner Zeit zu verleugnen, baute er hier eine geschlossene Fassade, in der das Arkadenmotiv des Tänzl-Baues nur in flachen Blendbögen zwischen Pilastern anklingt. Hingegen paßte er den ›Oberen Gang‹ im Südtrakt den hier schon bestehenden Bögen an, allerdings in gedrückten Segmenten. Die Betonung der fünf Arkaden gegenüber den fünf Achsen am Nordbau und den fünf Arkaden am Schloßvorplatz lassen daran denken, daß für Ilsung vielleicht die Zahl Fünf eine besondere Bedeutung hatte.

1580 starb der Bauherr, außerordentlich reich, in geordneten Verhältnissen. Sein Sohn und Erbe Friedrich Ilsung überlebte ihn nur sieben Jahre, dann kam Tratzberg im Erbweg an seine Schwester Anna, die schon 1570 Jakob Fugger geheiratet hatte.

Nun zog ein weiteres berühmtes Geschlecht auf Tratzberg ein: die Fugger. Auch sie waren wie die Tänzl und die Ilsung durch die Bergwerksindustrie reich geworden. Auf Tratzberg haben die Fugger nicht mehr gebaut, aber in vielen sehr genauen Inventaren anschauliche Beschreibungen der damaligen Innenausstattung hinterlassen. Diese Inventare benannten auch die einzelnen Räume nach der Tradition mit den noch heute gebräuchlichen Bezeichnungen. Leider nahmen die Fugger nach dem Weiterverkauf des Schlosses 1657 fast die ganze bewegliche Habe mit.

Über die Imhoff wurde Tratzberg an die von der Halden vererbt, die das Innere des Nordtraktes ausgestalteten. Dieser war damals außerdem durch eine Lawine ›deterioriert‹. Man trug sich mit der Absicht, hier die Wohnung für einen ständigen Burggeistlichen einzurichten, deren erster 1675 ein Sohn des Schloßherrn war. Die Grenze dieser Propstei wurde 1713 äußerlich durch einen schwarzen Strich an der Mauer markiert, der als Kuriosum noch heute gezeigt wird.

Schloß Tratzberg verfügt auch über eine *Rüstkammer,* die einzige private in Nordtirol und überhaupt die einzige neben Schloß Ambras. Die Waffen waren ursprünglich echte Gebrauchsgegenstände der Schloßherren gewesen, also nicht eigentlich gesammelt worden. Deshalb unterlag diese Sammlung auch mehrfachen Plünderungen zur Zeit der Freiheitskriege, als man nach allem suchte, was zum Kampfe brauchbar schien. Franz Graf Enzenberg kaufte dann zahlreiche historische Waffen und eine ganze Reihe prachtvoller Totenschilde aus dem Schloß Freundsberg dazu.

Die Grafen Enzenberg kamen auf dem Erbwege und durch Ablösung 1847 in den Besitz des Schlosses, das sie bis heute sorgsam und opferbereit durch die Fährnisse zweier Weltkriege bewahrt haben. In Sighard Graf Enzenberg hat Tratzberg auch einen modernen, kunstsinnigen Chronisten gefunden, auf dessen Veröffentlichung sich auch unser Wissen stützt.

Tratzberg ist ein Werk des 16. Jahrhunderts, von dessen Anfang bis zu dessen Ende, das herrlichste, das Nordtirol aufzuweisen hat und mit dem sich in seiner bezaubernden Originalität, in seiner Genialität der Schlichtheit und im Erhaltungszustand – meiner Meinung nach – keines in Österreich messen kann.

Sankt Georgenberg und Fiecht

Wenn man bei der Frage nach der Gründung des einsamen Klosters im Stallental auch auf die Legende angewiesen ist, so stimmen doch alle Nachrichten und die Tradition darin überein, daß enge Beziehungen zwischen Georgenberg und dem oberbayerischen Aibling bestanden, die in den alljährlichen

Wallfahrten bis heute nicht abgerissen sind. Die Chronik des Klosters nennt einen Herrn von »Aibling. Ihr Geschlächte ist vor lanngen zeitten unnd jaren abgestorben«. Rathold III. zog sich in der ersten Hälfte des 10. Jahrhunderts von der weltlichen »hochfahrt« zurück »in einen wald und eine höle gehawen in einen velß«. Als er »nun ettwas czuo jaren kommen ist, hat jm die kelt der lüffte nit gezymmen wöllen«, und so versuchte er am Eingang des Tales eine Klause zu errichten, »auf einen gar schönen lustigen vnnd sümmerigen pühel zu nachst bey den dorff Staunes« (Stans bei Schwaz). Der Versuch mißlang gründlich. Ununterbrochen stürzten Zimmerleute, Maurer und andere Arbeiter zu Boden oder verletzten sich, »schnittendt sich«, so daß sich allmählich die Überlegung durchzusetzen begann, Gott könnte vielleicht mit der Wahl des Ortes nicht einverstanden sein. Während man dies überdachte, kamen »zwo schön schneeweiß tauben«, nahmen mit den Schnäbeln Holzspäne auf und trugen sie in den Wald. Man folgte ihnen, und da sah man, die Tiere »flugent auf den hohen und scharpffen velsen, do yecz das wirdig goczhauß ligt«. Nun erkannte man den Fingerzeig des Himmels und errichtete ohne weitere Zwischenfälle die erste Kirche und Klause dort, wo Georgenberg heute noch steht. Dem Heiligen Georg, der auch Patron der Aiblinger Pfarrkirche ist, wurde die Kapelle geweiht, womit wir den Boden der überprüfbaren Wirklichkeit betreten. Als besonderer Hinweis auf die Tatsächlichkeit der Legende wird die Ratholdshöhle gezeigt, die vor der Brücke zum Klosterfelsen erhöht im Gestein liegt. Eine allerdings nur mehr überlieferte Grabinschrift nannte die Namen des Gründers und des ersten Abtes: »Ratholdus, Dominus de Aiblingen« und »Eberhardo primo hujus monasterii abbate«. Abt Eberhard starb 1178, aber bereits um das Jahr 1000 war ständig ein Priester in Georgenberg anwesend. Die Erhebung zur Abtei erfolgte 1095, ihre Bestätigung 1138, und in der Zwischenzeit begannen die ersten Kreuzgänge zum Gnadenort.

Bis zum Beginn des 13. Jahrhunderts nahmen diese Pilgerzüge aus vielen Orten der Diözesen Chiemsee, Salzburg, Freising und Brixen solche Ausmaße an, daß sich Bischof Hartmann von Brixen, in dessen Bistum Georgenberg lag, veranlaßt sah, Erzbischof Eberhard von Salzburg und Bischof Ruger

VII

JÖRG KÖLDERER

(1470–1540)

Fischfang im Achensee

Miniatur aus dem ›Tiroler Fischereibuch‹, 1504
Wien, Österreichische Nationalbibliothek

Als passionierter Waidmann und Petrijünger ließ Kaiser Maximilian seinen Jagdgründen und Fischwassern nicht nur große Pflege angedeihen, sondern sie auch in eigenen Büchern genau aufzeichnen. In dem vom Gejaidschreiber Wolfgang Hohenleitner nach Angaben des Fischereimeisters Martin Fritz zusammengestellten ›Tiroler Fischereibuch‹ finden sich dazu sechs Darstellungen Nordtiroler Gewässer, darunter der Plansee, der Heiterwanger See und der hier wiedergegebene Achensee im Blick nach Süden. Während im Gebirge Gamsjagd und Hirschhatz im Gange sind, wird auf dem See reger Fischfang betrieben, wobei der Kaiser selbst – im ersten Nachen stehend im stahlblauen Jagdkostüm – den Fang begutachtet. Im Vordergrund erscheint der kaiserliche Auftraggeber noch zweimal: Rechts lauscht er, auf einem Schimmel reitend, dem Vortrag eines seiner Räte, links schnallt ihm sein Kammerdiener die Steigeisen an die Füße. Vom Balkon des sogenannten ›Fürstenhauses‹, das bereits Erzherzog Sigmund der Münzreiche in der Bucht von Pertisau hat errichten lassen, sehen die Damen der Hofgesellschaft dem bunten Treiben zu.

von Chiemsee aufzusuchen, um mit ihnen gemeinsam einen Wallfahrtsplan zu erstellen, nach dem die einzelnen Pfarreien ihre Kreuz- und Bittgänge durchführen sollten. Durchschnittlich umfaßte ein Zug etwa fünfzig Pilger, die meisten zu Pferd.

1097 stiftete Kaiser Heinrich IV. reich ausgestattete Messen zum Heiligen Georg, dem Patron der christlichen Ritter, ins stille Stallental, und Meinhard II. von Tirol stellte 1294 alle Pilger nach Georgenberg unter seinen landesfürstlichen Schutz, was die Sicherheit der Waller beträchtlich erhöhte, die meist tagelang unterwegs waren. Was aber gab es denn in Georgenberg zu holen?

Dazu muß man sich klarmachen, welch unerhörten Wert für Leib und Seele es hatte, mit echten Reliquien an echter Gnadenstätte direkt in Berührung zu kommen. Heiltümer hieß man sie, und Tirol hat eine ganze Reihe solcher Heiltumssammlungen gehabt, deren bedeutendste, jene des Ritters Waldauf in der Pfarrkirche zu Hall, noch heute teilweise existiert. Im Georgenberger Heiltumsverzeichnis stehen 132 bekannte Heilige, von denen es hier Reliquien gab. Da finden sich solche von Christus selbst und von ›großen‹ Heiligen wie David, Johannes dem Täufer, Johannes Evangelist, Laurentius, Maria Magdalena, Peter und Paul, Nikolaus, Stephanus, Thomas; dann solche von weniger bekannten Heiligen wie des Beichtigers Abra, des Abtes Brandan, der Jungfrau Candida, der Heiligen Dametry, Liboria, Maxentia, Pölt, Wiltpold; schließlich solche, die in die heilige Anonymität gehören wie ein Knochen eines der 10000 heiligen Ritter, eine Armröhre einer der Elftausend heiligen Jungfrauen aus dem Umkreis der Heiligen Ursula von Köln und so weiter. Endlich reine Objekte: drei Späne vom Kreuz Christi, das Öl der Jungfrau Maria von Sardinal, ein ›Gespinn‹ (Gewebe) vom Kleid Marias, die Sandalen Papst Gregors – »daz seind die schuck, so ein yeder babst allweg an hat und besunder in dem ampt der heiligen meß«, heißt es dazu im Verzeichnis. Schließlich gibt es dann auch Blut vom Georgenberger Blutwunder, das einem ungläubig die Wandlung vollziehenden Priester plötzlich aus dem Meßkelch entgegenquoll.

Ein anderes Anziehungsmittel bestand in einer großen Zahl von Ablässen, die in Georgenberg erworben werden konnten. Als nach den Bränden von 1284 und 1448 der Neubau immer mehr Mittel verschlang, wurde durch zusätzliche große Ablässe den Kalamitäten zu steuern versucht.

Welch Ansehen Georgenberg in der damaligen europäischen Welt besaß, beweisen die Stifter, allen voran Kaiser Heinrich IV., der 1097 Haupt und Rippe des Heiligen Romedius sowie einen Armknochen des Heiligen Georg dem Kloster schenkte. Andere Stifter waren Kaiser Ludwig der Bayer, König Heinrich von Böhmen, Herzog Friedrich IV., Erzherzog Sigmund und alle bedeutenden Tiroler Adelsgeschlechter wie die Rottenburger, Freundsberger, Baumkirchner oder Weerberger. Viele Adelige, aber auch Bürger und Bauern spendeten überdies Geld und Gut, um in Georgenberg begraben zu werden. Wir Materialisten des 20. Jahrhunderts staunen, was den Menschen jener Epochen die Zusicherung einer Begräbnisstätte auf Georgenberg wert war. Konrad von Fragenstein beispielsweise schenkte dafür seinen Niederhof zu Stans, die Ritter von Weer verschrieben ihren Schwaighof auf dem Weerberg samt den dort beschäftigten Eigenleuten, Berchtold von Freundsberg stiftete zum gleichen Zweck 1324 eine Hube zu Vomp.

Wir kennen kein zweites Kloster in Tirol mit ähnlicher Bedeutung und solchem Zulauf. Georgenberg muß wirklich eine heute unvorstellbare Ausstrahlungskraft besessen haben, wozu vielleicht nicht zuletzt seine abgeschiedene Einsamkeit beigetragen hat: »in silvestri rupe positum« – auf die Waldesklippe gesetzt, wie Erzbischof Ulrich von Salzburg 1261 schreibt, und Bischof Bruno von Brixen meint 1265: »monasterium in loco horroris et vaste solitudinis«, das Kloster liege am Ort des Schreckens und in der Öde der Einsamkeit. So kam es denen vor, die den Ort kannten und die doch einiges an Wäldern und Einsamkeiten von damals gewohnt waren.

Noch einer besonderen Erscheinung des Wallfahrtswesens sei gedacht: der sogenannten Gebetsverbrüderungen zwischen Kloster und Laien. Diesen Konföderationen lag die Idee der gegenseitigen Hilfeleistungen durch Gebet und tätige Nächstenliebe zugrunde, jene ›Gemeinschaft der Heiligen‹ also, die auch das Glaubensbekenntnis eigens erwähnt. Dieser geistigen Hilfe besonders bedürftig waren die armen Seelen der Verstorbenen, die von sich aus keine guten Werke mehr für ihre Errettung tun konnten. Es verbrüderten sich nicht nur Priester und

Laien, sondern auch ganze Konvente. Allein aus der Zeit zwischen 1317 und 1399 haben sich in Georgenberg solche Konföderationsbriefe von elf Klöstern erhalten: Marienberg, Ober- und Niederalteich, Frauen- und Herrenchiemsee, Metten, Ettal, Admont, Benediktbeuern, Au bei Bozen. Man kann hier den Umkreis der Georgenberger Wirksamkeit ablesen – später kam noch Kremsmünster hinzu – und wundert sich, wenn man erfährt, daß im Konvent meist nur acht Mönche mit ebenso vielen Brüdern lebten. Die Konföderation hatte als äußeres Zeichen eine jährliche Gabe des Klosters in Form von Schuhen: Jedes Mitglied erhielt jährlich ein Paar ›Bruoderschuoch‹, als sichtbares Zeugnis seiner Zugehörigkeit.

Georgenberg ist kein besonders großes, geschweige denn prunkvolles Kloster, aber, wie ich glaube, ein für die Tiroler Frömmigkeit ganz besonders typisches, das erkennen läßt, was es seinerzeit mit dem ›heiligen Land Tirol‹ auf sich gehabt hat.

Man kann Georgenberg über zwei Wege erreichen. Der eine, gemütliche, führt über den Weiler Wenn, entlang einem Kreuzweg. Hier kann man weit bis zur Wolfsklamm mit dem Auto fahren, nicht gern gesehen von den Einheimischen zwar, aber geduldet. Der andere Pfad führt durch die unheimliche Wolfsklamm, deren Begehung zuletzt zehn Schillinge kostete, die von einer Art Wolfsklammportier eingehoben wurden. Dann gelangt man an den Fuß des hohen Felsens, den zu erklimmen dem Pilger eine letzte harte Prüfung auferlegt. Schließlich schreitet man auf einer grandiosen alten Holzbrücke hoch über die Schlucht hinweg. Diese Brücke hängt durch, macht gleichzeitig eine Linkskurve, steigt an, und mit gemischten Gefühlen erkennt man, daß sie noch dazu quer auf ihrem steinernen Pfeiler aufliegt. Nur das Holzdach mildert die fragwürdige Statik dieser Konstruktion. Die Wildnis ist auch heute ringsum noch groß und unmittelbar, daß man staunt, wie jener Rathold einst seine Höhle überhaupt gefunden haben mag.

Die *Kirche* selbst ist sehr dunkel. Das Gnadenbild von 1350, eine Pietà, steht etwas verloren inmitten der allgemeinen Pracht. Über dem Tabernakel des Hochaltares findet sich die Armreliquie des »hl. ritter vnd Martrer sant Jörgen, von der Schulter bis an den elenbogen«, wie das Heiltumsverzeichnis berichtet. Ein weiterer Hauptschatz ist der Bischofsstab des seligen Bischofs Hartmann von Brixen, den dieser seinem Freunde Abt Eberhard geschenkt hat. Die Krümme des Stabes enthält in barocker Fassung eine romanische Elfenbeinschnitzerei. Am rechten Seitenaltar schildert ein Bild ausführlich das Blutwunder von 1310; eine andere Malerei erzählt von der Predigt des Abtes Michael Geisler vor den lutherisch gesinnten Knappen in Schwaz.

Georgenberg und seine Bauten, die viele Jahrhunderte lang im wesentlichen aus Holz bestanden, sind wiederholt durch schwere Brände verwüstet worden. Zuletzt 1705 in solchem Ausmaß, daß man das Kloster ins Inntal nach Fiecht gegenüber Schwaz verlegte. Es hat sich also doch das wiederholt, was einst schon der fromme Rathold versucht hat, als er aus seiner unwirtlichen Höhle im Stallental herauszuziehen versuchte. Auch diesmal blieben Unfälle nicht aus, denn die neue große Stiftskirche stürzte ein. Aber man sah darin keinen besonderen Fingerzeig Gottes mehr, sondern eine Fehlkonstruktion Kassian Singers, und bemerkte auch keine wegweisenden Tiere mehr, die zu einer neuerlichen Verlegung des Klosters geraten hätten.

In Georgenberg selbst war schon lange neben der Klosterkirche um 1230 eine eigene Laienkirche entstanden: *Maria unter der Linde*. Vom romanischen Bau stehen noch die Langschiffmauern, die jetzt ein spätgotisches Gewölbe von 1475 tragen. Auch das schmucklose Rundbogenportal ist noch romanisch. Der Turm stammt von 1515.

Das künstlerische Hauptstück von *Kloster Fiecht* ist die Stiftskirche zum Heiligen Josef. Sie stellt gleichzeitig das Meisterstück der Singerschen Bauwerkstatt in Schwaz dar.

Die Singer, die im Unterland viel gearbeitet haben, stammten ja, wie wir schon gehört haben, aus Götzens, einem Dorf westlich von Innsbruck, wo es ihre Nachkommen heute noch gibt. Sie übten das Maurerhandwerk aus, arbeiteten auch als Stukkateure, wobei sie der Wessobrunner Schule nahestehen. Jakob Singer ließ sich 1726 zusammen mit seinem Bruder Hans in Schwaz nieder, wo sie bald ein blühendes Baugeschäft betrieben, das sich auf die allerorts gewünschte Barockisierung gotischer Kirchen spezialisierte. 1741 bis 1743 arbeiteten sie an ihrem größten Bauauftrag, dem Neubau der Stiftskirche zu

Fiecht. Es scheint so gewesen zu sein, daß Kassian Singer, ein Sohn Jakobs, den kühnen Plan für die Kirche lieferte, in dem wesentliche neue Bauelemente vereinigt wurden. Nach vier schmalen, aber ungewöhnlich hohen und breiten Langhausjochen folgt eine weite Vierung, überspannt von einer großen Flachkuppel. Nach Norden schließt ein großer Chorraum an, nach Osten und Westen je ein halbkreisförmiger Seitenarm. Das Langhaus überwölbte eine einheitliche Stichkappentonne, die aber der Spannung nicht gewachsen war und sechs Jahre nach ihrer Vollendung am 23. Dezember 1749 einstürzte. Nach langwierigen Verhandlungen und Untersuchungen wurde die Verteidigung Kassian Singers anerkannt und festgestellt, daß der Einsturz »aus Schuld des Maurermeisters« erfolgt war. Die Singer errichteten die Gewölbe neu, und nun hielten sie bis heute.

Ein Hauptproblem aller Flachkuppeln und Tonnen ist die Beleuchtung, weshalb man die tragenden Wände darunter mit möglichst großen Fenstern durchbrach, was auch hier zum Einsturz mit beigetragen haben mag.

Die *Stiftskirche* Fiecht überrascht jeden durch ihre hohe lichte Weite sowie durch die Gestaltung des Chorteiles, wenngleich dieser für den Gesamteindruck wenig ins Gewicht fällt, da man weder die Flachkuppel über der Vierung noch die Seitenarme vom Langhaus aus sieht. Großen Anteil am festlichen Klang des Raumes haben die Stukkaturen, die von Franz Xaver und Michael Feichtmayr aus Wessobrunn sowie Johann Georg Üblhör aus Augsburg angebracht wurden. Beide zählten zu den besten Meistern ihres Fachs und haben im Langhaus nach dem Einsturz weite Teile zweimal geschaffen. Ebenso erging es Matthäus Günther, der für die Deckengemälde 1751 ein zweites Mal bemüht werden mußte. Er schildert Szenen aus dem Leben des Kirchenpatrons Sankt Josef. Dabei faßt er das zweite und dritte Joch zu einem großen Bild ›Geburt Christi und Anbetung der Könige‹ zusammen. Er hat die Szene in eine römische Palastruine verlegt, wie es damals gern geschah, symbolhaft gemeint für den Untergang Roms und den Aufstieg des Christentums. Im Bild mit der ›Darstellung Jesu im Tempel‹ wurde der Nährvater aus seiner traditionell untergeordneten Stellung herausgerückt: Er ist es nun, der das Kind präsentiert, und

Maria steht bescheiden im Hintergrund. In der Vierungskuppel hat Günther eine Epiphanie meisterhaft in die vorgegebene Form eingefügt. Wie selbstverständlich paßt sich der Bogen einer durchhängenden Schleppe oder das Rund einer Mauer den Kurven des Rahmens an. Die Chor- und Querschiffszenen treten künstlerisch etwas zurück.

Die Hauptplastik am Hochaltar schuf Hans Andre 1950, wogegen die Madonnenfigur im rechten Seitenschiff von der Annasäule aus Innsbruck stammt, für die sie Christoph Benedetti 1706 gearbeitet hat. Die Wessobrunner Stukkateure haben die Apostelzeichen an den Wänden mit symboltragenden Putten belebt, und ähnliches hat Franz Xaver Nißl aus Fügen auf den vier Beichtstühlen getan. Hier sieht man jeweils einen Hauptgedanken des Bußsakramentes durch eine Hauptfigur und zwei Putten ausgedrückt, etwa die ›Gewissenserforschung‹ zwischen Erinnerung und Bestürzung oder gegenüber die ›Buße‹ zwischen Tod und Hölle.

Während diese Dinge aber schon eher in den filigranen Bereich zurücktreten, nimmt man als bleibenden Eindruck die selten großräumige Klarheit dieses Gotteshauses mit sich, die in Tirol nirgends mehr erreicht werden konnte, auch von den Singer nicht.

Wattens und das Wattental

Drei Täler führen zwischen Schwaz und Hall von Süden her aus den Tuxer Vorbergen ins Inntal hinaus: eins beim Dorf Weer, eins beim Dorf Volders und eins, an dessen Mündung der Industrieort Wattens liegt. Dieses fast zwanzig Kilometer lange Wattental ist das wichtigste, denn an seinem Ursprung im Gebirge liegt die ›Lizum‹. Lizum bedeutet ganz allgemein Alm, aber viele Jahre hat man in Tirol unter ›der Lizum‹ nur diese eine im Wattental verstanden. Das änderte sich erst, als man für die Olympischen Winterspiele 1964 auch die Axamer Lizum erschloß, und nun hat sich der Grundbegriff dorthin verlagert. Der Innsbrucker versteht unter ›der‹ Lizum heute jene bei Axams.

Bereits 1912 hat der Alpenverein die Lizumer Hütte (2050 m) im Wattental an den Sockel der Sonnenspitze (2620 m) und der Tarntaler Köpfe (2755 m) gestellt, und das Bundesheer errichtete im Lizumtal einen Hochgebirgsübungsplatz, wo scharf geschossen werden konnte, leider!

Heute erreicht man etwa nach zwölf Kilometern taleinwärts das Militärlager bei der alten Wirtschaft Walchen, wo sich das Tal gabelt: Mölstal und eigentliches Lizumtal. Ganz am Ende des Mölstales, in der Knappenkuchl, 2000 Meter hoch, wurde bis 1650 Erz geschürft, und in Weer stand eine Schmelzhütte.

Im Mittelalter hatte man andere Vorstellungen von den Tiroler Gebirgsregionen als heute und hielt die Berge für das Wesentliche und nicht die Täler, weshalb diese nach ihren gemeinsamen Enden ›im‹ Berg verwaltet wurden. Dadurch zählte das Wattener Lizumtal zum Wipptal westlich des Naviser Jöchls (2480 m) am Ende des Mölstales. Erst im 17. Jahrhundert wurde auch die politische Orientierung nach dem Inntal gewendet, wohin die Almen damals schon lange verpachtet waren.

Auf den zahlreichen Übergängen in die Nachbartäler findet man besonders im Frühjahr eine unzerstörte Umwelt, die den Bergfahrten den Eindruck von Almspaziergängen verleiht, was freilich nicht zu dem Trugschluß verleiten sollte, sich ungenügend auszurüsten. Hier gibt es auch eine ganze Reihe kleiner Seen, die der kargen Landschaft liebliche Akzente verleihen. Die schönsten sind die Tarntaler Seen: Sie liegen ganz versteckt im gleichnamigen Kar, wo vollkommene Einsamkeit herrscht und nur manchmal die Stille vom Pfeifen der Murmeltiere unterbrochen wird.

Der Winter, der bis lang ins Frühjahr reicht, bietet dem Schifahrer jede Möglichkeit an Touren. Alle Berge sind befahrbar; weite, sanfte, kaum lawinengefährdete Hänge bieten Abfahrten im Pulverschnee, die deshalb besonders genußvoll empfunden werden, weil sie noch zu Fuß ›verdient‹ werden müssen. Dabei kann man das Schifahren mit der Natur vereint erleben, so wie es einmal gemeint war.

Das Dorf *Wattens* ist heute ein Industrieort mit Kultur, was heißen soll, daß die Industrie hier mehr Gutes als Schädliches gezeitigt hat. Es war ein erfindungsreicher Glasschleifer namens Daniel Swarovski aus Nordböhmen, der mit seiner Familie und einigen Arbeitern auf der Suche nach Industrieenergie, das hieß damals Wasserkraft, 1895 von Johannestal nach Wattens übersiedelte. Aus diesem Anfang wuchs die weltberühmte Glasschleiferei Swarovski empor, die heute an die dreitausend Arbeiter beschäftigt.

Wattens hatte schon immer Industrie angezogen. Hier stand 1560 die erste Tiroler Papiermühle, zum Teil im Gelände einer alten Schmelzhütte errichtet. Der Innsbrucker Hof konnte damit aus dem eigenen Land Papier beziehen, und die ausländische Konkurrenz besonders in Kempten wurde niedergerungen. Ab 1885 lieferte die Papiermühle feinstes Zigarettenpapier und seit dem Zweiten Weltkrieg das technisch besonders anspruchsvolle Kondensatorenpapier. Es weist eine Dicke von 0,008 bis 0,010 Millimeter auf, und ein Quadratmeter davon wiegt ganze 10 Gramm!

Weer, Weerberg und Pill

Wattens und seine beiden Nachbarorte Volders und Weer entstanden wie alle Inntaler Siedlungen auf Schuttkegeln, die von den Gebirgsbächen aus den Seitentälern ins Inntal vorgeschoben wurden. Um so schwieriger war es für die Forschung, die vorgeschichtliche Siedlung im sogenannten ›Himmelreich‹, rund siebzig Meter über dem Dorf am Berghang, als Gegebenheit unterzubringen, und es war lange Zeit nicht klar, was dieser stark befestigte Platz mit sechs Häusern und einem 150 Meter langen Palisadenwall zu bedeuten hatte. Heute scheint festzustehen, daß es sich um eine Wehrsiedlung gehandelt hat, wahrscheinlich in Beziehung zu Volders und Wattens, da beide Talorte ja viel älter sind. Seinerzeit hieß der Platz ›Turlutsch‹ vom Lateinischen ›Turris lucis‹: Lichtturm, Leuchtturm. Die Ausgrabungen haben hochinteressante Ergebnisse geliefert, obwohl ein Teil der Siedlung leider bereits vor seiner Entdeckung einem Steinbruch zum Opfer gefallen war. In jahrelanger Arbeit haben die Menschen des ›Himmelreiches‹ einen zehn Meter tiefen Reservebrunnen in den blanken Felsen gehauen, der 14000 Liter Wasser faßt, das aber nur von Regen und Schnee und Auffüllung herrühren konnte. Ob der Name ›Lichtturm‹ durch ein einmaliges Ereignis, etwa eine Brandkatastrophe, auf die viele verkohlte Reste hinweisen könnten, entstanden ist, gleichsam durch den Untergang eines brennenden Walhalls, ist ungewiß. Die Siedlung gilt als latènezeitlich und soll zwischen dem 1. und 4. Jahrhundert nach Chr. untergegangen sein.

Am nahen Kolsaßberg südlich des Inns stand einst die gewaltige Burg Rettenberg, wo bereits 1300 ein Landrichter amtiert hat. 1492 befand sich die Feste im Besitz des berühmten Ritters Florian Waldauf von Waldenstein, der jene große Heiltumssammlung zusammengebracht hat, von der wir stattliche Reste in der Haller Pfarrkirche gesehen haben. Heute steht ein friedfertiger Bauernhof innerhalb der Reste trutziger Ringmauern.

Sehenswerter ist die alte Kirche von Weer, eigentlich von *Weerberg*, dem Ort oberhalb des Dorfes im Tal. Im Vorbeireisen sieht man sie nur kurz: Einsam steht sie auf einem bewaldeten Bergkopf, in ihrer Architektur übertönt von der aufwendigen Doppelturmfassade der neuen Weerberger Kirche, die erst 1870 vollendet worden ist, es aber mit der alten an Kunstwert nicht aufnehmen kann. Der Hügel, auf dem diese steht, gleicht sehr jenem des ›Himmelreiches‹ bei Wattens und ist in vorgeschichtlicher Zeit wohl gleichfalls besiedelt gewesen. Es ist eine Petruskirche, auch dies Bestätigung sehr alter Gründung. Der Turm stammt noch aus der Zeit von 1440, wogegen das Haupthaus 1749/50 von dem rührigen geistlichen Bauherrn Franz de Paula Penz neu errichtet worden ist. 1870 hat man das Langhaus radikal amputiert, indem man kurz entschlossen die beiden westlichen Joche abtrug, um billiges Baumaterial für die neue Kirche zu gewinnen. Dadurch blieb fast ein Zentralbau übrig, und vielleicht waren es überhaupt nur die schmucken Fresken in der mittleren Flachkuppel, die einen völligen Abbruch verhindert haben. Der Imster Maler Josef Jais hat sie geschaffen, nicht eben unerhörte Meisterwerke, aber gut in den gefälligen Rokokostuck eingefügt. Das Hochaltarbild ›Petrus und Christus‹ stammt von Josef Anton Zoller (1784).

Auf deutlich höherer baulicher Stufe steht die Pfarrkirche zum Heiligen Gallus im Taldorf *Weer* selbst. Der für Tirol seltene Kirchenpatron läßt auf eine Christianisierung durch die iroschottischen Mönche von Münster schließen. Das Innere des 1780 vollendeten Rokokoneubaues lebt von den hübschen Fresken, die Franz Anton Zeiller aus Reutte 1779 ins Gewölbe gemalt hat, wobei er nicht an Scheinarchitektur sparte. Über der durchschnittlichen Dorfqualität steht auch der künstlerische

Wert der Figuren am Hochaltar, die möglicherweise der vielbeschäftigte und begabte Urban Klieber gearbeitet hat. Alles in allem ein für Nordtirol sehr beschwingter Raum.

Auf der alten Straße nach Schwaz streift man das Dörfchen *Pill,* an dessen gleichnamigem Bach im 16. Jahrhundert Schmelzhütten der Schwazer Gewerken Stöckl arbeiteten. Auch später ist hier eine kleine Industrie weiterbetrieben worden. Für uns ist das Kirchlein ›Zum heiligen Kreuz‹ wichtiger, das ostwärts der Häuser an der Bundesstraße steht und 1778 durch Andre Hueber oder Franz Penz geschaffen worden ist. Man sieht schon von außen, daß der Baumeister an einen Zentralbau gedacht hat, was für Hueber spricht. Langhaus und Querschiff durchdringen sich unter einer kleinen Kuppellaterne, das Ganze wirkt wie eine in die Höhe gezogene Wegkapelle. Als Gnadenstück wird ein Holzkreuz verehrt, das ruchlose bayrische Soldaten 1703 von der Zirler Innbrücke ins Wasser geworfen haben und das hier gelandet ist, nach Meinung der Einheimischen, weil es hier bleiben wollte. Dementsprechend hat der fleißige Christoph Anton Mayr aus Schwaz in anmutigen Bildern die ›Geschichte des heiligen Kreuzes‹ an die Kirchendecke gemalt, und diese Bilder allein lohnen schon eine Besichtigung. Es sei besonders auf eine Volksszene hingewiesen, auf der die Einweihung des Kirchleins geschildert wird. Es sah damals so aus wie heute, etwas ›frischer‹ vielleicht, die Wallfahrt war ja auch noch lebendig. Rechts im Hintergrund erkennt man die nahe Stadt Schwaz, drüben am Hang Schloß Tratzberg und unmittelbar über dem Fassadengiebel des Kirchleins Stift Fiecht – und dazwischen war alles grün und frei, ohne Autobahn und ohne Eisenbahn.

Gegenüber der Kirche steht der Plankenhof, ein schönes Gasthaus mit Schankgarten im alten Stil, aber mit moderner Küche. Hier kann man träumen, auf der Walz oder Wallfahrt zu sein, in einem vergangenen Jahrhundert, und trotzdem alle Errungenschaften neuzeitlicher Gastronomie genießen.

Auch *Volders* liegt auf einem Schwemmkegel, den der Volderbach aus dem Voldertal herausgeschleppt hat. Dort drinnen, wo Gasthaus und Bad ›Volderwildbad‹ liegen, bereits im Mittelalter geschätzt, vielleicht einst durch krankes Wild angezeigt. Später rann die Heilquelle aus einem alten Bergwerksstollen heraus, heute wird sie nicht mehr benützt.

Das Dorf selbst hat drei Sehenswürdigkeiten, wozu ich die 1965 durch Clemens Holzmeister durchgeführte Vergrößerung der Pfarrkirche zum Heiligen Johannes dem Täufer aber bestimmt nicht zählen möchte. Hingegen lohnen Besuche auf Schloß Friedberg, in der Karlskirche nahe der Innbrücke und auch ein Spaziergang zum Schlößchen Aschach.

Schloß Friedberg, seit 1845 im Eigentum der Grafen Trapp, deren Stammschloß die Churburg in Südtirol ist, reicht mit seiner Gründung in die Zeiten der Grafen von Andechs um 1200 zurück. Zunächst scheint nur ein gewaltiger Wohnturm gestanden zu sein, später kamen noch vier weitere und etwas niedrigere, Wohntürme hinzu, in deren jedem ein anderer Verwaltungsbeamter saß, einer von Georgenberg, einer für Augsburg, einer für den Landesfürsten. Landesfürstlich war die Burg auch immer, selbst als sie 1410 im Aufstand des Grafen Heinrich von Rottenburg gegen Friedrich IV. kriegerisch benützt wurde, wobei sie kaum ernsthaft beschädigt worden ist.

Als es die Fieger 1491 erwarben, befand es sich jedenfalls in keinem guten Zustand, denn die neuen Burgherren ließen zu ihrem Wappenstein über dem Burgtor das Schloß selbst einige bezeichnende Worte sagen: *Da ich, Fridberg, bart alt, pauschlaipf und ungestalt, hat mich der edlvest hans Fueger von melans der minst, verneit zirt und erbreitert. bol des man ich pilich ern sol. 1491*. Das b muß man für ein w lesen, dann wird der Text verständlich.

Die Fieger besaßen Friedberg bis 1802. Unter ihnen sind die einzelnen Türme miteinander zu einem gemeinsamen Komplex verbunden worden, wobei die Zwischenbauten niedriger blieben als die alten Haupttürme. Erst die Grafen Trapp vereinheitlichten auch die Firsthöhe. Sie suchten damit der Raumnot abzuhelfen, da der Burgsockel keine Erweiterung mehr gestattete. Die Fieger hatten noch kriegerisch gedacht, ein Vorwerk erbaut und dieses durch einen langen Gang zwischen zwei Mauern mit dem Haupttor verbunden. Auch den Bergfried haben sie um gut dreißig Meter erhöht und eine Türmerwohnung wie einen Adlerhorst kühn ins oberste Geschoß gelegt. Das architektonische Glanzstück dieser Zeit stellt aber die spätgotische Spindeltreppe dar, die sich ohne Mittelstütze emporwindet und keinen alltäglichen Baumeister gehabt haben kann. Sein Name ist nicht auf uns gekommen, ebensowenig wie jener des Malers, dessen Wandgemälde im Erdgeschoß des alten Nordturmes erst 1959 entdeckt worden sind. Er hat einen fast würfelförmigen Raum an allen vier Seitenwänden mit einer durchlaufenden Landschaft versehen, in die man über einen halbhchen Holzzaun hineinblickt. Die weiten Wiesen und Felder sind von Gebirgsstöcken überragt, die an einen niederländischen Maler denken lassen müssen, wogegen die figürlichen Szenen der Kunst am Hofe Kaiser Maximilians nahestehen.

Bereits viel früher ist eine Malerei konserviert worden, die etwa um 1430 entstanden sein dürfte. Hier handelt es sich um die Schilderung eines ›Turniers der Jahreszeiten‹, das inmitten zarter Rankenmalerei vor sich geht, in der noch andere kleine Szenen wie bunte Vögel im Geäst eines Zeitenbaumes sitzen.

Da Friedberg immer in Benützung gestanden ist, hat es sich nicht in Museum und Wohnungen zweigeteilt, wie das in so manchem anderen Schloß geschehen mußte. So sind die zum Teil hochinteressanten Innenräume selten zugänglich. Darunter befindet sich vor allem ein Eckraum mit einem geschnitzten Plafond aus der spätgotischen Fieger-Zeit. In einzelnen flachen Feldern finden sich phantastische Ornamente, die zum besten Schnitzwerk gehören, das jene Zeit überhaupt zu bieten hat.

Auch die Burgkapelle zum Heiligen Bartholomäus geht in ihrer bis heute erhaltenen Form auf die Fieger zurück, zeigt aber auch noch Fragmente älterer Wandmalereien.

Etwas im Schatten des bedeutenden Friedberg hat sich in Volders das *Schlößchen Aschach* erhalten. Es steht auf einer kleinen Anhöhe und geht in seiner Form auf die beiden Hofarchitekten Giovanni und Alberto Lucchese zurück, die es ab 1575 verändert haben. Das geschah für den Kämmerer Erzherzog Ferdinands II., Ernst von Rauchenberg, dem als Oberhofmeister besonders die Betreuung der beiden Söhne des Fürsten oblag. Der Ansitz existierte bereits im 14. Jahrhundert und war im folgenden Säkulum Sitz des Richters der Herrschaft Rettenberg. Wahrscheinlich bestand damals erst der jetzt als Turm wirkende Südteil mit der Kapelle. Hier mißt die Mauer fast eineinhalb Meter. An diesen Turmteil wurde dann das übrige angefügt und in den Anschlußwinkel ein fünfseitiger Treppenturm gestellt. An den Nordecken hängen zwei Erker. Innen ist alles umsichtig ausgestaltet worden. Der Saal im zweiten Stock und das große Turmzimmer von acht mal acht Metern Grundriß im obersten Geschoß gewähren eine bezaubernde Aussicht. Man kann auch noch bis ins höchste Türmchen steigen und von dort aus Aschach aus der Vogelschau betrachten. Die Dachstühle sind original, ganz aus Holz, ohne rostanlockende Eisennägel und weisen vielleicht doch noch in die Zeit vor den Lucchese zurück. Deren Tätigkeit hätte dann nur das Innere und das Treppentürmchen betroffen.

Wenn man Volders nach Westen hin verläßt, überschreitet man den Volderbach. Südlich der Bundesstraße liegt ein großes Urnengräberfeld mit etwa 400 Bestattungen. Die Kohlenstoff-Zeitanalyse läßt die Gräber zwischen 1000 und 650 vor Chr. datieren. Und die spektrografischen Untersuchungen der bronzenen Grabbeigaben brachten die Bestätigung der Vermutung eines bereits urzeitlichen Kupferbergbaus in der Bertagrube am Pirchanger bei Schwaz. Die Menschen der frühen bis mittleren Hallstattzeit, die hier bestattet worden sind, lebten wahrscheinlich auf der Anhöhe des nahen Stachelberger Waldes, etwa 1000 Jahre vor den Siedlern im ›Himmelreich‹ bei Wattens.

Weiter innaufwärts teilt sich die Straße. Ihr breiterer Arm führt über die Innbrücke nach Mils und Hall, wogegen der schmälere Rest auf der südlichen Innseite bleibt und gegen das hier beginnende Mittelgebirge zu Füßen des Glungezer-Patscherkofel-Gebirges ansteigt. Genau an der Straßengabel steht die bunte Kirche zum Heiligen Karl Borromäus, in Tirol als *Volderer Karlskirche* bezeichnet. Ihre Bemalung und ihre exaltierten Formen machen sie unübersehbar. Wie ein bemaltes Osterei leuchtet sie aus der Landschaft. Sie ist das Werk eines Baudilettanten, des Arztes Hippolytus Guarinoni (1571-1654), der aus Trient stammte, an den kaiserlichen Höfen zu Wien und Prag, wo sein Vater Leibarzt der Kaiser Maximilian II. und

Rudolph II. gewesen ist, aufwuchs, in Padua studierte und seit 1598 als Hausarzt und Stadtphysikus in Hall tätig war. Über alle seine Unternehmungen hat er umfangreiche Beschreibungen verfaßt, so über eine Romreise 1613 zur Überführung der Gebeine zweier Märtyrerinnen ins Haller Damenstift, über seine ›Bürgfahrt‹ 1609, die er mit Freunden im Volder- und Wattental unternahm. Auf seinem medizinischen Fachgebiet verfaßte er 1610 ein Monumentalwerk ›Vom Greuel der Verwüstung menschlichen Geschlechtes‹, eine Art Ganzkörpermedizin, und 1613 anläßlich der Infektionsepidemie, die allein in Schwaz 2334 Tote gefordert hatte, einen ›Pestilentz-Guardien‹. Daneben entstand eine ganze Reihe von Biografien über den kleinen ›Anderl von Rinn‹, den heiligmäßigen Kapuzinerpater Thomas von Bergamo, die Heiligen Lea und Vinzentia, die Erzherzogin Eleonore von der Steiermark, die Heilige Notburga, den Heiligen Karl Borromäus, den Guarinoni selbst gut gekannt hatte, und über die Bischöfe von Brixen. Auch das erste alpenländische Herbarium mit über 600 verschiedenen Pflanzen hat er angelegt.

Wir wissen nicht, was diesen vielseitigen Mann veranlaßt hat, sich auch noch als Architekt, Baumeister, Maurer und Handlanger zu betätigen. Nicht weniger als drei Kirchen, zwei kleine in Volderwildbad und Baumkirchen und die große an der Volderer Innbrücke, hat er geschaffen. Sie zeigen alle das gleiche Grundkonzept mit Eingangshalle, Hauptraum und Turm hintereinander auf einer Achse stehend. Dabei überlud Guarinoni die Karlskirche entschieden mit der Symbolik der Dreifaltigkeit, und es ist erstaunlich, daß dabei wenigstens der zentrale Mittelraum noch ein echter Raum wurde. Den Kirchturm wollte der Baumeister, im runden Mittelteil allmählich zur Spirale gedreht, doppelt so hoch aufsteigen lassen wie den Unterbau. So hatte er es bei Borromini gesehen. Dadurch hätte sich das Äußere der etwas aneinandergestellten Bauteile mehr konzentriert. Große alte Platanen stehen auf dem kleinen Vorplatz und unterstreichen das Exotische der ganzen Anlage.

Im Innern beherrscht das große Kuppelfresko Martin Knollers von 1767 alles. Obwohl hundert Jahre jünger als die Architektur, verbindet es sich gut mit dieser. Dargestellt ist die ›Glorie des Heiligen Karl Borromäus‹.

Über den Fortgang der Bauarbeiten hat Guarinoni natürlich auch eine Abhandlung geschrieben: ›Denkwürdige Geschichten der neuen Kirchen bey Voldererpruggen‹ (1651). Gedruckt wurden die denkwürdigen Geschichten bisher nicht, das Manuskript liegt in der Innsbrucker Universitätsbibliothek. Hier bezeichnet er sich unter den Maurern als Meister Pölten (Hippolyt). Ein Bauernmädchen, das ihm bei der Arbeit zusah, schenkte ihm für seinen Fleiß eine Nuß, die noch heute im Archiv des Servitenklosters neben der Kirche zu sehen ist, mit des Arztes Vermerk »Mein Almosen«. Ein Bäuerlein gab ihm als Anerkennung einen Silberling – »Mein Maurertrinkgeld«. Damals war der Arzt bereits über achtzig Jahre alt. Er starb nur wenige Tage vor der Einweihung seiner Kirche, die am 25. Juli 1654 erfolgte, nachdem er dreißig Jahre lang daran gebaut hatte. Auf seiner Grabplatte im Kirchenraum steht zu lesen: *Sie hier, o Wanderer! Der durch Kunst, Tugend, Wissenschaft, Frömmigkeit und Edelsinn weltberühmte ausgezeichnete Arzt Hippolyt Guarinoni zu Hoffberg und Vorderthurn, aus Trient gebürtig, der Gründer und Erbauer dieser Kirche, gestorben am letzten Maientage des Jahres 1654, liegt hier begraben und möge samt seiner ebenfalls hier ruhenden geliebten Gemahlin Helena und seiner ganzen Familie sich, die hochheilige Dreifaltigkeit preisend, erfreuen.*

Das Altarbild des Dreikönigsaltares, vor dem die Toten ruhen, hatte der Münchner Wilhelm Schöpfer bereits 1633 gemalt. Es zeigt die Familie des Bauherrn und Baumeisters in einer Person. 1689 wurde auch das Servitenkloster neben der Kirche fertig, das Guarinoni zu ihrer Betreuung zu bauen begonnen hatte.

Von der Volderer Karlskirche steigt am südlichen Innufer die Straße bald steil an und tritt ins Hasental ein, wo der alte *Kolbenturm* steht. Sein Name erinnert an ein Geschlecht des 12. Jahrhunderts das aus Welschtirol gestammt hatte. Im 16. Jahrhundert diente der Wohnturm bei den Hofjagden Erzherzog Ferdinands II. als Stützpunkt. Damals war der Turm höher als heute und hatte einen Fluchtweg gegen den Inn hin. Im Mittelalter jedenfalls war er Auslug über das Inntal und die Brücke.

Die Gegend im Hasental galt lange Zeit als nicht geheuer, denn man gelangt hier zum unheimlichen Glockenhof. Dort arbeiteten im 17. Jahrhundert Glockengießer, auch sie nicht ganz geheuere Gesellen, Finsterlinge, geübt im Umgang mit dem höllischen Element, nahe bei den höllischen Geistern selbst. Sie zogen weit herum damals, die Glockengießer, besonders wenn es galt, große Glocken zu fertigen, denn der Transport so gewaltiger Lasten im Gebirge warf unlösbare Probleme auf. So gossen die beiden Lothringer Franz Giot und Johann Reichart 1641 die Zwölferin von Schwaz auf dem Kirchplatz dortselbst.

Das Unheimliche der Glockenhofer reichte aber noch weiter bis ins Räuberische. Der berühmteste und tragischste von ihnen war Meister Hans Gatterer, »ein stattlicher Mann mit dunklem Vollbart, tiefliegenden schwarzen Augen, dessen Blick niemand ertragen konnte«. Das stimmte und wußte im Innsbrukker Raum jedes Kind. Denn wenn man einen Ausflug zum Glockenhof unternahm, wurden nicht nur durch den dunklen Wald oder die Steigung des Weges vom Inntal herauf die Reden immer spärlicher und leiser, sondern man wußte, daß der Gatterer samt Vollbart und bösem Blick noch jetzt manchmal aus dem Glockenhof herausblickte. Und richtig, da stand er – in einem täuschend an die Wand gemalten Fenster! Man war schon sehr froh, daß nicht auch noch seine Gesellen – etwa s'Triafaug, der unheimliche Langhans oder gar der Mohr – irgendwo heraus- oder herabblickten. Auch Besuche im Rosengartl, wo die Ermordeten verscharrt wurden, vermieden wir Kinder tunlichst, aber das laute Vorlesen des an der Wand vermerkten Gedichtes war unvermeidlich:

Hochberühmt und kunsterfahren,
Lange Zeit hier hochgeehrt,
Starb vor dritthalbhundert Jahren
Ein Verbrecher durch das Schwert.
Glockengießer und daneben
Straßenräuber – welche Schmach,
Bis man ihm das Urteil sprach.
Bei des Urteils Trauerkunde
Bat er nur um eine Gunst,
Einmal vor der Sterbestunde
Noch zu zeigen seine Kunst.
Eine Glocke soll noch werden
Dort zu Mils, soll ihr Hall

Weit verkünden, seinem Sterben
Sei geweiht ihr erster Schall.
Und die Glocke ward vollendet,
Meisterhaft ihr Guß gelang,
Ihre ersten Klänge sendet
Sie zu Meisters Todesgang.
Diese hört der Glockengießer,
Ist zufrieden, geht zum Tod,
Stirbt durch Henkers Hand als Büßer,
Ausgesöhnt mit Welt und Gott.
Johann Gatterer, Glockengießer, 1628.

Gatterers Zeit lag also im Dreißigjährigen Krieg; auch die von ihm gegossene Glocke hat es in Mils wirklich gegeben. Sie fiel beim Brand des Turmes 1791 herab und zersprang. Das Köpfen geschah, will man dem Marterl am Glockenhof und der Überlieferung glauben, unmittelbar vor dem Hause hier, vielleicht gerade dort, wo der verehrte Leser jetzt oder später stehen wird und den Gatterer im Fenster betrachtet. Er ging in die Welt der Tiroler Volkssagen ein und wird von den Bauernbühnen in verschiedenen Stücken gereimt und ungereimt unermüdlich gespielt und unermüdlich – je nach Applaus mehrfach – geköpft.

Vorbei am Borgiakirchlein, einem hübschen Zentralraum, den die Stiftsdamen aus Hall – sehr in Anlehnung an die Baugedanken ihres berühmten Hausarztes Dr. Guarinoni – errichtet haben, steigt die Straße nach Tulfes empor, das am östlichsten Ausläufer der Mittelgebirgsterrasse zu Füßen des Glungezers und Patscherkofels liegt.

Im Anblick des Rofan

Jenbach

Jenbach, einst als kleiner Weiler zur Urpfarre Münster gehörig und am Kasbach gelegen, der als ›Impach‹ dem Ort den Namen gegeben hat, verdankt seinen Aufschwung den Schmelzhütten, die in der zweiten Hälfte des 15. Jahrhunderts hierher verlegt worden sind. Wahrscheinlich war es Virgil Hofer, einer der reichsten und tatkräftigsten Bergwerksunternehmer in Schwaz, der am Kasbach 1475 das größte Hüttenwerk Tirols errichtet hat. Diese alten Schmelzwerke sind zwar längst verschwunden, aber der Industriecharakter ist dem Ort in verschiedenen Formen erhalten geblieben, und das Achensee-Elektrizitätswerk hat sich wiederum fallende Wasserkraft zunutze gemacht.

Schon vor Virgil Hofer, etwa um 1450, waren am Kasbach, der weder Muren noch Wildwasser führte, Schmelzhütten errichtet worden. Der Erfolg scheint die Schwazer so beeindruckt zu haben, daß sie ihre großen Werke dorthin zu verlegen wagten. Die Fugger und die Stöckl schmolzen in Jenbach in den drei Jahren 1523 bis 1525 22000 Mark Silber aus gefördertem Gestein. Der Ruf der Werke war so groß, daß man Rohmaterial sogar aus den Gruben im Pflerschtal bei Gossensaß jenseits des Brenners nach Jenbach zur Ausschmelzung transportierte. 1546 gab es vier Schmelzhütten mit 24 Öfen und vier Silberherden. Ab 1526 arbeiteten nicht weniger als 300 Mann in den Jenbacher Fabriken, die von 1565 bis 1658 etwa 200000 Tonnen Kupfer und 2,5 Millionen Kilogramm Silber ausschmolzen. Freilich machte die Beschaffung von Feuerungsmaterial bald Probleme. Die Hütten arbeiteten mit Holzkohle, weshalb sich die Meiler und Köhler ringsum erheblich mehrten und ihnen voraus die Holzarbeiter. »Wieviel Wälder müssen zugrunde gehn, soll das Bergwerk bestehn!«, heißt es klagend im Tiroler Landreim 1558.

Als dann im 17. Jahrhundert der Bergsegen nachließ, verwandelten sich die Hütten 1685 in Eisenschmelzwerke; 1728 brannten sie ab, wurden aber sofort wieder aufgebaut. 1861 benötigte man sogar noch einen zweiten Hochofen, aber 1870 stand das Werk still. Erst ab 1881 kam es wieder zu geringer Tätigkeit, die 1909 wegen Erschöpfung der Eisenvorkommen erneut aufhörte. Im Zweiten Weltkrieg arbeitete eine Belegschaft von 300 Mann Flugzeugmetallteile und Raketenmotoren, wozu die Arbeiter speziell ausgebildet werden mußten, ein Umstand, der für die Fortführung der Werke nach 1945 entscheidend war. Man stellte sich auf die Produktion von Dieselmotoren um, die heute nach Zehntausenden in alle Länder der Erde geliefert werden. Die Industrie heißt nun ›Jenbacher Werke‹, die Belegschaft umfaßt an die 1500 Arbeiter und stellt den weitaus größten eisenverarbeitenden Betrieb Tirols dar.

Schon auf einer Zunftstange von 1512 in der Jenbacher Kirche ist eine jener Sensen zu sehen, wie sie hierorts besonders von der Familie Mühlbacher hergestellt wurden. Sense war seit jeher nicht gleich Sense, sondern die Modelle entwickelten sich aus der Praxis der jeweiligen landwirtschaftlichen Bedürfnisse heraus. Sensen für hügeliges Gelände im Gebirge mußten viel kürzer sein als solche für Wiesen im Flachland; von Bedeutung ist etwa auch das Gewicht des Gerätes, damit es richtig durchs Gras ›schwimmen‹ kann. Auch für die Möglichkeit des Dengelns, wodurch die Sensen geschärft wurden, ist die Grundform entscheidend gewesen. Heute werden die Sensen besonders nach Italien, aber auch nach Übersee exportiert.

In den Jahren zwischen 1924 und 1951 entstand in Jenbach eine weitere Art von Industrie in Form einer der größten Kraftwerkanlagen Europas. Sie entstand fast unbemerkt von der Öffentlichkeit in mehreren Bauabschnitten, wobei der Achensee als natürlicher Speicher benützt wird. Wenn man das Gelände über dem Werkshaus aufmerksam betrachtet, so kann man 400 Meter über den Turbinenhallen einige Betonbauten erkennen. In dieser Höhe liegt hinter den Felsen der Achensee. Über 10 Kilometer lange Zuleitungsstollen (Dürrachstollen, Ampelsbachkanal) wurden noch gebaut, um die Wiederauffüllung des Sees in der Zeit von Ende März bis Oktober zu gewährleisten, während im Winter die Absenkung durch Wasserentnahme fast neun Meter beträgt. Der 4,6 Kilometer lange Stollen von der Entnahmestelle im See bis zum Abfall in den Druckstollen wurde mittels Caissons (Druckluftkammern) vom Seegrund aus vorgetrieben.

Dieser bewundernswerten technischen Großleistung steht allerdings ein stark veränderter Eindruck des Sees gegenüber, der in den Monaten der Wasserentnahme weite Uferstrecken freigibt, die dann kaum etwas anderes zeigen als scheußlichen, trocknenden Schlick, Schlamm, Morast und Schotterufer. Diese Randzonen vermögen sich nicht zu kultivieren, weil sie ja später wieder mit Seewasser bedeckt werden, wenn der Wasserspiegel im Zuge der Wiederauffüllung erneut ansteigt.

Jenbachs Errungenschaften sind aber damit noch nicht erschöpft, denn von hier aus zweigen zwei kuriose Eisenbahnen ab: zum Achensee hinauf eine Zahnradbahn und ins Zillertal hinein eine Schmalspurbahn, kurz ›die Zillertaler‹ genannt. Beide Bahnen haben das rein wirtschaftliche Denken unserer Tage auf einer höheren Ebene überstanden, nämlich im Sinne des Fremdenverkehrs.

So kreucht die Achenseebahn seit 1888 in alter Manier noch immer mehrmals täglich nach Seespitz hinauf und hakt dabei auf dem steilsten Streckenstück ein Zahnrad mit Präzision in die dritte, die Mittelschiene, um die Neigung des Geländes zu bezwingen. 1898 beförderte die Achenseebahn nicht weniger als 40000 Fahrgäste, und man trug sich mit der Absicht, sie bis zur Landesgrenze nach Bayern zu verlängern. Die Waggons sind Panoramawagen alten Stils, als es noch genügte, rechts und links hinausschauen zu können, und die ›Coupés‹ – nicht Abteile! – reichen durch die ganze Wagentiefe. Der Schaffner kam dabei auf dem durchlaufenden Trittbrett ›außen‹ herbei, man fuhr ja nicht schnell, nur steil. Wo man ankam, oben am See oder unten im Tal, immer fand man sich – besonders bei drückendem Wetter – deutlich berußt.

Rußig konnte man auch noch lange Zeit in der Zillertalbahn werden. Wenn man in Jenbach aus einem normalen Eisenbahnwaggon in einen der ›Zillertaler‹ umstieg (76 Zentimeter Spurweite), kam man sich schon einigermaßen schizophren vor. Entweder betrachtete man sich selbst als Riesen oder die Bahn als Miniatur. Zunächst durchmaß man die 32 Kilometer lange

Strecke Jenbach–Mayrhofen mit 25 Stundenkilometern Geschwindigkeit; diese wurde 1912 sogar auf 35 Kilometer pro Stunde erhöht. Es gab viele Stationen, darunter auch Haltestellen nach Bedarf, und ich kann mich noch gut daran erinnern, daß auf offener Strecke stark gebremst wurde, damit ein Bäuerlein aufspringen konnte, nachdem es seinen Willen mitzureisen durch deutliches Wachteln mittels seines ›Umbrells‹ kundgetan hatte. Die Schaffner halfen den Aufspringenden, denn diese Bahn war wirklich für die Leute da und nicht etwa umgekehrt. Die findigen Zillertaler benützen dieses Relikt der guten alten Zeit heute als Museumsbahn, auf der Eisenbahnfans unter den Sommergästen gegen Geld selbst einmal Lokführer spielen können.

So präsentiert sich die Geschichte Jenbachs bis hierher als die eines Industrieortes jener Gegend im mittleren Inntal, die im Bergwerksbetrieb in und um Schwaz ihren Höhepunkt hatte.

Aber Jenbach besitzt auch ein künstlerisches Juwel in seiner *Pfarrkirche,* die zu besuchen man ob all erstaunlicher Technik nicht vergessen sollte. Sie ist dem Heiligen Wolfgang geweiht und gehört zu den für Tirol bedeutendsten Zeugen der Spätgotik, auch wenn sie im 18. Jahrhundert barock überarbeitet worden ist. Sie hält die Mitte zwischen Schwaz innaufwärts und Rattenberg innabwärts und wurde von den beiden dort bereits bestehenden Pfarrkirchen stark beeinflußt. Überdies hat ihr Baumeister die Pfarrkirche in Hall natürlich genau gekannt.

Dieser Baumeister war Gilg Mitterhofer aus Schwaz, der dort schon die alte Pfarrkirche, die Vorgängerin der heutigen, gebaut hatte. Aus der Hagau, die sich zwischen Kramsach und Münster ausdehnt, kamen die Rotmarmor-Werkstücke, die nach einheitlichem Grundplan dort zunächst fertig gearbeitet und dann zum Bauplatz befördert worden sind. Sie wurden in den Portalen, Lisenen, Konsolen und Bögen versetzt und kommen dort, ganz abgesehen von ihrer künstlerischen Ausformung, allein schon vom Material her als Schmuckstücke stark zur Wirkung. Aus den erhaltenen Abrechnungen kann man sehen, wie diese Kirche – im wörtlichen Sinne – fast aus ganz Tirol zusammenwuchs. So stammen die Ziegel aus der großen mittelalterlichen Ziegelei in Heiligkreuz bei Hall, die leichten Tuffsteine für die Chorwölbung von Vomperbach bei Schwaz, das ausgesuchte Bauholz für den Dachstuhl aus der Leutasch bei Seefeld, die Dachschindeln aus dem Oberinntal.

Die Kirche wuchs mit Unterbrechungen von 1488 bis 1501 empor, und als Werkmeister Mitterhofer 1501 starb, konnte er sein letztes Werk bis auf die Wölbung des Langhauses, wofür das Geld nicht mehr reichte, als vollendet betrachten. Erst hundert Jahre später erfolgte die Fertigstellung; bis dahin gab es nur eine Holzdecke (Jahreszahl 1609 und Wappenzeichen am Strebepfeiler links des Südportales). 1650 folgten der Oberstock des Turmes mit den Schallfenstern und der noch gotisch spitze Helm, 1730 die Barockisierung. Wieder kamen die Künstler dazu aus Schwaz: Jakob Singer als Stukkateur und Christoph Anton Mayr als Freskant. Sie gaben dem Kirchenraum das gewünschte heitere Aussehen, durch das die gotischen Versatzstücke aber noch unverfälscht hindurchschimmern. Dazu gehören besonders am Chorbogen die fein gearbeiteten Wappenkonsolen (Erzherzog Sigmund und seine zweite Gemahlin Katharina von Sachsen, der reiche Gewerke Virgil Hofer und Gattin, ferner Hans Mall, alles Förderer des Bauwerkes). In einem Jünglingskopf hat sich möglicherweise der Steinmetz Jörg Steyrer aus Rattenberg selbst dargestellt. Ihm jedenfalls schreibt man diese Arbeiten zu. Die Gönner der malfreudigen Barockzeit wurden dann entsprechend dem damaligen Geschmack mit gemalten Wappen an der Rückwand der Empore gezeigt: Fugger, Tannenberg, Millauer.

Von der gotischen Ausstattung stammen noch die Madonna am linken Seitenaltar und zwei bezaubernde Zunftstangen, deren Schriftbänder für sich selbst reden: »von neuem erhebt und das Handwerk der Schmid aufgericht 1521«, heißt es auf der einen. Die zahlreichen Daten beziehen sich auf Restaurierungen. An der anderen steht: »Aufgerichtet vermöge reicher Begütigung« von den Schmieden, Brauern, Rädermachern, Zimmerleuten, deren Handwerkszeichen auf kleinen Schildchen angebracht sind. Auch Sense und Sichel der Sensenschmiede fehlen nicht. Handwerkspatrone wie Eligius für die Schmiede zieren die Stangen. Aus der barocken Zeit von 1740 stammen die vier Heiligenfiguren am südlichen Seitenaltar: Nikolaus, Wolfgang, Blasius, Kassian.

In einem kleinen Dorf solch eine Kirche zu bauen, die mit

Marmor prunkte und gotisches Rippenwerk im Chor trug, konnten sich nur außergewöhnlich reiche Bauherren leisten. Die ganze Denkungsart spätgotischer Zeiten erschließt sich aber erst dem, der sich die Zeit nimmt, auch außen an den Mauern die Verarbeitung der unverputzten Natursteine zu beobachten, wie gewissenhaft, paßgenau und formvollendet sie durchgeführt wurde. Einzelne Erzstufen finden sich eingearbeitet als Erinnerungszeichen dafür, daß die Erbauung mit den Erzfunden und dem Schmelzen zusammenhing. Auf eine besonders schöne blauschimmernde Steinpartie an der Kirchensüdseite sei hingewiesen. Hier mögen die schimmernden Wände des Neuen Jerusalem, wie sie in der Apokalypse geschildert sind und wie sie in den großen Kathedralen nachgebaut wurden, mit den bescheideneren tirolischen Möglichkeiten ein leises Echo gefunden haben.

Als man zum Bau der Kirche schritt, war die politische Machtbedeutung dieser Gegend hier an der Kreuzung von Achental und Zillertal mit dem Inntal freilich längst erloschen. Nur die Grenzen gegen Bayern und Salzburg bestanden noch. Schon sehr früh aber war dieser Talabschnitt mit Wehrbauten versehen worden. So standen am nordöstlichen Ausläufer des Rofan die Festen Burgeck und Heidenbühel. Ihr Alter reicht bis vor das Mittelalter zurück, und sie gelten heute noch als Beweis, daß hier sehr früh Menschen gesiedelt und sich zu sichern versucht haben.

Anders verhält es sich mit dem sogenannten Tiergarten auf dem Wiesinger Buchbergl. Dort sieht man noch Mauerreste aus dem 16. Jahrhundert, die einst einen Tiergarten, den der Landesfürst Ferdinand II. anlegen ließ, umschlossen. Maximilian I. hatte auf dem Buchbergl einen Pulverturm erbauen lassen, der 1782 nach einem Blitzschlag in die Luft geflogen ist.

Ferdinand II. ließ auch den Ansitz Rotholz zu einem Jagdschloß ausbauen: »Das schön und wohl erbaute fürstliche Schloß Thurnegg mit seinen Sälen, Türmen, Kapellen, Lust- und Baumgärten, Teichen und dem neu erbauten Tiergarten am Buchberg bei Wiesing« (1609). Wir haben keine sichere Vorstellung mehr davon, wie es ausgesehen hat, eine gewisse Pracht muß ihm jedenfalls zugekommen sein. Im Laufe der Zeit wurde der Bau den jeweiligen Verwendungszwecken entsprechend adaptiert. 1879 etablierte man hier eine ›Landwirtschaftliche Lehranstalt‹. Im Vorbeifahren sieht man nur die breite Front des Komplexes mit den zwiebelbehelmten Türmen, aber dahinter liegen noch zehn große Gebäude, in denen praktisch und theoretisch konzentrierte Arbeit geleistet wird.

Die Landwirtschaftsschule Rotholz entstand also aus dem Lustschloß Thurnegg des 16. Jahrhunderts, und dieses wieder gründete auf einem festen Turm des Mittelalters, der den Zugang zur Rottenburg bewachte, die einst auf dem Hügel darüber lag. Mächtige Ruinenteile sind dort heute noch erkennbar.

Die gewaltigen Herren von Rottenburg, aus einem andechsischen Dienstmannengeschlecht zu Grafen emporgewachsen, gingen im Aufstand gegen Herzog Friedl 1410 zugrunde. Ihre Feste über Rotholz wurde zerstört, aber schon bald wieder aufgebaut. Vielleicht erfolgte dieser neuerliche Aufbau zum Schutz der Bergwerks- und Hüttentätigkeit unweit der Landesgrenze. Am Berg oberhalb der Burg lag ja das berühmte Silberrevier Ringenwechsel. Die Feste, fürderhin landesfürstlich, verfiel seit dem 17. Jahrhundert.

Wenn man heute hinaufsteigt, so kommt man nach zwei Torresten auf den weiten, ebenen Plan der Vorburg, auf dem eine kleine Kapelle zu Ehren der Heiligen Notburga steht, die hier auf der Rottenburg als Dienstmagd diente und starb. Waldesstille lädt zum Nachdenken über die Vergänglichkeit auch der stolzesten Menschenwerke ein. Die Burghäuser standen ganz am südlichen Rand des Hügels hinter der Vorburg, alles durch einen gewaltigen Bering mit fünf Türmen geschützt. Der Platz war ganz ausgezeichnet ausgewählt, der Blick reicht von Hall bis Kundl, ins Achental und in den Eingang des Zillertales.

Über den Inn gab es eine Fähre, ehe 1500 eine Brücke geschlagen worden ist. Bau und Unterhaltung oblagen den Schmelzherren in Jenbach, jenen, die ihr Vieh auf die Almen am Achensee und im Rofangebiet trieben, und den angrenzenden Gemeinden. Diese klagten 1608 bitterlich, daß die übergewichtigen ausländischen Frachtfuhrwerke Straße und Brücke am meisten beschädigten, und forderten, daß man daher diesen ein höheres Wegegeld auferlegen sollte. Damals wie heute in Österreich!

Wer den See an einem schönen Tag zum erstenmal sieht, dem bietet er sich mit einer Postkartenbläue dar, an die man sich erst gewöhnen muß, um zu wissen, daß sie Wirklichkeit ist. Man kann den See von keiner Stelle des Ufers mit einem Blick in seiner ganzen Länge von fast 10 Kilometern erfassen, da er auf der Höhe von Pertisau nach Norden umbiegt. 720 Hektar bedeckt seine Wasserfläche, seine größte Tiefe mißt 133 Meter, während der durchschnittliche Spiegelstand 66 Meter über dem Grund beträgt. Der See füllt das ganze Tal zwischen den Gebirgen und ist schon oft mit den Fjorden Norwegens verglichen worden, wenn er auch heute nicht mehr so unberührt daliegt wie jene. An seinem Nord- und Südende dehnen sich breite Uferflächen, während es an seinen Längsseiten nur die Bucht von Pertisau gibt, in der sich drei aus dem Karwendelgebirge heraustretende Täler zu einem ausgesucht schönen Boden vereinigen, der schon früh naturbegeisterte Menschen aus nah und fern zusammengeführt hat.

Im Winter friert der See an den Ufern zu und häufig auch in einem langen Streifen in der Mitte des Wassers. Selten wird davon berichtet, daß die ganze Seefläche zu Eis geworden sei, wie etwa 1929 vom 8. Januar bis zum 14. April, als man auf Pferdeschlitten das Holz über die Eisdecke transportieren konnte.

Neben dem Fischfang, von dem schon das Fischereibuch Maximilians I. berichtet, war es das Holz seiner Umgebung, das den See in der Vergangenheit wirtschaftlich interessant gemacht hat. Die Spuren vieler früher Kahlschläge sind heute noch im Gelände zu sehen. Einige wurden in Almen verwandelt, die freilich oft genug durch Muren und Lawinen bedroht sind, wie etwa die Gebiete an der Gernalm oder am Tristkogel. Das Holz wurde zum Teil direkt für den Bergbau als Stollenholz benötigt, zum Teil als Brennmaterial in Form von Holzkohle. Über fünfzig Köhlereien entstanden entlang den Bächen, und auch ihre Spuren sind heute noch mancherorts zu erkennen. Der Bedarf war ungeheuer groß, und strenge Verordnungen sorgten dafür, daß jede Möglichkeit der Holznutzung gewahrt wurde. Die Waldverordnungen von 1541 und 1685 kamen praktisch Enteignungen gleich und zeitigten über Jahrhunderte hinweggehende Prozesse der geschädigten Eigentümer gegen den Staat, bis die ›Waldpurifikation‹ Kaiser Ferdinands I. 1847 die Wälder wieder den früheren Besitzern zurückgab. Damals waren ja die Gruben und Schmelzereien längst eingegangen. Heute steht Staatswald neben Bauernwald, Gemeindewald und Kirchenwald. Der vorwiegend vorkommende Baum ist die Fichte mit siebzig Prozent, weniger groß sind die Bestände an Lärchen und Buchen. Nur mehr ganz selten findet sich die Eibe, sie war seinerzeit sehr gesucht, da sich Eibenholz besonders für die Herstellung von Bogen und Armbrüsten sowie den Bau von Saiteninstrumenten eignete.

Die vielen Kohlenmeiler bedeuteten natürlich eine ständige Waldbrandgefahr, und wir wissen von verheerenden Katastrophen 1635, 1702 und vor allem 1705. Damals entstand das Feuer in der Nähe des Vomper Loches, kroch über den Hang empor, äscherte das Kloster Sankt Georgenberg ein, griff über ins Achental und fraß sich in gewaltigen Streifen bis an die bayrische Grenze durch, insgesamt eine Strecke von dreißig Kilometern.

Durch die Holzwirtschaft kamen die Bauern zu zusätzlichen Erwerbsquellen als Holzarbeiter und Lohnfuhrleute. Dementsprechend groß war der Pferdebestand in dem an sich nur ganz dünn besiedelten Tal, und die Namen der Pferdeweiden im Rofan erinnern heute noch daran. Es wurde auch getriftet, im Ampelsbach sogar bis 1928, dann baute man zur Holzbeförderung zwei Waldbahnen. Die eine führt fünf Kilometer den Klammbach entlang, die andere fast doppelt so weit ins Bächen- und Dürrachtal. Obgleich auch im Achental selbst nach Blei, Silber, Kupfer und Eisen geschürft wurde, ferner am Dristbach und am Mauritz-Niederleger, so waren die Gruben längst nicht so ergiebig wie draußen im Inntal.

Nun zur Geschichte des Achentales, die bald erzählt ist. Seit urdenklichen Zeiten Eigentum der Herren von Schlitters im Zillertal, schenkten diese das Gebiet um 1100 dem Kloster Sankt Georgenberg. »Locus et lacus, qui Emmaus appellatur« – »Ort und See, der Emmaus geheißen wird«, sagt die Schenkungsurkunde. Mit Emmaus war das heutige Achenkirch am Nordende des Sees gemeint. Angeblich stammt diese biblische

Bezeichnung aus der Missionstätigkeit im 8. Jahrhundert, die den Heiden die im Evangelium geschilderten Begebenheiten dadurch begreiflich machen sollte, daß die biblischen Namen in ihr eigenes Land übertragen wurden. Ich weiß nicht, ob dies eine wissenschaftlich haltbare Erklärung für diese Namengebung ist, jedenfalls hat sie die Ureinwohner dieses Tales nicht sonderlich beeindruckt, da die Bezeichnungen bald wieder verschwunden sind. Aber eine eigene Pfarre bestand schon früh im Achental.

Das Achental war Grenzgebiet des Grundbesitzes der Klöster Tegernsee und Sankt Georgenberg, und zwischen 1155 und 1174 versuchten die Äbte, eine eindeutige Grenzziehung durchzuführen. Das mißlang gründlich. 1348 wurde ein neuer Anlauf unternommen, dem 1409 ein weiterer folgte »von des Podem wegen gelegen zu Achen in dem landt«, wie es in einer Urkunde heißt. Die Grenzstreitigkeiten wurden noch vermehrt, da sich inzwischen auch das Streben des weltlichen Adels nach Gerichtsbarkeit und Jagdrecht bemerkbar machte und Freundsberger wie Rottenburger nicht einer Meinung waren. Man versuchte die Dinge vornehmlich durch die Tradition zu rechtfertigen, weshalb auf den ›Öffnungen‹, wie diese Versammlungen hießen, Kundschaftsaufnahmen getätigt wurden. Das heißt, alte Leute, deren Familien seit vielen Generationen hier gesessen hatten und für ehrlich galten, berichteten das ihnen vererbte Wissen über die Grenzen und Rechte.

Das Kloster verpachtete die Fischereirechte an die jeweiligen Landesfürsten, von denen sich besonders Friedrich, Sigmund und Maximilian gerne hier aufhielten. Erzherzog Sigmund der Münzreiche war ein passionierter Fischer und errichtete in der Bucht von Pertisau ein Fischerhaus, später ›Fürstenhaus‹ genannt, und als Maximilian 1504 die Fischgewässer in ganz Tirol im sogenannten ›Fischereibuch‹ aufnehmen ließ, da fehlte auch der Achensee nicht und wurde wie folgt beschrieben: *Derselb see ligt im Ahental. Der ist einer meil wegs lang und an etlichen enden einer halben meil preit. Der hat sonder guet wolgesmach visch innen fur kunig und fürsten, als nemblich selbling, aschen, rencken, hechten, präxen, rutten, persing, hasselb und phrillen.*

Von dem, was hier angepriesen wird, ist kaum mehr etwas vorhanden. Der Betrieb des Achensee-Kraftwerkes hat die

Vielfalt der Fische auf drei Arten vermindert, und selbst diese kämpfen um ihre Existenz. Durch die jährliche Wasserabsenkung gehen die Laichgründe im seichten Uferbereich verloren, und bei der Wiederauffüllung geraten vor allem die Uferböden in derartigen Aufruhr, daß der Laich vielfach mit zuviel Schlamm bedeckt wird und dadurch nicht ausschlüpfen kann.

Ganz zu schweigen davon, daß noch Hirsche oder Gemsen bis an den See herunterkämen oder von diesem aus zu schießen wären, wie es das ›Fischereibuch‹ weiter dem Fürsten zur Kurzweil vorschlägt! Nach dem Zweiten Weltkrieg hat man, ich glaube mit Erfolg, versucht, den Steinbock hier wieder einzusetzen. Von 1953 bis 1964 zählte man immerhin 22 Kitze dieser seltenen Art. Der Steinbock ist zweifellos der König des Alpenwildes. Unglaublich sind seine Kraft, seine Kletterfähigkeit, sein Mut und seine Ausdauer. Handbreite Quergänge meistert er ebenso spielend wie verschneite Steilhänge oder Moränengestein. Seine Hörner werden bis zu einem Meter lang und wiegen dann fünfzehn Kilogramm. Er trägt sie fast spielerisch und benützt sie klug als bewegliches Balancegewicht bei seinen Klettereien. Der Steinbock ist erheblich größer als die Gemse und auch weniger scheu als diese, lebt gern in höheren Zonen, soweit es das Futter zuläßt. Brunftzeit ist der Januar, die Kitze erscheinen im Juni und folgen bereits nach wenigen Tagen der Mutter überallhin nach. Eine der letzten natürlichen Steinbockkolonien stand im Gran Paradiso, später sorgte man auch in der Schweiz wieder für einen Bestand, von dem die Tiere hier abstammen.

Von den Hofjagden am Achensee und im Achental macht man sich heute kaum mehr eine richtige Vorstellung. Es sei hier nur daran erinnert, daß sich Kaiser Maximilian zwar großer Beliebtheit bei seinen Untertanen erfreute, bei dieser Beliebtheit aber die Tiroler Bauern nicht mithielten. Denn sie litten in einem heute nicht mehr vorstellbaren Maß unter den Jagdgesetzen. Sie standen Bären, Hirschen, Rehen, Gemsen vollkommen wehrlos gegenüber und wurden mit Verlust von Hab und Gut bedroht, wenn sie etwa einen Hirschen, der es in ihren Feldern gar zu arg trieb, erlegten. Nicht einmal größere Hunde durften sie halten, damit das Wild ja nicht verscheucht würde. Es gab genaue Vorschriften, wie hoch die Zäune sein durften, damit das Wild gut darüberspringen könnte, und die Gatter mußten nächtens offengehalten werden. Die Bauern waren somit gezwungen, lärmende Umgänge abzuhalten, um die Tiere zu vertreiben. So darf es nicht verwundern, daß sich sofort nach Maximilians Tod 1519 eine wahre Treibschlacht der Bauern auf alles Wild in ganz Tirol erhob. Die Bauern beriefen sich dabei auf das Gerücht, der Kaiser habe auf seinem Totenbette gleichsam als Wiedergutmachung die Jagd freigegeben. In etwa vier Jahren war der Wildbestand dezimiert. Solche Revolten gegen das Wild wiederholten sich das ganze 16. Jahrhundert hindurch immer wieder. Die Achentaler im besondern sahen auch nicht ein, warum die Jagd bei ihnen nicht frei sein sollte, wenn sie dies im benachbarten Brandenberg war. Dort hatte Herzog Georg von Bayern 1483 den Bauern urkundlich freies Jagdrecht nicht nur im eigenen, sondern auch im landesfürstlichen Wald gewährt. Dieses Jagdrecht bestätigten späterhin alle Landesfürsten. Brandenberg war ja wechselweise bayrisch und tirolisch gewesen, und die jeweiligen Herren hatten nicht gezögert, sich die Sympathien der Bewohner mittels Privilegien zu erhalten.

1416 wissen wir von einer Bärenjagd, die Herzog Friedl zusammen mit Herzog Ludwig dem Gebarteten von Bayern und dem Erzbischof Eberhard von Salzburg im Achenseegebiet abgehalten hat. 1501 unternahm Maximilian I. zusammen mit den Gesandten Venedigs und Spaniens eine Jagd, und Ende des 16. Jahrhunderts wurden hier noch zwanzig Bären erlegt. 1864 wurde der vermeintlich letzte Bär am Wetterstein geschossen, dem aber 1891 der allerletzte folgte. 1898 war es dann der allerallerletzte, den man erjagte, denn 1906 sah man nur mehr die Spuren eines Tieres im Falzthurntal, das selbst nicht mehr gefunden werden konnte.

Erzherzog Ferdinand II. errichtete in Pertisau ein großes Jägerhaus mit ausgedehnten Stallungen. Auch ließ er mehrere Schiffe für Seerundfahrten bauen, darunter ein Prunkschiff venezianischen Stils mit einer ›Fortuna‹ am Bug. Dazu kam eigens ein Schiffbaumeister Gregori aus Venedig nach Hall. Das fertige Schinaggl war, soviel wir wissen, das erste größere Personenschiff auf dem Achensee. Es hieß ›Galee‹ und wurde von zwanzig Ruderknechten mühsam fortbewegt. Es mag seltsam genug ausgesehen haben, wenn sich dieses venezianische

Prunkschiff zwischen den Tiroler Bergen auf dem See dahinschob. Unter Ferdinand II. existierte eine Flotte von zwölf Booten auf dem See, darunter zwei Rennschiffe, die von achtzig grün (!) gekleideten Matrosen bedient wurden. Ferdinand besetzte viele Stellen am Ufer und im Wald mit Jägerhütten und benützte zeitweilig auch das Fischerhaus des Klosters Sankt Georgenberg in der Buchau. Das Kloster war ja noch immer Eigentümer des Achensees. Jährlich im Hochsommer kam Ferdinand nach Rotholz und an den See, wo so manches Feuerwerk abgebrannt wurde.

Unter Maria Theresia berief man sich plötzlich auf einen Erlaß Kaiser Ferdinands I. und enteignete dem Kloster seinen Achentaler Besitz samt See. Dieses kaufte ihn aber später wieder zurück und behielt ihn bis 1919. Dann erwarb ihn die Stadt Innsbruck und vergab ihn 1924 an die Tiroler Wasserkraft-Gesellschaft zur Errichtung des Elektrizitätswerkes in Jenbach.

Die Lage des Achentales als Verbindungsstrecke zwischen Bayern und Tirol hatte schon früh auch strategische Bedeutung. 1320 ließ König Heinrich den ersten durchgehenden Weg entlang dem östlichen Seeufer bauen, vorher mußte man den Uferfelsen über die Almen ausweichen. 1506 hielt man die Straße wegen Kriegsgefahr gesperrt. 350 Knappen aus Schwaz hatten lange Zeit Arbeit, die Straße wiederherzustellen.

1616 wurden dann am Achenpaß echte Befestigungsanlagen geschaffen. Die Hauptverteidigung bestand damals allerdings in einer Art passiver Abwehr, indem man an besonders ausgesetzten Stellen einfach die Holzbrücken abtrug. Ganz an der Grenze zu Bayern befand sich die ›Kaiserwacht‹, vom Volke despektierlich ›Wachtl‹ genannt. 1630 kam die ›Schanz‹ in Achental dazu. Sie bestand aus einem Turm, der an enger Stelle die Straße sperren konnte, die durch ihn hindurchführte. Als Torwächter fungierte lange Jahre der ›Schanz-Thomai‹, der nach Schleifung der Anlage 1806 durch die Bayern im Aufgebot Andreas Hofers mitkämpfte. Auch südlich des Hotels Seehof wurde eine ›Schanz‹, gleichermaßen ein Turm, über der Straße errichtet, auch er sah keine Kämpfe. Hingegen stellten die Achentaler immer wieder starke Verbände im allgemeinen Landesaufgebot. Ihr berühmtester Anführer war dabei Anton Dominikus Aschbacher (1782-1814), den ein wechselvolles

Schicksal schließlich mit den österreichischen Armeen nach Frankreich führte, wo er in Langres offenbar vergiftet wurde. Die berühmten Freudenfeuer liefen von Jenbach über den Kirchturm von Eben nach Pertisau, dann über den See zum Seehof, von diesem zum Jagdhaus beim Kohlaufschneider und über den Plikenkopf (1429 m) hinaus zur Grenzstation.

Eine sehr zugespitzte Lage erlebte das Achental im Winter 1800, als die Franzosen in Bayern standen und ein starkes Kontingent vom Tegernsee her gegen das Achental vorrückte. Etwa 2000 Soldaten der österreichischen Armee, zumeist Kroaten und Ungarn, wurden zur Hilfe nach Achental abkommandiert, wo sie alle vorhandenen Vorräte aufaßen, das Vieh schlachteten und die zu beschützende Bevölkerung in ärgste Bedrängnis brachten. Am Weihnachtsabend wurde die Bevölkerung angewiesen, die Höfe im Achental alle zu verlassen und ins Inntal hinauszuziehen, da der Ansturm der Feinde unmittelbar drohe. Die Bauern zogen aber nicht aus ihrem Tale fort, sondern auf ihre Almen und Heuhütten hinauf. Mitten durch den meterhohen Schnee stiegen sie in das Gebiet der Falkenmoosalm (1330 m) auf und führten auch ihre Alten und Gebrechlichen mit. Nur der achtzigjährige Vater des Mesners blieb mit hohem Fieber unten zurück, für ihn hätte eine Wanderung im Schnee den sicheren Tod bedeutet. Auf der Falkenmoosalm angekommen, las der Pfarrer Allan Seidl im Kreise der Gemeinde die Weihnachtsmette, als man plötzlich vom Tale herauf die bekannten und geliebten Klänge der ›Sunnterin‹, der großen Kirchenglocke, die 1557 Gregor Löffler gegossen hatte, vernahm. Als man später wieder ins Tal zurückkehren konnte, stellte sich heraus, daß der achtzigjährige Schwerkranke die Glocke mit solcher Vehemenz geläutet hatte, daß sogar das Seil gerissen war. Er selbst wußte nur zu sagen, daß er das Seil kaum angerührt hätte, und schon sei die ›Sunnterin‹ von selber erklungen. Das Volk implizierte ein Weihnachtswunder. Zur Erinnerung an diese Almmesse in bedrängter Zeit kann man auf der Falkenmoosalm noch heute auf dem Stein, der damals als Altartisch diente, lesen:

ANNO 1800 DEN 25 DEC IST ALHIER VOR DIE TIROL
SCHARF-SCHITZEN DIE HEIL MESS GELESEN WORDEN.

Am südlichen See-Ende in *Eben* regiert noch immer Sankt Notburga, die ›Heilige‹ der Unterschicht ihrer Zeit, der Dienstboten, Mägde und Knechte.

In Rattenberg war Notburga 1267 als Tochter eines Hutmachers geboren worden. Als junges Mädchen schon verdingte sie sich auf die Rottenburg, wo sie aber durch ihr mildes Wesen gegenüber den Armen bei der Burgherrin bald in Ungnade fiel. So nahm sie Magddienste bei einem Bauern in Eben an, und hier oben am Achensee geschah das entscheidende Wunder. Als sie ihrer Gewohnheit gemäß während des Aveläutens mit der Arbeit innehielt und ein Gebet sprach, schalt sie der Bauer, denn ein Gewitter drohte, und das Einbringen der Feldfrucht war in Gefahr. Da hob Notburga ihre Sichel in die Luft und rief Gott zum Zeugen an, daß sie recht tue. Und siehe da, die Sichel blieb in der Luft stehen und wies Notburga als eine dem Himmel gefällige fromme Magd aus. 1313 starb sie auf der Rottenburg, wohin sie wieder zurückgekehrt war, und nun begann die Geschichte ihres posthumen irdischen Daseins. Man erfüllte ihren letzten Wunsch und stellte den Sarg auf einen einfachen Leiterwagen, vor den man zwei Ochsen spannte. Diese liefen schnurstracks zum Inn, der sich gleich dem Roten Meere teilte, die Ochsen samt Wagen und Sarg passieren ließ und sich hernach wieder hinter ihnen schloß und weiterströmte. Die Tiere erklommen die Höhe gegen den Achensee und standen erst vor der unscheinbaren Rupertikapelle in Eben still. Hier also, am Orte ihres Wunders, wollte die fromme Magd begraben sein; und so geschah es auch. Das Motiv der ›weisenden Tiere‹, das hier vorkommt, zieht sich im Mittelalter durch viele Heiligenlegenden.

Von nah und fern wurde die vom Volke als heiligmäßig verehrte Dienstmagd von bedrängten Mägden und Knechten aufgesucht, und so entschloß man sich 1713, die Leiche zu exhumieren und in die Kirche zu übertragen. Aber dort war der ›Heiligen‹ noch immer keine endgültige Ruhe beschert, denn 1735 beschlossen die Grafen von Tannenberg, die damals die Rottenburg innehatten, die Kirche in Eben zu erneuern. Diese Gelegenheit wollte man benützen, um auch die verehrten Gebeine zur Restaurierung zu bringen. So wurden sie in feierlichem Zuge in den Palast der Grafen nach Schwaz überführt, wo sie die Gräfin Maria Anna mit ihren Damen andächtig übernahmen. In den folgenden drei Jahren wurden sowohl die neue Kirche in Eben errichtet wie auch die verehrten Gebeine nach bestem Wissen und Gewissen anatomisch plaziert, verziert und bestickt. Die Damen Tannenberg hatten bereits Übung in derlei im Barock geschätzter Faßarbeit an Gebeinen, der sogenannten ›Klosterarbeit‹ oder ›Schönen Arbeit‹, denn sie hatten 1734 die Überreste des Heiligen Pirmin, des unbekannten Stadtpatrons von Innsbruck, neu gefaßt wie später, 1743, dann die Gebeine des seligen Kindes Anderl von Rinn.

Die Heimführung der Reliquien in die neue Kirche glich einem Triumphzuge. In Form eines historischen Zuges, in dem Kaiser Maximilian, die Stände Tirols, Genien und anderes mitgeführt wurden oder auftraten, fuhr man im September 1738 zu Schiff von Schwaz nach Jenbach und von dort unter Kavalleriebegleitung nach Eben. Obwohl die Verehrung der Notburga in Tirol lange Tradition besitzt, ist die gottgefällige Magd doch nie offiziell heiliggesprochen worden. Auf Betreiben des Fürstbischofs von Brixen, Vinzenz Gasser, hat jedoch Papst Pius IX. 1862 ihren Kult bestätigt, was einer Kanonisation gleichkam.

Die neue Kirche ist das bedeutendste Kunstwerk der Achenseegegend. Von der alten gotischen Rupertikirche um 1510, vielleicht vom Rattenberger Lienhart Plutauer geschaffen, beließ man den Chor und baute ein neues großes Langhaus daran. Baumeister war der aus Götzens stammende Jakob Singer, der seine Werkstatt in Schwaz betrieb, wobei sein Bruder Hans Singer als Stukkateur arbeitete. Beide hatten unter Gumpp am Landhaus zu Innsbruck und an der Barockisierung der Stiftskirche zu Stams mitgewirkt. Die Kirche in Eben gewann unter ihren Händen eine helle, freundliche, fast fröhliche Wirkung, die durch die im Hochaltar stehende – fast drohende – Knochengestalt der ›Heiligen‹ einen ernsten Akzent erhält. Zu lange hatte eine Knochengestalt mit Sichel als Symbol des Todes gegolten, als daß man sich dessen hier nicht mehr erinnerte. Ein weißer Marmorstein an den Altarstufen bezeichnet die Stelle, an der man das Skelett einst aufgefunden hatte. Der Glasschrein, in dem es heute steht, kann an allen Seiten durch Eisenbleche geschlossen werden, wobei das vordere dann eine Szene aus dem Leben der Heiligen als Gemälde zeigt.

Die Kunst des Abendlandes bemächtigte sich dieser sozial so bitter notwendigen Gestalt schon früh. Ihr Bildnis zusammen mit dem spanischen Patron der Bauern, dem Heiligen Isidor, fehlt in kaum einer Bauernkirche, in Tirol ebensowenig wie in Spanien, Süddeutschland oder Frankreich. An unzähligen Bauernhäusern ist Notburga mit ihrer Sichel aufgemalt, wenn sich auch die Wallfahrer in Eben etwas verloren haben. Knechte und Mägde gibt es kaum mehr, und die Leibeigenen der Fabriken glauben heute auch in Tirol zuerst an die Macht der Gewerkschaften.

Eben und *Maurach* bilden eines der Erholungszentren des Achenseegebietes. Bereits das Kloster Sankt Georgenberg baute an die Stelle des heutigen Prälatenhofes in der Buchau ein Fischerhaus. Der Prälatenhof diente hauptsächlich den Klosterbrüdern als Erholungsdomizil, aber im Erdgeschoß hausten weiterhin die Fischer. Die Hauptattraktion Maurachs ist heute freilich die Rofanseilbahn.

Hingegen kann man *Pertisau* trotz Hotel und Liftanlage immer noch fast idyllisch nennen. Der Name kommt vom Eigennamen ›Au des Peradeo‹ her, und diese Au galt schon in alter Zeit als sehr feindessicher. Noch bis in die neueste Zeit hatten die Bauern aus Wiesing im Inntal das Recht, in Kriegszeiten samt ihrem Vieh in die Pertisau zu fliehen. Die großen Sippenhöfe sind bis heute in ihrem Grundbestand im wesentlichen ungeschmälert geblieben und zeigen den typischen Unterländerstil des Einfirsthauses mit Wohnbau, Stall und Scheune unter einem langen Dach. Pertisau galt den Tiroler ›Dichtern und Denkern‹ des 19. Jahrhunderts als besonderes Tuskulum. Anton Pichler, Hermann von Gilm und andere wanderten, dichteten und schwärmten hier. Ihre Hymnen an den See als ›Kronjuwel Tirols‹, auf die Berge, die Johannisfeuer, den schwankenden Kahn und dergleichen mehr sind für uns heute nur mehr historisch interessant, wenn man nicht einen Beweis in ihnen sehen will, daß man auch anders als realistisch glücklich sein konnte und eine Landschaft tief empfinden, ohne sie gleich auf ihre Nutzbarkeit zu untersuchen. Aber sie waren die Vorläufer des Erholungslandes Achensee. 1851 wurde das Jagdschloß Kaiser Maximilians zum Hotel umgebaut, 1886 schwamm der erste Dampfer auf dem See, 1889 ›Benedikt‹ als zweiter und schließlich ›Stella maris‹ als dritter. 1888 wurde die Zahnradbahn eröffnet. Damals gab es hier schon 4000 Gäste; sechzig Jahre später waren es 30000.

Achenkirch und *Achenwald* folgten erst später um so gründlicher nach. Hier ist das Tal erheblich zersiedelt und baut sich nun mit zahlreichen Schiliften eine zweite Saison auf. Früher gab es da als Besonderheit viele freistehende Badestuben, fast jeder der großen Sippenhöfe hatte eine, häufig und praktisch mit dem Backofen kombiniert. Ob das viele Seewasser, das die Achentaler immer vor Augen hatten, sie zu solch untirolischer Badekultur verführte, weiß ich nicht zu sagen. Später verwendete man diese kleinen Häuschen als Brechel- und Dörrstuben für die Flachsbearbeitung.

Heute führt vom Inntal in mehreren sanften Kehren die Bundesstraße auf die Höhe von Eben und entlang dem alten Seeweg König Heinrichs hinaus nach Bayern. Man hat von der Kanzelkehre dieser neuen großartigen Straße einen herrlichen – leider verkommerzialisierten – Ausblick ins Inntal, wenn ein Parkplatz frei sein sollte. Symbolisch fast ist das Verhältnis dieser künstlichen Aussichtsbühne (900 m) am Talhang zu jener natürlichen des Sonnwendjoches (2224 m) für die modernen Errungenschaften und für das alte, natürlich verbliebene Tirol.

Das Rofangebirge

Meine Leser mögen es mir nachsehen, wenn ich in den folgenden Zeilen vielleicht etwas ins Schwärmen gerate, aber wem erginge es nicht so, wollte er vom Rofan- oder Sonnwendgebirge erzählen. Die Besonderheit dieses klar umgrenzten Gebietes liegt darin, daß es sich um ein Gebirge mit außerordentlich mannigfaltigen Gesichtern handelt, die noch dazu, was gleichfalls einmalig ist, auch historisch gezeichnet sind. Denn alle die seltsam klingenden Namen wie Zirein, Dalfaz, Mauritz, Ludoi, Alpigl, Ampmoos, Rofan selbst, Urzauns, Gschöll und so weiter weisen noch deutlich in eine Urzeit zurück, deren Spuren auch in Tirol sehr selten geworden sind. Mit der Entdeckung einer Felsinschrift in etruskischen Buchstaben 1957 rückte die historische Bedeutung dieses Berggebietes noch in ein ganz einmaliges Licht. Alle Alpenkenner verklären ihre Gesichtszüge und ihre Worte, wird vom Rofan gesprochen. So hat Walter Pause den Ampmoosboden »das schönste Ende der Welt« genannt, und jeder Alpinist oder auch nur Bergwanderer weiß, daß Herr Pause alle gebirgigen Enden der Welt kennt. Wer je am Zireinsee mit wachen Sinnen stand und mit nicht zu vielen gleich wach Gesinnten zugleich, kann auf geradezu mystische Art etwas von dem erleben, was Tirol und den Tiroler Menschen ausmacht(e): eine seit Jahrhunderten jede Generation aufs neue durchdringende Naturverbundenheit, die mit einer schweigenden Selbstverständlichkeit in verschiedensten Formen weitergereicht wird – als Wanderer, als Kletterer, als Schifahrer, als Jager (nicht *Jä*ger), als Eisgeher, als Senner, als Hirt, als Wildbachverbauer, als Lawinenschutzingenieur, als Hüttenwirt, im Rahmen der Bergwacht, als Grenzer, beim Abbrennen von Bergfeuern zu Herz-Jesu oder Johanni, beim Fiegln im Frühjahrsfirn, beim Beschnitzen phantastischer Wurzelstöcke, als Bergführer, in Alpinschulen, bei den Gebirgsjägern, als Bergbauer, beim Beerenklauben, (als Schmuggler), als Geologe oder Botaniker, auf Schulausflügen und mit der Liebsten auf der Flucht vor den andern, als Holzknecht (den gibts sogar noch), als Briefträger, als Kaplan oder Pfarrer in irgendeinem Bergnest, alle, alle sind irgendwann in ihrem Leben ›obn‹ gewesen und davon gezeichnet worden.

Das Gebiet, das mich zu solchen Elogen beflügelt, wird im Süden vom Inntal zwischen Jenbach und Kramsach begrenzt, im Westen durch den Achensee und den Achenbach bis zur Landesgrenze mit Bayern und dieser nach Osten entlang bis zur Brandenberger Ache und mit dieser durch die Erzherzog-Johann-Klause, das Kaiserhaus und die Tiefenbachklamm wieder zurück ins Inntal. Das mag den Geologen nicht ganz gefallen, wie ich da die Grenze ziehe, es gehört wohl noch der Teil nördlich des Inns bis Kiefersfelden dazu, doch klammern wir diesen Bereich hier einmal aus, weil der Tiroler unter ›dem Rofan‹ nur das oben genannte Gebiet versteht.

Vier Zugänge führen hinein und hinauf. Der erste und heute meist ›begangene‹ ist die Auffahrt mit der Seilbahn von Maurach (985 m) zur Erfurter Hütte (1834 m). Hier stehen am Grunde eines gewaltigen felsigen Amphitheaters auch noch die Rofanhütte, der Steinbock und 400 Meter tiefer die Mauritzalm mit einer Schiliftstation. Von diesen Hütten aus beginnen die Wanderungen über verschiedene Sättel und Gatterln nach allen Teilen und Richtungen des Wunderlandes. Es liegt auf einem 1500 Meter hohen Sockel, der teils aus welligen Almböden, teils aus ragenden Felswänden – dies besonders gegen Norden – besteht und der von hoch entspringenden Quellen berieselt wird, die das für die Almwirtschaft so unentbehrliche Wasser liefern. Über den Schafsteigsattel und das Markgatterl geht es zum Zireinsee (1900 m), wobei man die Rofanspitze (2260 m) unschwierig ›mitnehmen‹ kann. Ausdauernde queren über den Sagzahn (2239 m) zum Vorderen Sonnwendjoch (2224 m), einer der großartigsten Aussichtskanzeln Tirols überhaupt, 1700 Meter unmittelbar über dem Inntal, im Angesicht der Tuxer und Zillertaler Alpen. Auf dem Sonnwendjoch, das dem Gebirge den Namen gab, befindet sich seit alters einer der wichtigsten Punkte des Landes zum Abbrennen eines Sonnwendfeuers. Der Berg gehört schon in den ›Bereich‹ der Bayreuther Hütte (1600 m), von der aus man über die verträumte Zireinalm ebenfalls zum Zireinsee wandern kann. Von hier aus erschließen sich weite Hochalmflächen, die man im Wechsel mit der Baumgrenze auf etwa 1500 bis 1600 Meter Höhe abwandern kann, um gegen das Inntal, Brandenberg oder Steinberg abzusteigen.

Ein anderer Übergang führt über den Bettlersteig zur Ampmoosalm, auch Ampmoosboden genannt, 1900 Meter hoch gelegen, im Sommer oft noch von Almvieh beweidet. Das Wort Ampmoos stammt in seiner Wurzel aus dem Keltischen, wo ›ambe‹ einen Bach bedeutet, und noch im 15. Jahrhundert bezeichnen die Urkunden mit den ›Alben Amppens‹ den ganzen Almenbestand im Nordwesten des Rofangebirges mitsamt all seinen Bächen. Erst in neuester Zeit ist das Wort zu Ampmoos ›verstümmelt‹ worden, wie das in der Fachsprache der Etymologen heißt.

Während die malerische Kulisse über dem Zireinsee besonders die nach Bergromantik hungrigen Augen des Wanderers befriedigt – nicht umsonst wird die Rofanspitze von dorther mit einem Wagnerschen Walkürenfelsen verglichen, und eine neunzig Meter hohe rechteckige Felspartie heißt ›Schokoladentafel‹ (Bergsteigerjargon des Rofan-Erschließers Ernst Schmid)

–, so bieten die senkrechten Wände hinter der Ampmoosalm den Kletterern reiche Gelegenheit zur Betätigung in allen Schwierigkeitsgraden. Die Nordwand des Hochiß (2299 m), des höchsten Gipfels im Rofan, die Spieljoch-Nordwand (2279 m) und die Nordwand der Seekarlspitze (2240 m) – mit über 400 Metern reiner Wandkletterei die längste Steilwand im Rofan (Schwierigkeitsgrad VI) – samt dem berühmten ›Ypsilon‹ im unteren Teil haben immer wieder die Felsgeher angezogen. Die bekanntesten Erschließer dieser Wände und noch vieler anderer im Rofan sind der bereits genannte Ernst Schmid, Hans Fiechtl, aber auch Franz Nieberl, Hans Dülfer und Hermann Buhl.

Die Ampmoosalm muß man am Morgen oder im Herbst mit langen Schatten erlebt haben. Hier sitzen die Almhütten wie Glucken geduckt in den Mulden, man weiß gar nicht recht, wo die Häuser anfangen und wo sie im Hang aufhören, so hineingewachsen sind sie in den Boden. Dazwischen liegen riesige Felsklumpen, die vielleicht zu einer Zeit herabfielen, als hier die Illyrer ihr Vieh auftrieben. Unheimlich lebendig wird das alles zusammen im Zwielicht, plötzlich stehen überall Gestalten, aber befreiend weitet sich der Blick an schönen Tagen bis zum Guffert hinüber, der in zehn Kilometer Luftlinie wie eine Fata Morgana über dem Rand der Alm und des Eselkars aufsteigt.

Eselkar, Roßkar, Roßkopf, Roßkogl, Gschöllkopf: Diese Namen weisen darauf hin, daß früher hier auch Pferdeweiden bestanden haben. Besonders die Silbe ›Gschöll-‹, die vom Althochdeutschen ›scelo‹, das heißt Zuchthengst, herkommt, ist historisch sprechend. Ebenso aber auch die Bezeichnung Mahrental-Alm, die von ›Mahre‹, das ist Mähre für Stute, abgeleitet wird.

Das Wort Rofan selbst, im Mittelalter auch ›Rafan‹ und ›in den Rafent‹ geschrieben, kommt vom vorrömischen Wort ›ròa‹ und ›rova‹ her, was soviel wie ›Erdrutsch, Muhre, Felssturz‹ sagt. Später beeinflußte noch das romanische Wort ›rovanju‹, das ist ›Berg mit Felsstürzen‹, die Namengebung. Auch ›Dalfaz‹, die Benennung für das Almgebiet westlich und über dem Ort Buchau am Achensee, leitet sich aus dem Romanischen her und bedeutet Heustadl, wogegen ›Mauritz‹-Alm vom romanischen ›muriciu‹, das heißt ›altes Mauerwerk‹, vielleicht auf gemauerte Almhütten verweist. Maurach trägt die gleiche Wortwurzel in sich.

Ganz ›hintn‹ im Rofan weiten sich die Bachtäler, die von allen Seiten zusammenkommen, zu einem Talkessel, in dem der Hauptort des Rofan liegt: *Steinberg* (1015 m). Das war eine derart entlegene Gegend, wie sie selbst für Tirol selten gewesen ist. Die Orientierung ging seinerzeit vollkommen nach Osten ins Brandenbergtal, wohin man noch heute einen sehr einsamen Waldweg nehmen kann. Selbst ein Wirtshaus hat hier keine Existenzmöglichkeit, wie das nicht mehr bewirtschaftete Gasthaus ›Gang‹ beweist. Bei Pinegg mündet dann die Steinberger Ache, die westlich von Steinberg entspringt, in die Brandenberger Ache. Erst spät im 20. Jahrhundert wurde die Bundesstraße von Steinberg zum Achensee nach Westen so gut ausgebaut, daß nunmehr die Steinberger ganz nach Westen blicken. Bis ins 19. Jahrhundert gehörte die Gemeinde Steinberg denn auch zu Brandenberg.

Von jungsteinzeitlichen Siedlungen oder Niederlassungen aus der Bronzezeit, wie wir sie aus anderen Teilen Tirols kennen, weiß diese Gegend nichts, obgleich eine Reihe von Höhlen das ›Wohnen‹ ermöglicht hätten. Um 1400 vor Chr. wurde das Gebiet nur sporadisch begangen, wie spärliche Einzelfunde beweisen, aber erst aus der Latènezeit (ab 400 vor Chr.) stammt ein bedeutender Hinweis auf Menschen in diesen Tälern. Es sind die nach ihrem Fundort benannten und anfangs schon erwähnten ›Schneidjochinschriften‹ im Guffertgebiet, nördlich des Schneidjoches (1810 m). Die Buchstaben sind etruskisch; die Fundstelle liegt 1550 Meter hoch in einer höhlenartigen Felsennische, in der eine Quelle entspringt. Am bequemsten erreicht man sie in einer halben Stunde von der Ludwig-Aschenbrenner-Hütte (1465 m) aus, zu der man vom Parkplatz an der Steinberger Bundesstraße etwa zweieinhalb Stunden geht. In sieben Zeilen laufen die Buchstaben unterschiedlicher Größe, fünf bis dreißig Zentimeter, zum Teil von links nach rechts, zum Teil entgegengesetzt, ›bustrophedonal‹ also, wie der Philologe sagt. Zweifellos handelt es sich um eine Kultstätte. Die Übersetzung der Schriftzeichen soll wie folgt lauten: *Wasser ist da. Dem Castor hat hier Frau Etuni geopfert. Frau Ritali hat hier dem Castor geopfert. Hier hat Frau Minesi dem Castor geopfert. Hier hat Elvas Wasser geschöpft. Gestiftet hat Estas das Votivbild.*

Es ist nicht mehr zu sehen, das Votivbild, aber man kann es einst an der freien Stelle inmitten der Schriften vermuten. Es fällt auf, daß drei der fünf genannten Personen Frauen sind, vielleicht die beiden anderen auch noch. Die Mythologie lehrt uns, daß nur die Frauen bei Castor schwören konnten, während zu seinem Zwillingsbruder Pollux auch die Männer einen Eid leisten konnten. In den römischen Götterkult traten die Dioskuren besonders durch die Schlacht am See Regillus 499 vor Chr. ein, als der Diktator A. Postumius ihnen einen Tempel gelobte, falls sie ihm hülfen, die Latiner zu besiegen. Die Dioskuren erschienen, kämpften zu Pferd auf der Seite von Postumius, und die Römer gewannen. Nach der Schlacht ritten Castor und Pollux zum Juturnabrunnen, wo sie ihre Pferde tränkten und dem Volke den Sieg verkündeten. In der Nähe jenes Brunnens wurde 484 vor Chr. ihr Tempel eingeweiht, und die Quelle erhielt durch die Dioskuren Heilkraft. Hier wird also die Verbindung von Quelle und Castor ganz deutlich. Castor galt schon immer als der bedeutendere der Zwillinge und war Gott der Rossebändiger: Wie viele Namen im Rofan erinnern nicht an Pferdezucht!

Als Urheber der Inschriften und des Kultes vermutet man eine Schar Geflüchteter, weil im übrigen Tirol bisher keine derartigen Inschriften entdeckt worden sind und es sich daher um eine einzelne Menschengruppe gehandelt haben dürfte. Einige Worte glaubt man mit ›Heiliger Ort‹ oder ›Hier ist das Heiligtum‹ übersetzen zu können, womit die Stelle als Kultstelle erwiesen wäre. Denkbar ist auch, daß die Flüchtenden vor den Kimbern zurückwichen, die 110 vor Chr. ins Inntal eindrangen.

In der Römerzeit war das Rofangebiet Grenzzone zwischen den Provinzen Rätien und Noricum, was sich heute noch im Verlauf der Bistumsgrenzen ausdrückt.

Die erste urkundliche Nennung Steinbergs ist durch die Erwähnung einer Kapelle zum Heiligen Lambert 1196 auch kirchlich gebunden. Am Kirchbichl, dem wärmsten Platz, standen die ersten Häuser, ganze acht Anwesen noch um 1450, als das

Gebiet dem Kloster Seeon im Chiemgau gehörte. Erst 1504 kam Brandenberg-Steinberg mit dem Gericht Rattenberg dann zu Tirol. Anfang des 17. Jahrhunderts betrieb der Forstknecht Hanns Unterberger etwas westlich des Ortes bereits eine Pulvermühle, die bis 1680 bei der gleichen Familie blieb, dann aber ins Achental hinaus verlegt wurde.

1715 folgte ein Kirchenneubau, 1811 wird Steinberg endlich eine selbständige Pfarre, die noch bis 1818 der Diözese Freising untersteht. Heute gehört Steinberg zum Dekanat Reith und damit zum Bistum Salzburg, die Gemeinde zählt zum Bezirk Schwaz. Die Einwohnerzahl hat sich zögernd auf 250 bis 300 erhöht, die wirtschaftlichen Möglichkeiten blieben bislang beschränkt, wenngleich der Fremdenverkehr auch hierher vorgedrungen ist und besonders alpinfreudigen Gästen viele Möglichkeiten anzubieten hat. Das gilt auch in zunehmendem Maße für den Winter, besonders seit die neuere Liftanlage von Kramsach zum Roßkogel einen weiteren Zugang ins Schifahrer-Neuland eröffnet hat, während die Abfahrt unter der Rofanseilbahn schon länger besteht. Aber auch Rofanspitze, Kolbenjoch, Kreuzeinjoch, Marchspitze und manche andere sind für den Schitouristen herrliche Tagestouren.

Das Zillertal

Zillertal, du bisch mei Freid!
Da habn die Madln saggrisch Schneid.
Da gibts Gamsaln zu derjagn,
Schiana Diandal zu derfragn.
Zillertal, du bisch mei Freid!
(Volkslied)

Wer hat das Lied noch nie gehört? – Freilich lautet es heimisch gesungen: »Zillachtol, tu bisch mei Freit!«, aber gemeint ist genau das gleiche. Also auf ins Zillertal, dem fraglos berühmtesten der vielen Täler Tirols und hinsichtlich seiner historischen Entwicklung sicher auch dem kompliziertesten.

Zwischen den Orten Jenbach und Brixlegg zweigt das Zillertal in strenger Nord-Süd-Richtung vom Inntal ab. Es steigt bis Mayrhofen (30 Kilometer) nur etwa hundert Meter an, weshalb der Ziller sehr langsam fließt und der Talboden zu Versumpfungen neigt. Hingegen wechselt das Tal stark in seiner Breite, weniger auf der Talsohle als auf den Gebirgskämmen, die es im Osten und Westen begrenzen. Sie stehen bei Straß einander nur vier Kilometer gegenüber, aber bei Zell auf dreißig.

Die Bevölkerung ist, wie zahlreiche Ortsnamen beweisen, vor der Römerzeit illyrisch gewesen. Ein Teil davon zog sich während der ›bairischen Landnahme‹ im 6. Jahrhundert ins innerste Tal zurück, wo sich ihre Rasse besonders im Tuxer Tal erhalten hat.

Das Zillertal wurde für die Zahl seiner Bewohner schon bald zu eng, so daß man sich gezwungen sah, auch die Berghänge zu roden, ein Vorgang, der im 13. Jahrhundert abgeschlossen war. Es entstand eine fast reine Gras- und Almlandschaft, in der es heute 180 Almen gibt und Bergbauernhöfe bis in 1600 Meter

Höhe. Die Hofform dort oben unterscheidet sich vom Einhof im Tal, der Wohnhaus, Stall und Wirtschaftsteil unter einem einzigen Dach vereinigt. So viel ebener Siedlungsgrund ist auf einem Platz an den Hängen selten zu finden, weshalb dort der Paarhof mit getrennten Wohn- und Wirtschaftsgebäuden vorherrscht.

Der Ziller ist seit ältester Zeit Tirols ein Grenzfluß. Ich erinnere daran, daß die alte Grenze Tirols, hervorgegangen aus der Grafschaft im mittleren Inntal, hier verlaufen ist und östlich des Flusses bis 1504 Bayern mit seinem Gerichtsbezirk Rattenberg begonnen hat. Das Tal selbst gehörte aber ab Fügen zum Erzstift Salzburg, an das es Kaiser Arnulf 889 geschenkt hatte. Daraus ergaben sich schwierige Verwaltungssituationen.

Rundblick von Kropfsberg

Zur Wahrung ihrer Interessen errichteten die Bischöfe von Salzburg bei Sankt Gertraudi östlich des Taleinganges einen festen Turm. Wer genau ihn erbaut hat und wann das geschehen ist, bleibt strittig, jedenfalls steht er immer noch als Bergfried der Ruine *Kropfsberg* auf dem Burghügel. Die Burg hat Ähnlichkeit mit der gleichfalls salzburgischen Anlage auf dem Petersberg bei Friesach in Kärnten. Um zwei Flankentürme entwickelte sich allmählich das eigentliche Hochschloß mit schmalem Nordpalas und kleinen Wirtschaftsgebäuden im Westteil. Der Hauptturm blieb in Kropfsberg außerhalb dieser zweiten Baugruppe, die sich sogar durch ein eigenes Torwerk von ihm trennte. Es muß Leonhard von Keutschach (1495-1519) gewesen sein, der den Befehl zur Erweiterung gab, wenngleich man sein Wappen, die Rübe, nirgends mehr in der Ruine findet. Teile des Bergfrieds stürzten auf die Straße hinunter, andere wurden im 18. Jahrhundert zur Festigung des Innbettes verwendet. 1750 heißt es über den Bergfried, man könne ihn »ungefehrlich von ihm selbst Eingehen lassen, maßen dessen Ruinen im Fahlen niemandten schaden khönnen«. 1845 und 1890 wird dann von den neuen Privatbesitzern aus einem alten Torturm das heutige Torhaus gestaltet und 1963 der mittlere, jetzt am höchsten aufragende Turm so weit gesichert, daß er als Aussichtswarte benützt werden kann. Ein Blick von dort oben läßt den Platz, wenn man die alten Grenzen bedenkt, als strategisch günstig gewählt erkennen.

Echte kriegerische Ereignisse hat Kropfsberg jedoch nicht erlebt. Salzburg trennte früh strafgerichtliche und zivilrechtliche Belange und legte die letztgenannten nach Zell ins Talinnere. Landesgeschichtlich gewann die Burg Bedeutung, weil hier zwei wichtige Konferenzen stattfanden. Die eine war 1412 und führte nach dem von Bayern unterstützten Adelsaufstand zur Versöhnung zwischen den Bayern und Habsburg-Tirolern. Und 1416 söhnte der Salzburger Erzbischof unter Hilfe des Bischofs von Brixen und des Herzogs Ludwig von Bayern die streitenden Brüder Friedrich und Ernst miteinander aus, und Herzog Friedl wurde in seiner Stellung als Tiroler Landesfürst bestätigt. 1590 wurden der Pflegsitz Kropfsberg aufgelöst und alle Amtshandlungen nach Zell verlegt. Damit begann der Verfall der Burg.

Im Zillertal bestanden merkwürdige Überlagerungen von Rechten, weil die Salzburger über ihren Teil nie eine echte Grafschaftsgewalt ausgeübt hatten. Das Gericht in Kropfsberg hatte nur die niedere Gerichtsbarkeit, und somit fehlte Salzburg eine wichtige Befugnis, die zur echten Landeshoheit gehörte. Das Berg- und Waldrecht übte man – je nach Zillerflußseite – gemeinsam mit Bayern oder Tirol aus, aber das Recht auf Steuern und Wehrhoheit besaß Salzburg zur Gänze, auch dies ein wichtiger Punkt echter Landeshoheit. Daß anderseits weder die Bayern noch die Tiroler echte Landeshoheit auszuüben imstande waren, lag offenbar im besonderen Charakter des geistlichen Fürstentums und in dessen kirchlicher Immunität begründet. Nach langem Hin und Her in den Napoleonischen Kriegen wurde im Mai 1816 der endgültige Zusammenschluß des gesamten Zillertales mit Tirol durchgeführt. Nur die Grenzen der geistlichen Jurisdiktion verlaufen immer noch im Fluß: Westlich davon liegt die Diözese Innsbruck, östlich jene Salzburgs. Die Zugehörigkeit ist weithin an den Kirchturmfarben kenntlich: Die salzburgischen haben ein grünes, die Tiroler ein rotes Dach.

Den Eingang zum Zillertal markiert der lotrecht bis auf den Talgrund abstürzende Felsen Brettfall (682 m), der nördliche Pfeiler des Larchkopfes (1367 m), der selbst wieder ein Vorposten des Reiterkopfes (1665 m) ist, in dessen Flanken lange nach Bodenschätzen gegraben wurde. So stiegen denn aus Straß, dem ersten Ort des Zillertales, die Knappen zu ihrer schwierigen Tätigkeit zum Berg hinauf. Hatten sie die Höhe von Brettfall erreicht, beteten sie vor einem Marienbild, das unter einem Baum stand. Als die Figur später nach Straß hinuntergebracht wurde, begab sie sich von selbst immer wieder auf den Felsen in der Höhe zurück, bis man dort 1671 ein erstes Kirchlein für sie errichtete. 1729 entstand dann das heutige. Wahrscheinlich gab es schon damals die Einsiedelei dabei, die 1781 Makarius Mayr, der Senior der ›Einsiedlergenossenschaft‹ Tirols, innehatte. Selbst das kaiserliche Verbot 1782 und die Sperrung der Kapelle 1788 vermochten den Eremiten hierorts nicht Einhalt zu gebieten. Im selben Jahr noch kehrte das beharrliche Gnadenbild wieder auf seinen Felsen zurück, nunmehr betreut vom Einsiedel Franz Margreiter, vulgo Brettfall-Franzl, der in seiner ›Freizeit‹ Kupferstiche verfertigte und verkaufte. 1809 war er einer der wichtigsten und unauffälligsten Botengänger Andrä Hofers. Zwanzig Jahre später ist der Einsiedel samt seiner Klause verbrannt. Man sah im Tale den Feuerschein, aber jede Hilfe kam zu spät.

Wer sich von dem unbeschreiblich reizvollen Ausblick über Inn- und Zillertal von dieser vogelgleichen Warte aus losreißen kann, dem bietet sich ein bequemer Übergang nach Rotholz an, wobei man nur kurzzeitig die breite Straße zum Schlitterberg benützen muß, dann aber zu den Höfen ›Am Raffl‹ aufsteigt. Auch hier steht eine hübsche Barockkapelle, die Jakob Singer aus Schwaz 1743 geschaffen hat, und zwar über dem entsprechend verkleinerten Grundriß seines Hauptwerkes, der Stiftskirche Fiecht bei Schwaz. Verehrt wird eine Pietà aus dem Jahre 1700.

Kehren wir nach *Straß* zurück, das seinen Namen und wohl auch seine Entstehung der Römerstraße verdankt, die hier vorüberzog. Ganz auf Straßen- und Pilgerverkehr eingerichtet, grüßt aus der Pfarrkirche ihr Patron Sankt Jakob von Compostela. Als der Ziller bis 1504 Tirols Grenze gegen Bayern bildete, war Straß ein teilweise befestigter Grenzort. Versinkende Bauteile am sogenannten Klauseck unmittelbar unterhalb des Brettfallfelsens erinnern daran.

Der Pilgerpatron steht in Form einer spätgotischen Holzfigur am Hochaltar der Pfarrkirche, die 1736 von der Singer-Werkstatt Schwaz barockisiert worden ist. Ein Kuriosum bildet der kaiserliche Doppeladler am Chorbogen. Er stammt von einer ›ewigen‹ Meßstiftung Kaiser Josefs I. aus den Einnahmen des Zollamtes.

Fährt man auf der Hauptstraße weiter taleinwärts, so erreicht man nach wenigen Kilometern *Schlitters,* das auch ein Knappenort war. Im Öxlbachtal, auf dessen Mündungskegel sich die Siedlung entwickelte, wurde nach Kupfer und Silber gegraben, und die Knappen hatten eine eigene Kirche zum Heiligen Severin hingestellt, von der heute außer einer Glocke (1524) im Turm der Pfarrkirche nichts mehr übrig ist. Das Öxltal, das bis zur Kaunzalm (1525 m) reicht und darüber hinaus noch zum Kellerjoch (2344 m) hochzieht, ist ohne den Bergbau wieder ein stilles Waldtal geworden, in dem der Bach das große Wort führt und einige aus den Forsten ausgerodete Almen liegen.

Die Pfarrkirche von Schlitters mit ihrem Patron Sankt Martin von Tours hat das Schicksal vieler Tiroler Kirchen erfahren: Um 1500 im Stil der ausklingenden Gotik erbaut und mit einzelnen Rotmarmorteilen verziert, wurde sie 1740 von den Brüdern Singer barockisiert. Die Gewölberippen schlug man herunter, und der unvermeidliche Christoph Anton Mayr bemalte das nackte Gewölbe mit Szenen aus dem Leben des Patrons. Der gotische Turm blieb stehen.

Fügen

Bereits Straß und Schlitters können einen Vorgeschmack von der Intensität des jährlich hier stattfindenden Fremdenverkehrs geben: Straß zählt 41000, Schlitters 52000 Übernachtungen, und das nur im Sommer (1981)! Dabei haben beide Orte zusammen keine 1700 Einwohner. Diese Zahlen werden aber sofort in den Schatten gestellt, wenn man hört, was *Fügen* bei 2670 Einwohnern leistet: 201000 Übernachtungen im Sommer (1981), 165000 im Winter (1981/82). Die Wintersaison wurde von der Gemeinde zielstrebig durch die Erschließung der Höhen über der Tochtergemeinde Fügenberg aufgebaut. Die Seilbahn aufs Spieljoch (2066 m) wird über der Bergstation durch mehrere Schilifte verlängert, die bis ins Frühjahr absolut schneesicher sind. Leicht und luftig schwingt sich die Gondel über ein Gelände, auf dem zur Zeit des Bergbaues vom 15. bis zum 17. Jahrhundert Schwerstarbeit geleistet worden ist. Seit 1400 bestand etwas außerhalb Fügens ein Hüttenwerk, 1585 ›Keutschacherisches Eisenperckwerch‹ genannt. Es unterhielt seit 1500 in Kleinboden ein Schmelzwerk und wurde über das Arz-Erz-Joch sowie aus dem Finsinggrund beliefert. Man transportierte das Gestein auf Ochsenkarren über die Wasserscheide hinauf aufs Joch und zum Arzschermb; ›Scherm‹ heißt Schirm und Schutz, hier ist der Schutz der Jochkapelle gemeint. Dort übernahmen Zieher das in Säcke von Sauhäuten gefüllte Material, banden es auf Schlitten oder Einzelkufen, sogenannte Schalpern, und zogen es im Zickzack auf einem noch jetzt sichtbaren Steig zur Lagstattkapelle hinunter. Von dort wurde es dann auf Karren zum Werk gebracht.

Der Bergsegen im Finsinggrund war so bedeutend, daß die Salzburger Erzbischöfe mit ihrer unsicheren Landeshoheit das Ansinnen der Tiroler Grafen annehmen mußten, den Gewinn zu teilen. So beuteten Tirol und Salzburg nach einem Vertrag von 1627 die Lager in jährlichem Wechsel aus. Beim Fügener Eisenwerk entstand bald das Problem der Brennstoffbeschaffung, doch ging man hier klüger zu Werk als etwa im Inntal, indem man von vorneherein eine ausgedehnte Köhlerei aufzog, in der über zwanzig Köhler gleichzeitig an fünfzig Meilern Holzkohle erzeugten. Sie standen im Weiler Kohlstatt, der danach heißt. Bis 1870 wurde im Finsinggrund nach Eisen gegraben. Heute steht unter der bekannten Lamarkalm der bei den Schiläufern nicht weniger bekannte Hotelweiler Hochfügen (1480 m).

Wie einst in Schlitters bauten auch hier die Knappen 1497 eine eigene Kirche. Sie verkörpert das alte ›Heilige Land Tirol‹ in selten eindringlicher Weise. Schon wer zu ihr hinaufsteigt, etwa gar noch in den aufrauchenden Morgennebeln eines frühen Tages, kann etwas davon merken, was gläubige Menschen des Spätmittelalters durchdrungen haben muß, wenn sie mit der Sicherheit der Überzeugten zu dieser Kirche emporstiegen. Patron ist der Heilige Pankratius, dessen Haupt in einem Silberschrein oberhalb des Tabernakels ruht. Die Reliquie stammt aus der Waldaufschen Heiltumssammlung in Hall und kam 1787 hierher, wo sie zur Vertreibung der Mäuse und zum Exorzismus an »lebendigen und leblosen Dingen« verwendet wurde. Die Vorbilder der Kirche standen in Hall und Schwaz. Als der Raum zu eng wurde, hat man 1520 oder 1522 zwei Joche ans Langhaus angebaut. Im Innern blieb das Netzrippenwerk bestehen; rotmarmorne Portale, Säulen, Dienste zeigen wie in Schlitters nach der Bauhütte Rattenberg-Hagau. Darüber hinaus ist in Sankt Pankraz noch reiche Wandmalerei aus beiden Bauperioden erhalten, denn die Tiroler Kirchen der Gotik waren innen alle bunt.

Das Dorf Fügen selbst ist eines der hübschesten und saubersten des Zillertales und die Geburtsstätte der berühmten ›Tiroler Natursänger‹, die inzwischen in unzähligen Varianten das Zillertal und Tirol in der ganzen Welt bekannt gemacht haben. Ihre Geschichte soll daher erzählt werden.

Auf einer seiner Handelsreisen durch Deutschland hörte Josef Rainer in Leipzig das Konzert von ›Vier singenden Tiroler Kindern‹, dessen Art und mindere Qualität ihn kränkte und empörte. Es waren freilich nur tirolisch kostümierte Sängerlein und keine echten Landsleute. Immerhin – Rainer schrieb an seine Geschwister in Fügen, man müsse der Welt zeigen, was es mit dem Singen in Tirol wirklich auf sich habe, sie wollten sich in Freising treffen. Dort begannen sie dann ihr ›Frei-Singen‹, zunächst nur vor wenigen Zuhörern in Wirtsstuben und Gasthaussälen. Allmählich wurden sie bekannt, und 1828 lud sie der Großherzog von Baden ein, in Karlsruhe im Theater zu singen. Dieser Auftritt wurde zu einem durchschlagenden Erfolg. Allein von einer Englandtournee brachten die Rainer 56000 Gulden Reinverdienst zurück. Auch im Bild wurden die ›Natursänger Rainer‹ weithin bekannt, und nicht zum geringsten mag dazu eine prächtige Lithographie beigetragen haben, die Otto Speckter 1827 in Hamburg herausgebracht hat. Man darf vielleicht annehmen, daß dessen Bruder Erwin Speckter, der 1825 bis 1828 mit anderen Hanseaten an der Münchner Akademie studierte, auf seiner großen Alpenwanderung 1827 die Vorzeichnung dazu an Ort und Stelle aufgenommen hat.

In England hörte sie Heinrich Heine, und diesem Oberkritikus kam das ganze Unternehmen beschämend vor:

Jene Geschwister Rainer, die in England gewesen, ... hatten ... einen guten Ratgeber, der den Geist der englischen Nobility gut kannte. Daher ihre gute Aufnahme im Foyer der europäischen Aristokratie, in the west end of the town. Als ich vorigen Sommer in den glänzenden Konzertsälen der Londoner fashionablen Welt diese Tiroler Sänger, gekleidet in ihre heimatliche Volkstracht, das Schaugerüst betreten sah und von da herab jene Lieder hörte, die in den Tiroler Alpen so naiv und fromm gejodelt werden und uns auch ins norddeutsche Herz so lieblich hinabklingen – da verzerrte sich alles in meiner Seele zu bitterem Unmut, das gefällige Lächeln vornehmer Lippen stach mich wie Schlangen, es war mir, als sähe ich die Keuschheit des deutschen Wortes aufs roheste beleidigt und die süßesten Mysterien des deutschen Gemütlebens vor fremdem Pöbel profaniert. Ich habe nicht mitklatschen können bei dieser schamlosen Verschacherung des Verschämtesten, und ein Schweizer, der gleichfühlend mit mir den Saal verließ, bemerkte ganz richtig: »Wir Schwyzer geben auch viel fürs Geld, unsere besten Käse und unser bestes Blut, aber das Alphorn können wir in der Fremde kaum blasen hören, viel weniger es selbst blasen für Geld!«

Aus dieser Kritik Heines kann man entnehmen, daß die Rainer auch seinen Nerv trafen, das heißt, daß ihr Gesang ganz natürlich naiv und vollends ungekünstelt gewesen sein muß.

Nach Fügen zurückgekehrt, wahrten sie ihre einmalige Chance: Josef Rainer, von dem die Anregung zu dem Unternehmen ausgegangen war, kaufte den Ansitz Hacklturm und baute ihn zu einem Gasthaus um. Anton Rainer erwarb den Gasthof Post in Schwaz, auf den er stolz in englisch schrieb: »Imperial Hotel, recommended to gentlemen and travellers.« Er wurde über Verwendung des Grafen Esterhazy Postmeister. Das gleiche Amt erlangte sein Bruder Franz in Fügen. Felix Rainer schließlich kaufte sich einen Bauernhof. Damit ist zwar die Geschichte der ersten Rainer zu Ende, nicht aber jene des Tiroler Jodlers in der Welt.

Ludwig Rainer, geboren 1821, ließ schon als ›Bua‹ ob seiner herrlichen Sopranstimme aufhorchen, wobei auffiel, daß er zu seiner herrlichen Stimme auch eine außergewöhnliche Musikalität geschenkt erhalten hatte. Mit siebzehn Jahren nahm er das Angebot eines ausländischen Agenten an und gründete ein Gesangsquartett, das zunächst ins Land der unbegrenzten Möglichkeiten reiste, nach den USA. Über diese Reise sind wir durch Ludwig Rainers Tagebuch genau unterrichtet. Die Schiffsreise von Le Havre nach New York, die 28 Tage dauerte, schlug sich den Tirolern heftig aufs Gemüt. Rainer schreibt: *O mein Gott, wie vile Seifzer habe ich da noch zurückgelegt, es war wohl sehr Traurig, da ich kein Land mehr sah, keinen Vogel mehr Singen hörte, keine Gloge mehr leiten, nichz als Wilde Stirmende Wellen. Oft des Abends, wenn die ander Bataschier zu Bett gingen, wann die Stille Abend Seeluft sanft die Segel durchlispelte, und das Schiff Still und Mild durch die Wellen strich und der Glänzende Mond freundlich den Wellen goldglänzente Farbe gab, sas ich einsam und allein mit meiner Gitarr, mit der ich mir alle lange Traurige Stunden vertrib, auf den Rande des Schiffes und sang das Lied, das ich mir selbst auf dem Schiffe componierte:*

Ich bin ein Bursch von Achzehn Jahren,
Muß Reißen in die weite Welt,
Ich bin noch Jung, muß was erfahren,
Daß ich nicht werd ein träger Held,
Von meinen Ältern mit großen Schmerzen
Muß ich itzt scheiden, daß mir schwer fällt,
Ich faß mier muth in meinem Herzen,
Hin in den vierten Teil der Welt.

Nach Überwindung von zehn Stürmen landeten sie endlich und begannen zunächst, Englisch zu lernen. Inzwischen traten sie in Kirchen und Gaststätten auf. Wenn sie sich die Gegend besahen und dabei an Wiesen vorbeikamen, die eben gemäht wurden, packte sie das Heimweh so sehr, daß sie ihre Jacken auszogen, die Sensen ergriffen und zeigten, »daß sie auch noch etwas anderes konnten« als singen. Mit den Rainern kam auch das »alte amerikanische« Weihnachtslied ›Silent night, holy night …‹ nach der Neuen Welt. Daß ›Stille Nacht, heilige Nacht‹ zum deutschen Volkslied geworden ist, war ja bereits den ›Urrainern‹ zu verdanken, die es schon 1822 Kaiser Franz I. von Österreich und Zar Alexander I. von Rußland im alten Schloß zu Fügen vorgesungen hatten. So ist es nicht verwunderlich, daß das 1818 im ehemals bayerischen Oberndorf an der Salzach aus der Not geborene Weihnachtslied aus dem Salzburger Land zunächst als ›Tiroler Lied‹ bekannt geworden ist.

Die Sängergruppe hatte in den Vereinigten Staaten solchen Erfolg, daß es ihrem Manager nach einem Jahr an der Zeit schien, mit der gesamten Kasse durchzubrennen. So geschehen in New Orleans! Nun nahm Ludwig Rainer das Steuer selbst in die Hand. Unverzagt organisierte er, schon nach einem Jahr fast perfekt in Englisch, weitere Konzertreisen, die nach Saint Louis, Pittsburgh, Philadelphia und Quebec gingen. Dort war man einmal mit den Gasthofpreisen gar nicht zufrieden, und Rainer notiert in sein Tagebuch: »Wir waren sehr unzufrieden mit dem Herrn vom Haus, ich habe dafür aber acht schöne Bilder aus einem Buche herausgeschnitten und ließ sie mit mir gehen!«

Bald florierte die nun selbst verwaltete Unternehmenskasse neuerlich, aber schon gab es wieder eine Komplikation. Diesmal wurde zwar keine Kasse mehr gestohlen, aber Helene Rainers Herz durch einen jungen Amerikaner, den sie kurz entschlossen heiratete. Da standen sie nun in Boston – Ludwig, Margarete und Simon –, zum Terzett reduziert! Jedoch auch dieser Schicksalsschlag vermochte die wackeren Zillertaler nicht zu entmutigen. Sie engagierten einen irischen Knaben als Sopran und stülpten ihm einen Zillertaler Hut aus Papiermaché auf, womit das Quartett wieder vollständig war.

Von 1842 bis 1851 blieb Rainer zu Hause in Tirol. Er ehelichte die treue Gefährtin seiner Amerikareise Margarete, erwarb das Gasthaus ›Zum Hirschen‹ in Rattenberg und stellte einen tüchtigen Wirt vor. Margarete starb im ersten Kindbett, und Ludwig heiratete ein zweites Mal, diesmal gleich eine Wirtstochter. Als 1851 in London die Weltausstellung veranstaltet wurde, kam des Sängers Reiselust erneut zum Durchbruch. Kurzerhand verkaufte er sein Gasthaus, brachte seine Familie gut unter, stellte ein neues Quartett aus dem Zillertal zusammen und fuhr nach England. »On the Alp no sin is found«, sangen sie deutsch und englisch, sogar vor der Königin Viktoria, die Rainer eine goldene Uhr schenkte. 16 Monate lang sangen sie dann im französischen Theater in London. Nach diesen Erfahrungen konnte die Gruppe auch auf der Pariser Weltausstellung 1855 nicht fehlen, wo sie vor Napoleon III. und Eugénie brillierten. In den folgenden Jahren sangen und jodelten sich die Rainer durch ganz Skandinavien, und 1858 eroberten sie Moskau und Petersburg, wo sie volle zehn Jahre blieben. Viermal fuhr Rainer von dort nach Hause, beladen mit Hekatomben von russischen Spiel- und Birkhahnfedern, die er der österreichischen Armee verkaufte, bei der verschiedene Truppen solche Federn trugen. Schließlich verlor er auch seine zweite Frau und heiratete in Petersburg 1865 Anna Frantl, den Sopran seiner Gruppe, eine Tirolerin aus Sankt Margarethen. Sie erwarb sich zu Recht den Übernamen ›Tiroler Nachtigall‹.

Rainers Gruppe umfaßte zwölf Personen, mit denen er nach der russischen Zeit auch noch den gesamten Balkan bereiste. Mit den Ersparnissen begann er, am Achensee den ›Seehof‹ zu bauen, das später berühmteste Hotel am See. Auf seine Reisen nahm er Bilder und Beschreibungen des Achensees, des Zillertales und Tirols mit und wurde so der erste systematische Fremdenverkehrswerber Tirols. Kaiser Franz Joseph besuchte ihn auf der Durchreise und sagte ganz wie in Andersens Märchen zu ihm: »Grüß dich Gott, Rainer!« Und der Rainer antwortete: »Grüß dich Gott, Kaiser!« 1884 beendete er seine fünfzigjährige Sängertätigkeit mit einem Abschlußkonzert in München. 1893 starb er auf einer Reise in Bad Kreuth. Er wurde in Achenkirch begraben, sein Grabstein steht noch mit den von ihm selbst verfaßten Worten:

Ausgelitten – ausgerungen
Viel gereist und viel gesungen!

Seit dieser Zeit ist das Tiroler Nationalsängertum nicht mehr abgerissen. Heute steckt es fast nur mehr im Fremdenverkehrsbetrieb. Was würde Herr Heinrich Heine jetzt erst sagen? Jedes Jahr reisen Tiroler Gruppen in die Ferne, um die Fremden nach Tirol zu locken, wobei die vorgeführten Darbietungen nicht immer ganz verstanden werden. So schrieb vor einigen Jahren eine amerikanische Zeitung, die von den Tirolern aufgeführten Tänze seien besonders interessant. Sie zeigten, wie sich die Eingeborenen in Tirol durch heftiges, rhythmisches Schlagen mit den Händen auf Backen, Schenkel und Knöchel zur kalten Winterszeit in den Almhütten erwärmten. Gemeint war natürlich das Schuhplatteln. Besonders der Ausdruck ›Eingeborene‹ erregte damals heftigen Widerwillen in Tirol.

Fügen 1130 und Zell 1188 erwähnt, haben mehrfach Geschichte gemacht. Sie bildeten die beiden Urpfarren des salzburgischen Anteiles im Zillertal. Im Namen Fügen steckt ebenso wie in jenen von Schlitters, Uderns oder Ziller ein illyrischer Sprachkern von den ältesten Siedlern. Fügen war dabei zuerst der führende Ort, 1293 wird dort bereits eine Schule erwähnt! Auch später trat der Ort ins Licht historischer Ereignisse. So geschah der Festakt des endgültigen Zusammenschlusses des Zillertales mit Österreich-Tirol am 21. April 1816 in Fügen. Eine Denkmalsäule, die an den Besuch Kaiser Franz I. erinnerte, wurde erst 1945 durch einen amerikanischen Panzer umgefahren und zertrümmert. 1822 reiste Zar Alexander I. durch den Ort, wo ihm beim feierlichen Empfang im Schloß die ›Ur-Rainer‹ so prächtig vorjodelten, daß er sie nach Rußland einlud. Auch Wolfgang Amadeus Mozart hat auf der Orgel der Pfarrkirche gespielt, freilich ohne jemals selbst in Fügen gewesen zu sein.

Die älteste Kirche stand wahrscheinlich bereits um 800 an der Stelle des heutigen Gotteshauses, eine spätere wurde 1330 umgestaltet und vergrößert, und dieser Bau blieb in Chor und Langhaus mit sehr bemerkenswerten Wandmalereien erhalten. Damit ist die Pfarrkirche in Fügen sogar hundert Jahre älter als der sonst für Tirol bestimmende Kirchenbau Hans Sewers zu Hall. Besonders der Fügener Chor stellt unveränderte Frühgotik dar, wie wir sie in Tirol sonst kaum finden. Bei spätgotischen Veränderungen wurden 1494 bis 1497 drei hohe Fenster in die Südwand gebrochen, eine Krypta unter dem Chor ausgelegt, der Turm neu gebaut und die Michaelskapelle vor der Nordwand errichtet. Auch die rotmarmornen Einzelteile wie die Stabwerkportale, das Rippengewölbe der Michaelskapelle sowie der alte Taufstein stammen aus dieser Bauperiode. Alte Ausstattungsstücke hoher Qualität sind auch die Apostelreliefs, die Madonna am linken Seitenaltar und das prächtige Holzrelief einer Beweinungsgruppe von 1510 sowie der Ölberg in der Oblat. Diese Bezeichnung kommt vom lateinischen Wort ›Obolus‹, das bedeutet hier Kirchenopfer und wurde in der Vorhalle entrichtet, weshalb sich der Name auf diese übertrug. Die Hauptfiguren des Ölberges, der hier steht, sind aus Ton und wurden 1714 durch das übliche Schergenvolk der Szene ergänzt. In dieser Art verfuhr man hier pietätvoller als im Kircheninnern, wo damals leider im Zuge der Barockisierung die Gewölberippen fallen mußten, an deren Stelle moderner Stuck trat. 1942 beschädigte ein Brand die Kirche erheblich, so daß sie von Toni Kirchebener teilweise neu ausgemalt wurde. Auch die Glasfenster von Karl Hauk aus Wien stammen aus dieser Zeit. Ein von Bauern 1597 gestiftetes Wandbild ›Auferstehung des Lazarus‹ im Langhaus blieb unbeschädigt. Das Chronogramm des Chorbogens rühmt den »glorreichen Oberhirten Caspar Ignatius«, der die barocken Erneuerungen 1730 zum Abschluß brachte: »sVb gLorIoso praesVLe Casparo IgnatIo atqVe orDInarIo renoVatVM«. In dieser Zeit entstand auch die prachtvolle Monstranz, ein Goldschmiedekunstwerk hoher Qualität, von F.C. Mäderl. Nur wenig später, 1747 bis 1748, erneuerte Andreas Mitterreiter aus Altötting die Orgel, die damals freilich noch in der Kirche des Haller Damenstiftes stand. Dort hat am 26. Oktober 1772 Wolfgang Amadeus Mozart auf dem Instrument gespielt, als man die im Stift lebende Schwester des salzburgischen Obersthofmarschalles Marianne Gräfin Lodron besuchte. Als Josef II. 1783 das Damenstift aufhob, erwarben die Fügener die Orgel und brachten sie in ihre Kirche. 1965 mußte der alte Spieltisch ersetzt werden; er ist heute im Parterre des Gemeindehauses ausgestellt.

1750 schuf Franz Xaver Nißl der Ältere (1731-1804) Wesentliches an der plastischen Altargestaltung, wovon eindrucksvolle Reste erhalten blieben, darunter das große Kruzifix, die Figuren Davids, Isaaks und der drei Johannes. Nißl wird zu den bedeutendsten Tiroler Barockmeistern gerechnet; seine Kunst ist von pathetischer Schwerblütigkeit und auf Grund seines riesigen Werkstattbetriebes nicht immer von gleicher Qualität. Seine Ausbildung erhielt er zwischen 1750 und 1755 als Gehilfe des Münchner Hofbildhauers Straub. Ab 1755 arbeitete er nur mehr in seinem Heimatort Fügen. Etwa zwanzig Kirchen hat er mehr oder weniger vollständig mit Altarfiguren ausgestattet, allein für die Pfarrkirche seines Heimatortes lieferte er deren vierundvierzig. Sein vielleicht bedeutendstes Werk aber schuf er in einer vielfigurigen Krippe, heute in Brixen, die in ihrer originellen Lieblichkeit nicht ihresgleichen hat. Nißls Grabstein steht in der Kirche. Die Werkstatt führte sein Neffe Franz Seraphikus (1771-1855) weiter.

Nochmals an die Bergwerkszeit erinnert die Kapelle am Marienberg, die Johann Michael Graf Fieger 1715 gestiftet hat und die zum Teil mit Mitteln aus der Bruderlade Fügener Bergknappen gebaut worden ist.

Bleibt noch über das schmucke Dorf selbst zu berichten, das zur Zeit 340 Häuser zählt. Es liegt wie alle Dörfer des Zillertales etwas seitlich auf dem Schwemmkegel des Fügenbaches und schützte sich so von alters gegen die Überschwemmungen des Hauptflusses. Fügen hatte die älteste Schießstätte des Tales und besitzt seit 1825 eine ständige Musikkapelle. Ende des 19. Jahrhunderts bestanden sogar, durch zahlreiche Eigeninitiativen hervorgerufen, zwei Blasmusikorchester gleichzeitig. Nach zähem Ringen obsiegte schließlich die Blaskunst der Feuerwehr, der sich die unterlegenen Musikanten allmählich eingliederten.

Daß die Keutschacher hier bereits einen festen Turm besaßen, haben wir schon erwähnt. Sie waren aber sicher nicht die ersten, die ihn bewohnten, denn er läßt sich bereits im 14. Jahrhundert nachweisen. Später gehörte er den Grafen Fieger, die 1675 ein neues Schloß mit vier dreistöckigen Trakten um einen viereckigen Innenhof anbauten. Der alte Turm verschwand in der Südwestecke. Die Grafen Dönhoff richteten ab 1812 im Schloß – immer noch im Zusammenhang mit dem Eisenbergbau – eine Nadelfabrik ein, die 1870 zwölf Millionen verschiedener Nadeln herstellte. Später kauften die Kapuziner das Gebäude und unterhalten seit 1926 darin ein Knabeninternat; seither heißt das Schloß Bubenburg.

Fügen kann sich noch einer Großtat rühmen, die, obgleich unsichtbar, nicht vergessen werden darf. Als im Winter 1818 der Orgelbauer Karl Mauracher nach Oberndorf, gegenüber Laufen an der salzburgisch-bayrischen Grenze gelegen, zur Orgelreparatur geholt wurde, hörte er dort ein Weihnachtslied, das ihm neu war. Den Text hatte der Hilfspfarrer Joseph Mohr geschrieben, die Melodie für Gitarre und eine Singstimme der Dorforganist Franz Gruber. Mauracher notierte Text und Melodie und brachte das Lied den Rainern nach Fügen mit, die es in ihr ›Repertoire‹ aufnahmen.

Damit verabschieden wir uns von dem Ort, der durch die Begabung seiner Sänger die Welt auf seine Weise erobert und beschenkt hat.

Auf der anderen Talseite liegt *Bruck,* das 1187 erstmals urkundlich erwähnt wird. Es war bayrisch und nicht salzburgisch, und sein Name bezog sich auf die Brücke, an der früher das große Barockkreuz der Kirche stand. Die Hänge am Brucker Berg sind fast südlich heiß, und der Bergbau am Reither Kogel hat sich in der Legende vom Goldwurm, der hier herumkriecht und in der Nacht glüht, niedergeschlagen. Hier gibt es eine Verbindung zum Alpbachtal, die schon die Römer kannten und benützten, wenn das Inntal überschwemmt war.

Talwärts folgt dann auf der rechten Seite des Zillers die Gemeinde *Hart,* deren Grund bis zum Wiedersberger Horn reicht. Auch der Meilerbezirk Kohlstatt gehört dazu, ebenso *Helfenstein,* dessen Name auf eine Burg zurückgehen dürfte. Auch in Hart blieb von der ehemals gotischen Kirche nur der Chor erhalten, alles andere baute Matthias Rangger aus Axams 1735 neu. Hart hat in den letzten beiden Kriegen einen unglaublich hohen Blutzoll entrichtet: Fast achtzig Männer kamen nicht mehr zurück.

Auch das Dorf *Uderns* ist wohl illyrischen Siedlungsursprunges, wogegen seine beiden Nachbarweiler *Kapfing* und *Finsing* erst mit der bairischen Landnahme entstanden sein dürften. Sie blühten wie in Fügen vom Bergbau. Der Kirchenpatron Sankt Briccius, den es sonst nur mehr in Radfeld gibt, weist auf die iroschottischen Missionare von Münster hin. Entsprechend früh wird der Ortsname bereits 931 genannt. Die spätgotische Kirche von 1498 wurde 1688 modernisiert, das Langhaus vielleicht durch einen Neubau ersetzt. Der Schwazer Maler Mayr hat 1771 den Freskenschmuck besorgt, der 1914 bis 1917 von seinen 1871 erfolgten Übermalungen wieder befreit worden ist.

Das Zillertal verengt sich nun etwas und erweitert sich erst wieder in der Gegend von Ried, Kaltenbach und Stumm, das auf der Ostseite des Zillers liegt. *Stumm* bildete seit 1132 als geschlossene Hofmark einen Grundbesitz des Klosters Herrenchiemsee, dem darin auch die niedere Gerichtsbarkeit zustand. Das Blutgericht lag bei Bayern. Das Stummer Schloß ist ein kubischer Bauklotz, von einigen Erkern äußerlich belebt. Es waren die Grafen von Spaur, die zwischen 1744 und 1775 das alte Amtshaus zum Ansitz umbauten. Davor hatte es seit 1556 den Innsbrucker Kanonengießern Löffler gehört. Heute besitzen es die Freiherrn Braun von Stumm aus Westdeutschland; sie hießen allerdings schon ›von Stumm‹, lange ehe sie den Tiroler Ansitz erwarben.

Die Stummer Pfarrkirche, 1511 vollendet, unterschied sich mit ihren rotmarmornen Versatzstücken an Portalen, Simsen oder Bögen kaum von den anderen Dorfkirchen des Tales und wurde wie diese im 18. Jahrhundert barockisiert. Christoph Anton Mayr schuf 1765 den Freskenzyklus. Ein verehrtes Gnadenbild von 1440 steht inmitten eines Rokoko-Altares, der aus der Fiegerschen Gedächtniskapelle der Pfarrkirche von Hall stammt. Franz Xaver Nißl und sein Neffe Franz Seraphikus schufen die Bildwerke. In Stumm saßen viele hundert Jahre die Zillertaler Sensenschmiede.

Man kann auf den sonnigen Südhängen des Stummer Berges weite, sanfte Spaziergänge unternehmen. Einer der längsten führt auf dem Kapaunshöhenweg zur Kapaunsalpe (1911 m) und weiter zur Kreuzjochhütte (1904 m). Von dort gehts noch weiter an der Waldgrenze entlang um den Sockel der Karspitze (2263 m) herum zur Außerertenalm. Ausdauernde gelangen von hier zu den kleinen Karseen unter der Karspitze: Pfann-, Roß-, Unterer und Oberer Platzlsee und noch ein paar mehr. Sie liegen zuzeiten in ihrer totenstillen Abgeschiedenheit in einer fast unheimlichen Gegend.

Ried mit Taxach liegt auf der westlichen Zillerseite und gilt als allmählich im 11. Jahrhundert entstanden, was man auch für Kaltenbach annimmt, aber sowohl Ried wie Kaltenbach sind selbständige Gemeinden, deren Gebiete weit am Berg nach Süden hinaufreichen. Exakt zwischen beiden Dörfern zweigt von der Bundesstraße 169 die Zillertaler Höhenstraße ab und führt auf aussichtsreicher Trasse, knapp über oder unter der Waldgrenze in vielen Kurven das Profil der Hänge nachmessend, etwa dreißig Kilometer lang nach Hippach, das man am Talgrund nach sieben Kilometern erreichen könnte. Diese Höhenstraße bedeutet auch für den Autotouristen der Schwergewichtsklasse einen Hochgenuß, selbst wenn er im alpinen Autoverkehr nicht gewandt sein sollte. Die Straße hilft aber auch, den geradezu unerträglich gewordenen Autoverkehr der

Fremden bis zu den höchsten Almen hinauf in geregelte Bahnen zu lenken, und da es überdies Maut zahlen heißt, kommt jede Seite auf ihre Rechnung.

In Ried wurde 1745 Peter Prosch geboren, der als Händler in Europa herumgezogen ist und seine Erlebnisse 1789 in einem Buch beschrieben hat: ›Leben und Ereignisse des Peter Prosch, eines Tirolers von Ried im Zillertale – oder: das wunderbare Schicksal‹. Seine Memoiren wurden wiederholt aufgelegt und zuletzt 1964 von Karl Pörnbacher in München herausgegeben. Prosch, das jüngste von elf Geschwistern, hatte in frühester Kindheit bitterste Erfahrungen von Hunger und Not sammeln müssen, denn nur so ist es zu verstehen, daß er nicht unterging. Mit dreizehn Jahren erhielt er sogar von Kaiserin Maria Theresia in Audienz eine Unterstützung zum Bau einer kleinen Wirtschaft mit Schankbetrieb. Zehnjährig war Peter als Vollwaise dem beschwerten Haushalt seines ältesten Bruders entwichen. Mit einer Kraxe als Ölträger zog er ins Bayrische, wo er sich mehr durchbettelte als – handelte: Da *... der Hunger mich niemal ungeschoren ließ, so hausierte ich die meiste Zeit bei den Bäurinnen in den Kucheln um Nudeln herum, anstatt mit meiner Handelsschaft etwas zu erobern; denn wenn ich meine Kraxen voller Nudeln hatte war ich reich und vergnügt und niemand hatte weniger Sorgen als ich; ich durfte mich auch nicht fürchten, daß ich bestohlen würde ...* Später stieg er auf Handschuhhandel um und machte sich selbst in hohen Kreisen so beliebt, daß er manch fixe Besoldung als ›Hoftyroler‹ bezogen hat. 1804 ist Peter Prosch als weitbekanntes Original gestorben.

Ried ist auch die Heimat des Sebastian Riedl vulgo Garber-Bastl (1782–1821), eines unternehmungslustigen Viehhändlers, der bis nach Polen und Rußland zog und handelte. Während der Freiheitskriege reiste er in schwierigen politischen Aufträgen herum, 1810 bis London, und nahm am Freiheitskrieg 1813 als eine Art Kurier zwischen dem russischen, österreichischen und preußischen Hauptquartier teil. Blücher schenkte ihm seinen roten Husarenpelz, den man in Ried bewundern konnte, ehe ihn die Motten zerfraßen.

Zwischen 1774 und 1778 wurde die Rieder Pfarrkirche Sankt Johannes der Täufer durch Thomas Sandbichler aus Jenbach ganz im Rokokostil neugebaut, worin sich einige aus dem Vorgängerbau erhaltene rotmarmorne Teile fremd genug ausnehmen. Die Maler kamen diesmal aus Innsbruck: Anton und Josef Schmutzer sowie Franz Huber. Sie errichteten eine ansehnliche Scheinarchitektur, innerhalb der sich Szenen aus dem Leben des Kirchenpatrones zeigen. Die hübsche Kanzel und die eingelegten Chorstühle trösten über die neuromanischen Altäre hinweg. Der Turm wurde 1790 im Stile der Zeit neu aufgeführt.

Wir passieren nun die engste Stelle des Zillertales, die sich weniger zu Landnahme und Besiedlung eignete und daher auch nur einen einzigen größeren Ort, nämlich das schmucke Dorf *Aschau,* aufweist. Der Name dürfte von Eschen-Au herkommen, besonders alt ist die Siedlung im Vergleich zu den anderen nicht, eine größere Kirche entstand überhaupt erst 1850 in klassizistischem Stile. Auch von Aschau aus kann man in breiten Kehren zur Zillertaler Höhenstraße emporfahren. Die älteste Kirche der Gegend liegt auf der anderen Zillerseite im Weiler *Thurmbach* und ist dem Viehpatron Sankt Leonhard geweiht. Der kleine Bau ist deshalb von einigem Interesse, weil er seit 1495 nur um 1700 ganz unwesentlich verändert worden ist. Die alten Sternrippengewölbe sind noch vollkommen erhalten, wogegen die prächtig eingelegte Kanzel um 1625 und der Altar 1700 errichtet wurden. Zahlreiche Hufeisen am Portal erinnern an den Roßpatron.

Zwischen Aschau und Zell endet das ›untere‹ Zillertal, und der ›obere‹ Teil beginnt, wogegen das ›äußere‹ erst in Mayrhofen endet, wonach das ›innere‹ durch die Gründe gebildet wird. Manche nehmen es sehr genau und bezeichnen eine ganz bestimmte Stelle als Grenzpunkt, das Klausnereck, wo geschickterweise auch ein Wirtshaus, das ›Krapferhäusl‹, steht, so daß man hier in Ruhe über die Landschaft und ihre Aufteilung nachdenken kann.

Zell am Ziller

Dann aber nähern wir uns dem Hauptort des Tales: *Zell.* Wenngleich der Fremde wegen der Betriebsamkeit Mayrhofen für die ›Kapitale‹ zu halten geneigt ist, so gilt für den Einheimischen und die Obrigkeit immer schon Zell dafür. Wie schon der Name sagt, gründet sich der Markt auf eine klösterliche Einrichtung (Cella), ohne daß dies aber bisher genauer zu bestimmen gewesen wäre. Mit Sicherheit weiß man nur, daß Zell neben Fügen die zweite Salzburger Urpfarre des Zillertales bildete und noch heute der Diözese Salzburg angehört. In Zell befand sich schon immer das Zivil- und ab 1590 auch das Strafgericht. Von besonderer Wichtigkeit war das Berggericht, das auch hier amtierte und die etwa fünfzig Gruben im ganzen Tal kontrollierte. Am nahen Hainzenberg wurde 1650 der Goldbergbau neu eröffnet. Aus einer Tonne Gestein gewann man damals ein Gramm reines Gold, später konnte der Ertrag auf das Zehnfache gesteigert werden. 1915 erfolgte die endgültige Stillegung dieser Gruben.

Natürlich gaben die Goldquellen Anlaß zu verschiedenen Sagen, von denen heute nur noch die Knappenäule (1832) und die Kapelle Maria Rast am Hainzenberg künden. Die Kirche entstand, als beim Fällen einer alten Buche eine klagende Stimme ertönte. Sie rührte von einem Marienbild her, das einst in den Baum gestellt und von diesem umschlossen worden war. Als man ihm eine neue Heimstatt errichten wollte, kamen Vögel und trugen Holzspäne zu einem vorspringenden Geländepunkt, worin man ein Zeichen Gottes sah, die Kapelle dorthin zu stellen. Vielleicht irrten sich die Vögel, denn der Neubau der ersten Kirche, der 1739 entstand, fuhr 1920 mit einer Mure teilweise zu Tal, wobei ein Turm und der westliche Querarm verschwanden. Was heute noch über den Felsen hinaushängt bzw. auf ihm stehen geblieben ist, stellt einen hübschen Zentralraum mit Laternenkuppel und Vorhalle dar, dessen Baumeister bislang unbekannt blieb. Stefan Föger schuf für das Gnadenbild einer bekleideten Madonna (um 1650) einen überraschend aufwendigen Hochaltar, der zum Besten gehört, was man im Tirol jener Zeit finden kann. Jetzt fahren die meisten ›Wanderer‹ an der Kapelle vorbei zur Talstation der Gerlossteinseilbahn, die zu einem herrlichen Wander- und Schigebiet entschwebt.

Hainzenberg bildet übrigens gegenüber von Zell einen eigenen Gemeindebezirk und weist als besondere kulturelle Attraktion das Haus Unterflörler auf, das um 1619 errichtet worden sein soll. Hier wurde 1721 die alte Bergwerkskapelle, die Vorläuferin von Maria Rast, unter Aufgabe des Turmes eingebaut. Dabei ist Gelegenheit, den ›Wurzensepp‹, einen bekannten ›Berufssteinsucher und Schnitzer‹ zu besuchen.

Auch die um 1780 entstandene Zeller Pfarrkirche ist ein Zentralbau. Die Entwürfe besorgte der Salzburger Wolfgang Hagenauer, die etwas modifizierte Bauausführung Andre Hueber aus Kitzbühel. Hueber stammte aus Oberperfuß im Oberinntal und lernte bei seinem späteren Schwiegervater Kassian Singer in Schwaz. Der achteckige Zeller Zentralbau ist mit 35 mal 27 Metern unter der Kuppel der größte seiner Art in Tirol. Spätgotische Freskenreste (1515) an der Innenseite des Turmes weisen darauf hin, daß dieser noch vom alten Bau stammt, der sonst ganz verschwunden ist. Wahrscheinlich war bereits diese Vorgängerkirche dem Heiligen Vitus (Veit) geweiht, dem Patron der Apotheker, Bergleute und Schmiede. Franz Anton Zeiller aus Reutte hat vier Jahre lang bis 1779 die gewaltige Kuppel ausgemalt. Wohl an die hundert Figuren bevölkern vornehmlich die Randpartien des als Himmelsraum gestalteten Kuppelrunds. Die Farben sind luftig und hell, freilich bis zur Palette Tiepolos, die dem Künstler vorgeschwebt haben mag, ists noch weit! Auch das Altarbild mit der Glorie Sankt Veits ist von Zeiller, während den plastischen Figurenschmuck großteils Franz Xaver Nißl aus Fügen geliefert hat. Alles zusammen bildet ein wohlgelungenes Ganzes. Von der Vorhalle aus betrachtet entfaltet die Kirche ihre Pracht am eindrucksvollsten, und da sie weder überdimensional noch zu klein ist, gewinnt man schnell eine Beziehung zum gesamten Raum. Im Detail gibt es freilich auch Schwächen, etwa die einfallslosen, kahlen, unangenehm proportionierten Flächen neben den Fenstern über den Seitenaltären oder die scharfen, eckigen Durchgänge durch die Kuppelpfeiler; man möchte meinen, hier sei zu dekorieren vergessen worden. Dies kann aber den positiven Gesamteindruck des Raumes kaum schmälern.

An der Friedhofsmauer im Süden befinden sich zwei Wappensteine, die gotische Stilelemente und solche der Renaissance selten eindringlich nebeneinander zeigen. Der Stein des Johann Schoner und Gemahlin (1451) birgt unter einem Kielbogen lodernd zusammengepreßte Unruhe, die von den bewegten Helmdecken des Wappens ausgeht; der Stein des salzburgischen Hofsekretarius Mathias Mayr von Purglau und Haberlhof (1680) stellt dagegen ein streng symmetrisches, in sich selbst ruhendes und beruhigtes Oval dar.

Zell ist wohl auch der richtige Ort, etwas über die Zillertaler Volksmedizin zu berichten, vor allem auch deshalb, weil hier im Ort der weit über das Tal und sein Leben hinaus legendär bekannte Wunderdoktor, ›dar Bruggar‹, unweit der Brücke ›ordinierte‹. Wie dieser Meister der Volksheilkunde wirklich hieß, ist nicht allgemein bekannt, auch nicht, wie alt er war, als er endlich ›doch‹ starb. Wenn man direkt danach fragt, bekommt man auch heute noch ganz ernst die verblüffende Antwort: »An ettlach hundacht Johr ganz gwiß!« Das Volk fürchtete ihn, weil er so unheimlich »drein gschaugt hat«. Man vermutete ihn im Bunde mit dem Teufel wie den Doktor Faustus, und als er schließlich begraben worden war, ›dar Bruggar‹, wähnten viele, er sei gar nicht richtig tot, sondern wachse im Grabe auf mirakulöse Weise weiter in die Länge; und wenn einst seine Füße bei der Zeller Brücke herauswüchsen, dann käme bald der Jüngste Tag.

Ein anderer, näher in die Gegenwart hereinreichender Bauerndoktor war der Kiendler, der in Schwendau bei Hippach saß. Er galt zwar nicht als mit dem Teufel im Bunde, dafür aber waren seine Roßkuren berühmt. Seine Stärke bestand in einem angeborenen Geschick beim Einrenken gebrochener Gliedmaßen, die dann so gut standen, daß sie auch ohne Gips zusammenwuchsen. Zahllos sind seine dubiosen Mixturen, die er aus Totengebein, Kalk, Öl, Kuhmist, Enzian, Wermut, Wurzeln, Eiern, Beeren, Harz, Wachs, Terpentin, alten Krebsen, Hennenmist, Grillen, Knoblauch, Essig, Honig, Pfefferstaub, Fenchel, Milch, Blut, Urin, Regenwürmern, Fröschen, Schnecken, Speck und so weiter zusammenbraute. Besonders ein Rezept gegen die Gelbsucht ist beeindruckend: *Morgens früh nüchtern nimm einen Löffel deines eigenen Urins ganz warm, stich mit einer Nadel in deinen mittleren Finger der linken Hand in den Ballen hinein, lasse drei Tropfen Blut in den Urin hinein, und zwar aus Ursach, weil der Mittelfinger von der Medianader kommt, diese aber vor allen anderen Adern das Geblüt nimmt, rühre es wohl untereinander und nimm es ein.*

Von diesen beiden Hauptkoryphäen, dem Brugger und dem Kiendler, gilt es, die große Zahl sogenannter ›Wender, Anheber oder Anbraucher‹ zu unterscheiden, deren Art des Wirkens auch keineswegs auf das Zillertal beschränkt oder für dieses

VIII

KARL GÖSER

(1803-1858)

Abschied der evangelischen Zillertaler am 31. August 1837 in Zell am Ziller

Öl auf Leinwand, 1839

Stuttgart, Staatsgalerie

Die Auswanderung der evangelischen Zillertaler geschah in fünf Zügen zwischen dem 31. August und 4. September 1837. Karl F. Göser war selbst zugegen, als sich die erste Schar auf dem Dorfplatz von Zell (im Hintergrund die Gerloswand, rechts die Wallfahrtskirche Maria Rast auf dem Hainzenberg) sammelte und unter Führung von Johann Fleidl (in der Mitte mit ausgestrecktem Arm in die neue Heimat weisend) Abschied nahm. Die an Ort und Stelle aufgenommenen Personen-, Architektur- und Landschaftsskizzen, die der Maler zwei Jahre später verarbeitet hat, verleihen diesem Gemälde einen Grad von Authentizität, wie er Künstlerwerken in dieser Dichte selten eigen ist. Mit sichtlicher Ergriffenheit und Anteilnahme, aber auch mit erzählerischer Freude am Detail – wie er sie von Johann Baptist Pflug zuhause im schwäbischen Biberach gelernt hatte – schildert Göser die einzelnen Szenen des Aufbruchs: die letzte Umarmung zweier alter Freunde halblinks, dahinter den Abschied vom Landrichter und seinen Kanzlisten, den verstohlenen Blick, den Dorfpfarrer und Kaplan an der Balkontüre darüber den Scheidenden resignierend nachschicken, die Verteilung der Liebesgaben, aber auch die Ungerührtheit blasierter Touristen (halbrechts vorne), die nur Augen für die weiblichen Schönheiten unter den Exulanten, aber kein Mitgefühl für deren hartes Los besitzen.

besonders charakteristisch ist. ›Wender‹ sind Leute, auch Frauen, denen bestimmte Kräfte zugeschrieben werden, womit sie meist eine besondere Art Leiden beheben, eben ›wenden‹ können: Warzen vertreiben, Blutungen stillen, Wassersucht vertreiben. Diese Art des Kurierens bleibt auf wenige immer gleiche Handlungen beschränkt. Dazu gehört das ›Lispern‹, das leise Besprechen der kranken Körperregion, indem diese gleichzeitig vom Wender bestrichen oder mit einem beschriebenen Zettel umwickelt wird. Manchmal werden auch Amulette aufgelegt. Für manche Wender ist die Gegenwart des Erkrankten gar nicht notwendig, das berichtete Leiden wird auf große Entfernungen hin ›gerichtet‹ (oder auch nicht). Bei den meisten muß der Patient aber schon erscheinen, meist vor Sonnenaufgang, weil sonst die ›Heilmittel der Sympathie‹ nicht angreifen können. Auch ist es günstig, wenn der ›Arzt‹ älter ist als der Patient und nicht umgekehrt.

Die Lisppersprüche sind nicht weit von den altgermanischen Zaubersprüchen oder vom Lorscher Bienensegen entfernt und alle betont christlich. Zwei besonders typische gebe ich hier wieder:

Gegen Gliederwassersucht (feuchte Herzinsuffizienz): *Es stehen drei Lilien auf unsres Herrn Grab. Die erste ist gütig, die zweite sanftmütig, die dritte grundbarmherzig und gut und stillt dieses Wasser und Blut. Im Namen Gottes des Vaters und des Sohnes und des Heiligen Geistes, Amen. – Das soll dreimal täglich an drei Tagen hintereinander zu ungerader Stunde gebetet werden.*

Gegen das Bluten: *Ich stille dir das Blut mit Jesu Kunst und Gottes Ehr, blut ein Tröpfel und kein Tröpfel nimmermehr. Es wachsen drei Röslein auf Christus' Grab, das erste heißt Gottes Kraft, das andere Gottes Macht, das dritte heißt Gottes Will. Blut und Schmerzen bleibet still, solang ich will.*

Man versuchte, sich die Religion auch auf andere Weise dienstbar zu machen. Dies geschah mittels der legendären Zwingmessen, von denen aber keineswegs sicher ist, ob sie jemals wirklich gehalten worden sind. Die Legende berichtet: *Vor gar nicht langer Zeit stritten zwei Nachbarn viele Jahre lang miteinander, bis der eine starb. Der andere sandte ihm einen meterlangen Fluch ins Grab nach und erzählte jedem, der es wissen wollte, daß der Verstorbene direkt in die Hölle gefahren sei. Das wollten nun dessen Angehörige nicht auf der Familie sitzen lassen, und so überredeten sie den Pfarrer, eine Zwingmesse zu lesen, was er gar nicht gerne tat. Mittels der Zwingmesse kann man einen Toten zu einer kurzen Rückkehr zur Erde zwingen. Die Macht der Messe beförderte auch richtig den Verstorbenen aus dem Jenseits direkt in die Kirchengemeinde, vor der er mit dumpfer Stimme bekannte: »Ja Leut, ih bin wirklich verdammt!« Dann verschwand er wieder. Nun wäre es seiner Familie freilich lieber gewesen, sie hätten keine Zwingmesse lesen lassen.*

Noch in unserem Jahrhundert geschah Folgendes: Ein Knecht erhängte sich bei einem Unfall während des Heuziehens im Winter an einem Zugseil. Als dies bekannt wurde, setzte ein wahrer Wettlauf ein, um das Seil des Erhängten oder wenigstens ein Stückchen davon zu erlangen. Auch der Kiendler sandte um ein ›Trumm‹ davon.

Die Zillertaler haben schon vor Jahrhunderten mit ihren ›Apotheken‹ auf dem Rücken medizinische Erkenntnisse aus dem Tal über die Jöcher getragen, um sich etwas zu verdienen. Auch handelten sie mit Schmalz und Vieh. Das Tal konnte ja aus sich heraus seine Bewohner nicht ernähren. So entwickelten sich jene Wanderbewegungen, die nicht nur die Wirtschaft des Zillertales, sondern auch den geistigen Horizont seiner Bewohner beeinflußten. Auch Peter Prosch, dem wir in Ried begegnet sind, zog schon mit zehn Jahren unter einer solchen Kraxe in die Fremde. Manches Mal gab es über zweihundert solcher fahrender Apotheker zugleich, die ihr ›Mithridate‹ verkauften. Darunter verstanden sie Salben und Mixturen, die im Tale selbst bereitet worden waren. Honig, Nelken, Mohnextrakte, dazu Theriak, Rosmarin, Lavendel, Kamille, Wacholder, Holunder wurden fröhlich durcheinander gestampft, geschnitten, gekocht, gepreßt und in Alkohol extrahiert. Einen gewissen Einfluß auf diese Machenschaften scheint der erzbischöfliche Salzburger Feldarzt Peter Schragl in Kaltenbach genommen zu haben, der 1685 ein Patent erhielt, wonach er ›Geister und Arzneien‹ als Hausmittel herstellen durfte. Solche Hersteller, ›Ölverleger‹ nannte man sie, wurden aber bald von den Reisenden selbst unterlaufen, die immer häufiger ihr Mithridate selbst herstellten. Warum man sich dabei auf den König von Pontos, Mithridates VI. – er lebte von etwa 120 bis 63 vor Chr. und war zumindest der berühmteste von sechsen gleichen Namens –, berief, weiß ich nicht. Vielleicht schrieb man ihm magische Kräfte zu. Man scheute sich nicht, auch Skorpione einzukaufen und zu extrahieren; die heimischen Kröten sahen böse Zeiten, da man auch sie zusammen mit bis zu siebzig verschiedenen Ingredienzien zu einem Mithridate von Qualität versammelte. Berühmt war auch der Zillertaler Bauernlikör: der ›Saure‹. Er wurde aus Zucker, Wasser und Vitriolöl hergestellt. Jeder Ölträger setzte ihn selbst nach geheimer Proportion an, die er durch ständiges Kosten prüfte. Dabei fraß ihm das Vitriolöl im Laufe der Zeit den Zahnschmelz ab und färbte die restlichen Stumpen schwarz. Dies war ein sicheres Zeichen seiner Tätigkeit. 1763 und 1768 hieß es amtlich: *Es häufen sich zu Zell, Mayrhofen, Stumm und Hart die jungen Medritattrager und Wurzelgraberinnen immer mehr, welche sodann in andere, auch protestantische Länder auslaufen, sich hiedurch von der so nötigen Bauernarbeit abschraufen und sich bloß auf das müßige Medritattragen verlegen ... Das Laster der Unzucht im Zillertal wird von den Öl- und Medritattragern und durch die ärgerliche Kleidung der Weiber hauptsächlich verursacht.*

Die ärgerliche Kleidung betraf die weiten Brustausschnitte der weiblichen Zillertaler Tracht. Es war die Zeit, da die Salzburger Regierung aus Gründen der Sittlichkeit die Sennin auf den Almen verbot (1734), von welcher Zeit an man bis heute hier auch fast nur Männern begegnet. Wenig später, nämlich 1776 und 1786, wurde der Ölhandel verboten. Die Zillertaler sahen sich nun nach anderen Handelsgütern um und fanden sie in Lederwaren wie Handschuhen, Hosenträgern und ähnlichem. Sie handelten aber auch mit Jacken, Sensen und Granatgestein aus dem Zemmgrund sowie mit Vieh. Der Weg dieser Handelsfahrten führte sie ins Inntal hinaus, über die Jöcher nach Südtirol und Italien, selbst in Österreich und Deutschland, ja im Elsässischen konnte man ihnen begegnen. Die Viehhändler zogen bis Holland und Rußland. Noch gegen Ende des 18. Jahrhunderts zählte man mehr als vierhundert solcher Saisonwanderer.

Die Zeller Gegenwart erlebt jährlich am ersten Sonntag im Mai und zwei Tage davor einen Höhepunkt im ›Gauderfest‹. Am Freitag findet das Gauderscheibenschießen statt, und das ist gut so, denn zum Schießen brauchts eine ruhige Hand, und die ist später meist nicht mehr vorhanden. Tags darauf wird kräftigst gebölllert und das fünfzehngrädige Gauderbier angezapft. Am Sonntag findet der Festzug mit zahlreichen historisch gestalteten Festwagen statt, und auf der Festwiese wird geranggelt zwischen den jungen Männern. Unweit davon gibt es das Widderstoßen zu sehen. Ich kann mich noch lebhaft an ein Gauderfest erinnern, das ich noch im Volksschulalter mit meinen Eltern besucht habe. Die Widder beeindruckten mich ungeheuer, da ich sie als Stadtkind zunächst für Schafe hielt und es mir ganz unerklärlich war, warum sie da, den sturen Blick fest auf den Rivalen gerichtet, mit steifen Beinen rückwärts auseinanderstapften und dann nach schnellem Anlauf die Schädel gegeneinanderstießen. Dabei gab es jedesmal einen ganz eigentümlichen Krach, der mir durch Mark und Bein fuhr. Ich erinnere mich auch noch gut, wie zwei rabiate (menschliche) Ranggler eine ganze Zuschauerbank umwarfen und ein darob erboster riesiger Zuschauer beide Kämpen nacheinander auf die Schultern legte. Das ging im Handumdrehen, und er verlor nicht einmal seinen Hut dabei. Die Aufregung über diesen Vorgang auch im Komitee der Schiedsrichter war ungeheuer; der Riese setzte sich aber finster und schweigend auf die wieder aufgestellte Bank, während die Ranggler die Funktion ihrer Glieder prüften. Später gab es einen anderen Kampf, während dem einer seinem Gegner listigerweise mit gespreizten Fingern in die Augen fuhr und deshalb sofort disqualifiziert wurde. Schließlich erinnere ich mich auch noch daran, wie abends einige Bäuerinnen mit sorgenvollen Mienen der Straße entlanggingen und unter den zahlreichen Bierleichen, die da friedlich im Graben schlummerten, die ›ihrigen‹ suchten. Eine fand ihren ›Bauern‹ schließlich, zerrte ihn unter lautem Schimpfen wieder auf die Höhe, vermißte aber seinen Hut. Nachdem sie diesen nicht finden konnte, nahm sie einen anderen, der da lag, und meinte: »Nochan nimm ih halt den do!« – Heute hat auch das Gauderfest, wie alle derartigen Volksfeste, leider eine etwas sterile Betonung des kommerziellen Teiles erfahren.

Bei Zell mündet das Gerlostal ins Zillertal; schon immer war es der Hauptverbindungsweg nach Salzburg.

Inzwischen reisen wir nun auf der modernen Bundesstraße östlich des Zillers nach *Hippach.* Die Weiler Schwendau, Schwendberg und Ramsau zählt man eindrucksmäßig auch zu Hippach. Schwenden bedeutet soviel wie Roden mittels Feuer, besonders ›Unhölzer‹ auf Almen, wobei die vom Wanderer so sehr geschätzte Alpenrose als eines der übelsten gilt. Auch der Schwendberg ist – wie Schwendau selbst – auf diese Rodungsart bewohnbar gemacht worden.

Die Hippacher Pfarrkirche Sankt Ingenuin und Albuin mußte nach Erbebenschäden 1699 bis 1701 neu errichtet werden, nur der Turm und die Sakristeitüre samt Gewände sind noch aus der gotischen Zeit erhalten. Den barocken Innenschmuck verdrängten dann 1883 zum Teil die damals hier sehr beliebten sanften Nazarener.

Im Weiler *Ramsau* werden in der Kapelle ›Zu den sieben Schmerzen Mariä‹, 1843 errichtet, Reliquien des Zillertaler ›Nationalheiligen‹ Pater Engelbert Kolland verehrt. Er wurde 1827 in Ramsau geboren und ist am 9. Juli 1860 in Damaskus den Märtyrertod gestorben. 1926 erfolgte die Seligsprechung. In Ramsau kann man im Hof ›Alte Mühle‹ die Kunstausstellung des Wurzen-Max besuchen, der als Schnitzer von Wurzelstökken und als Farbmaler im Schnee weitum bekannt geworden ist.

Zwischen Hippach und Schwendau öffnet sich nach Westen das Sidantal oder der Sidangrund, auf dessen Schwemmkegel *Schwendau* liegt. An der Nordflanke des Grundes führt die Zillertaler Höhenstraße wieder zu Tal, und im Grund selbst findet man viele Asten. Am Ende liegt für die Einheimischen die große Sidanalm (1871 m), für die Touristen die 1955 neu errichtete Rastkogelhütte (2124 m). Sie bildet den Ausgangspunkt für zahlreiche Übergänge nach Hochfügen, zur Nafinghütte, nach Innerst oder zum Penkengebiet. Ihr Hausberg ist der unschwierige Rastkogel (2761 m), zwei Stunden ab der Hütte. Von seinem Gipfel bietet sich Dank der günstigen Lage des Berges in der Kette der Tuxer Voralpen ein Ausblick, den man an klaren Tagen wirklich im Sinne des Wortes als Panorama, nämlich Rundsicht, bezeichnen kann: Vom Karwendel über die Zugspitze, die Ötztaler, die Stubaier und die Zillertaler Alpen hin zum Hochkönig und den Hohen Tauern bietet sich alles, was den Bergsteiger entzückt. Der Rastkogel ist überdies ein herrlicher Schiberg, vor allem im Frühjahr bei Firnschnee auf seinen weiten sonnigen Flanken.

Die Sidanalm ist eine der größten Zillertaler Almen mit vielen Hütten, ja ein ganzes Almdorf. Aus der Milch von über hundert Kühen gewinnen die zahlreichen Sennen in einer Almsaison 6-7000 Kilo Käse.

Gleich ›hinter‹ Schwendau querte früher die Materialseilbahn des Magnesitbergwerkes bei Lanersbach das Tal, und dann treffen wir wenige Kilometer weiter in *Mayrhofen* ein, dem Zillertaler Dorado des Fremdenverkehrs. 3000 Einwohner stellen bis zu 8000 Fremdenbetten zur Verfügung, in denen im Sommer 700000, im Winter 300000 Nächtigungen gezählt werden. Die Zillertaler haben ein für ganz Tirol mustergültiges ›System‹ des Verdienens entwickelt. Der Mann übt einen Beruf aus als Landwirt, Angestellter, Arbeiter oder was immer. Mit eisernem Sparen oder vielleicht durch eine kleine Erbschaft oder dank einer guten Heirat wird ein Häusl oder ein Haus gebaut, und in diesem hält die Frau Fremdenbetten so ›nebenbei‹ wie die Hühner. Auf der Basis dieses generationenlangen äußersten Fleißes ist es dem Zillertal gelungen, seine 20000 Einwohner selbst zu ernähren. Mußten früher jährlich Hunderte während der Saison auf Wanderverdienst gehen, so reist heute im wahrsten Sinne des Wortes ganz Deutschland und die halbe übrige Welt ins Zillertal, und der Zillertaler selbst kann daheim bleiben. Er wird jetzt auch zu Hause dringend gebraucht, denn daß man den Fremden etwas bieten muß, haben die Zillertaler bald verstanden. Besonders in Mayrhofen wird nun Entsprechendes, nicht immer ganz Erfreuliches, geboten.

Hier kommt der Sportler ganz auf seine Kosten. Zwei Kabinenseilbahnen führen in alpine, lange schneesichere Höhen: auf den Filzboden (1960 m) an der Ahornspitze (2976 m) und auf den Penken (1770 m), den ein ganzes System von Liften weiter erschließt. Auch von Finkenberg kommt noch eine Bahn herauf. Das Penkengebiet ist außerdem im Sommer ein erstrangiges Hochwanderterrain – besonders für den etwaigen Heuschnupfen im Tal –, der Filzboden ein gern benützter Ausgangspunkt zum Abstieg in den Stilluppgrund. Natürlich gibt es in Mayrhofen Hallen- und Freibäder, mit und ohne Heizung, Eislauf- und Tennisplätze, Wanderwege, Loipen, Trimmpfade, Tanzbars, Heimatabende, Schützenfeste, viele junge hübsche Burschen als Schi- oder Schwimmlehrer, als Bergführer »usw.« und immer noch, man möchte es kaum glauben, auch noch einige ganz stille Plätze.

Modern wie der Betrieb des ganzen Ortes ist auch die Kirche, die es zwar schon vor 1500 gab, als sich hier ein kleiner Weiler um einen salzburgischen Meierhof entwickelte. 1740 wurde sie barockisiert, aber 1968/69 ersetzte man sie zur Gänze durch einen achteckigen Zentralbau, den der Tiroler Architekt Clemens Holzmeister – bekannt durch sein Salzburger Festspielhaus – geschaffen hat. Nur der alte Chor und einige wenige Figuren der barocken Ausstattung fanden Gnade in den Augen der Gegenwart. Nun ja!

Hier endet das ›äußere‹ Zillertal, es endet ziemlich unvermittelt und schroff. Früher merkte man es noch deutlicher als heute, weil die Bahn ihre Endstation durch entsprechend lautes Schreien der Kondukteure kundtat; heute ziehen die Straßen weiter hinauf oder ›hinein‹, wie man hier sagt, wenn auch erheblich enger als bis hierher, hinein in die Gründe.

Der Talabschluß entbehrt nicht einer unmittelbaren Größe durch die jäh aufsteigenden Bergstöcke der Ahornspitze (2976 m) und des Tristners (2765 m), der für seine Muren berühmt ist. Beide Berge ragen ohne merklich ins Auge fallende Vorgebirge oder Schultern zweitausend Meter über Mayrhofen (630 m) auf. 1947 hat die Bergwacht des Ortes auf der Ahornspitze ein Gipfelkreuz zur Erinnerung an die gefallenen Bergkameraden errichtet. Der Weg dorthin ist heute durch die Seilbahn auf die Filzenalm erleichtert, aber die letzten dreihundert Meter erfordern Schwindelfreiheit. Offiziell als erster hat sie der Gipfelstürmer im Priesterrock, Peter Thurmwieser, 1840 bestiegen, aber ich bin sicher, daß schon viel früher irgendein Hüterbub oder Jager oben war, ohne zu wissen, daß dies eine Erstbesteigung gewesen sei.

Hinter Mayrhofen fächert sich die Landschaft in vier tiefe Endtäler auf, die der Einheimische ›Gründe‹ nennt. Von Westen nach Osten sind dies das Tuxer Tal, das Dornaubergtal oder Zemmtal, der Stillupp- und der Zillergrund. Sie enden im berühmten Zillertaler Hauptkamm, der von der Gefrorenen Wand (3228 m) im Westen über den Olperer (3480 m) nach Süden reicht, wo sich Hochfeiler (3510 m), Weißzint (3371 m), Großer Möseler (3479 m), Mörchner (3287 m), Löffler (3382 m), Wollbachspitze (3210 m), Napfspitze (3144 m), Rauchkofel (3252 m), Reichen- (3308 m) und Wildgerlosspitze (3278 m) aneinanderreihen. Die Gründe sind ganz unterschiedlich dicht besiedelt und genützt, nicht nur für Almen oder für den Fremdenverkehr, sondern zum Teil schon sehr wesentlich als Wasserspeicher für das Kraftwerk Mayrhofen.

Der bedeutendste Grund ist seit jeher das Tuxer Tal gewesen. Seine Bewohner unterscheiden sich schon äußerlich wesentlich von den blonden, bairisch geprägten Zillertalern. Sie sind untersetzt, braunhäutig mit schwarzen Haaren und dunklen Augen. Man sieht darin typische illyrische Rassemerkmale, wie sie die älteste Bevölkerung Nordtirols ganz allgemein besessen hat. Unter dem Druck der vordringenden Baiern sind sie im 6. Jahrhundert in die Talenden zurückgewichen und haben dort ihre außerordentlichen Fähigkeiten als Bergbauern glänzend bewiesen. Ein Teil der Tuxer, nimmt man an, kam von Fügen und Hippach, ein anderer vom Schmirntal bzw. vom Wipptal, das zum Brenner führt. Und lange Zeit ist das Tuxer Tal ganz nach Westen über das Joch orientiert gewesen: Die Kinder wurden zur Taufe in die zugehörige Pfarre Matrei getragen, die Toten dort begraben. Gemeinde war für Hintertux bis 1923 Schmirn. Im Winter konnte der Weg übers Joch nicht benützt werden, weshalb man Verstorbene einfach in der Scheune oder im Schupfen steiffrieren ließ und sie erst im Frühjahr, wenn sie wieder weich zu werden drohten, dann dorthin zurücktransportierte, von wo ihre Ahnen einst eingewandert waren.

Erst ab 1438 traten die Erzbischöfe von Salzburg im Tux als Herren auf. 1490 wurde in Lanersbach eine Tochterkirche von

Fügen errichtet, und man sprach – ganz unrichtig, aber um so hartnäckiger – von der Hofmark Lanersbach.

Davor liegt heute die Gemeinde *Finkenberg* (840 m), die zweitgrößte Gemeinde des Zillertales überhaupt, was die Ausdehnung betrifft, allerdings mit mehr als fünfzig Prozent Ödland. 150000 Sommernächtigungen beweisen, daß auch dieses Bergdorf teilhat am Fremdenverkehr. Seine Almbahn befördert mühelos zum Penkenjochhaus (2090 m) hinauf, wo sie ein großes alpines Wandergebiet erschließt. Am westlichen Dorfausgang überspannt die Teufelsbrücke das tiefe Bachbett.

Hinter Finkenberg führt die Straße weiter reichlich kühn nach *Vorderlanersbach* (1257 m), das sich mit einer Seilbahn bis auf 1700 Meter versehen hat, wogegen es dann im Hauptort *Lanersbach* (1281 m) einen Sessellift auf die Eggalm (2000 m) gibt. Vor nicht allzu langer Zeit wurde oberhalb Vorderlanersbach ein Magnesiumbergwerk betrieben.

Für unsere Talbetrachtung mindestens gleich wichtig aber sind die höchsten Berghöfe des Zillertales: die Geislerhöfe (auch Geiselhöfe geschrieben), 1663 Meter hoch und nur 200 Meter unter ihrer Alm. Bereits 1257 erwähnt ein Dokument des Klosters Frauenchiemsee den Hof, damals aber als Almbetrieb. Die Tatsache, daß dort oben noch Gerste wächst, die zum Brotbacken verwendet wurde, und die weitere Tatsache, daß man hier nie einen Hof aufgegeben hat, mag auch den Geisler bis heute erhalten haben. Im Zillertal gibt es viele Höfe über 1000 Meter Seehöhe und noch zahlreiche über 1200 Meter. Der Marbachhof im Sidangrund liegt sogar auf 1450 Meter und der Windgfaß gleich in der Nähe noch hundert Meter höher. In Hintertux liegen die Höfe allesamt um 1500 Meter. Die Getreidegrenze reichte allerdings im günstigsten Falle nur auf 1200 Meter, also unterhalb der Schneegrenze, und ist überdies sehr geländeabhängig. In allem nehmen die Geislerhöfe deshalb eine Ausnahmestellung ein. Über diese Höfe, die Geiselalm (1880 m) und weiter hinauf über das Geiseljoch (2291 m) gelangt man in etwa vier Stunden ab dem Joch entlang dem Weerberg ins Inntal hinaus, ein Weg, den die Butter- und Schmalzhändler sehr wohl kannten und benützten.

In Lanersbach steht die Hauptkirche des Tuxer Tales, sie ist dem heiligen Thomas geweiht und 1686 von Georg Sieberer aus Volders gebaut worden. Von ihrer Vorgängerin gibt es noch den Turm. 1740 erfolgten Stuckierung und Modernisierung des Hochaltares, der ein Bild des Kirchenpatrones von Johann Georg Grasmayr trägt.

Lanersbach war der Heimatort der ›Schönen Tuxerin‹, einer weitbekannten Bauernschönheit, zu der Maler und Dichter pilgerten, um sie zu porträtieren und zu besingen. Unter ihnen 1835 auch der Münchner August Lewald. Als Ludwig Steub sie 1846 aufsuchen wollte, war sie schon nicht mehr sicher zu identifizieren. Schönheit vergeht, Lanersbach besteht! Die Nachwelt verdankt dem Tuxer Tal aber den ›Tuxer‹, eine graue, in ihrer Einfachheit bestechend elegante Lodenjacke mit rotkariertem Futter und Stegen zum Schließen, die in allen Alpentälern gerne getragen wird.

Auch die Lederhose hat von hier aus die deutschen Alpenregionen erobert, wenn man den Volkskundlern – freilich nicht immer unwidersprochen – glauben darf. Jedenfalls bezeichnete man die Sitte, die kurze Wichs (die damals freilich noch knielang gewesen ist) zu tragen, im Tegernseer, Schlierseer und Bayrischzeller Tal in der ersten Hälfte des 19. Jahrhunderts mit dem Begriff »tuxerisch gehen«. Die vielen Tiroler Holzknechte, die in den Wäldern diesseits und jenseits der Grenze – alten verbrieften Holzrechten zufolge – das Holz für die Trift ins Inntal einschlugen, mögen zur Verbreitung dieses Requisits, das heute als urbayrisch angesehen wird, beigetragen haben.

Zehn Kilometer hinter Lanersbach liegt *Hintertux* (1486 m), ausgezeichnet durch über zwanzig Thermalquellen mit einer Temperatur von durchschnittlich 22 Grad. Bereits um 1600 war dieses ›Wildpad‹ gut bekannt und erfreute sich großer Beliebtheit. Damals gab es noch keine ›Aufstiegshilfen‹, die Eisriesen waren kein Wanderziel und mußten noch bis ums Jahr 1950 zu Fuß erklommen werden. Auch gab es niemanden, der Lust gehabt hätte, sommers auf den Gletschern schizufahren. Heute kann man einen Gletscherspaziergang etwa vom Ende der ersten Sektion des Spannagelliftes unternehmen. Man steigt über den nicht allzu steilen Gletscher zum Riepensattel auf, wo sich ein Ausblick bietet, der seinesgleichen sucht. Das ganze Panorama über dem Schlegeisgrund liegt vor uns. Mit gemischten Gefühlen sieht man die im Stausee versinkenden Waldhänge.

Den Olperer bestieg der Wiener Grohmann 1866 als erster. Heute erreicht man das drei Meter hohe Gipfelkreuz (1947) von der Geraer Hütte (2324 m) aus über die Wildlahnerscharte und den versicherten Nordgrat, dessen Eisenseile bei Blitzschlag schon manchem todbringend geworden sind. Der von der Jugend begeistert geschätzte Kaplan Loven hielt die Einweihungsmesse auf luftiger Höhe. Der Olperer hat freilich einen kleinen Schönheitsfehler: Er hüllt sich und seine Bergsteiger unerwartet schnell in dichtesten Nebel und forderte schon so manches Opfer.

Viel sanfter und freundlicher ist da eine Bergfahrt aufs Tuxer Joch (2338 m), heute allerdings leider auch schon durch einen Wirtschaftsweg restlos erschlossen. Wie eine vorgeschichtliche Bronzenadel und eine römische Münze, die man im 19. Jahrhundert auf dem Joch gefunden hat, beweisen, war dieser Übergang schon seit Menschengedenken bekannt. Man kann das Erlebnis des Aufstieges unmittelbar gegenüber den riesenhaften ›Keesen‹, wie hier das Eis heißt, noch erheblich, sozusagen ›um ein Stockwerk‹, steigern, wenn man vom Joch aus ein Stündchen nach Süden unschwierig auf die Frauenwand (2537 m) aufsteigt, von wo aus man wie von einem Balkon auf die Eiswelt blicken kann. Oder man erklimmt die Hornspitze (2650 m) im Norden, etwa weitere eineinhalb Stunden, wobei man allerdings seine Gipfelüberraschung erlebt, da man die letzten Meter durch einen Kamin grätschen muß, was nicht jedermanns Sache sein dürfte.

Aber ich muß noch von einer Begebenheit berichten, die ich 1952 hier erlebt habe:

Hoch oben am Übergang vom Tuxer zum Schmirntal steht einsam das Jochhaus. Abgeschnitten von der großen Welt, einst auch immer ein bißchen ›hintennach‹ und daher von vielen so sehr geliebt, diese Berghütten mit ihrem geringen Luxus und dem einfachen Leben. Und doch gibt es auch, wie überall, wo Menschen sind, einen göttlichen Funken für die langen Abende und regnerischen Nachmittage: die Musik. Ist es im Tiroler Oberland die ›Klampfn‹, so im Unterland die ›Harpfn‹, dazu die hellen Stimmen und der nie rastende Jochwind, der ums Haus fegt.

So setzt sich auch der junge Wirt vom Tuxerjochhaus gern an seine Harfe, um sich und die anderen mit einem Ländler oder einem schneidigen Marsch zu erfreuen. Natürlich spielt er alles auswendig, und seine Frau ist nicht wenig stolz auf ihn.

Als wir das Jochhaus erreichten, begann die Gefrorene Wand gerade in allen Farben zu spielen. Der große Gletscherbruch schillerte erst grünlich, dann fiel ein zarter Rosenschimmer auf die weiten Eisflächen, und schließlich sank der Riese in den violetten Schleier der Nacht zurück. Die Bäche rauschten lauter, und der Wind fegte noch verlassener über die Moränenhalden und Bergwiesen. Da und dort kündeten frühe Himmelslichter eine sternklare Nacht an.

In der Schutzhütte empfingen uns warme Geborgenheit, Haushund und Hauskatze, eben in einem kleinen Scharmützel begriffen, und eine getäfelte Stube mit der Karbidlampe an der Deckenmitte. Wir gaben Bescheid vom Woher und Wohin und aßen unser Nachtmahl. Auch in der Küche saßen die Leute gerade um den Tisch. Nachher kamen sie zu uns herüber. Der Wirt setzte sich an seine Harfe und begann zu stimmen. Wir fragten, er antwortete, und bald war die Unterhaltung im besten Gange. Längst war das Instrument in Ordnung, doch gerade ging der letzte Lawinenwinter mit seinen Schrecknissen im Munde aller um, und da gab es natürlich viel zu berichten.

Mitten hinein kommt die Großmutter, eine Sechzigerin, die noch jede Woche zweimal nach Hintertux hinuntersteigt. Sie bringt den Stolz des Tuxer Joches, den kleinen Franzal, der erst knappe 24 Monate auf den Bergen herumspaziert. In einer Lederhosen, »aufs Waxn grechnet«, wohnt er wie eine Schildkröte im Panzer, und nur die Extremitäten ragen daraus hervor und kennzeichnen das Oben und Unten. Franzal muß ›Grüaß Gott‹ sagen, aber er ist ganz ›Harfe‹. Er steht jetzt mitten in dem grellen Kreis, den das Karbidlicht auf den Boden malt, und starrt, die Stirn wie ein kleines Stierl gesenkt, auf das klingende Dreieck. Jetzt fängt der Wirt einen Marsch zu spielen an. Franzal steht unbeweglich, aber bohrt mit beiden Zeigefingern in seiner winzigen Nase. Die Großmutter wehrt es ihm und biegt seine Arme herunter. Er merkt es nicht, und zweimal schnappen sie wieder wie Stahlfedern zum Gesicht empor.

Nun ist der Marsch fertig und Franzal, ja man sieht es ganz

deutlich, Franzal ›erwacht‹. Ein tiefer Seufzer entringt sich seiner Brust. Er läßt die Arme sinken und schaut herum. Er blinzelt ins Licht und will eben zur Großmutter laufen, da setzt der Vater zum Ländler an. Franzal reißt's herum, die Arme schnappen in die Höh', und die kleinen Hände erwischen diesmal die Ohren. Er steht da wie eine große Vase mit zwei Henkeln. Niemand spricht ein Wort. Alles blickt gespannt auf das Kind im Kreis des Lichtes. Da sagt jemand, ich glaube die Großmutter, in die Pause hinein, leise und freundlich, aber trotzdem sehr eindringlich bestimmt: »Franzal, geh tüa schön tanzn!«

Und nun geht der Ländler los und mit ihm ein faszinierender Tanz. Die kleinen Füße mit den winzigen Spangenschuhen beginnen den Rhythmus zu klopfen, beachten Synkope und Auftakt, ruhen auf der Dreiviertel und hopsen auf den Achteln, stampfen fest und sicher ein rhythmisches Gerippe auf den Dielenboden. Dabei beginnt sich der Bub langsam zu drehen. Ganz deutlich sieht er die Harfe nun nicht mehr nur dort, wo sie der Vater spielt, sondern auch rechts davon und noch weiter daneben, und ganz hinter sich und überall im Raum herum; er ist in einem Käfig von Harfenstangen gefangen, und das Gesetz dieses magischen Runds ist der Dreivierteltakt. Die ›Vase‹ tönt aus sich selbst, läuft vor und zurück, auch rundherum, nie aber aus dem Lichtkreis heraus und verliert kein einziges Mal den Rhythmus. Immer wenn die kleine Gestalt den Rand des bestrahlten Runds streift, springt plötzlich ein riesenhafter Schatten an der Wand empor. Wie ein großes, fremdes, tierhaftes Wesen aus der Welt des Unbewußten taucht die schwarze, rhythmisch durchzuckte Masse auf und verschwindet ebenso lautlos und geisterhaft wieder. Die Augen des Kindes blicken in die Weite oder in sich, es ist nicht zu erkennen, denn sie sind hinter einem Schleier, sie sehen ein magisches, zauberhaftes Bild, vielleicht verschwommen, vielleicht klar, vielleicht freudig, vielleicht schmerzlich – wer weiß es? Ein Urgefühl ist aufgebrochen, das Gefühl für den Rhythmus, der vom Gleichmaß des Herzschlages an alles beherrscht, was wir kennen. Und immer wieder das Klopfen der winzigen Füßlein und das kleine entrückte, todernste Gesicht des Kindes darüber. Da kommt der Schlußakkord, und Franzal hält benommen inne. Wieder schwankt er ein bißchen, dann sinken die Arme herunter, und er blinzelt um sich. »Maunze«, ruft er und rennt, wie jedes andere Kind auch tun würde, der Katze nach.

Wir in der Stube sind ganz still und bleiben es noch eine gute Weile. Später, als die Tratschsucht doch wieder die Oberhand gewinnt, wird Franzal noch einmal zum ›Güate-Nacht‹-Sagen herumgereicht. Dann verschwindet er unter weiblicher Bedekkung. Der Wirt stopft sein Pfeifl und fragt den wortkargen Peppi über den neuen Tragsattel für den Samuel aus, den er im Dorf vorige Woche bestellt hat. Von Franzal sprach niemand.

Als wir am nächsten Morgen gegen Schmirn abstiegen, schlief Franzal noch. Beiläufig erfuhren wir, daß der Kleine noch nie hätte Leute tanzen sehen.

Von Hintertux bietet sich noch der steile, aber lohnende Ausflug entlang dem Weitenbach zum Schleierfall oder noch höher hinauf zum Wasserfall in der Hintertuxer Schafalm an der Flanke der Gamskarspitze (2748 m). Wie gesagt: steil, aber lohnend und (noch) ohne Lift. Weiter drinnen im Tal, dort wo die Schilifte zum Spannagelhaus (2531 m) aufsteigen, gibt es noch mehrere Wasserfälle, gleich zwei heißen – laut Karte – Schraubenfall, den Einheimischen ist das gleich. »Jo, jo, Wasserfäll hats genüa!« Das Spannagelhaus ist das jüngste der berühmten Schutzhäuser in den Zillertaler Gründen. Erst 1908 wurde es erbaut, seit 1976 ist es voll bewirtschaftet und mittels Kleinkabinenbahn bis zur Sommerbergalm und ab dort mit einem Doppelsessellift erreichbar. Als Geheimtip verrate ich, daß sich unter dem Spannagelhaus Österreichs höchstgelegene Großhöhle befindet. Sie ist über einen Kilometer lang, steht unter Naturschutz und jenem der Bezirkshauptmannschaft Schwaz, falls man sie – die Höhle! – besichtigen möchte. Das Spannagelhaus ist aber auch Ausgangspunkt für den Hohen Riffler (3228 m), den Hans Weber aus München 1875 erstmals bezwungen hat. Unweit davon kann man über die Friesenbergscharte (2910 m) zur gleichnamigen Hütte im Zamser Tal queren. Damit sprechen wir aber schon vom nächsten Grund.

Das Dornaubergtal oder Zemmtal, der zweite große Grund, gliedert sich bergwärts seines einzigen Ortes Ginzling in Nebengründe auf: Floitengrund, Gunggl, Zamser Tal, das aus der Vereinigung vom Pfitschergründl und dem Schlegeisgrund entsteht und aus dem Zemmgrund, dessen Bach alle anderen in sich aufnimmt und oberhalb von Mayrhofen in den Tuxbach mündet. Über das Pfitscher Joch (2248 m) gelangt man nach Südtirol, von wo aus die Almen im Zamser Tal befahren werden, quer über die Staatsgrenze hinweg.

Der Schlegeisgrund, der im Gletscherhalbkreis über dem Schönbichler Horn seinen wasserreichen Ursprung nimmt, wurde durch den großen Speichersee ganz entscheidend verändert. Im Gletschertheater des Schlegeiskeeses steht die Furtschaglhütte (2295 m), Ausgang zum Großen Möseler, den die beiden Engländer Tukett und Hudson 1872 erstbestiegen haben. Viel benützt wird auch der Übergang über die Schönbichler Scharte (3081 m) zur Berliner Hütte (2040 m) am Ende des Zemmgrundes, die älteste Hütte der ganzen Reihe, schon 1879 erbaut. Mit einsamer Hüttenromantik ist es in dem großen Alpenhotel allerdings längst vorbei. Der Aufstieg vom Zillertal, einst sechs bis sieben Stunden weit, ist auf das allerletzte Stück vom Breitlahnergasthaus zusammengeschrumpft. Bis dorthin führt eine gute Fahrstraße. Der Zemmgrund ist die Hauptfundstätte der rot-schwarzen Zillertaler Granaten.

Man kann auch vom Zemmgrund aus einen Übergang ins Nachbartal benützen, mit einem Höhenunterschied von exakt 1000 Metern bis zur Mörchenscharte (2870 m), freilich auch mit einem unvergeßlichen Gletscherpanorama vor Augen. Der Schwarzsee (2472 m) läßt ebenso wie der Friesenbergsee den Unterschied zwischen natürlichem Bergsee und Mammutwasserspeicher deutlich werden.

Die Mörchenscharte führt in den Floitengrund, der im Floitenkees seinen Ursprung hat. Die Schale dieses Talendes wird im Westen vom Mörchner (3283 m), im Süden von den Floitenspitzen (3194 m) und dem Großen Löffler (3376 m) und im Osten von der Greizer Spitze (3007 m) wie von den Zacken eines Kronreifs eingefaßt. 1873 wurde die Greizer Hütte (2227 m) hier als Stützpunkt errichtet.

Was dem Zemmgrund die Granaten sind, das waren im Floitengrund die Steinböcke und Gemsen. Die Tuxer Wildschützen aber räumten in ihrer Jagdbesessenheit mit dem Wild der Gründe so ›gründlich‹ auf, daß schon Kaiser Maximilian I. 1506 hundert Gulden für jeden gefangenen Wildentuxer aussetzte. Er kam nie in die Verlegenheit, die Summe zahlen zu müssen. Der ›Schütz‹ ist dem Tiroler noch jetzt ein erstrebenswerter ›Zustand‹, der ›Wildschütz‹ dem Volke die Personifikation von Mut, körperlicher Gewandtheit, Schlauheit und ausgleichender Gerechtigkeit schlechthin. Das hat seinen Grund zum Teil darin, daß die Bauern viele Jahrhunderte lang hatten zusehen müssen, wie das Wild ihre Felder verwüstete, denn die Jagdlust der hohen Herren hatte alles verboten, was den Wildbestand schädigen konnte. Der Wildschütz aber »zeigte es ihnen«! So mancher Freiheitsheld von Anno 1809 hatte seine Laufbahn als Wilderer begonnen, denken wir nur an Josef Speckbacher. Der Wildschütz kennt in Tirol nur noch eine einzige Steigerungsform: Tuxer Wildschütz. Heute gibts kaum mehr etwas zu jagen für ihn, er hat sich gleichsam selbst zur Strecke gebracht mit seiner ungezügelten Jägerei. Um 1700 zählte man im ganzen Zillertal noch 400 Gemsen, aber nur mehr drei Hirsche und zehn Rehe! Steinböcke galten schon im 16. Jahrhundert als Rarität, so daß sich die Salzburger Landesfürsten genötigt sahen, strengste Hegemaßnahmen zu gebieten. Dadurch erholte sich der Bestand auf 200 Tiere. Aber sie blieben so gefährdet, daß sie aus dem Floitengrund ins Tennengebirge umgesiedelt wurden, womit der Steinbock endgültig aus dem Tal verschwunden ist.

Der Floitengrund ist noch ein stiller Grund, hat keine ausgebaute Straße und zieht sich viele Kilometer lang von Ginzling nach Süden. Wer erleben möchte, wie es einmal war im Zillertal, der sollte durch den Floitengrund wandern.

Um in den nächsten Grund, die Stilluppe, zu gelangen, benützen wir von Mayrhofen aus die Seilschwebebahn auf die Filzenalm (1965 m), einen Vorposten der Ahornspitze. Von hier steigen wir unmittelbar zur Sperrmauer des Stilluppspeichers hinab. Während des Abstiegs kann man bis zur Grünen Wand über dem Stilluppkees das ganze Tal überblicken. Seine Trogform haben die Geologen als ›mustergültig‹ bezeichnet, und einmal darauf hingewiesen, erkennt man selbst, wie regelmäßig die Formation hier ist. In Urzeiten war alles vergletschert, und die einzelnen Gletscherzungen hinterließen in schöner Regelmäßigkeit rechts und links des Talgrundes ihre typischen Karmulden: Hasen-, Madereggl-, Weiß-, Sonntags-, Lamsen-, Liegedl-, Bock-, Blaser-, Rofel-, Schlierer-, Rebenzaun-, Birgerg-, Löfflerkar und andere mehr. Diese Steilkare haben so viele Lawinen und Muren ins Tal gesandt, daß eine dauernde Besiedlung nicht gewagt wurde. Hingegen gibt es viele Almen und Asten, die aber nur mehr zum Teil genützt werden. Der Speicher liegt im äußersten Drittel des Grundes, und das sei sehr gelobt, denn so blieb der Endteil des Tales unberührt, wo die Grüne-Wand-Hütte (1438 m) nahe der Taxacher Alm und die Kasseler Hütte (2178 m) Unterkunft und einigen Komfort bieten.

Wir kommen zum östlichsten Grund, der dem ganzen Tal den Namen gab, zum Zillergrund. Ihn muß man in seiner ganzen Länge erwandern, will man ihn wirklich kennenlernen. Dazu sollte man den anfangs etwas steilen Weg von Mayrhofen über das Steinkogelhaus (1263 m) nach Brandberg (1092 m) wählen, weil man entlang des Aufstieges eine herrliche Aussicht auf Mayrhofen und Finkenberg hat.

Brandberg hat 300 Einwohner und hieß bis ins 19. Jahrhundert Pramberg. Bei den letzten Höfen hört die Straße auf, und die Landflucht der jungen Generation hat manche Höfe wieder zu Almen zurückverwandelt. Die einfache Pfarrkirche hat Andre Hueber, der Baumeister von Zell, 1787 erbaut. Über dem Ort erhebt sich der Brandberger Kolm (2700 m), ein mühsamer Berg mit unvergleichlicher Aussicht und einer Raststation im Kolmhaus (1842 m).

Wer nun über das Straßenende hinauswandert, erreicht nach zwei Stunden *Häusling* (1052 m), wo bis vor kurzem die letzten ständig besiedelten Höfe standen. Der Weg führt weiter zum Gasthaus Au (1269 m), wo sich der Sondergrund von Süden her mit dem Zillergrund vereinigt. Die Berge ragen in imponierender Unmittelbarkeit auf, jeder steigt fast 2000 Meter über den Boden des Grundes in die Höhe. Der Sondergrund führt beim Marienbild vorbei zum Hörndljoch (2543 m) und dort über die österreichisch-italienische Staatsgrenze hinüber nach Sankt Jakob im Ahrntal.

Im Zillergrund kommt nach einer weiteren Stunde Bärenbad (1449 m), von wo aus sich der Hundskehlgrund zum gleichnamigen Joch (2250 m) vorschiebt, auch ein Übergang ins Ahrntal. Von Bärenbad geht es schließlich über den Zillerboden und die Kuchelmoosalm (1779 m) zur Plauener Hütte, die 1898 errichtet worden ist. Von Mayrhofen hat man bis hier gute acht Stunden Fußmarsch hinter sich zu bringen, wenn man sich nicht fahren läßt. Als Hausberg der Plauener Hütte kann die Richterspitze (3054 m) gelten, die ihren Namen vom böhmischen Industriellen Anton Richter hat, der sich Ende des 19. Jahrhunderts in Salzburg niedergelassen hat. 1890 wurde auf seine Initiative zum Andenken an seinen verunglückten Sohn auf der Richterspitze ein Gipfelkreuz errichtet, aber ich weiß nicht, ob es heute noch droben steht. Unterhalb der Spitze kann man über die Gamsscharte (2971 m), wo es einen kleinen Wetterunterstand gibt, zur Richterhütte ins Salzburgische hinübersteigen.

Ja, und schließlich gibts noch einen allerletzten Steig entlang dem Hohenaukar nach Kasern: Unten im Tal liegen zwei Almen auf 1850 Meter Höhe, und gegenüber steht der Rauchkofel (3252 m) mit seinem Kees. Aus ihm speist sich der Ziller, der noch ein bißchen weiter in die Kare hineinreicht. Hier ist die Welt gottlob noch sich selbst überlassen. Wer bis hierher gewandert ist, weiß ein für allemal, wie lang ein Tiroler Tal sein kann, und wird es bestimmt sein Leben lang nicht vergessen.

Die Zillertaler

Am Ende des Zillertales soll etwas über die Menschen gesagt werden, die es bewohnen. Wir haben schon darauf hingewiesen, daß man auch heute noch sehr deutlich zwischen den Bewohnern des Tuxer Tales und jenen des äußeren Zillertales unterscheiden kann. Alle Beschreiber der Talschaften aber sind sich darin einig, daß das Zillertal die hübschesten Menschen Nordtirols hervorgebracht hat. Allgemein werden die Lebhaftigkeit, der Fleiß, der Erfindungsreichtum gepaart mit Schlauheit, Kühnheit und Musikalität dieser Menschen gerühmt. Nirgendwo blüht die Geselligkeit so wie hier. Dabei hat der Individualismus immer wieder großartige Blüten getrieben, sei es im Wildschützentum, im Mithridatehandel, in den kühnen Unternehmungen der Natursänger oder etwa bei den Projekten zur Gründung der Zillertaler Bahn. Damals bildeten sich sogar mehrere Parteien, die das zu bauende Schienennetz rechts oder links des Zillers, breit- oder schmalpurig, von Jenbach oder

Brixlegg ausgehend beziehungsweise überhaupt nicht haben wollten.

Der ihnen eigene Freiheitsdrang bescherte den Zillertalern vor allem auch in religiösen Dingen unbeugsame Standpunkte, die sich immer mehr und mehr verhärteten, als sich die Einheimischen als ›naive Bauern‹ behandelt fühlten und für dumm verkauft vorkamen. So wurde der Drang nach Glaubensfreiheit für ein halbes Tausend noch im 19. Jahrhundert eine Tragödie, die hier in unserer Schilderung des Tales und seiner Bewohner nicht fehlen darf.

Die Zillertaler Protestanten wurden von der Obrigkeit diskriminierend als ›Inklinanten‹ bezeichnet, vom lateinischen Verbum ›inclinare‹, das heißt hinneigen, gemeint ist: zu einem anderen Glauben. Häufig nannte man sie auch geradewegs Sektierer, obwohl sie sich deutlich zum Augsburger Bekenntnis erklärt hatten. Die Wurzeln dieses Protestantismus reichen bis ins 16. Jahrhundert zurück, als unter den Schwazer Bergknappen aus Sachsen und Thüringen zahlreiche Protestanten waren und auch Prediger wie Dr. Strauß in Hall die neue Lehre verkündeten. Die Wanderhändler sahen und hörten auch einiges in der Fremde, das ihnen in der Heimat erzählenswert erschien, und luden wohl auch Protestanten ins Zillertal ein, wie wir dies für das 19. Jahrhundert nachweisen können. Tiroler Geistlichkeit und Regierung waren sich einig, daß der Zillertaler an sich in seiner ›charakterlichen Eigenheit‹, in seinem unbändigen Streben nach Freiheit in jedem Sinne, für alles Neue besonders empfänglich wäre. Schließlich wußte man sich nach langem Hin und Her nicht mehr anders zu helfen, als die Protestanten des Tales vor die Wahl zu stellen, ihren Glauben aufzugeben oder die Heimat zu verlassen. Um 1826 hatten einige Zillertaler begonnen, demonstrativ aus der Katholischen Kirche auszutreten und sich öffentlich zur anderen Konfession zu bekennen. Zunächst sprach man von »verrückten Theologen im Bauernkittel«, so der Gouverneur Tirols, Graf von Wilczek, in vollkommener Unkenntnis der Menschen, die er regierte. Das unkluge Verhalten einzelner führte zu drastischen Strafen: zu wochenlangem Kerker, Arrest, verschärft durch Stockhiebe – und das im Österreich des 19. Jahrhunderts! Es genügte, aus akatholischen Büchern vorzulesen, um gleich mehrere Tage in den

Kerker zu wandern. Dabei waren die Protestanten sehr wohl über das Toleranzpatent informiert, in dem Kaiser Josef II. bereits 1781 dem Augsburger und dem Helvetischen Bekenntnis freie Religionsausübung im gesamten österreichischen Kaiserreich zugesichert hatte. Auf eine Bittschrift an den Kaiser Franz I., ihnen die Gründung einer eigenen religiösen Gemeinde zu gestatten, reagierte dieser zwiespältig, indem er dies für das Zillertal verweigerte, den Bittenden aber anheimstellte, »in andere Provinzen Meines Staates zu übersiedeln, wo es akatholische Gemeinden gibt«.

Auf Drängen der Tiroler Obrigkeit wurde dann unter Ferdinand I. 1837 ein Entscheidungstermin für die Protestanten festgesetzt. Daraufhin kehrten sieben davon wieder in die Katholische Kirche zurück, aber 427 Erwachsene und Kinder verließen Österreich und zogen – wie rund hundert Jahre vorher, 1732, die Salzburger Protestanten – nach Preußen, wo sie im Riesengebirge eine neue Heimat fanden. König Friedrich Wilhelm III. überließ ihnen in der Nähe seines Schlosses Erdmannsdorf Siedlungsgrund, wo sie sich neue Höfe im altvertrauten Gebirgsstil errichteten und die Kolonie nach ihrer einstigen Heimat ›Zillerthal‹ benannten. Dieser Stilexport trug erheblich dazu bei, alpenländische Bauweise in Preußen, ja ganz Norddeutschland bekannt zu machen und in Mode zu bringen: Das ›Zillertaler Haus‹ trat damit neben das ältere und berühmtere ›Schweizer Haus‹, das sich wohlhabende Bauherren in einer frühen Welle von Nostalgie zu errichten pflegten.

Der Auszug geschah unter großer Anteilnahme und Trauer der Bevölkerung, es war keineswegs so, wie es die Regierung gerne gesehen hätte, daß alles befreit aufgeatmet hätte. Nicht alle Ausgewanderten blieben im Riesengebirge. Etwa fünfzig reisten etwas später über den Ozean nach Südamerika, wo sie in Punta de los Bajos noch heute nachweisbar sind. Die Nachkommen der im schlesischen ›Zillertal‹ Verbliebenen kamen 1946 unter polnische Oberhoheit und damit wieder unter katholische Pfarrer. Der Tiroler Dramatiker Schönherr hat in seinem Stück ›Glaube und Heimat‹ die Situation sehr anschaulich und objektiv geschildert. Leider wird das Stück selten gespielt.

Zwischen Jenbach und Wörgl

Rattenberg

Auf dem schmalen Dreieck zwischen Fels, Fluß und Stadtmauer entwickelte sich Rattenberg am Fuße einer schützenden Burg, deren Bergfried noch heute die Stadtsilhouette beherrscht. 1971 wohnten 652 Menschen in den 88 Häusern, wahrlich ein Städtchen, ein Stadl, in das mit der Verkehrsentlastung durch die Inntalautobahn auch wieder einigermaßen Ruhe eingekehrt ist. Vorher war die Durchfahrt durch die enge Hauptgasse ein Alptraum für Reisende und Einwohner. Der ganze Italienverkehr quälte sich beim Neuen Stadttor, das man 1855 durch das alte Rathaus von 1535 gebohrt hatte, hinein und an der Ostausfahrt, kaum breit genug, für zwei Personenwagen, wieder hinaus.

1393 hatte Herzog Stephan III. von Bayern Rattenberg zur Stadt erhoben, der Ort lag ja damals in Bayern, das bis 1505 erst am Zillertal und in der Hagau endete. Das Stadtrecht verpflichtete die Bürger, ihren Ort zu befestigen, und eben das konnte den bayrischen Herzögen so nahe an der Grenze nur recht sein. Der Platz schien strategisch sehr günstig: Im Norden bildet der Inn einen breiten Wassergraben, im Westen endete die Stadt im Innsbrucker Tor mit einer nur hausbreiten Spitze unmittelbar am steilen Felsen. Im Südosten stand die große Burg, die bereits 1074 urkundlich erwähnt wird. Ihr Name weist auf das bairische Adelsgeschlecht der Rapotonen hin, die um das Jahr 1000 die Herrschaft im Inntal innehatten. Es war auch ein Rapotone, ein Radolt, der das Nachbardorf Radfeld besaß. Der Name Rattenberg hat also weder mit dem Rad im Stadtwappen noch mit den Ratten, die an der Innlände haus(t)en, etwas zu tun. Im Osten zog man zwischen Inn und Burg eine 350 Meter lange Stadtmauer, die zwar um 1336 zu bauen begonnen worden war, aber offensichtlich erst Anfang des 15. Jahrhunderts fertig geworden ist. Hier existiert noch ein Rest des Kundler Tores, wie es auch das Inntörl als Durchgang heute noch gibt. Hingegen hat sich vom Innsbrucker Tor im Westen und vom Spitaltor zur Innbrücke hin nichts mehr erhalten

Rattenberg verdankt nach den Rapotonen seine erste Blüte dem bayrischen Adelsgeschlecht der Kummersprucker. Kunrad und sein Sohn Hans waren Pfandherren von Rattenberg, und Hans baute daselbst ein großes Kloster an der Nordostecke der Stadt, das 1391 Augustinermönchen übergeben wurde. Den Ostteil der frommen Stiftung bildete man zur Vorsicht festungsartig aus und versah ihn mit einem Wehrturm: Spitzikatton heißen ihn die Einheimischen.

Um die Mitte des 15. Jahrhunderts begann rings um das kleine Städtchen der Bergbau aufzublühen, auch mit all seinen problematischen Folgeerscheinungen, der Zuwanderung von fremden Knappen, Faktoren und Kaufleuten. Damit stieg zu Beginn des 16. Jahrhunderts die Zahl der ›Andersgläubigen‹, der Lutheraner und vor allem der Wiedertäufer. Die letzte Gruppe verfolgten die Mandate des späteren Kaisers Ferdinand I., seit 1519 als Erzherzog von Österreich auch Landesfürst von Tirol, mit uns nicht mehr verständlicher Härte. Allein in den zwölf Jahren von 1528 bis 1540 wurden durch die Rattenberger Malefizprozesse 71 Männer und Frauen zum Tode durch das Schwert, durch ›Verbrennung zu Pulver‹ oder durch Ersäufen gebracht. Schwangere erfuhren keine Gnade. Der Landrichter, der hier schon saß, ehe der Bergrichter dazukam, und die Geschworenen hatten ständig mit diesen Prozessen zu tun, die ihnen gar nicht behagten und die sie oft genug in gefährlichen Gegensatz zu den strengen Gesetzen der Regierung brachten.

Der wirtschaftliche Aufschwung der Stadt läßt sich am Handwerk ablesen. 1491 gab es nicht weniger als 17 Bäcker, 8 Metzger und 5 Brauereien innerhalb der Mauern. Auch der Schiffahrtsbetrieb auf dem Inn brachte Gewinn, über zwanzig Schiffmeister wohnten in Rattenberg. Im Laufe des 16. Jahrhunderts bekam die Stadt ihr heutiges Gesicht. Die in Innsbruck entwickelten Innstadthäuser traten an die Stelle der Holzbauten, die 1443 einer verheerenden Feuersbrunst zur Nahrung gedient hatten. Immer neue Erkerformen entstanden, vom majestätischen Typ am Rathaus über runde und rechteckige bis zu komplizierten, über Eck gestellten Gebilden, wie man sie heute noch betrachten kann. Nur die bunte Bemalung stammt wohl erst aus der Barockzeit.

Für 1524 prophezeite ein Wanderprediger den Rattenbergern ernsthaft eine Sintflut mit Weltuntergang, was die Ratsherren veranlaßte, den auch für die Stadt zuständigen Pfarrer von Reith bei Brixlegg zu konsultieren, damit er das Volk aufrufe, »Got den Herrn umb gnad und barmherzigkeit zu bittn«. Verständlich, denn die Bürger hatten schon zur Genüge schlimmste Erfahrungen mit dem Hochwasser des Inns gemacht: Am Torbogen des Rathauses kann man die Überschwemmungsmarken ablesen. Noch 1933 stand das Wasser zwei Meter hoch in den Gassen. Dann ergriff man radikale Maßnahmen und baute durch den ganzen Ort eine Schwemmkanalisation mit einem mächtigen Pumpwerk und hatte fürderhin Ruhe.

1703 beim bayrischen Einfall im Zuge des Spanischen Erbfolgekrieges fiel die Stadt nach kurzem Widerstand in die Hände des Feindes, aber während des Gegenaufstandes der Tiroler gab es schauerliche Racheszenen. Eine besondere Rolle spielten dabei die berühmt körperstarken Holzknechte aus dem nahen Brandenberg. Hans Holzer, der seinen Beruf im Namen trug, spießte der Reihe nach bayrische Soldaten auf eine ungeheuere Mistgabel auf und »streifte sie dann an der Schauderecke« der Burg wieder ab. Die Stelle wird noch gezeigt.

Rattenberg war für religiöse Strömungen besonders anfällig. 1761 wurde durch einen Sterndeuter und Quacksalber namens Zacharias Plaiger, der sich selbst für 146 Jahre alt ausgab, für den 7. Mai exakt ein Weltuntergang prophezeit. Die Masse des Volkes in und um die Stadt schenkte Plaiger Glauben und lieferte verschiedene Exzesse, die vom Stadtrat vergebens bekämpft wurden.

Ein Gang durch die Stadt sollte am *Stadtplatz* vor dem Rathaus beginnen. Wenn man sich die neue Durchfahrt wegdenkt, kann man sich lebhaft vorstellen, wie die Beschlüsse des Rates vom Erker aus bei bester Akustik der lauschenden Bürgerschaft verkündet wurden. Hier steht der Stadtbrunnen noch an alter Stelle, hier wurden die Märkte abgehalten, hier stehen die meisten Gasthäuser. Hier befindet sich auch das Geburtshaus der

Tiroler Heiligen Notburga, die als Tochter eines armen Hutmachers 1265 geboren worden ist. Blickt man vom Rathaus nach Westen, so sieht man in das sich allmählich verengende Profil der Hauptstraße, die mit Ausnahme der Autos genauso aussieht wie vor dreihundert Jahren; blickt man nach Norden, so führt die Straße zum Klosterbezirk am Inntor und zum alten Spital, und geht man nach Süden, so kommt man zur Burg und zur Pfarrkirche. Diesen Weg nehmen wir zuerst.

Über der Stadt stehen Reste einer der größten mittelalterlichen Festungsanlagen Tirols. Die *Burg* wurde schon vor 1100 errichtet und erfuhr im Laufe der Jahrhunderte immer neue Vergrößerungen. Im frühen 16. Jahrhundert war es vor allem Kaiser Maximilian I., der – ähnlich wie im nahen Kufstein – auch in Rattenberg durch seinen Festungsbaumeister Michael Zeller eine gewaltige Kriegsmaschinerie errichten ließ.

Zur Zeit ihrer größten Ausdehnung umfaßte die Burg einen oberen Teil mit vier Türmen und einer großen Geschützbastion sowie einen alten unteren Komplex, von dem der romanische Bergfried noch zum Teil aufragt. Vom Palas und den Wirtschaftsgebäuden, die sich um einen Innenhof gruppierten, ist nur mehr weniges zu sehen. Der weite freie Raum zwischen den beiden Hauptteilen der Anlage legt die Vermutung nahe, daß er als Fluchtraum für die Stadtbevölkerung gedacht war. Die Stadt selbst, durch die bis ins 20. Jahrhundert die einzige Inntalstraße hindurchführte, konnte zwischen Inn und Felsen jeden Verkehr anhalten und sperren. Dieser Talriegel hat so viele Jahrhunderte die Augen auf sich gezogen, daß selbst die Eisenbahntrasse gerade unter dem Schloß durch den Berg gebohrt werden mußte, anstatt sie in das freie Gelände nördlich des Flusses zu legen.

Die Burg wurde von ihren verschiedenen Besitzern immer wieder verpfändet, 1703 von den Bayern und wenig später wieder von den Tirolern erobert. 1782 wurde die Festungseigenschaft aufgehoben und die Anlage weitgehend demoliert. 1905 erwarb die Stadtgemeinde den ruinösen Komplex, den sie seither mit mäßigem Eifer erhält. In manchen Sommern werden Freilichtspiele im Burghof veranstaltet, wobei vor allem ›Der Kanzler von Tirol‹ des heimischen Dramatikers Josef Wenter aufgeführt wird.

Und des Kanzlers von Tirol gilt es auch hier zu gedenken. Dr. Wilhelm Bienner, geboren um 1590 zu Laupheim als Sohn eines Deutschordensvogtes, studierte an der Universität Freiburg Jurisprudenz. 1614 promovierte er zum Doktor der Rechte und schlug die Beamtenlaufbahn ein. 1630 erfolgte seine Ernennung zum Reichshofrat in Wien, aber bereits drei Monate später wurde er auf den Posten eines Tiroler Kanzlers unter Erzherzog Leopold berufen.

Dr. Bienners wichtigste Aufgabe war die Leitung der Gerichtsverhandlungen bei der Landesregierung, wenn der Präsident abwesend war, was fast immer zutraf. Hier begann der neue Kanzler eine sehr eifrige Tätigkeit und griff entschieden durch, nicht zur Freude der alteingesessenen Kammerräte, die mehr an den Nebenverdiensten als an flüssiger Abwicklung der Verfahren interessiert waren. Durch seine cholerischen Ausbrüche und seinen schneidenden Sarkasmus schuf er sich keine Freunde. So entstanden scharfe Gegensätze zwischen Bienner, den Räten und den Sekretären.

Verschiedene Missionen des Kanzlers trugen ihm aber das Wohlwollen der Witwenregentin Claudia ein, die ihn 1638 zu ihrem Hofkanzler ernannte. Damit war Dr. Bienner zur wichtigsten Person in der Landesregierung geworden. Schon 1621 wird das Amt des Hofkanzlers »das fürnehmst und lebendig archivum eines potentaten« genannt.

Mit Claudias Rücktritt vom Regimente 1646 zugunsten ihres Sohnes Ferdinand Karl nahm der Einfluß Bienners auf die Hofgeschäfte schnell ab. Zwischen dem Hofkanzler und dem wesentlich jüngeren Landesherrn kam es zu keinem ersprießlichen Verhältnis. Nicht umsonst hatte der scharfsichtige Bienner die Prinzenerziehung am Innsbrucker Hof schon Jahre zuvor unaufgefordert kritisiert; nun sollte er selbst das betrüblichste Beweisstück für die Richtigkeit seiner Behauptungen sein.

Erzherzog Ferdinand Karl, viel eher zum Vergnügen, zum Festefeiern, zur Jagd und zu aufwendigen Reisen als zum konsequenten Regieren geneigt, durch ein labiles Gemüt der Laune des Augenblicks auch in wichtigen Entscheidungen unterworfen, verstand seine Daseinsberechtigung weit mehr durch Gottes Gnade gegeben als durch trockene Gesetzesbücher festgelegt.

Nach mehreren intriganten Versuchen, den Kanzler zu stürzen, die jeweils kläglich mißlangen, erfolgte am 23. Januar 1650 Bienners ›gnädige‹ Entlassung aus dem Amte durch den Erzherzog. Bienner wurde befohlen, alles, was er von Amts wegen innehatte, vornehmlich Akten und Schlüssel, zurückzugeben. An die Kanzlerstelle rückte Isack Volmar auf, dem Bienner seinerzeit vorgezogen worden war. Die Ungnade der Entlassung traf Bienner schwer, da er sich ungerecht behandelt fühlte, und sein ›hitziges Wesen‹ fing bald Feuer gegen seine triumphierenden Gegner.

An deren Spitze stand neben Volmar Dr. Johann Michael Schmauß, der 1644 zum Vizepräsidenten der Tiroler Kammer aufgestiegen war. Er hatte sich dem Erzherzog unentbehrlich gemacht, indem er immer wieder für die Ausgaben des Hofes Geld zu beschaffen wußte. Es war für die beiden nicht schwierig, dem jungen Fürsten einleuchtende Gründe für einen Prozeß gegen den abgesetzten Kanzler vorzustellen, der zunächst in Innsbruck, später in Rattenberg inhaftiert wurde. Alle seine Güter und Schriften, alle seine Mobilien und Guthaben wurden beschlagnahmt und die Familie überdies verpflichtet, für die Bewachung des Inhaftierten aufzukommen!

Vom Stande der damaligen Justiz in Tirol macht man sich am besten ein Bild, wenn man hört, daß die beiden welschtiroler Inquisitoren, Marcantonio Bertelli aus Borgo und Dr. Johann Hippoliti, zur gleichen Zeit, da sie Bienner zu vernehmen hatten, auch eine Untersuchung gegen einen im Innsbrucker Kräuterturm eingekerkerten Bergknappen namens Hoisl Niederjocher führten. Dabei ging es um den Nachweis, ob Hoisl imstande sei, Bergwerke zu »verwünschen und wiederzubringen«. Er wurde dazu auch mit der Folter befragt. Diese blieb Bienner, obwohl mehrfach angedroht, erspart, nicht aber das Schwert, ein in unseren Augen geradezu monströses Urteil gegenüber dem, was man ihm vorwarf.

Um ihn belasten zu können, benützte man nach Konfiskation seiner Schriften sogar den Inhalt seiner persönlichsten Notizen, besonders einige mehrdeutig auslegbare Verse in Latein unter einem Kupferstich der ehemaligen Landesfürstin Claudia. Hunderte von Fragen hatte Bienner aus dem Gedächtnis zu beantworten; einzelne Schriftstücke aus einem Zeitraum von fast zwanzig Jahren wurden ihm vorgelegt, ohne daß er Gelegenheit erhalten hätte, die Verhandlungsprotokolle von damals oder seine persönlichen Aufzeichnungen dazu einzusehen. Man verweigerte ihm sogar die Möglichkeit, sich während der Verhöre irgend etwas zu notieren! Auch Blätter mit schlagwortartigen Notizen über Tagesereignisse, Wirtschaftsnachrichten, Konkurse und sonstiges kamen den Richtern verdächtig vor und wurden in die Anklage eingebaut. Bienner aber glaubte unerschütterlich an sein Recht, an das Recht an sich und damit an seine Unschuld. Er fühlte sich als Opfer einer Intrige, das er auch war. Demut vor dem Landesfürsten, Demütigung vor den Inquisitoren oder den geheimen Räten, die hinter den Richtern standen und die Fragen ausklügelten, blieben ihm fremd. Er sagte es freiweg, daß Privatgedanken nicht strafbar sein könnten, selbst wenn man sie aufschreibe, daß er keinerlei besondere Gnadenbeweise der Fürsten erhalten, sondern nur das, was er sauer verdient habe, und daß der Landesfürst ihm noch einiges schuldig sei. Mit dieser selbstbewußten Sprache stand Bienner freilich auf verlorenem Posten und war seiner Zeit und deren sozialem Gefüge um dreihundert Jahre voraus.

Beweise für eine echte schwerwiegende Schuld Dr. Bienners sind nicht zutage gekommen. Es wurde vielmehr »leichtfertig und lügnerisch eine Scheinanklage geschmiedet und mit Umgehung selbst der primitivsten Rechtsnormen ein Urteil gefällt, das, von Haß und Willkür diktiert, nichts Geringeres als einen schmählichen Justizmord enthielt« (Hirn).

Der letzte Akt der Tragödie vollzog sich am Morgen des 17. Juli 1652 im unteren Schloßhof zu Rattenberg. Nach einer Messe in der Schloßkapelle wurde das Urteil verlesen, das Bienner hier überhaupt zum erstenmal hörte, und angesichts des Henkers konnte er zum ersten und letzten Mal seine ›Einrede‹ halten. Sie war nutzlos, niemand Maßgebender hörte sie. Dann erteilte ihm der Pfarrer die Generalabsolution. Er wurde halb entkleidet auf einen Stuhl gesetzt, die Augen wurden ihm mit einem Tuch verbunden. Die gefalteten Hände, die einen Ablaßpfennig umschlossen, hob er zum Gebet und sprach:

»... nun o Herr entlassest du deinen Diener, in deine Hände empfehle ich meinen Geist, Jesus Maria!« In diesem Augenblick sprang der Scharfrichter polternd aus seinem Versteck hervor auf die Bretterbühne

und führte den tödlichen Streich. Derselbe war so gewaltig, daß nicht bloß das Haupt, sondern auch die emporgefalteten Hände vom Körper getrennt wurden. Der Kopf flog mehrere Schritte weit, eine der beiden Hände rollte dem beistehenden Priester vor die Füße. Der Pfarrer holte das Haupt, legte es zu dem zu Boden gesunkenen Rumpfe und sprach mit den Anwesenden noch ein Gebet für die Seelenruhe des Gerichteten. Der Leichnam, den die Soldaten bis auf die Schlafhose entkleideten, ward in das schwarze Tuch gehüllt, das über die Bühne gebreitet war, dann auf eine Bahre gelegt und in die Schloßkapelle übertragen. Erst in der Nacht wurde der Leichnam ohne christliche Feierlichkeit oder Einsegnung an der entlegensten Stelle des städtischen Friedhofs verscharrt. So weit der Bericht des Pfarrers und des Schloßhauptmannes, die im wesentlichen übereinstimmen.

Wie die Aasgeier stürzten sich die sogenannten Gläubiger auf den beschlagnahmten Nachlaß des Hingerichteten. Die von der Rechnungsstelle der Kammer ermittelte Schuldensumme Dr. Bienners an die Obrigkeit erreichte eine solche Höhe, daß selbst einige Räte stutzig wurden; im Laufe der folgenden Jahre bröckelten dann immer mehr Forderungen ab. In einem wesentlichen Punkt der Anklage mußte die Kammer direkt eingestehen, daß sie »bei fleissigem Nachschlagen in der Registratur« gefunden hätte, daß »der bisher gehabte Wahn und die damals vermeintliche Diffikultät aufgehebt sei«!

Auch der Landesfürst erscheint erneut in einem merkwürdigen Licht, wenn er eine Zeitlang versucht, den Hauptbesitz des Hingerichteten, Schloß Büchsenhausen und die Bierbrauerei daselbst, an sich zu bringen. Die Kammer muß ihm schließlich vorstellen, daß die Brauereierlaubnis eine »fürstliche Gnad nach Wohlgefallen erteilt« darstellte und er doch nicht gut seine eigene Gnädigkeit mit Geld ablösen könne. Schweren Herzens gab der Fürst nach.

Nicht aber in einem anderen Punkte. So ließ er sich das beschlagnahmte Geschmeide Bienners vorlegen. Zwei Diamantringe und einiges andere im Gesamtwerte von 1453 Gulden gefielen ihm so sehr, daß er sie sich aneignen wollte. Man solle die Wertsumme aus dem Strafregister des Hingerichteten abziehen, meinte er. Die Kammer stand diesmal nicht an, den Erzherzog darauf hinzuweisen, daß der Witwe ein »fundiertes« Recht auf die Stücke zustünde. Und die unglückliche Frau trat den Beweis ihres Rechtsanspruches auch tatsächlich an. Aber der Landesfürst setzte sich mit der Bemerkung über alles Recht hinweg, man möge der Frau aus dem übrigen beschlagnahmten Vermögen ihres toten Mannes »Gutmachung« tun. Der Fürst behielt, was er dem Toten noch genommen hatte.

Verlassen wir die Welt menschlichen Neides und steigen wir den Burgberg hinab zur *Pfarrkirche.* Ähnlich wie in Kufstein ist sie auf den Fuß des Burgberges gestellt, hier aber so dicht an den Felsen, daß sogar die Westfassade darinsteckt und die Haupteingänge im Norden und Süden angebracht werden mußten. Sie bedeuten weniger verschiedene Himmelsrichtungen, was auch gar nicht religiös verstanden werden soll, als vielmehr verschiedene soziale Schichten. Durchs Nordtor kam die Bürgerschaft in ›ihr‹ Kirchenschiff, das dem Heiligen Vigilius geweiht ist, beim Südtor traten die Knappen und Bergwerksverwandten ein, deren Hauptaltar den Heiligen Joachim und Anna geweiht war. Wie eine Tafel an der Außenseite des Südchores vermeldet, wurde der spätgotische Neubau 1473 begonnen, nachdem die ältere Kirche 1443 abgebrannt war. Man führte nun, dem geänderten Bevölkerungsstand Rechnung tragend, eine zweischiffige Kirche auf, deren Errichtung mit dem Aufschwung durch den Bergsegen und die Gründung der Hagauer Bauhütte um 1465 zusammentraf. Der erste Werkmeister dieser Hütte, Christian Nickinger, war auch der entscheidende Baumeister der Pfarrkirche, die später gegen 1506 sein Nachfolger Jörg Steyrer vollendet hat. Der rote, fein weiß geäderte Hagauer Marmor leuchtet schon von der Verkleidung der Chöre außen und von den Portalen entgegen und erreicht seinen glanzvollen Höhepunkt in den drei prächtigen, glattpolierten Rundpfeilern zwischen den beiden Schiffen. Auch die Dienste an den Wänden, der Chorbogen und einst natürlich auch die Rippen kamen aus der Hagauer Bauhütte. Wie das Rippengewölbe aussah, kann man vielleicht noch an der Pfarrkirche in Schwaz nachempfinden, die aus dem gleichen Grunde wie Rattenberg zweischiffig gebaut worden ist und für Rattenberg ein Vorbild dargestellt hat. Hier wurde allerdings 1733 die unvermeidliche Barockisierung durchgeführt, der freilich der glückliche Umstand innewohnt, daß sich unter den ›Neuerern‹ einige hervorragende Meister befanden.

Zarten, luftigen Stuck neben starrem Gitterwerk zu besonderer Wirkung gebracht zu haben ist das Verdienst der Wessobrunner Meister Anton und Augustin Gigl sowie Engelmund Lamb, der vielleicht das zarte Gelb und das helle Grün der Färbelung bestimmte. Unter den Fresken stehen jene des Augsburgers Matthäus Günther von 1737 voran. Ein Bild wie ›Das letzte Abendmahl‹ über dem nördlichen Hauptschiff stellt in seiner Komposition nach Untersicht, Aufsicht, mit der Stiege, den Bögen, der geöffneten Kuppel überhaupt einen Höhepunkt des damals malerisch Machbaren dar. Christus, die Hauptfigur, ist aus dem geometrischen in den kompositorischen Mittelpunkt gerückt, zu dem das Zickzack der Figurenbewegung über die Treppe hinaufführt; und vor einer phantastischen Raumperspektive ziehen Engel einen Vorhang zur Seite. Unglaublicher Reichtum an bildnerischen Ideen ist hier verwirklicht worden. Man darf die patriotisch ›auch‹ gelobten Chorfresken des Kitzbühlers Simon Benedikt Faistenberger von 1729 daneben nicht zu lange betrachten, sonst wird man vielleicht sogar ungerecht gegenüber der soliden, aber eben keineswegs genialen Art dieses Meisters.

Den dritten Höhepunkt bilden die Plastiken des Mondseers Meinrad Guggenbichler. Er schuf für den Hauptaltar im Knappenchor die Figuren der Heiligen Christophorus, Jakob und Daniel, letztere Bergwerksheilige, sowie die beiden Altarengel, in deren Flügeln noch das Weltall rauscht. Es gibt keine höhere Qualität barocker Plastik aus jener Zeit in Österreich. Die Bilder der Hochaltäre stammen vom Wahlsalzburger Jakob Zanusi; er kam eigentlich aus Ladinien in Südtirol.

Werfen wir zuletzt noch einen Blick auf die prächtige, gegen das offene Nordfenster gestellte Georgsfigur. In dynamischer Levade steigt das Pferd in die Höhe, das Fenster wird zur Bühne, man denkt an Weltenburg; kein Künstlername ist überliefert.

Sosehr man in vielen Tiroler Kirchen die spätere Barockisierung zu Recht bedauern muß, hier in Rattenberg ist sie sicherlich keine Einbuße am künstlerischen Wert des Ganzen.

Der Klosterbereich der Augustiner, heute *Servitenkloster,* am anderen Ende der kleinen Stadt, in dem der Augustinermönch Martin Luther auf seiner Romfahrt 1510/11 übernachtet haben soll, ist eine Stiftung des bayrischen Jägermeisters und Pflegers zu Rattenberg, Hans Kummersprucker, und seiner Gattin Anna von Castelbarco. Das fromme Ehepaar ist auf seinem Grabstein aus dem letzten Jahrzehnt des 15. Jahrhunderts im Langhaus der Klosterkirche zu sehen. 1493 starb Kummersprucker in München »unter dem Messer der Ärzte«, wie es heißt – offenbar ein ›mors in tabula‹, keine gute Sache. Das Kloster wurde 1817 den Serviten übergeben und erst 1970 aufgelassen; heute dient es als Schule. Aus der Klosterzeit sind hervorragende Zeugen vergangener Kultur übriggeblieben, vorsorglich und säuberlich von der ›modernen‹ Jugend getrennt. So stehen vom gotischen Kreuzgang noch zwei eindrucksvolle Flügel mit eigenwilligen Rippengewölben und dekorativen Schlußsteinen (1425). Man nehme sich Zeit und beachte das ganz ungewöhnliche Rippenmuster und die verschiedene Breite der Gänge. Das architektonische Prunkstück, die Hoferkapelle, schiebt sich in den ehemaligen Kreuzganghof vor und stellt vielleicht ein umgebautes Brunnenhaus dar. 1496 hat sie der reiche Gewerke Virgil Hofer für den Heiligen Wolfgang gestiftet. Als Baumeister gilt Lienhart Plutauer aus Rattenberg, der dritte bedeutende Werkmeister der Hagauer Bauhütte. Plutauer baute einen sehr klaren hohen Raum, fast etwas französisch, mit tiefprofiliertem Rippenmuster überzogen, das schon über das architektonisch Notwendige ins rein Dekorative zu spielen beginnt. Die Madonna auf der Mondsichel, die auf dem Altar steht, ist kaum zehn Jahre jünger als die Kapelle. Auch die Barockzeit hat das ihre zur Ehre des Klosters beigetragen. 1705 ließ der Prior Wilhelm Durchholzer für eine spätgotische Ecce-Homo-Figur, die wundersam ihre Zunge bewegt hatte, eine neue Kapelle im Stil der Zeit errichten. Dieser äußert sich besonders in der achteckigen Kuppel mit Laterne und im Akanthusstuck. Baumeister war Francesco Carlone, Stukkateur Paolo d'Allio und Freskant Johann Josef Waldmann.

Damit sind die drei wesentlichen Meister genannt, die auch die große *Klosterkirche* von 1707 bis 1709 umgebaut haben. Von der alten Kirche blieben nur das schlichte Äußere und zwei achteckige Marmorpfeiler von 1520 übrig, auf denen die Orgelempore steht. Aber auch Carlones Umgestaltung wurde 1894 durch ›neue‹ Fresken im Langhaus verändert. Leider! Original blieb nur die Chorpartie mit der Kuppel bestehen. Carlone, dem wir sonst meist als Stukkateur begegnen, ließ seinem Landsmann Allio viel Platz für Dekorationen. Johann Josef Waldmann malte in der Kuppel mit der ›Glorie des Heiligen Augustinus‹ ein Riesenfresko mit Hunderten von Heiligen und Engeln, zweifellos nach einem vom Kloster vorgegebenen Programm. Sein Stil erinnert uns heute an den phantastischen Realismus, um so mehr auch, weil uns die einzelnen Heiligengruppen und ihre Sinnbezüge untereinander im Rahmen der christlichen Lehre nicht mehr geläufig sind. Die Gestalten wirken zwar lebendig, aber wie in einer riesigen Glasvitrine, eben entrückt in eine außerirdische Atmosphäre. Paolo d'Allio schuf wahrscheinlich auch die großen Figuren des Hochaltars, nach Meinung anderer war es aber Carlone selbst. Sicher von Allio sind die Kanzel und die Dekoration des Oratoriums links im Chor. Hier hat man zahlreiche Wappensteine, darunter auch den des Virgil Hofer, aufgestellt; dabei befindet sich ein Totenschild für Hans Kummersprucker von 1520, also fast zwanzig Jahre nach seinem Tod von einem Nachfahren gestiftet.

Da für einen Turm neben der Fassade kein Raum war, wurde er über der Hoferkapelle errichtet, deren solider Bauweise die Barockmeister bis heute zu Recht eine entsprechende Tragfähigkeit zutrauten. Der Turm wurde eines der Wahrzeichen der Stadt, das besonders dann in Erscheinung tritt, wenn man die Häuserfront von der Innseite her betrachtet.

Hans Kummersprucker stiftete 1381 noch das *Spital*, dessen kleine Kirche mit dem in der Ecke hängenden Türmchen erst Anfang des 16. Jahrhunderts erbaut wurde. Der Meister ist wohl Jörg Steyrer gewesen, Ähnlichkeiten mit Sankt Leonhard auf der Wiese bei Kundl sind gegeben, nur ist hier alles sehr viel einfacher und kleiner gehalten und in einen barocken Überzug gesteckt.

Rattenberg war durch seine Lage und die Stadtbefestigung, die erst Ende des 18. Jahrhunderts aufgegeben worden ist, in der Möglichkeit, sich auszudehnen, sehr beengt. Das galt besonders für das Gewerbe, von dem es innerhalb der Mauern nur jene gab, die wenig Platz benötigten. Dazu gehörten im 16. Jahrhundert die Goldschmiede Christoph Wachter, Christoph Empl und Erhart Guglweit oder die Kupferschmiede, die ihre Häuser am Innsbrucker Tor im Westen ganz dem Felsen anvertrauten, wo sie jetzt noch den Fotografen als Motiv dienen. So kam es, daß sich die Gewerbe auf der anderen Innseite entlang der Brandenberger Ache ansiedelten, wo unweit davon ja auch die Steinmetzen in der Hagau ihre Werkstätten hatten. Uns Nachgeborenen hat dieser Umstand ein vollkommen erhaltenes mittelalterliches Städtchen beschert, das wir würdigen sollten.

Kramsach

Der Ort Kramsach ist allmählich aus mehreren Weilern zusammengewachsen. Das Gebiet gehört zu den früh besiedelten des Inntales. Pollenanalytische Untersuchungen im sogenannten Toteisloch, einem Moor am Südende des Frauensees, bestätigten exakt, was Sprachforscher und Prähistoriker postuliert haben. Hier saßen in Voldöpp und Mosen bereits um 2000 vor Chr. Ackerbauer und Viehzüchter. Sie hatten das Land mit Feuer gerodet, zunächst Roggen und später Weizen und Gerste angebaut sowie Weidewiesen geschaffen, auf denen sie die Lärchenbäume stehen ließen; sie kannten und liebten den Nußbaum.

Voldöpp, früher Vulteppe und Valepp, ist ein vorrömischer Name, der aus dem indogermanischen ›appa‹, das heißt Fluß oder Bach, stammt und mit ›voltio‹, das heißt waldreich, kombiniert worden ist. Lange Zeit hieß die Brandenberger Ache in ihrem ganzen Verlauf Vulteppe, also waldreicher Bach, heute heißen nur mehr die beiden Ursprungsbäche Weiße und Rote Valepp.

Zu dieser Vorgeschichte paßt der Fund eines sagenhaft schönen Bronzeschwertes (heute im Tiroler Landesmuseum Ferdinandeum) aus der Zeit um 1400 vor Chr., von dem man allerdings nicht weiß, ob es auch da entstanden ist, wo es gefunden wurde, nämlich in Achenrain-Kramsach.

Voldöpp entwickelte sich aus einem uralten Großgut, das immer wieder geteilt wurde, so daß ab 1630 acht Bauern dort wirtschafteten, wo früher nur einer saß. In Voldöpp stand auch die älteste Kirche der Gegend, die wohl aus einer Eigenkirche hervorgegangen sein dürfte, vielleicht in Zusammenhang mit der Burg Neideck, die auf der Höhe beim heute gleichnamigen

Hof stand. Noch 1412 ist sie im Urbar des Rattenberger Amtes erwähnt, muß dann aber bald verfallen sein. Von der alten Kirche ist nichts mehr vorhanden, denn der heutige Kirchenbau stammt in seinen Grundzügen aus der Zeit um 1500, besonders der Chor, während das Langhaus im 18. und 19. Jahrhundert verändert wurde. Der zugehörige alte Turm stand an der Südseite und fiel 1835 einem Blitz zum Opfer; 1859 wurde ein neugotischer Turm vor der Fassade aufgeführt. Die Ausstattung ist barock und stammt von 1720. Das interessanteste Stück bildet ein Fresko in der Friedhofskapelle, vielleicht von Johann Josef Waldmann um 1710 gemalt, wobei der Künstler mit Totenschädeln nicht kargte!

Es waren die Freundsberger aus Schwaz, die hier so viel Grund besaßen, daß die Gemeinde noch zur Zeit Maria Theresias ›Freundsberg‹ hieß und erst viel später den Ortsnamen Kranzach – von den Wacholderbüschen, den Kranzen – bekam. Kramsach ist abgesehen von der uralten Besiedlung ringsum interessant durch den Auslauf der Brandenberger Ache in den Inn und war Jahrhunderte eng mit der Holztrift und dem großen Holzrechen verbunden, den ich als Kind noch in Betrieb gesehen habe. Ferner interessieren das Hauskloster der Freundsberger Maria Thal, das Eremitenkirchlein Sankt Hilarion, die Glashütte und schließlich der große Bergsturz vom Pletzachkogl hinab in die Hagau, wo sein Material, der Rotmarmor, den Grund›stein‹ für die Hagauer Bauhütte bildete. Landschaftlich ist die Gegend durch eine ganze Reihe reizvoller Seen ausgezeichnet, Berglsteiner, Reintaler, Krumm-, Buch- und Frauensee, die alle neben warmem Wasser auch daumengroße Stechbremsen beheimaten.

Der große Bergsturz von der Rofanhöhe herab ins Gebiet des Inntales unweit des Habachs war ein vorgeschichtlicher Vorgang, der den Lauf des Inns beeinflußt hat. Er drückte den Fluß an die gegenüberliegenden Berge und teilte ihn in mehrere Arme. Das Hauptbett verlief einst dort, wo heute die Bundesstraße Sankt Gertraudi mit Brixlegg verbindet, wodurch Schloß Matzen südlich und Burg Lichtwer nördlich des Flusses standen. Bei Hochwasser kam es zu großen Überschwemmungen, die bis ins Zillertal zurückwirkten und den Verkehr zwangen, den Umweg über den Kerschbaumersattel südlich des

Reither Kogls zu nehmen. Was da aber vom Berg heruntergestürzt war, erwies sich im 15. Jahrhundert als Nordtirols vornehmstes Baumaterial: eine seltene Art lachsroten Marmors mit zarter weißer Äderung. Mit dieser Entdeckung zogen die Steinmetzen in das Steinbruchgebiet der Hagau und errichteten dort ihre Arbeitsstätten. Sie vereinigten sich bald zur Hagauer Bauhütte, die sich über die politische Grenze hinweg mit den Nordtiroler Hütten zusammenschloß. Das frühe Hauptwerk aus Hagauer Marmor ist die Pfarrkirche in Rattenberg.

Auf einem längst bewaldeten Felssturzkegel hauste seit 1689 ein Karmelitereremit namens Hilarion, der dort eine *Kapelle zur Muttergottes vom Berge Karmel* erbaute. So kam der Hügel zu seinem Namen ›Hilaribergl‹. 1787 wurde die Kapelle geschlossen, später neu eröffnet und seit 1914 vom Orden der Kamillaner betreut.

Von größerer Bedeutung wurde das *Kloster Mariathal,* am Ausgang der Brandenberger Ache aus ihrer Klamm gelegen, der Tradition nach unweit der Stelle, an der die alte Römerstraße den Bach übersetzt hatte. Gründer waren die Brüder Friedrich und Konrad von Freundsberg 1267, die das Kloster den Dominikanerinnen von Altenhohenau in Bayern anvertrauten. Sie besorgten es bis zur Aufhebung durch Kaiser Josef II. 1782 mit wechselndem Eifer. Von einem Klosterbau kann man frühestens 1285 sprechen, der dann Ende des 15. Jahrhunderts, wenn nicht teilweise schon früher, umgebaut wurde. Eine Tafel mit der Jahreszahl 1488 am Turmsockel erinnert daran. Sonst haben sich nur Andeutungen aus jener Zeit erhalten, etwa der Aufgang zur Empore oder die Nachricht, daß die Priorin samt sechs Schwestern um 1524 als lutherisch in Rattenberg eingelocht wurde. 1680 brannte die Kirche ab und wurde bis 1697 von lombardischen Meistern neu gebaut.

Die Frömmigkeit erblickt im Fieberkreuz, einem frühgotischen Kruzifix aus Lindenholz, an der Nordwand des Langhauses ein wundertätiges Gnadenbild, welches das häufig auftretende Fieber in der Hagau bannte. In diesen zum Teil sumpfigen Innauen gab es noch bis ins 19. Jahrhundert wiederholt Fälle von Malaria.

1956 wurde versucht, die etwas eintönigen Gewölbe der Hauptkirche durch moderne Stuckreliefs zu bereichern, die sich freilich nicht mit der Arbeit der Wessobrunner in der Gnadenkapelle und in der Sakristei messen können. Hier steht hinter einem hübschen Rokokogitter von 1739 eine Pietà aus der Zeit um 1500.

Als man das Kloster 1782 aufhob, befanden sich 35 Schwestern hier. Nur durch die eilige Gründung einer Pfarre Mariathal im Jahre 1786 konnte der drohende Abbruchsverkauf der Gebäude verhindert werden. Heute befindet sich darin ein Internat. Obgleich dafür natürlich sehr vieles modernisiert worden ist, entbehrt die Anlage nicht eines stimmungsvollen Reizes.

Nun noch ein Wort zur Kramsacher Glasindustrie. Sie ist heute durch die weitbekannte Glasfachschule Kramsach vertreten, die zum Teil als Fortsetzung der 1945 untergegangenen Fachschule Steinschönau in Böhmen, zum Teil auf Initiative der Firma Lobmeyr, unter unvorstellbaren Schwierigkeiten in der Nachkriegszeit gegründet worden ist und einen ungeahnten Aufschwung genommen hat.

Nordtirol hatte bis zum Ende des 16. Jahrhunderts zwei sehr leistungsfähige Glashütten in Innsbruck und Hall, als deren Nachfolger sich Kramsach fühlte. Um 1626 begann Gilg Schreyer, hier Glas zu schmelzen, und das Unternehmen blieb bis 1840 in der Hand der gleichen Familie. Mitte des 19. Jahrhunderts litt das Werk empfindlich unter wachsendem Mangel an Brennmaterial. 1864 erwarb der Erbland-Oberpostmeister Graf Johann von Taxis-Valnigra, der bereits das nahe Schlößchen Achenrain geerbt hatte, die Fabrik, die damals 88 verschiedene Produkte erzeugte. Zehn verschiedene Formen ›Boteillen‹, 16 Becherarten, diverse Nachttöpfe, Grabkugeln, Barometerröhrchen, Gartenlichtkugeln, Weinheber, Tintentegl, Schröpfköpfe, Jesuitenlampen, Sackuhrgläser, Einmachgläser, Judenamperln und so fort. Man exportierte außer ins gesamte Gebiet der Monarchie auch nach Frankreich, England, in die Türkei, ja bis nach Amerika und Australien. Trotzdem kam es zu mehreren Konkursen. Als man aber 1910 auf Kohle und Elektrizität als Betriebsenergien umschalten konnte, glaubte man das Unternehmen gerettet. Da kam es am 8. Mai 1912 durch Hochwasser der Ache zur Katastrophe. Der Holzrechen wurde durch ungeheuere Holzmassen vollkommen verstopft, das Wasser strömte auf das Fabrikgelände, der auf

Hochtouren laufende Glasofen explodierte. Eine Waggonladung Hohlglas wurde über das ganze Überschwemmungsgebiet verstreut und ging verloren. Als knapp zwei Jahre später das gesamte Lager und das Versandhaus abbrannten, gab man die Fabrik auf. – Bis heute hat die Glasfachschule Kramsach an die 1500 Schüler betreut, von denen viele als Meister ihres Faches eigenverantwortlich tätig sind.

Um 1650 erbaute Karl Aschauer das *Schlößchen Achenrain.* Aschauer betrieb hier eine Messinghütte, die auch am Problem der Energiebeschaffung scheiterte. Ein hübsches Zwiebeltürmchen und zwei ähnlich behelmte Erker an den Ecken des Gebäudes spielen etwas Ritterlichkeit. Ein kleiner Saal trägt eine Kassettendecke mit den Initialen des Bauherrn und der Jahreszahl 1658. Ein Jahr später wurde der Wandbrunnen errichtet, 1661 entstand die Kapelle.

In letzter Zeit hat man begonnen, in Kramsach ein Freilichtmuseum zu errichten. Wie anderswo auch sind in Tirol die alten ›unpraktischen‹ hölzernen Bauernhöfe vom Untergang bedroht. Ihnen will das Museum nun Heimstatt bieten.

Errichtet wurden bisher auf einem Gelände von acht Hektar östlich der Reintaler Seen beim Weiler Mosen sechs alte Höfe samt Zubauten und vollständiger Inneneinrichtung. An zwei weiteren Häusern wird gearbeitet, und insgesamt fünfzehn sind geplant. Da das Grundstück in etwa die Form Nordtirols hat, so wird jeder Hof nach seiner Herkunft im Westen, Osten oder in der Mitte plaziert, wodurch hier also eine Haus- und Hoflandschaft Tirols im kleinen entsteht, wie sie im großen noch vor fünfzig Jahren überall existiert hat, heute aber im Untergang begriffen ist. Ein besonderes Prachtstück von 1625 stellt der Hof ›Gwiggen‹ aus dem Zauberwinkel in der Wildschönau dar. Ein anderer kommt aus Summerau im Zillertal, ein Paarhof von 1687 stammt aus Kartisch in Osttirol, der ›Trujerhof‹ wurde von Fließ im Oberinntal hierher überführt, die Hauskapelle stand einst in Unterasper-Breitenbach und die Badstube in Oberau. Bemerkenswert ist auch ein typischer ›Niederleger‹, jene Hofart, die zwischen Hochalm und Bauernhof im Tale einst im Frühsommer die ganze Familie samt Vieh für einige Wochen aufgenommen hat.

Nach Brandenberg

Noch immer ein einzigartiges Tal bildet jenes, das sich die Brandenberger Ache 22 Kilometer lang vom innersten Waldgrund nahe der bayrischen Grenze bis zum Inntal heraus gegraben hat. Diese Wildwasserschlucht hat in ihrer grausen Tiefe noch viel an romantischem Zauber bewahrt, weil es – wenigstens bislang – noch eine ziemlich verlassene Gegend ist, das hinterste Brandenberg.

Bis ins 20. Jahrhundert befand sich der Ort Brandenberg im Winter über lange Wochen ganz von der Umwelt abgeschnitten. Während der milderen Zeiten konnte ein »zur Noth fahrbarer Gemeindeweg« benützt werden, aber selbst er wird als »beschwerlich, einsam und unhold« (Staffler) apostrophiert. Dies alles hat der sogenannte Fortschritt verändert. Leider ist ihm dabei auch die Holztrift zum Opfer gefallen, die hier, wie überall in Tirol, seit dem 15. Jahrhundert betrieben wurde. Im Brandenberg blieb sie aber am längsten rentabel und damit lebendig: Sie wurde erst 1966 eingestellt. Dabei hatte man noch 1950 die Holzkonstruktionen der Klausen durch Stahlwerke ersetzt, da es damals einfach undenkbar war, die Trift ganz aufzulassen.

Das Brandenbergtal inmitten ungeheurer Wälder hatte seit dem Mittelalter mannigfachen Holzbedarf zu decken. Voran belieferte es die Schmelzwerke zu Kramsach, Achenrain und Brixlegg, später auch das Haller Sudhaus und das Salzbergwerk sowie die gesamte Stadt Rattenberg. Bis zu zehn Stauwerke, sogenannte Klausen, sammelten Triftwasser; das größte dieser Werke war bis 1834 die ›Kaiser-(Maximilian-)Klause‹ nahe dem Ursprung des Baches. 1835 bis 1837 ersetzte man sie durch die neuere und größere ›Erzherzog-Johann-Klause‹, die mit viel Geschick in die Schlucht hineingebaut wurde. Bis zu zweihundert Holzknechte, Triftmeister, Kohlenbrenner, Klausenmeister, die sich alle ihrer Wichtigkeit bewußt waren und großes Ansehen genossen, beschäftigte die Holzwirtschaft des Tales. Da war keine Rede vom ›armen Holzhauer‹, ganz im Gegenteil: *Sie sind die kräftigsten Leute weitum, als Nebenbeschäftigung betreiben sie das Wildern, keiner geht in den Holzschlag ohne Büchse, die er unterm Moos versteckt. Kommt der Abend, geht er dem Wild nach.*

Wie sie viel verdienen, sind sie auch sehr stolz. So hat einer einmal den Wirtshaustisch mit lauter Guldenzettel bedeckt und ein anderer seine Pfeife mit einem Zehnerzettel angezündet. Ja, man sagte früher allgemein: »Wer Geld braucht, der muß zum Holzknecht gehn!« (Hörmann)

Schon in alter Zeit waren die Holzarbeiter organisiert. Ihre Genossenschaft hieß ›Gspuschaft‹, Gespanschaft. Nur wer dieser Vereinigung beitrat, bekam überhaupt Arbeit. Zunächst hatte er eine zweijährige Lehrzeit durchzumachen, ehe er dann etwa weitere zehn Jahre als Schichtknecht arbeitete. Bewährte er sich auch in diesem Stande, so avancierte er zum ›Halben Bachmeister‹ und schließlich vielleicht zum ›Bachmeister‹ selbst. Verantwortlich für die Stauwerke waren die ›Klausenmeister‹, für die Trift die ›Triftmeister‹, während die ›Rottmeister‹ die Holzschläge beaufsichtigten. Über allen aber stand der ›Holzmeister‹ als der wichtigste und mächtigste Mann im Tal, auf den sogar der Mesner mit dem letzten Glockenläuten vor der Sonntagsmesse wartete.

Die schwere Holzarbeit vollzog sich in Gruppen von acht bis zwölf Männern, die sich selbst versorgten, wie gehört auch mit Wildbret, und in ›Söllen‹ hausten. Das waren einfache, schnell zusammengestellte Holzhütten mit Rindendächern. War die Arbeit an einer Stelle beendet, wurde die Sölle abgebrochen, ihr Holz getriftet, und die Männer zogen weiter. Fünfzehn Stunden dauerte ein Arbeitstag, der im Hochsommer um drei Uhr früh begann und den Samstag nicht ausließ.

Ja die Holzknechtsbuam
Miaßn früh aufstehn,
Miaßn s'Hackl nemmen
Und in Holzschlag giahn ...

So beginnt eines der beliebtesten und verbreitetsten Volkslieder im Alpengebiet, das uns durch seine kecke Weise die Wirklichkeit von einst heute kaum mehr zu Bewußtsein kommen läßt, die vielleicht sogar einmal ein unendlicher Seufzer, wenn auch ein trotziger, gewesen sein könnte!

Die Arbeit bestand im Schlagen der Fichten und Buchen, die dann entastet in den Holzreißen oder -riesen, das sind einigermaßen geglättete Erdbahnen oder Holzrinnen, die Hänge hinunter in die Nähe des Baches geschleift wurden. Dort erfolgte als weiterer Arbeitsgang das Abschälen, und vor der Trift endlich wurden die Stämme ›eingewassert‹, das heißt in den Bach gezogen. Das Öffnen einer Klause verursachte eine reißende Flutwelle und beförderte 400 bis 600 ›Drehlinge‹ donnernd zwischen den Felsen ins Tal hinaus. Wenn sich die Stämme verspreizten, andere dagegenstemmten und aufstiegen, so bildete sich ein ›Fuchs‹. Es war Aufgabe der Triftmeister und seiner Gehilfen, diese Füchse mittels langer Hakenstangen und leerer Flutwellen zu lösen. Dazu mußten die Männer nicht selten von oben her an Seilen über die Felsen zum Bach hinuntergelassen werden, denn der Triftsteig entlang der Ache ist erst um die Jahrhundertwende unter dem Ansturm der Touristen ganz durchgesprengt worden. Diese Triftarbeiten gingen sehr schnell vor sich, das aufgestaute Wasser reichte bestenfalls eine knappe Stunde, um das Holz zu befördern. Man versteht, daß es großer Erfahrung, Ortskenntnis und handwerklicher Geschicklichkeit bedurfte, um »eine gute Trift zu fahren«. Dabei mußte ja von vorneherein der Ablauf der Holzarbeiten koordiniert werden, da die Klausen hintereinander lagen und sich gegenseitig behindern konnten. Auch ihre Größe, ihr Fassungsraum, die Zahl der Stämme, die ihre Wassermengen zu triften imstande waren, mußten genau vorherbedacht werden, sollte alles zu einem guten Ende am Holzrechen in Kramsach draußen kommen.

Die Geschichte berichtet uns, daß das Kloster Tegernsee und der Landesfürst von Tirol bereits im 11. Jahrhundert oder noch früher im Brandenberger Gebiet Grundrechte besaßen. Allerdings werden auch eigene Herren genannt, und die Bauern waren hier seit jeher mit besonderen Freiheiten ausgestattet. Vielleicht wollte man sich ihrer Treue in so unmittelbarer Grenznähe versichern. Sie erhielten 1434 von Herzog Ludwig und 1483 von Herzog Georg dem Reichen von Bayern freie Weide-, Fischerei- und Jagdrechte. Maximilian I. bestätigte diese Privilegien als neuer Landesfürst, obwohl er selbst im Brandenberg eine Gemsenjagd besaß. Ja, wir hören von noch weiteren zwielichtigen ›Rechten‹, die den Brandenbergern zum Beispiel gestattet haben sollen, kleinere Streitereien untereinander selbst zu schlichten. Diesen Schlichtungsvorgang nannte man sinnigerweise ›Zusammenraufen‹. Man kann sich gut vorstellen, welcher Art dieses Verfahren also war. Wanderte ein Fremder durch das Tal und ›grauste‹ es den Einheimischen vor diesem unbekannten Menschen, so waren sie berechtigt, ihn festzunehmen und – falls er sich wehrte – sogar ohne Strafverfolgung totzuschlagen. Wir wissen nicht mehr, welche Denkungsart diesem seltsamen Privileg zugrunde gelegen hat.

Die Erschließung des Tales durch eine Autostraße bedeutete das Ende der Triften, da man nun das Holz einfacher, ungefährlicher und ganzjährig ohne Materialverluste – im Winter konnte man ja nicht triften – liefern konnte; ›ganz‹ ganzjährig freilich noch immer nicht, denn auch in unseren Tagen läßt der Winter da nicht mit sich spaßen, sendet Lawinen und Muren über die Hänge und sperrt dann jeglichen Verkehr.

Spätestens an der Brandenberger Kirche sollte man sein Auto stehenlassen und zu Fuß den Weg entlang der Ache zum Kaiserhaus nehmen. Die kleine *Kirche Sankt Georg* des weitverstreuten Ortes ist ganz bayrisch orientiert und von Georg und Oswald Zwerger aus Schliersee erbaut worden. Das Pfarrarchiv bewahrt noch ein ›Verzeichnis zu Erpauung des Hl. Rütters St. Georg Gottshaus in Präntenperg 1677/80‹.

Hinter dem Kaiserhaus auf dem Triftsteig ist dann alles noch lebendig wie einst. Hier wird die Ache auf wenige Meter zusammengeengt und rauscht mit unerhörtem Druck zwischen reinem Fels dahin. Sie hat diese Steilwände rechts und links seit Millionen von Jahren geformt, und dabei sind ganz bizarre Buchten, Schalen und kleine Höhlen entstanden. Die zwar zarte, aber herrliche Farbenpracht dieses Wasserdurchganges ist ganz seltsam. Oben, dort, wo heute der Triftsteig geht, ist der Fels dunkel, fast schwarz, Schiefer, aber auch bunte Brekzienbänder dazwischen, die ins Rötliche spielen; an schmalen Erdflecken hängt grünes Moos. In der Klamm selbst hat das Wasser an vielen Stellen weißen Kalk hervorgewaschen, und dazwischen tobt und braust es ungestüm dahin, hellgrün, dunkelgrün, stellenweise fast türkis, bei bedecktem Himmel grau, bei Sonne bis ins blendend Weiße aufstäubend. Alles wirkt lebendig und eigenartig, so hat man es noch nie gesehen, es kann sein, daß plötzlich Urstimmen in der Tiefe der Seele aufwachen, die jenseits aller physikalischer und naturwissenschaftlicher Bewunderung von Wasserkraft und Energie und Verwaschung aus den Gründen unseres Daseins zu kommen schienen, wo fast schamhaft helle, weiße Stellen unbekannte Kräfte und Wurzeln andeuten.

Wenn man die kleinen ausgewaschenen Felsentobel längs des Bachbettes beobachtet, durch Wasserstrudel herausgebohrt und geschliffen, so sieht man solche Gebilde auch zehn und zwanzig Meter oberhalb der Frühjahrswasserhöhe, es gab also Zeiten, in denen die Flut viel höher gewesen ist. Im engen Felsengang bricht sich das Rauschen der Wasser zu einem einzigen alles übertönenden Chor, Tag und Nacht, jahraus und jahrein. Nun muß man sich die Trift dazudenken, während der also die Welle der aufgestauten Wassermassen samt den Bäumen die Ache viele Meter emporhob, und die Holzknechte, die am Steig oder wohl auch in den höhergelegenen Tobeln standen und versuchten, die Naturgewalten zu lenken. Kein Wunder, daß es den Menschen unheimlich vorkam, wenn ein derartiger Mann Jahr für Jahr diese lebensgefährliche Arbeit heil überstand, und so spielt der dem Satan verschriebene Holzknecht und Flößer in allen Sagen der Waldbewohner eine tief verwurzelte Rolle.

Wenn man den Triftsteig überwunden hat – er ist auch heute noch nicht ganz ungefährlich, und wer hier ins Wasser stürzt, ist hoffnungslos verloren –, so vernimmt man plötzlich die Sprache der Stille des hohen Waldtales wieder, in dem keine fünfzig Menschen mehr leben.

Welch ein barbarischer Gedanke, dieses letzte große Wunderwasser Tirols abzuzapfen und trockenzulegen für ein Elektrizitätswerk! Wie ist es überhaupt möglich, so einen Plan auch nur ins Auge zu fassen auf Kosten dieser grandiosen Natur?

Hier und da trifft man noch auf Holzknechte mit Traktoren und Motorsägen, versteht sich; aber das Pflastern der Wirtshaustische mit Tausendschillingscheinen wird ihnen höchstens die nächste Inflation ermöglichen. Sonst ists noch recht tirolisch: alte Bauernhöfe, harte Hangarbeit auf den Wiesen ohne Mähmaschine, lange, tiefe Winter, kurze, karge Sommer.

Es ist mir unmöglich, den Ausflug ins Brandenberg zu den Tiroler Holzknechten zu beschließen, ohne einer Episode zu gedenken, die mit einigen Ausläufern noch in mein eigenes Leben hereinreicht. Als meine Mutter eine junge zierliche Lehrerin in Kufstein war, es mochte so um 1905 gewesen sein, besuchte sie trotz der untrüglichen Zeichen einer fieberhaften Gelbsucht den Stadtball. Dabei kam sie an einen Tisch zu sitzen, den die imposante Gestalt eines ungeheueren Mannsbildes gutmütig beherrschte. Zwei Meter groß, breit und tief, weit über zwei Zentner schwer, präsentierte sich hier unverkennbar der landesberühmte ›Bär vom Achental‹, wobei unter Ache eben jene des Brandenberg gemeint war. Der ›Bär‹ stand im Rufe sagenhafter Körperkräfte, die er zum Triften, Wildern und Raufen benützte. Baumstämme, die sonst vier Burschen mühsam schleppten, stemmte er allein und galt überdies als der geschickteste Fuchslöser der ganzen Gegend. Der Legende nach waren seine ›vorderen‹ Pratzen so groß, daß die Kellnerin kein Krügl Bier mehr hinstellen konnte, wenn er sie auf den Tisch legte. Mit dem ›Bären‹ hat meine Mutter die ganze Ballnacht durchgetanzt, und sie erinnerte sich noch im hohen Alter an das schwerelose Gefühl, wenn sie am Brustkasten des gewaltigen Urburschen im Tanz herumflog. Am nächsten Morgen war ihre Gelbsucht ausgeschwitzt und geheilt. Dieser ›Bär vom Achental‹ trug auch einen bürgerlichen Namen und mit diesem hieß er Luchner und war ein entfernter Verwandter des späteren Ehemanns des Fräulein Lehrerin, meines Vaters.

Brixlegg und das Alpbachtal

Brixlegg ist in seiner Entwicklung eng mit der Bergwerkindustrie verbunden. Die Römer errichteten in Mascianum, dem heutigen Matzen, einen militärischen Wachposten für ihre Inntalstraße. Später wurde Brixlegg durch seine Mühlen wichtig, die bereits um 800 im Salzburger Güterinventar, dem ›Indiculus Arnonis‹, vermerkt sind. Die im übrigen zunächst ganz bäuerliche Siedlung orientierte sich nach dem nahen Rattenberg, wo auch die Faktoren der Schmelzhütte saßen, die Herzog Ludwig der Reiche von Bayern 1463 in Brixlegg gegründet hatte. Hundert Jahre später arbeiteten schon neun Schmelzöfen, 1787 gar deren dreiundzwanzig. Sie standen unweit der Mündung des Alpbaches, dort, wo die Kupferhütte der Montanwerke noch jetzt steht. Man schmolz hier den ›Ringenwechsel‹, den ›Schwerenwechsel‹ und freies Schmelzgut. Heute ergeben zwei hochmoderne Arbeitsgänge unter Einwirkung von Gleichstrom Kupfer in 99,99 Prozent Reinheit.

Ein anderes Faktum der Bedeutung Brixleggs bestand in seinen ›Badln‹, dem Aubad und dem Heilbad im Weiler Mehrn. Dies letzte, das ›Vierzehn-Nothelfer-Wasser‹ – siehe deren Abbildung an der Musikempore der Kirche in Mehrn! –, soll als Quelle hinter dem Hochaltar entsprungen sein. 1863 wurde es zu Badezwecken neu gefaßt und modernisiert. Was man darunter verstand, geht aus einem damaligen Plakat hervor, auf dem man las: »Alle Sonntag kommt der Rasirer!« Das uralte Quellenheiligtum, das wohl schon vor 900 existierte, erlebte seinen letzten Umbau als Kirche 1661 und hat aus dieser Zeit seine Ausstattung bewahrt.

Die *Pfarrkirche Unsere Liebe Frau* in Brixlegg baute 1508 Jörg Steyrer aus Rattenberg, der damals führende Werkmeister der Hagauer Hütte. Die Kirche wurde 1765 barockisiert und erhielt durch Christoph Anton Mayr Gewölbefresken.

Im Zweiten Weltkrieg wurde Brixlegg wegen der Montanwerke durch Bombenangriffe fast dem Erdboden gleichgemacht. Von den alten Häusern konnte nur das Kupferschmiedhaus gerettet werden.

Brixlegg ist ausgezeichnet durch die Nähe zu *Schloß Matzen.* Der schon erwähnte römische Name Mascianum ist durch das ›Itinerarium Antonini‹, ein Straßenverzeichnis aus der Zeit Diokletians (284-305), überliefert, in dem die Inntalstraße mit den Stationen Veldidena (Wilten bei Innsbruck), Mascianum und Albiacon (Eichelwald bei Kufstein) aufscheint. Das Volk bezeichnet den Bergfried als Römerturm, wobei ihm die Besonderheit seiner Rundform zugute gehalten wird. Römisches Mauerwerk wurde an ihm bislang aber nicht entdeckt, vielmehr gilt auch er als eine der zahlreichen Turmburgen der Freundsberger, wie sie diese in Schwaz, Mariastein, Thierberg und an anderen Stellen errichtet hatten. Früher stand der Turm beherrschend über dem Inn, als dieser noch dort floß, wo heute die Bundesstraße verläuft, also näher am Nordabfall des Burgfelsens. Bergzu senkt sich der Burgsockel in zwei Geländestufen, die jeweils einen Burghof tragen, wovon der am tiefsten liegende mit einer vierstöckigen Arkatur der Bauhöhe des Palas zu Füßen des Turmes angepaßt worden ist. Dies geschah 1525 unter Sigmund Fieger, der damals Herr der Burg war. Alle reichen Gewerken des Unterinntales saßen eine Zeitlang auf Matzen: die Tänzl, Ilsung, Fugger und manch andere. Unter den Pfeifersberg verfiel die Burg dann bis 1873. Der einzige ›bewohnbare‹ Raum blieb die Kapelle, hier hausten Besenbinder. Die englischen Besitzer Ballie-Groman, aber auch der jetzige Eigentümer Architekt Kump haben Matzen vor dem Untergang gerettet und wieder stilvoll eingerichtet. Das Prunkstück des beweglichen Inventars, ein Kruzifix, nicht weit von der Hand eines Veit Stoß, der ja für die Schwazer Pfarrkirche einen Altar geschaffen hatte, bewahrt das Tiroler Landesmuseum in Innsbruck als Leihgabe.

Rings um die Burg hat sich ein herrlicher Park ausgebreitet, der 1972 zum Naturdenkmal erklärt worden ist. Franz Freiherr von Lipperheide, der 1883 das Schlößchen Neumatzen in neugotischem Stile errichtet hat, gilt als Gründer des Parkes, und aus seiner Zeit stammen auch noch die meisten der seltenen Baumarten, die malerisch um zwei Weiher stehen: Mammutbäume, Zedern, Schwarz- und Weymouthkiefern, Balsamtannen, Platanen, Edelkastanien, Blutbuchen, Ahorne und andere. Freiherr von Lipperheide lud den Komponisten Hugo Wolf 1894 nach Neumatzen ein, und der Komponist schrieb seinem Mäzen ins Gästebuch: *In dankbarer Erinnerung an die schönste und glücklichste Zeit meines Lebens, vom 16. Mai bis 18. Dezember, meinen lieben, hochverehrten Gastgebern Freiherrn und Freifrau v. Lipperheide zu Ruhm und Heil! Matzen, 27. Dezember 1895. Hugo Wolf.*

Wolf komponierte im Jägerhäusl, etwas oberhalb des Schlosses gelegen, den größten Teil seiner Oper ›Der Corregidor‹. Über seine Zeit im Jägerhäusl schreibt er: ... *welche Wonne ist es, um fünf Uhr früh den Morgen zu begrüßen, die köstliche frische Luft einzuatmen und das Auge an dem herrlichen Panorama, das in majestätischer Schöne sich dem trunkenen Auge darbietet, zu erfreuen – 's ist unbeschreiblich. Einen schöneren Anblick als den vom Rolandsbogen, zwanzig Schritte von meinem Häuschen entfernt, gibts wohl in der ganzen Welt nicht. So etwas muß man sehen! Wenn das Paradies nur eine Fabel ist, hier wird sie zur Wirklichkeit ... Weiß Gott, ich habe schon viel Glück auf dieser Welt genossen, aber glücklicher, seliger, habe ich es nie empfunden als hier in dieser wundervollen Einsamkeit.*

Bei Brixlegg endet das Alpbachtal, als dessen ersten Ort man *Reith* empfindet, das 703 Meter hoch auf der Sonnenterrasse des Reither Kogels (1337 m) liegt. 976 wird Reith im ›Codex Fridarici‹ des Erzbischofs Friedrich von Salzburg als ›Riute‹ zusammen mit ›Pirichiuvant‹ (Bichlwang) und ›Prislecca‹ (Brixlegg) erwähnt. Es ist aber um vieles älter und hatte als Urpfarre der ganzen Gegend lange Zeit die Hauptbedeutung aller Siedlungen in weitem Umkreis inne. Sie umfaßte das ganze Alpbachtal, Brixlegg, Rattenberg, Teile der Wildschönau und des vorderen Zillertales. Verwickelte Besitzverhältnisse bestanden das ganze Mittelalter hindurch: Die Weiler Weng und Ried gehörten den bayrischen Herzögen, Maarhofen dem Kloster Sankt Peter in Salzburg, der Ortskern Reith selbst einst den Aribonen, die ihn dann dem Erzbischof von Salzburg gaben, die Weiler Hygna und Scheffach waren Eigentum des Klosters Seeon, Heidach gehörte aber nach Herrenchiemsee, und auch Georgenberg, Mariathal und die Freundsberger besaßen hier Güter.

Seit dem 14. Jahrhundert wurde auch in Reith und seiner Umgebung nach Bodenschätzen geschürft. Ende des 15. Jahrhunderts sollen in 16 Gruben an die tausend Knappen tätig gewesen sein, und erst 1960 wurde der letzte Stollen am Großkogel, in dem Schwerspat gefördert worden war, aufgelassen. Im wesentlichen aber blieb Reith ein bäuerliches Wirtschaftsgebiet, dessen oberste Höfe am Luderstein über 1200 Meter hoch liegen. Sie entwickelten sich wie so mancherorts aus Schwaighöfen, über die bereits im 14. Jahrhundert berichtet wird. Auch wildes Getier gabs im Alpbachtal genug. In einer Nachricht von 1416 heißt es: *Nu wellend die ausz dem Allpach und die andern in Ratenberger gericht den lantjägern nichtz geben und sprechen, es sei nit alter gewohnheit nicht her chomen, und farend doch zu einander in die alben unt die lantjäger müssen in berait sein, wenn si schedlicher tier gewar werden als wolf und pern.*

Das Dorf blüht heute durch den Fremdenverkehr in zwei Saisonen: Im Sommer bilden der Badesee und die weiten bequemen Spaziergänge viele Möglichkeiten der Erholung, im Winter die Schilifte auf den Reither Kogel.

Die große Pfarrkirche ist einer der zehn klassizistischen Sakralbauten in Tirol. Andre Hueber aus Kitzbühel, zeitlebens ein

Verfechter barocker Bauideen, stand hier nicht an, sich noch als Achtzigjähriger in der ›neuen Kunst‹ des Klassizismus zu erproben. 1805 stellte er den Neubau an den Platz der gotischen Kirche, von der nur der rotmarmorne Taufstein und der Turmsockel übriggeblieben sind. Peter Salvenmoser setzte dem Turm eine neue Haube auf, und Joseph Schöpf malte Szenen aus dem Leben des Kirchenpatrons Sankt Petrus in die Flachkuppeln. Er plante auch ein Fresko mit dem auf den Wellen des Sees von Reith wandelnden Christus, aber der Sturz des Magiers Simon erhielt den Vorrang. Dafür steht Petrus auf dem Hochaltarbild, auch von Schöpf, in heimatlicher Landschaft.

Während der Arbeit in Reith verliebte sich der Endfünfziger in die blutjunge Schwester des Dekans, Gertrud Schoner aus Alpbach, die er am linken Seitenaltar als Heilige Notburga verewigt hat. 1806 heirateten sie, doch bekam dem Künstler die späte Ehe gar nicht gut, da die junge Frau andere Bedürfnisse hatte als der inzwischen einundsechzig Jahre alte Herr Gemahl. Plötzlich, nach einem Jahr, starb die junge Frau.

Alles in allem entstand da keine Kirche, in der es einem warm ums Herz wird. Was sollte die Tiroler Landbevölkerung wohl mit dem Geiste der Griechen, durch das Prisma Winckelmanns gefiltert, in ihrem täglichen Gottesdienst anfangen, wenn sie um eine gute Ernte oder Abwendung von Seuchen, Unwetter oder Feuersnot betete?

In der zweigeschossigen Friedhofskapelle aus dem frühen 15. Jahrhundert hängt im Erdgeschoß ein Kruzifix (um 1630) aus der alten Pfarrkirche, und im Erbhof Feichtner bewahrt man eine Holzfigur des Heiligen Petrus, gleichfalls aus der gotischen Kirche, die in die Nähe der Kunst des Erasmus Grasser von München gehört (1490).

Auch der Weiler Gai, heute *Sankt Gertraudi* genannt, liegt im Gemeindegebiet Reiths. Hier fanden früher die größten Viehmärkte des Unterlandes statt, weshalb sich der winzige Ort zahlreicher großer Gasthäuser erfreut.

Von Reith führt die Bundesstraße nach *Alpbach* (974 m) hinein, einem der hübschesten Tiroler Dörfer, die es noch gibt, in dessen weitverstreuten Höfen an die 1600 Menschen leben. Mitte des 12. Jahrhunderts ist Alpbach das erste Mal urkundlich belegt, und einen frühen Aufschwung dürfte es durch den

Bergbau unter der Gratlspitze genommen haben, denn diese Arbeit benötigte Menschen, Verpflegung und Holz. Die Almwirtschaft ist freilich viel älter, wie die Namen Morait und Greit beweisen, welche die Sprachforscher als romanisch bezeichnen. Mit dem Bergbau stiegen die Höfe noch höher hinauf als früher. Noch liegen der Oberhausberger südlich der Gratlspitze 1210 Meter hoch und der Stolzenbergerhof an der Sonnleiten 1163 Meter. Viele der alten behäbigen Höfe sind ganz in ihrer Holzbauweise erhalten, und es scheint, daß auch die junge Generation sich der Tradition bewußt geblieben ist.

Die Kirche zum Heiligen Oswald weist schon durch diesen schottischen König auf eine alte Gründung hin, die an die iroschottischen Missionsstationen im Inntal erinnert. 1420 wird ein erster Steinbau geweiht, der 1510 durch die Hagauer Bauhütte vergrößert wurde. Von dieser Kirche bestehen noch der Turm und das Hauptportal sowie ein Säulenstumpf, der jetzt als Opferstock dient. Alles andere stammt von der barocken Vergrößerung um 1724. Dreißig Jahre später hat Christoph Anton Mayr die Kirche barock ausgemalt. 1601 hängte man die große Wetterglocke, die ›Hoadin‹, in den Turm. Heinrich Reinhart aus Innsbruck hat sie gegossen.

Alpbach wurde durch rührige Akademiker (und Gastwirte) um 1945 der Schauplatz der Österreichischen Hochschulwochen ›Europäisches Forum Alpbach‹, die alljährlich unter einem zentralen Thema Vorträge und Diskussionsrunden für mehrere Wochen durchführen, zugleich mit Ausstellungen avantgardistischer Künstler, die dazu beitragen sollen, die Verständigung zwischen den Nationen, aber auch zwischen den verschiedenen Bildungsschichten zu verbessern.

Zum Hausberg des Ortes ist das Wiedersberger Horn (2128 m) geworden, einst ein herrlicher, einsamer Schiberg, nur mit Fellen zünftig zu erobern, in einer Tagestour von höchstem Reiz. Nun ist es ein durch zahlreiche Lifte erschlossener Alltagsberg, dem man nur seine weite Aussicht nicht rauben konnte. Alles andere ist dahin. Der Große Galtenberg (2425 m), der das Inneralpbach feierlich und sehr ferne abschließt, ist aber noch einsam geblieben.

Für mich liegt der Reiz des Alpbachtales immer noch in den stillen Wanderwegen zwischen den einzelnen verstreut liegenden Höfen – Wege, die ursprünglich nicht für Erholungssuchende, sondern für die Bauern angelegt worden sind, ›Steige‹ hieß man sie, ehe die Einheimischen im Volkswagen in die Scheunen fuhren. Einige dieser Steige führen über die Jöcher nach Osten in die Wildschönau (Hösljoch, 1385 m), von wo einst die Toten nach Alpbach zum christlichen Begräbnis getragen wurden. Vom Hösljoch in Richtung Holzalmhaus (1452 m) nördlich der Gratlspitze (1894 m) kommt man nach einer halben Stunde zu einer verbrochenen Silbergrube, wo man sich an Ort und Stelle einen Begriff machen kann, was es damals hieß zu schürfen.

Eine andere herrliche Gratwanderung führt vom Wiedersberger Horn zur Sagthaler Spitze (2244 m) und läßt noch etwas ahnen von der einst grenzenlosen Freiheit in den Bergen Tirols.

In Sichtweite von Matzen erhebt sich weiter gegen die Mitte des Inntals zu die stattliche *Burg Lichtenwerth* (auch Lichtwer oder Lichtwörth geschrieben), einst auf einer Inninsel gelegen, die heute verschwunden ist. Der Fluß ging seinerzeit zwischen Lichtenwerth und Matzen hindurch, so daß das Wörth – eben die Insel – nördlich und Matzen südlich des großen Innarmes lagen, während zwei andere Nebenarme nördlich von Lichtenwerth vorbeiflossen. So stand hier eine echte Wasserburg, die einzige in ganz Nordtirol.

Bereits kurz nach 1150 wird sie urkundlich erwähnt; wir wissen nicht, wer sie erbaut hat. Nur einmal, im Adelsaufstand von 1410, wurde sie beschädigt, sonst steht sie in wesentlichen Teilen noch so, wie sie zur Zeit der Hochromanik errichtet worden ist. Die Sicherung war nur gegen die Ostseite ausgerichtet, eben weil die übrigen drei Seiten durch den Fluß geschützt waren. Erst später, als der Inn keinen Schutz mehr bot, wurden die zahlreichen großen Fenster, die man heute noch schemenhaft in der hohen Nordmauer sehen kann, zugemauert. Der Hauptsaal befand sich zu ebener Erde, gleich vor der Kapelle, die nur durch ihn zu erreichen war. Dort wo sich die ursprüngliche Raumeinteilung bewahrt hat, so etwa im Schloß Tirol bei Meran, in Bruck bei Lienz und anderswo, treffen wir eine solche Raumfolge häufig an. Später wurde der Saal unterteilt, die Kapelle 1723 barockisiert, aber die romanische Grundkonzeption wirkt noch stark durch die dünnblütigen

Veränderungen hindurch. Besonders der unregelmäßige Innenhof vermittelt den Eindruck sehr alter Zeiten, und die oberen Geschosse des Bergfrieds können nur mittels Einstieg im ersten Stock erklettert werden. Seit 1879 wird die Burg durch die Familie Inama-Sternberg in selbstloser Weise erhalten und bereichert das Bild dieser einstigen Tiroler Grenzlandschaft ungemein.

Schade, daß Kropfsberg nur mehr als Ruine aufragt, seine Geschichte haben wir zusammen mit der salzburgischen Regentschaft über das Zillertal erzählt, denn auf Kropfsberg saßen die salzburgischen Pfleger bis 1592. Bald danach begann die Burg zu verfallen.

Hier, in der Mitte des Unterinntales, war die burgenreichste Gegend Nordtirols. In Rattenberg stand die große Stadtburg, gegenüber bei Voldöpp die Burg Neideck, die erst im 15. Jahrhundert verfiel und als Steinbruch benützt wurde. Dann folgten innaufwärts Matzen, Lichtenwerth, Kropfsberg und jenseits der Zillergrenze die gewaltige Rottenburg mit dem Talturm als Vorwerk, aus dem sich Schloß Rotholz entwickelt hat. Auf dem Buchbergl mitten im Tal stand dann ein Turm Maximilians I., später als Pulvermagazin verwendet, und vom Südhang unter dem Weihnachtsegg (1741 m) grüßt schließlich Schloß Tratzberg herüber, die Krone der Nordtiroler Schlösser, das wir schon besucht haben.

Zum Schluß müssen wir noch kurz über die beiden Dörfer Münster und Wiesing berichten. Wie der Name schon verkündet, ging *Münster* aus einer Klostersiedlung, einem Monasterium, hervor, das in der Zeit der Christianisierung Bayerns durch iroschottische Mönche entstanden ist. Man staunt, wie günstig die Lage der Missionsstation gewählt war, damals im 7. Jahrhundert. Ohne jegliche Landeskenntnis setzten die Mönche ihre Zelle an die Kreuzung zwischen Ziller-, Achen- und Inntal. Sie konnten noch nicht wissen, daß hier später drei politische Grenzen, nämlich Tirol, Bayern und Salzburg, und auch drei geistliche Bistümer, nämlich Brixen, Freising und wieder Salzburg, aneinanderstoßen würden.

Von Münster aus missionierten die Mönche innab und innauf sowie ins Zillertal hinein, wo sich in zahlreichen Kirchenpatronen Lieblinge der Angelsachsen erhalten haben. So der bei uns sonst unbekannte ›Heilige Fritz‹, nämlich Briccius, in Uderns und Radfeld.

Das kleine Monasterium stand wohl am Platz der heutigen Pfarrkirche Mariä Himmelfahrt, die gegen 1512 vollendet worden ist. Sie ist ein Werk der Hagauer Bauhütte, das dann 1747 vom Schwazer Baugeschäft Jakob Singers barockisiert wurde. Christoph Anton Mayrs Freskenschmuck in der Kirche ist mit Ausnahme des Bildes über der Orgel verschwunden, aber 1770 überzog der Künstler die Wände des Saales im Pfarrhof mit wanddeckenden großen Ölbildern. Leider ist der Plafond nicht erhalten geblieben, wenn er überhaupt jemals ausgeführt worden sein sollte, aber es besteht kein Zweifel, daß er so leer nicht geplant gewesen sein kann. Der hautnahe Kontakt mit diesen Malereien versetzt uns überraschend deutlich in jene alte Zeit. In der Pfarrkirche gilt eine Madonnenfigur mit Kind (1420) als Wallfahrtsziel und Gnadenbild zur Erweckung scheintoter Kinder. Diese Wallfahrt gab es schon im 13. Jahrhundert. Wenig später entstanden die frühgotischen Wandmalereien an den alten Nordmauern des Langhauses.

Das uralte Dorf *Wiesing* mit gotischem Kirchturm neben großem barocken Kirchenhaus fand sich schon von der Achenseestraße fast vollständig umrundet, als man noch die Autobahn hindurchführte und mit der Verbindungsstraße zwischen Wiesing und Münster zu einem Knoten ›straßenbautechnischer Kunst‹ verknüpfte. Die Wiesinger haben sich diese Errungenschaften durch einen großen Campingplatz zunutze zu machen gesucht. Das Dorf ist eine Gründung aus der Zeit bajuwarischer Landnahme im 6. Jahrhundert, und ein bronzener Armreif, den man hier gefunden hat, gilt als kaum hundert Jahre jünger. Später hatte das Kloster Frauenchiemsee hier große Güter, und auf Burgeck (750 m) stand vielleicht einmal eine Wallburg.

Wörgl und das Brixental

Zwei Große haben gleichsam ›zwischen den Zeiten‹ Wörgl mit ihrer Aufmerksamkeit bedacht; der eine rein zufällig, der andere ganz gezielt. Damals freilich war die Stadt noch ein Dorf, denn das Stadtrecht datiert erst von 1951 – ohne Verpflichtung, Mauern und Wälle zu bauen, sondern rein aus der durch die

Eisenbahn- und Straßenknotenpunkte erwachsenen überregionalen Bedeutung.

Der eine dieser beiden Großen war der zwölfjährige Wolfgang Amadeus Mozart auf seiner ersten Italienreise 1769. Der entsprechende Brief wird nie wegen ›Wirgel‹ zitiert – die Römer hießen es ›Praedium Virgilianum‹ –, sondern wegen der fröhlichen Zeilen, die der Sohn zunächst unter die Nachrichten des Vaters an die Mutter setzt: *Allerliebste mama. Mein herz ist völig entzücket, aus lauter vergnügen, weil mir auf dieser reise so lustig ist, weil es so warm ist in den wagen, und weil unser gutscher ein galanter kerl ist, welcher, wen es der weg ein bischen zuläst so geschwind fahrt. die reis-beschreibung wird mein papa der mama schon ercklläret haben, die ursache daß ich der mama schreibe ist, zu zeigen, daß ich meine schuldickeit weis, mit der ich bin in tiefsten Respect ihr getreürer sohn Wolfgang Mozart.*

Und dann folgt ein Allegro scherzando in einem übermütig krächzenden Italienisch an seine allerliebste Schwester: *Carissima sorella mia. Siamo arivati à wirgel grazia iddio felicissimamente, se devo confessare la verità, devo dir così, che è si allegro di viagiare, e che non fà freddo niente, e che nella nostra carozza fà si caldo come nella camera. come và col mal di gola? non è venuto il medesimo giorno che siamo partiti il nostro Signor seccatore? se tu vedi il signor de Schidenhofen, dice, che canto sempre: Tralaliera, Tralaliera, e digli, che non è necessario adesso da cetar dei Zuckeri nella suppa, stante non sono à salispurgo ... hò gran gusto di mangiare, vivi intanto bene, addio: Wolfgang Mozart.*

Frei übersetzt heißt das: *Meine allerliebste Schwester! Wir sind Gott sei dank glücklich in Wirgel angekommen, (und) wenn ich die Wahrheit sagen soll, so muß ich sagen, daß es so lustig ist zu reisen und daß es kein bißchen kalt ist [es war der 14. Dezember 1769] und daß es in unserem Wagen so warm ist wie in einem Zimmer. Wie gehts mit dem Halsweh? Ist der Herr Sekkierer nicht am gleichen Tag gekommen, an dem wir abgereist sind? Wenn du den Herrn von Schiedenhofen siehst, sag ihm, daß ich immerzu singe: Tralaliera, Tralaliera, und sag ihm, daß es jetzt nicht notwendig ist, [mir] Zucker in die Suppe zu werfen, da ich nicht in Salzburg bin ... ich habe große Lust zu essen, lebe inzwischen wohl, mit Gott, Wolfgang Mozart.*

Der Brief ist übrigens die früheste Bestätigung, daß Mozart sich bereits damals in Italienisch ausdrücken konnte.

Ich weiß nicht, ob Mozart im Vorüberfahren auch das Grattenbergl bei Wörgl wahrgenommen hat. Es liegt inmitten des Tales, knappe 70 Meter hoch ragt es auf, und seit etwa 1770 steht die noch erhaltene Kapelle darauf. Später hat die Bezirksfeuerwehr Kufstein hier ein Gefallenendenkmal für ihre toten Kameraden errichtet. Die Form des Bergls hat der Inntalgletscher bestimmt, der in Urzeiten 1300 Meter dick über den Felsen aus Wettersteinkalk hinschliff. Die Menschen haben später einige Steinbrüche ins Bergl gegraben und im 20. Jahrhundert während des Zweiten Weltkrieges eine Batterie Flugabwehrkanonen darauf postiert. Interessant war es vor allem den Geologen, die es schon im frühen 19. Jahrhundert mit scharfen Blikken beobachteten, dabei reinen Asphalt aus dem Gestein fließen sahen und dazu bemerkten: »Erdöl! Dieses findet sich von dunkelschwärzlichbrauner Farbe auf Kalkstein am Grattlbergl unweit Häring vor und ist wohl vielleicht durch den dortigen Erdbrand, so zu sagen destilando hierher gebracht.« (Senger 1821)

Es fließt noch immer das ›Erdöl‹, aber glücklicherweise wurden wirtschaftlich interessante Lager dieses so begehrten Stoffes im unteren Inntal von befugter Seite ebenso wissenschaftlich wie kategorisch in Abrede gestellt. Die Prähistoriker fanden bedeutsame Scherben, vielleicht im Zusammenhang mit dem Urnenfeld bei Egerndorf (um 500 vor Chr.). Scherben gab es auch am 13. Mai 1809, als hier die Bayern unter General Wrede die Österreicher unter General Chasteler besiegten. Mehrere hundert tote Tiroler Bauern lagen auf dem Schlachtfeld.

Im Mittelalter gabs auch eine Burg in der Gegend, die im 14. Jahrhundert wieder verfiel. Auch die gotische *Pfarrkirche zum Heiligen Laurentius* ist längst durch einen Barockbau ersetzt worden, von dem aber auch nur mehr das Langhaus (1748) existiert, das alle klassizistischen und historisierenden Veränderungen des 19. Jahrhunderts überstanden hat und zuletzt sogar noch die Modernisierung des Chores und des Querschiffes von 1964.

1932 versuchte ein Bürgermeister von Wörgl, durch die Einführung von sogenanntem ›Schwundgeld‹ die Finanzlage seiner Gemeinde auf eigene Faust zu verbessern. Es handelte sich dabei um eine Währung, die jeden Monat neu mit einer Marke, die 1 Prozent des Geldscheines betrug, freigemacht werden mußte. Daraus resultierte am Jahresende eine Einnahme der Gemeinde von 12 Prozent des umlaufenden ›Kapitals‹, mit der öffentliche Anliegen finanziert wurden. Dieser bemerkenswerte Versuch fand ein starkes Echo im 74. Pisaner Canto des Dichters Ezra Pound, der nach seiner dreizehnjährigen Inhaftierung im Elisabethspital für kriminelle Wahnsinnige in Washington viele Jahre auf der Brunnenburg bei Meran lebte und Süd- wie Nordtirol besungen hat. Die Stelle lautet in der Übersetzung von Eva Hesse:

... und der Staat kann Geld verleihn wie in Athen
zum Bau der Flotte von Salamis,
und wenn das Geld sich unterwegs verflüchtigt,
fragt Churchills Geldgeber,
wo es geblieben ist – der Staat braucht nicht borgen,
auch brauchen Veteranen keine staatlichen Garantien
für den Privatpump zu Wucherzinsen,
in der Tat liegt hier der Hase im Pfeffer
der Staat braucht nicht borgen,
wie Wörgls Bürgermeister nachwies,
der Milch ausfuhr
und dessen Frau Hemden und Lederhosen verkaufte
und auf dessen Bücherbord Henry Fords Leben stand
und eine Ausgabe der Göttlichen Komödie
und die Gedichte von Heine,
ein nettes Städtchen im Tiroler Land in einer flachen
Talsohle gelegen,
nicht weit von Innsbruck, und als ein Schein der
Kleinstadt Wörgl
über die Theke wanderte in Innsbruck
und der Bankier es wahrnahm,
geriet der Geldklüngel Europas aus dem Häuschen,
»keiner« sprach die Frau Bürgermeister
»in diesem Dorf, der einen Artikel schreiben konnte,
wußte, daß es Geld war, doch gaben vor, es sei keins,
um sicher zu gehen vor dem Gesetz.«

Hier also das zweite Denkmal des Ortes in der Welt des Geistes. Wahrlich sichere Garanten für die Überlieferung des Namens in fernste europäische Zukunft.

In Wörgl teilen sich alle Wege. Von hier aus gehts durchs Brixental nach Kitzbühel, durchs Sölland nach Sankt Johann, durch die Wörgler Klamm in die Wildschönau, über Häring nach Kufstein oder westwärts nach Innsbruck.

Zunächst folgen wir der Straße ins Brixental, das Jahrhunderte zu Salzburg gehört hat und das noch heute unter der geistlichen Jurisdiktion des Erzstiftes steht. Nach der Abzweigung der Bundesstraße 312 ins Sölland wird das Tal sehr eng und vom majestätischen Profil der Hohen Salve (1829 m) beherrscht. Wer immer etwas von Tirols Bergen aus ›sehen‹ will, der soll sie erklimmen, ›die Salve‹, wie sie heißt beim Volke, das ihr seit langer Zeit als Wallfahrtsziel zugetan ist. Schon in der Bronzezeit wurde sie häufig begangen, wie die Funde eines bronzenen Griffplattenschwertes von 40 Zentimeter Länge und zweier Bronzebeile beweisen. Später entstand am Gipfel eine Wallfahrtskapelle zum Heiligen Johannes dem Täufer, 1589 ist sie nachweisbar. Der Vorgängerbau war sicher viel älter, und die jetzige Kirche stammt aus dem 17. Jahrhundert. Aus der gleichen Zeit datiert auch eine geschnitzte Johannesschüssel, die von den Wallern gegen Krankheiten des Kopfes unter fleißigem Gebet um den Altar getragen wird. Die Kapelle soll eine Mutter zur Besserung ihres mißratenen Sohnes gestiftet haben, berichtet die Legende.

Der Berg wird schon 1250 urkundlich faßbar, war also immer schon wichtig. Wenn man außen um das Kirchlein herumgeht, so bietet sich an klaren Tagen ein herrlicher Rundblick bis zum Großvenediger; den Watzmann sieht man, die Loferer Steinberge, natürlich das Kitzbühler Horn, den Kaiser, weit ins Inntal hinauf und tief ins Brixental und in die verborgene Wildschönau hinein. Und im Winter wimmelt es auf den vielen Liften von Schifahrern.

Unmittelbar am äußersten Ausläufer des Salvenberges über der Enge des Taleinganges steht die *Burg Itter,* die allen Herren des Brixentales wichtige Dienste geleistet hat. Auch hier siedelten die Menschen schon früh, man fand ein Steinbeil aus der jüngeren Steinzeit und eine Schwertklinge aus der Bronzezeit. Die Rapotonen, um 900 Herren im Inntal, schenkten Itter den Bischöfen von Regensburg, die es 1380 an Salzburg verkauften. Anfang des 19. Jahrhunderts gehörte das Schloß der Dorfgemeinde, die es prompt zur Ruine verfallen ließ. Sein Wiederaufbau geschah durch private Hand um 1880 in romantisch-historisierendem Stil. Vom Alten blieb im wesentlichen nur die ebenso geschützte wie kühne Lage. Zwischen 1384 und 1902 sah das Schloß große Tage. Sophie Menter, die berühmte Pianistin, hatte Itter gekauft, und viele Große aus dem Reiche des Geistes und der Kunst gaben sich hier ein Stelldichein, allen voran Franz Liszt. Gastlichkeit wird auch heute groß geschrieben auf Schloß Itter, allerdings kostet sie etwas, denn das Schloß wurde zu einem Hotelbetrieb umgestaltet.

Man sollte auch einen Blick in die Kirche von 1764 werfen, der Weg zum Schloß führt an ihr vorbei: eine ›Gemeinschaftsleistung‹ der lebenslangen Kontrahenten Wolfgang Hagenauer, seines Zeichens salzburgischer Hofbauverwalter, und Andre Hueber, dem Tiroler Baumeister, den wir im Brixental gleich mehrmals werden nennen müssen. Wie immer, wenn die beiden gezwungen waren, ›zusammen‹ zu arbeiten, hatte Hueber als der ausführende Baumeister das letzte Wort. So auch hier in dem kleinen Zentralbau, der freilich nicht an Huebers Meisterwerk in Zell am Ziller heranreicht und auch keine ebenbürtigen Ausstatter im Innern fand.

Von Kirchdörfl, wie der Ort heißt, sollte man die direkte Straße nach *Hopfgarten* hinunter wählen, weil sie an noch unberührten Hängen des Salvenberges hinführt. Man kommt dann durch enge Gassen, an die sich die Häuser drängen. Auch in Hopfgarten geht es weiterhin munter bergauf und bergab, bis man ganz unvermittelt auf die Kirche trifft, deren doppeltürmige Fassade weit übers Tal leuchtet. Sie steht auf einem Hangsockel über den Häusern und stellt einen architektonischen Höhepunkt barocken Bauens in Tirol dar. 1757 ging Kassian Singer gegenüber seinem Konkurrenten Hans Holzmeister aus dem Zillertal als Sieger hervor. Juror war der Bayer Abraham Millauer, der Ebbs erbaut hatte und dem vor allem Singers Doppelturmfassade gefiel, die dem Bau eine »schönere Stehlung« zu geben versprach als der Entwurf Holzmeisters. Im Baukontrakt verpflichtete sich Singer, ein »zierlich, regulär, thaurhafft, föst und maystöttisches Gepeu« um 32700 Gulden zu errichten. Damit aber noch nicht genug, mußte er die salzburgische Baukommission noch von der Notwendigkeit des geplanten Querschiffes überzeugen, bis man am 20. Juni 1758 mit dem Bau beginnen konnte. Es war höchste Zeit, denn sieben Monate später starb Kassian Singer, der sein Werk also nie fertig gesehen hat. Wie in Waidring oder Strobl vollendete sein Parlier Andre Hueber den Bau nach den Plänen des Meisters. Das Glanzstück wurde die Fassade, deren Bewegtheit zwar nicht in die Tiefe reicht, die in ihren fast exaltiert gesteigerten Fensterformen aber deutlich zeigt, was sich die Tiroler unter bewegter Baukunst vorstellten, nämlich eine fast nur flächig-lineare Unruhe. Dies ist um so erstaunlicher, wenn man bedenkt, daß Kassian Singer ursprünglich vornehmlich als Stukkateur, also plastisch, gearbeitet hat. Das Innere mit den für Singer typischen Flachkuppeln hält nicht, was die Fassade an Originalität verspricht. Der Raum ist zwar von einiger Würde, aber dunkel, und das nach außen bestimmend vortretende Querschiff spielt für die Gesamtwirkung des Innenraumes keine Rolle. Singer starb plötzlich, 46 Jahre alt, innerhalb eines Tages, nach einer »nicht einmal 24 Stunden angethauerten schweren Krankheit«, vielleicht war es ein Herzinfarkt. Die Ausstattung aus der Bauzeit der Kirche ist erhalten, der Stuck nur gemalt, 1763 von Johann Weiß aus München, der auch die Hauptfresken besorgt hat. Im Kirchenpatron Sankt Leonhard begegnet uns der Vieh- und Pferdeheilige, der schon im Brixental von großer Bedeutung war.

Von Hopfgarten nach Westen führt ein Zugang über das Schönbachtal in die Wildschönau, die viele Jahrhunderte lang auch hierher ins Brixental und ins Sölland orientiert war, ehe man die Zugänge vom Inntal aus verbessert hat. Von Hopfgarten gelangt man im Süden nach dem anmutigen Seitental *Kelchsau* mit dem gleichnamigen Hauptdorf und dem Weiler Hörbrunn, in dem bis 1886 eine ›böhmische‹ Glashütte betrieben wurde. Sie und die etwa dreißig Gruben, die seit dem Mittelalter bis ins 18. Jahrhundert bestanden, verbrauchten einen Gutteil des Waldes ringsum. Hinter Kelchsau (789 m) liegen die Lodron- (1695 m) und die Neue Bamberger Hütte. Während der Aufstieg zur erstgenannten durch einen Materialaufzug ›entschärft‹ wurde, liegt die Bamberger Hütte ganz am Ende des ›Kurzen Grundes‹, der dem Wanderer zu Fuß immer noch ganz schön lang wird. Dafür sind dann die Hausberge Schafsiedel (2452 m), Tristkopf (2395 m) und Kröndlberg bzw. Kröndlhorn (2444 m) lohnende Tagestouren.

Nicht allzu begangen ist der Übergang über den Lodron (1927 m) zur Steinberghütte und nach Rettenbach im Windautal, einem anderen südlichen Seitenarm des Brixentales. Auch hier gab es reichlich Bergbau auf Fahlerz, aber das ist lange vorbei. Wer der Windauer Ache nach talaufwärts wandert, kommt bald in ein reines Almgebiet. Am Ende des Grundes, etwa 15 Kilometer vom Brixental entfernt, liegt die Damskogel- oder Brennhütte (1240 m). Von ihr aus kann man über die Filzenscharte (1686 m) bequem nach dem oberen Pinzgau gelangen, ein Übergang, der früher häufiger benützt worden ist als heute. Der äußere Talteil ist etwas besiedelt, er gehört zur Gemeinde *Westendorf,* auch dies eine bereits bronzezeitlich bewohnte Gegend. Hueber baute die gotische Kirche Sankt Nikolaus 1775 barock um, wobei er eine Variante der so beliebten Flachkuppeln über dem Langhaus ausführte. Der Hochaltar wurde 1970 um eine Plastik des sitzenden Kirchenpatrons von 1500 neu zusammengestellt. 1620 verfiel ein Kaplan von Westendorf namens Georg Faber dem Zauber der Chemie. Er ergab »sich unter Hintanstellung seines Standes und Amtes ganz der Alchemie und Destillierkunst« und erzielte dabei solche Wirkungen, daß die Nachbarn eine Feuersbrunst befürchteten.

Brixen im Tale, ein vordeutscher Name, ist der alte Hauptort der ganzen Gegend, als Urpfarre 788 urkundlich und 900 im Besitz Salzburgs nachweisbar. Als die Schwedengefahr im Dreißigjährigen Krieg drohte, versammelten sich die Bauern der Brixentaler Gemeinden zu Pferde und schlugen unter Führung des Pfarrers den protestantischen Feind in die Flucht. Diese Tat soll den Ursprung für den jährlich am Fronleichnamsfest abgehaltenen ›Antlaßritt‹ bilden. Die Bauern umreiten einen alten Kastanienbaum im Hofe des Brixner Pfarrhauses, nehmen dann den Pfarrer mit der Monstranz in ihre Mitte, auch er zu Pferde, und reiten talaufwärts bis zur Kapelle am Klausenbach. Historikern scheint diese Erklärung des Brauches unglaubwürdig, sie verweisen auf die ursprünglich heidnische Sitte des Flurumrittes. Es gibt auch Nachrichten, daß ein Kaspar Spertner aus Kirchberg 1623 als Dank für die Abwendung der Schwedengefahr die Prozession gestiftet habe. Das Schauspiel dieser Pferdeprozession mit den Reitern in ihrer bunten Tracht, die Fahnen mit dabei, die tänzelnden Pferde, fast nur weißblonde Haflinger, auch sie farbenfroh geschmückt mit Blumen und Bändern, ist eine reine Augenweide!

Andre Hueber, der schon mehrfach genannte Baumeister, dessen Porträt im Pfarrhof hängt, hat auch die große Barockkirche in Brixen 1795 gebaut, die seinerzeit dem Heiligen Martin, auch einem Reiter, geweiht war, nun aber Mariä Himmelfahrt heißt. Abermals hatte der Salzburger Hagenauer Pläne geliefert, die Hueber eigenmächtig geändert hat, indem er kurzerhand ein ganzes Joch wegließ und durch das Einfassen der Mittelkuppel mit zwei Flachgewölben erneut seine Vorliebe für Zentralbauten bewies. Der Kontrolleur, der Salzburger Hofbaumeister Laschensky, ließ sich beim Lokalaugenschein nach anfänglicher Kritik – und wohl auch durch die Einsparung von zweitausend Gulden – überzeugen und meinte schließlich, daß durch Huebers Veränderungen »der Kirchenbau an Zierde und Proportionen eher noch gewunnen habe«. Josef Schöpf malte die Kuppel aus, Franz Xaver Nißl schuf die Altäre mit bemerkenswerten Figuren, wie er sie auch auf den Beichtstühlen plazierte. Die Fassade geriet um vieles kühler als der lebendige Entwurf Kassian Singers in Hopfgarten. Überdies mußten die Türme verkürzt abgeschlossen werden, weil man erst spät entdeckte, wie feucht der Grund hier noch in großer Tiefe ist.

Rings um Brixen und auch schon in der Gegend um Westendorf mehren sich die großen Einzelhöfe, wie sie dann besonders in der Gegend von Kitzbühel und Sankt Johann vorherrschen. Natürlich gibts auch in Brixen mannigfache Aufstiegshilfen für zwei Fremdenverkehrssaisons. Nach Norden über Hochbrixen (1324 m) auf die Kälbersalve-Alm (1534 m), nach Süden auf die Kandler Alm. Wer mittels der Lifte die Hohe Salve ›besteigt‹, spart gut zweieinhalb Stunden Zeit, die er dann oben der Aussicht widmen kann.

Wenig östlich von Brixen zwischen dem Weiler Bockern und Kirchdorf befindet sich die Wasserscheide und damit eigentlich das natürliche Ende des Tales. Aber es ist hier so breit und flach, daß die Einheimischen den träge dahinfließenden Bach ›Schleicherbach‹ heißen und man den Übergang ins Schwarzseegebiet bei Kitzbühel gar nicht empfindet.

Hier liegt nun *Kirchberg,* früher Sperten genannt und lange Zeit der vorgeschobenste salzburgische Grenzort gegen das einst bayrische Kitzbühel. Im Weiler Klausen befand sich eine militärische Befestigung. 1384 kaufte der Salzburger Erzbischof Kirchberg um 26000 ungarische Goldgulden. Der Ort liegt am Ausgang des Spertentales, in dem im 16. Jahrhundert an vierzig Stellen nach Fahlerz, Eisen, Kupfer, Zinnober, Quarz, Malachit und anderem geschürft worden ist. Schmelzwerk und Gruben sind 1780 aufgelassen worden. Die Lagerstätten wären auch heute noch des Ausbeutens wert, wie eine amerikanisch-niederländische Bergwerksgesellschaft feststellte, die 1960 die Schürfrechte erworben hat, aber vorerst noch nicht ausübt.

Ganz drinnen im Spertental liegt der Weiler *Aschau,* einst durch den Bergbau begünstigt. Auch die Reste einer Burg Falkenstein zeigt man unweit der gleichnamigen Alm. Der einsame Platz der Feste wird verständlich, wenn man weiß, daß es entlang der Ache über die Geigenscharte (2026 m) einen Übergang nach Salzburg gibt, den schon die Römer gekannt und benützt haben. Damals war das Tal also ein Verbindungsweg, den die Burg bewacht hat, und bedeutete kein Ende, so wie heute. In Aschau stellte Andre Hueber einen kleinen Zentralbau als Kirche hin, ähnlich jenem von Itter.

Zurück nach *Kirchberg!* Im Moor des Seefeldes standen Pfahlbauten, und noch früher saßen die Illyrer auf den Hügeln. Die Kirche steht auf einem Felsen, weshalb man vermutet, es könnte sich um die erweiterte Burgkapelle der Burg Sperten handeln, deren Standort bis jetzt nicht gefunden werden konnte. 1964 erweiterte Clemens Holzmeister den Singerschen Barockbau von 1737. Die gotischen Wanddienste des Vorgängerbaues sollen noch in den barocken Wandpfeilern stecken. Die Ulrichsfresken malte der Kitzbühler Simon Benedikt Faistenberger.

Seit der Fremdenverkehr floriert, befindet sich Kirchberg saisonweise fest in holländischer Hand. Zahlreiche Niederländer haben sich hier niedergelassen, durch den österreichisch-niederländischen Handelsvertrag von 1929 begünstigt. Allesamt profitieren sie vom Schizirkus des Hahnenkamms, an den Kirchberg angeschlossen ist.

Damit sind wir am geographischen Ende des Brixentales angekommen. Die Spertentaler Ache fließt bei Kirchberg nach Osten und bald danach wieder nach Norden und heißt bei Reith bereits Reither Ache. Durch das Brixental fährt auf verschlungenen Wegen die Österreichische Bundesbahn und fädelt die Hauptorte der Reihe nach auf. Als sie gebaut wurde, galt das Brixental als Hauptverkehrsweg zwischen dem Raum Sankt Johann–Kitzbühel und dem Inntal. Inzwischen mußte dem Autoverkehr Tribut gezollt werden, und auf Grund des günstigeren Geländes ist die Verbindungsstraße durch das Sölland über Elmau und Going nach Sankt Johann die bevorzugte Verbindung geworden.

Die Wildschönau

Nachdem das Hochtal der Wildschönau im 6. Jahrhundert durch die Baiern besiedelt worden war, befand es sich lange im Eigentum der Klöster Seeon und später Chiemsee, das in einer Urkunde von 1190 die erste namentliche Erwähnung des Tales überliefert. Damals heißt es Witschenove, dann Witschenau, die Einwohner sagen ›Bitschenau‹, aber die Uneingeweihten, auch Tiroler, finden die Kombination von ›wild‹ und ›schön‹ außerordentlich treffend. Denn der alte Zugang vom Inntal her durch die Kundler Klamm war jahrhundertelang eng, steil und gefährlich, und viele Marterln beweisen, daß es hier auch ortskundige Einheimische erwischt hat:

Mensch, denk, wo du gehst ein und aus:
kehr ich zurück zum Vaterhaus?
Vergiß ja nie dein letztes Ziel,
auf einmal steht das Leben still.

So steht es da still für einen verunglückten Jüngling von dreiundzwanzig Jahren.

Einmal im Jahr, vom 21. bis 23. November, besuchte der Bischof von Chiemsee die Wildschönau zur Visitation seiner zinspflichtigen Hintersassen und hielt die ›Stift‹ beim Amtshof, dem heutigen Gasthof Kellerwirt in Oberau. Dabei mußte durch den Probst in Anwesenheit der Bauern Rechenschaft abgelegt werden.

Die Bevölkerung des Tales wuchs nur sehr langsam, die Lebensbedingungen waren viel zu hart. 1416 zählte man in der ganzen Wildschönau 750 Seelen, 1817 waren es erst 1594, und heute sind es knappe 2500.

Der geistliche Grundherr hat die Bauern in seinem Sinne ausgerichtet, und selbst im kirchenreichen Tirol ist schwerlich eine Gegend zu finden, in der eine solche Vielzahl von Kapellen steht wie hier. Unter ihnen ragt die Antoniuskapelle in Oberau, ein Zentralbau mit anziehender Inneneinrichtung (gegründet 1674, Neubau 1708) hervor. Besonders die ›Albertitafel‹, eine bildliche Darstellung des Lebens des Heiligen Albertus Magnus, ist bemerkenswert. 1874 errichtete der Bauer Johann Klingler die Kapelle an der Horleasstiegl, in Endfelden entstand eine zur Heiligen Kümmernus, im Zauberwinkl eine andere, heute als Lourdesheiligtum benützt, und 1706 errichtete Nikolaus Hollrieders Sohn eine auf dem Burgstallstein bei Niederau, als er durch ein Wunder von seiner Krankheit – die ihn zwang, auf allen Vieren dahinzukriechen – schlagartig geheilt wurde.

Ehe von Wörgl um die Jahrhundertwende die Autostraße heraufgeführt wurde, stieg man lieber über die Almen hierher: von Brixlegg über Alpbach und das Hösljoch, von Hopfgarten nach Niederau, von Rattenberg über die Holzalm. Heute gelangt man sowohl von Wörgl wie auch von Hopfgarten zunächst nach *Niederau*. Lange orientierte sich dieser Ort nach Söll am Fuß der Hohen Salve, woher die geistliche Betreuung kam, und erst um 1707 erhielt er eine eigene Pfarrkirche, die der Bischof von Chiemsee weihte. Die bedeutendsten Kunstschätze der Kirche bestehen in einer prachtvollen Monstranz und einem Kelch des Rattenberger Goldschmiedes Dominikus Lang aus der ersten Hälfte des 18. Jahrhunderts.

Im Zollhäusl in Niederau wohnte der Dichter Martin Greif fast das ganze Jahr 1903 in poetischer Einsamkeit. Sie verhalf ihm zur Vollendung seines Festspieles ›Demetrius‹, das er dem Andenken Friedrich Schillers widmete. Das Schicksal hat es auch mit Greifs ›Demetrius‹ auf den deutschen Bühnen nicht besser gemeint als mit jenem Schillers.

Oberau mit etwa tausend Einwohnern in weitverstreuten Höfen ist der Hauptort. Besonders hier, in dem kleinen idyllischen Seitental Zauberwinkl, aber auch noch tiefer drinnen in Auffach und Thierbach, gibt es noch viele alte Holzbauten, Bauernhöfe wie Städel, auch Kapellen, die eine gute Vorstellung vom

IX

PETER VON HESS

(1792-1871)

Schlacht bei Wörgl in Tirol, 13. Mai 1809

Öl auf Leinwand, 1832

München, Residenz

Der Tiroler Freiheitskampf erregte als erste Volkserhebung nach der Französischen Revolution weltweit Aufsehen und Anteilnahme. Tragisch verstrickt in dieses Schicksal waren die Bayern, die als Satelliten Frankreichs gegen den Aufstand mit aller Härte vorgehen mußten, obwohl sie sich den Tirolern stammes- und wesensmäßig verwandt fühlten und ihre Erfolge insgeheim bewunderten. Dieser zwiespältigen Einstellung konnte sich auch Peter von Heß nicht entziehen, als er im Auftrag König Ludwigs I. für den Schlachtensaal der Münchner Residenz zwei Begebenheiten aus dem Tiroler Krieg, die ›Erstürmung von Bodenbühl‹ (1805) und die ›Schlacht bei Wörgl‹, zu gestalten hatte und dabei den Anteil des Tiroler Landsturms überbetonte (im Mittelgrund am linken Bildrand: der österreichische General Chasteller, Andreas Hofer und der streitbare Kapuzinerpater Haspinger). Über den aktuellen Anlaß hinaus ist aber dem Künstler mit diesem Bild die schönste Ansicht des Inntales zwischen Wörgl und Jenbach mit der Rofanspitze im Hintergrund gelungen.

alten Tiroler Bauerntum vermitteln. Obwohl es reine Zweckbauten sind, die jahrhundertelang ohne ›fortschrittliche‹ Veränderungen blieben, muten sie uns heute wie Schnitzkunstwerke an, wesenhaft Heimat und Geborgenheit verkörpernd, getragen von hierarchischem Stolz und in der Diskussion um modernes Bauen von vorneherein außer Konkurrenz.

Die Oberauer Kirche, das künstlerische Hauptwerk des Tales, entstand nach Brand 1752 in erstaunlicher Größe um 7000 Gulden. Hans Holzmeister aus Hippach im Zillertal hat sie gebaut als hellen, weiten Barockraum, der für die Bauern, die aus dunklen engen Holzstuben kamen, besonders beeindruckend gewesen sein muß. Christoph Anton Mayr aus Schwaz malte 1762 die Kreuzwegbilder, Josef Adam Mölk, der Meister von Hall und Ebbs, freskierte 1751 die weite Stichkappentonne mit Szenen aus dem Leben der Heiligen Margarete. Weil diese Heilige erst durch die Kreuzzüge im Abendland Eingang gefunden hat, nimmt man an, daß vor dem 12. Jahrhundert hier keine Kirche gestanden hat. Alle Dokumente, die etwa darüber Auskunft geben könnten, sind mit der alten Kirche verbrannt. Mölks Bilder schliefen genau hundert Jahre einen nazarenerischen Schlaf, den Johann Endfelder 1823 über sie hinmalte, bis man 1923 wieder anderen Geschmackes wurde. Um 1800 erhielt die Kirche eine hübsche Krippe mit sechs Szenen.

Der Oberauer Gasthof ›Auf dem Keller‹, ein wahrer Fürst unter seinesgleichen, erinnert an das Kelleramt, das ihm vom Stift Seeon um 1200 verliehen worden war. Von der ›Stift‹, die jährlich hier gehalten wurde, haben wir schon berichtet.

Eine nicht alltägliche Sehenswürdigkeit stellt das ›Wiener Landhaus‹ dar, ausnahmsweise einmal keine Kapelle, sondern ein Privathaus, das der Wirtssohn Paul Schoner für sich errichtete, als er bereits der berühmte Opernbassist geworden war, der besonders in Schikaneders Erfolgsoper ›Der Tyroler Wastl‹ in der Hauptrolle brillierte. 1795 hatte Mozarts ›posthumer Schwager‹ Jakob Haibel die Musik dazu komponiert. Mit Ferdinand Raimund und Therese Krone verband Schoner Freundschaft. Es gibt im Landhaus noch persönliche Erinnerungsstücke an den berühmten Oberauer zu sehen. Schoner hat immer wieder für seine arme Heimatgemeinde eine offene Hand gehabt, die dankbar ergriffen wurde, nur als er eine neue Straße von Wörgl nach Niederau bauen lassen wollte, wehrten seine Landsleute erschrocken ab. Es war ihnen nichts daran gelegen, besser mit der fürchterlichen großen Welt in Verbindung zu treten, die ihnen 1809 so viel Unheil gesandt hatte.

Damals tat sich der Bauer Jakob Margreiter, genannt Loy, besonders hervor und brachte es durch seine Tapferkeit und strategische Begabung zum Range eines ›wirklichen kaiserlichen Majors‹. Seine Truppe lebt in der Schützengruppe ›Sturmlöder‹ bis heute fort, zum Teil noch mit Waffen ausgerüstet, die bereits 1809 verwendet worden waren. In jenem Tiroler Schicksalsjahr beteiligte sich Margreiter ›erfolgreich‹ an der vergeblichen Belagerung der Feste Kufstein, die der wackere bayrische Hauptmann Aicher hielt. Nach der verlorenen Schlacht bei Wörgl – es fielen dort nicht weniger als sechshundert Tiroler Bauern – verteidigte Major Loy die Eingänge zur engsten Heimat Wildschönau mit 180 Mann. Als sich im Spätherbst das Blatt endgültig zuungunsten der Tiroler wendete, gehörte Loy zu denen, die es einfach nicht glauben konnten. Am Weihnachtsabend geriet er in bayrische Gefangenschaft, wurde in München zum Tode verurteilt, dann zu lebenslanger Festungshaft begnadigt, die er bis zum Sturze Napoleons absaß. Dann kam er zwar wieder frei, war aber ein gebrochener Mann, der sein gesamtes Vermögen zur Entlöhnung der Sturmlöder verbraucht hatte, im Vertrauen auf den endgültigen Sieg der gerechten Sache. Dieser trug ihm ganze 150 Gulden Ersatzzahlung ein. Loy lebte in ärmlichsten Verhältnissen, als Hirt und Melker mit einem eigenen Viehbestand von zwei Ziegen, bis er achtzigjährig starb. Die Nachwelt besann sich erst 1902 seiner und errichtete ihm ein bescheidenes Denkmal an der Kirchenmauer.

Dagegen hielten die Bewohner von *Thierbach* in Sollerers Gasthaus einen Klapptisch in hohen Ehren, auf dem Josef Speckbacher einen verzweifelten Aufruf zum letzten Aufgebot geschrieben hat: »... wer kein Schießgewehr hat, der wird innig gebeten, diese müssen Spieße oder Mistgabeln in langen Stangen machen und mit solchen Waffen ihr Möglichstes tun ...« Viele Jahre trugen die Thierbacher ihre Toten übers Joch nach Alpbach, bis es ihnen 1790 endlich gestattet wurde, eine eigene Kirche zu errichten, die erst 1839 ein Bischof zu weihen kam!

Zur gleichen Zeit baute Andre Hueber eine schlichte Kirche in *Auffach*.

Die Wildschönau lebt nicht mehr nach dem Kalender des Kirchenjahres, sondern nach dem der Fremdensaisonen. Über zwanzig Schilifte erschließen Winter wie Sommer die Landschaft. Im Frühling und besonders im Herbst gehört das Hochtal aber wieder sich selbst oder den wenigen, die es wissen und keinen sommerlich-alpinistischen oder winterlich-sportlichen Leistungszwang verspüren. Dann strahlt der Zauberwinkl gleichsam übers ganze Tal und verzaubert es zur vielleicht schönsten Herbstlandschaft, die Nordtirol zu bieten hat.

Kundl und Radfeld

›Ad Quantulas‹ nannte man *Kundl* 788, und das Mittelalter maß ihm solche Bedeutung bei, daß es hier ein eigenes Gericht schuf, das später Rattenberg angegliedert worden ist. Die Kuntlburg über dem Eingang zur Kundler Klamm ist ganz verschwunden. Sie gehörte dem Bischof von Regensburg, später kam sie an die Herzöge von Bayern. Ende des 15. Jahrhunderts entstanden im Zuge der Industrialisierung des Unterinntales in Kundl ausgedehnte Hüttenwerke. 1658 gründete man eine Brauerei, die es noch gibt und die das weitbekannte Kundler Bier herstellt. Schließlich hat in unserem Jahrhundert die pharmazeutische Industrie hier das erste oral wirksame Penizillin der Welt hergestellt; auch dies sei erwähnt.

Das Schmuckstück des Ortes, ja der ganzen Landschaft, steht aber außerhalb der geschlossenen Siedlung an der Straße nach Rattenberg: die Kirche *Sankt Leonhard auf der Wiese*. Sie stellt das besterhaltene Meisterwerk des spätgotischen Kirchenbaus in Tirol überhaupt dar. Einst stand sie wirklich auf der Wiese, wie von einem Traum vergessen, vom Volk aus allen Gegenden des Landes besucht, als das Vieh noch wichtiger als der Traktor und die Fürsprache des Viehpatrons notwendiger als der Bauernverband waren. Ja, seine Bedeutung war so übergroß, daß man ihn beim nördlichen Nachbarn gar als ›Altbayrischen Herrgott‹ apostrophiert hat.

Kaiser Heinrich II. stiftete dem Heiligen 1004 oder zehn Jahre später hier eine Kirche, die 1020 Papst Benedikt VIII. eigenhändig geweiht haben soll, als er zur Weihe des ebenfalls von Heinrich gegründeten Stiftes Bamberg nach Deutschland reiste. Von dieser ersten Kirche ist nichts mehr vorhanden, und ob die merkwürdig zusammengepreßte Steinfigur des Heiligen mit dem Datum 1481 vielleicht eine überarbeitete Statue aus älterer Zeit ist, kann man nicht mehr feststellen. Heute trägt sie Handschrift und Datum Meister Christian Nickingers von der Hagauer Bauhütte, der 1481 den Neubau des Langhauses begonnen hat. Er baute dabei bereits die zweite Kirche ›auf der Wiese‹ um, die 1350 Margarethe Maultasch als Erweiterungsbau in Auftrag gegeben hatte. Nach Grabungen von 1956 scheint dieser Vorgängerbau allerdings noch ganz aus Holz gewesen zu sein.

Das Gelingen des Baues war getragen vom Zusammenwirken besonders glücklicher Umstände. Zum ersten war es der wirtschaftliche Aufschwung durch den wachsenden Bergsegen. Die Förderer der Kirche sind mit ihren Wappen auf den zahlreichen Schlußsteinen des Chores verewigt. Als zweites kam die Entdeckung des roten Hagauer Marmors aus dem prähistorischen Steinsturzgebiet westlich von Kramsach hinzu und zum dritten die kurz vor 1470 konstituierte Hagauer Bauhütte mit dem Hauptmeister Christian Nickinger, dem Jörg Steyrer nachfolgte, beide die bedeutendsten heimischen Werkmeister der Spätgotik.

Nickinger hat den Neubau begonnen; das Langhaus, das Südportal mit dem Relief im Türsturz und wohl auch die Turmkonstruktion sind seine Werke. Gleich in der Vorhalle kann man diesen Turmbau studieren. Die gesamte Turmlast drückt mit ihren beiden Innenwänden auf einen einzigen gewaltigen Pfeiler, der zwischen dem mittleren und dem südlichen Bogen der Empore steht. Er reicht durch die Emporenbrüstung hinauf bis an das Gewölbe, in das er mit zwei Bögen einstrahlt. Wenn man vom Langschiff zurückblickt, sieht man diesen ›durchsichtigen‹ Turmsockel deutlich in der Kirche stehen und kann die formvollendete statische Meisterleistung bewundern. Die Besonderheit dieses überaus spitzen Turmes klingt noch in der Legende nach, daß nach dem Absturz eines Dachdeckers der Heilige Leonhard selbst das Turmkreuz aufgesetzt habe.

Daneben steht als nächste bedeutende Bauleistung das riesige

Südfenster genau über dem Südportal, wodurch die Wand in ihrer ganzen Höhe aufgelöst wird – und das ohne die Hilfe eines Strebepfeilers. Dabei bemerkt man vielleicht zum erstenmal, daß die Kirche ihr gesamtes Licht nur von Süden und Osten erhält.

Im Chor, beginnend bereits am Chorbogen, wie auch an der Empore findet man eine Fülle plastisch-dekorativer Details, die nach allem, was man von den beiden Baumeistern weiß, unbedingt von Jörg Steyrer stammen müssen. Er hat zwar das Nikkingersche Rautengewölbe auch im Chor angewandt, aber er hat die Dienste durch Blattwerkkapitelle unterbrochen, die Wandpfeiler deutlich aus drei Halbsäulen emporwachsen lassen und die Tragsteine auf halber Höhe mit Wappenkonsolen versehen, die bis ins 19. Jahrhundert auch Figuren trugen. Eine Konsole zeigt Steyrers eigenes Meisterzeichen: ein Kreuz mit zwei schräg angesetzten oberen Armen, deren rechter nach rechts unten spitz abgewinkelt ist. Die vom Chorschlußstein herabhängende steinerne Kreuzblume, nur durch den ›negativen‹ Druck der Rippen gehalten, reiht Steyrer in die vorderste Linie gotischer Werkmeister ein.

Den Sockel des Chorbogens hat er mit krausem Figurenwerk belebt. Hier erscheinen Bär, Engel, Löwe und Drache, deren sinnbezogene Auflösung heute nicht mehr gelingt. Auch die herrlichen gedrehten und gewundenen Rippen unter der Empore, das verschränkte Maßwerk am Emporenpfeiler und die Blendarkaden an der Emporenbrüstung sind zu beachten. Dort, wo die Empore eigentlich keine mehr ist, nämlich im durchsichtigen Turmsockel, hat Steyrer dies nicht etwa zu verbergen gesucht, sondern durch ein anderes Muster die veränderte Funktion dieses Bauteils sogar betont.

Am Chorbogen neben der Kanzel kniet die Steinfigur des Kirchen- und Viehpatrons Sankt Leonhard, ein in seiner gestauchten, disproportionierten Lebendigkeit unangenehmes Werk von fast dämonischer Besessenheit. Die Plastik hat die Phantasie des Volkes schon frühzeitig beschäftigt und die Legende zu beleben vermocht, sie sei trotz ihres Gewichtes auf dem Inn hierher geschwommen gekommen. Vielleicht geschah dies einst wirklich, aber auf einem Floß.

Nickinger und Steyrer haben natürlich nicht alles, was sie

hier glücklich anwandten, selbst erfunden oder entwickelt. Sie standen wie alle auf den Schultern ihrer Vorgänger und Lehrer, wobei besonders die Bauhütte von Wasserburg am Inn maßgebend war.

Die bewegliche Ausstattung der Kirche stammt aus dem 17. Jahrhundert, wovon als Raritäten viel weniger die Altäre als die um 1650 geschnitzten Löwenwangen der Kirchenbänke und vor allem die herrlichen schmiedeeisernen Gitter unter den Emporenbogen zu nennen sind. Nach meinem Eindruck wurden sie wahrscheinlich von Hans Messner aus Wörgl 1695 geschaffen.

Mit ›Sankt Leonhard auf der Wiese‹ erhielt Tirol zwischen dem alten Bauvorbild der Pfarrkirche zu Hall und dem modernen Kirchenbau von Rattenberg ein drittes Baudenkmal jener großen Zeit des Landes. Daß die Kirche sowohl der Barockisierung wie auch den Reformen Kaiser Josefs II., da sie 1786 als »unnötig und der Religion schädlich« bezeichnet wurde, entgangen ist, zählt zu den – leider viel zu seltenen – Glücksfällen in der Geschichte der Tiroler Kunst.

Der Heilige und das ihm geweihte Haus haben immer noch ihren festen Platz im Tiroler Gemüt. Als 1963 zu einer Pferdewallfahrt hierher aufgerufen wurde, kamen über dreihundert Reiter und Kutschfahrzeuge auf der Wiese zusammen.

Die Kirche von *Radfeld* ›hinter‹ dem Bahndamm, am besten über Rattenberg zu erreichen, ist in vielfacher Hinsicht interessant. Ihr Patron, der Heilige Briccius – in ganz Westösterreich nur hier und in Uderns zu finden –, weist auf irisch-schottische Missionare hin, deren Hauptstützpunkt in Münster bei Jenbach stand. Der Heilige Briccius war Nachfolger des Heiligen Martin auf dem Bischofsthron von Tours und ist 443 gestorben. Die Bevölkerung verehrte ihn als Patron der Felder und beging sein Fest am 13. November. »Bricciuswasser schirmt vor Fraß, den Traid, die Bäume und das Gras«, heißt es heute noch.

Bricciuswasser wurde bis 1901 aus einem Brunnen, der unmittelbar vor dem Altarraum im Boden der Kirche lag, geschöpft. Dieser Brunnen war nichts anderes als die im Laufe der Jahrhunderte verkleinerte und umgeformte Taufmulde der vorkarolingischen und karolingischen Zeit. Denn die Kirche findet sich bereits im Güterverzeichnis, das Erzbischof Arno von Salzburg 788–790 hat anlegen lassen, als Pfarrkirche erwähnt. Und da früher nur in Pfarrkirchen an zwei Sonntagen um Ostern getauft wurde, ergibt sich aus diesen Hinweisen für die Datierung der ersten Pfarrkirche und Siedlung etwa das 7. Jahrhundert.

Der heutige Bau zeigt in Chor und Vorjoch von 1350 noch frühe Gotik, während das Langschiff mit seinem Netzrippenwerk gut 130 Jahre später entstanden ist. Auch der Heilige Briccius ist zu sehen. Das Bild, das 1750 der Schwazer Barockmaler Christoph Anton Mayr für den Hochaltar geschaffen hat, hängt jetzt an der Seitenwand.

Kufstein und seine Umgebung

Kufstein, das Tor zum Inntal

Selbst wenn man heute auf der modernen Autobahn vom bayerischen Rosenheim nach Kufstein in Tirol fährt, erlebt man noch das natürliche Tor des Inntales und den fast schroffen Beginn des Landes im Gebirge, wie er vor Hunderten, ja Tausenden von Jahren schon bestanden haben muß. Während am südlichen Ufer des breiten Stromes bald mit den ersten bewaldeten Bergstöcken Tiroler Gebiet beginnt und das weithin leuchtende Segel des Passionsspielhauses von Erl herüberleuchtet, reicht auf der Nordseite bayrisches Land bis unmittelbar vor die Stadt. Sobald man dann aber die beiden Zollstationen überwunden hat, tritt sogleich die Festung Kufstein, auch Geroldseck genannt, ins Blickfeld und beherrscht den Eindruck des hier plötzlich sehr engen Inntales. Früher dominierte der wuchtige runde Kaiserturm über die anderen Bauten der Burg, die aber später höhergezogen wurden und die Silhouette veränderten.

Weiter landeinwärts – man fährt von Bayern nach Tirol ›hinein‹ (früher sagte man sogar ›ins Tirol‹) und umgekehrt von Tirol nach Bayern ›hinaus‹ – schiebt sich der markante Kopf des Pendling (1563 m) mit dem Kufsteiner Haus auf seinem Gipfel in den Hintergrund, während man drei kahle Hochhäuser als Vorboten des modernen Kufstein passiert. Dann taucht das international bekannte Markenzeichen des Schiherstellers Kneißl auf, das einen sportlichen Akzent in die städtischen Anfänge setzt. Immerhin gilt die Firma mit Gründungsdatum 1861 als die älteste Schifabrik der Welt.

Wer in Kufstein Station macht, erlebt eine unerhört lebendige Stadt, in der sich Altes und Neues manchmal schroff gegenüberstehen. Allerdings ist das wirklich Alte mit Ausnahme der Festung und der beiden Kirchen zu ihren Füßen kaum mehr sichtbar. Beim bayrischen Einfall 1703 ist die Stadt zur Gänze und 1809 teilweise abgebrannt, und so gibt es nur mehr wenige echte Innstadthäuser. Alle einheimischen Architekten scheinen vom Baugebirge der Festung beeinflußt worden zu sein. Nicht nur, daß sie das ehemals bescheidene Rathaus 1923 zu einem dreigeschossigen Riesenbau umgestaltet haben, auch die neue Hauptpost mit ›Bergfried‹ samt Umgebung ist eine Stadtburg geworden, und die jüngste Großtat, der Bau des Gewerbehofes, erinnert gleichfalls an einen Festungsberg, nun allerdings aus Glas und Beton. Glas berühmter und vorzüglicher Qualität erzeugt übrigens die Tiroler Glashütte der Firma Riedl, die seit 1957 in Kufstein heimisch ist.

Die alte Stadt gruppierte sich um das langgezogene Rechteck des Unteren Stadtplatzes, der vom Inn bis zum Rathaus an seinem Südende erheblich ansteigt und hier mit den beiden Kirchen einen besonderen Blickpunkt besitzt. Ab dem 16. Jahrhundert entwickelte sich der Obere Stadtplatz, der aber erst nach Einebnung der Stadtgräben unter Bürgermeister Kink 1865 sein heutiges Gesicht bekam. Im 19. Jahrhundert wuchsen die Außenbezirke im Zusammenhang mit der voranschreitenden Industrialisierung durch das große Zementwerk bei Endach (1842), den Eisenbahnanschluß 1858 und vor allem durch die sportliche Erschließung des Kaisergebirges. Von 4500 Einwohnern um 1900 stieg die Zahl auf 12000 heute.

Die Gegend um Kufstein gehört zu den ältesten Siedlungsgebieten Tirols. In der Tischoferhöhle am Eingang zum Kaisertal, knappe zweieinhalb Kilometer Luftlinie vom Kufsteiner Rathaus entfernt, wurde eine jungpaläolithische Jägerkultur nachgewiesen, die hier um 3000 vor Chr. geblüht hat. Später, im 3. und 2. Jahrtausend, war die Höhle ebenfalls bewohnt. Um 1500 vor Chr. gilt das auch für den Stadtberg und den Zeller Berg auf der anderen Innseite. Die unvermeidlichen Römer müssen auch im Kufsteiner Gebiet zitiert werden. Sie saßen in Albiacon, heute Eichelwang, wo aller Wahrscheinlichkeit nach die Römerstraße vom nördlichen auf das südliche Flußufer übersetzte und noch bis ins 20. Jahrhundert eine Fähre dem Genius loci treu blieb. Genau dort quert die Autobahn heute den Inn.

Die erste urkundliche Erwähnung Kufsteins geschieht 788 im ›Indiculus Arnonis‹, dem schon erwähnten Güterverzeichnis aller dem Erzstifte Salzburg unterstehenden Kirchen. Da erscheinen auch das Klösterchen Zell, von Cellula, und der Ort ›Caofstein‹, ferner Erl, Ebbs mit Niederndorf und noch andere Orte im Unterinntal. Allerdings wissen wir, daß sich das Gebiet von Zell schon seit 738 in freisingischem Besitz befand. Diese Bistumsgrenzen hatte damals der Heilige Bonifatius gezogen.

Als Karl der Große 788 Baiern dem Frankenreich einverleibte, stellte er seinen Schwager Gerold als Praefectus Bavariae an die Spitze der Landesverwaltung. Der Name Geroldseck läßt vermuten, daß er mit jenem Manne in Verbindung steht und daß schon damals, zu Gerolds respektive Karls Zeiten, hier eine Burg auf dem Felsen gestanden habe. Unmöglich ist es keineswegs, Beweise gibt es bis jetzt keine. Nachdem die Bezeichnung vor dem 16. Jahrhundert aber nicht vorkommt, verweisen manche Forscher darauf, daß auf einem Tumbarelief am Maximiliansgrab in Innsbruck die Belagerung Kufsteins wie auch die von Hohenburg-Geroldseck bei Offenburg in Baden auf einer Tafel zusammen dargestellt worden sind und daß sich die Bezeichnung in einer Art topografischer Verwechslung erst von daher ableite.

Sicher zu Recht nimmt man an, daß Kufstein via Zell von Salzburg aus missioniert worden ist, was nach obigen Überlegungen noch bis in die Zeiten des Heiligen Rupert zurückreichen könnte, und ich möchte dabei besonders darauf hinweisen, wie ähnlich die beiden Gründungskirchen, Sankt Peter in Salzburg und die Pfarrkirche in Kufstein, plaziert sind: Beide stehen am Fuße eines großen Felsens, der eine Burg trägt.

Bereits die früheste Anlage der *Festung* war wehrpolitisch für beide Seiten – für die draußen in Bayern und die drinnen, hinter Kufstein in Tirol, Regierenden – sehr wichtig. Kaiser Ludwig der Bayer befreite Kufstein von der landesfürstlichen Gerichtsbarkeit, verlieh dem Ort ein Niederlagerecht für alle zu Lande oder Wasser transportierten Waren gegen die Verpflichtung, die Innbrücke zu erhalten und zu bewachen. 1356 wurde Kufstein Markt, 1373 erhielt es Steuerfreiheit, und am 11. Januar 1393 verlieh ihm Herzog Stefan der Jüngere von Bayern das Stadtrecht. Seit 1374 läßt sich die silberne Salzkufe als Wappen nachweisen.

Im 15. Jahrhundert muß die Burg erneuert worden sein. An Stelle des jetzigen Kaiserturms stand ein viereckiger Bergfried, ihm schräg gegenüber ein Torturm. 1490 war Kaiser Maximilian nach Abdankung seines Vetters Sigmund Landesfürst von Tirol geworden. Als der niederbayrische Zweig der Wittelsbacher 1503 ausstarb und zwischen den beiden restlichen Linien Bayern-München und Kurpfalz der sogenannte Landshuter Erbfolgekrieg entbrannte, stellte sich Maximilian auf die Seite seines Schwagers Herzog Albrecht von Oberbayern und besiegte die Pfälzer. Als ›kleines Interesse‹ mußte ihm Bayern für die Hilfe in diesem teilweise sehr grausam geführten Kampf die drei damals zu Niederbayern gehörenden Gerichte Rattenberg, Kitzbühel und Kufstein abtreten. Zunächst ließ sich der niederbayrische Burghauptmann Hans Pienzenauer vom Kaiser in seinem Amt bestätigen. Als aber die mit Niederbayern verbündeten Pfälzer in das Inntal eindrangen, öffnete er seinen ehemaligen Herren angeblich für ein Geldgeschenk von 30000 Gulden die Burg. Als Maximilian im September nach Kufstein zurückkehrte, kam Pienzenauer der Aufforderung nach neuerlicher Übergabe nicht nach. Es folgte die denkwürdige Belagerung von Stadt und Burg durch den Kaiser vom 30. September bis 17. Oktober 1504. Am 5. Oktober fiel die Stadt, nachdem sich ihr Hauptmann Mamolt auf die Burg zurückgezogen hatte. Maximilian war mit 9000 Mann durch das Achental herangezogen und lagerte jenseits des Inns bei Zell. Von dort aus brachen schließlich die beiden Riesengeschütze ›Weckauf in Österreich‹ und ›Purlepaus‹, die der Kaiser von Innsbruck hatte kommen lassen, die Mauern und den Mut der Besatzung. Der Pienzenauer und einige seiner Hauptleute wurden nach dem Fall der Burg wegen Hochverrats hingerichtet. Der in solchen Dingen gar nicht zimperliche ›letzte Ritter‹ sah bei der schaurigen Exekution zu. Maximilian zog auch eine militärische Lehre aus dem Widerstand der Burg und ließ sie nach neueren Gesichtspunkten wiedererrichten. An Stelle des viereckigen Bergfrieds trat in vierjähriger Bauzeit bis 1522 der riesige runde Kaiserturm, das Wahrzeichen Kufsteins und das mächtigste Denkmal Maximilians überhaupt. Errichtet hat ihn des Kaisers Burgenbaumeister Michael Zeller, gekostet hat er 7000 Gulden.

Während des Schmalkaldischen Krieges wurde die Kufsteiner Vorstadt 1546 eingeäschert, und 150 Jahre später, im Spanischen Erbfolgekrieg, brannte 1703 die ganze Stadt ab. Das Feuer griff von den Vorstädten auf die Stadt über, lief den holzgedeckten Burgaufgang hinauf bis zum Pulvermagazin, das auch prompt explodierte. Inzwischen waren die Bayern in die Stadt eingedrungen und erhielten nun einen Flammen- und Aschenregen auf ihre Köpfe, während die Kufsteiner ins Freie flüchteten. Von jenseits des Inns sahen sie unter lauten Klagen dem Untergang ihrer Heimat zu. Damals verbrannten mit dem Rathaus zusammen auch alle Archivalien, ein für die Historiker bitterer Verlust. Die Einnahme der Festung gelang nur durch listigen Einstieg eines bayrischen Trupps von fünfzig Mann durch ein zufällig offengelassenes Fenster, durch das man das Brot hineinzureichen pflegte.

Freilich gelang es den Tirolern im Verlauf der nächsten fünf Monate, den Feind wieder aus dem Land zu drängen, aber in der Festung Kufstein waren die Bayern aufmerksamer als die Tiroler, die monatelang vergeblich vor ihr lagen. Erst ein Separatvertrag zwischen Österreich und Bayern hatte den Abzug der Besatzung zur Folge.

In den Franzosenkriegen teilte die Feste das Los des Landes. Aber obgleich die Tiroler sonst mehrfach siegreich blieben, vermochten sie die bayrische Besatzung nicht aus der Festung Kufstein zu vertreiben. So belagerte man denn neuerdings, mußte aber immer wieder der bayrischen Macht weichen, wenn sie anrückte und die Festung neu verproviantierte. Manchmal ging es dabei ganz gemütlich zu. So notiert der bayrische Festungskommandant Aicher am 25. Juni 1809 in sein Tagebuch: »Einige Aufständische sah ich in der Klause Kegel schieben. Sogleich wurde ein Geschütz gegen sie abgefeuert, und sie ließen sich den ganzen Tag nicht mehr sehen.« Als 1815 Tirol zu Österreich zurückkehrte, wurde auch die Rückgabe Kufsteins und besonders seiner Festung bestimmt.

Steigen wir nun zur Festung hinan! Freilich gibt es längst einen Lift hinauf in die Kasematten, der mit fünf Metern pro Sekunde die achtzig Meter Höhe spielend überwindet, aber ich denke, eine Festung will auch heute noch erobert sein.

Zunächst tritt man in einen kleinen Hof, in dem der Spieltisch der Heldenorgel untergebracht ist. Sie wurde 1931 im

Bürgerturm aufgestellt und erklingt täglich zur Erinnerung an alle Gefallenen des Ersten Weltkrieges. Man kann auf langen Bänken regengeschützt sitzend den Organisten durch die Fenster seines Häuschens bei seinem Spiel beobachten und gleichzeitig die Musik gut fünfzig Meter höher aus dem Turm herabtönen hören.

Dann geht es hinan über die 300 Stufen der gedeckten Zickzackgänge, in denen es so zieht wie seinerzeit in den alten offenen Kegelbahnen vor einem Gewitter. Man kommt an dem ominösen Einstiegsfenster der Bayern vorbei, wo eine Gedenktafel an den ›Genie Major Tardif‹, seine vier Offiziere und fünfzig Grenadiere erinnert, die das Husarenstück 1703 unternommen haben. Es spricht für die tolerante Gesinnung der Kufsteiner, daß sie die Erinnerungstafel an die Großtat des ›Feindes‹ hier dulden. Man passiert dann den Festungsneuhof mit dem Bürgerturm, in dem jetzt das Pfeifenwerk der Heldenorgel steht. Dann macht ein Schild darauf aufmerksam, daß hier in der ›Unteren Schloßkaserne‹ der Kufsteiner Trachtenverein ›d'Koasara‹ hausen. Geradeaus gelangt man in das weite, langgestreckte System der Bastionen, die seit Kaiser Maximilian I. bis ins Hochbarock nach und nach errichtet wurden und den ganzen langgestreckten Felsen überziehen.

Wenn man höher hinaufsteigt, kommt man schließlich in den unregelmäßigen Innenhof, der ungefähr die Ausdehnung der mittelalterlichen Burg erkennen läßt. Der Kaiserturm ist von hier aus gleichermaßen imponierend wie von den Kasematten her. Seine Mauern sind siebeneinhalb Meter stark, aber trotzdem besteht noch eine lichte Weite von zwanzig Metern Durchmesser im Innern. In drei Geschossen konnten verschiedene schwere und schwerste Geschütze übereinander›getürmt‹ werden, auch das oberste Geschoß war ehemals durch mehr als doppelt so viele Öffnungen wie heute zinnenartig durchbrochen. Dieser nach allen Seiten hin feuerspeiende Igel war und blieb uneinnehmbar. Die Festungsbaumeister, die in der Zeit nach Maximilian I. hier tätig waren – besonders der Italiener Balthasar Lavianello, der auch die Stadt neu befestigt hat, wie auch Donat Apeller, der für Kaiser Ferdinand I. gearbeitet hat –, richteten ihr Augenmerk besonders auf die Erweiterung der Bastionen; aber erst 1740 ist die Festung durch den Hofbaumeister Johann Martin Gumpp dem Jüngeren auf den letzten Stand gebracht worden.

Heute beherbergt sie das Kufsteiner Heimatmuseum, das man schon wegen der Funde aus der Tischoferhöhle, die hier gezeigt werden (und von denen im nächsten Kapitel noch berichtet werden wird), besuchen sollte. Beim Gang durch die Festungsräume findet man auch Erinnerungen an berühmte Gefangene, die da wortwörtlich in Ketten lagen. Deren berühmtester war der ungarische Räuberhauptmann Rosza Sándor, der von 1859 bis 1865 in Zelle 13 saß. Wegen dreizehn Morden wurde er 1859 zum Tode verurteilt, aber vom Kaiser begnadigt. Nach seiner Entlassung betätigte er sich sofort wieder kriminell, wurde neuerdings, diesmal lebenslänglich, verurteilt und starb 1878 zu Gherla in Rumänien. Auch die patriotisch gesinnte ungarische Gräfin Blanka Teleki von Szèk saß zwischen 1853 und 1857 im Kaiserturm vier von zehn Jahren ›Festung‹ ab, zu denen sie für ihr nationales Eintreten 1848 verurteilt worden war. Sie starb nach ihrer Amnestie in Paris.

Das Heimatmuseum mildert im übrigen den martialischen Eindruck der alten Kriegsmaschinerie, die all ihrer Romantik, falls sie einst welche gehabt haben sollte, beraubt worden ist. Nur die spielenden Kinder und die strickenden Großmütter und das Gras, das über die Bastionen wächst, versöhnen etwas mit dem Aufwand, der hier aus kriegerischen Zwecken getrieben worden ist. Und natürlich die Aussicht, besonders über den Inn hinüber auf den Zeller Berg, die Gegend von Langkampfen und nach Nordosten gegen den Thierberg.

Es bleiben uns noch die Kirchen Kufsteins zu besichtigen. Die *Pfarrkirche zum Heiligen Vitus* ist enttäuschend. Der älteste Teil, der Chor, stammt aus der Zeit um 1400, hat aber mancherlei Veränderungen erlebt und wird heute nur mehr durch ein einziges Fenster von Süden her erhellt. Das saalartige Langhaus ruht auf sechs achteckigen Tuffpfeilern, die durch gurtförmige, wenig profilierte, breite Spitzbögen verbunden sind. Sie waren wohl der letzte Rest nach dem verheerenden Stadtbrand von 1703, der auch die Kirche nicht verschont hat. 1850 verlängerte man das Schiff vom letzten Bogenscheitel um das halbe Joch für die Empore nach Westen. Rudolf Stolz aus Bozen bemalte 1931 die Wölbung des Mittelschiffes mit großen Heiligenfiguren im Egger-Lienz-Stil, was vollends zur Auflösung einer einheitlichen Raumstruktur geführt hat. Der Franzose Hilarius Duvivier schuf 1605 eine große Kreuzabnahme, eine manieristisch unangenehme, gekünstelt wirkende Darstellung. Am meisten Beachtung verdienen noch die Grabsteine an den Außenwänden. Im Süden steht der vielleicht ehemals sogar als Deckel eines Hochgrabes verwendete Stein des 1493 gestorbenen Kufsteiner Bergwerksbesitzers Hans Paumgartner, geschaffen von Wolfgang Leeb aus Wasserburg am Inn. Es ist eine sehr detailreiche Arbeit, die das prächtige spätgotische Wappen und den verwesenden Leichnam des Bergherrn zeigt, dazu den kaum mehr lesbaren Mahnspruch ›Arm und reich bern [werden] all dem pild geleich‹.

An der Nordwand sieht man das Grabmal des frommen Ritters Carl Freiherr von Schurff zu (Maria-)Stain, der 1628 gestorben ist, geschaffen von Balthasar Maß aus Rosenheim. Schurff war Hauptmann des Gerichtes Kufstein. Hier ist der Verstorbene sehr lebendig, ganz im Sinne der Renaissance in vollem weltlichen Harnischprunk, vor einer Kreuzigungsgruppe, die in einem Wolkenkranz am Himmel erscheint, betend dargestellt. Porträthaft sind der kahle Schädel des Greises, der nur mehr seitliche Lockenpartien trägt, und auch der modische Doppelbart wiedergegeben. Die breite Schärpe flattert im Winde, große Sporen stehen von den Schuhen ab, wir sehen das Regiment, die Harnischhandschuhe und auf einem Tischchen auch den Helm. Schurff war ein wichtiger Mann für die kulturelle Entwicklung Tirols.

Auch die Nordseite der zweiten Kufsteiner Kirche, die gleich neben der Pfarrkirche steht und der *Heiligsten Dreifaltigkeit* geweiht ist, zeigt zahlreiche Grabsteine, ja der Kirchensockel ist geradezu tapeziert mit ihnen. Einen besonders typischen für Zeit und Leben von damals sollten wir lesen: *Caspar Dreyling zu Wagrain, Fyrstlicher Durchleicht Erzherzog Ferdinandi zv Osterreichs Rath auch Perckh vnd Schmölzher zv Schwaz vnd Rattenperg deme seine Shöne vnd Tochter Hans Uelrich die Dreyling vnd Ana von Killenperg geporne Dreylingin, dise Gedechnus mit sambt seiner vier Ehehausfrawen Wappen hieherstöllen lassen, ist allhier in Gott verschiden den 24. Tag Augusti im 1599 Jar seines Alters im 70. Jar.*

Die Dreifaltigkeitskirche stiftete 1500 der Kufsteiner Bürger Christian Weinräutl. Sie diente von 1681 bis 1810 den Augustinern als Hospizkapelle. Auch sie sank 1703 in Schutt und Asche und lag 15 Jahre als Ruine da. Die nachfolgende Renovierung führte Stadtbaumeister Martin Bock durch. Dabei war vom alten Kirchenbau praktisch nur mehr der Grundriß zu verwenden. 1765 entstand ein vielfiguriger Hochaltar, der ›größere‹ und ›kleinere‹ Heilige des Ordens vom Heiligen Augustinus samt dessen Mutter, der Heiligen Monika, als plastische Figuren zeigt. In der Gruftkapelle unter der Kirche gibt es ein hübsches Rokokogitter zu sehen, sonst herrscht hier Wüste!

Auch Kufstein hat große Männer hervorgebracht, deren es wenigstens kurz zu gedenken gilt. Da ist der älteste von ihnen, der Erfinder der Nähmaschine, Josef Madersberger (1768 bis 1850), dem 1903 drei einschlägige Fabrikanten aus Wien in der Kinkstraße ein Denkmal setzten; ferner Dr. Matthäus Hoefrater (1817-1896), der sein Denkmal in Verbindung mit einem Brunnen zwischen Rathaus und Kirche erhielt. Dieser Pfarrer von Kufstein hatte weit über seine Pflichten hinausreichende pädagogische Interessen, die ihn 1870 den ersten Kindergarten Tirols und 1872-1873 die erste Bildungsanstalt für Kindergärtnerinnen in Österreich gründen ließen. Hingegen fand der posthum berühmte Nationalökonom Friedrich List in Kufstein ein bedauernswertes Ende. Der 1789 in Reutlingen geborene Schwabe endete hier am 30. November 1846 durch Selbstmord. Nach großen Enttäuschungen als verkannter Prophet in der Heimat wanderte List 1825 nach den USA aus, wo ihm große Erfolge zuteil wurden. Nach sieben Jahren mit neuen Erwartungen nach Deutschland zurückgekehrt, blieb ihm die Anerkennung in der Heimat weiterhin versagt, und in tiefer Depression schied er aus dieser Welt. Sein Denkmal von Norbert Pfretschner wurde 1906 am Waldrand südlich der Stadt aufgestellt. Man sollte es besuchen.

Spazierwege rund um Kufstein

Kufstein besitzt eine sehr reizvolle Umgebung, besonders zu Füßen der Berge südlich der Stadt. Hier gibt es seit früheren Zeiten verschiedene Spazierwege, die auch heute noch – oder gerade wieder, da sie weitgehend verlassen daliegen – empfehlenswert sind. Hinzuweisen ist auf die eindrucksvolle Kienbergklamm, ferner auf den Hoerfarterweg, der bis zur Dikkichtkapelle führt und den man ohne Mühe bis zum Duxer Köpfl fortsetzen kann, von einladenden Gasthöfen und Jausenstationen gleichsam immer wieder weitergereicht. Mit den Sesselliften haben sich dann freilich andere Perspektiven eröffnet.

Zu Kufsteins näherer Umgebung zählt auch die *Tischoferhöhle* am Eingang zum Kaisertal. Der Name dürfte auf die Dialektbezeichnung ›Die Schofer Höhle‹, die Höhle der Schäfer, zurückgehen. Sie liegt achtzig Meter über dem Bach, reicht sechzig Meter in den Berg und ist bei acht Metern Höhe gut deren zwanzig breit. In der zwei bis drei Meter dicken Lehmschicht des Höhlenbodens fand 1906 Professor Max Schlosser aus München Reste von 200 erwachsenen und 180 jungen Höhlenbären. Ferner kamen Tonscherben zutage, verkohlte Getreidereste, Menschenknochen, Steingeräte und Bronzewerkzeuge. Vereinzelt ergrub man auch Skelettreste ganz seltener Tiere: einen Höhlenlöwen, mehrere Höhlenhyänen, Rentiere, aber auch Fische, Wölfe, Steinböcke und Gemsen. An menschlichen Skeletten fand man sieben Erwachsene, zwölf Jugendliche und fünfzehn Kinder. Man datiert den Aufenthalt der Menschen bereits in die Bronzezeit, also in die Jahre zwischen 2500 und 1500 vor Chr., wogegen über die älteste Datierung der Funde keine einheitliche Meinung besteht. Möglicherweise reichen einzelne Funde bis in die letzte Eiszeit zurück. Eine ebenso große Höhle, weiter drinnen im Kaisertal, dort, wo der Straßwalchener Graben vom Süden herkommt, ist noch nicht genau erforscht worden.

Auch nördlich vom Inn liegt eine hübsche und gern besuchte Nahumgebung der Festungsstadt. Da ist vor allem *Thierberg* zu nennen. Es waren wohl die Freundsberger aus Schwaz, die im 12. Jahrhundert hier eine Speicherhütte errichteten, aus der sie gegen 1300 eine Burg machten. 1303 wird sie als ›erstürmt‹

erwähnt, wir wissen jedoch nicht, durch wen und warum. 1319 wird sie zusammen mit Kufstein, Ebbs und Kitzbühel vom oberbayrischen Herzog Ludwig als Pfand an die niederbayrischen Vettern gegeben. 1504 fällt sie durch Kaiser Maximilian samt Kufstein an Tirol. Bereits im 16. Jahrhundert beginnt ihr Verfall, der zwar immer wieder aufgehalten und durch Neubauten für einige Zeit behoben werden kann, der sich aber schließlich durchsetzt, so daß heute nur mehr eine Ruine vorhanden ist.

Ansehen erlangte der Thierberg durch die Johanneskapelle der alten Burg, die sich seit 1600 wachsender Beliebtheit als Gnadenort erfreute, so daß 1676 hier sogar eine Bruderschaft gegründet wurde. Im 18. Jahrhundert ziehen häufig Bittprozessionen von Thiersee und Kufstein auf den Berg, und 1811 wird eine Marienstatue als neues und offenbar zeitgemäßeres Gnadenbild aufgestellt. Aber damit schien der Genius loci nicht einverstanden. Statt eines weiteren Erstarkens der Wallfahrten scheint das Gegenteil der Fall gewesen zu sein. Die verwischten Konturen des eigentlichen Gnadenursprungs, die rührige Konkurrenz des ›echten‹ Marienortes Mariastein und des entfernteren Georgenbergs, brachten es dahin, daß die Waller ausblieben und nur mehr ein Klausner nahe der Kapelle lebt und diese besorgt.

Ein Spaziergang auf den Thierberg ist aber immer noch sehr lohnend. Allerdings kriecht der ›Fortschritt‹ in Form der vielbesprochenen Energie über die Hänge als gigantische Überlandleitung und im Boden als Pipeline, kenntlich an den zahlreichen orangefarbenen Metallpilzen. Zwischen Kreuzwegstationen schreitet man gesammelt dahin und gelangt dann in ein liebliches Buchenwäldchen, in dem im Frühjahr Hunderttausende von Veilchen blühen.

Oben am Gnadenort wird man zu entsprechenden Gedanken ermahnt, auch die Barmherzigkeit auf harte Probe gestellt, denn Opferstöcke hats in der Kapelle genug, man möchte sagen: schier auf jedem Quadratmeter einen. Sie sind zwar säuberlich nach Verwendungszwecken unterschieden, aber wahrscheinlich münden sie schließlich doch alle im selben Rayon. Einer gehört dem Klausner, der sich gemütlich brummend und bärtig, wie es sich gehört, sehen läßt; ein anderer Opferstock gilt der Kapelle, in einen weiteren wirft man für Ansichtskarten ein, und ein besonders großer und schöner steht neben der Muttergottes innerhalb des Gitters.

Erhebt man den Blick gegen die Empore, so hängen da an zwei langen Stangen wie Maiskolben aufgereiht Hunderte von wächsernen Votivgaben. Es ist die Ernte der Wunderkraft: Gliedmaßen, Herzen, Pferde, Wickelkinder, Köpfe, Männlein, Weiblein, alles, was da geheilt werden wollte und sollte und wurde.

Die Kapelle selbst als bedeutendster Rest der alten Burg wurde zweigeschossig wiederhergestellt, so wie es früher in manchen Burgen üblich war. Im Erdgeschoß betete das Volk, im Oberstock der Adel. Die heutige Ausstattung geht auf das 18. Jahrhundert zurück. Drastisch, weil vollplastisch rund, wirkt die Johannesschüssel mit dem abgeschlagenen Kopf des Täufers. Die Eltern des Märtyrers stehen seitlich am Altar. Auch der folgenschwere Tanz der Salome fehlt nicht. Michael Waginger aus Kufstein hat ihn 1702 zusammen mit der ganzen Johannesgeschichte auf einem großen Ölbild dargestellt. Eine ausschweifende Phantasie hat er nicht gehabt, der wackere Waginger! Tirolische Patrioten haben indessen mit gemischten Gefühlen hinter dem Thron des Herodes die Fahnen des deutschen Kaisertums, Tirols und das Panier der Tiroler Schützen, Weiß-Grün, entdecken müssen!

Noch 1905 konnte man den alten Bergfried besteigen und von seiner Plattform aus einen herrlichen Rundblick genießen. Damit ist es heute vorbei.

Nördlich des Thierberges liegen in kleinen Bodenwannen, die der Inntalgletscher auf seinem Rückzug hinterlassen hat, einige kleinere und größere Gewässer: Pfrillsee, Längsee und Hechtsee. Hier marschierten die tirolischen Mammute herum. 1932 fanden Arbeiter beim Bau der neuen Hechtseestraße einen Stoßzahn dieser Tierart. Die wackeren Werker hielten ihn für einen Ast und sägten ihn säuberlich in Stücke, die man heute im Heimatmuseum auf der Festung bewundern kann. Die Gelehrten sprachen dem alten Zahn eine Länge von einem Meter zu und datierten ihn in die letzte Zwischeneiszeit.

Von den genannten Seen ist der Hechtsee der größte. Er ist ein unheimlicher Bursche: Als am 1. November 1755 das große

Erdbeben von Lissabon die Stadt am Tejo verwüstete und 32000 Tote forderte, da stieg der Hechtsee am selben Tage einige Stunden später unter großer Wallung empor und warf Schlamm und Unrat ans Ufer. Und als am 31. März 1761 kurz nach zwölf Uhr Mittag Lissabon neuerlich von heftigen Erdstößen erschüttert wurde, da barst wenige Stunden darauf die Eisdecke, die den Hechtsee noch bedeckt hielt, und er stieg wieder von der Mitte ausgehend übers Ufer und hat »ohnerachtet dessen Helfte noch gefrohren, und mit einem dicken Eis bedeckt war, sich abermalen aufgebäumet, das dicke Eis zerrissen, auch einen graußlichen Schlamm und Wust hervorgebracht«. Der Fischer konnte sich nur mit Mühe in Sicherheit bringen. Übrigens hatten auch andere Tiroler Seen an den Tagen der Lissaboner Beben Wirkung gezeigt, so der Achensee, der für vierundzwanzig Stunden um einen Meter absank.

Schon vor Jahrhunderten hat man am Hechtsee das Phänomen seiner wechselnden Farbe bemerkt: dunkelblau im April und Mai, im Juni grün, dunkelbraun im Juli, im August fast schwarz, im Oktober und November hell und klar, dann friert er zu. Sein Name kommt nicht von den Hechten, sondern vom See auf der ›Heche‹, der Höhe des Buchberges, auf dem man für das Mittelalter eine Burg mutmaßt. Das Volk führt den Namen des Wassers auf die Fee Hechta zurück, die hier gehaust haben soll und ihren ungetreuen Liebsten, einen Hirten, samt seiner Herde im herbeigezauberten Wasser habe versinken lassen. Heute noch hört man sie aus der Tiefe rufen: »Ergründst du mich, so schlind' ich dich!«

Seit 1911 gehört der Hechtsee der Stadt Kufstein und ist ein zu beliebter Badesee geworden. Sechsundfünfzig Meter mißt er an seiner tiefsten Stelle, dort, wo man früher eine unterirdische Wasserader zu den Weltmeeren vermutete, siehe Lissabon. An frühen Sommermorgen ist der See aber manchmal noch das einsame, stille Wasser, von sanften Waldhängen umgeben, von kühler, belebender Frische.

Auf der neuen, gut ausgebauten Bundesstraße gelangt man in weiten, zum Teil aussichtsreichen Kehren zwischen Pfrill- und Längsee hindurch über den Aussichtspunkt Marblinger Höhe nach Thiersee. Die Gemeinde besteht aus den Dörfern Vorder- und Hinterthiersee, wobei dem Tourismus unserer Tage entsprechend Vorderthiersee das Hauptgewicht hat. Ursprünglich hieß der See Schröcksee nach dem Bauernhof, der noch heute am Südufer steht. Auf ihn stieß man zuerst, solange der Hauptweg durch den Wald zwischen Maistaller Berg und Pendling heraufführte.

Vorderthiersee schmiegt sich an einen sonnigen Südhang über dem Nordostufer des Sees, der an seinen Westgestaden die unvermeidliche, viel zu große Wohnwagenkolonie der Wassersportler dulden muß. Die Kirche steht hoch über dem Ort im Westen, auf dem Weg nach Hinterthiersee. Vor ihr fanden die traditionsreichen Passionsspiele in einer einfachen Holzhütte statt. Die Thierseer gelobten nach überstandenen Kriegswirren 1799, alle drei Jahre in der Fastenzeit dreimal das Leiden und Sterben Jesu Christi darzustellen. Der Ertrag freiwilliger Gaben sollte zur Errichtung eines Heiligen Grabes dienen. Die Zuschauer saßen ursprünglich im Freien vor der ›Komedihütten‹, zwischen Kirche und Gasthaus. Als Text verwendete man offenbar den aus dem nachbarlichen Oberaudorf, woher auch der Spielleiter Sebastian Pichler, ein Schuster, kam. Fünfzig Personen des Stückes wurden von vierundzwanzig Laien dargestellt, wobei ganze Sippen vom Großvater bis zum Kleinkind mitwirkten. 1803 trat ein Osterspiel, das ein Augustinerpater verfaßt hatte, als zweiter Teil hinzu. Es enthielt volkstümliche Teufelsszenen und war gespickt mit theologischen Belehrungen.

1805 schrieb die ›Nationalzeitung der Deutschen‹: *Am Palmsonntag und am grünen Donnerstag wurde zu Thiersee in Tirol das ganze Leiden Christi in einer bretternen Hütte, der Kirche gegenüber, als Komödie aufgeführt. Das Zuströmen der Tyroler und benachbarten Bayern war außerordentlich. Auf einer elenden Bühne wurde der heiligste Gegenstand der Religion durch Lächerlichkeiten, Dummheiten und Zoten entheiligt und das alles im Jahre 1805!*

Die Folge dieser Verkennung des Thierseer Stiles war für das Spiel verheerend. Es schloß sich eine obrigkeitliche Untersuchung nach der anderen an, da man in der Hauptstadt Wien die Befürchtung hegte, daß das Ausland »das Rückschreiten der Bewohner der österreichischen Monarchie in der wahren Kultur zu beurkunden suche«.

Die Thierseer verteidigten sich und ihr Stück zunächst gegen Wien, dann nach 1805 gegen Bayern als »seriöses Stück mit würdiger Ausdrucksweise ohne Possenreißerei«; es gleiche vielmehr einer »Kanzelrede für Moralität«. Sie erreichten aber immer nur kurzfristige Spielerlaubnis, die dann bald schon widerrufen wurde.

1854 wurde ein neues Spielhaus erbaut, in dem 1865 eine weitberühmte Aufführung stattfand. Glücklicherweise hat sich davon der Bericht eines objektiven Augenzeugen erhalten, nämlich von Ferdinand Gregorovius, der zufällig gerade in Kufstein Station gemacht hatte und zum Spiel nach Thiersee kam. Er schrieb in der ›Innzeitung‹: *Menschenscharen strömten herbei ... nichts Primitiveres als das Schauspielhaus konnte gesehen werden ... die Zuschauer lauter Tyroler Bauern und Bäuerinnen, etwa tausend an der Zahl ... alles Volk rauchte aus dicken langen Pfeifen, die Hüte unerschütterlich auf den Köpfen ... während des ganzen langen Schauspieles (es hatte 10 Akte und dauerte von der Frühmesse bis 6 Uhr nachmittags) saßen diese Bauern still und schweigend da, oft augenscheinlich ergriffen. Nur selten kicherten die Mädchen ... sie kannten ja alle Bauernburschen, welche jetzt plötzlich in wunderlichen Gewändern als Patriarchen oder Apostel oder römische Ritter vor ihnen dastanden und hochtönende und bombastische Reden in Versen deklamierten ... Jesus, der größte Mann überhaupt unter allen Spielern, überragt sie um Haupteslänge als ein Volksherzog, wie ein altdeutscher Heliand. Ein schöner junger Bauer stellte ihn wider Erwarten gut vor ... sie sprechen in Plattversen, deren große Einfalt dem Dargestellten auf das beste entspricht und das Ganze mit einem altertümlichen Hauche umgibt. Ihr Vortrag ist ohne Akzent, völlig monoton ... die gedämpften Worte fallen in einem und demselben Takt wie Regentropfen; dies bringt die Einheit in das ganze Wesen und eine dauernde Wirkung ... Zwei Engel treten auf; große derbe Bäuerinnen in weißen Kleidern ... ihr Wiedererscheinen in derselben Gestalt, mit schöner Melodie bringt etwas Episches in die*

Handlung und wirkt tröstend, beruhigend und versöhnend. Es war mir immer, als erschiene die Sonne wieder, wenn diese zwei dörflichen Engel auftraten und in ihrer treuherzigen Mundart ihr schlichtes Lied sangen ... Der Satan, immer hinter des Judas Rücken, tanzend als Rüpel wie ein Affe, mit den Händen um das Haupt manipulierend, ins Ohr raunend. Meisterhaftes Spiel; die gelungenste aller Szenen, tiefsinnig, wahrhaftig ergreifend wie ein Gedanke Shakespeares ... die gesamte Poesie hat nichts aufzuweisen, was der prometheischen Erhabenheit der Nachtszenen auf dem Ölberg an Größe nur im entferntesten ähnlich wäre ... weder am Schlusse nach der Himmelfahrt Christi noch während der ganztägigen Vorstellung wurde Beifall geklatscht. Nie hat eine Schauspielertruppe irgendwo in der Welt so wenig Ansprüche erhoben und nirgends ein so zurückhaltendes und doch so aufmerksames und sicherlich auch innerlich bewegtes Publikum vor sich gehabt als jene in Thiersee. Ich verließ den Ort mit Befriedigung, eine höchst seltene kulturhistorische Merkwürdigkeit erlebt und einen vollkommenen Genuß gehabt zu haben ...

Gregorovius' Bericht ist wesentlich länger, als wir ihn hier wiedergeben können. Besonders die Szene der Muttergottes unter dem Kreuz, dargestellt von einer gestenarmen Sennerin, erinnerte ihn an die Kreuzigungsbilder von Cranach und Schongauer. Wahrscheinlich hat auch Adolph von Menzel das Thierseer Bauerntheater besucht, jedenfalls geht das wohl im Berliner Atelier entstandene und in der Literatur als ›Kufsteiner Bauerntheater‹ bekannte Bild auf Eindrücke von seiner Tirolreise im Jahre 1859 zurück. Dem unbestechlichen Menschenschilderer ging es jedoch nicht um die Vorgänge auf der Bühne, sondern um die Charakterstudien der in der einfachen Bretterbude hockenden Zuschauer.

1926 entstand der heutige Neubau der Bühne, immer noch schlicht, äußerlich einer Scheune gleich, im Innern durch eine hölzerne Spitzbogentonne, unter der 1200 Zuschauer Platz finden, gewölbt. Die Bühne kann zum See geöffnet werden – das Bild von Genezareth stellt sich ein.

Hinterthiersee wirkt geschlossener als Vorderthiersee. Unter dem alten Kirchturm vom Erstbau um 1315 rieselt eine jahrhundertealte Quelle hervor. Die Kirche wurde 1684 wohl von der Schlierseer Bauwerkstatt erneuert. Der Pfarrwirt, einst als Gasthaus ›Vicari‹ zwischen beiden Orten gelegen, hat sich erhalten. Ihm gegenüber steht ein königlicher Bauernhof auf einem Hügel.

Das Thierseer Tal zieht nördlich der Marblinger Höhe nach Bayern hinaus, sein Zugang vom Tiroler Inntal her ist eher erzwungen, er entspricht nicht den natürlichen Gegebenheiten. Die zahlreichen großen Einzelhöfe zeigen deutlich, daß es einst durch Schwaigen besiedelt worden ist, wobei auch der Holzschlag samt den Triften eine bedeutende Rolle gespielt hat.

Man kann nach halsbrecherischer Fahrt von Hinterthiersee hinab ins Glemmbachtal nach *Landl* vorstoßen oder etwas ungefährlicher von Vorderthiersee übers Schmiedtal dorthin kommen. Das Schmiedtal und seine Wälder sind noch sehr einsam. Die Almen liegen vom Tal aus unsichtbar weit ›im Berg‹, aus den Wäldern herausgerodet, die Staatsgrenze gegen Deutschland läuft am nördlichen Kamm. Man kann sich in dem engen Tal auch noch hinter Landl ein gutes Bild davon machen, wie sauer es die Landesverteidiger 1809 den Franzosen und Bayern machten, hier vorzudringen. Jakob Sieberer, k.k. Major, wurde 1766 in Landl geboren, er hat da auch sein Denkmal. 1814 starb er in Trient.

Als ich Landl im Mai 1979 besuchte, begannen eben die ersten Schneeglöckchen zaghaft zu blühen. »Ein Stück Wiesengrund zwischen hohen Bergen mit einem Kirchlein und ein paar Häusern; das ist Landl«, so steht es in einem Kufsteiner Fremdenführer um die Jahrhundertwende zu lesen. Es hat sich kaum etwas verändert. Der Turm der Kirche steckt wehrsam in der Westfassade, und den Gasthof Post, Landl Nr. 26, gibt es schon seit dem 16. Jahrhundert. Erzherzog Ludwig Viktor besaß hier ein Jagdschlößchen.

Von Landl führt ein Übergang zur Erzherzog-Johann-Klause im Brandenberg, einsam und erholsam, und von Landl wars schon immer nahe nach Bayern. »Mir san die zwoa lustigen Schwarzer von Landl, dort hint an der Grenz ...«, so heißt es im Volkslied, wobei Schwarzer gleich Schwärzer ist, also Schmuggler bedeutet. Schwarze gabs hier aber genug, seinerzeit, zusammen mit dem Holz. Da betrieben die Bauern das Köhlerhandwerk auch nebenbei, als Zuverdienst. Und im frühen 18. Jahrhundert läßt sich die Spur meiner väterlichen Ahnen bis hierher zu den Luchner-Höfen nachweisen.

Schließlich erreicht man den Ursprungpaß an der tirolisch-bayrischen Grenze. Nun wird die Landesbeschreibung in ihren Dimensionen verschoben. Das Räumliche gleitet ins Zeitliche und umgekehrt. ›Ursprung‹ gehört beiden Dimensionen an. 1809 saß der wackere Sieberer hier noch drei Tage lang, ›seinen‹ Paß fleißig bewachend, während der Feind längst das Inntal besetzt hatte. Wer sich ein echtes Bild von dem unglaublichen Durcheinander während der Tiroler Freiheitskriege machen will, der lese Sieberers Leben nach. Er war ein kluger Mann von unglaublicher Tapferkeit, ja Kühnheit, aufrichtig bis zur Selbstverleugnung und von großer Körperkraft und Ausdauer. Es mag nicht schlecht gedonnert haben im engen Schmiedtal, wenn sie ihre Stutzen losbrannten, die alten Tiroler, wobei sie mit selbstgemahlenem Salpeterpulver schossen.

Langkampfen, Mariastein und Schloß Schönwerth

Zwischen Kufstein und Kramsach liegt auf der linken Seite des Innflusses ein Streifen Landes, dem der Besucher Tirols gewöhnlich nicht begegnet. Es muß schon jemand ein besonderes Ziel haben, damit er am Fuße des Thierberges und des Pendlings auf den Spuren der alten Römerstraße reist, vielleicht zur Burg Mariastein oder zur Eishöhle auf der Hundsalm.

Von der Grenze bei Kiefersfelden führt die Straße, am Gasthaus ›Klause‹ vorbei, eingezwängt zwischen Fluß und Fels nach Zell, einem der Urorte des Unterlandes. Dabei übersieht man leicht die steile Abfahrt zum Hechtsee, so eng sind hier die Geländeverhältnisse zwischen Fluß und Fels. Bei der ›Klause‹ bestand bis ins 18. Jahrhundert wirklich eine Grenzbefestigung, und der Zeller Berg diente Kaiser Maximilian I. als Batteriestützpunkt, als er 1504 die Festung Kufstein beschoß. Wenig westwärts beim Bauernhof Eilfer steht an der Straße ein Bildstock, der an die Enthauptung des Festungskommandanten Hans Pienzenauer und achtzehn weiterer Mann der Besatzung erinnert, die hier nach Eroberung der Festung auf Befehl des ›Letzten Ritters‹ enthauptet wurden. Pienzenauer war 36 Jahre alt, ein hoher, stattlicher Mann mit wallendem Bart, der ehrenhaft in einen so schmählichen Tod ging. Maximilian war nicht so sehr über den mannhaften Widerstand Pienzenauers erbost, sondern über dessen Verrat und die Verspottung der kaiserlichen Artillerie: Nach jeder Kanonensalve hatte der Burghauptmann die Mauern mit dem Besen abkehren lassen. Freilich, als dann des Kaisers Spezialkanonen aus Innsbruck geholt wurden, da war es schnell aus mit den Späßen. Achtzehn Schiffe und zehn Flöße mit dreißig Schiffmeistern und sechzig Knechten beförderten den Kanonenpark von Innsbruck flußabwärts bis oberhalb des Zeller Berges. Die ›Türkische Kaiserin‹, die ›Burgunderin‹ und die ›Kitzlerin‹, die ›Erdbidmerin‹ und die ›Schöne Kathl‹ kamen so den Fluß herabgeschwommen. Zum Transport der beiden Hauptstücke ›Weckauf von Österreich‹ und ›Purlepaus‹ hatte man in Innsbruck je zweiunddreißig Pferde benötigt, allein um sie aus dem Zeughaus zum Fluß zu ziehen. Beide Rohre waren über vier Meter lang, das größere wog 180 Zentner. Ihre Kaliber betrugen 28 und 23 Zentimeter, und die massiven Eisenkugeln, die sie ausspien, wogen 80 und 35 Kilo. Sie durchschlugen die 14 Schuh starken Festungsmauern spielend und bohrten sich noch tief in den Felsen. Damit war das Schicksal der Festung besiegelt. »So will ich sterben als ein frommer Bayer für alle Bayern«, sagte Pienzenauer, nachdem er die Johannesminne, einen Abschiedstrunk, mit dem Henker geteilt hatte. 1905 wurde der Bildstock errichtet, das Grab der Hingerichteten ist noch nicht gefunden worden.

Die alte Römer- und heutige Bundesstraße führt am Fuße des Pendlings (1563 m) vorbei zum Dorf *Unterlangkampfen,* das etwas den Hang hinaufgerückt liegt, in ›Nestlage‹, wie die Geographen das heißen. Während der Weiler Schaftenau in jüngster Zeit besonders durch die chemische Fabrik im Tal weiter aufgeblüht ist, bildeten Unter- und Oberlangkampfen zusammen mit Angath und Niederbreitenbach eine eigene Gemeinde und Pfarre, einst auch einen Gerichtsunterbezirk, eine Schranne – vom Schranken um den Gerichtsplatz – von Kufstein, zu welcher Abteilung auch noch Zell und das ganze Thierseegebiet gehörten. Den Namen Langkampfen leitet man vom Lateinischen ›landae‹, das heißt Heide, und ›campus‹, Feld, ab. Da man weiß, daß im 7. Jahrhundert im Germanischen eine Lautverschiebung von ›camp‹ zu ›campf‹ stattfand, kann man schließen, daß der einst romanisierte Ort damals längst germanisch – und damit bajuwarisch – gewesen ist.

Aus Unterlangkampfen hat sich eine Dorfordnung vom Ende des 16. Jahrhunderts erhalten, ein hochinteressantes Dokument, das uns Einblick gibt, wie es damals hier zuging. Da marschierten die »zween dorfmaister« herum und kontrollierten die Zäune und die Gatter, die Weideerlaubnis und ob einer die Pferde auf dieser oder jener Wiese auszuspannen berechtigt wäre oder nicht, als ob es damals schon so eng gewesen wäre wie heute auf unseren Parkplätzen. Die Beengung bezog sich auf die Rodungsflächen. Wir wissen, daß sich zwischen dem Gebiet von Langkampfen im Inntal und Thiersee-Landl bis ins 16. Jahrhundert praktisch noch ein Urwald befand, durch den erst wenige Pfade und nur eine einzige Fuhrstraße zogen. Die Waldaufteilungen, die auch von den Dorfmeistern kontrolliert wurden, waren daher von äußerster Wichtigkeit.

Langkampfen und Angath hatten besondere Bedeutung für die Innschiffahrt, beide Ortschaften liegen unmittelbar am Fluß, *Oberlangkampfen* wird sogar an drei Seiten von ihm umflossen. Hier amteten die ›Schopper‹, die Schiffsbauer, die in die Zwischenräume der Spanten und Planken der Schiffe Dichtungsmaterial ›schoppten‹, woher sie ihre Berufsbezeichnung bezogen. Von dieser in Tirol seit langem ausgestorbenen Zunft haben sich in der Pfarrkirche von Oberlangkampfen zwei hübsche Zunftstangen von 1760 erhalten. Sie zeigen ein Schiff in der damals üblichen Form und als Besatzung die Zunftheiligen. Die Pfarrkirche selbst ist der Heiligen Ursula geweiht, die ja auch mittels eines Schiffes nach Köln gekommen sein soll. 1276 wird die Kirche das erste Mal erwähnt, zwischen 1720 und 1730 wurde sie barockisiert, vielleicht durch den Aiblinger Baumeister Wolfgang Dientzenhofer. Josef Schmutzer schuf die Dekkengemälde, Waginger aus Kufstein etwas später die Heiligenfiguren Antonius, Margarete, Sebastian und Rochus. Die Apostelbilder malte dann 1843 der in Kufstein tätige Osttiroler Sebastian Anton Defregger.

Mehr alte Teile haben sich in der Georgskirche zu Unterlangkampfen erhalten, die im wesentlichen aus dem 15. Jahrhundert stammt, wobei der Turm im Kern noch bis in die Romanik zurückreicht. Im Chor sind Apostelfiguren von 1465 als Wandmalereien erhalten geblieben. Die Orgel und das bemerkenswerte Geländer der Empore stammen aus dem Barock um 1700. Die ornamentale Lust der Schnitzer erinnert an ähnliches aus der Gotik, etwa an den Musikemporen in Hall oder Schwaz und macht die immer gleichen Impulse zu allen Zeiten und in allen Stilen deutlich.

Auch der dritte Ort der ausgedehnten Gemeinde, *Angath* – der Name kommt von ›Beengtsein‹, hier zwischen Inn und Berghang –, liegt am Fluß und hatte seinerzeit Anteil an der Schiffahrt. Die Kirche ist uralt, möglicherweise sogar noch karolingisch, wurde aber 1747 von der Schwazer Singer-Werkstatt fast ganz neu erbaut. Nachdem zusätzliche Veränderungen des 19. Jahrhunderts im Innern mehr schadeten als verschönten, hat man nach dem Zweiten Weltkrieg durch neubarocke Malereien des Innsbruckers Wolfram Köberl im Gewölbe und an den Altären wieder auf die Singersche Farbenfreudigkeit zurückgegriffen. Dies ist wohl gelungen, da ja auch der Hochaltar des Salzburgers Josef Pfaffinger von 1747 zum Teil beisammenblieb. Mehrere alte Grabsteine sind der Beachtung wert.

Nördlich von Angath, wo es in alten Zeiten auch eine Innüberfuhr gab, erhebt sich der Angerberg, der nach einem kurzen Hochplateau wieder in ein allerdings viel engeres Tal hinabfällt. Durch dieses enge Tal lief die alte Hauptstraße, und die Freundsberger aus Schwaz suchten den engen Durchgang und ihren großen Landbesitz in dieser Gegend, bis gegen Thierberg hin, durch einen festen Turm zu sichern. Es ist die bis heute gut erhaltene *Burg Mariastein,* ein Kuriosum nicht nur unter den Tiroler Wehrbauten, da sie eigentlich nur aus einem einzigen großen Turm besteht, der sich auf einem zwanzig Meter hohen schmalen Felsensockel, wahrhaft kühn, erhebt.

Aus der Geschichte dieser Burg ist für uns interessant, daß sie die Freundsberger 1379 an die Herzöge von Bayern verkauften, in deren Gebiet sie jahrhundertelang stand. 1587 bekam sie Carl Schurff von Schönwerth und erhob sie ideell zum Stammschloß seines Geschlechtes, das 1688 im Mannesstamme erlosch. Ende des 15. Jahrhunderts wandelte sich Stein zum Wallfahrtsort Mariastein. Grund dafür war eine Marienstatue, die sich heute noch dort befindet und das Ziel so zahlreicher Waller wurde, daß bereits Graf Christoph von Liechtenstein, auch ein ›-stein‹, der die Burg 1539 bis 1550 besaß, sich gezwungen sah, eine neue Kapelle zu bauen. Im 18. Jahrhundert kamen jährlich

20000 Pilger, die sich in unseren Tagen in Touristen verwandelt haben. Bereits Schurff bestellte 1606 einen ständigen Geistlichen und später bis zu vier Hilfspriester, um die geistliche Betreuung der Pilger gewährleisten zu können. Schurff stiftete auch den Unterhalt für drei Eremiten, die unter der Stiege hausten, vielleicht in den alten Keuchen. Die Geistlichen samt den von ihnen betreuten Kapellen unterstanden der geistlichen Obrigkeit und lösten sich dadurch gleichsam aus dem Burgverband, was zu mancherlei Unstimmigkeiten führte. Schließlich endete es 1834 damit, daß der letzte Eigentümer, der Kaufmann Martin Cloz von Rosenburg, alles der Kirche überließ.

Nun zur Burg selbst. Sie besteht aus einem großen fünfgeschossigen Turm auf ganz unregelmäßigem Grundriß. Er ist 42 Meter hoch und hat zwei Meter dicke Mauern. Aus Sicherheitsgründen rückte man ihn ganz an den äußersten Rand des Felsens, und wenn man alle seine Ecken abzählt, so kommt man auf deren elf. Gegen den Burghof hin stellt sich als spornartiger Anbau die Wendeltreppe hinaus, die seinerzeit der einzige Aufgang zu den Stockwerken war und erst etwa in der Höhe des zweiten Geschosses begann. Es muß eine Leiter gewesen sein, die bis dahin führte und die im Ernstfalle eingezogen werden konnte. Dadurch, daß die Treppe außen angebaut ist, bilden die einzelnen Turmgeschosse in sich abgeschlossene Stockwerke.

Mit steigender Pilgerzahl erwies sich die enge Spindel mit »über hundert steinernde Staffel« zu eng: Tatsächlich waren es 165 Stufen, die viele Gläubige, auf jeder Stufe ein Ave Maria betend, hinaufrutschten, was man ›Stiegenabbeten‹ hieß. Man baute deshalb bis zur Höhe des alten Haupteinganges eine neue breite Außentreppe an den Felsen. Der vorspringende Treppenturm spielte bei aktiver Verteidigung die Hauptrolle; er enthält in verschiedenen Höhen neun Schießkammern in Form von metertiefen Schießscharten, von denen aus die einzig mögliche Angriffsseite gut zu verteidigen war.

Die unterste Tür des Turmes öffnet sich zu den beiden ehemaligen Rüstkammern, die hintereinander liegen und an denen vorbei es noch tiefer in den gewachsenen Felsen hinabgeht, hinunter zu zwei winzigen Verlieszellen, den Keuchen. Noch tiefer liegt die älteste, später mit einem einfachen spitzbogigen

Gewölbe versehenen Kapelle, so recht ein mystisches Höhlenheiligtum und Wallfahrtsziel. In den beiden Rüstkammern sind jetzt Krippen und das Heilige Grab der Pfarrkirche Angath zu sehen, zum Teil mit noch funktionierender alter Figurenmechanik.

Interessanter ist der Rittersaal im ersten Stockwerk darüber. Er besteht aus einem einzigen großen Raum, der früher keinen Stützpfeiler hatte und jetzt als Museum genützt wird. Man sieht neben Porträts einzelner Schloßbesitzer auch eine Nachbildung des österreichischen Erzherzoghutes, den Ferdinand II., ein großer Gönner des wackeren Schurff, nach Stain an den Gnadenort gestiftet hat. Vielleicht hat der Hofsilberschmied Anton Ort aus Trier diese Krone und das Zepter gearbeitet. Ferner sieht man die ›Gerechtigkeit‹, die früher über dem Hoftor angebracht war und Asylrecht für mehrere Tage anzeigte, einen sogenannten Burgfrieden. Sie hat die Form eines gepanzerten Armes mit dem erhobenen Schwert der Justitia. Der Rittersaal stellt den gemeinsamen Wohnraum dar. Seine sechs ganz unterschiedlichen Mauern haben eine Länge zwischen drei und elf Metern und werden durch vier verschieden breite und gewinkelte Fensternischen ganz systemlos durchbrochen. Die Nordmauer enthält den Abtritt und die kleine – einzige – Küche des ganzen Wohnturmes. Sie mißt zweieinhalb mal eineinhalb Meter, besitzt einen offenen steinernen Herd mit Rauchfang und – wegen der Brandgefahr – schnellem Abzug nach außen. Diese Mauerküche, Kochnische würden wir heute sagen, ist eine burgenkundliche Rarität allerersten Ranges!

Über dem Rittersaal befindet sich die Kreuz- oder Beichtkapelle, die von den Grafen Liechtenstein hierher verlegt worden war, um dem Pilgerandrang gewachsen zu sein. Der Raum trägt noch seine Felderdecke aus der Spätrenaissance, die ihn wohl als ehemaligen Wohnraum der adeligen Burgherren ausweist, die da über dem Rittersaal thronten. Darüber lag nur mehr die Gnadenkapelle von 1449, über deren Altar ja niemand mehr wohnen sollte. Hier steht das Gnadenbild von 1470. Die Figur wurde 1971 sehr glücklich restauriert und stellt eine der lieblichsten Madonnen dar, die wir aus spätgotischer Zeit in Tirol besitzen. Sie kam wohl mit den Herren von Ebbs hierher, welche die Burg bis 1494 innehatten. Die sitzende, gekrönte

Madonna hält das Jesuskind auf dem linken Knie und zeigt ihm mit der freien Hand einen goldenen Apfel, alte Symbolidee der neuen Eva-Maria und des neuen Adam-Jesus. Das prächtige Altargitter schmiedete 1696 Hans Mößner aus Wörgl. Die Kapelle steht außerordentlich geschickt als ganz regelmäßiges Rechteck in dem so ungleichen Grundriß des Turmes; sie erhielt 1696 ein Tonnengewölbe, wurde mit Wandpilastern geschmückt und 1886 von Franz Plattner aus Zirl mit Szenen aus der Geschichte des Gnadenortes freskiert. Man fand sogar noch Raum für eine kleine Orgelempore.

Schon im Mittelalter müssen sich auf dem kleinen Plateau, an dessen Rand der Turm steht, Wirtschaftsgebäude befunden haben, die Schurff neu und in Stein aufführte. Auch hier entstand ein Rittersaal, mit hübscher zweifarbiger Kassettendecke aus Holz.

Im ›Turm ze Stayn‹ sitzt die ganze mittelalterliche Hierarchie präzise übereinander. Zuoberst der Gnadenort, die Gottwelt, darunter der ehemalige Nobelraum des Adels von Gottes Gnaden. Wieder darunter trieb das Volk sein Wesen in der großen Stube, noch tiefer befanden sich die Soldaten in ihren Rüstkammern, unmittelbar als Wächter des Einganges und der in den Keuchen keuchenden Gefangenen. Wenn auch heute diese Dinge alle ›sauber‹ dargeboten werden, der Geruch der offenen Lichter fehlt, die Böden glänzen, keine Waffen in den Schießkammern mehr liegen, keine Einsiedler unter den Treppen hausen, so ist doch noch sehr vieles so, wie es war, und vermittelt einen unvergeßlichen Eindruck alter Wohntürme, wie sie in Freundsberg bei Schwaz oder gar zu fünft nebeneinander in Schloß Friedberg bei Volders bestanden haben.

Wir verlassen Mariastein und das ritterliche und religiöse Leben Tirols und wenden uns einem erdgeschichtlichen Phänomen zu. Von Mariastein erreicht man mühelos in einem Tagesausflug Nordtirols einzige Eishöhle. Sie liegt im Hochtal hinter dem Angerberg, der nördlich von Mariastein emporwächst. Da der Berg zum Tal nach Süden felsig abfällt, muß man einen der beiden Übergänge an seinem östlichen oder westlichen Ende wählen, um zur Höhle gelangen zu können. Man steigt über Waldgütl und Bärnbad zur Höhlensteinhütte (1280 m) auf, wo man bereits eine andere, ziemlich geräumige Höhle besichtigen kann, die im Gegensatz zur Eishöhle wahrscheinlich einmal bewohnt gewesen ist. Dann quert man zur Köglalm, wobei man den nördlichen Ausläufer des Köglhörndls (1647 m) übersteigt. Von der Köglalm wandert man zur Hundsalm, und kurz darüber liegt der Eingang zur Eishöhle. Zwischen Mitte Mai und Oktober kann die Höhle mit Führung besichtigt werden. Der Eindruck ist nachhaltig, obwohl der ehemals viele Meter dicke Eisboden in den letzten Jahren wesentlich abgeschmolzen und ein seinerzeit berühmter Eispfeiler ganz verschwunden ist. Unverändert erhalten geblieben sind hingegen die Tropfsteinbildungen, die eine Altersangabe von einer halben Million Jahren zulassen. Der Abstieg führt nun an der Nordseite des Hundsalmer Joches (1637 m) über den Alpengasthof Buchacker zurück nach Mariastein.

Nun bleibt uns noch kurz etwas über *Niederbreitenbach* und sein Schloß zu sagen. Der Turm in Niederbreitenbach wurde allerdings erst im 19. Jahrhundert zum Schloß Schönwerth. Sein Ursprung liegt im dunkeln, wobei die Vermutung, eine Art Vorwerk zur Burg Stain bedeutet zu haben, einiges für sich hat. Der heutige viereckige Wehr- und zugleich Wohnturm, dessen Ausmaß noch jetzt ganz deutlich zu erkennen ist, dürfte allerdings erst um die Mitte des 15. Jahrhunderts entstanden sein. Seit der Zeit der Schurff auf Mariastein gehörte er jedenfalls zum Besitztum von Stein und wurde erst 1834 veräußert. Nach verschiedenen Zwischenbesitzern kaufte ihn 1886 Alexander Wladimirowitsch Fürst Bariatinsky aus Petersburg, der bauliche Veränderungen vornahm. Er stellte einen Trakt mit Saal über die Einfahrt, errichtete als fanatischer Pferdeliebhaber ausgedehnte Ställe, in denen er Hengste und Ponys züchtete. Das ganze Schloß und den großen Park, den er mit dazuerworben hatte, umgab er mit einer hohen Mauer. Für seine Ausfahrten im Vierer- oder Sechserzug ließ er die Straßen von Kufstein nach Niederbreitenbach und in der ganzen Umgebung neu schottern. Die Einheimischen zogen großen Nutzen aus diesen Umständen, denn der Verdienstmöglichkeiten waren dabei viele, vom Verkauf der landwirtschaftlichen Produkte bis zu Handlangerarbeiten. Fürst Bariatinsky war ein Freund ländlicher Feste, die er während seiner Aufenthalte im Sommer veranstaltete. So bestand in Niederbreitenbach in den Jahren 1886 bis 1895 ein Kleinrußland, wie es sich der Fürst vorstellte. Freilich in einem sehr wesentlichen Punkt gab es einen Unterschied zu den Verhältnissen in des Fürsten fernem Heimatland: Die Tiroler Bauern waren keine Leibeigenen und fürchteten keine Knute. Der Fürst wich auf seinen rasenden Kutschenfahrten nie aus, alles mußte von der Straße, wenn er dahergeprescht kam; freiwillig oder unfreiwillig stürzte so manches Heufuder in den Graben. So wuchs unter den Bauern allmählich der Widerstand gegen den ›Ruß‹, und Bariatinsky sah sich mit all seinem grundsätzlichen Wohlwollen und seinen wirtschaftlichen Entwicklungsvorschlägen mehr und mehr zurückgewiesen. Darüber ärgerte er sich dermaßen, daß er den florierenden Ansitz 1895 an Baron Dipauli aus Kaltern verkaufte.

Rund um den ›Kaiser‹

Das Kaisergebirge

Im Juli 1937 fand die Hauptversammlung des Deutsch-Österreichischen-Alpenvereins in Kufstein statt. Der österreichische Alpenverein hatte sich 1862 in Wien, der deutsche 1869 in München konstituiert; die Vereinigung erfolgte 1873 in Bludenz. 1936 zählte der so ›vereinigte Alpenverein‹ 419 Sektionen mit 181198 Mitgliedern. Der Zustrom zur Kufsteiner Versammlung nahm solche Ausmaße an, daß man für die Sitzungen eigens ein Zelt, das 1500 Personen Platz bot, aufstellen mußte. Dazu wurde ein Hof der Festung gewählt, letztlich auch ein Berg.

Kufstein war zu Recht als Kongreßstadt gewählt worden. Wenn ein Ort in Nordtirol den Titel ›Bergsteigerstadt‹ verdient, so gewiß Kufstein, zu dem das gewaltige Massiv des Kaisergebirges ›gehört‹, eine der berühmtesten Bergsteigergegenden der Welt. Die Grenzlage hat dazu beigetragen, daß die deutschen Nachbarn, vor allem die Bayern, bei der Erschließung und heute beim ›Über‹-Besuch des Kaisers das größte Kontingent stellen.

Das Kaisergebirge hat viele Gesichter, je nachdem, von welcher Seite man es ›angeht‹, heute wohl eher anfährt. Erfreulicherweise halten sich die Aufstiegshilfen bis jetzt in Grenzen, und das Wesentliche muß noch immer mittels Muskelkraft erreicht werden. Zwei von Westen nach Osten oder umgekehrt verlaufende Täler, zwischen denen das Stripsenjoch steht, durchschneiden das gewaltige Gebirge in seiner ganzen Breite. Durch jedes dieser Täler fließt ›der‹ Kaiserbach, aber der eine nach Westen, der andere nach Osten! An der Wasserscheide dieser Bachzwillinge steht das berühmte Stripsenjochhaus (1580 m), das über 300 Schlafplätze bereithält und in Schönwettersommern leicht noch mehr brauchen könnte. Vom Stripsenjoch nach Kufstein führt das Kaisertal, ehemals Sparchental, vom Joch Richtung Kirchdorf aber das Kaiserbachtal, worin endlich ein Unterschied besteht! In beiden Tälern liegt vor dem letzten Aufstieg zum Stripsenjoch eine Station: im Kaisertal Hinterbärenbad mit dem Anton-Karg-Haus (829 m), im Kaiserbachtal die Griesener Alm (1024 m). Damit haben wir auch schon alle notwendigen Stationen des Wanderers bei der Durchquerung des Kaisergebirges genannt. Während der Gebirgsanteil südlich dieser Querverbindung ein Paradies für Kletterer aller Schwierigkeitsgrade bedeutet (etwa der Lucke-Strobl-Riß am Bauernpredigtstuhl, Schwierigkeitsgrad VI) und nicht umsonst der Wilde oder Vordere Kaiser heißt, trägt der Zahme oder Hintere Kaiser, auch ›Sunnkoasa‹ genannt, nördlich des Tales ein freundlicheres Gesicht. Besonders weit her ist es mit der gebirgigen Freundlichkeit auch hier nicht, wenn man etwa von Walchsee oder Ebbs aus heraufschaut, aber insgesamt sind die Gipfel des Zahmen Kaisers leichter zu ersteigen – man braucht sie nicht nur erklettern –, und die Almen auf den Südhängen reichen bis in viel höhere Regionen. Die oft seltsam anmutenden Namen der Berge, die sie längst hatten, ehe sie erstiegen wurden, gaben ihnen die Einheimischen, die sie von unten her charakterisierten. Der mehrfach vorkommende Ausdruck ›Halt‹ leitet sich von ›haltern‹ her, das heißt bewachen, hüten, ein Halterbub ist ein Hüterbub und ein Halterer ein Hirte. Andere wie das berühmte Totenkirchl, der Predigtstuhl oder die Pyramidenspitze erklären ihre Namen unmittelbar aus der Anschauung, ebenso wie die Steinerne Rinne.

Fast ebenso berühmt wie die Gipfel, die sie bezwangen, sind die vielen großen Namen aus der Bergsteigerwelt von Peter Thurnwieser (1826 Ackerlspitze) über Karl Hofmann (erste Beschreibung des Kaisers) bis zu Dülfer (Fleischbankostwand 1912), Hans Fiechtl (1925 Totenkirchl), Peter Aschenbrenner, Hias Rebitsch oder Hermann Buhl. Dennoch stehen im Kaiser Franz Nieberl und Josef Klammer, vulgo ›Klammerpepi‹, allen anderen weit voran. Nieberl war der berühmtere, Klammer der urigere. Nieberl selbst meinte in seiner Alpenvereinschronik der Sektion Kufstein (1877-1927), daß Klammer derjenige ›kaiserliche‹ Kletterer sei, der die meisten Kaiserfahrten überhaupt kenne.

Damals, als man eine Kaisertour mit dem ersten Tagesziel ›Strips‹ wirklich noch in Kufstein am Oberen Stadtplatz begann, da konnte es passieren, daß der Klammerpepi aus seinem Schmuckladen trat, den er da betrieb, und bat, man möge ihm eine ›Kleinigkeit‹ (bis zu fünf Kilo!) mitnehmen, nur voraus natürlich, er komme gleich nach, auf die Strips. Niemand konnte das ablehnen, jungen Bergsteigern war es eine Ehre. Eingeholt hat der Pepi nur ganz wenige vor der Hütte und die nicht gern.

Der Weg durchs Kaisertal ist nach Überwindung der eindrucksvollen Sparchenklamm sanft und wird durch einladende Gasthöfe für manchen gern länger, als er dachte. Besser ist es, man hält bis zum Anton-Karg-Haus in Hinterbärenbad oder bis zur Kaisertalhütte (936 m) am Talabschluß durch. Dann folgt ein grimmiger Serpentinenaufstieg von 650 Meter Höhenunterschied, während dem sich die alpinen Geister erneut scheiden. Die Flinkeren haben an Wochenenden eher eine Chance auf einen Sitzplatz im Hüttenbereich.

Ehe man die Stripsenalm (1150 m) erreicht, betritt man eine breite Hochwiese, hinter der die gigantische Felsbildung des Totenkirchls (2190 m) unmittelbar aufsteigt und jeden zum Stehenbleiben zwingt, der wirklich wegen der Berge hierhergekommen ist. Das Totenkirchl ist einer der magischen Berge der Alpen. Wie ein riesiger Magnet zieht er die Felsgeher an; geradezu mystische Kräfte werden frei bei dem Ziel, ihn zu erklettern. 1972 hat eine deutsche Bergsteigerzeitung sich auf seiner Spitze postiert und die Gipfelsieger befragt: »Warum aufs Totenkirchl?« Die Antworten waren peinlich beschämend, ergingen sich in den plattgebügeltsten Gemeinplätzen und ließen jedes persönliche Verhältnis zum Berg vermissen. Es war wie der Besuch in einem Museum, aus dem man ja doch nichts mit nach Hause nehmen kann. Etwa fünfzig verschiedene Kletterführen durchziehen die Wände des Totenkirchls, der Heroldsweg ist wohl die bekannteste. Aber der Berg kann auch gefährlich werden, kein Geringerer als der große Hans Fiechtl stürzte hier 1925 in den Bergsteigertod. Bis an die Füße des Totenkirchls reicht des ›Teufls Wurzgarten‹, in dem der Satan seltene Kräuter angepflanzt hat, die für die Menschen unerreichbar bleiben sollten. Es war ein naiver Bursche, dieser Tiroler Teufel, sonst hätte ihm etwas von der Raffinesse des Touristenbetriebes im 20. Jahrhundert dämmern müssen!

Für den alpin Versierten, der sich auf versicherten Klettersteigen auskennt, wird der Übergang vom Stripsenjoch durch die Steinerne Rinne und das Ellmauer Tor zur Gruttenhütte ein besonderes Erlebnis sein. Man bewegt sich im reinen Fels, ohne jede Spur von Vegetation oder Wirtlichkeit. Der Himmel, der Fels, wenn man Glück hat, die Einsamkeit einer Urlandschaft, sind überaus eindrucksvoll. Predigtstuhl, die Goinger Halten, die Karlspitzen senden ihre lotrechten Wände herunter, man wird plötzlich bescheiden. Geradezu erlösend ist dann der Ausblick von der Höhe des Tores (1995 m) nach Süden über weite Almflächen, die dem vom Grau des Felsens abgestumpften Auge doppelt grün erscheinen. Der Jubiläumssteig führt hinunter zur Gruttenhütte (1620 m), dem Ausgangspunkt aller jener Kaiserbezwinger, die ihre Unternehmungen von Süden aus dem Ellmauer Tal angehen.

Von der Gruttenhütte gehts auf die Ellmauer Halt (2344 m), für allzu viele über den Kopftörlgrat, die leichte Vorzugsklettertour im Kaiser, an deren Einstieg man an schönen Wochenenden erst einmal Schlange stehen muß, bis die Griffe wieder frei sind. Die Große Halt, wie sie auch heißt, wurde 1869 erstmals bestiegen und erhielt 1883 ihr erstes Gipfelkreuz, das 1905 und 1912 erneuert werden mußte. Auch 1935 warf es ein Blitzschlag in die Tiefe. Das jetzige wurde 1972 eingeweiht. Man kann von der Halt auch über einen gut markierten Steig wieder zum Stripsenjoch absteigen, wenn etwa die Rote Rinne verschneit sein sollte.

Wem keine derart kühnen Unternehmungen liegen, dem sei der Stripsenkopf (1807 m) angeraten, nur dreißig Minuten vom Jochhaus entfernt, die eindrucksvollste Aussichtsloge gegenüber dem Wilden Kaiser, der in all seiner Pracht zum Greifen nahe dasteht. Für Kenner unter den Felsgehern ist in den letzten Jahren sein östlichster Teil mit der unbewirtschafteten Fritz-Pflaum-Hütte (1865 m) als Mittelpunkt zum Geheimtip geworden. Ackerlspitze (2331 m) und Mauckspitze (2227 m) werden hier sehr gerne ›gemacht‹, auch von der Ackerlhütte aus.

Nun müssen wir aber noch der weniger ›Extremen‹ gedenken und sie in den Zahmen Kaiser führen. Seit die Kaiserlifte existieren, ist es bequem, diese Aufstiegshilfen zu benützen und vom Brentenjoch (1294 m), sei es über den aussichtsreichen Gamskogel (1440 m) oder die Kaindlhütte (1318 m) auf der Steinbergalm, zum Bettlersteig zu gelangen. Er trägt seinen Namen von den Bettlern, die sich auf ihm einst von Alm zu Alm bettelten; sie sind längst verschwunden, der Steig ist geblieben und wird ohne jeden Standesdünkel fleißig benützt. Er führt vom Sattel großteils durch Wald hinunter nach Hinterbärenbad, und so kommt man hier an, ohne mehr als zweihundert Meter gestiegen zu sein.

Von Hinterbärenbad kann man über das Längeck zum Feldalmsattel (1433 m) aufsteigen und bekommt bereits auf dem Längeck einen faszinierenden Eindruck von der Kleinen Halt (2116 m), die sich zwischen den riesigen totenstillen Karen des Scharlinger Bodens und Hohen Winkels erhebt. Die Kleine Halt schiebt den Totensessel (1745 m) vor, der seinen Namen erhielt, als man dort ein sitzendes Menschengerippe fand. Rechts ragt das Sonneck (2260 m) auf, links das Totenkirchl. Am Feldalmsattel muß man sich entscheiden, entweder durch das einsame Habersauertal oder über den Ropanzen (1572 m) nach Walchsee abzusteigen. Der letztgenannte Weg ist aussichtsreicher. Über ihn kann man auch auf dem sehr schönen Höhenweg entlang den Südhängen des Zahmen Kaisers zur Vorderkaiserfeldenhütte wandern. Sie ist der Ausgangspunkt für Touren im Zahmen Kaiser. Man erreicht sie auch unschwierig über das untere Kaisertal, den Veitenhof und von hier in zwei Stunden durch den Wald empor über die Rietzalm. Die Naunspitze (1633 m) sei hier empfohlen, die eine märchenhafte Aussicht über das Inntal und im Westen bis zu den Zillertaler Alpen bietet. Die Pyramidenspitze (2000 m) kann man über den Rücken des Zahmen Kaisers ersteigen, wobei man zunächst den Einser- und dann den Elferkogel erreicht. Immer wieder bieten sich romantische Ausblicke in die Gegend von Walchsee und in die bayrische Ebene hinaus. Von der Pyramidenspitze selbst stürzen nach Norden und Osten gewaltige Kare hinunter, die erneut an der Zahmheit dieser Felsen zweifeln lassen. Nur Geübte sollen den Jovensteig nach Walchsee als Abstieg benützen, alle anderen jenen ab dem Elferkogel über Hinterkaiserfelden zurückgehen.

Wer aber gar keine Zeit mehr hat, der kann wenigstens die Teufelskanzel (799 m) am Eingang des Kaisertales ersteigen, sich dort hochalpin vorkommen und trotzdem die Aussicht genießen. Man kann das mit einem Besuch der kulturgeschichtlich interessanten Tischoferhöhle verbinden, die wir im vorletzten Kapitel besprochen haben.

Die Südroute

Rings um das Kaisergebirge liegt eine Reihe stattlich-lieblicher Dörfer, umgeben von freundlicher Landschaft, hinter der immer wieder als heroischer Abschluß die kühnen Felsenmauern erscheinen. Ich betone das Wort ›lieblich‹, denn es paßt in Nordtirol nur selten in die Gegend.

Unternehmen wir einen sanften Tagesausflug zum Hintersteiner See, am südlichen Ende des Zettenkaisers (1968 m) gelegen und nur behutsam für das Elektrizitätswerk Eiberg als Stausee angezapft. In Eiberg-Egerdach, halbwegs zwischen Kufstein und dem See, besteht eine Zementfabrik, für die das Kraftwerk betriebsnotwendig ist.

Man wandert von Kufstein-Weißach zunächst westwärts zur Locherer Kapelle, benannt nach dem nahen Locherer Hof. Bei ihr versammelten sich in Kriegszeiten die heimischen Schützenkompanien der Gegend, ehe sie gegen den Feind rückten. Ein Votivbild berichtet davon. Von der Kapelle wandert man – besser als im Glemmtal unten auf der staubigen Straße – oberhalb der Steinbrüche über Haberg auf der Höhe zum Gasthaus Widauer, wenige Minuten westlich des Sees gelegen. Vom Talgrund herauf kommt die ›Steinerne Stiege‹, in eine steile Wand eingeschlagen, mit Drahtseilen versichert, vorbei am ›gefesselten Stein‹ und bestimmt nicht jedermanns Wanderfreude. Hingegen sind Ausblick und vor allem Tiefblick vom oberen Ende der Stiege von großem und wildem Reiz.

Dagegen liegt der Hintersteiner See in einem anmutigen Hochtal auf 890 Meter. Er ist nicht übermäßig groß und läßt sich in neunzig Minuten bequem umwandern, wobei sich stellenweise ein überraschendes Echo ergibt. Wenig weiter östlich befindet sich die weitbekannte *Wallfahrtskapelle Bärnstatt*. Sie ist ein schmucker Zentralbau von 1765, in dem vor allem die ›Nebenfigur‹ des Heiligen Leonhard verehrt wird. Natürlich gibt es auch unweit des Gnadenortes das zugehörige Gasthaus. Der Blick von hier zurück trifft auf die Berge des Inntales über der lichten Weite des Sees, während im Norden die Felstürme des Scheffauers (2111 m) gewaltig emporsteigen. Wir haben schon erwähnt, daß die Gipfel von unten her benannt wurden, und so heißt auch diese markante Erhebung nach dem Dorf *Scheffau,* das da am Südhang des Wilden Kaisers liegt. 1160 wird der Ort bereits urkundlich erwähnt, der Grund gehörte damals bayrischen Klöstern. Der Kirchenpatron Johann Baptist läßt auf eine sehr alte Pfarre schließen und weist vielleicht noch in die salzburgischen Gründungszeiten zurück, wenn auch die Kirche selbst in ihrer barocken Form (1765) heute längst nichts so Altes mehr erkennen läßt. Nur der Turm und eine Madonnenfigur haben sich aus gotischer Zeit um 1460 erhalten. Auf der anderen Talseite, im Weiler *Blaiken,* wo einst eine große Sensenschmiede stand, beginnt jetzt die moderne Welt mit zahlreichen Liften aller Art und jeder Höhen- und Preislage, sowohl für die Sommer- wie auch für die Wintersaison. Wer einmal da oben gewandert ist, gegenüber dem Wilden Kaiser, oder den Freuden des Schisports gehuldigt hat, der kommt immer wieder hierher ins Sölland zurück. Diesen Namen trägt das Tal nach dem alten Dorf Söll, das mitten auf einem Sattel zwischen der Hohen Salve (1827 m) im Süden und dem Großen Pölven (1600 m) im Nordwesten liegt. Die Bundesstraße 312 verbindet dort das Ellmauer Tal mit Wörgl im Inntal.

Söll ist ein uralter Hauptpunkt der Landschaft. Die Häuser liegen weit verstreut, ihr Zusammenschluß um die Kirche ist nur gering. Schon die Grafen von Andechs setzten hier im 12. Jahrhundert das ›Meraner Amt‹ ein, dessen Name sich nicht auf das Südtiroler Meran, sondern auf Meranien, nämlich Istrien, bezieht, dessen Herzöge die Andechser zugleich waren. Als Verwaltungseinheit blieb es weit über die Zeit der Andechser hinaus bestehen, und ein damit verbundener theatralischer Brauch erhielt sich noch bis ins hohe 18. Jahrhundert hinein. Der Besitzer des Jufingerhofes, der Legende nach ein Sommersitz der Gräfin Margarethe Maultasch, kam da jährlich einmal angeritten, auf einem Blauschimmel mußte es sein, und die Satteldecke grün. Der Bauer hatte einen schwarzen Filzhut auf und eine blaue, tuchene, lange Jacke angezogen. Die Beine steckten in Gamaschenstiefeln samt großen Sporen. So ritt er im alten Amtshaus, dem heutigen Gasthof Post, zweimal um die große Säule im Flur, danach sprengte er zum Kummererhof, wo ihn der Urbarrichter in der Stube erwartete. Diesem zeigte er aus einem roten Lederbeutel drei Etschkreuzer vor. Dann zahlte er 21 3/4 Kreuzer Lehenzins, worauf ihn der Richter freihalten mußte. Außerdem hatte er dem Bauern beim Auf- und Absteigen den Steigbügel zu halten. Im Gasthof Post lugt der Amtshof der Meranier noch aus dem Gestein des Torrahmens, den beiden Erkern und den gehauenen Fensterlaibungen, alles keine Bauteile eines Bauernhofes. Christoph Anton Mayr hat 1768 die Fassade mit Fresken geschmückt, aber man sieht an älteren Bildresten, daß er nicht der erste Maler auf dieser Bildfläche war.

Entsprechend der Bedeutung des Ortes entstand im Laufe der Jahrhunderte in Söll eine Reihe stattlicher Kirchen, die wahrscheinlich immer am gleichen Platze standen wie das Kirchlein aus der Missionszeit des Heiligen Rupertus im 8. Jahrhundert. Das Barockhaus von 1768, das der Kufsteiner Franz Bock, wohl nach Plänen der Singerschen Bauwerkstatt zu Schwaz, aufgeführt hat, ist auch wieder von Christoph Anton Mayr ausgemalt worden, der dabei besonders der beiden Kirchenpatrone Petrus und Paulus gedacht hat. Das Volk erzählt freilich, daß die Kirchenpläne von Ebbs und Söll vertauscht worden seien, weshalb nun die Kirche in Söll zu klein und die in Ebbs zu groß geraten seien.

Söll hat durch seine historische Meraner Amtsbedeutung der Umgebung den Namen gegeben. Im Sölland oder Söllandl gab es auch zwei feste Burgen, von denen aber nichts mehr als vielleicht die zwei steinernen Geschosse des Knollhofes übriggeblieben sind.

Kehren wir unmittelbar an den Fuß des Wilden Kaisers zurück, und zwar nach *Ellmau*. Wenn sich die Orte in den Gipfeln hier gleichsam spiegeln, so fällt diesem Dorf mit der Ellmauer Halt (2344 m) der wichtigste zu. Hingegen hat der Nachbarort *Going* Ellmau auf dem Gebiet des Kirchenbaus überholt, denn Andre Hueber aus Kitzbühel hat hier 1775 einen seiner Zentralbauten errichtet. Wohlabgestimmt stellen sich Vorhalle, quadratischer Kuppelraum und Chor aneinander. Die Rokokokanzel schuf Anton Gigl aus Innsbruck, die plastischen Dekors der Kirchenwände Thomas Bliem aus Going selbst, und die Fresken mit den Szenen der Kreuzauffindung malte Matthias Kirchebner aus Kitzbühel. Going, dessen Endung auf die bajuwarischen Landnamen im 6. Jahrhundert hinweist, hat zur Zeit des Bergbaues im Weiler Prama Knappensiedlungen gesehen.

Die Bundesstraße, zunächst vom Goinger Bach begleitet, später von der Reither Ache, führt schnell hinaus in die weite, freie Tallandschaft von *Sankt Johann*. Die Fahrt entlang der Südwand des Wilden Kaisers gehört zu den schönsten Reiseerlebnissen, die das Tiroler Unterland zu bieten hat. Durch den Ausbau dieser Verbindung zwischen Wörgl, Söll, Ellmau, Going und Sankt Johann hat das ›stille Tal‹ freilich an Ruhe verloren, aber der Herrlichkeit seiner Majestät des Kaisers konnte und kann das alles nichts anhaben. Er trotzt bis jetzt sogar jeglicher Seilbahn auf seine Gipfel. Man wünscht es ihm noch lange.

Sankt Johann in Tirol! Wem hier nicht fröhlich ums Herz wird, dem ist wohl kaum mehr zu helfen. Der Ort hat sich an einer Stelle entwickelt, wo nicht weniger als fünf Täler zusammenkommen. Er bestand schon vor 738 und gilt als Gründung des Heiligen Rupert. Nordtirol ist nicht reich an Landstrichen, wo die Berge ohne Gefahr für die Umgebung – fast möchte ich sagen: nur ›dekorativ‹ – aufragen, ohne daß nicht gewaltige Winter manchmal doch eine Lahn oder einen Bruch bis ins Bürgermeisteramt ›hinunterschmeißen‹, um sich Respekt zu verschaffen und die Maßstäbe wieder ins richtige Verhältnis zu rücken. Hier rings um Sankt Johann sind die Gebirge aber nicht zu fürchten, sondern rein zur Freude aufgestellt.

Im Mittelalter gewann der Ort rasch an Bedeutung als Wegekreuzung der Straßen Salzburg–Wörgl und Pinzgau–Bayern entlang der Kitzbühler Ache. Die Leukensteiner Grafen, belehnt von den Bischöfen von Regensburg, hatten hier das Sagen. Nachdem 1446 die Pfarrei dem Bischof von Chiemsee direkt unterstellt worden war, entwickelte sich Sankt Johann zur zweiten Bischofsresidenz: Der stattliche Pfarrhof, dessen heutiges Aussehen von 1780 stammt, wurde zum Sommersitz der Chiemseer Bischöfe. Verständlich auch, daß auf diese wichtige Pfarrstelle nur bedeutende Geistliche berufen wurden, darunter der 1658 im Ruf der Heiligkeit hier gestorbene weitberühmte Erzieher und Seelsorger Bartholomäus Holzhauser. Aus Bayern kam 1723 der Baumeister der Kirche, Abraham Millauer. Sein 1728 vollendetes Werk machte Schule: Sowohl in Söll wie in Scheffau und in Ebbs hat er später noch einmal ganz groß gebaut. Auch die zahlreichen salzburgischen Meister, die in Sankt Johann mitwirkten, beweisen den Einfluß von dort nach Tirol: der Steinmetz Georg Doppler (Säulenportal, Unterbau des Hochaltares), Jakob Zanusi (Altarbilder), vor allem aber die imponierende Schnitzfigur einer Sitzenden Madonna (1440), die in Salzburg entstanden sein muß. Die Stukkaturen besorgten die Innsbrucker Anton und Augustin Gigl, die Plastiken der Kitzbühler Josef Martin Lengauer. Die Fresken schuf Simon Benedikt Faistenberger, der auch die Spitalkirche Weitau ausgemalt hat. Das Spital selbst wurde bereits 1262 durch Gerhard von Velben gestiftet. Es war für Reisende und Bresthafte gedacht, aber auch als Altersheim für Ansässige. Später entstand dann die spätgotische Kirche, die Mitte des 18. Jahrhunderts barockisiert wurde. Aus der gotischen Zeit stammt das einzige noch vollständig erhaltene gotische Glasfenster in Tirol. Es befindet sich hinter dem Hochaltar und zeigt neben zahlreichen Heiligenfiguren das Stifterehepaar von Velben und den Erbauer des gotischen Chores, Kaplan Johannes Strauß. Man mag die Wirkung dieses Fensters, auch wenn es vielleicht aus Salzburg stammt, in sich aufnehmen und seine Farben und seine Lichtführung im Geiste dann dorthin versetzen, wo sich noch andere gotische Kirchen in Tirol befinden, etwa in Fügen, Hall, Schwaz oder Landeck. Strauß hat sich auch von keinem Geringeren als Erasmus Grasser 1493 einen Heiligenstein mit Sankt Andreas arbeiten lassen. Vielleicht noch aus dem Stiftungsjahr 1262 stammen die beiden Glocken im Turm.

Zwei Hauptmaler des Barocks haben die Kirche später ausgemalt: das Gewölbe 1744 Simon Benedikt Faistenberger, die Wände und die Fläche über der Orgelempore ein Jahr später Josef Adam Mölk. Faistenberger ist der wichtigste Freskant der Gegend und verfügt über einen ausgeprägten eigenen Stil, der noch stark dem italienischen Hochbarock verhaftet ist, dabei aber eine gewisse Derbheit der Formen zeigt, die allesamt kurz und kräftig sind. Eleganz ist nicht seine Stärke gewesen. Ein Bild wie die Glorie des Heiligen Nikolaus hier beweist, wie wenig Faistenberger der Improvisation überließ und wie sehr er alles gut durchdacht aufgebaut hat. Es ist das Gemüt des Gebirglers, das sich darin verrät, daß es sich nur auf das verläßt, was als erprobt und sicher gilt.

Rund sechzig Jahre später, im Säkularisationsjahr 1803, hat Josef Schöpf in der Antoniuskapelle, heute Kriegergedächtnisstätte, einen Abgesang der barocken Deckenmalerei in die Kuppel des Zentralbaus gezaubert. Obwohl schon vom Zeitgeist des Klassizismus angehaucht – und überdies durch wiederholte Beeinträchtigungen nicht mehr ursprünglich leuchtend –, zeigt das Fresko doch noch durchaus barocken Schwung und visionäre Kraft. Was uns aber am meisten frappiert, ist die in der irdischen Zone entfaltete prächtige Rundansicht von Sankt Johann samt – Bild im Bild! – dieser Kapelle selbst mit der ganzen Bergszenerie des Wilden Kaisers und dem Blick ins Achental hinein bis zum Kitzbühler Horn. Man möchte annehmen, daß Schöpf wohl bereits von jener 1787 in England patentierten Erfindung des Robert Barker gehört haben muß, die 1799 erstmals in Deutschland gezeigt worden und von Hamburg über Leipzig 1801 nach Wien gewandert war: das ›Panorama‹. Es sollte in der Folge geradezu ein europäisches Fieber auslösen. Das berühmte Berg-Isel-Panorama in Innsbruck ist eines der wenigen heute noch erhaltenen ›Spektakel‹ dieser rund hundert Jahre währenden – ebenso enthusiastisch gefeierten wie viel geschmähten – ›Kunstform‹.

Besondere Bedeutung kam Sankt Johann einst durch den Kupferbergbau am Rörabichl zu, wobei die Fuggersche Schmelzhütte im Weiler Litzlfelden bis 1811 arbeitete. Das Pochen der Hämmer ist längst verklungen, die Schmelzöfen sind abgetragen, die Knappen haben sich in Schilehrer verwandelt, aber von der Kunst dieser Tage spricht noch manches zu uns. Natürlich gibt es auch ein modernes Sankt Johann, das 1956 zum Markt erhoben worden ist. Ja, die Sankt Johanner haben sogar ein Gymnasium errichtet und damit der ›Hauptstadt‹ Kitzbühel deutlich den Rang abgelaufen.

Unsere Kaiserrundfahrt setzt sich weiter nach Norden über *Kirchdorf* fort, das am verlängerten Ende des Kaiserbachtales liegt und seinem Namen durch einen sechsstöckigen gotischen Kirchturm alle Ehre macht. Kaiser Heinrich II. gilt als Gründer der Kirche, später gehörte das Land in Kirchdorf dem Stift Sankt Zeno in Reichenhall, dessen Probst Erasmus Siebenpeck hier begraben liegt (Grabstein in der Vorhalle). 1809 wurde Kirchberg niedergebrannt und erholte sich erst allmählich von diesem schweren Schicksalsschlag.

Die große Ache fließt am Weiler *Erpfendorf* vorbei durch das einsame Kössener Tal nach Norden hinaus. In Erpfendorf hat Tirols bekanntester Architekt Clemens Holzmeister 1956 eine moderne Kirche gebaut, die zwar etwas theatralisch betont, aber im ganzen doch gelungen ist und moderne Art mit dörflicher Struktur zu verbinden weiß.

Von Sankt Johann führen zwei Täler ins Salzburgische. Das eine, sanfter ansteigende, hat man auch für die Eisenbahn benützt, die damit ihre kürzeste West-Ost-Verbindung innerhalb österreichischer Staatsgrenzen gefunden hat. Der Hauptort dieses Tales, *Fieberbrunn,* war in dreifacher Weise von besonderer Bedeutung.

Zunächst durch die schwefelhaltige Heilquelle, die dem Ort den Namen gab und die, will man den Berichten glauben, besonders heilkräftig bei Frauenleiden zur Anwendung gekommen ist und noch kommt. 1354 wurde Margarethe Maultasch durch sie vom Fieber befreit, 1632 soll das Wasser auch der Erzherzogin Claudia von Medici Heilung gebracht haben. Die Quelle, heute in einem modernen Brunnenhaus, rann schon lange aus dem Hügel, bevor man die Kirche darüber errichtet hat.

Fieberbrunns zweite Bedeutung erwuchs aus den Bergschätzen Eisen und Kupfer, die auf der Gebra geschürft wurden. Die Hüttenwerke der Freiberger und Rosenberger arbeiteten noch bis 1908 im Weiler Hütte, dessen Name von der Eisenarbeit herkommt. Die Rosenberger hatten sich hier im 16. Jahrhundert einen Edelsitz errichtet, der aber schon nach hundert Jahren zu unbequem geworden war, so daß 1634 der Neubau ›Neu-Rosenegg‹ dazugestellt worden ist.

Bewundern können und müssen wir in der Kapelle zum Heiligen Johannes Nepomuk, einem Barockbau von 1760, den Simon Millinger gestiftet hat. Der Schatz des schlichten Baues besteht in seinen Fresken von Matthäus Günther, signiert 1762. Das Hauptbild mit der Glorie des Patrons und der Darstellung des Martertod-Sturzes von der Prager Brücke in die Moldau zeigt schon jene fast improvisierend wirkende Leichtigkeit der Darstellungskunst, die den Künstler in seinen Hauptwerken auszeichnet. Man beachte die verschiedenen räumlichen Stellungen der drei Kreuze oder die Untersicht auf die Brücke! An der Eingangswand der Kirche ist die Beichte der böhmischen Königin bei Johannes Nepomuk gezeigt.

Die dritte Bedeutung erwuchs dem Ort aus seiner Straßenlage am Weg nach Saalfelden über Hochfilzen und den Grießenpaß. Dem entspricht auch die alte Poststation, heute Gasthof, am Ende des Kirchenhügels. Hochfilzen selbst war bis ins 19. Jahrhundert ein befestigter Grenzort, der jetzt durch das große Magnesitwerk industriellen Charakter angenommen hat.

Etwas weiter nördlich steigt von Erpfendorf das Strubtal zum gleichnamigen Paß (677 m) empor, auch eine Landesgrenze, die einst heiß umkämpft war. Der Hauptort dieses Tales ist *Waidring* mit einer schlichten Barockkirche, die Kassian Singer 1757 begonnen hat. Als er 1759 starb, baute sein Nachfolger Andre Hueber das Haus fertig, der Turm wurde gar erst 1795 vollendet. Es handelt sich um einen der typischen Singerschen Flachkuppelbauten mit bescheidenen Fresken von Josef Perwäger und Mathias Mader von 1761.

Zwischen Waidring und Fieberbrunn, etwa in der Luftlinie gedacht, liegt zu Füßen der gewaltigen Loferer Steinberge der Pillersee. Sein eigenartiger Name wird vom Worte ›pillen‹, das heißt ›brüllen‹, abgeleitet. Einheimische vernehmen es als dumpfes Grollen vor Unwettern. Der See und seine Umgebung gehörten über 700 Jahre den Benediktinern von Rott am Inn, denen es Kaiser Heinrich IV. wenn schon vielleicht nicht geschenkt, so doch als Besitz bestätigt hat. Die reizvolle Wanderung durch das Tal, am besten von Süden nach Norden, beschert vier Stunden lang landschaftliche und kunstgeschichtliche Eindrücke besonderer Art. Das fiel schon Johann Jakob Staffler auf, der in seinem 1847 erschienenen Werk über ›Das deutsche Tirol …‹ zu diesem Tal meint, daß seinen »Grundton

X

KARL FRIEDRICH HEINZMANN

(1795-1846)

Ansicht von Kufstein

Öl auf Papier, 1834

Leipzig, Museum der bildenden Künste

Die geografische Entfernung Wiens und seiner Akademie vom ›Land im Gebirge‹ hat die Beschäftigung der österreichischen Maler mit der Tiroler Landschaft zunächst nicht so intensiv werden lassen, wie dies mit jener Ober- und Niederösterreichs oder des Salzkammergutes geschehen ist. In diese Bresche traten dafür die bayerischen Künstler und die Meister der Münchner Schule, die schon von der stammes- und mentalitätsmäßigen Affinität her die Grenzen vom bayerischen Hochland »ins Tirol« gerne überschritten und damit wesentlich zur breiten Kenntnis der Tiroler Naturschönheiten beigetragen haben. Einer dieser Wanderer zwischen Bayern und Tirol war Karl Friedrich Heinzmann, der 1834 diesen Fernblick innaufwärts nach Kufstein mit der für ihn charakteristischen Klarheit der Atmosphäre geschaffen hat.

das Düstere, das Einsame bildet ... Erst beim Anblicke des Dorfes Waidring ... athmet die Brust freier.«

Der Hauptort ist *Sankt Ulrich* mit seiner spätgotischen Kirche, die 1746 barockisiert worden ist und im Zuge dieser Umgestaltung Fresken von Simon Benedikt Faistenberger erhalten hat. 1865 übermalt, sind sie erst 1960 wieder freigelegt worden. Im Zuge dieser Restaurierung wurde die Kirche auch mit zahlreichen Stücken anderer Provenienz ausgestattet. Aus der gotischen Kirche haben sich Figuren eines Flügelaltars erhalten.

In einer knappen Stunde erreicht man von Sankt Ulrich aus das nördlich des Sees gelegene *Kirchlein Sankt Adolar,* von dem Staffler schreibt: »Da steht auf einem vorspringenden Hügel mit der herrlichsten Uebersicht des Thales ein uraltes Wallfahrts-Kirchlein, dem Herden-Beschützer Sankt Adolar geheiligt, in welchem 2 alte Fresko-Gemälde bewundert werden ... Die Ortssage nennt als den Meister derselben Leonardo da Vinci, der sich längere Zeit im Kloster Rott aufgehalten, und von da sich nach Pillersee begeben haben soll.« Von den 34 spätgotischen Wandmalereien im Sterngewölbe des Chores, die erst 1957 wiederentdeckt worden sind, weiß Staffler nichts. Die Bilder sind freilich großteils nur mehr fragmentarisch zu erkennen, aber im gesamten hat man doch einen guten Eindruck, wie das früher einmal ausgesehen hat, ganz anders nämlich, als wir es aus den ›gereinigten‹ gotischen Kirchen kennen, überaus lebendig und sicherlich noch viel bunter, als es jetzt wirkt. Sankt Adolari allein lohnt schon den Besuch dieser Gegend.

Die Nordroute

Wenn man sich von Kufstein nach Norden wendet und dabei auf der rechten Seite des Inns bleibt, kann man um den Kaiser herum auch nach Kössen kommen. Es ist der Zahme oder Hintere Kaiser, und es ist die Gegend, der das Gebirge seinen merkwürdigen Namen verdankt, wie wir bald hören werden. Zunächst aber passieren wir das Gelände, in dem einst die Gallas-Schanze Tirol gen Norden abgeschirmt hat. Ihre Reste befinden sich dort, wo die Felswände ganz nahe an den Inn herantreten und das Gasthaus ›Schanze‹ heute eine weit freundlichere Talsperre darstellt, als die einstige es war. Das Verteidigungswerk übernahm den Namen seines Erbauers Obristwachtmeister Pankraz Gallas, der es um 1611 gegen das sogenannte ›Passauer Kriegsvolk‹ errichtet hat. Erzherzog Leopold V. von Österreich, dazumal noch Bischof von Passau und Straßburg, hatte 1610 ein Söldnerheer aufgestellt, um die Ansprüche des Kaiserhauses auf das Herzogtum Jülich durchzusetzen. Nach dem negativen Ausgang der Jülicher Angelegenheit weigerten sich die Söldner auseinanderzugehen, pochten auf Löhnungsrückstände, und Leopold wie sein kaiserlicher Vetter Rudolf II. waren im Hinblick auf die Zwistigkeiten des Kaisers mit seinem jüngeren Bruder Matthias gar nicht pressiert, die ihnen zu Gebote stehende Truppenmacht aufzulösen. So durchstreiften etwa zehntausend Mann des Passauer Kriegsvolkes die Lande bis Prag hinauf und versorgten und belöhnten sich nach eigenem Gutdünken. Weder Klagen noch Proteste der Geschädigten fruchteten bei den Habsburgern. Dem Vernehmen zufolge sollten die Söldner mit neuem Hauptquartier nun nach Tirol verlegt werden. Da beschlossen die Tiroler zusammen mit ihrem Landesfürsten Erzherzog Max III., sich dem zur Wehr zu setzen. So wurden Pankraz Gallas und der Hofbaumeister Bartholomäus Lucchese beauftragt, die östlichen Grenzbefestigungen Tirols zu inspizieren. Sie besichtigten das ›Kleine Kleußl‹ oder die ›Wachtklause‹ am Fuße des Thierberges bei Kufstein, die den ohnedies sehr engen Weg zwischen Inn und Thierbergfelsen wirkungsvoll zu sperren vermochte, ferner das Erler Zollhaus, den Ebbser Berg und den Ritzgraben.

Die neue Schanze entstand an der Stelle des ›Landgrabens unter Khueffstain‹ aus dem 16. Jahrhundert. Zweihundert Mann arbeiteten unter dem Schutze von fünfzig Musketieren, für den Fall, daß die Passauer vorzeitig einträfen. Denn diese, inzwischen als Truppe endlich doch aufgelöst, zogen großteils nach Italien, um dort erneut in Sold zu gehen. Diese Kunde beflügelte die Arbeiten, die den für damals unerhörten Betrag von 5000 Gulden verschlangen. Es entstand ein keilförmiger Palisadenzaun mit einem Graben dahinter, in den der Inn eingeleitet werden konnte. Dann folgten drei Vaubansche Bastionen, durch gerade Gänge, Courtinen, miteinander verbunden. Schließlich kamen ein zweiter Pfahlzaun und in einigem Abstand nochmals ein tiefer, aber enger Graben.

Zunächst benötigte man die Schanze nicht, und da sie ihre Nützlichkeit nicht unter Beweis stellen konnte, tat sie das gleiche, was alle Befestigungsanlagen in derartigen Situationen tun: Sie verfiel. 1630 lag sie fast ganz in Trümmern und wurde wegen der Gefahren des Dreißigjährigen Krieges neu errichtet. 1703 fanden sie die Truppen des bayrischen Kurfürsten in gutem Zustande, aber ganz unbesetzt vor! Wir hören auch späterhin nichts von Kämpfen um oder an der Gallas-Schanze, lediglich 1768, als der Wirt Jakob Rieder das Gelände samt Bauerschaft erwarb, mußte er sich vertraglich verpflichten, die Schanze »in Absicht des Defensionsstandes stets in statu quo« zu belassen. Die Bedeutung des Ortes verlagerte sich bereits ganz eindeutig auf das Gasthaus ›Schanze‹. Als man 1821 neuen Grund für die Hauskapelle der Wirtschaft aushob, stieß man auf ein Massengrab, das wahrscheinlich Leichen aus den Kämpfen von 1809 barg.

Wer sich die Zeit nimmt, der kann heute noch auf einem Teil der grasbewachsenen Courtinen herumspazieren und im stellenweise sumpfigen Boden steckenbleiben. Pankrazius Gallas, der seinerzeit ob des gelungenen Werkes weidlich gelobt worden war, starb schon 1612 im Dienste des Feldhauptmannes Oberst Freiherr von Madrutsch in Südtirol.

Wenig weiter nördlich, wo der Talboden wieder breiter wird, liegt *Ebbs,* der Hauptort dieser Gegend. Zu Ebbs gehören auch die Weiler Wagrain mit dem kleinen alten Schloß hinter seinem klobigen Westturm, den man 1862 mit Balkonen behängt hat, und seinem Fohlenhof, wo Haflinger gezüchtet werden und die Reitkunst zu blühen versucht, ferner Oberndorf und Eichelwang. Zwischen diesen locker in der Ebene des Tales liegenden Häusergruppen breiten sich Wiesen und Weiden aus, die das Unterland hier als Gebiet der Viehzucht und weniger des Ackerbaues zeigen.

Bereits 788 meldet das Salzburger Kirchenregister zwei Kirchen, aus deren einer sich im Laufe der Jahrhunderte jene Pfarrkirche entwickelte, deren Neubau Abraham Millauer aus Aibling von 1748 bis 1756 für 32000 Gulden errichtet hat. Verehrt wird besonders ein Gnadenbild von 1450, in letzter Zeit erheblich ergänzt, dem bereits in der gotischen Vorgängerkirche die Wallfahrer zustrebten. Dementsprechend schuf Millauer eine gotischer Gläubigkeit angemessene riesige Kirche. Das Innere umschließt in hellen Ockertönen einen zentral wirkenden weiten Raum, der durch flache Nischen, hohe Fenster und gewaltige Pilaster vor den Wänden gegliedert ist. In den Flachkuppeln der Gewölbe hat 1750 Herr Hofkammermaler Josef Adam Mölk Szenen aus einem bäuerlich-tirolischen Marienleben vorgetragen. Kompositorisch am interessantesten ist die Szene der Himmelfahrt, am mutigsten die Darstellung der Geburt, die das Joch vor der Apsis ganz ausfüllt. Mölk hatte Verwandtschaft in der Ebbser Gegend und lebte einige Zeit hier, von wo aus er seine Kunst in weitem Umkreis fleißig ausübte. Renovierungen haben leider einiges an der Leichtigkeit der Mölkschen Farben abgestumpft. Bemerkenswert sind in der Kirche ferner die Kombinationen der Beichtstühle mit der Kanzel oder der großen Kreuzigungsgruppe. Sie und die Apostelfiguren schuf der Kitzbühler Josef Lengauer. Die Orgel ist neu und stammt von 1976. Hingegen besitzt die Kirche ein altes Vortragekreuz mit Evangelistenbildern in vier Medaillons aus der Zeit um 1410. Auch gibt es eine ganze Reihe gotischer Grabsteine, besonders der Herren von Ebbs, die dort auf ihrer Burg saßen, wo auf der ersten Geländestufe östlich des Dorfes weithin sichtbar das Kirchlein Sankt Nikolaus steht. Man sollte unbedingt hinaufwandern und den Blick von der Höhe genießen, der die riesigen Verhältnisse der Pfarrkirche zum Dorfe zeigt und leider auch die ebenso riesige Fabrik auf der anderen Talseite.

Die Herren von Ebbs hatten ihre Feste an einen sehr günstigen Platz gestellt, von dem aus sie sowohl den Turm der Freundsberger auf dem Thierberg wie auch die Burg Kufstein gut im Visier hatten und von wo aus sie die ganze breite Inntalebene einsehen konnten. 1174 wurde ihre Burg urkundlich erwähnt, als sie Kaiser Friedrich I. Barbarossa samt den dazugehörigen Ländereien kaufte. Der Kaiser schuf so eine politisch bedeutungsvolle staufische Enklave im damaligen Herzogtum Bayern, mit dessen Fürsten er ja keine reine Freude erlebte. So, glauben die Sprachforscher, habe sich die Bezeichnung »als des Kaisers« allmählich direkt auf die Landschaft übertragen. Schon damals stand im Kaisertal der Hintere Kaiserhof, 1240 einfach als Hinterkaiser bezeichnet.

Geblieben ist von der Burg nur die kleine Kirche mit dem

38 Meter hohen Turm und einem herrlichen gotischen Sterngewölbe, das aus Rauten zusammengesetzt ist und in kleinen bemalten Schlußsteinen endet. 1961 wurde ein ausgedehnter alter Freskenbestand aufgedeckt, leider großteils nur mehr Fragmente. An der linken Seite erkennt man Szenen aus dem Marienleben, Eremiten, seltsame Städtelandschaften mit vielen Türmen, auch ein spätgotisches Chorgestühl ist zu sehen, bei dem allerdings nur das Rückteil alt ist. Der geschnitzte Hochaltar ist eine Kopie desjenigen von 1510, der heute in der Frauenkirche in München steht.

Auf sanften Wegen kann man von Sankt Nikolaus aus weite Spaziergänge unternehmen, auf halber Höhe, fast wie in Südtirol, nach Buchberg, zur Aschinger Alm (980 m), in deren Nähe die Schilifte von Durchholzen enden. Vorbei an großen schönen Einzelhöfen kommt man talwärts zur alten Schule und über den Weiler Mühldorf-Wagrain wieder zurück nach Ebbs.

Ehe wir über Walchsee nach Kössen gelangen, um unser Kapitel ›Rund um den Kaiser‹ mit jenem einzigartigen Rückblick zu beschließen, der von dort aus möglich ist, unternehmen wir einen kurzen Abstecher in Richtung der Niederndorfer Berge zur bayrischen Landesgrenze. Der heute weitbekannte Grenzort auf dem entlang dem Inn vorgeschobenen Landstreifen zu Füßen des Kranzhorns ist *Erl,* berühmt durch seine Passionsspiele. Es war freilich so, daß die Hauptzollinie erst 1760 hierher nach Erl, Kössen oder Kufstein verlegt worden ist. Ehedem war der Hauptzollort immer noch Rattenberg, wie bis 1504, als dieser Teil des Unterlandes ganz bayrisch war.

An der Grenzbrücke über den Inn steht ein großer Sankt Nepomuk aus Stein von 1751. Er bewachte wohl auch die Furten, die von den Schmugglern eifriger als von den Hirten benützt wurden, als ›es sich noch lohnte‹. Im Zollhause wurde der Tiroler Dichter Adolf Pichler 1819 geboren, der erste Alpinist, der sowohl die Größe des Erlebnisses einer Bergfahrt wie auch die naturwissenschaftlich-geologischen Erkenntnisse, die er dabei gewann, festzuhalten imstande war. Friedrich Hebbel nannte ihn einen »Mann in weichlicher Zeit«. Seine Bedeutung für Tirol ist kaum hoch genug anzuschlagen.

›Praedium Aurelianum‹ hieß die römische Siedlung, aus der Erl erwuchs, 927 noch Orilan genannt. Seiner Grenzlage gemäß lernte es wie kaum ein anderes Unterinntaler Dorf die Kriegsnöte kennen und wurde mehrfach vollkommen niedergebrannt. Besonders gründlich 1703 und 1809. Entsprechend steht auch die jetzige Pfarrkirche – die erste gab es bereits 788 – zwar noch auf dem alten Platz, aber in einer erst 1828 entstandenen Form. Einzig der spätgotische Grabstein des Pfarrers Johann Sätreich von 1458 hat künstlerischen Wert. Salzburger Einfluß verrät sich in der Frontstellung des Turmes, den Jakob Singer aus Schwaz 1735 aufgeführt hat.

Die Erler lernten in ihren vielen Kriegsnöten das Beten und gelobten schließlich, in regelmäßigen Abständen Passionsspiele aufzuführen, um das Unheil abzuwenden. Schon um 1613 gab es da Osterspiele, gelegentlich auch solche im Advent und zu Weihnachten, die als Wurzel der Passionsaufführung gelten können. Es wird berichtet, daß die Spieler in Zeiten äußerster Armut ihre Gewänder nur an der Vorderseite ›kostümierten‹ und gleich Papierfiguren peinlichst vermieden, ihre Kehrseiten, auf denen sie puren Erler Alltag trugen, dem Publikum zuzuwenden. Heute ist das alles längst ›überwunden‹; Albin Egger-Lienz schuf 1912 das noch immer gültige Passionsspielplakat. 1959 wurde das sehr gelungene neue Spielhaus unter geschickter Ausnützung des Geländes, wie das antike Theaterbauten schon taten, durch Robert Schuler errichtet. 1500 Zuschauern wird hier Platz geboten, die mehrere Stunden dauernde Passionsaufführung zu erleben, wozu Cesar Bresgen die Musik komponiert hat.

In der Pause kann man einen kleinen Spaziergang zum nahen Wasserfall machen, in eine Miniaturfjordlandschaft, die es in sich hat. Unmittelbar vor einem morschen Steg sieht man sich zwischen Ratio und Religion eingezwängt. Eine Tafel besagt: »Für Unfälle wird nicht gehaftet!«, und gleich daneben heißt es auf einer anderen: »Sein Rat ist wunderbar und er führt es herrlich aus. Jesaia 28/29.« Der Wasserfall selbst ist etwa dreißig Meter hoch und sammelt sich in einer Art Gletschertopf, nur durch das »Privatelektrizitätswerk Ing. Josef Geppert 1957« modernisiert – schade!

Niederndorf auf halber Strecke zwischen Erl und Ebbs hat sich allmählich um seinen Kirchenhügel entwickelt, einst auch im Schutze einer alten Burg, die noch Ende des 14. Jahrhunderts erwähnt wird, deren Standort aber heute nicht mehr bekannt ist. Der Fassadenturm der Kirche verrät Salzburger Einflüsse, der Kamin dagegen, der unmittelbar daneben aus dem Kirchendach aufsteigt, jene technokratischen Denkens. Josef Adam Mölk führte 1756 die Innenmalereien aus, die Bilder wurden erst vor einigen Jahren wieder aufgedeckt. Es herrscht das gleiche Kompositionsprinzip wie in Ebbs vor, aber die Malerei ist wesentlich schwächer. Zwei riesenhafte Skelette in Glassärgen, aus dem 1804 aufgelassenen Kloster der Paulaner in der Au vor München hierher geflüchtet, und zahlreiche Plastiken schmükken, wenn man so will, den etwas dunklen Kirchenraum. Die Holzfiguren der Heiligen Katharina und Margareta von 1460 sind außergewöhnlich schön und stammen sicher aus einem alten Schnitzaltar.

Viel interessanter ist die der Heiligen Margareta geweihte Friedhofskapelle. Sie ist von klarem Netzgewölbe überspannt, das von schlanken Diensten aufsteigt (1520). Seitlich vor der Mensa sind vier gotische Schlußsteine aus der alten Pfarrkirche angebracht, hervorragende Schöpfungen mit unglaublich zarter Linienführung. Dargestellt sind Heiligenköpfe, die in der schlanken Grundform der Gesichter auf den spitzovalen Hintergrund der Steine in Rautenform abgestimmt wurden. Es gibt in Tirol nichts Besseres aus dieser Zeit als diese atemberaubenden Reste einer untergegangenen Kunst.

Die Pfarrkirche besitzt noch eine barocke Prachtmonstranz von 1690, die der Augsburger Georg Reuschli gearbeitet hat, wogegen die modernen Glasfenster der Friedhofskapelle vom Expressionisten Albert Birkle aus Salzburg 1949 geschaffen worden sind.

Steigt man den Kirchenhügel hinab, so kann man sich auf einem kleinen Dorfplatz wiederfinden, einem von Architekten geschaffenen ›Zentrum‹, in dem der moderne Glas- und Betonbau der Raiffeisenkasse die Kirche in ihrer herrlichen Höhenlage tunlichst zu verdecken sucht. Symbolisch für unsere Zeit unterdrücken hier die materiellen Bedürfnisse jene der Kultur. Es hilft wenig, daß einer meiner Namensvettern 1975 den Glaskasten durch eine nicht unhübsch stilisierte Sankt Notburga von Eben zu mildern versucht hat. Was für ein Glück, daß wenigstens die Marienkapelle, die wahrscheinlich Andre Hueber 1778 auf den nahen Hechenberg gestellt hat, nicht so einfach zu kaschieren ist!

Unser Weg führt nun durch ein etwas ansteigendes Tal mit den Weilern Fuchsanger und Durchholzen auf die Höhe nach Walchsee in Richtung Kössen. Nördlich unserer Route liegt das Walchental nach Sachrang an der Grenze, und später folgt die Höhe von Rettenschöß, alles Berge und Almen sanfter, versöhnlicher Art, mit Hütten und Gasthäusern wohlversehen und deshalb von vielen Wanderern gerne erklommen.

Mit *Walchsee* verbinden mich so viele Jugendsommer, daß sich über dem romantischen See zu Füßen der Pyramidenspitze des Zahmen Kaisers ein Erinnerungszauber ausbreitet, dem ich nur teilweise zu entrinnen vermag. Selbst als ich vor kurzem wieder dort war, hellsichtiger nun, da ich alle Rechnungen selbst zahlen mußte, stand noch sehr vieles am alten, einzig richtigen Platz. Der See ist der weitaus größte im Tiroler Unterland nach dem Achensee, und es galt als sportliche Leistung, seine Breite in einem Zuge zu durchschwimmen. Da liegt die ›Insel‹, etwa dreihundert Meter von der Badeanstalt am Nordufer entfernt, ein zimmergroßes, rundes Stück Land mit Bäumen bestanden, eingepflockt, um nicht ganz zu versinken. Da gibt es schräg nach Westen die ›Sandbank‹, eine Aufschüttung, die zwei kleine eifrige Bäche schufen, die hier in den See einfließen. Bei der ›Seemühle‹ im Osten, wo der See in den Weißbach abrinnt, gab es ausgedehnte Schilfreviere, in denen es geheimnisvoll war und wo man dicken schwimmenden Ringelnattern begegnen konnte. Heute haben die Wohnwagenbesitzer in einer unerbittlichen Zangenbewegung das westliche und südliche Seeufer erobert, die Sandbank ist ihnen schier ganz zum Opfer gefallen, und wenn man sommers den wohnwagenbestückten Hang am Südufer betrachtet, kann man an Übervölkerungsprobleme erinnert werden. Im Herbst und im Frühjahr soll es noch manches Mal ein paar stille Tage am See geben, wenn sich die Wetterpropheten vollkommen geirrt haben oder ein Dauerregen unversehens wegtrocknet.

Merkwürdigerweise steht die Pfarrkirche Sankt Johannes ganz am Ende des Dorfes hinter den Häusern und vor dem See, so als wollte sie diese vor dem Wasser schützen. Als das Strandcafé noch nicht existierte, war das noch viel augenscheinlicher.

Die ›Walchen‹ – die ›Walschen‹, ein Ausdruck, der in Tirol noch heute für Ausländer, besonders Italiener, gebräuchlich ist – mögen dem um 1150 erstmals urkundlich erwähnten Dorf am See den Namen gegeben haben, und wie paßt er heute wieder zum ›Fremdensee‹ des 20. Jahrhunderts!

Die Kirche ist selbst nach wiederholten Umbauten ohne Besonderheiten geblieben, ein gotisches Vortragekreuz von 1430 ausgenommen. Während des sonntäglichen Gottesdienstes wurde gleich mehrmals hintereinander abgesammelt; es war nicht ganz klar wofür, wohl auch neben den kirchlichen Belangen für die Feuerwehr, die Musik, die Schule und andere bedürftige Institutionen. Um die Spender nicht allzusehr zu strapazieren, konnten diese wechseln. Der ›Klingelbeutel‹ bestand aus einem großen zweiteiligen, oben halb geschlossenen Kasten, der an langer Stange auf den Betsimsen der Kirchenbänke dahingeschoben wurde. Wer gewechselt haben wollte, der legte sein Geldstück klangvoll oben auf den Deckel, worauf der Mesner den Kasten einholte und aus dem Fonds bereits eingesammelter Münzen etwa die Hälfte des Geldwertes der Spende wieder zurückerstattete.

Es gab große und schöne Bauernhöfe in Walchsee und Wirtshäuser, und es gibt sie noch, wenn sich letztgenannte auch nach dritter Potenz vergrößert haben. Aber der ›Schopferwirt‹ hat sogar noch seine barocke Fassadenmalerei, die vielleicht auch der malfreudige Wahl-Ebbser Josef Adam Mölk dort angebracht hat, über alle Modernisierungen hinwegretten können. Zu unserer Zeit gehörte das Gasthaus ›Fischerwirt‹ einem Herrn Karl Karl, und wir stellten damals die unlösbare Frage auf, wie man etwa feststellen könnte, was der Vor- und was der Familienname sei. In diesem gemütlichen Gasthof hängt über der Stubentür ein Zierteller mit dem fast ebenso tiefsinnigen wie erbitterten Spruch: »Tiroler Berge, Tiroler Lieder, gibt es etwas schöneres? – Nein!« – Womit vielleicht bewiesen werden könnte, daß Walchsee im Grunde seiner Wirtsstuben doch noch das alte Walchsee von einst geblieben ist.

Vom Kalvarienberg im Osten hat man eine weite romantische Aussicht über den See auf das Massiv des Zahmen Kaisers bis hin zur Naunspitze bei Kufstein; man sieht auch in die weite Talbucht nördlich des Dorfes, Schwemm genannt, ehemals weitteils versumpft, jetzt allmählich trockengelegt und bebaut. Oben vom grünen Kamm über der Waldgrenze blicken Almhütten herunter, ganz so wie sie Egger-Lienz und Alfons Walde-Kitzbühel gemalt haben. Dazwischen führt ein gemütlicher Weg zur Ottenalm (980 m), vielbegangen von jenen, die das, was sie während des Aufstieges gezielt herunterschwitzen, oben ebenso gezielt wieder ›zu sich nehmen‹.

Alles in allem ist Walchsee heute vom Tourismus restlos durchwachsen und im Begriffe, sich durch die Schilifte in Durchholzen eine zweite Saison aufzubauen. Glücklicherweise fehlt dem Ort bis heute noch jeder Anflug des Mondänen, weshalb man sich auch dann noch dort wohl fühlen kann, wenn man weiß, wie es einmal gewesen ist.

Von Walchsee kommt man entlang dem Weißenbach nach *Kössen*, das man auch von der anderen Seite her von Sankt Johann, Kirchdorf und Erpfendorf erreichen kann. Auch hier gab es früher Bergbau, das Kohlenbachtal heißt noch nach den vielen Meilern von einst, und eine Eisengießerei bestand bis ins 19. Jahrhundert. Geschürft wurde nach Eisen, Kupfer und Blei, und der Weiler Hütte erinnert auch noch an diese Tätigkeiten. Wenig nördlich liegt die bayrische Grenze, wohin die wildromantische Klobensteinklamm führt, mit einer Kapelle vor und einer hinter dem einstmals gefürchteten Entenloch. ›Auf dem geklobten Stein‹, das heißt auf dem gespaltenen Fels, errichtete Georg Taler 1674 eine Kapelle, die er anläßlich großer Leibschmerzen »bey dem Clam stain auf den streichen« 1664 gelobt hatte. Im Entenloch bestand eine Enge, die bei Hochwasser zu gewaltigem Rückstau der Ache führte, der dann ganz Kössen unter Wasser setzte. Man sieht Überschwemmungszeichen von 1572 und 1598 neben der südlichen Kirchentüre aufgemalt. Damals beherrschten die Wasser das Tal und verwandelten es in einen großen See. Der Paßweg ist uralt, wie Funde aus der Bronzezeit beweisen. Auch die Römer benützten ihn: Sie nannten ihn »mons, qui dicitur stridum«. Dementsprechend ist auch die Pfarre wohl schon im 8. Jahrhundert gegründet worden, sie bestand sicher im 9. Jahrhundert und wurde lange von Reichenhall aus versorgt.

Auch in Kössen waren es bayrische Meister, die im 18. Jahrhundert die Kirche umgestaltet haben. Hier freilich sehr früh, schon um 1720, wobei Wolfgang Dientzenhofer als Baumeister, und Abraham Millauer, der spätere Meister von Ebbs und Sankt Johann, noch als Polier fungierte. Turm und Sockel des Langhauses wurden alt belassen, die Apsis weiter vorgeschoben und von der alten Inneneinrichtung nur zwei Reliefflügel eines Schnitzaltares von 1520 und der gotische Taufstein aus Rotmarmor beibehalten. Zwei gußeiserne Grabplatten für den Priester Anton Trauner (1828) und den Aufseher der Hammerwerke Ignaz Sturm (1823) goß man in den Eisenwerken am Ort. Dominikus Lang aus Rattenberg verfertigte 1733 eine mächtige Prunkmonstranz, die ihresgleichen sucht. Sie ist ganz dem Barock verhaftet in ihrem überbordenden Dekor, worin kleine Heiligenfiguren wie in einem abstrakten Wald stehen.

Das Dorf hat seit dem Zweiten Weltkrieg durch den Wintersport einen gewaltigen Aufschwung genommen, aber man schätzt auch die Bauten aus alter Zeit wie etwa das Gasthaus ›Erzherzog Rainer‹, ein Bau aus dem 16. Jahrhundert mit drei Erkern, einem spätgotisch empfundenen Tor und barocker Fassadenmalerei.

Vom Kalvarienberg aus bietet sich eine Aussicht auf das Kaisergebirge, die als Abschluß unsere Wanderung rund um den Kaiser krönt. Man sieht am östlichen Ende der fernen Kalkfelsen die Zacken der Ackerlspitze und das große Griesenauer Kar; und dann kann man, was die Einzigartigkeit des Standpunktes ausmacht, entlang dem Feldberg-Stripsenkopf über die Einsenkung der Feldalm auch den ganzen westlichen Teil des Wilden Kaisers, wie er als mächtige Kulisse über dem Kaisertal aufragt, überblicken. Dabei schaut man in eine der Herzkammern Nordtirols.

Kitzbühel

Wenige Gebiete Nordtirols sind so früh in die Geschichte eingetreten wie Kitzbühel und seine Umgebung. Dies hängt mit der Lage des Ortes in der sogenannten Grauwackenzone zusammen, wo es bereits im 2. Jahrtausend vor Christi Geburt Bergbau und mit ihm zusammen Almwirtschaft gegeben hat. Die Almen bestehen heute noch, freilich mit hochmodernen kilometerlangen Milchleitungen versehen, wie zum Beispiel die Brunnhoferalm südlich des Kitzbühler Hornes.

Die Bewohner im heutigen Stadtgebiet unterschieden schon bald zwischen der steilen ›Schattberg‹-Seite an der Nordflanke des Hahnenkammes und dem sanfteren ›Sonnberg‹ am südlichen und südwestlichen Fuß des Hornes. Gerade diese Gegend am Horn war für floristisch interessierte Forscher Anlaß zu ausgedehnten Untersuchungen, wobei besonders der Kitzbühler Apotheker Josef Traunsteiner zu nennen ist, mit dem der botanisch begeisterte Sachsenkönig Friedrich August II. 1846 hier eine Exkursion unternommen hat.

Der Talboden der Kitzbühler Gegend war bis zur Regulierung der Großache um 1910 sehr sumpfig, und schon geringe Abflußbehinderungen führten schnell zu ausgedehnten Überschwemmungen, so 1598, 1678, 1786 und 1787. Auch um 1650 war ein solches Hochwasser eingetreten: Es ließ den landschaftlich erfahrenen Matthäus Merian bei Kirchdorf einen See kartographieren, der in Wahrheit nur eine vorübergehende Folge einer Überschwemmung gewesen ist. Im Volksgedächtnis haben sich ähnliche Ereignisse zur bekannten Sage vom Drachensee auf der Sintersbachalm verdichtet, wo der große Drache eine Schlucht ins Tal durchbiß, so daß dann die unheilbringenden Wassermassen plötzlich hervorbrechen und alles überfluten und verschlingen konnten.

Zwischen 1300 und 1100 vor Chr., just als die Griechen Troja belagerten, legten die Ursiedler in Kitzbühel an der Sonnseite des Lebenberghügels urnenfeldzeitliche Gräber an, die 1964 entdeckt wurden. Es waren wohl dieselben Illyrer, die in 1400 Meter Höhe auf der Kelchalm bei Jochberg zur gleichen Zeit nach Kupfererzen schürften und bis 450 Meter lange Stollen anlegten.

Spuren von Römern fehlen bis heute im Kitzbühler Raum: Er lag zwar abseits der römischen Durchzugsstraßen, aber allein der Bergsegen, der zur römischen Zeit wohl kaum ganz vergessen war, hätte die Römer eigentlich herbeilocken müssen. Das scheint aber nicht der Fall gewesen zu sein.

Die früheste bis heute bekannte urkundliche Nennung des Hauptortes geschah erst um 1165. Die Sprachforscher belehren uns, daß der Name der Stadt keineswegs etwas mit dem Gamskitz im Wappen zu tun habe, sondern auf einen uralten Personennamen ›Chizzo‹ zurückgeht. 1180 wurde bereits die Andreaskirche, heute Pfarrkirche, erwähnt, 1202 besitzen die Hochstifte Regensburg und Bamberg ausgedehnten Grund in der Gegend.

Als Kitzbühel dann 1271 durch Herzog Ludwig II. von Bayern zur Stadt erhoben wurde – das Gebiet gehörte ja bis 1504 zu Bayern –, sprach die Urkunde ausdrücklich von einer ›nova plantatio‹, einer Neugründung. Daraus und aus manchen Funden schließt man, daß die älteren Siedlungen sich mehr gegen den Lebenberg hin erstreckt haben dürften und weniger entlang der Straße zum Paß Thurn.

Außerhalb des Stadtkernes breiteten sich Höfe allmählich an der Südseite des Hornes aus. Noch heute hört man die alten Rodungsvorgänge aus den Ortsbezeichnungen klingen: Brandseite, Reit, Gseng, Wiesenschwang, Schwend, wobei hierorts genau zwischen Reuten (Brennen) und Schwenden (Ausgraben von Baumstrünken) unterschieden wurde. Auch jetzt sieht man noch viele stolze Einzelhöfe auf leichten Geländeerhebungen stehen, ringsum die zugehörigen Felder und Wiesen, und das alles wie schon zu Zeiten der Rodung durch einen Waldstreifen vom Nachbarn getrennt. Bis zu 1300 Meter Höhe gab es die

Schwaighöfe, von ›svaiga‹, Vieh, sehr bekannt durch den fetten Käse, den diese Höfe besonders um Jochberg und Aurach als Zins ablieferten. Der Tauernhof in 1207 Meter Höhe war der Kirche zehntpflichtig und diente außerdem als Wetterstation. Wenn der Bauer dort oben von seiner Höhe ein Gewitter heranziehen sah, so gab er mittels eines Tuches ein Zeichen, woraufhin die Wetterglocke der Pfarrkirche im Tale geläutet wurde.

Die Höfe waren durchwegs Einhöfe mit Mittelflur und verfügten schon bald über rauchfreie Stuben, das heißt über eine Abtrennung von Küche und Wohnraum.

Mit der Stadterhebung kam ein Landgericht nach Kitzbühel und mit dem wachsenden Bergsegen auch ein Bergrichter. Die Unterbringung der vielen Bergwerksverwandten, wie man alle mit Bergwerksbelangen Beschäftigten hieß, bereitete große Schwierigkeiten. Im Stadtteil Hadergasse wurde den Knappen das Errichten kleiner Häuser gestattet.

Über die Bergwerksindustrie in Kitzbühel und Umgebung kann man sich heute kaum eine richtige Vorstellung machen. Seit dem bereits erwähnten vorgeschichtlichen Kupferbergbau gab es Bergbaubetriebe bis 1909. Nicht nur auf der Kelchalm, auch darunter im Tale in der Grube Kupferplatte auf der Trattalm, unterhalb des Hahnenkammes im Schattberg-Ehrbach- und im Sinnwellgebiet wurden bis 800 Meter lange Stollen in die Berge getrieben, und am Rerobichl (Röhrerbichl) bei Oberndorf am Bichlach bestanden 1543 auf engstem Raum 600 verschiedene Schächte gleichzeitig nebeneinander. Über große Wasserrinnleitungen wurden die Fördertürme, die Göpel, mittels Wasserkraft betrieben. Allenthalben sah man riesige Abraumhalden, die immer wieder neu durchgekuttert wurden, wie man das heißt, weil die vorhergehenden Generationen zur Zeit der ergiebigen Funde viel Material weggeworfen hatten, das den Enkeln noch durchaus verwertbar erschien, als die Fündigkeit erheblich nachzulassen begann. Kaum vierzig Meter südöstlich der Rerobichler Knappenkapelle befand sich das Mundloch zum tiefsten Schacht der Welt, dem Heiliggeistschacht, der fast 900 Meter senkrecht in die Erde führte, unweit vom Danielschacht, der 854 Meter tief war. Daneben reichte der Sankt-Michael-Fundschacht 706 Meter in den Berg. Etwa

XI

BENEDIKT PIRINGER
(1780–1826)
nach FERDINAND RUNK
(1764–1834)
Kitzbühler Horn
Kolorierte Aquatinta, 1801/05
Graz, Landesmuseum Joanneum, Neue Galerie

Mehr noch als die Einzelleistungen von Künstlern waren es die Ansichtenserien von Vedutenmalern, die die europäischen Lustlandschaften bekannt gemacht und den Fremdenverkehr in diesen Regionen angeregt haben. In Tirol setzt diese Entwicklung gleich am Beginn des 19. Jahrhunderts ein, als Friedrich Ferdinand Runk das Land – wohl auf Veranlassung des alpenbegeisterten Erzherzogs Johann, dem diese Serie auch gewidmet ist – bereiste und zahlreiche malerische Prospekte aufnahm, von denen dann Benedikt Piringer 24 Blatt in Aquatinta ätzte und im Verlag von Joseph Eder in Wien unter dem Titel ›Sammlung der vorzüglichsten Mahlerischen Gegenden von Tyrol‹ zwischen 1801 und 1805 herausbrachte. Unmittelbare Folge der ersten Lieferung war die Malerreise 1802 des Wiener Akademiemitgliedes Martin von Molitor in Begleitung seines Malerkollegen Jakob Gauermann (vgl. Farbtafel XIII auf den Seiten 480–481), mit der die künstlerische Entdeckung Tirols richtig einsetzt. Erstaunlich im Rahmen der noch in der traditionellen Landschaftsauffassung des endenden 18. Jahrhunderts wurzelnden Serie ist der spontane Zugriff des Malers in der Wiedergabe des Kitzbühler Horns, das in seiner pyramidenhaften klaren Form als sehr realistisch gesehene, prägnant erfaßte und kraftvoll gestaltete Bergpersönlichkeit erscheint.

zweitausend Leute waren zu den harten Zeiten des Abbaues am Rerobichl beschäftigt, in den Pochwerken, den Scheidhütten, den Siebeinrichtungen, den Göpeln oder in den Schächten. Wenig weiter nordwärts bei Litzlfelden bauten die Fugger 1549 eine Schmelzhütte und versahen sie auch mit Gußwerk und Schmieden, und die Knappen beherrschten das Bevölkerungsbild der ganzen Gegend.

Auf Grund dieser Wirtschaftsentwicklung war Kitzbühel im Mittelalter und in der beginnenden Neuzeit vornehmlich eine Knappenstadt. Hier saß der Bergrichter, lokal wichtiger als der Landrichter; hier hatten die Gewerkschaften ihre Faktoreien; hier entwickelte sich ein ganz besonderer Konsumhandel für die Knappenbevölkerung, die aus eigenen Erzeugnissen zu ernähren das Land ja gar nicht in der Lage war. Dadurch wurde die Stadt allmählich zu einem Umschlagplatz gerade auch für die Fugger, die ihren Erzhandel von Bleiburg in Kärnten über Kitzbühel herauf betrieben.

Der Tiroler Landreim von 1556 sagt über Kitzbühel:

Alda ain Perckhwerch gwaltig groß
erfunden in ainem tieffen Moß.
Man mueß gar tieff darnach sinckhen
dannocht thuet es nit ertrinckhen.
Die Richtschächt sein Tieff vnd gfarlich
in Dreyhundert Klaffter warlich ...

Das alles mutet wie ein versunkener Spuk an, und fast mythisch liest sich die Geschichte der Entdeckung des Bergsegens am Rerobichl: Drei Männer gingen eines Abends nach einer Zecherei fröhlichen Mutes heimwärts. Als sie die Müdigkeit übermannte, legten sie sich unter einem Kirschbaum zum Schlafe nieder. Allen dreien träumte nun von einem alten Bergmännlein, das sie aufforderte, gerade dort, wo sie lagen, zu graben. Als sie erwachten und voll Erstaunen feststellten, daß sie alle drei das gleiche geträumt hatten, fingen sie sogleich zu schürfen an und fanden alsbald das Erz!

Heute steht die Rerobichler Knappenkapelle, die Jakob Singer 1733 errichtet hat, einsam an der Waldstraße. Kopfschüttelnd schaut man sich nach dieser versunkenen Welt um, da und dort meint man Geländeeinsenkungen zu erkennen, hier und dort kann man eine überwachsene Abraumhalde vermuten – und doch war es hier, wo jahrhundertelang emsiger Bergwerksbetrieb herrschte. Im Innern der Kapelle zeigt eine Kartusche mit der Erbauungsinschrift die zwei Hauptwerkzeuge der Knappen: Schlegel und Eisen.

Beim Gang durch die Kitzbühler Altstadt umgibt uns bald der eigenartige Reiz des Ortes, besonders im Winter, wenn der bunte, fröhliche Schibetrieb in Schwung ist. Von den beiden alten Stadtzugängen hat sich das Jochberger Tor im Süden erhalten, von den acht oder neun Wehrtürmen der Stadtbefestigung ist nur mehr der Pfleghof sichtbar. Auch die Stadtmauer ist längst verschwunden und das so gründlich, daß man lange Zeit zweifelte, ob Kitzbühel überhaupt je eine solche besessen hätte. Gut wahrnehmbar aber blieb immer noch der Hügel, der ›Bühel‹ des alten ›Chizzo‹, auf dem die ›nova plantatio‹ Herzog Ludwigs II. von Bayern 1271 erfolgt ist. Es handelt sich um eine Moränenaufschüttung aus der Eiszeit, die der Gänsbach geschaffen hat. Diese Aufschüttungen erreichten im Verlauf der schon erwähnten wiederholten Überschwemmungen noch bis in unsere Tage die Vorstädte, wodurch sich deren Niveau seit 1500 um etwa einen Meter gehoben hat. Durch die Umflutungen des Gänsbaches im Südwesten, durch die Ache und die dazu parallel verlaufenden beiden künstlich geschaffenen Mühlenbäche im Norden und durch den Ehrnbach im Osten lag die Stadt inmitten ausgedehnter Flußläufe, denen ein bedeutender strategischer Wert zukam. So scheint ein echter Stadtgraben nur im Süden für notwendig erachtet worden zu sein. Das ›neue‹ Kitzbühel war nicht groß, es maß keine 600 Hektar und stand ganz geschickt auf der Anhöhe über der Ache, und heute noch, nach so vielen Jahrhunderten, kann man gut erkennen, daß sich das Kitzbühler Stadthaus aus dem hier üblichen Bauernhaustyp entwickelt hat. 1685 zählte man innerhalb der Mauern 1500 Einwohner in 158 Häusern, die alle noch zu einem Gutteil aus Holz bestanden. Durch die Regulierung der umgebenden Flüsse macht man sich heute ein falsches Bild der historischen Verhältnisse, wie sie Andreas Faistenberger in seiner Vogelschau der Stadt um 1620 festgehalten hat.

Im Norden stand das Spitalstor, von dem eine steile Stiege zum Gänsbach herunterführte; ein eigentlicher Eingang für

Reiter oder Fahrzeuge war das somit nicht. Erst die 1835 bis 1837 errichtete Straßenauffahrt, der das alte Tor zur Gänze weichen mußte, vermittelt heute den Eindruck, die Stadt habe seit jeher rechts und links des Verbindungsweges nach Salzburg über den Paß Thurn gestanden. Dieser Weg zog aber immer neben der Stadt vorbei. Die Hinterstadt schwingt in sanftem Bogen nach Süden aus, und in der platzartigen Weite der Anlage am Rathaus befand sich das alte Stadtzentrum. Fast alle wichtigen Gebäude wie das alte Rathaus (Nr. 20), das Berggericht (Nr. 11), das Amtshaus (Nr. 4), die Fronfeste (Nr. 6), die Gewerkenvertretungen (Nr. 28 und 32) standen hier, denen in der Vorderstadt nur der Pfleghof entsprach. Der Großteil dieser Häuser wurde immer wieder umgebaut und modernisiert, wodurch nur mehr selten einzelne alte Gewölbe und Räume erhalten geblieben sind. Da und dort finden sich auch noch Erinnerungen an die alte Bergwerkszeit, Handsteine über den Portalen (Vorderstadt 15, Hinterstadt 34), gelegentlich gibt es auch noch hübsche Stiegen aus dem 15. und 16. Jahrhundert (Vorderstadt 16), an anderen Stellen aber mußte dem wachsenden Verkehr Tribut gezollt werden. So wurde das Erdgeschoß des Rathauses (Hinterstadt 20) 1840 für ein weiteres Stadttor, das Neutor, durchbrochen und damit der Rathausplatz in eine Durchgangsstraße verwandelt. Gleich neben dem Rathaus im heutigen Gasthof ›Hinterbräu‹ wohnten die Stadtmaler: Veit Rabl (1674), Ignaz (1691) und Simon Benedikt Faistenberger (1722). Die Fassadenmalerei am Gasthof ›Goldener Greif‹, ein Haus weiter nach Osten, ist ebenso neuesten Datums wie das ›Goldene Dachl‹ auf dem Erker, beides keine zwanzig Jahre alt. Die Kitzbühler Stadtbewohner hielten offenbar nichts von bunten Fassaden, denn es gibt keine einzige, auch Stuck ist nur einmal (Vorderstadt 4) sparsam angebracht worden. Andererseits wissen wir aber, daß der Malermeister Gorig 1481 den Jochberger Torturm mit vier Wappenschildern und einer Figur bemalt hat.

Zwischen Hinter- und Vorderstadt blieb eine Häuserreihe stehen, mit mehreren breiten und schmalen Verbindungswegen querdurch und dem hohen gotischen Bau der Katharinenkirche. Ganz besonders typisch muten uns die überall weit vorgezogenen Satteldächer an, die noch sehr an die Bauweise der Bauernhöfe ringsum erinnern, wenn die Gebäude darunter auch längst ganz versteinert und in ihrer Höhe weit über jene der Umgebung hinausgewachsen sind. Dabei hat sich im Gegensatz zum Umland im Stadtkern vornehmlich der ältere Bauernhaustyp erhalten, in dem der durchgehende Flur seitwärts und nicht in der Mitte liegt.

Etwa um 1600 war die alte Stadtmauer bereits verschwunden, man hatte sie glücklicherweise überhaupt nie auf die Probe stellen müssen; sie war zum Teil abgetragen, mit Fenstern durchbrochen und den Häusern eingebunden worden. Die Steinbauten wuchsen immer mehr in die Höhe und wurden im Eigentum vielfach senkrecht von oben nach unten geteilt. So entstanden die für Kitzbühel bezeichnenden Doppelhäuser, Reihenhäuser würden wir heute sagen; und damals haben auch schon alle Erker bestanden, die in der Altstadt einen ganz besonders großen Formenreichtum aufweisen. Sie verleihen der langen einheitlichen Straßenfront in wechselnder Höhe eine schwebende Plastizität und zaubern besonders bei entsprechendem Lichteinfall ein mannigfaches Schattenspiel hervor.

Viel weniger originell gebärden sich die meisten Steinportale, selbst wenn sie zum Teil noch spätgotische Formen zeigen. Auch eine Stadtburg hat man zu lokalisieren versucht, vielleicht gab es sie im Südosten am Jochberger Tor, überzeugend sind die Plazierungsversuche aber bis heute nicht. Man denkt vor allem deshalb mit Beharrlichkeit an eine Burg, weil die Kitzbühler ihre Stadtmauer offenbar erst nach der Stadterhebung von 1271 errichtet haben und eine solche Würde ohne jede Verteidigungsmöglichkeit gewöhnlich nicht verliehen worden ist. Jedenfalls ist es Ende des 17. Jahrhunderts längst vorbei mit der Wehrhaftigkeit, und 1718 wird auch der Stadtgraben endgültig zugeschüttet.

Stadtrundgang

Das historisch interessanteste Gebäude des alten Kitzbühel ist der *Pfleghof* an der Nordostecke des Stadthügels neben dem Jochberger Tor. Die landesfürstlichen Pfleger (Verwalter) regierten bis 1728 von hier aus das Landgericht Kitzbühel. Wir erinnern kurz daran, daß Kaiser Maximilian I. den Ort, den er 1504 zusammen mit Rattenberg und Kufstein für sein Eintreten im Bayrischen Erbfolgekrieg bekommen hatte, 1506 an den

Salzburger Erzbischof Kardinal Matthäus Lang von Wellenburg gegen 30000 Gulden verpfändet hat. Diese Pfandherrschaft bestand mit wechselnden Pfandherren bis 1640, dann wurde sie wieder eingelöst, und Kitzbühel wurde endgültig landesfürstlich. Der hohe, schwere Pfleghofturm steht etwas gegen die Straße zurückgesetzt. Seinerzeit grenzte eine Zinnenmauer in gerader Fortsetzung der Häuserfront vor dem Turm einen kleinen Hof ab. Hier ist der romantischste Winkel der Altstadt. Der später eingebaute Treppenturm schwebt jetzt mit seiner Tür unten eckig und oben rund über dem Straßenpflaster, während der ursprüngliche Treppenbau nördlich daneben stehengeblieben ist: Man sieht die Fenster ansteigen. Nach Osten öffnet sich das Jochberger Tor, dessen später durchbrochener Fußgängerbogen noch an das ›Mannsluk‹ der alten Hoftore erinnert; einst stand darüber ein Torturm, dessen Firsthöhe dann zur Ausrichtung der angrenzenden Dachlinien gedient hat. Über diesem Hauptstadttor wohnte nicht etwa ein gewappneter Türmer »zum Schauen bestellt«, sondern die Köchin: »der kochin kamer ob des Stadtthors«, heißt es 1531 im Inventar des Pfleghofes. Welche Idylle! 1481 wurde der Torturm umgebaut, 1707 erhielt er das eiserne fürstlich lambergsche Wappen, wie es noch da hängt. Damals gaben die Lamberg in Kitzbühel den Ton an, ihnen gehörte auch das größte Haus in der Stadt neben der Katharinenkirche (Vorderstadt 20), zu deren Chor ein Verbindungsgang hinüberführte.

Die *Katharinenkirche* ist die einzige der Kitzbühler Kirchen, die sich im wesentlichen in ihrer alten Form erhalten hat. Schon 1365 ist sie geweiht worden, also noch sechs Jahre vor der Stadterhebung. Heute wirkt ihr Inneres etwas puritanisch, besonders was die Fenster betrifft, und auch die Ausstattung wurde ein bißchen zusammengestoppelt, aber immerhin steht hier der von der Familie Kupferschmid in Oberbayern bestellte Schnitzaltar, der 1520 eine zentrale Anna-Selbdritt-Gruppe – vielleicht aus der Landshuter Gegend – erhalten hat. Andere Holzfiguren, eine Madonna mit Kind, die Apostel Andreas und Jakobus, hatten früher ebenfalls in der Pfarrkirche ihren Platz, wo sie aber der Barockisierung weichen mußten.

Nun haben wir noch den Kirchenhügel zu besteigen. Nirgends in Tirol tritt eine so reizvolle Baugruppe in loser Abhängigkeit zum Stadtbild in Erscheinung wie auf dem Kitzbühler Kirchenhügel. Er war schon immer von der ›nova plantatio‹ durch den Einschnitt des Gänsbaches getrennt, und noch heute, besonders wenn man von Jochberg her gegen die Stadt herankommt, imponiert die blockartige Geschlossenheit der hohen Türme, die im Kern beide noch aus dem 13. Jahrhundert stammen. Beim Näherkommen wills dann scheinen, als sei der eine Turm für die ihm anvertraute Kirche zu klein, jener der anderen aber viel zu gewaltig. Während man im einen Fall die ganze Kirche vergrößerte, wurden im anderen dem Turm nur eine doppelstöckige Kapelle, die *Liebfrauenkirche,* angebaut und 1566 bis 1570 noch ein Turmgeschoß aufgesetzt. Vielleicht war dieser gewaltige Turm überhaupt einmal ein Bergfried; manches spräche dafür, und die alte Burg wäre dann hier zu suchen. Die Liebfrauenkirche, 1373 erstmals genannt, ist zweigeschossig, und man denkt an die entsprechenden Burgkapellen in den Schlössern Bruck bei Lienz, Tirol bei Meran, Thierberg bei Kufstein und anderswo. 1730 wurde das Kirchlein barockisiert, Simon Benedikt Faistenberger malte bunte Fresken hinein, und 1778 schuf der einheimische Schlossermeister Franz Witting das hübsche Rosengitter vor dem Hochaltar.

Auch der in seiner Grundkonzeption noch deutlich gotisch wirkende Chor der *Pfarrkirche Sankt Andreas* dürfte um 1375 bereits gestanden haben. 1435 wurde die Pfarrkirche aber entscheidend vergrößert und umgebaut, wozu sich die Kitzbühler einen der berühmtesten Meister der Zeit, nämlich Stefan Krumenauer, holten. Krumenauer war wie Hans Sewer in Hall ein Schüler des Meisters Hans Stethaimer von Burghausen und vollendete eine Reihe der von diesem unfertig hinterlassenen Kirchen. Sein eigenes Hauptwerk wurde die Pfarrkirche von Braunau, vor deren Vollendung er starb, aber auch in Kitzbühel wurde das Langhaus erst 1506, lange nach Krumenauers Tod, gewölbt. Vielleicht hängt mit dem frühen Tod des Meisters auch die puritanische Einfachheit der Außenwände der Kirche zusammen. 1786 ist das Innere durch Andre Hueber barockisiert worden, wobei die acht großen spätgotischen Altäre zum Teil ganz entfernt, zum Teil zerstückelt wurden. Die spätgotische Madonnenfigur mit Kind stammt noch von einem dieser Altäre. 1710 wurde auch der Altar der Rosenkranzbruderschaft neu gestaltet, wobei die drei Hauptfiguren Maria, Franz und Karl Borromäus von 1622 erhalten blieben. Der würdige Hochaltar entstand 1631 bis 1633 und ist das Gemeinschaftswerk von Benedikt Faistenberger und Malermeister Veit Rabl, der freilich den Auftrag des Altarblattes an den Wiener Hofmaler Johann Peter Spillenberger abtreten mußte. Auch die barocke Generation der Kitzbühler vertraute wie ihre gotischen Ahnen wenig auf die Propheten im eigenen Land. Spillenberger bescherte ihnen dann eine frühe Probe italienischen Barocks.

Von den zahlreichen bemerkenswerten Grabmälern und Gedenksteinen ist jener 1515 datierte des Pfarrherrn Georg Erlbach von Sankt Johann interessant. Dargestellt ist die Messe des Heiligen Gregor mit der Erscheinung des mystischen Ecce Homo, technisch noch unbeholfen und weit hinter den Errungenschaften der hohen internationalen Kunst zurückliegend – Leonardo da Vinci stirbt bereits 1519! –, aber liebevoll mit allerhand Details ausgestattet. Bereits ganz den Atem der Renaissance besitzt das größere Grabmal der Familie Kupferschmid von 1520.

Zwischen den beiden Kirchen auf dem Hügel steht die *Ölbergkapelle,* die durch ihre Konstruktion und die Figuren in ihrer altertümlichen bäuerlichen Drastik irgendwie an die alten Passionsspiele erinnert, die es in Kitzbühel gegeben hat. Die Ölbergkapelle wurde mit der großen alten Totenleuchte etwa um 1450 zusammen gebaut, aber für die Leuchte oder ihre Vorgängerin wurde bereits 1373 ein Ewiges Licht gespendet. An der Stirnseite der Kapelle befindet sich rechts das Wappen mit dem Widderkopf des 1453 gestorbenen ältesten Geschäftsführers des gotischen Pfarrkirchenbaues, Hans Stolz, dessen Grabstein einst darunter stand, sich jetzt aber in der Gruft der Liebfrauenkirche befindet. Die Christus- und die Marienfigur hat 1740 Franz Offer geschaffen. Offer kam 1720 aus dem salzburgischen Mittersill und heiratete eine Kitzbühlerin, wodurch er Bürger der Stadt wurde. Er brachte seine seltsame Vorliebe für abstehende Ohren bereits mit und zeichnete alle seine Plastiken damit aus, weshalb wir auch seine Werke schnell identifizieren können. Die Reste der alten Fresken an der Ölbergkapelle mit ihren Massenszenen tragen das Ihrige an Theatralik bei und leiten von selbst zu einem Gebiet Historie über, das heute ganz vergessen ist und besonders den Fremden, der hier im allgemeinen eher Erholung und Vergnügen als Besinnung und Moralität sucht, überrascht. Gemeint ist die erst in jüngster Zeit in ihrem vollen Umfang wieder aufgedeckte Theatergeschichte der Stadt.

Theater und Kunst

Es gibt keinen Ort in Nord- oder Südtirol, der auch nur einigermaßen mit der Theatertradition Kitzbühels oder des nachbarlichen Sankt Johann Schritt halten könnte. In beiden Orten lassen sich nicht weniger als 173 urkundlich belegbare Passionsspiele nachweisen, wovon etwa hundert als szenische Karfreitagsprozessionen vor sich gegangen sind. Der Rathausplatz hat viele Jahre hindurch eine Art Jedermannspiel gesehen, und am Friedhof stand zwischen den beiden Kirchen seit 1707 ein eigenes Schauspielhaus, das ›Comedihaus‹; es war das älteste Tirols.

Als Initiatorin dieser ruhmreichen Tradition trat im Barockzeitalter die ›Erzbruderschaft vom Heiligen Rosenkranz‹ auf, die 1620 gegründet worden ist und deren Altar in der Pfarrkirche steht; früher diente der Chor in der Liebfrauenkirche als Versammlungsort der Bruderschaft.

Bereits vor den szenischen Prozessionen hatte man in Kitzbühel wie auch anderswo in Tirol Theater gespielt. Es war auch hier vornehmlich die ›Tiroler Passion‹, die zur Aufführung kam, daneben spielte man heimische Bearbeitungen von Hans Sachs oder das ›Spill mit den jungen Gsöllen, wie sie die Priester straffen thuen‹ (1537). Häufig wirkten die Lateinschullehrer als Veranstalter und Regisseure, aber auch echte Volksgruppen traten vor dem Rathaus oder in seinem großen Saal auf.

1663 fand die erste Karfreitagsprozession mit Büßerfiguren statt. Das reformatorische Jahrhundert hatte auch in Tirol Fuß gefaßt. Besonders die ›internationalen‹ Knappenstädte wie Schwaz, Rattenberg oder unser Kitzbühel besaßen offene Türen für die neuen Lehren von ›draußen‹: Die Bürger liebäugelten mit Luther und die geplagte Landbevölkerung mit den noch viel radikaleren Wiedertäufern. Nicht weniger als 68 von ihnen wurden allein in Kitzbühel hingerichtet. In ihrer gegenreformatorischen Aktivität stützte sich nun die alte Kirche besonders auf die publikumswirksamen Theaterdarstellungen. Die Bruderschaft vom Rosenkranz veranstaltete ihre Hauptaktionen in der Karwoche und am Rosenkranzsonntag im Oktober. In großen Prozessionen trugen bis zu achtzig Mann zahlreiche figurale Szenen mit, darunter etwa: ›Unsere liebe Frau in der Sonnen‹, ›Der Turm Davids‹, ›Christus am Ölberg‹, ›Christus an der Martersäule‹ und viele andere. Es scheint, daß sich in den Figuren an der Ölbergkapelle auf dem Friedhof solche Szenenteile erhalten haben, sicher aber in der prunkvollen Figur ›Unsere liebe Frau im Sessel‹, die heute noch bei den Fronleichnamsprozessionen mitgetragen wird. Schon ungewöhnlich früh, 1735, erfolgte ein Verbot durch den Bischof vom Chiemsee. Anlaß dazu mögen die Exzesse der Flagellanten gewesen sein, die in Kitzbühel zeitweise Zustände von geradezu spanischer Passionsrealistik und Leidensnachfolge hervorgerufen haben.

Diese Geißler-Umzüge vollzogen sich abends bei Fackelschein und Windlichtern. Das war kein Spaß, und in Tirol heißt die Peitsche noch heute Geißl. Das war auch kein reines Schauspiel mehr, sondern blutiger Ernst. Die Bruderschaft besaß zwanzig Geißeln mit silbernen Kugeln, ›Sperl‹ hießen sie, und die Geißler benützten zu ihren blutigen Selbstzüchtigungen die Bruderschaftsstube oder einen Raum im Schulhaus (wo das scheinbar auch hinpaßte!). In Sankt Johann gab es sogar einen offiziellen Geißler namens Hanibal Reiterweg. Es wurde so zugeschlagen, daß die Fetzen der Bruderschaftskutten herumflogen und Boden und Wände der Stuben mit Geißlerblut dermaßen bespritzt waren, daß man sie nachher ausweißeln mußte: »Geißler. Schuel Stuben ausweisung -ain schicht«, so heißt es lapidar im Bruderschaftsbuch. Damit nicht genug ergötzten sich die Kitzbühler Flagellanten mit ›Einspritzung‹ von »weinössich für die Flagelanten«, 1713 werden dafür »5 maß Össich« verbraucht. Es wurde die Passion also soweit irgend möglich nachgeahmt, und der Bader hatte genug zu tun: »Von Adamen, Pader allhie, weiße Salben erkhaufft ...«, heißt es in den Abrechnungen. Schließlich sind auch die Kreuzzieher nicht zu vergessen, manchmal bis zu fünfzig Männer, die riesige Holzkreuze in der Prozession mitschleppten und die »Ausgespannten«, die durch einen Folterstab quer durch die Kuttenarme gespreizt mit »ausgespannten« Armen dahinzogen. Man will es nicht glauben, wenn man heute das fröhliche Städtchen Kitzbühel oder den hellen Markt Sankt Johann besucht, daß sich hier einst martialische Szenen in grellem Fackellicht abgespielt haben, schwankende Heiligenstatuen, Geißler in blutzerschlagenen Körpern, zerfetzten Kutten und Hauben, Kreuzzieher, Ausgespannte und Christusszenen dahinwankten unter Chorgebeten, wohl auch Gesängen, nicht anders als es uns die Bilder eines Goya in Spanien festgehalten haben.

1775 jedoch fand die Kitzbühler Theater- und Passionstradition ihr endgültiges Ende durch die Reformen Kaiser Josefs II. Die Bruderschaften, die keine ›Wohltätigkeitsgrundlage‹ nachweisen konnten, wurden aufgehoben, das ungeheure Vermögen der Fraternität von Kitzbühel, fast 6000 Gulden, wurde aufgeteilt. Zurückgeblieben sind, wie schon erwähnt, einige martialische Figuren und die ›Madonna im Sessel‹, dann die sogenannten ›Geheimnisstäbe‹, Stangen mit Symbolen der Rosenkranzgeheimnisse, die von den Vorstehern der Bruderschaft bei den Umzügen getragen wurden, ein gemalter Rosenkranz, der um den Sessel der ›Lieben Frau‹ stand, und Figuren von 1622 am erneuerten Rosenkranzaltar in der Pfarrkirche. Vielleicht verstehen wir nun eher, warum die Kitzbühler Altstadt keine alten barocken Fassadenmalereien aufzuweisen hat.

Damit kommen wir noch zu einem Schlußwort über die Kunst in dieser Stadt. Wiederholt wurde von einer besonderen Kitzbühler Kunst gesprochen, was man dem Lokalpatriotismus zugute halten mag, denn vom Bayern Krumenauer angefangen über den bayrischen Schnitzaltar in der Katharinenkirche, die zahlreichen salzburgischen Holzfiguren daselbst bis zu den Faistenberger, die aus Hall stammten, oder Veit Rabl aus Kufstein oder schließlich Kassian Singer und Andre Hueber aus Götzens ist kein auch nur etwas bedeutenderer Künstler der Vergangenheit wirklich aus Kitzbühel gekommen. Hans Mödlinger aus Lofer schuf 1711 das letzte Turmgeschoß der Pfarrkirche, und der Südtiroler Jakob Christof Platzer malte 1702 das Hochaltarbild in der Kapuzinerkirche. Kassian Singer, seit 1750 ›Purger und Maurermeister‹ zu Kitzbühel, erbaute 1750 die Pfarrkirche in Jochberg, wobei er den Raum mit weiten Flachkuppeln überwölbte, während er den Altar bühnenartig hinter ein Vorjoch mit Kuppel stellte. Bereits Kassians Vater, Jakob Singer, der sein Baugeschäft in Schwaz betrieb, hatte die Knappenkapelle am Rerobichl gebaut, die Liebfrauenkirche barockisiert und den Pfleghof umgestaltet. Aber auch er hatte Inntaler Stil hereingetragen. Als Kassian Singer dann am 16. Januar 1759 plötzlich mit sechsundvierzig Jahren starb, übernahm sein Polier Andre Hueber aus Götzens, vierunddreißig Jahre alt, die Bauwerkstatt und führte die unfertigen Arbeiten des Verstorbenen in Waidring, Hopfgarten und Strobl zu Ende. Er erheiratete sich noch im Sterbejahre des Meisters dessen Wittib und damit auch das Kitzbühler Bürgerrecht. Hueber wird als »fleißiger feiner aufgeraumbter und arbeitsamer Mensch« beschrieben, aber auch er hat keinen Kitzbühler Stil geschaffen.

Der einzige aus der Künstlerschaft, der eine solche Kunst hätte hervorbringen können, war Simon Benedikt Faistenberger (1695-1759), lange Jahre Präfekt der Rosenkranzbruderschaft und damit eng mit dem Geiste der Stadt verbunden. Das Geschlecht der Faistenberger, das mit Andreas (1588-1652) von Hall gekommen war, hat in vier Generationen zahlreiche Künstler hervorgebracht, von denen Simon Benedikt der bedeutendste war. Der alte Andreas war ein temperamentvoller Mann, der auch als Gesandter der Stadt fungiert und das schon erwähnte ebenso anschauliche wie kompositorisch ungewöhnliche Vogelschaubild des Kitzbühel von 1620 hinterlassen hat. Sein Sohn Benedikt (1621-93) zeugte neun Söhne, alles Künstler, auch Musiker darunter. Der Maler Ignaz Faistenberger aus dieser Generation wurde Stammvater der vierten Reihe mit fünf Söhnen, wovon aber nur Simon Benedikt nach der Wanderschaft ständig in Kitzbühel blieb. Er brachte den Stil des in München tätigen Tirolers Johann Anton Gumpp und des in Wien wirkenden, aber in Laufen an der Salzach geborenen Johann Michael Rottmayr mit, den er im Laufe seiner Tätigkeit mit Volkstypen aus seiner Heimat und Szenen ländlicher Bodenschwere anfüllte, ohne aber eine besondere Komposition oder ein originelles Kolorit zu entwickeln. Trotzdem wurde er der meistbeschäftigte Barockmaler dieser Gegend und freskierte die Kirchen zu Kössen und Sankt Johann, die Knappenkapelle am Rerobichl, die Liebfrauenkirche und die Rosakapelle in der Pfarrkirche zu Kitzbühel, ferner arbeitete er in den Kirchen zu Rattenberg, Kirchberg und Jochberg, in der Spitalskirche Weitau, in Sankt Ulrich am Pillersee und noch anderwärts. Erst im 20. Jahrhundert kann man so etwas wie einen Kitzbühler Stil in den farbsatten expressionistischen Bildern Alfons Waldes (1891-1958) finden. Walde war ursprünglich Architekt und stand anfangs unter dem Einfluß von Egon Schiele und Egger-Lienz, kam aber bald zu einem ganz eigenen Ausdruck, der bevorzugt an die Gegend Kitzbühels und die bunte Bauern- und Sportwelt daselbst denken läßt.

Sport in und um Kitzbühel

Mit dem Aufschwung des Sports brach eine neue Zeit in der verschütteten Bergwerkslandschaft an und trieb ungeahnte Blüten auch für die heimische Wirtschaft, wie der Fremdenverkehr ganz allgemein für den Wohlstand der ganzen Gegend. Zahlreiche Seilbahnen und Schilifte schufen schon frühzeitig günstige Voraussetzungen für einen mühelosen Sportbetrieb. Durch die Hahnenkammrennen, die ›heimlichen Weltmeisterschaften‹ der alpinen Schi-Asse, wie auch durch die ›Heldentaten‹ der medaillenträchtigen Lokalmatadoren Toni Sailer, Anderl Molterer, Christian Pravda, Hias Leitner und manch anderer bekam die alte Bergwerksstadt allmählich einen heiteren, sportlichen Weltruf, der kaum mehr etwas von dem ahnen läßt, was hier jahrhundertelang vor sich gegangen ist. Insgesamt eroberte der Schiklub Kitzbühel bisher elf Weltmeistertitel, fünf Gold-, vier Silber- und vier Bronzemedaillen bei Olympischen Winterspielen, dazu sechs Vizeweltmeistertitel im alpinen Schilauf: eine einmalige Trophäenzahl!

Kitzbühels nähere Umgebung bietet viele landschaftliche Schönheiten. Da ist der Schwarzsee zu nennen mit seinen weichen Ufern und der leuchtenden Kulisse des Kaisers in der Ferne, da sind die alten Ansitze *Münichau,* heute Schloßhotel, mit dem Antlitz des frühen 16. Jahrhunderts, *Lebenberg* und *Kapsburg,* die 1617 zum adeligen Ansitz erhoben worden ist, da sind die weiten Wanderwege in einer fast behäbigen Landschaft, und da ist schließlich auch noch das Moorbad, das aus dem feuchten Grund der Gegend Nutzen für Fremde und Einheimische zu ziehen sucht. Nach Süden zu führt die Straße über

Aurach und Jochberg allmählich zum Paß Thurn hinauf (1273 m), wo es auch im Sommer recht ›herb‹ sein kann und der Abstieg in den salzburgischen Pinzgau beginnt. Der Paßweg ist einer der uralten Wanderwege zwischen Tirol und seinen Nachbarn. Von den vielen Aussichtsbergen der Umgebung nenne ich nur zwei: das Kitzbühler Horn (1998 m), den berühmten Hausberg der Stadt, auf den man nicht nur mit der Seilschwebebahn, sondern sogar mit dem Jeep gelangen kann. Die charakteristische Pyramide liegt zwar knapp unter der 2000-Meter-Marke, bietet aber trotzdem ein unvergleichliches Panorama, das an Föhntagen einen Rundblick bis zu 200 Kilometern ermöglicht. Merklich höher ist der Große Rettenstein (2362 m) auf dem Grenzkamm der Kitzbühler Alpen zum Salzburger Land. Man geht ihn von der Nordseite durch das Spertental her an und besteigt ihn von der Oberlandhütte (1014 m) aus: Erst im letzten Augenblick gibt er seinen grandiosen Blick nach Süden auf die Venedigergruppe frei. In beiden Regionen herrscht im Winter ein reger Skizirkus, und gerade die famosen Nordhänge der Resterhöhe, vom Paß Thurn aus erreichbar und seit Ende der siebziger Jahre so richtig erschlossen, sind inzwischen zur großen Konkurrenz des ›Horns‹ geworden, wie die Kitzbühler ihren Berg kurz nennen.

Das Tiroler Oberland

Von Innsbruck nach Imst

Die Martinswand

Wer von Innsbruck aus gegen Westen das Inntal hinaufblickt, dem fällt sofort die lotrechte Felsenmauer der Martinswand auf. Gegenüber senkt sich die Berggruppe des Roßkogels (2643 m) mit dem ins Tal vorgeschobenen Rangger Köpfl (1933 m) nieder, und dazwischen liegt der Eingang zum Oberinntal. Hier fließt vom Süden der Melachbach, aus dem Sellrain kommend, bei Kematen in den Inn, und hier endete ehemals ›die Grafschaft im mittleren Inntal‹. Genau gegenüber der Melachmündung liegt am Fuße der Martinswand das alte Schloß Martinsbühel oder besser gesagt das, was davon übriggeblieben ist. Die Römer hatten dort ein Sperrfort Teriolis errichtet, das bis in die Völkerwanderungszeit bestand und im Mittelalter als Sankt Martinsberg wieder aufgebaut wurde. Vom Patron der Kapelle erhielten der ganze Ansitz und die steile Felswand dahinter ihre Namen. 1290 wird das Schloß urkundlich erwähnt, es saßen hier die Edlen von Martinsberg; später wurde die Burg landesfürstlich. Ihre Bedeutung bestand in der Bewachung der Innfähre.

Im 15. und 16. Jahrhundert dient die Gegend den Landesherren häufig als Jagdrevier, wie auch aus der Sage um Kaiser Maximilian I. in der Martinswand hervorgeht. Die steile, von unten her wie eine Bühne überschaubare Riesenwand bot dem jungen Kaiser besondere Gelegenheit, angesichts der Jagdgesellschaft im Tale als kühner Felsengeher zu glänzen. Auch später sind solche Schaujagden veranstaltet worden, so 1574 vor Herzog Carl Friedrich von Jülich-Cleve oder 1628, als die beiden Großherzoge von Toskana auf der Durchreise zur Kaiserkrönung Ferdinands II. durch Tirol reisten. Ihnen zu Ehren hielt man in der Martinswand eine Gemsjagd mit kleinen Kanonen ab: *Zugleich wagten sich vier aus dem Lechtale verschriebene*

Bergsteiger, nachdem sie zuvor gebeichtet und kommuniziert hatten, an die Martinswand hinan und steckten allda eine rot und weiß bemalte Fahne auf.

Im ›Theuerdank‹, der Biografie seiner Jugend, wurden solche Jagden Maximilians geschildert, und der Jägermeister schrieb 1500 in sein Jagdbuch: *Es ist ein guet lustigz gembsen gejaid für den Landesfürsten, dann man under den wennden auf der Straßen ze roß halten und sehen mag, das Wild aus denselben fellen.*

Die Sage erzählt, der Kaiser habe sich 1490 in Verfolgung einer Gemse plötzlich vor einer Höhle auf schmalem Felsenbande gefunden und nicht mehr vor noch zurück gekonnt. Die Kunde seiner Notlage verbreitete sich schnell, der Pfarrer kam mit der Monstranz und segnete den offensichtlich zum Tode Bestimmten, der hoch oben in der Wand gottesfürchtig das Knie vor dem Segen bog. Nach drei Tagen erschien plötzlich ein unbekannter junger Mann neben dem Kaiser und zeigte ihm einen kleinen Steig, der Maximilian sicher zu Tale brachte. Als man sich jubelnd dem Retter zuwenden wollte, war dieser spurlos verschwunden, und man erkannte, daß Gott zur Errettung des Kaisers einen seiner Engel gesandt hatte. Dementsprechend schrieb Goethe, als er 1786 auf seinem Weg nach Italien die Martinswand passierte: *Zu dem Platze, wohin der Kaiser Maximilian sich verstiegen haben soll, getraute ich mir wohl ohne Engel hin und her zu kommen, ob es gleich immer ein frevelhaftes Unternehmen wäre.*

Es ist nicht sicher, ob die Höhle tatsächlich der Platz der kaiserlichen Verstiegenheit war oder ob dieser Platz an anderer Stelle der Wand liegt. Sicher ist, daß Maximilian ein Kreuz zum Andenken an seine wundersame Rettung hierher gestiftet hat; nach einigen soll er es sogar selbst hinaufgetragen haben. Er gab auch Befehl, die Höhle »in die Vierung zu schlagen«, was soviel wie einebnen bedeuten mag. Sicher ist auch die Segnung mit der gotischen Monstranz, die sich heute im Kunsthistorischen Museum zu Wien befindet (Kopie von 1933 in Zirl). Sicher stimmt es auch nachdenklich, wenn man auf einem Gedenkstein an der Bundesstraße unter der berühmten Wand liest: »Wanderer, blick empor zur Martinswand, wo Kaiser Max am Rande seines Grabes stand!«

In *Martinsbühel* haben seit 1948 die Benediktinerinnen von Scharnitz eine Schule für behinderte Kinder eröffnet. Vom alten Schloß sind die Reste des Palas und der Kapelle im neuen aufgegangen. Man erkennt aber noch gut die freie Lage des Schlosses, in dessen Umgebung Maximilian auch ein Tiergehege anlegen ließ, das bis ins 17. Jahrhundert bestand. Die Römer führten ihre Straße von Veldidena-Wilten über Völs und Kematen hier über den Inn und dann weiter nach Seefeld, das sie etwa um 215 nach Chr. mit dem Straßenbau erreichten. Damals scheint Martinsbühel auf allen Seiten vom Inn umspült gewesen zu sein.

Zirl

Der Hauptort dieser Gegend ist das große Dorf *Zirl* mit über dreitausend Einwohnern, einst nur bäuerlicher Art, heute im überwiegenden Maß Arbeiter und Pendler mit kleiner zusätzlicher Landwirtschaft. Zirl hat sich wie die meisten Taldörfer Tirols auf dem Schuttkegel eines Seitenbaches des Inns entwikkelt. Von 799 stammt die älteste Erwähnung: Cyroleum, 977 heißt es Cirala und hundert Jahre später Cirlo. Schon in der Bronzezeit war der obere Teil des sonnigen Hanges besiedelt; dort oben stand auch die älteste Kirche. Noch höher am Hang sieht man die beiden Turmruinen der Burg Fragenstein. Bis 1300 gab es hier auch ein Geschlecht der Fragensteiner, die ein Schafschurmesser im Wappen führten. 1947 übernahmen es die Zirler in ihr Dorfwappen. 1419 und 1426 besuchte Minnesänger Oswald von Wolkenstein seinen Verwandten Parzival von Weineck – was für Namen! –, der damals Burgherr auf Fragenstein war. Im weiteren Verlauf kam die romanische Burg schnell herab und wurde erst wieder unter Maximilian I. auf Glanz gebracht. Spätere Landesfürsten verpfändeten sie, der letzte an seinen Hofbaumeister Christoph Gumpp. Dessen Sohn Martin Gumpp d. Ä., gleichfalls Hofbaumeister, wurde ob seiner Verdienste geadelt und durfte sich ›von Fragenstein‹ nennen. 1703 sprengten die vor den Bayern zurückweichenden Tiroler das Pulvermagazin im Schloß, und seither blieb es Ruine. Aufrecht stehen nur mehr der Westturm und ein Vorwerk aus maximilianischer Zeit, das durch eine Brücke mit der Burg verbunden war. Der tiefer am Hang stehende Ostturm ist der alte Bergfried. An ihn lehnte sich im Süden der Palas an, wogegen die Kapelle freistand.

»Achtmal ist Zirl verbrunnen und neunmal verrunnen«, so heißt es in einem alten Dorfreim. Um ihre Brandkatastrophen zu kennzeichnen, gaben ihnen die Dorfbewohner Ursachennamen: ›Das erst wilde Feuer‹ fraß 1608 in vier Stunden 84 Häuser und die Kirche, 1661 brach das ›zweite wilde Feuer‹ aus, und 1680 äscherte der ›Hausknechtsbrand‹, ausgehend vom Gasthaus ›Zum Stern‹, das ganze Dorf ein. 1703 folgte die ›erste Bayernbrunst‹: Als Graf Arco, der Adjutant Kurfürst Max Emanuels, bei der Martinswand vom Pferd geschossen wurde, ließ der Kurfürst Zirl niederbrennen. 1708 war die ›Schmiedbrunst‹, damals kam dem Schmied das Feuer aus. 1748 die ›Mesnerbrunst‹; ihr fielen 116 Häuser zum Opfer. 1809 dann die ›zweite Bayernbrunst‹, bei der 63 Häuser vernichtet wurden. 1908 erfolgte schließlich der bisher letzte Großbrand, dem 164 Häuser zum Opfer fielen: Das war das ganze Dorf. Mit Ausnahme der Kirche ist alles, was heute in Zirl steht, also erst nach 1908 erbaut. Auch der Dorfplatz inmitten des Ortes wurde damals neu gestaltet.

Wichtig für die Dorfentwicklung war auch die Innbrücke, die 1482 die alte Fähre ersetzte. 1703, 1809 und am Ende des Zweiten Weltkriegs wurde die Brücke jedesmal hart umkämpft, 1945 von der deutschen Wehrmacht schließlich sogar gesprengt. Da besann man sich wieder der alten Fähre, die bis zur Eröffnung der Betonbrücke 1948 in vollem Betrieb war.

Schon immer haben die Zirler Bauern einen Teil ihres Heus auf den Almen im Brunnental, ›in der Brunntl‹, geerntet. Diese Zirler Mähder am Fuße des Großen Solsteins (2542 m) hinter dem Hechenberg (1941 m) sind auch vielen Tirolern unbekannt, es sei denn, sie stiegen zur Magdeburger Hütte (1637 m) und zum Solsteinhaus (1805 m) auf: lohnende Wanderungen am Rande des Karwendelgebirges!

Bekannter ist schon die Tatsache, daß die Zirler einen echten Weinberg haben, den einzigen in Nordtirol! Schon 1355 wurde ein Weingarten hier erwähnt, und Kaiser Maximilian I. half tatkräftig mit, den verfallenen Weinbau in Nordtirol zu fördern. Aber im 17. Jahrhundert war es nichts mehr damit. Erst 1934 begann ein Südtiroler, erneut Reben an den Hängen zu pflanzen, wo die Sonne von den Felswänden reflektiert wurde. Die Erträgnisse nahmen von Jahr zu Jahr zu und führten schließlich zum Bau des Zirler Weinhofes an der Südgrenze des Weinberges. Gewonnen werden Blauburgunder, Portugieser und Lorenzer sowie als Weißweine Silvaner, Muskateller, Gewürztraminer und Weißburgunder.

Was die Pfarrkirche betrifft, so steckt im Turm noch der Vorgänger des 15. Jahrhunderts, alles andere stammt von 1848 und ist neuromanisch. Der Taufstein allerdings führt die Jahreszahl 1565, und einige Altarbilder stammen aus dem 18. Jahrhundert. 1860 hat der Zirler Maler Franz Plattner das große Tonnengewölbe ausgemalt. Die zweite Kirche steht auf dem Kalvarienberg an der Stelle einer barocken Einsiedelei.

Von den einheimischen Bräuchen war das Zachäussingen bemerkenswert. Es fand am Kirchweihsonntag im Oktober auf dem Dorfplatz statt, wobei ein dreihundert Jahre alter Bußgesang aus der Pestzeit (um 1634) erklang. Heute ist er in die Kirche verlegt und wird auch dort nicht mehr mit allen Strophen gesungen. Vom Krippenwesen, das in Zirl eine große Rolle spielte und noch spielt, haben die Brände kaum mehr als einzelne alte Stücke hinterlassen. Die Zirler Krippe hatte Anteil an der Entwicklung der Tiroler Kunstkrippe, der Einfluß der Oberländer Krippe war kaum spürbar.

Wer von Zirl nach Seefeld hinauffährt, also den alten Römerweg nach Scharnitz einschlägt, der macht Bekanntschaft mit dem gefürchteten Zirler Berg. Heute hat er nur mehr 15 Prozent Steigung bzw. Gefälle, früher waren es über 20 Prozent, was sich besonders bergab bemerkbar machte. Auf dieser Talfahrt schieden sich die Geister nach Fahrkunst, Besonnenheit, Baujahr, Luft- und Wasserkühlung. Es verging kein Sommer, ohne daß nicht einmal die Bremsen oder die Nerven versagten und ein Sturz über die Böschung erfolgte. Mehrfach fuhren ganze Autobusse in zu hohem Gang bis ins Dorf und dort in die Häuser hinein, wobei es Tote und Schwerverletzte gab. So erwarb sich der Zirler Berg eine traurige Berühmtheit. Noch finden sich bereits im obersten Teil seitlich Auffangstrecken, in die man einlenken kann, wenn etwas versagt. Dort gab es schon im Mittelalter die ›Absetzkapelle‹, bei der die Fuhrleute auf ihrem Weg ins Tal abstiegen und nach einem Vaterunser den gefährlichen Weg antraten. Von der Verkehrsdichte geben die nachfolgenden Zahlen einen Begriff: Am 15. August 1958 passierten allein während des Tages 17908 Kraftfahrzeuge das Dorf Zirl, und im selben Jahr gab es nicht weniger als 120 Unfälle auf der Bergstrecke. Erst durch den Bau der Autobahn ins Oberinntal sind diese Zahlen zurückgegangen.

Dabei führen der Zirler Berg und seine Straße über das malerische Dorf Leithen in eines der herrlichsten Gebiete Nordtirols, auf die Höhe von Seefeld inmitten traumhaft schöner Waldwiesen zu Füßen der blauschattenden Karwendelberge. Der Ausblick von dort ins Inntal hat schon Albrecht Dürer begeistert, wie sein Selbstporträt von 1498 im Prado zu Madrid ausweist. Dort findet sich rechts im Fenster der Blick von Mösern über das Inntal hinweg (Farbtafel XII auf Seite 433).

Seefeld, Scharnitz und die Leutasch

Seefelds Gesicht hat sich deutlich verändert, seit nicht mehr die Wallfahrt zur blutenden Hostie die Bedeutung ausmacht, sondern das Erholungsbedürfnis unzähliger Fremder, von denen man jährlich hier eine Million Nächtigungen zählt. Ein guter Teil davon hat sich ganz seßhaft gemacht: 60 Prozent des Grundes gehört Deutschen, 15 Prozent Holländern. Seefeld zählt mit Kitzbühel und Sankt Anton am Arlberg zu den drei berühmtesten Wintersportorten Tirols. Der lokale Schi-Matador war der einst weltbeste Slalomläufer Toni Seelos, ein Mitbegründer der Schischule Seefeld, die heute über 200 Schilehrer zählt. Das Gelände mit seinen weiten Lärchen- und Birkenwäldern erinnert stellenweise stark an Skandinavien, so daß man sich zu Recht entschloß, bei den Olympischen Winterspielen 1964 und 1974 die nordischen Disziplinen Langlauf und Springen von der Normalschanze hier durchzuführen, wovon 80 Kilometer Loipen übriggeblieben sind. Und während sich die Eisläufer auf dem Eislaufplatz produzieren können, sitzen die Glücksritter im Kasino und versuchen die Roulettekugel in ihr System zu zwingen. So viel zum modernen Seefeld.

Dazwischen ist das historische fast untergegangen. Seit 1022 ist es urkundlich dokumentiert. ›Sevelt‹ hieß es damals und bestand nur aus wenigen Gehöften in einer sumpfigen Gegend mit Hochmooren. Eine Oswaldkirche gibts ›auf dem Seevelde‹ schon 1320 und eine Herberge am Römerweg, der nach Augsburg hinausführte und viel benützt war. Eine Burg auf dem Schloßberg westlich des Ortes sicherte die Straße oder umgekehrt, je nachdem, welcher Pfleger sie gerade innehatte. Der Schloßherr Oswald Milser verlangte am Tag Mariä Verkündigung 1384, die große Hostie, die nur dem Priester zusteht, zu kommunizieren, und da Milser ein ungemütlicher Ritter war, wagte der Priester nicht, dies abzuschlagen. Kaum aber hatte der Heilige Leib Milsers Lippen berührt, als dieser begann, in den Steinboden zu versinken, »in das estrich bis an die Knie«. Milser versuchte, sich am Altar festzuhalten, doch der Stein gab nach wie Wachs, so daß man den Abdruck seiner Hand noch heute dort sehen kann. Die Hostie, die der Priester erschrocken zurückgezogen hatte, blutete heftig. Milser bereute, entsagte der Welt und starb zwei Jahre später im Kloster Stams.

Das Hostienwunder bestimmte die weiteren Schicksale des Ortes. Zunächst begann eine Wallfahrt, deren Pilgerströme bereits 1401 dem Kuraten der Kirche die landesfürstliche Erlaubnis eines Gasthausbetriebes erwirkte. 1432 bildete Meister Stefan von Zirl die alte Kirche zum Chor des späteren Neubaues um und baute auch den Turm. 1474 wurde das Langschiff fertig, im wesentlichen das Werk Hans Reichartingers von der Innsbrucker Bauhütte. Gleichzeitig oder wenig später arbeiteten ein Peter von Tramin und ein Thoman von Inzig an der Kirche. Die äußere Wirkung wird durch das schönste Kirchenportal Nordtirols bestimmt. Es lehrt, wie klug und zeitnah die Künstler damals zu Werke gingen. Das Portal gibt im rechten Teil des Bogenfeldes Auskunft über den Kirchenpatron Sankt Oswald und seine Vita; im linken erscheint das Hostienwunder mit Milser, darüber folgt die Verkündigungsszene als Datum des Ereignisses, ganz oben das Haupt Gottvaters. Wappenhaltende Engel an den Türfassungen tragen die Schilde von Tirol, Österreich, Schottland und Braunschweig, Hinweise auf den Tiroler Landesfürsten Erzherzog Sigmund von Österreich, dessen Mutter Elisabeth von Braunschweig und dessen Gattin Eleonore von Schottland. Auch der Heilige Oswald galt als Schotte, und Oswald hieß auch der durch das Hostienwunder bekehrte Milser. So durchflechten sich die Hintergründe der

Symbole. Auch das äußere Portalfeld wird von Wappen, Österreich-Schottland, abgeschlossen, und durch den Tod Eleonores 1480 wird die Zeit der Entstehung eingegrenzt. Die plastischen Arbeiten des Portales gehören zum Besten, was Tirol aufzuweisen hat.

Im Innern steht man in einer klaren spätgotischen Halle mit freier Gestaltung der Rippenmuster in den Gewölben. Die Vorgängerkirche ging im Chor auf. Dafür sprechen die dort aufgedeckten alten Weihekreuze und die Jahreszahl 1400 unter dem Wandbild des heiligen Andreas. Auch in der Kirche gibts allenthalben Wappenhinweise auf die Landesfürsten, auf Milser und das Hostienwunder, dessen Begebenheit Kaiser Maximilian I. seinem Hofmaler Jörg Kölderer 1502 zu malen befohlen hat. So entstand die große Mirakeltafel, auf der bildlich und in lateinischer wie deutscher Sprache der Vorgang geschildert wird. Wappen und Siegel verleihen der Tafel den Rang eines beglaubigten Dokumentes. Man sieht, wie die alte Hostienkapelle im Turm ausgesehen hat, vor der eben ein Pilger kniet. Kunsthistorisch ist auf die ganz unpathetische Schilderung zu verweisen, auf die zahlreichen Rückenfiguren und zu bemerken, daß diese dokumentarisch-topografische Wiedergabe dem Kunststil im engsten Umkreis Maximilians entspricht.

1574 befahl Erzherzog Ferdinand II. seinem Hofarchitekten Giovanni Lucchese, eine den Bedürfnissen und der Repräsentation entsprechende neue Hostienkapelle zu bauen. Eine in den Landesfarben Rot-Weiß gehaltene Marmortreppe führt zu diesem Raum empor, den 1724 Kaiser Karl VI. umgestalten ließ. Nur das Abendmahlsbild des Giovanni Battista Fontana von 1580 blieb am alten Platz. Die Wunderhostie kann man heute nicht mehr sehen, nach über fünfhundert Jahren hatte sie sich 1919 endgültig aufgelöst, nicht ohne schon vorher gelehrte Diskussionen darüber ausgelöst zu haben, wie lange denn Christi Leib in dem verwandelten Brot existent sei und wohin er entschwinde, wenn dieses allmählich zerfiele.

Im Hochaltar stehen gotische Figuren: Oswald, Leonhard, Katharina (1490), Maria (1450), Sebastian und Rochus (1500).

1516 stiftete Kaiser Maximilian zur Betreuung der Gnadenstätte ein Augustinerkloster, das bis 1785 bestand.

Seefeld besitzt noch ein zweites Gnadenkirchlein, das einst

auf einem schmalen Uferstreifen zwischen den von Erzherzog Sigmund angelegten Fischweihern stand. Gebaut hat es Erzherzog Leopold v. 1628 durch seinen Hofbaumeister Christoph Gumpp als Kapelle für ein wundertätiges großes Kruzifix (1510). Der reizvolle Zentralbau – er ist eines der Werbezeichen Seefelds geworden – steht noch immer, während die Seen längst verschwunden sind.

Am Seekirchlein vorbei geht der Weg nach *Mösern,* wo es einen kleinen Waldsee gibt und eine herrliche Aussicht ins obere Inntal. Es ist gut möglich, daß Albrecht Dürer auf seiner Italienreise, auf der er ja auch Innsbruck aquarellierte, hier das bereits erwähnte Motiv seiner Hintergrundlandschaft auf dem prunkvollen Selbstporträt von 1498 im Prado zu Madrid gefunden hat. Wenig weiter westlich in der Lentschenau gibt es zwei launische Gewässer, den Lotten- und den Wildmosersee, die nur alle paar Jahre einmal aus der Tiefe des Moorbodens aufsteigen und ihre Umgebung in gemischtes Erstaunen setzen.

Wenn Seefelds Hinterland, die Leutasch, erwähnt wird, so verklärt sich das Gesicht aller Waidmänner. In der Ober- und Unterleutasch gibt es keine geschlossenen Ortschaften, nur Weiler am Fuß der Wettersteinkette mit entsprechend unsicheren Namen: Gasse, Kirchplatzl oder Platzl allein, alle übrigen heißen nach den Hofnamen. Die Jäger meinen, diese Einsamkeiten seien gut fürs Wild, und die Wildfütterung im Winter wird bereits eifrig ins Saisongeschäft eingebaut. Früher gabs hier noch reichlich Schmuggel zur Aufbesserung des Lebensstandards, aber seit die Fremden für die Besichtigung der einheimischen Rehe und Hirsche bezahlen, ist der schwarze Markt nicht mehr rentabel.

Scharnitz am Ende der Seefelder Welt tut sich einiges auf die Ruinen der Porta Claudia zugute, die 1703 und 1809 gute Dienste leistete. 1632 war sie von der Landesfürstin gegen die Schweden gebaut worden. Heute gilt Scharnitz vor allem als Tor zum Karwendel.

Das Sellraintal hatte große politische Bedeutung, denn der Melachbach, der es vom Lüsenser Ferner her durchströmt und gegenüber Zirl in den Inn mündet, war der Grenzfluß zwischen der Grafschaft im mittleren Inntale und dem Tiroler Oberland. Für den Kunstfreund hält das *Sellrain* bereits an seinem Ausgang ins Inntal eine große Überraschung bereit. Man sieht schon von weitem die hell leuchtende Kirche hoch oben am Südhang des Roßkogels, Sankt Quirin und Veit (1243 m), mit stattlichem Turm und ein paar umgebenden Häusern. Genau unterhalb liegt im Talgrund das Dorf Sellrain, ehemals wegen der hier entspringenden Heilquellen auch Rothenbrunn genannt. 1391 ist in Sankt Quirin eine Kirche erwähnt, die 1487 bis 1496 durch einen Neubau ersetzt wird. Wir können mit Veit Schiferer sogar den Baumeisternamen nennen. Schiferer führte ein schmales vierjochiges Langhaus mit stark eingezogenem Chor auf. Wegen Platzmangels war er gezwungen, die Längsachse der Kirche den Gegebenheiten des steilen Berghanges anzupassen und sie von Nord nach Süd auszurichten. Die geschlossene Vorhalle wurde später hinzugefügt. Die Bauleistung als solche ist erstaunlich. Es gibt sogar eine Südrose über dem Eingangstor und ein spätgotisches Chorfenster hinter dem Hauptaltar. Es wurde erst 1962 wieder aufgedeckt, ebenso die Wandmalereien von 1500, darunter ein Jüngstes Gericht am Chorbogen, eine Kreuzigung und ein Emmauswunder. Auch zarte Pflanzenornamentik in den Rippenzwickeln ist wieder zum Vorschein gekommen.

Der Heilige Quirinus von Neuß am Rhein starb als römischer Tribun unter Kaiser Hadrian den Märtyrertod und wird als Viehpatron und Helfer in Krankheiten, besonders bei Abszessen, angerufen. Vielleicht kann man darin einen Zusammenhang mit der Heilquelle im Taldorf erblicken. Das Hauptkunstwerk der Kirche bildet aber eine herrlich erhaltene zwölffigurige Apostelreihe, die noch aus dem Vorgängerbau stammt und in die Zeit um 1390 bis 1400 zu datieren ist. Man hat Ähnlichkeiten dieser etwa vierzig Zentimeter hohen Holzfiguren mit solchen am Südportal des Augsburger Domes erkennen wollen, aber vielleicht hat man dabei den ähnlichen Formaten zuviel Beachtung geschenkt. Wer mag sie hierher gestiftet und wer sie geschaffen haben? Alles in allem stellt Sankt Quirin ein noch einheitlich erhaltenes Bergheiligtum aus jener frühen Zeit dar, als Erzherzog Sigmund und Kaiser Maximilian I. hier auf die Gipfel stiegen. Draußen pfeift der Bergwind um die Mauerecke, wohl auch nicht anders als vor fünfhundert Jahren.

Vom Haupttal streng nach Süden zweigt bei Sellrain das Fotschertal, ›die Fotsch‹, ab; da geht es zur Potsdamer Hütte (2012 m), etwas für Tourenfahrer im Winter! Das Sellraintal selbst führt weiter nach Gries (1238 m), von wo das Lisenser Tal zum Fernerkogel (3192 m) über dem gewaltigen Gletscherfeld führt. Es war eine schlechte Tat, als man 1936 das Gipfelkreuz, das zur Erinnerung an die schmähliche Ermordung des österreichischen Bundeskanzlers Dollfuß aufgestellt worden war, umsägte und die hundertfünfzig Meter hohe Westwand hinunterwarf. Erst 1947 konnte es geborgen und wieder aufgestellt werden. Am Ende des Lisenser Tales – auch Lüsenser Tales – liegen Praxmar (1692 m), ein altes Almdorf, das sich immer mehr zum Wintersportort wandelt, Lisens und das Westfalenhaus (2273 m). Hausberge sind sommers der Zischgeles (3007 m) und winters, wenn das Westfalenhaus geschlossen ist, der Winnebacher (3185 m) und der Längentaler Weißkogel (3218 m), wobei der letztgenannte eine gewisse Gletschererfahrung erfordert.

Im Sellraintal weiter aufwärts erreicht man *Sankt Sigmund* (1516 m) mit der Einmündung des Gleirschtales. Hier stand schon im 12. Jahrhundert eine hölzerne Wegkapelle, die im 14. Jahrhundert in Stein erweitert wurde. Der Turm stammt noch aus jener Zeit. Mitte des 15. Jahrhunderts hatte Erzherzog Sigmund hier ein Jagdhaus. Er war ein besonderer Gönner der Kirche seines Namenspatrons. In jener Zeit entstanden die Wandmalereien, deren Reste jetzt wieder zu sehen sind. Die Kirche hatte damals ihre Apsis dort, wo heute die Orgel steht, denn bei der letzten Erweiterung um 1790 hat man die Orientierung des Langschiffs umgedreht und den Altarraum neu dazugebaut. Der Landesfürst ließ auch einen Flügelaltar errichten, von dem noch Teile im Kloster Wilten bewahrt werden. Von den Schlußsteinen blicken die Wappen von Sachsen – Sigmunds zweite Frau war, wie wir wissen, eine sächsische Fürstin –, Österreich, Tirol, Wilten und andere herab. Man mag sich vielleicht wundern über diese Aufmerksamkeit an einem weltfernen Ort, aber damals lag Sankt Sigmund an der ›Schnellstraße‹, die das Innerötztal mit dem Inntal verband. Sie begann bei Umhausen und führte über das Gleirschjöchl (2750 m) hierher. Es war freilich nur ein Saumpfad, aber er hatte nur ein Joch zu überwinden. Heute liegen östlich des Jochs die Pforzheimer (2308 m) und westlich davon die Gubener Hütte (2034 m). Man geht von Umhausen bis Sankt Sigmund etwa acht Stunden, kam also in zwei Tagen nach Innsbruck und schnitt den Umweg bis zur Ötztalmündung bei Imst ab.

Hinter Sankt Sigmund wird das Sellraintal sehr eng, und schließlich kommt man nach dem Weiler Haggen ins *Kühtai,* einst Kühetai, zu deutsch Kuhalm (1967 m). Sie liegt als weite Hochfläche auf einer Art Paßhöhe zwischen Sellrain- und Ötztal, gehört aber zur Gemeinde Silz im Inntal, in der einst auch das zuständige Gericht saß. 1288 gibts hier einen landesfürstlichen Schwaighof, der 1622 und später immer wieder als Jagdsitz verwendet worden ist. Teile davon stecken noch im Jagdhotel Kühtai von heute. Es bildet das Zentrum reicher alpiner Möglichkeiten im Sommer, vor allem aber im Winter. Die beiden hochgelegenen Finstertaler Seen (2260 m) sind seit 1980 im Stausee des Kraftwerkes Sellrain-Silz untergegangen. Die Energiegewinnung dieses Werks soll als Ergänzung für die Spitzenzeiten des Verbrauchs dienen, denn bei ständigem Betrieb stünden die Seen in wenigen Tagen leer.

Das Sellraintal verläuft parallel zum Inntal, allerdings in einer Höhe bis zu 2000 Meter. Hinter Kühtai sinkt es wieder bis Au im Ötztal auf 1000 Meter. Dort fällt der Stuibenbach in einem kleinen Wasserfall aus der Auer Klamm zum Elektrizitätswerk bei Ebene auf 800 Meter Höhe in die Ötztaler Ache. Und hier endet dieses eigenartige Seitental.

Telfs-Pfaffenhofen

Der Doppelort Telfs-Pfaffenhofen, zu beiden Seiten der Innbrücke gelegen, einst von der Burg Hörtenberg durch die Grafen von Eschenlohe beherrscht, hat im Laufe der Geschichte die Bedeutung seiner Siedlungen wechselweise verlagert. 1705 verbrannte ein Blitzschlag, dem eine Explosion des Pulvervorrates folgte, Burg Hörtenberg bis auf den viereckigen Bergfried, den man heute noch als Aussichtsturm besteigen kann. Damals war Telfs schon bedeutender geworden als das kleine *Pfaffenhofen,* das ursprünglich sogar, wenn auch vielleicht nur kurze Zeit, ein Bischofssitz gewesen sein könnte. 1961 wurden unter dem Chor der Pfarrkirche Fundamente eines frühchristlichen Baues freigelegt, der etwa zwanzig Meter lang und acht Meter breit gewesen ist und ins 6. Jahrhundert datiert wird. Im Chor befindet sich eine Priesterbank mit gesondertem Bischofssitz (Kathedra), und südlich der Kirche wurde ein Friedhof mit etwa dreißig Gräbern aus der Zeit um 700 aufgedeckt. Bei der dünnen Besiedelung der frühen Jahrhunderte wird man nicht fehlgehen, Pfaffenhofen als Begräbnisstätte für das ganze Gebiet anzusehen, was die Bedeutung der Kirche unterstreicht. Auch im jetzt bestehenden Langhaus dringt aus der Achsenverschiebung zwischen Chor und Schiff eine Erinnerung an das Alte aus dem Grund empor, wie auch das Äußere noch durchaus gotisch wirkt. Das ist aber leider schon fast alles, was aus dieser Zeit geblieben ist, denn 1860 bis 1863 fand eine Restaurierung statt, die das Gesicht der Kirche im Innern noch immer bestimmt. Dabei dürften sich unter zahlreichen Verschalungen noch die alten gotischen Lisenen befinden. Immerhin hat man den Rosenkranz von Josef Anton Zoller (1768) wieder aus dem Wirtschaftshof von Hörtenberg hervorgezogen, restauriert und um die Madonnenfigur am Hochaltar gelegt.

Telfs am nördlichen Innufer gegenüber liegt in einer Zone besonders günstiger Klimabedingungen, da die hohen Berge im Norden Schlechtwetterfronten abwehren. Diese Mieminger Wetterstein-Kalkgebirge bilden eine herbe, sehr kühle Krone über dem gleichnamigen Hochplateau, das die Straße von Telfs über Nassereith zum Fernpaß führt. Der Wald reicht an der Kante dieses Mittelgebirges ganz hinauf, wozu die Kalkwände dahinter in außerordentlich reizvollem Gegensatz stehen. Besonders in den frühen Morgenstunden, wenn das Licht sehr schräg einfällt, scheinen sich die hellen, reinen Felsen fast von ihren irdischen Sockeln zu erheben, während das Tal und die Wälder noch tief im Schatten ruhen.

Die Telfser nehmen auch die Hohe Munde (2661 m) für sich

in Anspruch, von vorne, wie die Seefelder das gleiche für sich beanspruchen, aber vom Rücken des Berges her. Die hohe Felspyramide wirkt vom Inntal aus ungeheuer, weil der Höhenunterschied zur Talsohle kaum durch Vorgebirge gemildert wird.

Der Ort Telfs selbst, seit 1908 Markt mit fünftausend Einwohnern, ist mit seinen weithin leuchtenden Industriegebäuden für den Fremden nicht besonders einladend oder gar vom Stile jenes Tirols geprägt, das er sich nach den Prospekten der Fremdenverkehrswerbung erwartet hat. Bis zum Bau der Autobahn beherrschten außerdem chaotische Verkehrsverhältnisse die drei Hauptstraßen und ließen viele bemerkenswerte alte Häuser übersehen. Dabei gibt es nirgendwo in Nordtirol so viele qualitätvolle Freiluftmalereien wie hier. Vielleicht hat dabei doch die Verbindungsstraße ins Allgäu eine Rolle gespielt. Die Malereien sind großteils Werke der einheimischen Künstler Josef Anton Zoller und Josef Schöpf.

Leider hat Telfs 1863 seine alte Pfarrkirche gegen eine nur durch ihre Größe beeindruckende neuromanische Basilika eingetauscht, deren Wirkung sich sonst würdig den Fabrikgebäuden anschließt. Einiges von der alten Ausstattung hat als Brunnenfiguren im Ort selbst überlebt.

Dafür steht in der 1640 errichteten und 1692 erweiterten Mariahilf-Kapelle auf dem Birkenberg ein sehr hübscher Zentralbau mit guter Ausstattung und Altarbildern von Josef Schöpf (1768). Der Hochaltar (1693) von Andreas Thamasch soll eine Kopie des Hauptaltares der alten Innsbrucker Pfarrkirche sein, wogegen die Architektur deutlich das Vorbild der Innsbrucker Maria-Hilf-Kirche verrät.

Schon immer waren die Telfser eine theaterfreudige Gemeinde. 1569 hört man urkundlich von einer Spieltenne, und später wurden bis 1814 große Passionsspiele aufgeführt. Diese Zeiten sind vorbei, erhalten hat sich aber ein eigentümlicher Fastnachtsbrauch, das ›Schleicherlaufen‹, das alle fünf Jahre im Fasching durchgeführt wird. Das Signal zum ›Laufen‹ wird bereits am Dreikönigstag gegeben, wobei der ›Naz‹, eine charakteristische Figur, dort ausgegraben wird, wo man sie fünf Jahre zuvor begraben hatte. Hauptgestalten des Umzuges sind etwa fünfzig ›Schleicher‹, die in ganz eigentümlicher Gehweise dahinschleichen, nicht laufen, und auf einigen Plätzen des Ortes

Tänze aufführen. Ihr Schmuck ist der weithin sichtbare Schleicherhut, Aufbauten bis zu zehn Kilogramm Gewicht, auf denen Szenen aus dem bäuerlichen Leben, aus der Historie und aus dem letzten Jahr dargestellt sind. Bärengruppen, wilde Masken in Kleidern aus Baumflechten, Herolde an der Spitze des Zuges, ein Laternenträger, die Vier Jahreszeiten als Haflingerzug und natürlich die Musikkapelle ergänzen die Vorstellung. Der Zug wirkt in der Kulisse des Ortes sehr eindrucksvoll, seinen tieferen Sinn und auch die vielen lokalen Anspielungen begreifen aber wohl nur die Einheimischen.

Man sollte dieses Telfs nicht verlassen, ohne seiner begabten Söhne zu gedenken, an deren Spitze der Maler Anton Zoller (1695-1768) steht. Zoller wirkte auch außerhalb Tirols, so in Kärnten; 1754 ließ er sich in Hall nieder. Er führte einen sehr sicheren Duktus, bevorzugte klare Kompositionen, die er in tiefe Scheinarchitekturen stellte. Das beste Zeugnis seiner Kunst vermitteln die Deckengemälde der Pfarrkirche Telfes im Stubaital, die wir schon kennengelernt haben. Auch Zollers Sohn Josef Anton war Maler. Er lebte sich ganz in die Art des väterlichen Vorbildes ein, fügte der klaren Farbgebung aber eine gewisse schillernde Nuance hinzu, die manchmal bis ins Süßliche reicht.

Ein anderer für Tirol bedeutender Maler, Josef Schöpf (1745-1822), wurde ebenfalls in Telfs geboren. Ihn förderte das nahe Stift Stams, das ihm eine Ausbildung zum Maler ermöglichte. Später zog er nach Wien, Passau und Salzburg, lernte sieben Jahre bei Martin Knoller und später acht Jahre bei Anton Raphael Mengs in Rom. Schöpf steht am Ende der Tiroler Barockmalerei, die damals, als in den Kunstmetropolen schon längst der Klassizismus herrschte, nicht mehr zeitgemäß war.

Josef Anton Puellacher (1737-99) und sein Sohn Leopold (1776-1842) reichen als Maler nicht über geschicktes Handwerkertum hinaus. Der Sohn kam weit herum, bis Ungarn und Siebenbürgen, wo er für Fürst Wesselenyi tätig gewesen ist.

Urban Klieber (1741-1803) verdankt seine erste bildhauerische Erfahrung auch dem Stift Stams, arbeitete sich später in Wien zum Hofbildhauer empor und schuf Massen an Figuren und Porträts, ohne daß es ihm jemals gelungen wäre, die Schwelle zum hohen Künstlertum zu überschreiten.

Schließlich ist auch Heinrich Natter (1846–92) ein Telfser gewesen, den sein Lebensweg nach vielen wirren Wanderungen nach Wien geführt hat. Seine wichtigsten Werke in Bronzeguß sind Denkmäler: Schumann in Leipzig, Zwingli in Zürich, Walther von der Vogelweide in Bozen, Josef Haydn in Wien und Andreas Hofer für den Berg Isel. Natter starb schon früh mit 46 Jahren.

Das Mieminger Plateau

Zu Füßen des Mieminger Gebirges zwischen Telfs und Nassereith liegt das Mieminger Plateau, zwei- bis dreihundert Meter über dem Inntal und in durchschnittlich 850 Meter Seehöhe. Gegen den Inn fällt es steil ab, und man kann von oben her, etwa von der Wallfahrtskirche Locherboden aus, die Dörfer Rietz, Stams, Mötz, Silz und auch noch Haiming aus der Vogelschau betrachten. Über das Mieminger Plateau führt die Verbindungsstraße Innsbruck–Fernpaß durch einen kurzen Tunnel, das Meaderloch, hinter Telfs. Sie geht dann durch eine seltsam keusche Landschaft. Im Norden überragen die gemsenreichen Mieminger Berge weit ausgedehnte schwarzgrüne Föhrenwälder, die bis zur Straße heranreichen. Südlich der Straße dehnen sich Wiesen und Felder, hier gibt es zauberhafte stille Plätze, von Lärchen umstanden, wie verzauberte Gärten, man schaut sich immer wieder um, ob's denn möglich sei, noch heute so eine Landschaft zu finden. Einer dieser Plätze heißt nicht zu Unrecht ›s'Paradeis‹. Weite Bereiche ruhen noch in seliger Unberührtheit, andere mußten sich dem Verkehr erschließen. In meiner Kindheit lag das Dorf *Wildermieming* noch tief im Wald versteckt, fast verlassen konnte man es nennen. Wilramingen hieß es alters, und die in dieser Gegend noch sagenlebendige Norne Wilbet hat zum Namen Pate gestanden. Ehe 1745 die Kirche barockisiert wurde, gab es hier ein altes gotisches Heiligtum, von dem der Turm und seine Kapelle noch erzählen. Wenig südlich davon liegt der Weiler Affenhausen, uns Kindern ein immer neuer Ort des Vergnügens durch den Namen, der in Wirklichkeit wohl ein Pfaffenhausen gewesen sein wird.

Den Ort Mieming, der dem Gebirge wie der Gemeinde zu seinen Füßen den Namen gegeben hat, sucht man vergebens, es gibt ihn nur mehr geteilt als *Ober-* und *Untermieming*. Dies letztgenannte ist der Hauptort der Gemeinde. Meister Jörg von der Imster Bauhütte errichtete hier 1498 einen spätgotischen Chor, und Meister Jakob von Tarrenz verdankt man die Fertigstellung des Turmes nach Imster Vorbild sowie die herbe Bauplastik am West- und Nordportal. Alles andere haben die Neugotiker 1890 radikal verändert. Auch das Kircheninnere zeigt nur mehr zwei gute Bilder: eines um 1760 von Anton Zoller, das andere um 1777 von Josef Schöpf.

Alljährlich gibt es am ersten Julisonntag eine Prozession, die dem Heiligen Isidor gewidmet ist. Dieser in den Alpenländern oft verehrte und dargestellte Bauernheilige lebte etwa von 1070 bis 1130 in Spanien. Er führte ein so gottgefälliges Leben, daß der Legende nach während seiner täglichen Andachten Engel kamen und mit weißen Ochsen seine Felder pflügten. Über die Steiermark verbreitete sich die Isidor-Verehrung im 17. Jahrhundert nach Tirol, wo sie ein starkes Echo auslöste. Man empfand den frommen Bauersmann als geistlichen Bruder der einheimischen Notburga, und daher sieht man häufig beide zusammen dargestellt. Isidors Attribute bestehen in Schaufel, Sense, Dreschflegel, Pflug oder Heugabel. Über zwanzig Altäre und Kapellen sind ihm in Nordtirol geweiht. In Untermieming wurde bereits 1643 eine Isidor-Bruderschaft errichtet, wie man in der Kirche lesen kann. Diese Fraternität wurde 1725 erneuert, und 1900 erhielt die Kirche sogar eine Reliquie des verehrten Heiligen als Geschenk der Königin Maria Christina von Spanien, einer geborenen Erzherzogin von Österreich.

Untermieming ist auch Ausgangspunkt zur Wallfahrt nach *Locherboden*. Dieser gern besuchte Platz befindet sich am äußersten Rand eines ins Inntal hinausragenden Felsenspornes und markiert eine Stelle, die schon in der Hallstattzeit besiedelt gewesen ist. Ein herrliches fünfunddreißig Zentimeter langes geschwungenes Bronzenmesser, das hier gefunden wurde, wird auf 800 vor Chr. datiert. Wahrscheinlich hat es als Opfermesser gedient. Später gab es hier ein Loch im Boden, das heißt einen Bergwerksstollen, in dem die Knappen ein Mariahilfbild angebracht hatten, das sich in mancherlei Nöten so hilfreich erwies, daß lange nach dem Verfall des Stollens 1854 sein Mund zu einer Kapelle umgestaltet worden ist. Ein wahrer Sturm auf das

XII

ALBRECHT DÜRER

(1471–1528)

Ausblick von Mösern

Ausschnitt aus dem Selbstbildnis von 1498
Madrid, Prado

Als Dürer im Alter von 26 Jahren sein berühmtes Madrider Selbstbildnis schuf, waren ihm die Eindrücke seiner ersten Italienreise, die er noch im Jahre seiner Heirat 1494 angetreten hatte, lebendig in Erinnerung. Ausdruck dessen ist die Landschaft, die Dürer als Fensterblick auf seinem Porträt wiedergibt und die – als Bild verselbständigt – das erste Alpengemälde Tirols ist. Wohl auf eine Skizze bei der Anreise zurückgehend, hat Dürer hier den Ausblick von Mösern über das Inntal hinweg zum Tschirgant und ins Oberinntal gestaltet, wie Otto von Lutterotti überzeugend nachgewiesen hat.

Gnadenbild setzte nach 1871 ein, als die taubstumme Maria Kalb aus Rinn vor ihm plötzlich die Sprache wiederfand. 1881 wurde eine neugotische Kirche gebaut, deren weißer, spitzer Turm seither ein weithin sichtbares und wohlverstandenes Glaubenszeichen bildet. In der Kirche schildern zahlreiche Bilder verschiedene Wunderheilungen, darunter jene eines verkrüppelten Knabens, einer Blinden und einer Migränikerin aus Hall in Tirol. Die Stimmung des Platzes ist nachhaltig; freilich ist man hier selten allein. Auch von Stams führt ein in den Fels gehauener Steig herauf.

Weiter westlich an der Bundesstraße gegen den Fernpaß liegt *Barwies,* wo ich im ›Gasthof zur Sonne‹ manchen Sommer verbracht habe. Die Knechte lehrten mich, daß man unter einer Lederhose als echter Tiroler keine Wäsche zu tragen hätte; geduldig lehrten sie mich auch Striegeln, Melken, Ausmisten und Gsodschneiden; beim Saustechen durfte ich mit der Kette die tote Fack von ihren Borsten befreien, ich durfte die Kühe zur Tränke führen, quer über die Bundesstraße, was fuhr damals schon da! Meine Liebe zur Bauerschaft war so intensiv, daß ich zum gemeinsamen Mittagessen nicht zwischen den Gästen geduldet werden konnte, die wegen der guten Luft nach Barwies gekommen waren, nicht aber, um von mir mit Stallgeruch eingenebelt zu werden. Einmal fiel ich zum großen Gaudium der Knechte in den Misthaufen, was selbst für meine geduldige Mutter zuviel war. Glücklicherweise gabs schon damals ein Waldschwimmbad, das ich wenigstens einmal täglich zu besuchen gezwungen wurde. Robert, der Sohn des Knechtes Augl (August), war mein Freund. Mit ihm stieg ich in den Kirchturm zum Glockenläuten, ohne daß ich damals bemerkt hätte, wie hübsch diese Kirche ist. Sie steht auf einem weiten Rasenplatz, zwischen einzelnen Laubbäumen, der Friedhof liegt abseits im Wald. Dadurch eignet ihr etwas seltsam Fröhliches: Man wird nicht sofort an den Tod erinnert, wenn man auf sie zugeht. 1617 hat sie Karl von Burgau, ein Sohn Erzherzog Ferdinands II. und der Philippine Welser, gestiftet. Sie trägt Stuckarbeiten der Miesbacher Schule, die eine eigenartige Mitte zwischen rein abstrakter geometrischer Zeichnung und pflanzlichen Motiven hält. Ich erinnere mich auch noch lebhaft einer Sonntagsmesse, während der zwei viehhandelnde Bauern sich in die Haare gerieten und die Treppe vom Singchor herunterkollerten.

Barwies ist ein Paradies geblieben für Menschen, die sich wirklich erholen wollen, ohne Rummel, ohne Raffinesse, in weiten Wiesen und mit abendlichem Froschkonzert an den Weihern des Krepsbaches, wo schon Erzherzog Sigmund sich einen Ansitz errichtet hatte.

Nach Westen gelangt man über den Weiler Fronhausen nach *Obsteig,* das oberhalb der Steigung des Holzleithensattels liegt. Es ist eine Streusiedlung mit nicht weniger als zwölf Weilern, von denen mehrere seit dem frühen 14. Jahrhundert im Grundbuch des Stiftes Stams aufscheinen. Die spätbarocke Kirche wurde 1765 errichtet, der Ostturm erst hundert Jahre später. Während die meisten Gemeindeteile auf der Mieminger Plateauhöhe oberhalb des Sattels liegen, befinden sich Arzkasten und Holzleiten unterhalb. Auch Schloß Klamm gehört zum Gemeindebereich von Obsteig. Es existierte wohl schon im 12. Jahrhundert, wenn es auch erst im 13. Jahrhundert urkundlich nachweisbar wird. Es bewachte den Weg von Mötz im Inntal herauf nach Nassereith, von manchen als der eigentliche Römerweg gedeutet im Gegensatz zur Straße durchs Meaderloch hinter Telfs. 1284 belehnte der Bischof von Augsburg Graf Meinhard II. von Tirol mit der Burg. 1311 ging sie auf das Stift Stams über. 1367 hielt der Ritter Oswald Milser, von dem wir in Seefeld schon gehört haben, den Abt von Wilten auf der ›Burg Chlamme‹ gefangen. Später saßen die Starkenberger hier, bis sie Herzog Friedl vertrieb. Seither ging es friedlich zu um die Burg, die zeitweilig arg verfiel. Nun wird sie als privater Besitz behütet und bewahrt.

Zum Abschluß sollte man wenigstens einen der Mieminger Berge besteigen, am besten die Hohe Munde (2661 m). Die Niedere Munde (2055 m) steht ein Stück westlich der Hohen, aber der Übergang von einer zur anderen ist nicht an allen Stellen ein Spaziergang. Die klassische Route zur ›Hoachen Munta‹ führt von hinten her aus der Leutasch über die Rauthhütte (1680 m), heute großenteils mit Lift zu ›bewältigen‹. Von dort sind es noch drei Stunden zum Gipfel, den man auf einem etwas ausgesetzten Grat von Osten erreicht. Die Aussicht übertrifft alles, was man sich vorstellen konnte: Einmal mehr fühlt sich der Tiroler als Adler und König in seinem Lande. Außerdem ist die Munde kein sehr begangener Berg, dies sei aber nur leise gesagt. Ihr Name leitet sich aus dem Romanischen her, wo ›munt‹ einfach Berg heißt.

Von der Munde aus übersieht man das ganze Mieminger Plateau, man ahnt das geisterreiche Gurgltal, die Senke von Nassereith, Locherboden leuchtet herauf, der Inn blitzt, und der eigentümliche Zauber dieser Landschaft, in der sich Urtümliches so merkwürdig mit Christlichem verwoben hat, bringt unsere moderne Skepsis etwas ins Wanken und holt die Erinnerung an so manches Kindermärchen herauf, das wir wieder nachlesen sollten.

Stift Stams

Es gibt eine Legende über die Entstehung des Stiftes Stams, nach der Elisabeth, die Mutter des letzten Hohenstaufen Konradin, eben an der Stelle, wo das Stift steht, die Nachricht vom Tode ihres Sohnes, der 1268 in Neapel enthauptet worden ist, empfangen habe. Sie und ihr Mann, Graf Meinhard II. von Tirol, stifteten daraufhin das Kloster und ließen den Eichenwald als ewiges Andenken an den frühen Tod des Kaisersohnes pflanzen.

Die historische Wirklichkeit sieht freilich anders aus. Da gab es bereits um 1049 eine Wallfahrtskapelle zum heiligen Johannes dem Täufer im Eichenwald, aus der die spätere Pfarrkirche des Ortes ›Stammes‹, auch er schon 1065 urkundlich erwähnt, entstanden ist. Das *Zisterzienserstift* wurde erst im Todesjahr Elisabeths 1273 fundiert und die Kirche zur Grablege der Tiroler Landesfürsten bestimmt. Es entsprach nicht ganz der zisterziensischen Ordensregel, ein Kloster dort zu errichten, wo bereits eine Siedlung bestand, denn der Orden sah eine seiner Hauptaufgaben in der Kultivierung von Ödland. Daher darf man für Stams wohl annehmen, daß für den Ort der Gründung noch etwas anderes ausschlaggebend gewesen ist, was wir heute nicht mehr wissen. Eine andere Bestimmung des Ordens, Klöster immer im Tale zu erbauen, war in Tirol leicht einzuhalten.

1273 kamen die ersten Mönche von Kaisheim bei Donauwörth nach Stams, wo zunächst ein hölzernes Konventgebäude südlich der heutigen Pfarrkirche errichtet wurde, das erst 1593 durch einen Brand verschwand. Durch zahlreiche Schenkungen Meinhards II. gefördert, entstand dann bis 1284 eine große dreischiffige Basilika von achtzig Metern Länge, noch heute die längste Kirche des Landes. Der Chorschluß zeigte das Staffelsystem mit drei schmalen Apsiden am Ende des Hauptschiffes und je einer am Abschluß der Seitenschiffe. Die drei mittleren Apsiden haben sich erhalten und beweisen, daß die Kirche nicht mehr zu jenem reinen Typ der frühen Zisterzienserbauten gehört, die einen rechteckigen Chorschluß und ein ebenso einfaches Querschiff aufweisen, wie es auch der Idealplan einer Zisterzienserkirche im Bauhüttenbuch des Villard de Honnecourt um 1230 vorführt. Eine späte Ansicht von etwa 1650 zeigt die Stamser Kirche mit hoher Flachdecke und ohne jede Gliederung der Innenwände. Man darf nicht vergessen, was damals allein in Deutschland an Zisterzienserkirchen schon stand: Maulbronn, Heisterbach, Ebrach, Zwettl, Heiligenkreuz.

Die Stiftskirche steht auch nicht, wie es allgemein üblich war, im Norden des Konventes, sondern im Süden. Die Klosterbauten gruppieren sich heute um zwei Innenhöfe und schieben die sogenannte ›Neue Abtei‹ mit den beiden Doppeltürmen nach Norden vor (1697). Dieser Neubau und letztlich auch die meisten anderen Um- und Neubauten waren durch große Erdbebenschäden 1689 notwendig geworden. Wenn auch heute großenteils zweckentfremdet, läßt sich auch der große Wirtschaftsteil vor der Kirche und dem Konvent für sich abgegrenzt noch gut erkennen.

Die Kirche wurde erst im Barock durch Georg Anton Gumpp, vielleicht nach Plänen seines Vaters, zwischen 1729 und 1733 umgebaut, nachdem die flache Holzdecke bereits früher durch ein Gewölbe ersetzt worden war. Von den beiden Seitenschiffen trennte Gumpp je drei Kapellen ab und riß die restlichen Außenwände nieder. Dadurch gelang es, den ungeheueren Längszug des Hauptschiffes etwas in die Breite zu dehnen. 1715 errichtete man die Heiligblutkapelle südlich der Stiftskirche neu, 1720 einen großen Festsaal, dessen hohe Fassade die etwas eintönige Front der Stiftsgebäude in der Mitte belebt. Hier reitet auf hohem Giebel zwischen den Figuren von Tapferkeit und Gerechtigkeit Graf Meinhard II. mit eingelegter

Lanze auf hohem Roß, Nachbildungen von Originalen des Stamser Stiftsbildhauers Andreas Thamasch.

Schwere Schicksalsschläge haben das Kloster heimgesucht: 1525 plünderten es wütende Bauern, 1552 die Truppen des schmalkaldischen Bundes; in der Bayernzeit Tirols wurde es 1807 aufgehoben, ebenso unter Hitler 1938 bis 1945. Am Ende des Zweiten Weltkrieges haben die Befreiungstruppen die landesfürstlichen Grüfte erbrochen und in naivster Weise nach Kronen, Diamanten, Gold und Juwelen gesucht. Schließlich hat noch eine Überschwemmung ein letztes getan, um eine gründliche Restaurierung der gesamten Anlage und eine Neuordnung der Fürstengräber notwendig zu machen.

Die Zisterzienser haben sich sehr früh schon um wissenschaftliche und erzieherische Belange gekümmert, und in Stams geschieht dies heute noch in einer antik-modernen gymnasiastischen Art, indem hier geistige und körperliche Ausbildung zu einem mittlerweile berühmt gewordenen ›Schigymnasium‹ verbunden worden sind. Viele der besten österreichischen Schispringer und Abfahrtsläufer kommen von hier.

Ein Besuch der *Stiftskirche* gehört zu den stärksten Eindrükken in der Tiroler Kunstlandschaft. Bereits in der Vorhalle wird man von der Pracht schmiedeeiserner Gitter überrascht. Das berühmte ›Rosengitter‹ des Silzer Kunstschmiedes Bernhard Bachnetzer von 1716 krönt den Aufgang zur Heiligblutkapelle im Süden. Jede einzelne dieser Eisenrosen ist der damaligen Handwerkskunst entsprechend aus einer Eisenkugel herausgeschmiedet worden, die Blütenblätter wurden also nicht etwa einzeln zusammengeschweißt, das Verfahren gab es damals noch gar nicht. Im Mittelteil erscheinen verschiedene Motive: das Wappen des Abtes Augustin Kastner, Trauben als Symbol für Christi Blut, eine Monstranz mit der Reliquie.

Ein Jahr später ist die Kapelle selbst fertiggestellt worden. Die heute erhaltenen Fresken stammen von Josef Schöpf um 1801 und entbehren nicht einer gewissen Süßlichkeit.

Kehrt man in die Vorhalle zurück und wendet sich jetzt dem Hauptschiff zu, so steht man zunächst vor einem anderen herrlichen Eisengitter, das der Stamser Klosterbruder Michael Neurauter 1734 geschmiedet hat. Hier erscheinen neben dem Abtwappen im Giebel zwei staufische Löwen. Neurauter arbeitete nach dem Entwurf des Bildhauers Augustin Strigel in den symmetrischen Formen des höfischen Spätbarocks. So wurde auch das große Gitter, das vor dem Chorraum der Kirche steht, 1740 geschaffen. Dort fließen zwei- und dreidimensionale Partien ineinander, und das Spiel des wandernden Lichtes an diesen Eisenornamenten und ihre Schatten auf dem Boden bedürfen beschaulicher Beobachtung. Der Unterschied zu den fast ungestüm wuchernden Rosen Bachnetzers ist groß, jedes Werk in seiner Art aber vollkommen.

Hinter der Vorhalle liegt das märchenhafte Kirchenschiff: märchenhaft in seiner Erhaltung, märchenhaft in der Farbigkeit seiner Deckengemälde, die noch nie restauriert werden mußten, märchenhaft in der Pracht seiner Ausstattung, märchenhaft auch im Anblick des im Hintergrund wie ein Traum aufsteigenden Altarbaumes.

Zunächst zur Fürstengruft – dem ›Österreichischen Grab‹, wie sie auch genannt wird – knapp am Westende des Langschiffes. Bis 1672 stand hier das gotische Hochgrab Sigmunds des Münzreichen von dem Augsburger Hans Radolt aus dem 15. Jahrhundert. Wohl unter dem Eindruck der Berninischen Confessio im Petersdom wurde es bis 1681 in den heutigen Zustand umgewandelt.

Ein Wort zu den verschiedenen Grablegen in der Kirche. Es gibt deren vier: Im ›Österreichischen Grab‹ ruhen die Gebeine Herzog Sigmunds († 1495) und seiner Gemahlinnen Eleonora von Schottland und Katharina von Sachsen, ferner ist hier Bianca Maria Sforza, die zweite Gemahlin Kaiser Maximilians I. († 1511), bestattet.

Im Chor vor dem Hochaltar sind drei andere Grablegen, von denen nur der Grufteingang gekennzeichnet ist. Gegen Norden in der Meinradsgruft liegen: Meinhard II., Stifter des Klosters, Graf von Tirol († 1295); seine Frau, die Witwe Kaiser Konrads IV., Elisabeth († 1273), die bis zur Vollendung der Kirche in der Pfarrkirche beigesetzt war; ferner drei Kinder Meinhards II.: die Herzoge von Kärnten Albert († 1292), Ludwig (1305) und Otto (1310), die beiden letzten waren auch Grafen von Tirol.

Meinhards vierter Sohn Heinrich liegt in der südlichen Chorgruft begraben: Heinrich, erwählter König von Böhmen und Graf von Tirol († 1335); dabei seine drei Gemahlinnen: Anna von Böhmen († 1313), Adelheid von Braunschweig († 1320) und Beatrix von Savoyen († 1331). Ferner ruhen hier Meinhard I., Graf von Tirol († 1258), dessen Schwiegervater Albert III., Graf von Tirol († 1253) und dessen Gemahlin Uta († 1254); schließlich Albert, Graf von Görz († 1250). Diese frühe Generation wurde wahrscheinlich von Meinhard II. aus den Gräbern in Südtirol hierher überführt.

In der mittleren Chorgruft liegen: Herzog Friedrich IV. von Österreich, Graf von Tirol, ›Friedl mit der leeren Tasche‹ († 1439), sowie seine beiden Gemahlinnen Elisabeth von der Pfalz († 1408) und Anna von Braunschweig († 1432); ferner deren vier Kinder Elisabeth, Margaretha, Wolfgang und Hedwig, alle vor 1427 gestorben.

Man kann sich aus dieser großen Anzahl fürstlicher Bestattungen ein Bild von der Bedeutung dieses Klosters in früheren Zeiten machen, das unter Heinrich sogar zwei Jahre lang die Insignien des Heiligen Römischen Reiches – Krone, Schwert, Zepter, Mantel – aufbewahrt hat.

Während die Grüfte im Chorraum nicht weiter gekennzeichnet sind, ist die Confessio reichlich mit Standfiguren und Wappen versehen. Da stehen: Herzog Friedl zwischen seinen beiden Gemahlinnen, der Gründer der Gruft Meinhard II., ›König‹ Heinrich von Böhmen, Bianca Maria Sforza, Herzog Sigmund und Eleonora von Schottland. Die Figuren hat der Paznauner Andreas Thamasch (1639–1697) geschaffen, nicht ohne Anklang an die Bronzestandbilder des Maximiliansgrabes.

In Thamasch begegnen wir dem bedeutendsten Nordtiroler Barockbildhauer. Er hat bei Thomas Schwanthaler im damals noch bayerischen Innviertel gearbeitet und muß durch diesen oder eine eigene Wanderschaft mit der Barockbildhauerkunst der Italiener bekannt geworden sein, denn der Bewegungsdrang seiner Figuren geht weit über das hinaus, was er bei Schwanthaler gesehen haben kann. Freilich darf man die Fürstenstandbilder nicht mehr voll für Thamasch in Anspruch nehmen, zu oft und zu gründlich sind sie überarbeitet und restauriert worden, als daß etwas anderes als ein grober Entwurf noch für den Künstler in Anspruch genommen werden könnte. Der Unterschied zur Kreuzigungsgruppe oberhalb des Confessio-Altares macht dies mit einem Blick klar. Etwa 1670 hat er sie geschaffen. Ein unmittelbarer Bezug zum Betrachter wird nicht angestrebt, die Passion ereignet sich nur zwischen den vier Figuren gleichsam in einem abgeschlossenen mystischen Raum, und ganz verschieden ist die menschliche Reaktion der Dargestellten. Zusammen geht nur der Sturmwind, der ihre Gewänder unheimlich bewegt.

Wie weitgespannt Thamaschs Ausdruck war, ermißt man an seinem zweiten Hauptwerk in der Kirche, jener herrlich bewegten Madonna mit Kind im Blätterkranz, die an der südlichen Langschiffwand steht. Die Komposition erinnert etwas an das Motiv der ›Madonna im Rosenkranz‹ der Spätgotik. Es handelt sich hier um eine Stiftung der Johannesbruderschaft – wir erinnern an die alte Wallfahrtskapelle des 11. Jahrhunderts –, und wenn man genau hinsieht, so erkennt man unschwer auf dem glatten Blattsockel neben dem rechten Fuß der Madonna den Standort für die Figur eines kindlichen Johannes. Denn erst wenn diese Lücke in der Komposition ausgefüllt ist, bekommen die Bewegungen der Madonna und der rechten Hand des Jesuskindes, die den Segen Gottvaters vom Zenit des Rahmens weitergeben, einen Sinn. Die Figur ist verschollen, vielleicht starb der Meister auch darüber, die Datierung 1704 auf der Inschriftentafel stammt jedenfalls von der Witwe Thamaschs.

Hebt man den Blick zum Himmel des riesigen Kirchengewölbes, so sieht man sich einer ungewohnt klaren Farbgebung in den Hauptbildern und den gefärbelten Zwickeln gegenüber. Alle Malereien des Gewölbes und die meisten Bilder der Seitenaltäre hat der Augsburger Johann Georg Wolker von 1730 bis 1734 geschaffen. In den großen Bildern schildert er fünf Hauptereignisse aus dem Marienleben, wobei die Jahreszeit, in die das Fest fällt, durch symbolische Randfiguren verdeutlicht wird. Unter dem Bild der Empfängnis, in dem die Winterszeit durch einen janusköpfigen Saturn ausgedrückt ist, hat Wolker in einem Chronogramm signiert. Die Untersichten sind kühn, die Kompositionen reich an Details, das Programm sicher durch Kleriker erstellt. Neben den Großformaten gibt es noch mehrere kleinere Bildfolgen: das Leben des Heiligen Bernhard von Clairvaux, Heilige des Zisterzienserordens, Szenen aus dem Klosterleben, Wappengalerie. Die Serien sind in sich durch gleichbleibende Technik verbunden.

Die Stuckarbeiten lieferte Franz Xaver Feuchtmayr aus Wessobrunn, brillant in Erfindung und Ausführung, manchmal nicht ohne Raffinement, aber nie aufdringlich oder darauf angelegt, die Malereien zu übertönen. So blieben auch die Hauptbilder vollkommen glatt gerahmt und lassen die angewandte Kunst vor der absoluten bescheiden zurücktreten.

Nur wer sich die Zeit nimmt, und früher nahm man sie sich, den Deckenschmuck an Bildern und Ornamenten als Anschauungsunterricht zu ›lesen‹, erfährt viel aus der Kirchen- und Ordensgeschichte, wie aus der Adelsgeschichte der Wappenträger Tirols. Er erfährt aber auch einiges vom Wandel des Zisterziensergedankens, der ursprünglich jeden figürlichen, bildhaften oder gar farbigen Schmuck in seinen Kirchen und Klöstern vermieden wissen wollte.

Den krönenden Abschluß der Kirche bildet der gewaltige Hochaltar von Bartlmä Steinle aus Weilheim. Bis 1615 war das Werk mit seinen über achtzig Figuren vollständig aufgestellt. Es stand also schon gut ein halbes Jahrhundert, ehe Thamasch die Figuren des Österreichischen Grabes schuf, und mehr als hundert Jahre, ehe Wolker und Feuchtmayr das Gewölbe schmückten. Von Feuchtmayr stammt auch der plumpe Riesenvorhang mit den kolossalischen Putten, wodurch das monstranzartige Filigran des Altarbaumes seiner wohlberechneten Wirkung im Rückenlicht der Morgensonne beraubt worden ist. Früher muß der Baum an schönen Sommermorgen geblendet haben, und das sollte er wohl auch in seiner Bedeutung.

Steinle schuf einen Altar, der seine Herkunft vom gotischen Wandelaltar nicht verleugnet. Auch die Grundidee einer zur Wurzel des Menschengeschlechtes erweiterten ›Wurzel Jesse‹ stammt von dort. Sicher müssen es Kleriker gewesen sein, die das Programm bestimmt haben, denn allein die in ihrer Größe überlegt abgestuften Heiligenfiguren verraten genaue Kenntnis kirchlicher Hierarchie. Rechts und links neben dem Altartisch stehen Adam und Eva, sie mit dem angebissenen Apfel in der Hand. Von diesen Ureltern unseres Geschlechtes steigen die Äste des Baumes auf zu den beiden Propheten Jesaias und Jeremias, dann weiter zu Maria mit dem Jesuskind, der größten Figur des Altares, zwischen den beiden Johannes und den Apostelfürsten. Dieser Mittelteil erinnert besonders an gotische

Schreine. Im ›Gesprenge‹ darüber sieht man kleinfigurig die Himmelfahrt und Krönung Marias. Ringsum stehen andere Heilige: Bernhard und Benedikt, Katharina und Laurentius und manch weitere. Am obersten Ast hängt der Gekreuzigte, die ›höchste‹ Frucht des Menschengeschlechtes, der Gottmensch. Und noch etwas: Wir Betrachter sind auch einbezogen. Wir stehen mit Adam und Eva auf einer Ebene, was nicht nur körperlich gemeint ist!

Steinle war kein Michael Pacher oder Veit Stoß, er war auch kein Thamasch, aber immerhin ein ausgezeichneter Bildhauer und Handwerker. Seine Figuren haben schon immer den Weg zum Herzen des gläubigen Volkes gefunden, in ihrer ruhigen, denkmalhaften Art, die den Betrachter eher erhebt und beruhigt als aufrüttelt.

Geht man um den Altar herum, so steht man vor den drei erhaltenen romanischen Apsiden von 1280, aus deren mittlerer ein altes Biforenfenster wie eine Erinnerung an die Gründungszeit herausleuchtet.

Die Kirche birgt noch viele Kostbarkeiten besonders an Intarsienarbeiten an den Chor- und Beichtstühlen, die zum Teil mit Zink eingelegt sind und als Werke des Klosterbruders Georg Zoller gelten, der ältere Teile mitverwendet hat. Man beachte auch die vielen Putten an den Seitenaltären. Engelkinder und Seitenaltarfiguren haben verschiedene Väter. Thamaschs Schüler Andreas Kölle, der auch die Kanzel schuf, Johann Reindl und Augustin Strigl sind hier zu nennen. Und mit Thamasch an der Qualitätsspitze haben wir hier die wichtigsten Barockbildhauer des Oberlandes beisammen. Es fehlt nur Johann Schnegg aus Imsterberg, den wir bereits in Götzens studiert haben.

Hinzuweisen ist noch auf die spielbereite Chororgel von 1757 und ihre Schwester auf der Musikempore, deren hölzerne Pfeifen Johannes Feurstein aus Kaufbeuren 1773 aufgestellt hat.

Es gäbe noch manches zu sehen im *Kloster*, aber nichts reicht auch nur annähernd an das Erlebnis in der Kirche heran. Vielleicht die eine oder andere der alten Tafeln in der Kunstsammlung. Erwähnt seien auch noch die Fürstenzimmer, die sich Max III., der Deutschmeister, hier einrichten ließ. Ohne Führung zugänglich ist das Treppenhaus, das zum Festsaal führt.

Bachnetzer, der Meister des Rosengitters, schuf hier 1727 ein herrliches, eigenwilliges Treppengeländer mit schmiedeeisernen Toren. Vor allem in der Bewältigung der einzelnen Ornamentstäbe, die man ganz bewußt ansehen sollte, dokumentiert sich seine unvorstellbare technische Meisterschaft.

Den Bernardisaal freskierten 1721 bis 1722 Franz Michael Huber und Anton Zoller, der im Bild des Brotwunders rechts vom Kamin signiert hat. Erbaut hat den Saal wie den ganzen Abteitrakt Georg Anton Gumpp 1719 bis 1724. Als Besonderheit entstand eine offene Musikgalerie mit einem von goldenen Hermen getragenen ›Himmel‹, der die Weihnachtsvision des heiligen Bernhard zeigt. Auch die Innenwände des Saales sind durchgehend mit Ereignissen aus der Vita Bernardi geschmückt. Allerdings: Wenn man von den Jubelfarben des Kirchenraumes kommt, wirkt der Saal blaß und schwunglos. Wie mögen Huber und Zoller gestaunt haben, als zehn Jahre später Wolker in der Kirche ›moderne Kunst‹ demonstrierte!

Die *Pfarrkirche* steht an der Stelle der alten Wallfahrtskapelle zum heiligen Johannes dem Täufer im Eichenwald. Die Kirche wurde im frühen 14. Jahrhundert erbaut und Mitte des 18. Jahrhunderts barockisiert. Das Gnadenbild besteht heute aus einer Sandsteinfigur des Kirchenpatrons vom Anfang des 15. Jahrhunderts, die im hölzernen Zeigefinger – wer denkt nicht an den Isenheimer Altar! – eine Reliquie des Täufers trägt. Die Fresken des Gewölbes schuf Franz Anton Zeiller um 1755, der hier Szenen aus dem Leben des Kirchenpatrons schildert. Bemerkenswerter ist der üppige Stuck, der an einigen Stellen in ein plastisches Bein oder eine Hand übergeht und so das Fresko illusionistisch fortsetzt.

Zur Sommerfrische für die Mönche aber auch im Sinne der landwirtschaftlichen Versorgung diente seit Jahrhunderten die Stamser Alm (1858 m) am Fuße des Tajenegg (2267 m), die 1744 Abt Roger Sailer durch ein großes Barockhaus und eine Kirche Mariä Heimsuchung ausgestalten ließ.

Von Stams kann man auf einem sehr, sehr steilen Pfad nach Locherboden hinaufklimmen, wozu man zunächst auf einer schmalen Hängebrücke – nur für Fußgänger! – den Inn überqueren muß. Nicht jedermanns Sache, aber ein beliebtes Ziel tirolischer Schulausflüge.

Imst und das Gurgltal

Das Gebiet von Imst mit dem Gurgltal, Nassereith-Dormitz und dem Fernpaß gehört gewiß zu den eigenartigsten Landschaften Nordtirols. Mir scheint, hier blieb urtümliches Tirolertum erhalten, das einst alle Täler des Gebirgslandes erfüllt hat. Hier bestand ein Kulturkreis, dessen Besonderheiten noch jetzt durch den Mantel der Modernität durchschimmern und Eigentümlichkeiten erkennen lassen, die im übrigen Tirol längst für immer verschüttet worden sind. Nicht umsonst haben sich gerade hier im Schemen- und Schellerlaufen die eindrucksvollsten Frühlingsbräuche erhalten. Hier wimmelt es von dämonischen Gestalten an mythischen Orten, die selbst dem Menschen des 20. Jahrhunderts noch bis an die blasierte Seele greifen. Ihre Heimat befindet sich im seltsamen Gurgltal, durch das die Römer einst ihre große Straße über den Fernpaß nach Augsburg hinausführten. Der Weiler Strad trägt noch das ›Strata viarum‹, das heißt: ›Gepflasterte Straßen‹, in seinem Namen. Man ist versucht, auch den Namen Gurgl vom lateinischen Gorgo herzuleiten, von jenen drei schlangenhaarigen Töchtern des Phorkys, deren Anblick zur Versteinerung führte. Und diese Erklärung bietet sich um so mehr an, als auch in dieser Gegend die drei ›göttlichen‹ Jungfrauen Ambet, Borbet und Wilbet – anderwärts Einbet, Fürbet und Wilbet genannt – bedeutungsvolle Stellen im Sagengut des Volkes einnehmen.

Imst und sein Schemenlaufen

Am Südende des Gurgltales hat sich das alte Dorf ›Humiste‹, das ›quellenreiche‹, zum modernen *Imst* entwickelt, am Nordende wurde das vielleicht noch ältere Dormitz vom jüngeren Nassereith überflügelt. Die Stadt Imst ihrerseits ist aus zwei

Dörfern zusammengewachsen, deren Grundrisse zwei gleichseitigen Dreiecken glichen, die sich an einer Spitze berührten. Die heutige Unterstadt ist das eigentliche Imst, die weit ländlichere Oberstadt hieß früher Gafjoal, eine engadinische Bezeichnung für Taleinschnitt. Das Stadtrecht erhielt der Ort erst 1898, vorher war es ein Markt, ein Doppelmarkt, denn es wurden ein Ober- und ein Untermarkt abgehalten. Bereits 1282 hatte Graf Meinhard II. von Tirol seine Absicht urkundlich niedergelegt, aus »Uemst facere forum et subsequenter civitatem«, aus Imst einen Markt zu machen und nachfolgend eine Stadt. Aber die Stadterhebung scheiterte am dazu notwendigen Mauerbau, den die Imster nicht bewerkstelligten, so daß es 600 Jahre gedauert hat, bis des Grafen Absicht verwirklicht werden konnte.

Das Gebiet muß schon frühzeitig besiedelt worden sein, da man zwei Urnenfelder, Begräbnisstätten, unter der Stadt fand und die Benützung der Römerstraße bald nach dem ersten Jahrzehnt der neuen Zeitrechnung nachgewiesen ist. 763 erscheint der Ort selbst erstmals urkundlich, ein für Nordtirol außergewöhnlich frühes Datum. 1266 gab Konradin die ›villa Umst‹ seinem Stiefvater Meinhard II., wodurch es an Tirol kam, bei dem es fortan blieb. Später hielten die Starkenberger hier die Macht in Händen. Von ihren Burgen Altstarkenberg, Ehrnberg, Kronburg, Neustarkenberg, Petersberg, Klamm sind die drei letztgenannten, wenn auch verändert, noch gut erhalten. Ob ein Hartmann von Starkenberg um 1265 identisch ist mit dem Minnesänger gleichen Namens, der in der Manessischen Handschrift aufscheint, ist nicht sicher, aber immerhin möglich. Die Starkenberger gehörten zu den mächtigsten Tiroler Adelsgeschlechtern, auch sie im Adelskrieg Gegner des Landesfürsten Friedrich IV., gegen den sie eine ›Streitschrift‹ in Form einer fast zehn Meter langen Papierrolle verfaßten, die man im Innsbrucker Archiv bewundern kann. Es handelte sich aber um keinen Papierkrieg, denn Herzog Friedl mußte alle Starkenbergischen Burgen nacheinander berennen, Greifenstein in Südtirol sogar drei Jahre lang, bis er die Macht der Grafen gebrochen hatte. Eine Generation später, 1452, starben sie aus.

Nicht nur die Nord-Süd-Verbindung Augsburg–Imst–Reschen–Meran–Verona–Venedig war für die Stadt von Bedeutung, sondern auch die Inntalstraße von Veldidena-Wilten, also Innsbruck, die hier eintraf. Von Imst führten vielbewanderte Wege durch das Ötztal über das Timmelsjoch nach Meran, über die Pillerhöhe nach Prutz im Oberinntal und über den Hahntennen ins Lechtal. So lag der Ort im Zentrum eines Straßensterns. Hier amtierte neben dem Landrichter bis ins 18. Jahrhundert der Bergrichter für das gesamte Oberland. Wenn der Oberländer Bergbau auch bei weitem nicht die Ausmaße von Schwaz oder Kitzbühel annahm, so wurde doch in allen Tälern auf Silber und Blei geschürft, besonders in Nassereith, an den Hängen des Tschirgant, in den Gegenden von Landeck und Biberwier. Unmittelbar neben Imst bestanden 25 Gruben.

Die Lage an einem Verkehrsknotenpunkt spiegelt sich im Stadtbild von Imst wider, wenn auch etwas verschleiert, da ein verheerender Brand am 7. Mai 1822 von 220 Häusern ganze 14 übriggelassen hat. Damals sank das historische Imst dahin. Das Feuer verursachten zwei Frauen, die zum Waschen vorbereitete Holzasche nicht vollständig ausgeglüht verwahrt hatten. Zur Ausbreitung des Feuers trug bei, daß hier besonders im Frühjahr vormittags ein Südwind weht, abends aber der ›Fernwind‹, der Nordwind vom Fernpaß, herunterbläst. Da sich das Unglückshaus ziemlich genau in der Mitte der Ortschaft befand, raste das Feuer den Tag über nach Norden und kehrte sich abends gen Süden, wo noch am nächsten Morgen als letztes das Kapuzinerkloster samt Kirche eingeäschert wurde. Innerhalb von achtzehn Stunden war aus der reichsten Oberinntaler Gemeinde die ärmste geworden. Danach entstand das heutige Imst, ein behäbig wirkender Ort ohne besondere historische Reminiszenzen. Seine vielen breiten Gasthäuser und Ansitze, die einst alle durch den Fuhrbetrieb blühten – galt es doch hier den gesamten Um- und Vorspanndienst für den Fernpaß zu bewältigen, wozu wahre Herden von Pferden und Saumtieren gehalten wurden –, bestehen noch. Sie stehen alle der Straße entlang, woraus sich ein über zwei Kilometer langer Ort entwickelt hat, der nur wenige hundert Meter breit ist und an seinem dünnsten Verbindungsteil, der Krämergasse, eingezwängt zwischen Fels und Bach, nur eine einzige Straße führt. Während das städtische Zentrum um den Stadtplatz im Süden liegt, ragt die Pfarrkirche weit sichtbar aus der Oberstadt auf.

Beginnen wir unseren Gang durch Imst bei der neuen *Pfarrkirche Maria Himmelfahrt*, zu der 1462 der reiche Gewerke Jakob Tänzl den Grundstein gelegt hat. Es wurde eine spätgotische Kirche, das Hauptwerk der hier ansässigen Bauhütte, der damals Heinrich Parlier vorstand. Er errichtete bis 1475 den Chor. Das Langhaus vollendete 1493 Jörg Aschenmann, der Sohn Heinrichs; auch der Turm ist ein Werk Meister Jörgs. Das Innere erfuhr nach einer Barockisierung im 18. Jahrhundert den Nazarenerpurismus im 19. Jahrhundert und 1909 wieder eine Regotisierung. Die Imster Meister standen ganz unter dem Einfluß Hans Sewers aus Hall, führten wie dieser Dreiecklisenen am Chor hoch, kürzere am Langhaus, versahen den Dachansatz mit einem breiten gemalten Dreipaßsims, wie ihn die Landshuter und Wasserburger Baumeister verwendeten, und erstellten eine gewaltige Westfassade mit dreizehn spitzbogigen Flachnischen, auch sie nach dem Vorbild in Hall ausgeführt. An äußerem Dekor bietet die Kirche sonst wenig: einen hohen Sockel, ein Kaffgesimse, zwei sorgfältig behauene Portale, allerdings ohne Figurenschmuck. Erst später kamen noch Außenmalereien dazu, besonders an der Südfront gegen die Straße: ein weithin sichtbarer Christophorus (1495), ein ›Heiliger Daniel in der Grube‹, mit Szenen seiner Bergwerkstätigkeit – datiert 1487, wonach in jenem Jahr die Langhauswände also schon gestanden haben müssen –, ein Stifterbild mit Beweinung Christi (1500), eine Gregormesse (1490), Ecce homo (1525) und ein Weltgericht (1490). Zweifellos, man erfährt es ja schon aus der Grundsteinlegung durch einen Gewerken, hat der wirtschaftliche Aufschwung durch den Bergwerksbetrieb den Bau eines so imposanten Gebäudes ermöglicht. Die Kirche hat den Imstern noch in modernen Zeiten viel bedeutet, denn als ihr Markt 1898 zur Stadt erhoben wurde, da ließen sie durch den Zimmermann Josef Falbesoner aus Tarrenz auch den Kirchturm um zwölf Meter erhöhen. Mit 96 Metern gilt er nun als höchster Tirols.

Ebenso wie die Kirche stellt die *Friedhofskapelle* ein Doppelwerk der Meister Heinrich und Jörg, Vater und Sohn, dar. Den Grufttteil der zweistöckigen Kapelle hat der Vater, den oberen der Sohn gebaut. Patron ist der Heilige Michael, den man an der Ostseite als Fresko (1490) und im Innern an einem qualitätvollen Altar sehen kann. Leider ist ihm der Drache gestohlen worden, und so kämpft er nun gegen ein Nichts.

Von der Oberstadt wandern wir auf der Hauptstraße nach Süden. Somit folgen wir dem Weg, den die Roller und Scheller des Schemenlaufes nehmen, der in der Oberstadt beim ›Hirsch‹ beginnt. Unweit davon steht der ›Grüne Baum‹ mit ausgedehnten Nebengebäuden, die als Stallungen und Remisen gedient haben. Es folgt das Gasthaus ›Zum Stern‹, von dem erzählt wird, daß einmal ein Bär unvermittelt in die Küche drang, dort aber von einer resoluten Oberländer Köchin sofort in die Flucht geschlagen wurde. Das große *Pfarrhaus* von 1735, halbwegs zwischen Pfarr- und Johanneskirche, ist eines der wenigen Gebäude, die der Stadtbrand von 1822 verschont hat. Wenig weiter südwärts endet die Oberstadt, der Gasthof ›Sonne‹ gehört schon zur Unterstadt. Die ›Sonne‹, bis 1744 ein Ansitz der Augsburger Dinzl, war ob ihres in üppiger Vegetation prangenden Gartens weitberühmt. Adolf Pichler bezeichnete ihn als »ein Stück Südfrankreich in Tirol«.

Zahlreiche besonders große und schöne Brunnen stehen im quellenreichen ›Humiste‹, heute im wesentlichen als Denkmäler einer Zeit, in der das Auftanken der Pferdestärken an ihnen kostenlos war!

Die *Johanneskirche* gegenüber der ›Sonne‹ wurde 1884 neuromanisch verändert, behielt aber alte Teile an Turm und Chor. Sie war die älteste Pfarrkirche des Ortes und ist 1270 durch einen Bergrutsch zerstört worden.

Dahinter gehts einen barocken Kreuzweg hinauf aufs ›Bargl‹, den Kalvarienberg. Den Imstern bedeutet dieses Berglein ein Wesentliches für ihr Heimatgefühl. Hier steht die *Lorenzkirche*. Wie schon der Patron andeutet, war sie das früheste Kirchlein der ganzen Gegend. Erhalten hat sich vom Urbau ein quadratischer flach gedeckter Raum mit einer seitwärts liegenden Apside. Diese befand sich ursprünglich zentral an der Stirnwand eines viel kleineren Hauses über rechteckigem Grundriß, dessen Fundamente man 1960 ergraben hat. Damals kam auch eine Platte mit Christusmonogramm zum Vorschein, die für eine erste Kirche bereits um 420 spricht. Man findet deren Grundriß im Fußboden angedeutet. Die Erweiterung des Baues stammt aus der ersten Hälfte des 14. Jahrhunderts. Nur wenig danach, etwa um 1370, entstand das Fresko, das in der Apside jetzt wieder sichtbar ist. Es stellt eine Marienkrönung vor reicher Architektur dar und verrät oberitalienische Einflüsse. Seit diesen frühen Jahrhunderten also wurzelt das Kirchlein auf dem Bargl in der Seele der Einheimischen, und was wundert es uns, wenn wir hören, daß die Seele jedes Imsters nach seinem Tode übers Bargl den Weg ins Jenseits wandern muß.

Dahinter gehts dem Schinderbach entlang in die Rosengartlschlucht, eigentlich eine enge, kühle Klamm, die erst durch Steigleitern, Brücken und künstliche Wege gangbar gemacht worden ist. Es gab hier schon früh Felsenwohnungen, die sich die Aushöhlungen, die der Bach in den Felsen gegraben hat, zunutze machten. Man kann, wenn man aus der Schlucht heraussteigt, auf einer Hochterrasse des Gebirges bis zum Weiler *Gunglgrün* mit dem 1734 erbauten Wallfahrtskirchlein Maria Schnee wandern.

Kehren wir zurück in die zwischen Berg und Bach eingezwängte Krämergasse, die sanduhrartige Verbindungsenge der Doppelstadt. Hier steht der *Schutzengelbrunnen* aus dem 18. Jahrhundert mit einer Figurengruppe von Josef Anton Renn aus dem namhaften Imster Künstlergeschlecht, das vom 17. bis ins 19. Jahrhundert zahlreiche Meister hervorgebracht hat. Nur wenig die Straße weiter steht schon der nächste Brunnen, der Platz heißt ›Am Lein‹, und der Verkehr hat den Brunnen zum Gasthaus ›Krone‹ zurückgedrängt. Der ›Krug‹ steht dort, wo sich alte und neue Fernpaßstraße treffen und der Alpweg von Westen heruntersteigt. Der Zug der alten Fernpaßstraße heißt jetzt *Florianigasse*. Seine Zierde sind der alte Gasthof ›Traube‹ und ein Floriansbrunnen. Erst nach 1822 besannen sich die Imster des Feuerschutzpatrons und widmeten ihm eine Straße und einen Brunnen. An einem weiteren großen Brunnen vorbei kommt man auf den *Stadtplatz*, der selbst für unsere Verkehrsvorstellungen noch geräumig wirkt. Hier spielten sich einmal der Hauptverkehr und der Warenumschlag ab. Hier war auch im ehemaligen Schlößchen Rofenstein (1685) das Hauptamt der Stadt untergebracht; hier stehen noch der alte Salzstadel und das Ballenhaus, in dem sich jetzt das *Rathaus* und das Heimatmuseum befinden. Noch weiter westlich steht das große Hotel ›Post‹ auf dem Postplatz. Früher hieß es ›Zum goldenen Adler‹

und 1709 nach der Nobilitierung seines Besitzers, eines glühenden patriotischen Freiheitskämpen, Ansitz Sprengenstein. Das Postamt ist freilich längst aus dem Hotel in einen Neubau umgezogen.

Wie schon gesagt: Unser Spaziergang folgte genau dem Weg des berühmten Schemenlaufes, und dieser Weg ist in mehrfacher Hinsicht typisch. Einmal beginnt hinter der Oberstadt das schier ›noch heute‹ von wilden Geistern erfüllte Gurgltal, und die Schemengestalten könnten sehr wohl von dort in die Stadt eindringen. Zum anderen führt die Straße spürbar abwärts, was für die Träger der bis zu zwanzig Kilogramm schweren ›Scheine‹ und ›Schellen‹ auch nicht ohne Bedeutung ist. Schließlich ist die Richtung von Norden nach Süden, und die Geister wohnen seit eh und je im nebligen Norden und nicht im hellen Süden, wo sie sich in der Sonne auflösen.

Etwa alle vier Jahre am vorletzten Faschingssonntag gehen die Imster ›in d'schalle‹. Das heißt, der Beschluß muß schon viel früher gefaßt werden, da der Zug ja vieler Vorbereitungen bedarf. Er beginnt nach dem Mittagläuten in der Oberstadt beim Gasthof ›Hirsch‹ und endet um sechs Uhr abends mit dem Betläuten. Die Geister sind also wie schon immer in christlichen Landen zwischen die Stimmen der Kirchenglocken eingespannt. Die einzelnen Masken bewegen sich in genau vorgeschriebenen Sprüngen und Schritten voran, das ›Laufen‹ ist eigentlich ein unendlicher Tanz. Die Hauptgestalten sind der ›Roller‹ und der ›Scheller‹. Der Roller ist eine jugendliche Maske ohne Bart mit breitem Gürtel, an dem etwa vierzig Glöckchen hängen. Er trägt einen monstranzenartigen kunstvollen Kopfputz, den sogenannten ›Schein‹, in dem ein Spiegel mit Gold- und Silberfäden, mit Federwerk und Weidenholz umrahmt ist. In der Hand trägt der Roller den Pemsel (Pinsel), einen Wedel aus Weidenholz, der an der Spitze in langen Fransen geschnitten ist. Der Scheller ist eine betont männliche Figur mit furchterregendem dunklen Schnurrbart an der Maske. Er trägt an seinem breiten Leibgurt vorn und hinten drei oder vier große, oft schmiedeeiserne Kuhglocken, die bis zu dreißig Kilogramm wiegen. Sein ›Schein‹ ist reicher, schwerer und mit den seltenen Eibenzweigen gefaßt. Seine Tanzschritte und Sprünge erzeugen das Hauptgeläute des Zuges. Die Lagerroller und Lagerscheller sind ähnlich aufgeputzt wie die echten Scheller und Roller, tragen aber durchweg Holzglocken. Die Kübele-Majen stellen weibliche Sennerinnen dar, die aus ihren Kübeln Wasser in die Zuschauer spritzen ähnlich wie die Engel- und Mohrenspritzer, Figuren, die im Rokoko dazukamen. Schon tief ins Volk der häßlichen Hexen reichen dann die Lackner und Lacknerinnen hinein mit ihren wilden Altweibermasken und Säcken voll Maisblättern, mit denen sie dem Zug den Weg freischlagen. Auch historische Figuren treten auf: der Altfrank mit dem Dreispitz, die berühmten Imster Vogelhändler, der Bär mit seinem Treiber und andere mehr. Das alles bewegt sich gravitätisch die lange Straße hinunter mit ohrenbetäubendem Schellenlärm, wobei die Tanzbewegungen der Scheller mit den schweren Kuhglocken ein Vor und Zurück vollführen, das sie in Zwitterwesen zwischen Mensch und Tier im Fruchtbarkeitsritual des Frühlings verwandelt. Bald scheinen sie mehr der einen, bald mehr der anderen Welt anzugehören, so wie man es von den Dämonen seit alters weiß. Alle Masken werden von Männern getragen, und als in früheren Zeiten alles noch viel ländlicher gewesen ist, die Kostüme nicht so tadellos sauber wie heute, die Fremden noch keineswegs in der Überzahl oder gar willkommen, wo dem allen noch ein Hauch unberechenbarer Wildheit anhaftete, muß die Wirkung auf die ›Gläubigen‹ erschütternd gewesen sein. Kein Wunder, daß die Kirche gegen diese ›Unsitten‹ Sturm lief, und ebenso kein Wunder, daß dies ganz und gar vergeblich geblieben ist.

Ehe wir Imst verlassen, müssen wir noch der berühmten Vogelhändler gedenken, über die A. Rohrer 1796 in seinem Buche ›Uiber die Tiroler‹ berichtet:

Obschon nun zwar ein sehr namhafter Theil aus dem Imsterkreise zu Handarbeiten in das Ausland reiset, so eilt doch auch keine geringere Anzahl mit neu ersonnenen Mercantilartikeln in fremde Länder. Hierher gehören die wegen ihres weitläufigen Handels berühmten tirolischen Kanarienhändler, die selbst in der oberen Stadt von London, auf dem schönen Platze Moorfields eine eigene Vögelbude haben, welche, weil sie zwischen den zwey Narrenhäusern dem St. Luke's Hospital und Goldbedlam steht, einen sonderbaren Eindruck auf das Gemüth der Zuschauer macht. Gegenwärtig mögen ihrer etwa in Imst, und dem eine halbe Stunde davon entfernten Dorfe Tarenz zweiundzwanzig an der Zahl seyn. Die eine Hälfte dieser Gesellschaft streckt gewöhnlich auf Gefahr eine gewisse Summe zum Einkaufen der Vögel vor; die andere Hälfte aber wandert mit eigends von ihr besoldeten Knechten, welche die Vogelkrippen zu tragen haben, vom Hause weg. Ihre Reise geht vorerst nach Günzburg, Eslingen, Geislingen und Mühldorf zu Gärtnern und andern Personen, welche sich mit großen Vogelhecken versehen, um die Kanarienbruten, den alljährlich sicher kommenden Tirolern verkaufen zu können. Unglaublich ist es, welche Achtsamkeit dieser Transport von Vögeln fordert. Diese Vogelhändler miethen daher auf ihren großen Landreisen in den Gasthöfen eigene Zimmer, in denen sie mehrere Tausend Kanarienvögel loslassen, indessen sie die Säuberung der Krippen und Träge von Ungeziefer und Mieten besorgen. Eben so aufmerksam müssen sie auf ihren Seereisen für reines Wasser und passendes Futter seyn ... es zahlte manche englische Dame diese lieben kleinen Sänger, mancher adelige Russe eben dieselben sammt dem von den Tirolern in Holland gekauften Papageyen, mancher vornehme Muselmann endlich gleichfalls wieder die bunten Kanarienvögel und die aus Tirol mitgebrachten Kernbeißer und Kreuzschnäbel so gut, als es sich die Tirolischen Vogelhändler selbst kaum träumen ließen ... so behauptet der Vicepräsident der k.Soc. der Wissenschaft Hr. Barrington in seinen Experimenten on the singing of Birds, von zwey Kanarienvögeln, die er unmittelbar aus den Kanarischen Inseln erhalten, habe keiner gesungen, die englischen Kanarien sängen wie Heidelerchen, die Tirolischen aber wie Nachtigallen. Vorzüglich soll den letzteren jener seelenerhebende Zug Philomelens, welchen die Engländer jug nennen, meisterlich glücken ... most of those Canary birds which are imported from the Tyrol, have been educated by parents, the progenitor of which was instructed by a nightingal. Allein sie ist falsch, denn die meisten Kanarien werden weder aus Tirol selbst, noch viel weniger aus Innsbruck gebracht. Doch hierinn ward Barrington recht berichtet, wenn er sagt, daß ihr größter Absatz in Konstantinopel geschehe ...

Unweit von Imst gründete Herbert Gmeiner nach dem Kriege das erste SOS-Kinderdorf der Welt. Heute gibt es deren 140 in vier Kontinenten. In den Kinderdörfern bewohnt jede ›Familie‹ ein eigenes Haus. Diese Familien bestehen aus einer anhanglosen Mutter, der durchschnittlich sechs verschieden alte Kinder zugeteilt werden, für die sie selbständig zu sorgen hat. Die Familie ist in sich geschlossen, Vater aller Familien ist der Leiter jedes Kinderdorfes. Damit hat die Mutter nur eine Aufgabe zu erfüllen: sich um ihre Kinder zu kümmern. Das Leben dieser Mütter ist das Leben aller kinderreichen Mütter, deshalb sollen sie anhanglos sein, um möglichst wenig Einflüssen außerhalb ihrer Familie ausgesetzt zu sein. Ich habe mehrere dieser Familien besucht und sie in nichts von anderen Familien unterschieden gefunden. Arbeit, Sorge, Liebe, gegenseitiges Vertrauen, Enttäuschungen, Freuden wechseln ab, wie überall. Sind die Kinder der Familie entwachsen, geht es weiter wie überall, die Bande der Kindheit bleiben, sie werden länger, selten reißen sie ganz, neue Kinder treten in den Familienkreis. Mütter, wie sie die ganze Welt braucht. Wenn je ein Österreicher den Friedensnobelpreis verdiente, dann Herbert Gmeiner!

Schließlich sei noch auf die ›Sächsische Königskapelle‹ von *Brennbichl* verwiesen. Man findet sie im Gemeindegebiet von Karrösten und bräuchte sie, eine typische Schöpfung der Neugotik von 1855, nicht zu besuchen, wenn sich mit ihr nicht besondere Reminiszenzen verbänden. Sie erinnert an König Friedrich August II. von Sachsen (1797-1854), der ein begeisterter Liebhaber Tirols war, das Land zehnmal eingehend und mit geradezu wissenschaftlichem Eifer bereist und manche Täler erst so richtig entdeckt und bekannt gemacht hat.

»Nun noch das Pitztal«, bemerkte er am 8. April 1854 zu seiner Begleitung, »und es gibt in Tirol kein Tal von Bedeutung mehr, das ich nicht kenne!« Am folgenden Tag, kurz vor zehn Uhr, kippte seine Kutsche an einer Straßenbiegung zwischen Brennbichl und der Innbrücke um, der König wurde aus dem Wagen geschleudert und fiel so unglücklich, daß ihn der Huf eines ausschlagenden Pferdes am Kopf traf. Im nahen Gasthof Neuner, wo er zuvor genächtigt hatte, starb dann der König kurz darauf, ohne das Bewußtsein wiedererlangt zu haben. Das Sterbezimmer wird heute noch gezeigt.

Zum Gedenken ließ Königinwitwe Marie, eine Tochter des bayrischen Königs Max Joseph, an der Unglücksstelle von dem Innsbrucker Ingenieur Josef Rokita die Königskapelle erbauen. Anläßlich der Restaurierung 1958 bis 1966 wurde auch eine Begräbnisstätte der Albertinischen Linie des Hauses Wettin errichtet, in der bisher Markgraf Friedrich Christian (1893-1968) und seine Gemahlin Elisabeth Helene (1903-1976) beigesetzt worden sind. Damit ist für die im Westen lebenden geschichtsbewußten Sachsen diese Kapelle einmal mehr zu einer Art Wallfahrtsort geworden.

Die Gurgl

Wir nehmen Abschied von Imst und betreten das Gurgltal, kurz ›die Gurgl‹ geheißen, jenes merkwürdige, ehemals vollkommen versumpfte zehn Kilometer lange Tal, schon den Römern ein Ort des Schauders, wie die Bezeichnung ›Gorges‹ vermuten lassen könnte. Beim Dorf Tarrenz (838 m) – der Name kommt von den ›Torrentes‹, den Wildbächen, zwei Kilometer nördlich der Imster Oberstadt – legten die Römer eine Pfahlbrücke quer über den Sumpf, eine ›Pons sublicius‹, deren Bezeichnung noch aus dem Namen ›Bliezbrücke‹ herausklingt. Erzherzog Sigmund ließ am äußersten westlichen Ende der Gurgl diese durch einen Damm zu einem künstlichen See aufstauen, dem Spiegelfreudensee, der heute ausgetrocknet ist; aber der Damm existiert noch und nötigt zur Bewunderung historischer Bauleistungen.

Die Gurgl hat ihre landschaftliche Ausnahmestellung bis heute behalten. Noch immer ist sie praktisch nicht dichter besiedelt als vor tausend Jahren, es ist, als schütze sie eine unheimliche Macht vor den endgültigen Zugriffen der Menschen, als bestehe hier ein Reservat für uralte Dämonen. Welches Panorama aus allen Schichten und Winkeln der menschlichen Seele tritt uns aus den Sagen dieses merkwürdigen Tales entgegen! Da schritt ein ungeheuer wilder Jäger einher und jagte die Wilderer aus dem Grund; da hauste in einem der zahllosen kleinen Hügel, im Rappegufl, die Tschirgatraffle, die noch jetzt manchmal unfolgsame Kinder holt. Da lebte die Hitte Hattle als Magd am Spiegelfreudensee, und der große Jordan, ein Riese, trieb an den Ufern sein Wesen. Ein anderer Unhold, eine Fangge, fing sich kleine Buben und schnupfte sie mit der Nase wie Tabak.

Nicht alle Geister hausten freiwillig in der Gurgl. Die Kapuzinerpatres, auch hier wie im geisterreichen Gnadenwald bei Hall nach Erfahrung des Volkes die machtvollsten Geisterbanner – wohl weil sie ebenso arm waren, ›echt‹ arm, wie Christus und das Volk von damals –, diese Patres also bannten lästige Geister mit Vorliebe in die Gurgl. Doch, doch, es ist bestimmt wahr! Ging da nicht einmal ein armer Weber mit seiner Ware in aller Frühe von Nassereith nach Imst. Begegnen ihm zwei Kapuziner, die mittels ihrer geweihten Meßstola einen schwarzen

Hund, groß wie ein Kalb, zwischen sich führten. Die Pater – das Volk benützt die lateinische Mehrzahlform nicht! – bedeuteten dem Weber, fein still zu schweigen und einen Bogen um sie zu machen, und da sah er, daß der Hund tellergroße, feurige Augen hatte. Die Pater hatten den argen Geist gefangen und bannten ihn nun in die Geisterkluppe. Dies ist ein lotrechter Felsenspalt am Andelsberg, aus dem ein Bach herausrinnt. Die Kluppe hat an ihrem Ende gegen das Tal die Form eines alten offenen Herdes, weshalb sie auch ›Kuche‹ genannt wird. Seit Jahrhunderten wurden Geister aus der Imster Gegend in die Kluppe gebannt. Sie rächten sich dadurch, daß sie Fuhrwerke an Ort und Stelle festnagelten. Die Kutscher wußten bald Bescheid und stiegen rechtzeitig ab, um ihre Pferde unter frommen Gebeten an der Kluppe vorbeizuführen.

Nicht weit von der Kuche gibts das ›grundlose Seele‹ (sprich: See-e-le), bereits 1524 urkundlich erwähnt. Es ist ein Wasserloch unendlicher Tiefe. Als einer es ausloten wollte, rief es aus dem Wasser herauf: »Willst mich ergründen, werd ich verschwinden!« Es war wohl das See-Eck-Weib, das da heraufrief und gerade auf Kinder lauerte, die abends nicht brav schlafen gehen wollten. Die Szenerie des unergründlichen Wassers, des Schlafes, der Kinder legt die Vermutung nahe, daß hier etwas von C.G. Jungs Unbewußtem sichtbar wird, nicht so sehr das ›grundlose Seele‹ als die ›unergründliche Seele‹.

Und wie viele Stellen gibts hier, auf denen Bannkreuze stehen zur Sühne vor Geistern. Allein am Weg zum Sießenkopf stehen ihrer sechs, darunter das berühmte Kappakreuz und das ›nuie Kappele‹. Aber auch in den Gegenden hinter Nassereith findet man sie. Dort gruben verlassene Bräute in der Stunde des Zwielichtes ein Erdloch, vor das sie sich hinknieten, um den Namen ihres ›treulosen Knaben‹ zwischen lauten Flüchen in dieses symbolische Grab hinunterzurufen. Das bekam dem Frevler schlecht: Entweder zog es ihn mit magischer Kraft zurück, oder er verkam in der Fremde.

Unweit davon liegt der Russenanger, wo drei russische Soldaten oder eine russische Fürstin begraben liegen sollen. Im Gafleintal haust der ›Arge Gafleiner‹, ein gesichtsloser Geist, der, obwohl ihm der Kopf mangelt, gerne vor sich hinpfeift! Und der Weinanger ist nicht etwa ein alter Weinberg, sondern eine Wiese, die von ihrer Besitzerin gegen Wein versoffen wurde. Und im kleinen Nassereither See warten noch immer die ungeborenen Kinder, bis sie die Hebamme auf die Welt holt. Wie aber, wenn der Russenanger eigentlich ein Rosenanger und der Weinanger eigentlich ein Weiheanger, ein Kultfeld, gewesen sind? Vieles spricht dafür!

Kaum gemütlicher gehts im Tegestal zu, das zum Schweinsteinjoch führt. Diese Schweinsteine liegen auf der Paßhöhe und sind wohl als Kultstätten zu verstehen. Dämonen gabs auch hier genug, die rein aus Übermut die Käsekessel durchs Hüttendach hinaufrissen und durch unmäßiges Randalieren besonders unzeitgemäße Hüttengäste erschreckten. Hier hauste auf dem hohen Sattel noch vor drei Generationen eine berühmte Krönlnatter. Sie ging vertraulich mit den Holzknechten um, und diese gaben ihr Milch zu trinken.

Dormitz, Nassereith und Tarrenz

Etwa jedes dritte Jahr an einem Sonntag im Fasching quillt das Geistervolk aus seinen Bannorten hervor und tanzt – ähnlich wie in Imst – im ›Schellerlaufen‹ durch *Nassereith.* Mit dem Mittagsläuten beginnt es vor dem Hotel Post, wo plötzlich alle Masken zusammenströmen. Jede kennt ihre Aufgabe, die sich zum Teil in ihren traditionsgebundenen Bewegungen, Schritten, Sprüngen, Tänzen ausdrückt. Hauptfiguren sind der Bär, sein Treiber und der Pfeifer. Auf den verschiedenen Dorfplätzen bilden die Masken einen Kreis, in dessen Mitte der Bär seine Kunststücke zeigen muß, bis er sich dann urplötzlich gegen den Treiber wendet und ihn zu Boden reißt. Dann geht der Zug weiter.

Im Schellerlaufen obsiegt also noch das Urtümliche, Wilde, Tierische ganz eindeutig. Roller und Scheller gibt es auch hier, aber ohne ›Schein‹. An dessen Stelle tragen die Masken kronenartige hohe Hüte, die mit Federn aufgeputzt sind. Hexen, Kehrer mit Besen, Schnöller mit Peitschen, Engel mit Spritzen, Karner und Festwagen mit szenischen Darstellungen aus der Lokalgeschichte des vergangenen Jahres vervollständigen den Zug. Vom Deckengemälde der Dormitzer Kirche (1746) ist ein Mohrenkostüm in das Maskenvolk gedrungen, für das der hochbegabte einheimische Bildhauer Franz Josef Kranewitter weit über hundert Masken geschnitzt hat.

Dormitz – aus Tormuncz entstanden – ist die älteste Siedlung in weitem Umkreis. Hier hatten die Römer wohl eine Paßstation, nicht zum Schlafen, wie manche dem Namen – als ›Dormitorium‹ mißverstanden – entnehmen wollen. Aber Dormitz liegt an der alten Kreuzung der Straßenzüge nach Bayern hinaus. Die Schwierigkeiten mit der Wasserversorgung und wohl auch die unwirtlichere Lage ließen den Ort schon im 13. Jahrhundert gegenüber Imst ins Hintertreffen geraten. Von der gotischen Kirche steht noch der dickwandige Turm, und einiges steckt noch in den Langhauswänden. Alles andere ist 1746 barockisiert worden, nicht ohne Geschmack, wozu die Fresken des Imsters Josef Jais wesentlich beitragen. Eine Madonnenfigur mit Kind aus dem 15. Jahrhundert steht im Hochaltar und gilt als wunderkräftig. Immer wieder haben eigenartige Vorkommnisse um die Dormitzer Kirche die Einheimischen erregt. So sahen sie wiederholt alles in Flammen stehen, liefen herzu, um zu löschen, und fanden zu ihrer Überraschung alles friedlich und unbeschädigt vor. Ähnliches wird von keinem anderen Gotteshaus in Tirol berichtet.

Obwohl *Nassereith* heute der größere Ort geworden ist und in den Geschlechtern der Falbesoner und Kranewitter namhafte Künstler hervorgebracht hat, ist keine bedeutende Kirche überkommen. Der heutige dreischiffige neuromanische Bau ist 1846/47 von Grund auf neu errichtet worden. Als einziges Relikt weist er einen reich mit Wappen geschmückten Taufstein von 1507 auf, den sicherlich Meister Jakob von Tarrenz gearbeitet hat. Die Wappen zeigen den österreichischen Bindenschild, das Wappen von Imst, vom Gewerken Simon Tänzl und seiner Gattin Genoveva von Laubenberg, seiner Mutter Christina Melauner, des Ritters Oswald von Schrofenstein, seiner Gemahlin Praxedis von Wolkenstein und jenes der Freiberg.

Wie der Volksglaube den Tschirgant, den Gebirgsstock östlich des Gurgltales, voller Geister wußte, so auch auf der westlichen Seite im Bereich des Sießen. Dieser stellt einen flachen Höhenrücken dar, etwa 1600 Meter hoch, und wird am häufigsten von Imst aus über die Dörfer *Tarrenz* und Obtarrenz bestiegen.

Tarrenz ischt a schiane stadt,
da rinnt der Bach durch d'Mitte;
Häuser sein sinscht koane da
als lauter Nagelschmitte.

Diese Tarrenzer Nagelschmiede belieferten noch im 19. Jahrhundert das ganze Oberland und weite Teile Schwabens mit Nägeln. Die mächtigen Starkenberger hatten hier ihre Burgen, und der letzte Meister der Imster Bauhütte, Jakob, kam von Tarrenz. Den Neubau der Pfarrkirche Sankt Ulrich schuf aber bis 1503 noch Meister Jörg, Jakobs Vorgänger. Schon 1423 hatte man nach der Zerstörung Altstarkenburgs die Kreuzesreliquie, die seit 1175 in der Burgkapelle aufbewahrt worden war, in die Tarrenzer Kirche übertragen. Auch den Zoologen ist das Dorf wichtig, denn hier ist der einzige Platz Nordtirols, an dem man gelegentlich Skorpione fangen kann. Der Name wird, wie schon gesagt, vom lateinischen Wort für Wildbäche – torrentes – abgeleitet, und erst in unseren Tagen ist es gelungen, das wilde Wasser in der Salvesenschlucht durch Verbauungen endgültig zu zähmen. Hier fand man 1938 auch eine Siedlung aus der Latènezeit.

Auf dem Gipfel des Sießen gibts den schwarzen Sießensee, dem eine unterirdische Verbindung mit dem ›grundlosen Seele‹ in der Gurgl zugeschrieben wird. Schweine, die oben ins Wasser sprangen, kamen unten wieder heraus, allerdings vor sehr, sehr langer Zeit! Woher der See sein Wasser bezieht, ist unbekannt. Hier heißt es Kohlstattboden, wohl weil hier früher Holzkohlenmeiler für das Brennmaterial der Tarrenzer Nagelschmiede sorgten.

Beim Sinnesbrunnen auf dem Sießen steht eine Kapelle (1777) mit einer gnadenreichen Marienstatue, die früher in einem hohlen Baum aufgestellt war. Man hat einmal versucht, so erzählt die Legende, das Gnadenbild aus der rauhen Höhe ins Tal hinab zu versetzen, aber schon am nächsten Tag befand es sich wunderbarerweise wieder oben am Berg. Beim dritten Versuch schneite es in der Nacht, und da sah man in der Frühe die Spuren von den bloßen Füßen Marias im Schnee, daneben die kleinen Tritte des Jesuskindes. Trotz des Unwetters waren sie wieder auf den Berg zurückgekehrt, wo sie bleiben wollten;

und da ließ man sie denn auch. 1820 wurde die Kapelle erneuert.

Man nimmt an, daß die Madonna im Baum ursprünglich ein Knappenheiligtum gewesen ist, denn auch entlang der Gurgl und im Gebiet um Nassereith und Dormitz wurde fleißig nach Silber und Blei ›geknappet‹, man kann viele der alten Stollen noch aufsuchen. Am Sparchet etwa ›die sieben Knappen‹, ›Kathlsloch‹, am Feigenstein die Stollen ›Sankt Barbara, Maria und Anna‹. Zum Teil haben die Knappen als Licht direkt das tirschenölhaltige Gestein in den Stollen verwendet und sich darüber gefreut, daß hier Steine brannten wie Kerzen. Besonders bei den Stollen war die Welt voller ›Alber‹, gemeint sind Alben und damit Geister. Der ›Schmölzputz‹ trieb es beispielsweise in der Gegend um Arzkasten (Erzkassen) so arg, daß die geplagten Bauern Papst Pius VI., als er 1782 von Augsburg her über Nassereith zurück nach Italien reiste, flehentlich baten, doch diesen Putz auszusegnen. Der Papst mußte es wohl noch besser können als die Kapuziner von Imst. »Mit welchen Kleinigkeiten wird man doch belästigt«, soll der Heilige Vater geantwortet haben. Kleinigkeiten, einen Geist zu bannen! Und dann waltete er seines Amtes, und der Schmölzputz blieb bis heute verschwunden. So ist das, jawohl!

Zum Fernpaß

Nördlich von Nassereith steigt die Straße zum Fernpaß hinauf, auch er ein immer wieder heiß umkämpftes Tor von und nach Tirol im engsten Sinne, denn das Außerfern nördlich des Passes nimmt eine stark alemannisch durchsetzte Bevölkerung ein. Auf der Höhe des Passes (1209 m) liegt der Weiler Fernstein an der bereits von den Römern bevorzugten Übergangsstelle ihrer Via Claudia Augusta nach Augsburg. Hier wurde durch einen gewaltigen Felssturz kurz nach der letzten Eiszeit eine natürliche Barriere aufgebaut, in der sich die Fernpaßseen bildeten, berühmt wegen der Wärme ihres grünblauen Wassers. Die Geologen haben festgestellt, daß etwa ein Kubikkilometer Gestein niedergegangen sein muß, und sie konnten diese Angabe nur deshalb machen, weil sie auch die Nische fanden, aus der das Gestein sich gelöst hat. Im Afrigall wird sie gezeigt, gut tausend Meter über dem Talboden. Von dort aus fielen eine Milliarde Kubikmeter (tausend mal tausend mal tausend Meter) Gestein nieder und bedeckten etwa fünfzehn Quadratkilometer Land. Dieser Felssturz gilt als einer der größten in den Ostalpen. Die Felsbrocken rollten südwärts bis ins Gurgltal, nördlich bis gegen Lermoos. Durch den nachfolgenden Gletscherschliff und den Bewuchs sind die Spuren dieses urzeitlichen Geschehens zwar nicht verschwunden, aber doch gemildert worden.

Auf der Insel im Fernsee- oder Fernsteiner See ließ sich Erzherzog Sigmund durch Meister Heinrich von Imst eine Burg errichten, die nach dem Bauherrn *Sigmundsburg* benannt wurde. Bis 1462 entstand ein rechteckiger Bau mit vier runden Ecktürmen. Wertvollste Architektur war die nie ganz fertiggestellte Kapelle, streng nach dem Chor der Imster Pfarrkirche geschaffen. 1519 heißt es von ihr: *Die Capellen [ist] rauch gemauert, mit schönen hochen venstern, wolvergüttert, auch mit antfängen und Creutzpägen, aber weder verglast noch gewelbt.*

Trotzdem wurde fleißig Messe darin gelesen. Im 18. Jahrhundert ist dann alles verfallen.

Bereits Ende des 13. Jahrhunderts war der Paß durch die *Burg Fernstein* gesichert worden, auch sie heute längst ruinös, wogegen der spätere Zubau *Niederhaus* noch um 1850 eine neugotische Erweiterung erfuhr. Von den beiden *Kapellen* am Paß ist die ältere (1478) die baulich interessantere, wohl auch sie ein Werk Meister Heinrichs. Die andere, ein Barockbau von 1780, zeigt einen stammbaumartigen Altar, in dessen Geäst die Büsten der beliebten Vierzehn Nothelfer aus Blüten sprießen (1661). Er wurde aus der alten Kapelle hierhergeschafft. Vielleicht erinnert dieser Altarbaum an jene fünfzig Meter hohe berühmte Riesenulme, die auf dem Paß grünte und angeblich von Erzherzog Sigmund selbst gepflanzt worden war. Der größte Durchmesser ihres Stammes betrug zwei Meter und zwanzig Zentimeter und ihr Umfang mehr als sieben Meter. Ein selbstmörderisches Edelfräulein, das sich durch einen Sprung aus der Sigmundsburg in den See ertränkt hatte, soll an den Wurzeln des Baumes ohne geistlichen Beistand verscharrt worden sein. Der hochverdiente Heimatforscher Dr. Mantl, dem wir die Bewahrung vieler Sagen dieses Gebietes verdanken, vermutet in dieser Überlieferung die Erinnerung an ein

Menschenopfer, wie es ja auf Pässen und deren Altären nicht selten vorgekommen ist. 1948 mußte der mythische Baum gefällt werden.

Die romantischen Partien am Fern haben immer wieder romantische Gemüter entzückt. So auch Bayerns Märchenkönig Ludwig II., der sich im Gasthaus ständig zwei Zimmer, eines in Blau und das andere in Rosa, bereithalten ließ zum eventuellen Aufenthalt. Er soll auch einmal eine Nacht in der Ruine Sigmundsburg auf der Insel zugebracht haben.

Weiter die Paßstraße nach Norden geht es ins Außerfern, dem wegen seiner besonderen historischen Entwicklung ein eigenes Kapitel am Ende des Buches gewidmet ist. So kehren wir ins Inntal zurück, um zunächst die südlich davon verlaufenden Täler zu besuchen.

Im Anblick der Gletscher

Das Ötztal

Das Ötztal ist mit 65 Kilometern das längste Seitental des Inns in Tirol und geologisch sicher sein interessantestes. Es kommt nicht nur von den ausgedehntesten Gletscherregionen der Ostalpen her, sondern hat auch durch zahlreiche erdgeschichtliche Felsstürze eine besonders auffällige Bildung erhalten. Durch diese Felsbarrieren entstanden Seen, deren Becken wiederum durch den Moränenschutt, den die fleißige Ache mitführte, aufgefüllt worden sind. Dadurch bildeten sich die verschiedenen Hochflächen des Talbodens, auf denen heute die Ortschaften liegen. Das Tal selbst ist schmal und veranschaulicht deutlich das Verhältnis zwischen bebaubarem Grund und unwirtlichen Gebirgsformationen, das in ganz Tirol eine so entscheidende Rolle spielt.

Schon der Eingang aus dem breiten Inntal läßt das Gesagte anschaulich werden, denn er befindet sich versteckt zwischen bewaldeten Hügeln und Bergausläufern, in einer fast wüst zu nennenden Gegend, in der man den Bahnhof Ötztal als ganz verloren empfindet. Nur der kühne Acherkogel als Vorposten späterer Hochgipfel stimmt das Herz höher.

Am Osthang des Taleinganges liegt *Sautens* (809 m), dessen Name ein Hinweis auf die einstens wildschweinreiche Gegend ist. Nahe dabei findet man den Piburger See (970 m), den ebenfalls eine Felssturzbarriere am Auslaufen ins Tal hindert. Er gilt als Tirols wärmster Badesee.

Wenige Kilometer taleinwärts birgt sich dann *Ötz* in einer Talbucht, deren warmes Klima noch Edelkastanien und Mais reifen läßt. Im 17. Jahrhundert wurde besonders Flachs angebaut und verarbeitet. Die Kirche steht hoch über dem Ort auf einem Felsen. ›Ez‹ wird 1166 erstmals urkundlich erwähnt; es war später Niedergericht und Dingstätte von Petersberg. Die gotische Kirche schuf bis 1515 Meister Jakob von Tarrenz von der Bauhütte Imst. Er setzte seinen Chor auf eine alte Michaelskapelle, die dadurch zur Unterkirche wurde. 1667 erweiterte Gallus Appeller aus Innsbruck das Langhaus, setzte aber das gotische Hauptportal wieder ein. 1745 erfolgte eine zeitgemäße Stuckierung. Im Dorf selbst sieht man einige bemalte Häuser, unter denen der Gasthof ›Zum Stern‹ hervorragt. Er wurde gleich an zwei Seiten bemalt, 1573 und 1615. Hermenpilaster, Szenen aus der Bibel (Samson schleppt die Stadttore, David und Goliath, Adam und Eva) wechseln mit bäuerlichen Szenen (Knecht Velli mit Sichel und Garbe, Magd Elße mit Huhn und Eierkorb, Säumerzug).

Von Ötz aus besteigt man über die Neue Bielefelder Hütte (2112 m) den Acherkogel (3010 m). Die alte Hütte lag höher und näher am Fels, wurde aber 1951 durch eine Lawine zerstört. Lohnend ist auch der leichtere Übergang übers Wetterkreuz (2578 m), einen herrlichen Aussichtsberg, ins Kühtai.

Im Ötztal folgen nun die gewaltigen der Achstürze zwischen Ötz und Habichen; sie künden die Talstufe zwischen Habichen und Tumpen, eine 150 Meter hohe Felssturzbarriere, an, die von der Straße nur in mühsamen Serpentinen überwunden werden kann. Im Weiler *Östen* kann man an der jetzt unter dem Talniveau liegenden Kirche die Arbeit der Muren erkennen, und hoch oben am Berg sieht man die Höfe von Faist (1483 m) hängen. Über Faist und seine Reichalm, hundert Meter höher, führt ein Weg durch die Niederreichscharte (2728 m) ins Langental nach Kühtai. Aus der Engelwand unterhalb der Höfe hatte einst ein Engel ein verirrtes Grafenkind zurückgebracht. Das Grafenschloß lag in *Umhausen* (1036 m) am Talboden, dem ältesten Ort des ganzen Ötztales. Im 13. Jahrhundert gabs schon eine Veitskapelle hier, die immer wieder vergrößert werden mußte. Es haben sich aber Freskenreste aus dem 14. Jahrhundert wiedergefunden. Auch hier war Meister Jakob von Tarrenz am Werke. Bemerkenswert sind auch die Stukkaturen von Georg Keil 1684 am Gasthof Krone, der zudem noch eine alte Täfelstube bewahrt. In Umhausen hat am 11. Juli 1762 eine Mure aus dem Hairlachtal großen Schaden verursacht. Sie begrub zehn Menschen unter sich sowie siebzig Häuser und Ställe, ein Sägewerk, zwei Mühlen, zwei Schmieden, eine Bäckerei und eine

Gerberei. Die Geröllmassen standen so hoch, daß einzelne Bauern ihre Höfe überhaupt nicht mehr wiederfanden. So baute man die Siedlung Neudorf auf. In friedlichen Zeiten bildet der 150 Meter hohe Stuibenwasserfall des Hairlachbaches ein imponierendes Naturschauspiel. Auch er entstand durch eine Abriegelung infolge Bergsturzes.

Nach Umhausen folgt der Ache aufwärts der große Querriegel des Maurach, zwischen dem Tauferer Berg (1700 m) und dem Weiler Köfels (1403 m), bei dem sich in einem Spalt des Granitgneises Bimsstein fand, was eine geologische Sensation ersten Ranges darstellt und das Ötztal fachwissenschaftlich weltberühmt gemacht hat. Denn dieser Bimssteinfund bedeutet nichts anderes als erdgeschichtlich ›jungen Vulkanismus‹, wie er beispielsweise noch auf den Liparischen Inseln nördlich von Sizilien vor sich geht. Es fand hier also eine vulkanische Eruption statt, von der die Bucht oberhalb von Köfels ausgesprengt wurde. Nachdem die aufgerissenen Spalten keinen Gletscherschliff zeigen, sind sie erst nach der Eiszeit entstanden. Der Schutt der Explosion bildete den Maurachriegel. Der ›Vulkan von Köfels‹ blieb ein alpines Unikum.

Hinter dem Maurachriegel liegt wieder 150 Meter höher die Talweite von Längenfeld (1178 m), in der die Ache einst auch einen weiten See gebildet hat. Es fehlte nicht an Projekten, ihn zur Nutzung der Wasserkraft wieder aufzustauen und zweitausend Einwohner umzusiedeln. Aber die Natur selbst brachte den Plan zu Fall, da sich der Maurachriegel als viel zu porös erwies, als daß man ihn durch Betoninjektionen hätte stabilisieren können. Als man in Probebohrungen Rohsalz einbrachte, trat dieses in den Quellen der Maurachschlucht wieder zutage, und zwar schneller als jenes, das man gleich direkt in die Ache geworfen hat.

Die auffallend ebene Burgsteinterrasse (1450 m) südöstlich von Längenfeld beweist durch den Fund von Schalensteinen die Anwesenheit des Menschen in prähistorischer Zeit. Im 12. Jahrhundert schenkte Heinrich der Löwe von Bayern Güter um *Längenfeld* an das Stift Wilten, und auch die Herren von Montalban im Vinschgau hatten hier um 1250 Besitzungen. Hier befand sich auch bis ins 19. Jahrhundert das Ötztaler Zentrum des Flachsanbaues. 1518 schuf Jakob von Tarrenz einen kirchlichen Neubau, der alle Zeichen der Imster Bauhütte trägt. Es finden sich an ihm noch zahlreiche alte Zunftzeichen der Schmiede, Fischer, Jäger und Schneider. 1690 wurde die Kirche um zwei Joche verlängert und eine Orgelempore eingebaut. Der Hochaltar ist ein Konglomerat von 1844. Bedeutender ist der Apostelaltar an der rechten Langhauswand (1680) mit Figuren von Josef Wittwer aus Imst. Josef und Jakob Wittwer haben auch die Kirche auf dem Kropfbühel ausgestattet, die 1659 nach Pestgelöbnis errichtet worden war. Ein kirchenbauliches Unikum stellt die mit einer Holzkuppel versehene Schneiderkapelle (1701), ein Hofheiligtum, in Unterlängenfeld dar.

Im Haus Nr. 24 befindet sich das Ötztaler Heimatmuseum, das man unbedingt besuchen sollte, ebenso das Geburtshaus des Gletscherpfarrers Franz Senn (1831-84), des Mitbegründers des Alpenvereins. Längenfeld besitzt auch ein Schwefelbad, das im Schwefelsee tief drinnen im Sulztal ein Äquivalent besitzt. Das Sulztal zweigt bei Längenfeld nach Osten in die Stubaier Alpen ab, die hier an die Ötztaler Alpen heranreichen.

Im Haupttal liegt hinter dem Dorf Huben (1194 m) am Südende des Längenfelder Beckens eine weitere Geländestufe, die nun aber nicht, wie die bisherigen, aus Felsstürzen gebildet wurde, sondern eine echte Felsstufe darstellt. Hier ändert sich auch das Gestein: Herrschte bisher der harte Granit vor, folgt nun der weichere Schiefer. Auf der Höhe dieser Felsstufe liegt *Sölden* (1367 m), das Zentrum des innersten Ötztales, einst über die Jöcher her vom Süden besiedelt. Die Talweitung setzt erst höher an den Bergflanken ein, etwa bei 2000 Meter im Schigebiet von Hochsölden und im Rettenbachtal, an dessen Ende wieder ein Schizirkus liegt.

Sölden selbst mit seinen riesigen Gletscherregionen ist flächenmäßig die größte Gemeinde Österreichs. 1150 gabs schon Schwaighöfe in ›Seldon‹, und in Graubichl fand sich sogar ein prähistorischer Schalenstein. Die gotische Kirche Meister Jakobs von 1521 ging im barocken Neubau von Gallus Gratl 1752 auf, nur aus dem Taufstein, dem Turm und dem Portal spricht noch Gotik.

Wir möchten uns nun in acht nehmen, nicht durch Aufzählung aller Möglichkeiten in den Sog der Fremdenverkehrswerbung zu geraten, wollen aber nicht unterlassen, den Schwarzsee

(2790 m) oberhalb der Rotkogelhütte zu erwähnen, den man bequem, halbwegs mit Liften, erreichen kann und an dem man manchmal noch allein ist. Auch im Windbachtal Richtung Zuckerhütl, Hildesheimer Hütte (2899 m), Siegerlandhütte (2710 m) und davor schon zur Hochstubaihütte (2175 m) sind die Bergsteiger noch weitgehend unter sich.

Das Ötztal fächert sich bei Zwieselstein (1472 m) in seine beiden Ursprünge Venter Tal und Gurgltal auf. Das kurze Timmeltal ist durch den Bau der Jochstraße und den direkten Paßübergang nach Meran bekannt geworden.

Das Gurgltal ist dem Alpinisten durch die Hotelkolonien *Obergurgl* (1927 m) und *Hochgurgl* (2150 m) längst ein Begriff. Hier gibt es im Moränenschutt der Gletscher in der Granatenwand und am Granatenkogel (3304 m) viele schwarze Granatedelsteine. Besiedelt wurde das Tal vom Süden her und unterstand daher lange dem Gericht Passeier. Maximilian I. fischte gerne im Eissee, das war eine wiederkehrende Aufstauung durch die Gletscher im unteren Langtal hinter Obergurgl. Man kann sich überlegen, woher wohl die Fische hergekommen sind. 1718, 1724, 1834 brachen diese Eiswasser mit verheerender Wirkung durch ihre Riegel und stürzten ins Tal hinab. Durch den Rückgang der Ferner ist die Gefahr jetzt gebannt. Aber viele Jahre gabs Bittprozessionen über den Gurgler Ferner hinauf zum Steinernen Tisch (2870 m) am Schwarzenkamm, wo heute das Hochwildehaus steht. Hier beginnt sozusagen der Ernst der Eisriesen, hier reiht sich Ferner an Ferner: Gaisberg-, Rotmoos-, Wasserfall-, Hangerer-, Seelen-, Langentaler- und Gurgler Ferner, und westlich des Kammes, schon gegen das Venter Tal zu, Schalf-, Diem-, Firmisan-, Spiegel-, Latsch-, Glasayerferner und so weiter.

Damit sind wir aber über die Grate ins Niedertal Richtung *Vent* (1896 m) gelangt. Auch das Hochtal von Vent verformt sich nach steilem Anstieg an seinem Mund bei Zwieselstein, je weiter es gegen die Gletscher hinzieht, zum Trogtal. Westlich des Dorfes steht die Breslauer Hütte (2840 m), Ausgangspunkt zur Ötztaler Wildspitze (3772 m). Zweihundert Meter höher als Vent liegen die Rofenhöfe (2014 m), die höchsten ganzjährig bewohnten Höfe der Ostalpen. Und hier setzt die Landesgeschichte Tirols wieder ein. Herzog Friedl ›mit der leeren Tasche‹, in Reichsacht heimlich vom Konstanzer Konzil (1415) in sein Land zurückgekehrt, verbarg sich einen Sommer lang auf den Rofenhöfen, wo er als Knecht und Hirte arbeitete. Irgendwann ist er dann über den Hochjochferner und das Hochjoch ins Finail hinübergewandert, wo er wieder eine Zeitlang auf den Finailhöfen blieb. Es ist eine höchst romantische Vorstellung, den ›verzauberten‹ Prinzen unter den verblassenden Sternen – Friedl wußte sicher, wann man über einen Gletscher wandern muß – über das riesige Schneefeld wandern zu sehen. Vielleicht aber ging er mit einer der großen Schafherden als Hirte verdingt übers Hochjoch, so wie die Almen noch heute von Süden her alljährlich im Sommer befahren werden. Als Friedl wieder in seine Regierungsgewalt eingesetzt worden war, gewährte er den Bauern auf den Rofenhöfen ewige Steuerfreiheit, die dann bis zur bayrischen Besatzung von 1805 dauerte. 1868 gerieten Pfarrer Franz Senn und sein Freund Cyprian Granbichler auf eben diesem Übergang in einen Schneesturm, der Granbichler das Leben kostete.

Auch im Rofental gabs einen Eissee durch den Vernagtsferner, der hier quer übers Tal herabreichte und den Rofenbach eineinhalb Kilometer lang, 250 Meter breit und 80 Meter tief aufstaute. Dieser See reichte bis zum Hintereisferner zurück und zerbrach seinen Eisdamm 1600, 1678, 1710 und 1848. In einer Stunde floß er völlig aus, neun Stunden später erreichte die Flutwelle, die zuvor Vent mit einer Geschwindigkeit von fünfeinhalb Metern in der Sekunde passiert hatte, Innsbruck.

Das Ötztal ist landschaftlich ein getreues Abbild der Art seiner Bewohner. Es ist ein schroffes Tal, steil sind seine Hänge, ohne Zwischenstufen, kaum gibt es Hangleisten, die ein oder zwei Höfen Platz bieten. Muren und Felsstürze, einmal sogar der Ausbruch eines Vulkans, haben es geformt und seinen Boden um breite Stufen erhöht. In der tiefsten Tiefe seiner Talschlüsse schimmern die herrlichen Gletscherfelder, leuchten der Gipfel des höchsten Berges Nordtirols, der Wildspitze (3772 m), und jener der Weißkugel (3739 m), des zweithöchsten Ötztaler Berges. Hier ist die Landschaft kostbar und echt geblieben, wie sie immer war und hoffentlich auch bleiben wird.

Aber das Ötztal hat noch mehr Einmaliges zu bieten. Durch die Zwischenriegel der Bergstürze entstanden abgeschlossene Siedlungsgebiete, die zeitweise nichts voneinander wußten. Während das äußere Ötztal vom Inntal her beeinflußt wurde und das innere Ötztal über die Jöcher vom Vinschgau her, blieb der mittlere Teil um Längenfeld–Huben–Umhausen von allen diesen Einflüssen unerreicht. So kam es, daß sich hier – und nur hier – Sprachformen lebendig erhalten haben, die es vor tausend Jahren im Althochdeutschen gegeben hat und die sonst überall durch die Weiterentwicklung der Sprache verschwunden sind. Zur Aufklärung dieser Verhältnisse halfen Vergleiche mit den Sprachinseln im Vicentinischen, die um 1100 durch Auswanderer aus dem westlichen Tirol gebildet worden sind und ihr Heimatidiom zum Teil erhalten haben. Man nennt sie auch die ›Zimbrischen Sprachinseln‹. Sie haben wie im Ötztal zum Beispiel den Silbenreichtum des Frühmittelhochdeutschen bewahrt. So heißt es auch im mittleren Ötztal noch: das Bette, beim Bache, süße statt süß oder Sammestag (Samstag), eine direkte Dreisilbigkeit des Althochdeutschen. Wie die Geologen im Bimsstein aus dem Vulkan bei Köfels ihre Sensation entdeckten, so die Etymologen im Beharrungsvermögen der Sprache im mittleren Ötztal. Wir ergänzen: Nachdem man weiß, daß der Mensch in den Worten seiner Sprache auch denkt, ist ein Beharrungsvermögen in der Sprache auch für die psychische Struktur jener, die sie sprechen, von entscheidender Bedeutung.

Im Pitztal

Zwischen Ötztal und Kauner Tal, zwischen Geigenkamm und Kauner Grat, liegt das vierzig Kilometer lange Pitztal, das bei Imst ins Inntal mündet. Es führt wie seine Nachbartäler in die Eisriesenwelt der Ötztaler Alpen und ist ein wildes Hochtal, eng, immer enger bis Mittelberg (1734 m), von wo aus es vor hundert Jahren nur fünf Gehminuten zum Gletschertor des Mittelbergferners waren. Einmal im Jahr stieg der Pfarrer direkt aufs Eis und hielt von einer Eiskanzel eine Messe mit Predigt, wobei er den Himmel um Schutz vor den Gletscherriesen bat. Seine Gebete wurden reichlich erhört: Die Gletscher haben sich weit zurückgezogen, man muß gute drei Kilometer Richtung Braunschweiger Hütte (2759 m) aufsteigen, will man ihre

Ausläufer erreichen. Hier soll nun ein gewaltiges Fremdenverkehrsgebiet mit Sommerschilauf entstehen, mit Anschluß an das nahe Ötztaler Schitreiben und eventuell einem Stollen quer durch den Berg dorthin. Man kann sich nur schaudernd vor einer Vision abwenden, die an jedem Talende Tirols einen Schizirkus vorsieht, Parkplätze für Hunderte von Autos, Souvenirläden, Tankstellen, Hotels und was diese Art Zivilisation mehr braucht. Bevor es soweit ist, sollte man noch von Mandorfen (1690 m) aus zum Riffelsee (2232 m) ›emporliftelnc‹ und auf dem Fuldauer Höhenweg, der gut versichert ist, drei Stunden zum Taschachhaus (2434 m) hinaufwandern. Die Hütte steht auf einem Ausläufer des Pitztaler Urkund (3201 m). Der Blick in die Eisbrüche des Taschachferners und darüber hinweg ins Reich der Wildspitze vermittelt unvergeßliche Eindrücke.

Mittelberg gehört ebenso wie das weiter talauswärts liegende Plangeroß (1617 m) zur Gemeinde Sankt Leonhard (1372 m), das wahrscheinlich von den Walsern Ende des 14. Jahrhunderts besiedelt worden ist. Aber bereits 1265 wird hier der Schrofenhof als »hofh zu Scruffen im Puzzental« genannt. Wer alpin geübt ist, sollte den Wallfahrtsweg nach Kaltenbrunn im Kauner Tal über das Wallfahrtsjöchl (2770 m) begehen, wenigstens bis zum Joch, kein ganz müheloses Unterfangen, aber durch die Aussicht auf den Geigenkamm zwischen Pitz- und Ötztal reichlich belohnt. Auch bei Sankt Leonhard ist das Tal sehr eng, die mähbaren Wiesen an den Bergflanken sind steil, und das Leben der Bauern ist außerordentlich hart.

Der Pitze entlang liegt auf halbem Weg nach Jerzens der Weiler *Zaunhof*, in dessen Umkreis Kaiser Maximilian Gemsen gejagt hat. *Jerzens* (1104 m) liegt am Ende des inneren Pitztales, das sich ab hier durch die Verbindung mit dem westlich sich erstreckenden Pillersattel erheblich weitet. Der Ort ist über einen sonnenreichen Südhang verstreut und hat durch die Lifte ins Hochzeigergebiet (2582 m) Anschluß an den Fremdenverkehr gefunden. Auch Jerzens dürfte als Siedlung durch die Walser begründet worden sein. Schon der für Tirol ganz ungewöhnliche Kirchenpatron Sankt Gotthard legt dies nahe. Die reich stuckierte Kirche hat 1736 Gallus Gratl aus Inzing erbaut.

Wo Pitztal und Piller Sattel sich vereinigen, liegt *Wenns*, der Hauptort des Tales, der schon um 1150 urkundlich als Siedlung bezeugt ist. Heinrich von Hirschberg saß in einem festen Turm, der, zwar zum Pfarrhaus verbaut, bis 1977 bestand und erst dann durch einen Neubau ›ersetzt‹ worden ist. Ein anderer Turm ›des Michlers‹, ein landesfürstliches Lehen, stand bis 1921. Schon aus diesen befestigten Bauten geht die Bedeutung des Ortes besonders für die Güterverwaltung im Pitztal hervor. Die Starkenberger, die Schrofensteiner, das Kloster Stams, der Bischof von Brixen und andere hatten hier Besitzungen. Hier gab es auch einen Niederrichter und einen Dingstuhl, und seit 1233 läßt sich eine Pfarrei nachweisen. Der Kirche sieht man dies freilich nicht mehr an, vielleicht bestehen noch im Chorteil Reste der Tätigkeit Meister Jörgs von der Imster Bauhütte (1500). Alles andere entstand 1612/13 neu. Die besseren Teile der Ausstattung stammen von den Wittwer aus Imst, hundert Jahre später.

Wesentlich bedeutender ist das sogenannte ›Platzhaus‹, das ehemalige Richterhaus, später als Gasthaus Stern dienend. Es trägt eine Renaissancebemalung mit vielen verschiedenen Szenen und Dekorationen. Die Hauptfassade war einst jene mit der Außenstiege, das alte Haupttor liegt jetzt darunter. An dieser Front erscheinen auch das Wappen eines Richters von Imst und dessen Name ›Christoff Genebein‹ (Jenewein) sowie sein Namenspatron Christophorus. Die Malereien werden mit Alexander Maisfelder 1576 in Zusammenhang gebracht. Dreißig Jahre später, 1608, ist die Seitenfassade mit biblischen Szenen vollkommen bedeckt worden: Sündenfall, Vertreibung, Salomons Urteil, Judith, Jonas, Lazarus und manch anderes ist hier zu betrachten. Zur ebenen Erde sieht man in illusionistischer Weise ein Pferd angebunden, darüber sind die Reitstiefel gleich zum nächsten Gebrauch aufgehängt.

Wenns ist der Geburtsort des Bauernsohnes Georg Mathias Vischer (1628-96), dessen Name bei den Geographen allgemein und den österreichischen Heimatfreunden im besonderen einen guten Klang hat. Er war Geistlicher und zunächst Benefiziat in Andrichsfurt, dann ab 1666 Pfarrer in Leonstein bei Kremsmünster. 1668 legte er sein Amt nieder, denn seine ganze Liebe gehörte der Erd- und insbesondere Landeskunde. Er arbeitete mit Meßtisch, Kompaß, Diopterlineal und Meßlatte, so daß man ihn mit Fug und Recht als Vater der österreichischen Landeskunde bezeichnen kann. Schon 1667 hatte er begonnen, eine neue Karte von Oberösterreich aufzunehmen und sie durch ein großes topographisches Werk zu ergänzen, das unter dem Titel ›Topographia Austriae superioris modernae‹ 1669 bis 1674 erschien und allein 222 Ansichten der wichtigsten Orte, Burgen und Schlösser aufweist. 1670 brachte er eine Niederösterreichkarte heraus und zwei Jahre später die dazugehörige Landesbeschreibung. Dann wandte er sich der Steiermark zu sowie verschiedenen Gegenden Ungarns und Mährens. 1696 ist er in Linz gestorben. Da in den Türkenkriegen jener Zeit zahlreiche Orte und Bauten zerstört wurden und nachfolgend ihr Aussehen verändert haben, kommt den Kupfern dieses österreichischen Merian über den rein geographischen Wert hinaus ein bedeutender dokumentarischer Rang zu. 1684 wurde seine Leistung mit der Berufung als Mathematicus an das kaiserliche Edelknabenseminar anerkannt. Heute sind seine Werke sehr gesucht und liegen zur Befriedigung der großen Nachfrage durch Bibliotheken und Institute im Faksimile nachgedruckt vor.

Der letzte oder äußerste Ort des Pitztales, ganz draußen über dem Inn, ist *Arzl*, das schon in prähistorischer Zeit besiedelt war, wie Keramikfunde um 1500 vor Chr. auf dem Burgstallhügel beweisen. Man fand auch ein Wohnhaus (500 vor Chr.) und die Fundamente eines römischen Wachturms. Im Mittelalter hatten die Grafen von Hirschberg hier eine Burg, deren Material zum Neubau der Pfarrkirche 1750–58 verwendet worden ist. Unsere Zeit installierte das Fernsehen hier.

Unweit des Dorfes liegt der Osterstein (946 m), eine uralte Kultstätte, sicherlich heidnischen Ursprungs, die im Mittelalter als Dingstätte und später auch als Opferstätte für die Heiligen Veit und Wendelin vor dem Almauftrieb gedient hat. Der fast freistehende Hügel ist erstaunlich sicher und mit Bedacht ausgewählt worden.

Das Kauner Tal

Zweimal kann man an schönen Tagen – und hier regnet es kaum einmal – den Blick ins Kauner Tal schweifen lassen, wenn man beschlossen hat, es zu durchwandern: An seinem Beginn, vom Inntal hinauf, reicht die Sicht bis zur hellen Gnadenkirche Kaltenbrunn, bald auch gefesselt von den Konturen des berühmten Kauner Grates darüber; das zweite Mal dann von der Talwende nach Süden, am besten vom Nufelshof (1260 m) aus, der genau in der Talbiegung steht. Hier sieht man den Gepatschferner am Talschluß, den schon Kaiser Maximilian I. 1500 bestiegen hat »als der große Waidmann auf dem höchsten gepirg Europia, ohne das Erdreich zu berühren«. Einsam war es da drinnen, die meiste Zeit führte der wilde Faggenbach das große Wort. Seit der Errichtung des Stausees zieht aber der Autoverkehr immer lärmender ins Tal.

Ehe man das Dorf *Kauns* (1060 m) erreicht, kommt man zur Schranzkapelle, genannt nach ihrem Stifter Michael Schranz von Kauns. Er baute sie 1683 zum Schutz eines großen spätgotischen Kruzifixes von 1520, in dessen Corpus eine Gewehrkugel steckt. Um jegliche Macht für seine satanischen Zaubereien zu erlangen, schoß der Wildschütz Chrust (Christ?) dem Herrgott eine Kugel in die Brust, worauf das Haus des Frevlers abbrannte. Zahlreiche Bilder schildern diese Ereignisse. Einen zweiten berühmten Wilderer, den Wiesenjackl, der auch zu bannen vermochte, sieht man nebst anderen rustikalen Schilderungen des 17. Jahrhunderts auf dem ehemaligen Wirtshaus Nr. 49 (Schloßhaus) im Dorf dargestellt. Dieses Haus ist eines der wenigen alten Gebäude, die von den zahlreichen Dorfbränden übriggelassen wurden. Das meiste andere, auch die Kirche, sind Neubauten. Eher trifft man noch alte Häuser, drei oder vier eng aneinandergedrängt, Burgen nicht unähnlich, an den Hängen der Gemeinde *Kaunerberg,* die sich bis 1500 Meter hoch den Berg hinaufzieht. Zwischen diesen einzeln stehenden Häusergruppen gedeihen Getreidefelder, Maisäcker, Wiesen, Obstkulturen – ein Bild, wie man es sonst nur im Süden zu sehen gewohnt ist.

Die Kaunerberger gelten als die durstigsten Oberländer, was ihre Kulturen betrifft. Sie haben erst genug Regen, wenn die im Tal schon fast ertrinken, sagt man. Hier soll daher etwas über die Oberinntaler Bewässerungskunst berichtet werden.

Das Klima-Observatorium Hochserfaus hat eine Erkenntnis bestätigt, die von den Siedlern des Oberinntales schon sehr früh schmerzlich erfahren wurde. Sie besteht darin, daß es hier nur selten regnet, nur halb soviel wie im übrigen Inntal. Zwischen Ried und Prutz fallen keine sechzig Zentimeter Niederschlag im Jahr, den Winter eingerechnet. So gibt es hier, ähnlich wie in Südtirol, ausgedehnte Bewässerungsanlagen, sogenannte Waale (rätoromanisch ›Aquale‹: Wasserträger), die Abhilfe schaffen müssen. Seit dem Ende des Zweiten Weltkrieges hat die öffentliche Hand zwei große Anlagen gebaut: im Gebiet Haiming–Silz–Stams und am Hang des Kauner Berges. Es handelt sich um Zubringersysteme, wobei die Art der Endbewässerung noch im alten Stil betrieben wird, obwohl man heute weiß, daß nur die Beregnung die Wirkstoffe des Bodens erhält und sogar einen gewissen Frostschutz gewährt. Der Hangkanal am Kauner Berg ist von der Fassung des Nufelsbaches in 1920 Meter Höhe bis zur Mündung in den Inn bei einer Höhenmarke von 860 Metern über zwölf Kilometer lang, deren er gut zwei ›unterirdisch‹ durch gewachsenen Felsen verläuft.

Wo es solche Zubringeranlagen noch nicht gibt, also im überwiegenden Teil des Oberlandes, herrschen noch die gleichen Systeme wie vor fünfhundert Jahren. Ausgeklügelte Einteilungen messen jedem Bauern die nach Ausdehnung und Fruchtart benötigten Wassermengen zum richtigen Zeitpunkt zu. Der Waalhirte (Waalmeister) überwacht die Einhaltung der Rodordnung (vom lateinischen ›rota‹: Reihenfolge), die früher durch den Wasseransager öffentlich verkündet wurde und heute am schwarzen Gemeindebrett steht. Die Wasserlisten in den Rodbüchern reichen im Gericht Landeck bis 1418 zurück. Uralte Flächenmaße sind gebräuchlich: ein ›Mipl‹ Acker (etwa 10 Ar), ein ›Mummet‹ oder ›Momet‹ Wiese (etwa 40 Ar) oder in Ried und Prutz ein ›Fudermal‹ (350 Klafter), das ist jene Menge, die ein Fuder Heu faßt.

Wenn der Schnee geschmolzen ist, ziehen die Familien hinaus, die Waale aufzutun, das heißt, sie mittels der Waalhaue zu säubern und instandzusetzen. Dann wird das Wasser in die Hauptwaale gekehrt, erreicht im Tragwaal den zu bewässernden Grund, wo dann kleine Wurzelwaale abzweigen. Diese werden durch eine quergestellte breite Schaufel, das Waaleisen, gesperrt und laufen über. Mittels des zwei Meter langen Weisbrettes, das mit zwei langen Nägeln an seinen Enden in den Grund gesteckt wird, weist der Bauer dem Wasser noch im einzelnen den Weg. Man sollte nicht versäumen, sich diese Anlagen an den Berghängen im oberen Inntal anzusehen, um einen

Begriff von einem Arbeitszweig der Tiroler Bergbauern zu bekommen, von dem man für gewöhnlich überhaupt nichts weiß. »Der Herrgott läßts regnen über Gerechte und Ungerechte, nur über die Prutzer nicht«, so heißt es.

Unweit von Kauns steht die *Ruine Berneck,* von den Herren von Bäreneck um 1200 errichtet. Kriegerische Ereignisse zerstörten die kleine Anlage fast ganz, und erst 1437 stellte sie der Tiroler Truchseß Wilhelm von Mülinen wieder her. Die Kapelle hat er gleich ganz neu dazugebaut. Als Herzog Friedl ›mit der leeren Tasche‹ 1415 in Reichsacht vom Konstanzer Konzil heimfloh, fand er in Berneck eine erste freundliche Aufnahme. Hundert Jahre später vertauschte Maximilian I. das abgebrannte Tratzberg gegen Berneck, das damals den Tänzl gehörte, denn Max liebte die Jagd auf Steinböcke und Gemsen im Kauner Tal.

Im Weiler *Falpetan* (1652 m) wurde am 5. Juli 1746 Franz Zauner geboren, der es später in Wien bis zum Direktor der Kaiserlichen Kunstakademie (1806) brachte. Sein Hauptwerk ist das Denkmal für Joseph II. vor der Nationalbibliothek. 1785 bis 1806 arbeitete er an dem Riesendenkmal, zu dem er sich während seines Romaufenthaltes durch das Reiterstandbild Marc Aurels inspirieren ließ. Sein Lohn war die Nobilitierung durch Kaiser Franz I.: Nun konnte er sich Edler von Falpetan nennen! 1822 ist er gestorben.

Kaltenbrunn! »O du liebe Muttergottes von Kaltenbronnen, gib uns armen Landsknechten eine warme Sonnen«, heißt es in einem Landsknechtsgebet. Die Wärme dieser Sonne, die den Kauner Berg so trocken brennt, war also schon damals weitbekannt. Und das herrlich kalte Wasser, das noch heute köstlich schmeckt wie am ersten Tag, wurde als wundersame Himmelsgabe in dieser regenarmen Gegend besonders geschätzt. Ein Ritter Erbo von Schenkenberg – auch der Schenke hat mit Wasser zu tun – soll hier der Legende nach bereits 1272 bei einem Gnadenbild eine Einsiedelei errichtet haben, um einen Mord zu sühnen. 1438 brannte die Kapelle ab, das Gnadenbild blieb aber unversehrt, was als neues Wunder galt. Ein anderer Einsiedel, Johannes Stab, baute ein neues Kirchlein, und 1438 stiftete Herzog Friedl, vielleicht in Erinnerung an den Schutz, den er einst im Kauner Tal gefunden, eine Kaplanei nach Kaltenbrunn. Sein Sohn Erzherzog Sigmund erweiterte die Stiftungen und begann einen großen Neubau, dessen Chor 1502, dessen Schiff aber 1533 begonnen und gar erst 1592 geweiht wurden. 1714 umbaute Gallus Gratl das Gnadenbild mit einer ovalen Bogenkapelle inmitten des Schiffs, so wie man es heute sieht. Beachtung verdienen auch das Wundmalkruzifix (1697) von Andreas Thamasch im Chor und seine Plastiken am Weltgerichtsaltar gegenüber.

Weiter drinnen im Tal sieht man zum ersten Mal dessen Königin beherrschend über den Feldern des Gepatschferners aufragen: die Weißseespitze (3526 m). Beim Weiler Platz hört dann die Schlucht des Faggenbachs auf, und der ebene Talboden beginnt, auf dem das Dorf *Feichten* (1289 m) liegt. 1500 stand ›bei den Feichten‹ (Fichten) erst ein einziges Haus, heute wohnen etwa zweihundertfünfzig Menschen hier. Auch diese Siedlung hat sich aus Schwaighöfen entwickelt, die bereits Graf Meinhard II. von Tirol in seinem Urbar vermerken ließ: »Meines Herrn Schwaige im Chunertal«. Im 17. Jahrhundert begann man südöstlich von Feichten unterm Mooskopf (2532 m) in 1500 Meter Höhe auf Kupfer zu schürfen, und erst 1750 wurde das Bergwerk Tschingl im Brandwald eingestellt.

Von Feichten sind es noch gut fünfzehn Kilometer bis zum Talschluß, wobei man noch den stiebenden Madatschwasserfall passiert. Auch in diesem Talstück gab es bis ins 19. Jahrhundert ein Dutzend ständig bewohnter Höfe. Lawinen, Muren, Überschwemmungen, Mißernten vertrieben die Menschen, einige sogar bis nach Nordamerika. 1669 kamen gleich elf Bewohner in einer einzigen riesigen Lawine ums Leben.

Heute beginnt hier bald der Gepatschstausee, dessen 650 Meter langer Staudamm 1964 fertiggestellt worden ist. Er staut das Wasser sechs Kilometer lang bis in den äußersten Talwinkel, wo seit 1873 das Gepatschhaus (1928 m) der Sektion Frankfurt am Main steht. Es bildet den Ausgangspunkt für alpine Hochtouren in die Einsamkeit der großen Gletscherfelder. Sie sind sämtlich nur geübten Eisgehern vorbehalten. Freilich nicht mehr lange, denn seit 1979 wird die Erschließung der Ferner unbarmherzig auch hier vorangetrieben.

Zwischen Inntal und Arlberg

Landeck und das Obere Gericht

Landeck und sein Umkreis, seit alters das ›Obere Gericht‹ genannt, gehört trotz seiner eher unwirtlichen Lage zu den am frühesten besiedelten Gegenden Nordtirols. In Ried und Grins wurden Steinbeile ausgegraben, die ihrer Form nach aus der jüngeren Steinzeit stammen könnten, wenngleich solche Geräte noch in der frühen Bronzezeit in Verwendung standen, in welche Periode auch die zahlreichen Funde aus Perjen, Ried und Landeck gehören, die eine sehr frühe Begehung der später von den Römern ausgebauten Via Claudia Augusta oder der Wege ins Engadin wahrscheinlich machen. Siedlungen sind in der Landecker Gegend bis heute erst aus der Urnenfelderzeit um 1200 bis 1000 vor Chr. in Zams, Ladis, Flirsch, Pfunds und Stanz erwiesen. Die Urnenfelderkultur wurde von den Illyrern getragen, die als erste Siedler in Nordtirol gelten.

Aus der Hallstattzeit mehren sich die Bodenfunde, fehlen aber aus der Römerzeit, zumindest was Siedlungshinweise betrifft, obwohl man römische Straßenstationen bei Nauders und Landeck vermutet. Wenn einmal der Verlauf der Römerstraße gesichert sein wird, dürfte wohl manches deutlicher werden. So bleibt zunächst das, was die alten Namen erzählen. Dabei unterscheiden sich die vorromanischen Ortsbezeichnungen wie Prutz, Ladis, Tösens, Nauders, Zams, Stanz, Circaffe (alter Name für die Feste Kronburg), Perjen, (Hoch-)Gallmig deutlich von den romanischen, die mit jenen Siedlern auftreten, die am Ende des Altertums hier seßhaft sind: Kauns, Perfuchs, Fiß, Serfaus, Fendels, Pfunds, Tobadill, Pians, Pettneu usw. Die baiische Einwanderung im 6. Jahrhundert setzt dann die deutschen Namen dazu und bringt allmählich auch die germanisch-deutsche Umgangssprache. Nur in Nauders hält sich wie im oberen Vinschgau noch lange das Romaunsch daneben. 1516 beschwerten sich die Pfundser, sie könnten den Gerichtsverhandlungen in Nauders nicht folgen, weil dort in Romaunsch verhandelt würde, sie aber nur Deutsch verstünden. Erst im 17. Jahrhundert scheint diese Ursprache erloschen zu sein. Schließlich kamen die Alemannen über das Wallis ins Paznaun, wo sie sich um 1300 zuerst in Galtür niederließen.

Der wirtschaftliche und kulturelle Aufschwung hängt im Oberen Gericht besonders stark mit den Fernstraßen zusammen, die alle in Landeck zusammentreffen: der Weg vom Reschen, der Pfad vom Engadin, die Straße von Imst und jene vom Arlberg. Alle anderen Siedlungen waren und sind zum Teil noch sehr klein und in ihrer Ausdehnungsmöglichkeit durch die herbe Natur der engen Bergtäler von vornherein begrenzt. Pro Quadratkilometer kultivierbarer Bodenfläche leben hier 150 Menschen; diese Bevölkerungsdichte wird in ganz Nordtirol nicht mehr erreicht, und diese Verhältnisse haben die Bewohner des Oberen Gerichtes lange gezwungen, ihr Fortkommen im Ausland zu suchen, wobei die jährlichen Züge der sogenannten ›Schwabenkinder‹ den traurigsten Aspekt jener armseligen Verhältnisse darstellten. A. Rohrer schreibt in seinem Buch ›Uiber die Tiroler‹ 1796 darüber:

Wer sich aber von der Wahrheit des Gesagten überzeugen will, der besuche nur die Bauernwirtschaften von dem Städtchen Füssen längs der Straße nach Augsburg, und er wird finden, daß die meisten Güterbesitzer einen Tirolerburschen haben, welcher für die Pflege der ihm anvertrauten Herde nicht anders, als wäre er der einzige Sohn und Erbe des Hauses, treuherzig wacht und besorgt ist. Die meisten dieser guten Kinder sammeln sich zur Marktzeit in der Reichsstadt Kempten, wo sie den Bauern um die leidlichsten Bedingungen zu Gebote stehen. Sie folgen dann ihrem neuen Herrn in das Kemptische Königseck-Rothefelsische und Isnische Gebiet, in welchen die wegen ihrer guten Weide berühmten Algauischen Alpen großteils liegen. Öfters wenn ich gerade durchs Algau fuhr, sah ich nicht ohne heimliche Freude dergleichen hütende Tirolerknaben gleich nordamerikanischen Wilden, mit Strohmänteln behangen, die weitläuftigen Wiesen, um ihres Viehes Zucht und Ordnung Willen, barfuß durchlaufen. Um Martini kommen sie insgemein in ihre schrofige Heimat wieder zurück, munter und fröhlich wie junge Schwalben, die am kalten Abend mit kühneren Flügeln ihrem Neste zustreben. Jeder bringt drey, höchstens fünf Gulden, das ist sein ganzer Hirtenlohn ...

Erst mit dem wachsenden Geldsegen des Fremdenverkehrs haben die Saisonwanderschaften in großem Stile aufgehört, weil man jede Kraft in der Heimat benötigt.

In *Landeck* stand schon früh eine Wehrburg und bewachte den Eingang ins oberste Inntal. Sie ist immer landesfürstlich gewesen. Der gewaltige Bergfried bekam den kleinen Palas direkt angebaut, und um 1500 wurde der Hof, vielleicht nach dem Vorbild von Sigmundsried, in eine gedeckte Halle verwandelt, die neben der Kapelle das echteste der ganzen Anlage darstellt. Die späteren Erweiterungen und Vorwerke sind innerhalb anderer Zubauten kaum mehr sichtbar. Als Jörg Kölderer 1521 nach dem Tode Kaiser Maximilians eine Besichtigungsreise zu allen landesfürstlichen Burgen unternahm, war Landeck in schlechtem Zustand. Trotz der daraufhin erfolgenden Verbesserungen trat bereits 1529 und 1545 erneuter Verfall ein. Im 18. Jahrhundert gab es einen großen Brand, ja, daß die Burg überhaupt so lange überlebte, verdankte sie nur dem Umstand, daß hier das Gericht seinen Amtssitz hatte. Die öffentliche Hand renovierte denn auch entsprechend desinteressiert, und erst als man beschloß, hier ein Heimatmuseum einzurichten, sah die Burg seit 1973 bessere Zeiten.

Landeck ist als Stadt von 1923 noch sehr jung. Dementsprechend gibt es auch keine Reste mittelalterlicher Befestigungsanlagen. Erst 1900 schlossen sich die Gemeinden Angedair und Perfuchs rechts vom Inn mit Perjen und Bruggen links des Flusses zu einer Großgemeinde zusammen, die 1904 Markt wurde. Die Urpfarre lag in Stanz, von wo sie aber 1229 nach Zams verlegt wurde.

Wesentlichen Einfluß auf das mittelalterliche Leben nahmen die Ritter von Schrofenstein, deren Stammburg noch heute teilweise steht. 1196 wird ein Fridericus von Schrofenstein genannt, ein Dienstmann des Bischofs von Chur. Er saß zunächst nur in einem Wohnturm auf steiler Felszacke über dem Inn. Der Eingang lag ursprünglich südwärts. Dann wurde der Turm erweitert und erhöht, aber schon 1546 starben die Schrofensteiner aus, und die Burg wechselte mannigfach die Besitzer. Teile der Anlage fielen zusammen, andere wurden abgetragen. Heute steht nur mehr der große Turm mit einem neuen Pultdach, zwei Geschosse niedriger als ehedem.

XIII

JAKOB GAUERMANN

(1773-1843)

Der Ötztaler Gletscher

Aquarell, 1819

Innsbruck, Tiroler Landesmuseum Ferdinandeum

Der Vater des berühmten Wiener Biedermeiermalers Friedrich Gauermann war gebürtiger Schwabe, lernte zuerst die Steinhauerei und besuchte dann die – durch Schillers Flucht besonders bekannt gewordene – Hohe Karlsschule in Stuttgart. 1798 ging er nach Wien an die Akademie und schloß sich dort besonders an Martin von Molitor an, mit dem er 1802 eine erste Erkundungsreise nach Tirol unternahm. 1818 wurde er Kammermaler des Erzherzogs Johann. Ein Jahr darauf schuf er mit dem hier wiedergegebenen Aquarell eines der ersten vor der Natur studierten und realistisch aufgefaßten Gletscherbilder Tirols. Mit diesem eindrucksvollen Blatt Gauermanns beginnt in der Entwicklung dieses Genres, das in den siebziger Jahren des 18. Jahrhunderts mit den bizarren Darstellungen der ›Mer de glace‹ bei Chamonix einsetzt und rasch zur Mode wurde, eine neue Sehweise, die sich in der nächsten Generation – siehe den ›Stubai-Gletscher‹ von Anton Hansch auf den Seiten 112-113 – zu dramatischem Naturalismus steigert.

Die Landecker Pfarrkirche Mariä Himmelfahrt, das Hauptwerk der Bauhütte Grins, entstand in der zweiten Hälfte des 15. Jahrhunderts. Es gab hier bereits zweihundert Jahre früher eine Gnadenstätte, die auf die Errettung zweier im Wald verlorener Kinder zurückgeht. Nach Anrufung Unserer Lieben Frau im Walde durch die Eltern brachten ein Wolf und ein Bär die Kinder unversehrt zurück, wie eine Tafel in der Kirche berichtet. Nachdem beim Neubau zuerst das Langschiff, also der Raum fürs Volk, ab 1471 erweitert wurde, könnte man denken, daß die alte Kirche im Chorbereich lag. Hanns Schedler gilt als Meister dieser ersten Baustufe. Er starb um 1493, ohne sein Werk vollendet zu haben. Die Einwölbung besorgte sein Nachfolger als Hüttenmeister, Balthasar, von dem wir sonst nichts wissen. Mit acht Gesellen hat er bis 1507 das Langschiff geschlossen und die Portale gemeißelt. Erst der dritte Meister, Christian Frey, baute und vollendete bis 1521 den Chor von Grund auf. Er schuf einen überaus eleganten Baukörper mit einem fast verspielten Rippennetzwerk, das nicht weniger als zwanzig Schlußsteine trägt. Es fällt auf, daß die Kirche basilikalen Charakter hat – hohes Mittelschiff, niedrigere und schmälere Seitenschiffe –, was mit dem Stil der Bauzeit nicht vereinbar ist. Man könnte annehmen, daß man sich hier aus Pietät an die Form des – romanischen? – Vorgängerbaues gehalten hat.

Von der Innenausstattung interessieren die Denkmäler des Ritters Oswald von Schrofenstein (gestorben 1497) und seiner Frau Praxedis von Wolkenstein (gestorben 1492). Leider sind die einzelnen Stücke ganz auseinandergerissen und über die Kirche verstreut. Unter der Empore stehen, senkrecht nebeneinander in der Wand und schlecht sichtbar, die Grabplatte des Hochgrabes und die Gruftplatte, die einst vor dem steinernen Sarkophag den Boden deckte. Die Inschrift besagt: »Nach Christi geburt 1497 Jahr am 3 Tag des monats Jenner starb der Edl und streng Ritter herr Oswald v. Schrofenstein den got genad«. Genau die gleiche Inschrift findet sich am Totenschild Ritter Oswalds an der linken Chorwand. Die Grabplatten und der Totenschild sind Werke Sebald Bocksdorfers, der in Holz besser arbeitete als in Stein. Der Schild ist überdies etwas zu frisch gefaßt, die Sterne an seinem breiten Rand sind dabei untergegangen. Er ist der älteste in Tirol erhaltene seiner Art und hing der Tradition entsprechend über dem Hochgrab. Wo dieses gestanden haben mag, wissen wir nicht. Wohl aber war es mit dem Altar verbunden, der heute als Hochaltar verwendet wird und ebenfalls als Werk Bocksdorfers gilt (Flügel neu). In der hohen Predella befanden sich die Stifterfigürchen mit ihren Wappen und dem Namenspatron des Ritters, dem heiligen schottischen König Oswald, dessen Figur eine Reliquie in der Brustkapsel trägt. Die Figuren stehen jetzt an der Langhauswand. Warum eine so einmalige Denkmalsgruppe auf vier Stellen in der Kirche verteilt sein muß, ist unverständlich. Aus alten Beschreibungen wissen wir überdies, daß noch irgendwo ein Wandbild schlummern muß, das ebenfalls Ritter Oswald und Frau Praxedis samt ihren zwölf Kindern als Stifter der Darstellung einer Anbetung der Heiligen Drei Könige zeigt. Wo mag es sein?

Die Bauhütte Grins-Landeck hat im Laufe der Zeit noch drei weitere Meister beschäftigt: Hans Räffl, dessen Werkanteile wir nicht erkennen können; Jobst Wüst von Pfunds, der die Chöre der Kirchen von Prutz (1490), Sankt Georg ob Tösens (1496) und die gotische Kirche von Nauders (1512) schuf, und schließlich Christian Räffl, der aus dem Lechtal kam, wo er aller Wahrscheinlichkeit nach die Sebastianskapelle in Holzgau 1487 erbaute. Später übertrug er den Nordtiroler Bauhüttenstil nach Südtirol, wo er 1490 die Pfarrkirche zu Agums im Vinschgau errichtete. Das besondere Kennzeichen auch der Landecker Bauhütte ist der Dreiecklisenenschmuck, meist dreiviertelhoch die Wand emporgezogen mit plastischem Abschluß in Form von steinernen gefälteten Dächlein oder Kreuzblumen, wie wir das von Imst her schon kennen. Auf das Imster Vorbild haben die Landecker überhaupt eifrig geblickt.

Die einzelnen Stadtteile von Landeck besitzen noch eine große Zahl alter Häuser wie in Angedair, Maisengasse 2, das 1569 datierte Fimbergerhaus, ehemals Sitz des Richters Hans Schyrele, der es mit vielen Wappen jener geschmückt hat, die ihn aufsuchten. Oder in Perfuchs in der Herzog-Friedrich-Straße, wo besonders hübsche gotische Erker zu sehen sind. Beim Pflasterhaus in Perfuchs sang 1416 ein Sänger den Bauern die traurige Geschichte ihres geächteten Herzogs Friedl vor, bis diese ihn im Sänger selbst erkannten und jubelnd empfingen.

Die sogenannte Gerberbrücke verband hier schon 1300 beide Innufer, und 1703 tobten auf ihr harte Kämpfe mit den Bayern.

Den Landeckern besonders am Herzen liegt die Burschlkirche, die nach einem Gelöbnis in der Pestzeit 1650 errichtet worden ist. Ihre Ausstattung ist vollkommen erhalten. Das ›Burschl‹ könnte schon in heidnischer Zeit ein Kultplatz gewesen sein, wie auch im Stadtteil Perjen nördlich des Inns immer wieder Funde aus vorgeschichtlicher Zeit zutage kommen.

Durchs Stanzer Tal

Der Weg zum Arlberg durchs Stanzer Tal ist seit urdenklichen Zeiten von der großen Straße bestimmt. Schon im 13. Jahrhundert forderte ein Konrad von Perjen »von ainem Wege, den er machte, ains tags uf gelait einen zol, von dem rosse ainen zwanziger, den nimmt er noch auf dem Arlperge«. Seit diesem Konrad reißen die Namen der Inhaber des Wegerechts, oft genug nur durch Klagen der gerupften Straßenbenützer bekannt, nicht mehr ab, und das bis heute, da man ebenso Maut zahlen muß, wenn man den Straßentunnel durch den Arlberg benützen will.

Am Anfang des Tales liegt das Dorf *Stanz,* wichtig im frühen Mittelalter als Sitz der Urpfarre. Landeck als Gemeinde gab es ja damals nicht, sondern nur vier Dörfer um den Zusammenfluß von Sanna und Inn. In Stanz bewährte sich eine Dingstätte, die das ganze Tal bis zum Arlberg umfaßte, wozu auch der Taleingang ins Paznaun und einige Almsiedlungen jenseits des Kammes der Lechtaler Alpen gehörten. Der Platz des Ortes am sonnigen Südhang unter dem Rauhen Kopf (2810 m) war schon in grauer Vorzeit besiedelt. Die Pfarrkirche baute Hanns Schedler, der erste Hüttenmeister von Grins. Sie ist in ihrer Bausubstanz wohlerhalten: der Turm zwar noch romanisch, aber sonst ein Musterbeispiel einer kleinen, aber bedeutenden gotischen Dorfkirche. An ihren Gewölben hingen die Augen des kleinen Jakob Prandtauer, der 1660 in Stanz geboren wurde und Tirols größter Baumeister werden sollte, wenngleich keines seiner Werke in Tirol steht. Man weiß nicht, wo Prandtauer gelernt hat, denn seine Wanderjahre liegen im dunkeln. Angefangen hat er als Maurer bei seinem Onkel im nachbarlichen Schnann. Als des Künstlers Hauptwerk gilt Kloster Melk an der Donau;

ferner baute er das wunderbare Treppenhaus und den Festsaal im Stift Sankt Florian sowie das dazugehörige Jagdschloß Hohenbrunn. Daneben war er für die Stifte Herzogenburg und Seitenstetten tätig, die Wallfahrtskirchen Maria Taferl und auf dem Sonntagberg zeigen seine Handschrift, und Sankt Pölten, seinem Wohnsitz, hat er seinen unverkennbaren Stempel aufgedrückt. Seine Kunst vereinigt große, klare Grundkonzeptionen mit handwerklicher Meisterschaft, die eine Vertrautheit mit dem Material voraussetzt: Manche Kontrakte heißen ihn deshalb auch ›Pildthauer‹. Im steinigen Oberland, in Stanz und vielleicht im alten Hüttensteinbruch zu Grins hat er sich diese Vertrautheit wohl schon als Kind angeeignet.

Der Nachbarort *Grins* hat durch die Nähe seiner Tuffsteinbrüche die Landecker Bauhütte 1460 beherbergt. Hier wurde das Baumaterial für fast alle größeren Kirchenbauten im Oberen Gericht gebrochen und bearbeitet. Auch für die Grinser war die Straße wichtig. 1347 ist Ulrich Kazendreier aus Grins Inhaber des Wege- und Zollrechtes. 1330 erreichten die Grinser beim Landesfürsten die Bestätigung, daß der alte Weg, »der einmalen für Grins gegangen ist«, weiterhin dort gehen solle, »als lang als unser gnad ist«, und nicht unten im Tal. Man zeigt noch eine alte Römerbrücke, einen Steinbau, der aber nichts mit den Römern zu tun hat, da diese den Arlberg nicht besuchten. Margarethe Maultasch soll die Grinser Heilquellen benützt haben, und es gab ein sehr altes Maultasch-Haus mit Fresken, das aber mit dem ganzen Dorf im November 1945 abgebrannt ist. In acht Stunden wurden damals dreiundsiebzig Familien obdachlos und ihrer gesamten Habe sowie der eben vollständig eingebrachten Ernte beraubt. Zum Wiederaufbau gründete man eine Genossenschaft, und bei der Suche nach Baumaterial besann man sich auf die in gotischer Zeit verwendeten Tuffsteinbrüche. Drei Jahre später stand das heutige Grins mit zweiundfünfzig neuen Häusern und achtundvierzig Wirtschaftsgebäuden vollständig neugebaut da. Die barocke Kirche Franz Singers aus Götzens von 1775 blieb glücklicherweise vom Feuer verschont. Matthäus Günther aus Augsburg hat die Flachkuppeln 1779 freskiert.

Hinter Pians, wenig talaufwärts, zweigt die Bundesstraße ins Paznauntal ab, dessen Eingang vom *Schloß Wiesberg* bewacht wird. Heute sieht es freilich eher aus, als wache die Burg über das Wohlergehen der kühnen Eisenbahnbrücke über die Trisanna. Das Schloß gehört zur Streusiedlung Tobadill, 1275 Taveldilli genannt, zu einer Zeit, da die Herren von Ramüs aus dem Engadin hier saßen. Als sie sich 1330 mit dem Tiroler Landesfürsten anlegten, besetzte der Landecker Richter die Burg, die dann Lehensgut der Tiroler Grafen blieb. Heute ist sie in Privatbesitz.

Die Eisenbahnbrücke, 90 Meter über dem Fluß und 120 Meter lang, wurde 1884 erbaut und 1964 erneuert. Sie stellte zu ihrer Zeit eine aufsehenerregende Eisenkonstruktion dar. Die Arbeiter huldigten nach Vollendung des in ihren Augen ruchlosen Werkes heidnischen Bräuchen, indem sie ihr Werkzeug gleichsam als Sühneopfer in die Tiefe warfen.

Die Arlbergstraße windet sich nun am Berghang wenig über der Rosanna durch das Straßendorf *Strengen,* dessen Kirche man besuchen sollte. Sie besitzt eine als Tragefiguren für Prozessionen gedachte Gruppe von Andreas Thamasch, die Josef und Maria zu seiten des kindlichen Jesus schreitend und darüber schwebend Gottvater zeigt. ›Heiliger Wandel‹ heißt diese Szene, die selten zu sehen ist und Thamaschs expressive Barockkunst auf voller Höhe zeigt.

Wenig später erreicht man *Flirsch,* dessen Name sich etwas umständlich mit Frühjahrsweide oder Recht auf diese Weide aus dem Romanischen erklären läßt. Bis ins 17. Jahrhundert betrieb man im Kohlwald Bergbau, später wurde Marmor gebrochen, und im 19. Jahrhundert gabs hier eine Lodenfabrik.

Auch Pettneu und Schnann, heute zu einer Gemeinde vereint, sind alte Siedlungsgebiete. Pettneu war früher, als die Wege über die Jöcher noch echte Verbindungsstraßen darstellten, sogar ein Knotenpunkt. Nach Süden gings über das Malfontal und das Kappler Joch ins Paznaun und Engadin, nach Norden über Kaisers ins Lechtal. Pettneus Wahrzeichen ist der Hohe Riffler (3160 m) mit seinem kleinen Gletscherfeld, den man von der Edmund-Graf-Hütte (2408 m) in vier Stunden besteigen kann. Es weitet sich ein herrlicher Ausblick auch auf die Blankaseen im Kar. Die Bedeutung des Dorfes bestand in der Brücke über den Bach. Die Kirche wurde durch viele Erneuerungen und Verbesserungen zu einem Konglomerat umgestaltet, aus dem Gotisches, Barockes, Klassizistisches und Stilloses spricht.

Schließlich kommt man zum weltbekannten Wintersportort *Sankt Anton am Arlberg*. Der Ortsname ist erst 1927 endgültig festgesetzt worden, früher hießen die beiden Siedlungen Sankt Anton und Sankt Jakob zusammen Nasserein. Das Gedeihen der Gemeinde ist eng mit der Fernstraße und mit dem Verkehr, den sie mit sich brachte und bringt, verbunden. 1386 erbaute Heinrich Findelkind knapp vor der Paßhöhe auf Tiroler Gebiet das Hospiz Sankt Christoph, in dessen Fremdenbuch sich illustre Herren sonder Zahl eintrugen. Am 24. Oktober 1414 reiste zum Beispiel Papst Johannes XXIII. zum Konstanzer Konzil über den Arl: *Darnach kam uns Botschaft, wie unser hailger vatter baubst Johannes XXIII. uff dem weg wär und herzug, das och was. Und do er uff den Arleberg käm, by dem mittel, do viel sin wagen umm und lag in dem schnee unter dem wagen. Da koment zuo im all herren und korttisan und sprachen zuo im: Heilger vatter gebriest üwer Hailigkeit üntz? Do antwurtt er: Ich lig in dem namen des tüfels.* Zu Deutsch: Er fluchte, als er in den Schnee fiel. Wenig später ritt Herzog Friedl IV. mit zwölf Tiroler Grafen und sechshundert Rittern über den Arl, um am Konzil teilzunehmen. Damals ahnte er wohl kaum, daß er, in Acht und Bann gefallen, heimlich wieder zurückkehren würde.

Die erste große ›Kunststraße‹ begann Kaiser Josef II. zu bauen. 1785 nahm man sie in Betrieb, und sie genügte den Bedürfnissen dreißig Jahre lang. 1824 führte man dann schon weitgehend die heutige Trasse auf. Sie war so sicher, daß wöchentlich einmal eine Kalesche von Innsbruck nach Bregenz fahren konnte, wozu sie allerdings sechs Tage benötigte. 1884 kam die Eisenbahnstrecke mit dem zehn Kilometer langen Tunnel dazu, und in den letzten Jahren baute man den Arlbergstraßentunnel, dessen Zufahrten 1980 so zuschneiten, daß er unbenützbar war.

Sankt Anton florierte durch den Fuhrbetrieb. Der Postmeister Schuler hatte hundert Vorspannpferde im Stall stehen! 1901 gründete man den Schiklub Arlberg, dessen Meister Hannes Schneider mit seiner Idee des Gruppenschiunterrichts viel zum Ruhme der Tiroler Schilaufkunst beitrug. Drei Seilbahnen und viele Lifte haben heute das Gebiet angeblich ohne Beeinträchtigung seiner landschaftlichen Schönheit in ein Schizentrum der Alpen verwandelt.

Auf dem Schloßkopf stand einst die Burg Arlen, die dem Berg den Namen gab. Er bedeutet Legföhre. Die rabiaten Appenzeller zerstörten sie 1406. Die Kirche, im Kern von 1691, erhielt 1932 im Zuge einer Erweiterung einen etwas fragmentarischen Südturm angebaut. Einheitlicher blieb jene in Sankt Jakob bestehen, mit qualitätvollen Plastiken des Imster Rokokomeisters Johann Schnegg von 1775.

So haben der Arlberg und das Stanzer Tal, das zu ihm hinaufführt, vieles erlebt und gesehen in all den Jahrhunderten, da die Straße die Orte und Länder miteinander verband. Es war Brauch der ›Auswanderer‹, sich von der Christophorusfigur im Hospiz ein Stückchen abzuschneiden und als Amulett mitzutragen. Dieser fromme Brauch nahm solche Ausmaße an, daß man die schwindende Figur durch ein Gitter schützen mußte.

Auch der Arlberg mit seinen 1740 Metern Seehöhe ist ein Ende Nordtirols, aber kein trauriges, sondern ein seit Jahrhunderten bekanntes und bewährtes. Jeder Tiroler fährt gern auf den Arlberg, hinten hinunter ist ihm gleich etwas weniger wohl. Erleichtert greift er nach dem Stück Christophorus in seiner Hosentasche. Immer noch.

Ins Paznaun

Selbst die inzwischen recht ansehnlich gewordene Straße ins Paznauntal kann den Eindruck nicht verändern, daß der Eingang in dieses vierzig Kilometer lange Tal eng und wenig einladend durch eine Schlucht, das Gfäll, führt. Erst seit 1887 gibt es überhaupt eine ständige Verbindung mit dem Stanzer Tal. Je weiter man aber ins Paznaun eindringt, desto freundlicher findet man es, ganz im Gegenteil zu den meisten anderen Tiroler Tälern, und seit 1954 die Silvretta-Hochalpenstraße zwischen Gletschern und Stauseen ins Montafon hinüberzieht, hat das Paznaun als Abschluß ein strahlendes Tor nach Vorarlberg bekommen. Man versteht, daß die Besiedlung zunächst über die inneren Jöcher in Form von Almbetrieben und Schwaighöfen erfolgt ist. Im 9. Jahrhundert kamen in das Gebiet von Ischgl die Rätoromanen aus dem Unterengadin über den Fimbapaß, die dann schon 400 Jahre hier saßen, ehe Siedler vom Stanzer Tal her eindrangen. Etwa gleichzeitig mit diesen nahmen Bauern von Fiß und Serfaus Almen und Weiden beim heutigen Dorf See in Anspruch und ließen sich wenig später dort nieder. Wieder hundertfünfzig Jahre danach, 1319, stiegen die Walser über das Zeinisjoch (1839 m) ins oberste Tal und gründeten eine ›Cultura‹, das spätere Galtür. Diese verschiedenen Wurzeln der Paznauner sind für feine Ohren trotz aller Vermischungen noch aus kleinen Unterschieden zwischen den lokalen Dialekten herauszuhören, auch unterschieden die Urkunden lange zwischen den Wallisern von Galtür und den sonstigen »Landlütt im Paznütt«. Das Tal bildet einen tiefen Einschnitt zwischen den Silvretta-Samnaun-Gebirgen im Süden und dem Verwall im Norden.

Ehe man nach dem Dorf *See* – ›ze dem See‹ hieß es, als hier noch wirklich ein See bestand – also: ehe man nach See kommt, sieht man hoch oben zu beiden Talseiten, oft in unglaublicher Steillage, einzelne altersschwarze Höfe an den Berghängen liegen. Die höchsten heißen Frodenegg. See selbst befindet sich auf einer Geländestufe (1056 m) und macht die ehemalige Situation am Trisannasee deutlich. Bis ins 16. Jahrhundert gehörte es zur Mutterpfarre Serfaus, von wo die Ahnen herstammten und wohin die Toten übers Furgl- oder Furkajoch (2746 m) getragen wurden, soweit die Wege nicht verschneit waren. Dann ließ man die lieben Verstorbenen in der Scheune oder im Schupfen steiffrieren, bis Tauwetter eintrat. Hemingway berichtet in einer seiner Kurzgeschichten, wie er als junger Mann anläßlich einer Schitour durchs Paznaun auf einem Berghof zur Nacht blieb. Bald erfuhr er, daß die Bäuerin vor kurzem gestorben war. Als er dem Bauern in den Schupfen folgte, um beim Holzholen zu helfen, sah er, wie dieser seiner steifgefrorenen Alten, die da auf ihr Begräbnis wartete, treuherzig die Stalllaterne ins Gesicht hängte, um beide Hände frei zu haben. Rauhes Leben, rauhe Sitten! Heute ist das längst vorbei.

Aber der Platz auf dem Friedhof ist immer noch beschränkt, und so haben sich überall in den Totenkapellen Ossarien gebildet, in denen man die anthropomorphen Grundstrukturen der Paznauner studieren kann. Manche Knochenschädel tragen liebevoll Initialen und Daten ihrer einstigen Besitzer auf die Stirn gemalt, nicht selten mit Ornamenten verziert. Andere sind zurückgesunken in die Gattungsanonymität des Homo sapiens, aus der sie einst subjektiv leuchtend aufgestiegen waren.

See ist der Geburtsort des schon wiederholt erwähnten Tiroler Bildhauers Andreas Thamasch, der in Stams das ›Österreichische Grab‹ gestaltet hat.

Sehr empfehlenswert ist eine Wanderung entlang den hohen Berghöfen auf der rechten Talseite etwa bis Hintergiggl (1391 m) oder gegenüber nach Glitt und anderen zum Teil jetzt verlassenen Siedlungen bis Falgenair hinaus, von wo aus man einen herrlichen Blick bis zum Karwendel jenseits von Telfs hat.

Auch die Weiterreise nach *Kappl* (1256 m) wird von zahlreichen Bergweilern an den südlichen Hängen begleitet. In der Höhe der Waldgrenze, etwa bei 1900 Meter, verflachen die Steilhänge zu breiten Hochweiden und Almen: Langesthei-, Spidur- und Diasalm. Auch Kappl liegt an einer lawinensicheren Stelle am Hang, aber im Weiler Langesthei (1490 m), weiter draußen, fahren die Lawinen durch einen unverbauten Einschnitt zwischen den Höfen jeden Winter zu Tal. »Ja, ja, in Langesthei ist nit einmal der Stubenboden waagrecht«, heißt es. ›Langes‹ heißt übrigens Frühling und ›Thei‹ Alm; es handelte sich ursprünglich also um eine Frühjahrsalm am Südhang. Über Kappl selbst halten die Oberhaushöfe mit 1500 Meter die höchste Höhe. Sie sind jetzt Nachbarn der Schilifte zur Diasalpe (2000 m), denn auch Kappl ist längst ein Fremdenverkehrsort. Im 14. Jahrhundert hieß es ›Capella Sancti Antonii in valle Patznow‹, im 16. Jahrhundert bereits ›in der Capl‹. Die alte Einsiedlerkapelle – dem Eremitenheiligen fühlten sich die ersten Siedler offenbar verwandt – ist 1726 einem barocken Neubau gewichen, dessen Langhausgewölbe Philipp Jakob Greil aus Pfunds 1774 freskiert hat. Bemerkenswert ist auch das Marmordenkmal für den geistlichen Herrn Adam Schmid (gestorben 1729), das vom einheimischen Bildhauer Johann Ladner aus Diasbach 1753 vollendet worden ist. Er hat auch die lebensgroßen Figuren der Friedhofkapelle 1760 geschaffen, die wenig nordöstlich der Pfarrkirche steht.

Wenn man von Kappl taleinwärts blickt, sieht man, wie die niedergehenden Berglehnen von rechts und links den Lauf der

Trisanna zu leisem Mäandern zwingt. Man erinnert sich der Worte Stafflers: *... nirgends erfreut ein ebener Landstrich das Auge ... erfreulich dem Auge und der einzige Schatz der Paznauner sind die schönen und mit würzigsten Kräutern wuchernden Alpen und Grasböden ... die großen Alpen Spidur und Vesul ...*

In Kappl oder knapp dahinter endet das äußere Paznaun, denn *Ischgl* ist bereits der Hauptort des inneren Tales. Der Name soll Au bedeuten und wird mit zahlreichen Hochwassern der Trisanna begründet, in die hier der Madlein- und der Fimberbach münden. Durchs Fimbertal ist die Gegend um 900 vom Engadin her besiedelt worden, und 1104 sprechen die Urkunden von ›Isola‹. Kirchlich blieb ein Zusammenhang mit der Engadiner Pfarre Sent bis 1483 bestehen. 1757 entstand die heutige Kirche, die noch ihre gesamte zeitgenössische Ausstattung und eine weitberühmte Reliquie besitzt.

Am 24. September 1794 schenkte die Abtei Prüm an der Mosel dem Kaufmann Moritz aus Ischgl, der sich in Frankreich niedergelassen hatte, einen 1,2 kg schweren Silberarm, in dem ein Knochen des »heiligen Protomärtyrers Stephanus« eingeschlossen ist. Das Kloster befürchtete, daß die vorrückenden französischen Soldaten das Reliquiar wegen seines Edelmetalles rauben könnten, und machten dem Beschenkten zur einzigen Auflage, es in einer »ecclesia transrhenana«, das heißt, einer Kirche östlich des Rheins, aufzubewahren. Gleichzeitig erhielt der Paznauner eine ›Authentizität‹ in Form einer Urkunde, nach der die Armreliquie aus der Reliquienschenkung Papst Leos III. (795-816) an die Abtei Prüm stammte. Leo III. floh 799 vor seinen Feinden an den Hof Karls des Großen. Von welcher Bedeutung Prüm damals war, geht schon daraus hervor, daß Karls Enkel, Kaiser Lothar I., sich vor seinem Tode (855) in diese Abtei zurückzog, und auch Lothars Bruder König Pippin wie auch Papst Sergius II. (844-847) schenkten dem Kloster immer wieder wertvolle Reliquien. Im Schatzinventar von 1003 wird das Armbein unseres Heiligen als Geschenk Kaiser Lothars geführt. Danach stammte die Reliquie aus dem großen Schatz Kaiser Karls des Großen.

Das unverändert erhaltene Reliquiar stellt einen vierzig Zentimeter langen Silberarm in Segensgeste dar, wobei erstaunlicherweise ein linker Arm geschaffen worden ist. Eine Erklärung dafür gibt es bis heute nicht, denn auch die anatomische Untersuchung von 1956 erbrachte eindeutig, daß die Reliquie den rechten Speichenknochen eines eher kleinen Mannes darstellt. Der Knochen muß wiederholt berührt worden sein, da seine Oberflä-

che poliert ist. Normalerweise kann man ihn nur durch ein kleines Rundfenster an der Innenseite des Silberärmels betrachten. Diese Fassung entstand etwa um 1600 als Werk eines durchschnittlichen Meisters.

Unweit von Ischgl liegt der Weiler *Paznaun,* der dem gesamten Tal den Namen gab. Hier steht eine rustikale Kapelle zu den Vierzehn Nothelfern, die ein Altarbild (1680) nach Art eines Stammbaumes zeigt.

Ischgl hat sich gleich mit zwei Seilbahnen ins Gebiet der Idalpe und etwa zehn Schiliften ein herrliches Wintersportgebiet erschlossen, das dem Ort eine steigende wirtschaftliche Blüte gebracht hat, worunter freilich manches der örtlichen Eigenart zu leiden beginnt.

Fünf Kilometer hinter Ischgl, auf halbem Wege nach Galtür, kommt man in den ruhigen Ort *Mathon* mit dem sehenswerten Zentralbau der Kapelle zu den Heiligen Drei Königen, für die Johann Ladner 1774 einen hübschen Krippenaltar im Rokokostil geschaffen hat.

Galtür (1583 m) ist außer dem Weiler Wirl (1630 m) der letzte geschlossene Ort des Paznaun, aber bei weitem nicht sein geringster. Es liegt im flachen Grunde des hier erweiterten und grünen Hochtales am Zusammentreffen mit dem Jamtal, dessen Ferner einst bis hieher gereicht hat. In mancher Sage spiegelt sich das Wachsen und Schmelzen der Gletscher, wenn man hört, daß sich hinter den Fliehenden das Eis über die Wege schloß. 1882 wurde die Jamtalhütte (2163 m) eröffnet; sie ist Ausgangspunkt zur Besteigung des berühmten Fluchthorns (3403 m).

Aber zurück nach Galtür, von dem wir schon hörten, daß es von Wallisern besiedelt wurde, die ursprünglich aus dem oberen Rhonetal gekommen waren. Galtür und Ischgl hatten im Mittelalter je einen aus der Dorfgemeinschaft gewählten eigenen Niederrichter, der zusammen mit Geschworenen über niedere Vergehen seiner Ortsgenossen richtete. Das Obergericht war bis ins 19. Jahrhundert Nauders, mit dem Galtür ursprünglich über den Futschölpaß (2775 m) und das Engadin zusammenhing. Als dann der Engadiner Bereich im 17. Jahrhundert von Tirol getrennt wurde, bestand die direkte Verbindung nicht mehr, aber die gerichtliche blieb erhalten. Man möchte es nicht glauben, aber die stillen Jochwege bescherten Galtür wiederholt kriegerisches Ungemach. 1406 zogen die Mannen des Appenzeller Bundes übers Zeinisjoch durchs Paznaun bis Landeck, wobei der Ort geplündert wurde. Dies wiederholte sich 1499 im Engadiner Krieg Maximilians I. und 1621, als das Dorf samt Kirche vernichtet wurde, wobei nur das Gnadenbild erhalten blieb. Es war Mittelpunkt einer zeitweilig intensiven Galtürer Wallfahrt. 1954 wurde die Silvretta-Hochalpenstraße über die Bieler Höhe eröffnet, wodurch das ganze Paznaun, vornehmlich aber Galtür als Mautort, Verkehrsbedeutung gewann. Die Straße war Voraussetzung und Folge, wie man nun will, für den Bau der großen Stauseen des Illkraftwerkes in Vorarlberg. Zahlreiche Paznauner Gewässer sind dabei angezapft worden, deren Energie als Elektrizität ins Tal zurückkehrt.

Die Bieler Höhe (2032 m) bildet eine europäische Wasserscheide: Was ostwärts rinnt, fließt über Inn und Donau ins Schwarze Meer; was westwärts zu Tal zieht, gelangt mit dem Rhein zur Nordsee. Das Verbindungstal zwischen Bieler Höhe und Galtür ist das Kleinvermunttal. Sein Ursprung liegt im Vermuntgletscher zu Füßen der Dreiländerspitze (3197 m) im Osten und dem Piz Buin (3312 m) im Westen. Dazwischen ziehen Grenzen: zwischen Tirol und Vorarlberg, zwischen Tirol und der Schweiz – alles friedliche und befreundete Nachbarn.

Ein anderes Endtal führt von Galtür aus nach Norden um die Vallüla (2813 m) herum zum großen Stausee Kops, der hinter dem bereits mehrfach genannten Zeinisjoch liegt. Von hier gehts direkt hinunter – aber nur zu Fuß! – nach Partennen im Montafon. Gerade in der Gabel dieser beiden Täler beim Weiler Wirl gibt es einen Schizirkus, noch einen, muß man schon sagen, und fürs Paznaun fast der letztmögliche, weil hier das Tal allmählich endet. Einen weiteren im Jamtal lehnten die klugen Galtürer ab. Sie hätten, meinten sie, mit hundertachtzig Tagen Saison im Jahr genug, und mehr Zirkus sei nicht nötig.

Durchs Oberinntal von Landeck zum Reschen

Wer von Landeck seinen Weg innaufwärts nimmt, der zieht zunächst tief unter der Burg Landeck vorbei im engen Inntal nach Fließ, das am Hang oben liegt. Fließ und sein Nachbar auf der anderen Talseite, *Hochgallmig,* sind Bergorte; besonders der letztgenannte klebt so gewagt am Hang, daß man sich fragt, was wohl die ersten Siedler bewogen haben mag, gerade hier ihre Rodungsarbeit zu beginnen. Selbst der Dorfname – gleichgültig, ob man ihn vom galloromanischen ›Calmis‹, das bedeutet ›Steinige Bergkuppe‹, oder vom mittelalterlichen ›Galm‹: ›Kahler Bergstock‹, ableitet – sagt wenig Einladendes. Einfacher wäre die Deutung aus ›Galmei‹, dem Berggut, das neben Kupfer und Zink hier gefunden wurde. Im Urgental gabs sogar Silber, und anfangs hießen die Häuser Erzklopfer- und Schmelzhütte. Großartig sind die Erträge nie gewesen. Auch das Bauernleben blieb hart und entbehrungsreich, fast ohne einen Blick für die grandiose Aussicht auf den Kauner Grat gegenüber.

Zwischen dem Anstieg dieser Berge und dem Venet (2513 m) nördlich davon liegt der Pillersattel, der älteste direkte Verbindungsweg zwischen Imst und dem obersten Inntal. Die Geologen erklären, daß die Senke von Eismassen des urzeitlichen Inngletschers ausgeschliffen worden ist und daß sich der Inn erst viel später den Weg um den Venetberg herum, den er heute fließt, gegraben hat. So mutet es wie ein Erinnern an diese Vorzeiten an, daß die modernen Elektroingenieure gerade über diesen Sattel einen Druckstollen mit Innwasser nach Imst hinausgeleitet haben, zwölfeinhalb Kilometer weit.

Vor dem Pillersattel liegt das alte Dorf *Fließ,* bereits 1220 genannt, 1933 fast ganz eingeäschert, wobei der Neubau der Regotisierung der Kirche zugute kam. Sicher alt ist nur mehr der Taufstein mit dem Schrofensteiner Wappen von 1523. 1794 bis 1804 bauten die Fließer an die Stelle ihrer Barbarakirche ein neues großes Haus mit Doppelturmfassade, das dem Andrang der hier sehr frommen Bevölkerung nun allerdings reichlich genügt.

Schon oft hat man darauf hingewiesen, wie sehr der weite Südhang von Fließ mit den vielen Güterwegen und Kapellen den Gegenden im Eisacktal gleicht. Sogar eine Burg ergänzt das fast südtirolische Landschaftsbild: Bideneck. Es reicht im Kern bis 1200 zurück. Der Bergfried ist imponierend, nur seine modernen Schwalbenschwanzzinnen wirken wie eine Federkrone. Der Palas, in seinem Grundriß der Geländekrümmung angepaßt, sieht nach Süden und enthält noch eine getäfelte Stube (1537) mit Kassettendecke und einem zeitgenössischen Ofen, dessen Wappenkacheln an die Schurf und Schrofenstein erinnern, die Bideneck erweitert haben. Die einzelnen Bauteile, die früher getrennt voneinander standen und nur durch den Bering verbunden waren, sind jetzt einheitlich überdacht.

Unweit des Innaufstaus in der Runserau steht die Pontlatzer Brücke – die Ponte de Laz: Brücke von Ladis –, an der 1703 und 1809 Bayern und Franzosen blutige Niederlagen gegen die Tiroler Bauern hinnehmen mußten. Die Einheimischen dezimierten den Feind durch Baum- und Steinlawinen, die sie von den Hängen abließen, und durch wohlgezielte Schüsse von oben. Ein bronzener Tiroler Adler auf einem gewaltigen Granitblock erinnert daran.

Bald weitet sich das Tal zum Zentrum der Oberländer Obstkultur bei Prutz. Auch *Prutz* mußte nach einem verheerenden Brand 1903 neu gebaut werden. Es liegt am Eingang ins Kauner Tal, etwa halbwegs zwischen den Talengen von Pontlatz und Finstermünz. ›Bruttes‹ heißt es 1207. 1635 bekam es eine wichtige Poststation, und seit Jahrhunderten trat man hier zum ›Ding‹ zusammen. Bis ihn die moderne Wildbachverbauung endgültig zu zähmen vermochte, schleppte der Faggenbach häufig riesige Geröllmassen ins Dorf, dessen Niveau allmählich um ein ganzes Stockwerk emporgehoben wurde. Die große Kirche, deren Chor 1490 und Langhaus 1520 entstanden, gehört der Landecker Bauhütte unter Christian Frey zu, zeigt aber auch Vinschgauer Steinmetzzeichen und wurde 1975 vorbildlich restauriert. 1676 baute sich die Familie Sterzinger im dritten Langhausjoch eine Grabkapelle, heute Antoniuskapelle, ans Kirchenschiff. Sie und die Payr sind für die kulturelle Entwicklung des obersten Inntales wichtig gewesen.

Etwas ungewöhnlich stehen im Süden des Friedhofes gleich zwei Kapellen aneinandergebaut da. Die des Heiligen Johannes, ein einfacher Rechteckraum, hat schon 1330 existiert und ist

XIV

ERNST FERDINAND OEHME

(1797-1855)

Burg Naudersberg in Tirol

Aquarell über Feder und Bleistift, 1825

Karlsruhe, Staatliche Kunsthalle

Der aus Dresden stammende Maler Oehme lernte bei Caspar David Friedrich und hielt sich von 1819 bis 1825 in Italien auf, wo er in Rom im Kreise der Nazarener verkehrte. Auf der Rückreise in seine Vaterstadt – wo er im selben Jahr 1825 noch zum Hofmaler avancierte – schuf er diese Ansicht von Nauders, die in ihrer zeichnerischen Klarheit, straffen Komposition, betonten Stilisierung und kraftvollen, wenn auch verhaltenen Farbgebung deutlich den Einfluß der Deutschrömer und auch seines Freundes Ludwig Richter – der große Stücke auf ihn hielt – zeigt. Im Bild links Schloß Naudersberg mit der Leonhardskapelle, rechts über dem Stillebach der Ort Nauders, dahinter die bereits zum Unterengadin gehörenden Vorberge und darüber der Piz Mondin.

voll mit Fresken aus jener Zeit. Die andere wird heute als Totenkapelle verwendet. Sie beinhaltet eine interessante Bilderfolge von Bernhard Wolf aus Prutz. Es sind Votivtafeln von Angehörigen der Familie Payr. Die interessanteste ist jene des Georg Payr von 1586. In strenger Symmetrie knien die weiblichen und männlichen Familienmitglieder rechts und links neben einer langen Inschrift. Darüber stehen neben drei Sippenwappen links eine Kreuzigung und rechts eine Pietà.

Die Payr waren von 1556 bis 1770 Eigentümer des ›Oberen Turmes‹ oder ›Turmes im Feld‹, eines wehrhaften Ansitzes in Prutz, wogegen der zweite Turm, der ›Turm in der Breite‹, den Sterzingern gehört hat. Beide Türme sind noch erhalten, wenn auch ganz eingebaut.

Auf der westlichen Seite des obersten Inntals liegt noch die Ruine Laudeck bei Ladis, einst Sitz des Gerichtes gleichen Namens. Der Weg dorthin führt über *Ried*, wo sich eine weitere kleine Burg befindet, nach ihrem bedeutendsten Benützer, Erzherzog Sigmund, Sigmundsried genannt. Dieser Bau bestand, wie die beiden anderen auch, zunächst nur aus Bergfried und Palas, die ein Hof trennte und ein Bering verband. Sigmund überdachte den Hof und schuf damit eine Halle, die Ritter Veit von Wehingen 1540 mit Wappenschmuck und pflanzlichen Motiven zieren ließ. Seit Mitte des 16. Jahrhunderts wohnten die Pfleger von Laudeck gerne in Sigmundsried. Die Pfarrkirche zum Heiligen Leonhard wird 1389 erwähnt, sie war wohl kaum größer als der heutige Chorraum, der noch um 1516 erweitert worden ist und schließlich 1715 bis 1718 ein großes Langhaus angesetzt erhielt. Im Chor wurden Freskenreste des 15. Jahrhunderts aufgedeckt.

Der Inn, die Fender Mure und der Gstallbach haben Ried immer wieder in schwierige Situationen gebracht. 1885 staute die Mure den Inn bis ins Dorf hinein, wohin sie im 19. Jahrhundert achtmal niederbrach. Der Weiler *Fendels,* der dieser Mure den Namen gab, liegt oberhalb des Fender Baches und ist die Heimat der im Oberland vielbeschäftigten Künstlerfamilie Kölle, genauer gesagt: des Andreas Kölle und seiner vier Söhne. Fendels war auch vormals ein typisch rätoromanisches Dorf, Haus an Haus aneinandergebaut, bis es zahlreichen Bränden erst in unseren Tagen zum Opfer fiel. Hier sind alle bebaubaren

›Flächen‹ so steil, daß die Bauern seit Generationen Stützmauern errichteten, damit ihnen nicht gleich der genannten Mure alles zu Tale führe. Die Kirche enthält qualitätvolle Plastiken von Johann Georg Wittwer aus Imst (Hochaltar) und vor allem von Andreas Kölle (linker Nebenaltar, Kanzel, Stationsreliefs, Kruzifix und Sankt Kassian).

Von Ried zieht die Auffahrt zur Hochterrasse von Ladis-Serfaus. Gleich jenseits des Inns muß man sich entscheiden, ob man auf dem Nordweg nach Ladis-Obladis oder nach Süden gegen Fiß-Serfaus will.

Ladis zu Füßen der Burg Laudeck war Sitz des neben Nauders wichtigsten Gerichtes im obersten Inntal. Es umfaßte das ganze Kauner Tal, die Dingstühle von Prutz und Fiß, ferner Ried, Fendels, Serfaus, Tösens, Tschuppach und See im Paznaun, das von Serfaus aus besiedelt worden war. Ladis liegt 1190 Meter hoch, am nördlichen Ende eines gesegneten Hochgebietes, in dem durch die sonnige Lage und den warmen Windstrich noch Getreide reift. Die Gegend am Fuße der Samnaungruppe ist von eindrücklicher Schönheit, die einen stillen, feierlichen Ernst in sich trägt. Freilich hat der Fremdenverkehr auch hier das Land entstellt: ›Aufstiegshilfen‹ und Hotels in allen Formen bringen hohen wirtschaftlichen Gewinn auf Kosten der Naturschönheit. Ladis zählt 400 Einwohner und jährlich 40000 Übernachtungen von Fremden, das ist eine glatte Rechnung pro Kopf! In Serfaus steht das Verhältnis gar 850 zu 400000, wozu eine Kabinenseilbahn und elf Schilifte verhelfen.

Aber zurück zu Ladis, das auch einen kleinen See sein eigen nennt. Die Lader mußten 1332 unter Androhung schwerer Strafen vom Bischof von Brixen, Albert von Enna, ermahnt werden, die Hauptgottesdienste des Jahres in der Mutterpfarre Serfaus auch wirklich zu besuchen! Die alte Lader Kirche wich 1831 einem klassizistischen Neubau.

Oberhalb von Ladis liegt das Kurhotel Obladis (1385 m) mit einer Sauer- und einer Schwefelquelle, die 1208 ein Hirte entdeckt hat.

Fiß wird 1310 als ›Fuesse‹ genannt. Im Dorfkern stehen einige alte Holzbauten, auch mehrere Holzbrunnen haben sich erhalten, das meiste Alte ist 1972 abgebrannt. Auffallend sind die Backöfen, deren Bug aus den Häuserfronten ins Freie ragt, wo er mit Holzpfählen abgestützt wird. Die Häuser sind Mittelflurbauten, in denen die Scheune und die Ställe hinter dem Wohnteil liegen, so daß der ganze Viehtrieb und alle Erntefahrzeuge mitten durch das Haus hindurchziehen. An dieser Bauform wird in letzter Zeit nicht mehr so unbedingt festgehalten, aber da die Häuser in Zeilen nebeneinanderstehen, ist es oft genug unmöglich, Seitenausgänge zu schaffen.

Den bedeutendsten Ort der Hochfläche stellt *Serfaus* (1427 m) dar. Er war auch schon früher wegen des Bergbaues am Erzköpfl von Wichtigkeit. Ein letzter Abbau wurde noch 1925 versucht. Die Kirchengruppe mit dem freistehenden Turm inmitten der erheblich modernisierten Häuser ist eine Insel hoher Kunst. Die alte Pfarrkirche zu Unserer Lieben Frau im Walde, es ist die kleinere, wird 1332 erstmals genannt, eine Jahreszahl, die auch zum Freskenschmuck im Rechteckschiff paßt. Dieses gehört meiner Meinung nach noch zur Gruppe der ehemals romanischen Kirchen wie Laurentius bei Imst oder Leonhard bei Nauders. Während der ältere Kirchenteil flach holzgedeckt blieb, wurde der Chor mit einem Rippengewölbe überspannt. Seine Wandmalerei stammt auch erst aus dem 15. Jahrhundert. Im übrigen stellt die ganz ausgemalte Kirche ein lebendiges Beispiel dafür dar, wie man sich solche Bauten im alten Tirol vorzustellen hat, weit entfernt von jeder puristischen Reinheit, lies: Leerheit, sondern vollkommen dem Anschauungsunterricht gewidmet. Nicht zu vergessen: bei Kerzenlicht! Am Taufstein von 1415 ist der Name des damaligen Pfarrers Hans Waltl überliefert. Auf dem Altar thront die als Gnaden- und Wallfahrtsbild verehrte Madonna mit Kind aus dem 15. Jahrhundert.

Die neue Pfarrkirche, der Himmelfahrt Mariens geweiht, ist ein Werk der Landecker Bauhütte, genauer Christian Freys, um 1500: Der Kreuzblumenabschluß an Strebepfeilern und Lisenen ist typisch für ihn. Im Innern hat der gotische Rippenschmuck 1761 den barocken Fresken des Pfundser Malers Philipp Jakob Greil (oder Greill) weichen müssen. Greil (1729-87) stieg bis zum kurfürstlich bayrischen Hofmaler in München auf und gilt als das größte malerische Talent des Oberlandes. Von ihm stammen auch das Hochaltarblatt mit einer Marienkrönung und die Gemälde der Seitenaltäre.

Zwischen beiden Serfauser Kirchen steht der Turm frei für sich. Aus ihm klingt die Stimme einer alten Löfflerglocke (1577) und einer anderen von Friedrich Reinhart (1637).

In Serfaus hat sich die Geschichte eines stillen Idealismus sondergleichen vollzogen, dem ich hier ein kleines Denkmal setzen möchte. Es begann nach dem Ersten Weltkrieg, als man für das unerschwinglich teuere Davos einen Ersatzluftkurort suchte. Der Verein ›Deutsch Davos‹ beauftragte den Physiker Dr. Fritz Haendel aus Thüringen mit klimatischen Untersuchungen in Serfaus, das sich durch seine günstige Höhenlage empfahl. Ab 1924 dachte das deutsche Innenministerium ernstlich daran, hier eine Lungenheilstätte zu errichten. So wurde 1926 ein Holzhäuschen gebaut, das Observatorium Hoch-Serfaus, am obersten Ende der nach Süden absinkenden Galmötzwiese am Alpkopf. Siebenundzwanzig Jahre lang wurde kein einziger der täglichen Meßtermine versäumt: Insgesamt sind über 30 000 wissenschaftlich exakte Beobachtungen durchgeführt und festgehalten worden. Diese einmalige Leistung war das Lebenswerk Haendels und seiner Gemahlin, die in Zeiten, da alle öffentlichen Mittel ausblieben, ihr eigenes Vermögen zusetzten, nur um die Kontinuität der wissenschaftlichen Messungen zu bewahren. Was kein Schicksal während der Jahre der ersten österreichischen Republik, der Hitlerzeit oder des Zweiten Weltkrieges zuwege brachte, das erledigte die französische Besatzungsmacht 1946, die Dr. Haendel als Deutschen zwang, seine Tätigkeit in Hoch-Serfaus einzustellen und das Land zu verlassen. Glücklicherweise blieben das Observatorium erhalten und das Untersuchungsprogramm in seiner Kontinuität einigermaßen bewahrt. Das Ehepaar Haendel hat meines Wissens weder öffentlichen Dank noch irgendeinen Preis oder auch nur Worte der Anerkennung gefunden, weshalb hier seiner gedacht werden sollte.

Das Kirchenareal von Serfaus wird noch übertroffen von *Sankt Georg ob Tösens,* wohin man auf einem Waldweg bequem spazieren kann. Man folgt damit vielleicht dem alten Römerweg, der über Serfaus und nicht im Tal verlaufen ist. Urkundlich wird Sankt Georg erst anfangs des 15. Jahrhunderts erwähnt; da es aber den gleichen Typus verkörpert wie die alte Kirche in Serfaus, ist es sicher viel älter. Auch hier handelt es sich um einen Rechteckraum, der vollständig mit Bildern der Passion und von Heiligen ausgemalt ist und dem, aus der Achse geschoben, ein rippengewölbter Chor vorgesetzt worden ist. »Anno dom 1482 das gemeil hat gemacht max maller von inspruck in grosser arbeit.« Diese Inschrift zu Füßen des Heiligen

Christophorus an der rechten Langschiffwand stammt von Marx Danauer aus Innsbruck, mit dem wir sonst keine Werke verbinden können. Der Hochaltar von 1680 enthält eine reiche Reliquiensammlung. Sie befand sich vorher in einem Holzschrein in der Wandnische neben der Tür zum Turm. Ein unbekannter Kardinal, der in Tschuppach krank darniederlag, soll ihn der nächsten Kirche verlobt haben. Der Schrein gilt als oberrheinische Arbeit um 1250 und enthielt als Hauptstück »anderthalb schinbein des hl. Ritters Georg« (Original im Tiroler Landesmuseum Ferdinandeum zu Innsbruck).

Sankt Georg ob Tösens besitzt noch den Charme der Waldesruhe und der Einsamkeit, der den alten Kirchen in Serfaus längst abhanden gekommen ist. Man beachte auch das Haus Nr. 88 samt seinem turmartigen Holzzubau mit fünf Geschossen, von denen jedes nur eine einzige Kammer enthält. Der Zugang führt vom Haus über einen schmalen Steg.

In *Tösens* befindet man sich wieder unten im Inntal. Auch in dieser Gegend wurde früher Bergbau betrieben, und zwar in Stollen, die zu den höchstgelegenen in den ganzen Alpen zählten. Unterm Arzkopf (2860 m) findet man im einsamen Platztal auf 2500 Meter Höhe Spuren verfallener Bergwerke, und auf der Platzalm (2100 m) erfolgte die erste Aufbereitung.

Im Weiler *Tschuppach* steht ein altes Gasthaus mit der Jahreszahl 1514 an der Straße. Es hat sich vielleich aus einem Hospiz der Templer entwickelt, und vielleicht lag hier jener Kardinal krank, der seinen Schrein nach Sankt Georgen verlobt hat.

Nach kurzer Talenge gelangt man nach *Pfunds,* einem Doppelort, der sich westlich des Inns als Stuben, östlich als Dorf Pfunds entwickelt hat. Beide Teile sind durch eine Brücke verbunden, die im gewaltigen Pfundser Brückenhaus endet. Hier konnte man mit großen Toren den Durchgang sperren. Kaiser Maximilian soll in diesem Turm gehaust haben, wenn er sich in Pfunds aufhielt. Es gibt noch auffallend viele alte Häuser mit freien Treppenaufgängen vor hohem Erdgeschoß, wie man sie auch im Engadin findet. Die Kirche stammt von 1821, nur der Taufstein ist noch gotisch.

Hingegen besitzt *Stuben* westlich der Brücke die herrliche gotische Liebfrauenkirche, die ein Kaspar Frankl und Erzherzog Sigmund um 1470 gestiftet haben. Fünfhundert Jahre später ist sie glänzend restauriert worden, wobei große Wandmalereien des Innsbrucker Malers Martin Enzelsberger von 1470 wieder zutage kamen. Der Hochaltar besitzt in seinem zwischen 1670 und 1680 entstandenen Aufbau Figuren seines gotischen Vorgängers und auch dessen Flügel von 1520. Am Südende von Stuben steht das Richterhaus mit Turm und Torbogen und erinnert daran, daß Pfunds bis 1809 Sitz eines eigenen Gerichtes war. Zahlreiche Richter haben sich im Ganggewölbe des ersten Stockes mit Wappen und Devise verewigt: »Alle Ding Weil, aber nit ewig«, »Mein Glück kommt Morgen«, »Ein guter Wein, mein Reim«, »Glück bringt Neid« und anderes kann man hier lesen. Außerdem berichtet eine Tafel an der Außenwand, daß hier der Tiroler Dichter Johann Michael Senn (1792-1857) geboren wurde. Er hat durch sein Kampflied ›Tiroler Adler, warum bist du so rot?‹ nationale Berühmtheit erlangt. Senns Vater Franz Michael (1759-1813) hat es vom einfachen Müllerssohn bis zum Landrichter gebracht. 1790 erreichte er als Gesandter der Oberländer bei Kaiser Leopold II. die Abberufung des kaiserlichen Gubernators in Tirol.

Über Stuben und Pfunds hinaus reicht der Blick talaufwärts bereits auf drei Schweizer Berggipfel: Piz Alpetta (2975 m), Piz Mondin oder Mundin (3147 m) und Piz Mezdi (2918 m). Wenn der Mondin sein ›Schöberl‹ aufhat, so gibt es schlechtes Wetter.

Wer noch ganz alte echte Berghöfe sehen will, der steige hinauf nach Greit im Radurscheltal und frage nach den Gütern Dores und Lutzeler oder besuche die Siedlung Oberwald über der Mündung des Stubentales.

Dann beginnt die Auffahrt nach Finstermünz, heute schon vorher abzweigend auch die nach Nauders. Da fällt uns der alte Fuhrmannsspruch ein:

Von Landeck, fahrn wir weck,
Prutz ist nit viel nutz,
Nauders, ein Ort des Schauders,
Mals, noch nit alls,
In Schlanders wirds schon anders
Z'Meran gehts Paradies an.

Schauderhaft empfanden es wohl auch jene, die hinunter mußten, gute vierhundert Meter Höhenunterschied, den kreischenden Radschuh untergeschoben, ins Finstere zur Münz, in die Innklamm zum Zoll, der dort eingehoben wurde. Reisen war damals ein unglaubliches Gassenlaufen zwischen einzelnen

Zollstationen: Vom Reschen zum Fernpaß zahlte man Zoll in Nauders, Finstermünz, Pfunds und am Fernstein und dazwischen Weggelder an die Gemeinden von Prutz, Fließ, Zams, Imst, Tarrenz und Nassereith! Nicht umsonst wurden die Zollstätten von den Landesfürsten befestigt, wie etwa Finstermünz durch Erzherzog Sigmund, der sogar einen Brückenpfeiler mitten im Inn in einen Wehrturm verwandelt hat. Maximilian I. befestigte dann das eigentliche Zollgebäude und bezog eine natürliche Höhle im Fels durch einen verdeckten Gang ins Wehrsystem ein. Eine Brücke, bereits 1348 erwähnt, gab es hier aber noch früher.

Die Straße windet sich in kühnen Kehren im Felsen aufwärts und erreicht auf der Norberthöhe an alten Schanzen vorbei das Nauderer Hochtal.

Das Dorf *Nauders* (1365 m) liegt in einer von hohen Bergen umstellten Talmulde knapp nördlich des Reschenpasses. Seit der Römerzeit, als hier 15-16 nach Chr. die Via Claudia Augusta gebaut wurde, und schon vorher führte einer der wichtigsten Nord-Süd-Verbindungswege Mitteleuropas über den Reschenpaß und durch Nauders. ›Nutrion‹ hießen es die Römer, vielleicht in Erinnerung an das dalmatinische Nutria. Seit dem 10. Jahrhundert gehörte der Ort zur Grafschaft Vinschgau und damit zur politischen Keimzelle Tirols überhaupt. Erst 1783 wurde es dem Kreis Inntal zugeordnet. Zunächst lag auch das Gericht in Martinsbruck, bis es Graf Meinhard II. in die Nauderer Burg verlegte. Hier blieb es und erhielt 1809 noch die Befugnisse von Pfunds dazu. Erst 1919 wurde es aufgelöst.

Der Heilige Valentin, dem die Pfarrkirche geweiht ist, gilt als Missionar dieser Gegend, in der er heidnische Bäume fällte oder unter ihnen predigte, das läßt sich so genau nicht mehr klarstellen. Um 430 soll er gestorben sein. Die gotische Kirche ist im 19. Jahrhundert durch zwei Seitenschiffe und eine neue Innenausstattung verändert worden. Aus der alten Zeit haben sich aber ein sehenswerter Flügelaltar (1480) mit einer jüngeren Predella von Jörg Lederer (1525) im linken und ein ebenso feiner Schreinaltar von 1510 im rechten Schiff erhalten. Die Flügel des älteren Altares sind im Dommuseum zu Brixen, die des jüngeren im Tiroler Landesmuseum zu Innsbruck zu bewundern.

Bedeutender als Kunstwerk ist die kleine Leonhardskirche in

der Nähe der Burg. Wie wir heute wissen, stand das Kirchlein schon im 11. Jahrhundert, ja, es kann noch viel älter sein. Immerhin ist es durch die alte Straße mit Sankt Prokulus vor Naturns im Süden, mit Serfaus und Sankt Laurentius bei Imst im Norden verbunden und jenen Kirchen sehr ähnlich. An einen fast quadratischen kleinen Saal mit flacher Holzbalkendecke – die jetzige ist 1596 datiert – schließt sich eine tiefe Ostapsis an, in der 1951 Fresken aufgedeckt wurden, die wenigstens von 1150 stammen. Man sieht Christus mit den zwölf Aposteln sowie Spruchbänder. Die Ausmalung des Kirchenschiffes, die sich ebenfalls erhalten hat, erfolgte um 1450.

Burg Naudersberg ist möglicherweise bereits ein Neubau, der um 1325 begonnen worden sein könnte. Zuerst standen der dickwandige Bergfried und der zweigeteilte Palas, von einer zwei Meter dicken rechteckigen Mauer umfaßt. Später kam es zu weiteren Unterteilungen, ein Geschützrondell wurde nach Süden vorgeschoben, eine äußere Ringmauer erstellt, diese im Osten wieder mit Gebäuden zugebaut und so weiter, wie es eben die nachlassende Bedeutung der Wehrfähigkeit und der zunehmende Bedarf an Amtsräumen für das Gericht mit sich brachten. Trotzdem ist das Ganze in seiner trutzigen Kompaktheit nicht ohne historischen Reiz.

Zwischen Burg und Kirche spielte sich das Leben in Nauders ab, gekennzeichnet auch durch den ununterbrochenen Durchzug der Fuhrleute und all dem, was dieser Verkehr mit sich brachte. Im Gasthof Fuhrmannsloch stärkten sich jene, die hinunter mußten in die finstere Klamm, und jene, die das gefährliche Wegstück glücklich überwunden hatten.

In und um Nauders macht sich der Einfluß der Ursprache, des Rätoromanischen, noch in vielen Namen geltend: Partitsch, Novelles, Tendres, Gufres, Riatsch, Stables, Kompatsch. Fast überflüssig zu betonen, daß auch Nauders sich dem modernen Fremdenverkehr geöffnet hat, dem es 150 Kilometer Wanderwege bietet, acht Schilifte und im Schigebiet Bergkastel Firnschnee bis in den Mai hinein. Schon 1854 wurde eine neue Straße gebaut, allerdings erst, nachdem der Kaiser selbst die alte bereist hatte. Und im Einschnitt des Reschen sieht man König Ortler aufsteigen, den höchsten Berg des einst ungeteilten Tirol, dessen nördlicher Teil hier zu Ende geht.

Das Außerfern

Geschichte

Dieser Abschnitt bedarf einer Einleitung, weil hier die historische Entwicklung etwas anders verlaufen ist als im übrigen Nordtirol. Wer diesen Landesteil besucht, hört sofort den schwäbischen Einschlag in der Sprachmelodie, das helle, offene ›a‹, das dunkle ›o‹, dem immer ein leises ›u‹ nachklingt. So wie das Inntal im Laufe des 6. Jahrhunderts von den Baiern besetzt wurde, so das Außerfern von den Schwaben. Diese kamen ursprünglich von Norden aus dem Land zwischen Elbe und Oder und durchbrachen um 160 nach Chr. den römischen Limes. Sie besiedelten die Gebiete südlich des Mains, bis an die Donau und Iller, den Oberlauf des Rheins bis an den Bodensee und Vorarlberg. Im 7. und 8. Jahrhundert drangen sie dann entlang der Römerstraße ins Außerfern ein. Als christliche Missionare wirkten hier iroschottische Mönche, von denen besonders der Abt Kolumban und der Heilige Gallus, der Gründer des Klosters Sankt Gallen, ferner die Heiligen Fridolin, Trudpert und Pirmin zu nennen sind. Von Sankt Gallen kam um 746 der große Lokalheilige der Allgäuer und Außerferner Gegend, Sankt Magnus (Mang), der 772 starb. Er gründete im Umkreis des römischen Straßenlagers ›Foetibus‹ am Austritt des Lechs aus den Alpen eine Zelle, aus der sich das Benediktinerkloster Sankt Mang in Füssen entwickelt hat. Von diesem Kloster ging die kulturelle Missionierung des heutigen Außerfern aus. Alle Pfarreien waren dem Kloster inkorporiert, was bedeutete, daß der Abt das Recht hatte, den Seelsorger zu bestimmen und die Pflichteinkünfte aus den Pfarreien zu beanspruchen.

Wesentlich zur Entwicklung trug die alte Römerstraße bei, die Via Claudia Augusta, die bald nach Christi Geburt durch den Stiefsohn des Augustus, Claudius Drusus, angelegt worden ist. Sie begann in Aquileja und führte über Trient, Bozen,

Meran, den Reschenpaß, Landeck, Imst, den Fernpaß und Füssen nach Augsburg. Über weite Strecken ist der Verlauf des Römerweges durch Funde belegt und wird als ›Hochstraßweg‹ bezeichnet. Er überquerte südlich von Reutte beim Weiler Platte den Lech. Erst 1458 entstand die große Lechbrücke in Reutte.

Das Außerfern gehörte kirchlich bis 1816 zum Bistum Augsburg, war also ganz nach Norden orientiert. Davon machten nur jene Gebirgsorte eine Ausnahme, die vom Süden her, etwa von Imst, Landeck oder Stanz aus, über die Jöcher besiedelt worden waren, wozu Ehrwald, Biberwier, Lermoos, aber auch Kaisers, Gramais, Namlos, Madau in den Seitentälern des Lechs und noch manch andere gehören. Die weltliche Grafengewalt übten westlich des Lechs die schwäbischen Grafen Ronsberg, östlich das bairische Grafenhaus der Welfen aus. Die Ronsberg, denen auch die Grafschaft im Oberinntal gehörte, vererbten ihr Gebiet um 1200 an die Südtiroler Grafen von Ulten. Herrschaftssitz waren Imst und Schloß Petersberg bei Haiming. 1240 wurde Kaiser Friedrich II., Herzog von Schwaben, Herr dieses Landes, das er seinem Enkel Konradin vererbte. Da dessen Mutter Elisabeth in zweiter Ehe Graf Meinhard II. von Tirol heiratete, übergab Konradin 1266 die Herrschaft Imst an diesen. Damals wurden auch die beiden Wachburgen Fernstein und Ehrenberg zum Schutz der Paßstraße errichtet und die ersten Letzen und Schanzen, die das ganze Mittelalter bis in die Neuzeit bestanden haben. Die politische Verwaltung wurde im Gericht Ehrenberg zusammengefaßt. Teile des Tannheimer Tales erwarb erst Herzog Friedl 1432 von den alemannischen Rittern von Heimenhofen. Der Rest kam 1485 und 1531 von den Vorarlberger Grafen Montfort zu Tirol.

Landschaftlich kann man das östliche Zwischentoren mit dem Lermooser Becken vom Gebiet um das Tannheimer Gebirge mit dem Hauptort Reutte trennen. Als drittes gehört dann noch das Lechtal, das zwischen den Lechtaler und Allgäuer Alpen von Südwesten nach Nordosten zieht, zum Außerfern.

Zwischentoren

Das Gebiet von Zwischentoren umfaßt das Tal zwischen Ehrenberger Klause und dem Lermooser Becken sowie von dort aus den Anstieg zum Fernpaß.

Im Talbecken, an dessen Rand die Dörfer Ehrwald, Lermoos und Biberwier liegen, befand sich in Urzeiten ein großer See, aus dem nur wenige Inseln herausragten. Die Loisach, der Lussenbach und der Gaibach führten Wasser zu, und die Loisach war es wohl, die ihn allmählich entwässerte. Der Name Lermoos trägt das Moos – den Sumpf, das Moor – noch in sich. Im 16. Jahrhundert hat man diese Naturgegebenheiten wiedererkannt, und Erzherzog Ferdinand II. beschloß 1577, durch einen Damm die Loisach aufzustauen und den See wieder entstehen zu lassen. Auf dem Tummebühel (996), der dann eine Insel sein würde, sollte sich ein Schloß erheben. Ferdinand kannte den künstlichen Spiegelfreudensee bei Nassereith, er kannte auch die Sigmundsburg im Fernsteinsee. Die Kosten wurden mit 30000 Gulden veranschlagt. Den Einheimischen gelang es jedoch mit Unterstützung durch die Gattin des Fürsten, Philippine Welser, die Ausführung des Projektes zu verhindern. Um für die Zukunft vor derlei Absichten gesichert zu sein, legten sie das Moos mit großer Energie in den folgenden dreißig Jahren trocken.

Die Urbevölkerung dieser Gegend scheint im Gegensatz zu den westlichen Gebieten des Außerferns bairisch gewesen zu sein. Sie vermischte sich erst später mit zugewanderten Alemannen. So ist der Dialekt im Lermooser Becken beim Bayrischen näher als am Lech. Die geschichtliche Entwicklung bestätigt diesen Umstand, denn zunächst herrschten hier die bairischen Agilolfinger, denen die Franken als Herren folgten. Auch war es die Pfarre Imst-Dormitz, die vom bairisch besiedelten Inntal aus die Orte seelsorgerisch betreute.

Wie heute der ganze Ort, so lagen auch schon die ältesten Höfe von *Ehrwald* an den sonnigen Südhängen des Wettersteinmassivs. Der Trueferhof gilt als frühester, dem bald der Hof im Holz folgte. In einer weiteren Siedlung entstand die Martinskapelle, die in moderner Form (1832) noch besteht. Während Lermoos vom Fuhrbetrieb über den Fern profitierte, da es an der

Straße lag, betätigten sich die Ehrwalder sowohl als Knappen im Igelskar, wo im Obernbergstollen (2020 m) bis 1913 Galmei (Zinkerz) gewonnen wurde, als auch als Faßdaubenerzeuger, wozu sie ab 1659 ein landesfürstliches Privileg bekamen. 1757 stellten sie nicht weniger als 425000 Stück her, die alle nach Hall zum Salztransport geliefert wurden. Im 19. Jahrhundert begann auch hier der Fremdenverkehr, und 1926 wurde die kühne Tiroler Zugspitzbahn gebaut, die über zwei Zwischenstationen von der Talstation Obermoos (1225 m) in fünfzehn Minuten auf den Zugspitzwestgipfel (2950 m) führt. Die Ehrwalder nennen ihren Ort seither ›Tiroler Zugspitzdorf‹. Durch andere Aufstiegshilfen ist besonders die Ehrwalder Alm (1500 m) zu einem günstigen Ausgangspunkt für herrliche Wanderungen geworden. Erwähnt sei nur jene zur Coburger Hütte (1917 m) in den Mieminger Bergen, vorbei am Seeben-Wasserfall zum Seebensee, über dessen Spiegel das Wettersteinmassiv illusionistisch nahe aufragt, und weiter zum Drachensee, hinter dem Schutzhaus. Von der Coburger Hütte besteigt man die Ehrwalder Sonnenspitze (2414 m), von der man über die Biberwierer Scharte wieder ins Tal gelangen kann.

Ehrwald ist ein schmuckes Dorf, überragt von der Pfarrkirche Mariä Heimsuchung. 1729 hat sie der Tannheimer Baumeister Andreas Haffenegger gebaut, 1784 wurde sie verlängert. Sie zeigt wie viele Sakralbauten des Außerferns Abhängigkeit von Herkomers Klosterkirche Sankt Mang in Füssen. Im Innern ist eine schwäbische Madonna mit Kind von 1500 erwähnenswert.

Da *Lermoos* unmittelbar an der großen Straße lag, entwikkelte es sich zunächst als Hauptort des nach ihm benannten Talbeckens und wurde, wie die Einwohnerzahlen ausweisen, erst im 19. Jahrhundert von Ehrwald überflügelt. Bereits 1060 kommt es als ›Larimos‹ in der Grenzbeschreibung des Bistums Freising vor, und nach Verlegung des Gerichtes nach Ehrenberg um 1266 saßen hier bis 1862 Anwälte, Vertreter des Gerichts in kleineren juristischen Belangen. Einmal jährlich kam der Richter selbst zum öffentlichen ›Dingstuel‹. Vielleicht fand diese Versammlung auf dem Hügel hinter der alten Post (Nr. 52) nahe der Kirche statt, der jetzt Vogeltenne heißt. 1432 stifteten die Einwohner von Lermoos sowie jene »im Erwalt, ze

Piberwüer, zu den Garten und die Perglewt«, das waren die Leute aus dem Gebirgsort Berwang, eine Kuratenstelle. Auch eine Poststation wurde 1560 in Lermoos vom Posthalter Martin Roschmann errichtet. Das Hauptverdienst bestand aber im Rodfuhrwesen. Dabei beförderte man Waren mit eigenem Wagen und Pferden von einer Niederlage zur nächsten, also besonders über den Fernpaß und in Richtung Füssen. Erst Maria Theresia hat diesen Fuhrhandel, der trotz vieler Gesetze eine Quelle ununterbrochener Streitigkeiten war, beendet. Daneben stiegen die Lermooser auch in den Salztransport ein. Hier lief die Route von Hall über Telfs, Nassereith, Lermoos, Reutte, Nesselwängle, Hindelang nach Bregenz, wobei in jedem der genannten Orte ein Salzstadel stand. Reste eines solchen kann man noch im Oberdorf von Lermoos sehen. Als dann die Napoleonischen Kriege auch diese Transporte unterbanden, verlegten sich die Fuhrhändler auf den Zwischentransport bei den Holzlieferungen für die Haller Saline. Das Fuhrwesen war derart einträglich, daß sich die Lermooser Bauern 1557 durch eine einmalige gewaltige Zahlung von jeder weiteren Grundsteuer freikauften. Maximilian I., der den Lermoosern sehr gewogen war, baute sich hier einen Turm, der aber nicht mehr existiert. Vielleicht ist er bei den Brandschatzungen durch die Truppen des Moritz von Sachsen 1552 zugrundegegangen. Denn das war der Nachteil der Straße, daß sie feindlichen Einfällen immer wieder Vorschub leistete. 1945 blieb beim Einmarsch amerikanischer Truppen vom Weiler Garten nur ein einziges Haus übrig.

Noch ein Wort zur Pfarrkirche Sankt Katharina, die 1751 bis 1753 durch Franz Kleinhans aus Pinswang erbaut wurde. Die Fresken malte der Veroneser Giuseppe Gru 1784 in vier Monaten. Der Inneneindruck nähert sich dem eines Zentralraumes, zeigt aber kein sehr glückliches Ganzes. Durch die querschiffartigen Seitenkapellen und die Schrägen zwischen Schiff und Chor erhält der Raum etwas merkwürdig Schwankendes, das ihn von einer konzentrierten Anlage entfernt. Den Figurenschmuck schufen die Imster Josef Anton und Franz Xaver Renn sowie Johann Georg Wittwer. Von besonderer Qualität sind die Kanzel und die bewegten Figuren der Heiligen Georg und Nepomuk.

Im übrigen hat sich auch Lermoos den Fremdenstrom zunutze gemacht, mehrere Sessellifte gebaut, von denen der auf den Grubigstein (2200 m) der längste ist. Hinreißend bleibt jedesmal wieder der Blick über die weite Senke des Mooses auf das Zugspitzmassiv, das hier fast unmittelbar 2000 Meter emporsteigt und alles Menschenwerk in die richtigen Maßverhältnisse zur Natur zurückversetzt.

Biberwier, der dritte Ort im Lermooser Becken, ist der erste, auf den man vom Fernpaß kommend trifft. Es gibt hier einen Römerweg, der stellenweise tatsächlich auf der alten Via Claudia Augusta verlaufen mag. 1952 erwies ein Fund von mehreren in Lieferform geschmiedeten Eisenbarren, sogenannten Luppen, daß hier schon in der La-Tène-Zeit Wanderer ihres Weges zogen. Bei weiteren Nachforschungen wurde noch eine etwa gleich alte Fibelgarnitur aus der Erde gezogen.

Biberwier, das über den Fern vom Inntal aus besiedelt worden ist und noch lange zur Pfarre Dormitz gehört hat, war ein Hauptbergwerksort. Im Schachtkopf am Silberleithen entwikkelte sich das größte Bergbaugebiet im Außerfern. 1645 gab es eine Schmelzhütte, die hundert Jahre später vergrößert werden mußte. Erst 1921 kam der Bergbau zum Erliegen. Abgebaut wurden Zink, Galmei und Blei, das als Katalysator zur Silberausschmelzung an andere Hütten in Tirol geliefert wurde.

Wenig bergwärts von Biberwier entspringen die Quellen der Loisach: Sie fließt nach Bayern hinaus, passiert Garmisch-Partenkirchen, quert den Kochelsee und mündet nördlich von Wolfratshausen in die Isar.

Das Lermooser Becken wird durch das lange Hochtal Zwischentoren mit dem Siedlungsgebiet um Reutte verbunden. Diesem Hochtal kam schon immer strategische Bedeutung zu, weshalb es im 13. Jahrhundert an seinem westlichen Eingang durch das Sperrfort Ehrenberg gesichert wurde. Die Orte Lähn, Bichlbach und Heiterwang liegen hier, wobei *Lähn* seiner Lage entsprechend früher Mittenwald hieß. Imst hatte hier einen Salzstadel stehen. Mit den Abholzungen verschwand der Wald, und es kamen die Lawinen, die Lähnen, die nicht nur die Gegend, sondern auch den Ortsnamen veränderten. 1452 gab es über zwanzig Opfer, und 1689 wurden elf Häuser mit 21 Bewohnern von den Lawinen begraben.

Lähn und der nahe Weiler Wängle gehören zur Gemeinde *Bichlbach,* wo man um 1300 Gold wusch und später auf der Bichelbächle-Alm Erz suchte. Die Bleispitze (2227 m) erinnert an das Berggut und wird als blitzanziehend bei Gewittern fluchtartig verlassen.

An den Sitz der Zimmererzunft (1697) in Bichlbach erinnert die Kirche Sankt Josef von 1710. Über die Verbreitung des Handwerks macht man sich ein Bild, wenn man hört, daß die Zunft 1738 1042 Maurer und Zimmerleute umfaßte. Die Kirche gilt als von Johann Jakob Herkomer in Füssen entworfen: ein dem Zentralraum angenäherter Saal mit eingezogenem Chor, zu dem abgeschrägte Pfeiler überleiten. Darunter liegt eine Unterkirche. Dagegen steht die Pfarrkirche Sankt Lorenz (1733-36) künstlerisch etwas zurück, wozu die Flachdecke das Ihre beiträgt. Franz Anton Zeiller malte 1785 im Chor die Brotvermehrung und Johann Jakob Zeiller 1778 im Schiff die Geschichte des Kirchenpatrons Laurentius.

Wie Bichlbach lebt auch der Nachbarort *Berwang* heute großteils vom Fremdenverkehr. Berwang ist ein einsames Gebiet gewesen, das durch Teilung von Urhöfen besiedelt wurde, die zeitweise so übervölkert waren, daß sich viele Einwohner als Saisonhausierer betätigen mußten, um ihren Unterhalt finden zu können. In der Kirche Sankt Jakob sieht man drei Epochen nebeneinander: Der Chor mit seinem gotischen Gewölbe stammt von 1430, bescheiden in der Ausführung, eben für eine arme Gemeinde gebaut; das Langhaus und die größten Teile der Ausstattung wurden 1731 erneuert, Paul Zeiller schuf dazu 1735 das ehemalige Hochaltarbild mit der Rosenkranzlegende; schließlich hat Johann Obleitner aus Leithen bei Seefeld 1945 einen viel beachteten Schnitzaltar geschaffen. Der Künstler steht in der Schnitzertradition Tirols, zu der er manches von seiner eigenen ekstatischen Persönlichkeit beitrug. So kommt es, daß seine Werke unterschiedlich gewertet werden. Keinesfalls zu leugnen ist jedenfalls seine meisterhafte Behandlung des Materials.

Die zahlreichen umliegenden Weiler, die zur Gemeinde Berwang gehören, wie Bichelbächle, Stockach, Brand, Gröben, Mitteregg und Rinnen, sind alle aus Schwaighöfen hervorgegangen, die ursprünglich den Starkenbergern von Tarrenz gehörten. Schwaighöfe sind Höfe mit reiner Viehwirtschaft. Heute sind die Lebensbedingungen in den Hochdörfern durch gute Straßenverbindungen zwar erheblich verbessert, aber immer noch muß man staunen, welche Mühen und Sorgen die Bewohner auf sich nehmen, um in der Heimat leben zu können.

Wir kehren nach Bichlbach zurück und ziehen weiter hinaus gegen *Heiterwang* am Heiterwanger See. Der Name kommt von ›Ayter‹, das heißt: Nessel, und ›Wang‹, was Weide bedeutet. Es ist eine alte Erfahrung: Wo Vieh weidet, gibts auch Brennesseln, und so auch hier. 1286 hieß es bereits Ayterwang, und seine Bedeutung bezog es aus der Straßenlage. Hier gab es eine große Waage, weil man Roddienste nach Gewicht taxierte, eine Post- und eine Pferdestation. Weiteres Geld kam durch die Verpachtung der Fischereirechte, die zeitweilig an Schongau, später ans Stift Stams vergeben waren. Zur Zeit Maximilians I. hatte man schon einen dreihundert Meter langen Verbindungskanal vom Nordzipfel des Sees zum Plansee gegraben, und 1535 heißt er ›Oberer See‹. Maximilian fing hier Goldforellen, und im Fischereibuch von 1500 ist der See gut erkennbar dargestellt. Er bringt eine heitere Note in die Landschaft, man ahnt schon etwas vom Alpenvorland hinter dem Kniepaß bei Füssen. An der Kirche steht noch der gotische Chor, dem im 18. Jahrhundert ein barockes Langhaus angefügt wurde. Josef Fischer aus Füssen schuf den Rokoko-Stuck.

Das Tal verengt sich, macht eine scharfe Biegung nach Norden und tritt durch die *Ehrenberger Klause* plötzlich ins weite Talbecken von Reutte hinaus. Hier endet Zwischentoren, und hier befand sich schon Ende des 13. Jahrhunderts eine Burg, in der später das Landgericht saß, ehe es im 16. Jahrhundert nach Reutte verlegt wurde.

Die Burg hatte eine strategisch schwache Seite durch die Nachbarschaft des Falkenberges. Als 1541 Schertlin von Burtenbach für den Schmalkaldischen Bund die Klause erobert hatte, schleppten die Tiroler Geschütze auf den Falkenkopf hinauf und zwangen durch gezielten Beschuß von oben den Feind zum Abzug. Später gliederte man den Falkenkopf in die Verteidigungszone ein, aber die Besatzung blieb ungenügend, so daß 1703 die bayrischen Truppen keinerlei Schwierigkeiten hatten,

Ehrenberg einzunehmen. Wiederum beschossen die Tiroler den Feind mit Erfolg von oben, diesmal vom Schloßkopf aus. Nun fügte man auch diesen als ›Hohe Batterie‹ den Fortifikationen ein, die 1740 ihre größte Ausdehnung erreichten. 800 Mann waren für den Ernstfall vorgesehen, eine Zahl, die freilich niemals erreicht wurde. Die ruinösen Bauten der 1783 aufgelassenen und 1800 von den Franzosen weitgehend zerstörten Burg sind noch heute imponierend.

Die Ehrenberger Klause stellte in bedrohten Zeiten den Mittelpunkt eines Verteidigungssystems dar, das noch weiter nach Norden vorgeschobene Schanzen und Sperren umfaßte. Dazu gehörten die Schattwaldschanze im Tannheimer Tal, die Schanzen am Gaichtpaß, am Kniepaß, am Lech, in der Roßschläg, ferner jene beim Roßrucken und die Torseiler Klause. Diese Werke wurden je nach Kriegsgefahr schnell instandgesetzt und verfielen danach ebenso rasch wieder. Die Besatzungen führten ein ruhiges Spitzweg-Leben. Das Bollwerk am Gaichtpaß war »von einem Corporal und zwei Wachtknechten besetzt – wenn ain oder anderer commandirt zu Kirchen oder unpaß, so ist gleichsambt der liebe Niemand Commandant der Guarnison«, berichtet Johann Martin Gumpp von seiner Kontrollfahrt der Tiroler Grenzbefestigungen 1694.

Reutte

Die Siedlungs- und Kulturgeschichte des Reuttener Beckens ist untrennbar vom überragenden Einfluß des Klosters Sankt Mang in Füssen bestimmt. Im wesentlichen spielten sich die Vorgänge in den drei ausgedehnten Urpfarren ab, über die sich zwei politische Gerichtssprengel erstreckten. Die Urpfarre nördlich von Reutte und Pinswang, also im engeren Bereich um die Stadt Vils, war Sankt Stephan zu Füssen, das 1206 dem Kloster Sankt Mang inkorporiert wurde. Die zweite Urpfarre war die ›in der Aschau‹. Sie reichte von Oberletzen auf der linken Lechseite bis Vorderhornbach mit Pfarrsitz in Wängle, wo auch das Landgericht Aschau amtierte. Die dritte Pfarre war Breitenwang, die bis Lähn in Zwischentoren reichte und dem Gericht Ehrenberg unterstand. Daraus geht hervor, daß der heute wichtigste Ort des Außerfern, Reutte, im Mittelalter von den Pfarrorten bzw. den Gerichten übertroffen worden ist. Erst mit dem Brückenbau unter Sigmund dem Münzreichen 1458 zwischen Reutte und Lechaschau, der den Übergang sowohl der alten Via Claudia Augusta wie auch der Via Decia (erbaut 250 nach Chr. bis Bregenz) an sich zog, begann sein Aufschwung. Reuttes Muttersiedlung scheint Breitenwang gewesen zu sein, das 1094 urkundlich erwähnt wird, als Herzog Welf IV. dem Hauskloster seines Geschlechtes in Weingarten einen Hof bei Breitenwang schenkt. Hier starb »apud castrum quoddam Boariorum ducis«, also in einem herzoglichen Hof, am 4. Dezember 1137 Kaiser Lothar III. von Supplinburg auf der Rückreise von seinem zweiten Italienzug. Hohe Würdenträger waren auf dem Zug gestorben: in Trani Bischof Bruno von Köln, in Bari Erzbischof Adalbert von Mainz, in Melfi Erzbischof Hugo von Köln, der erst drei Wochen zuvor vom Papst zum Nachfolger Brunos geweiht worden war, wenig später Bischof Adalbero von Basel.

Die Pfarrkirche *Breitenwang* war eine der ältesten des ganzen Gebietes. Der heutige Bau wurde 1691 fertig und stellt eine Doppelanlage dar. Das Innere zeigt Chorfresken von Johann Jakob Zeiller um 1755 und moderne Deckenbilder im Hauptraum von Wolfram Köberl, 1975. Köberl, ein Vertreter modern-expressionistischen Barockstils, der nie ins Abstrakte gleitet, hat hier den Beweis geführt, daß uns – zumindest im Rahmen eines sakralen Zweckraumes – auch eine historisierende Malweise noch etwas zu sagen hat. Voraussetzung ist freilich die Beherrschung von Zeichnung und Farbgebung, wie sie Köberl in seltener Weise zu eigen ist. Geschildert wurde der Weg der Menschheit unter Führung von Petrus und Paulus zum Heil in Gott.

Die zweite Kirche neben dem Turm ist die Totenkapelle, die Johann Georg Fischer 1724 erweitert hat. Beachtung verdienen vor allem die zarten Totentanzreliefs in der Hohlkehle des zentral gestalteten Hauptraumes. Einige Plastiken werden Anton Sturm in Füssen zugeschrieben, gehören aber wohl eher in den Bereich seiner Werkstatt.

Zur Gemeinde Breitenwang gehört auch das Bad Kreckelmoos, bereits 1450 als Weiher in dem ›Kregkel Mos‹ erwähnt. Später hieß es Dauerbad, nach dem benachbarten Taurnberg, und 1782 erschien sogar eine Abhandlung: ›Beschreibung des Dauerhofer Sauerbrunnen und des sogenannten Kreckelmooser Bades bey Reuti in Tyrol‹, die der Reuttener Arzt Dr. Peter Paul Mayr verfaßt hat. Es wurde dann zu einem Krankenhaus umgestaltet; heute ist es Privatbesitz. Das Haupthaus stammt nach Ausweis des Schlußsteins von 1720.

Auch der Plansee gehört zur Gemeinde Breitenwang. Er ist Tirols zweitgrößter See, hat eine Länge von fünf, eine Breite von einem Kilometer und mißt bis 75 Meter Tiefe. Nur an seinem Nordufer zieht eine Straße entlang, Dörfer liegen überhaupt nicht an seinen Ufern. Am Westende steht das Hotel ›Seespitze‹ und am Ostende die ›Forelle‹, ein Hinweis auf den Fischreichtum des klaren grünen Wassers. Vor dem Krieg verkehrten zwei Dampfschiffe, die man aber wegen verschiedener Schäden versenkt hat. Vom Hotel Forelle zieht die Straße durch das einsame Tal des Ammerwaldes über die Grenze ›bei den sieben Quellen‹ und weiter über ›die drei Brünnlein‹ zum gern besuchten bayrischen Königsschloß Linderhof im Graswangtal.

Der Plansee hat seinen Namen einem bedeutenden Industriebetrieb geliehen, dem Metallwerk Plansee, das 1921 Dr. Paul Schwarzkopf gegründet hat. Hier werden hochwertige Metallteile im Sinterverfahren (Pulvermetallurgie) hergestellt. Dieses umgeht den sonst bei der Verarbeitung vieler Metalle und Legierungen üblichen Schmelzvorgang, indem Metallpulver in Formen gepreßt und bei Temperaturen unterhalb des Schmelzpunktes verfestigt, nämlich ›gesintert‹, werden. Das hat besondere Vorteile bei Metallen, die – wie Wolfram (3400°), Tantal (3270°), Molybdän (2600°) – einen so hohen Schmelzpunkt haben, daß man sie mangels geeigneter Tiegelmaterialien nicht in erforderlichem Umfang erzeugen kann. Entscheidend ist der Einsatz dieses Verfahrens immer dann, wenn man aus besonderen Gründen Metallformen ganz rein, also ohne Legierungen, benötigt, wie zum Beispiel bei der Herstellung von Röntgenröhren, Radio- und Fernsehteilen.

Reutte selbst – Routie oder Reitti heißt es früher – hat seinen Namen vom Reuten, Roden, erhalten. Es wird als Siedlung erst Ende des 12. Jahrhunderts faßbar und war ein rein bäuerlicher Ort, ehe Meinhard II. Ende des 13. Jahrhunderts eine Straße über den Kniepaß nach Füssen anlegen ließ. Damit begann ein wirtschaftlicher Aufschwung, der 1464 das Niederlagerecht und das Recht auf Roddienste erbrachte. Um jene Zeit entstand auch die Brücke über den Fluß nach Lechaschau, so daß der gesamte Verkehr nach Norden, Süden, Westen und Osten durch Reutte zog. 1493 schenkte Kaiser Maximilian I. den gesamten Ammerwald am Plansee der Gemeinde, die er bereits 1489 zum Markt erhoben hatte. Markt ist Reutte noch heute oder, besser gesagt: heute wieder, denn in der großdeutschen Zeit war es 1938 zur Stadt erhoben worden. 1945 kehrten die Reuttener eilig wieder aus ihrem unbedeutenden Stadtdasein in die sehr bedeutenden Rechte eines großen Marktes zurück. Als 1780 die Kunststraße über den Arlberg gebaut wurde, ging der Verkehr auf der Außerferner Handelsstraße merklich zurück, und als hundert Jahre später die Eisenbahn dazukam, verödeten die alten Wege fast ganz. Erst der aufblühende Fremdenverkehr und die Motorisierung haben auch die Straße durch Reutte wieder belebt.

Der Markt ist längst mit seinen Nachbarorten Breitenwang und Aschau jenseits des Lechs zusammengewachsen. Die Kirche wurde 1628 an das Franziskanerkloster angeschlossen und nach einem Großbrand 1864 samt Konvent neu gebaut. An alter Ausstattung sind noch eine Anna Selbdritt erhalten, die Jörg Lederer 1515 geschaffen hat, und einige barocke Zeiller-Bilder im Kloster.

Die Zeiller, ursprünglich vielleicht aus dem Pustertal zugewandert, sind die bedeutendsten Künstler des Außerfern. Man zeigt noch ihr hübsch bemaltes ›Zeillerhaus‹ am Untermarkt 1. Paul Zeiller (1658-1735) malte Bilder nur im Atelier. Sein Sohn Johann Jakob (1708-83) lernte in Italien: bei Conca in Rom und Solimena in Neapel. Bis 1755 lebte er in Wien, arbeitete in der Bibliothek und im Treppenhaus des Klosters Altenburg in Niederösterreich, in den Kirchen zu Fürstenzell und Aldersbach in Niederbayern, später im oberbayrischen Benediktbeuern und Ettal sowie im schwäbischen Ottobeuren, dann in der engeren Heimat: in Elbigenalp, Bichlbach, Breitenwang, Stockach und noch an vielen anderen Orten Tirols. Sein Vetter Franz Anton Zeiller (1716-93) dagegen lernte in Augsburg. Er wurde 1768 fürstbischöflicher Hofmaler in Brixen und malte unter anderem in Stams, Steinach, Bichlbach, Zell am Ziller, Füssen und Ottobeuren. Er ist nicht nur der fruchtbarste des Dreigestirns, sondern auch der bedeutendste. Er hat Studienreisen nach Rom und Venedig zu Tiepolo unternommen und von dort her entscheidende Impulse in die Rokoko-Malerei Tirols eingebracht.

In Reutte steht eine Reihe hübsch bemalter Häuser, von denen nur das ›Gasthaus zur Goldenen Krone‹ und das Kaufhaus Falger im Obermarkt genannt seien, das wahrscheinlich auch Franz Anton Zeiller gestaltet hat.

Die offene Lage des Ortes hat sich nicht immer günstig ausgewirkt. Immer wieder ist der Markt Opfer verschiedener Armeen geworden, die hier durchzogen oder verweilten. Von 1791 bis 1801 hielten sich alles in allem 430000 österreichische Soldaten mit 40000 Pferden hier auf, und 1800 lagen 40000 Franzosen mit 3000 Pferden hier. Man kann sich heute kaum mehr vorstellen, welche Belastung das damals darstellte, zumal die Bürger meist aus privaten Mitteln Kost und Logis der ungebetenen Gäste bestreiten mußten.

Vils

Vils galt lange Zeit als kleinste Stadt Tirols, aber seit es sich durch industriellen Aufschwung einen festen Platz in der Wirtschaft des Außerfern erobert hat, hat ihm wohl Rattenberg den Rang abgelaufen, was Einwohnerzahl und Ausdehnung anlangt.

Fillis hieß es in alter Zeit. 1327 verlieh ihm Kaiser Ludwig der Bayer das Stadtrecht nach dem Muster von Kaufbeuren. Als Lehen vom Stift Kempten war es lange im Besitz der Freiherrn von Hoheneck, die es von der nahen Burg Vilseck aus regierten. Von der Burg gibt es noch Reste eines gewaltigen Bergfrieds, im übrigen war der Bau Ende des 17. Jahrhunderts so verfallen, daß die Hoheneck in die Stadt zogen. Herzog Friedl kaufte Vils von Kempten, hatte aber erhebliche Schwierigkeiten, es in allem Tirol anzugliedern, und auch die Hohenecker setzten ihre weitere Belehnung durch. Noch etwa hundert Jahre blieb das Städtchen im Einflußbereich Schwabens. Es war eine sogenannte Freiungsstadt mit Asylrecht für Schwerverbrecher, besonders Totschläger, woran das Steinkreuz vor dem Rathaus erinnert. 1405 führte es einen Kleinkrieg wegen eines Viehtriebes mit Füssen, das Vils überfiel und plünderte. Nicht besser erging es ihm unter den Truppen Schertlins von Burtenbach 1546, Moritz' von Sachsen 1552 und der Schweden 1632. Den Vorschriften des Mittelalters entsprechend war die Stadt von einer Stadtmauer umgeben und hatte zwei Tore. Die Bezeichnungen Ober- und Untertor erinnern noch daran.

Die Pfarrkirche Mariä Himmelfahrt von 1723 bewahrt ein gotisches Kruzifix, das ein asylsuchender Künstler als Dank vor Errettung aus Kerkerhaft geschnitzt haben soll. Außerdem findet sich eine Anzahl alter Grabsteine bemerkenswerter Qualität in der Kirche, die an einen Ulrich von Tux, gestorben 1516, und verschiedene Hohenecker erinnern.

Älter als die Pfarrkirche ist die Kirche Sankt Anna, am Chorbogen 1516 datiert. Hier gibt es einfaches, formschönes Chorgestühl von 1510 und am Hochaltar eine Heilige Anna Selbdritt von 1460, vielleicht aus der Hand des Meisters von Berghofen. Der schwäbische Meister Johann Hops schuf 1713 einen Traum Josefs und eine Pietà.

Vils hat im Mittelalter von der Fernstraße nach Augsburg profitiert. Später, als sich das Transportwesen mehr aufs Salz verlegte, konnte es mit der durchs Tannheimer Tal ziehenden alten Via Decia nicht mehr Schritt halten und sank in ein verträumtes Abseits zurück. Erst um die Jahrhundertwende wurde der Kalkmergel im nahen Kühbachtal entdeckt und mit der Herstellung von Portlandzement durch Zermahlen dieses Gesteins in großem Umfang begonnen. Mit den wachsenden Bedürfnissen der Bauindustrie wuchs das Werk zum bestimmenden Wirtschaftsunternehmen der Gegend und beschäftigt heute über 200 Arbeiter.

Das Tannheimer Tal

Das Tannheimer Tal ist eigentlich ein Doppeltal, dessen Wasserscheide nicht am Ende, sondern beim östlichen Drittel liegt. Die flache Erhebung dort nannten die Einheimischen den ›Buck‹. Die augenfällige Trennung war der Grund, daß man bis ins 19. Jahrhundert ein oberes, ein mittleres und ein unteres Drittel unterschied.

Besiedelt wurde das Tal mit Ausnahme seines östlichsten Teiles von Westen her aus dem Allgäu, und alemannisch sind

Einwohner und Sprache. In den Urzeiten der Erdgeschichte reichte das Tal länger nach Osten und Westen und wurde erst später in einer Epoche der Faltungen an beiden Enden jäh abgerissen. Daher kommt es, daß im Westen der Oberjochpaß und im Osten der Gaichtpaß tiefe Abstiege ins Nachbarland bedeuten, die schon früh auch verkehrstechnische Probleme aufwarfen, zog doch seit 250 nach Chr. die Via Decia durchs Tannheimer Tal nach Bregenz hinaus. Diese Straße blieb das ganze Mittelalter hindurch eine wichtige Verkehrsader, auf der besonders Salz und Wein befördert wurden und die um 1550 eine erhebliche verkehrstechnische Verbesserung erfuhr.

Der Gaichtpaß am Ostende, in den sich der Weißenbach eine wildromantische Klamm geschnitten hat, wurde wiederholt mit Schanzen befestigt, eine Inschrifttafel erinnert daran. Sieben Kilometer taleinwärts des Passes stößt man in *Nesselwängle* auf eines der hübschesten Außerferner Dörfer überhaupt, das die hohe Kulisse der Tannheimer Berge malerisch hinter sich stehen hat. Der Rote Fluh (2111 m), der Hausberg des Ortes, sei hier besonders genannt. Auch die Nesselwängler wanderten in früheren Zeiten hinaus nach Bayern und Schwaben, um sich das Leben zu verdienen. Irgendwann einmal wurde von einem dieser Wanderer die Kunst der Stukkolustro-Herstellung nach Hause gebracht, und so gibt es heute noch einen derartigen Betrieb hier, den einzigen in Österreich. Die Haupterwerbsquelle bildet aber neben der Landwirtschaft der Fremdenverkehr. Die Kirche ist der Architektur nach barock (1722), die Inneneinrichtung ging jedoch 1882 in einem Brand unter und wurde neugotisch-nazarenisch wieder hergestellt. Seltener- und klugerweise war sie mit 4000 Gulden versichert gewesen.

Der Haldensee liegt bereits jenseits der Wasserscheide. Hier hatte Kaiser Maximilian I. ein Fischereirevier, dessen alleinige Nutzungsrechte den Tiroler Landesfürsten seit 1464 zustanden, als längst noch nicht das ganze Tal zu Tirol gehörte. 1768 fischte man immerhin fünf Zentner Hechte aus dem Wasser.

Das Dorf *Grän,* etwas nördlich des Haldensees am Eingang zum Engetal gelegen, das über die Seealpe nach Pfronten hinausführt, hieß früher einmal Grün und hatte wegen der Kapelle zum Viehpatron Sankt Wendelin Bedeutung. 1459 wird das kleine Heiligtum zum erstenmal urkundlich faßbar. 1789 entstand der heutige Bau, den der einheimische Meister Michael Zob errichtete. Im Innern findet man noch zahlreiche barocke Fresken und Ausstattungsstücke, wobei besonders die reichen Rokokoschnitzereien am linken Seitenaltar zu nennen sind. Ein Unikum bildet die Votivtafel an der Emporenbrüstung. Sie zeigt eine Bittprozession zum Heiligen Wendelin, der das Tannheimer Tal 1793 und 1797 von der im ›Ausland Bayern‹ wütenden Viehseuche bewahrte. Man kann da lesen: »Der Kreuzgang der ganzen Pfarrey brachte ein Lebendes Opfer aus dem Mittere Trittl herbey, eine sv. Kuh dem Hirten Wendelin.« Da gab es also damals noch echte Tieropfer! Im Gegensatz zu solchen heidnisch anmutenden Ritualen wirkt der Ort überwiegend modern. Im Mai 1945 schoß die amerikanische Artillerie das alte Grän in Grund und Boden.

Unweit von Grän zieht ein Sessellift zum Füssener Jöchl (1816m) hinauf, von dem aus eine empfehlenswerte Wanderung bergab durch den westlichen Teil des Tannheimer Gebirges beginnt. Man steigt vom Jöchl, über das die alten Tannheimer nach Füssen zogen, ins Kühbachkar hinab, wo der sogenannte Schlagstein, eine Felsenbarriere, den Beginn des Kühbachtales anzeigt. Diesem entlang kommt man auf die Vilser Alpe und später zum Alpenstrudelwasserfall des Kühbaches und in einer weiteren halben Stunde zum Städtchens Vils, alles in allem gemütliche drei Stunden.

Der Hauptort des Tales ist *Tannheim* mit knapp tausend Einwohnern, an einem Platz, der schon bronzezeitlich besiedelt war und später von der Fernstraße Gewinn zog. Die Hauptsehenswürdigkeit für den Kunstfreund ist die kleine Kapelle zum Heiligen Sebastian in Berg von 1757. Sie birgt ein überaus zartes Rokoko-Ensemble wohl aus der Hand allgäuischer Meister. Die Tannheimer Pfarrkirche imponiert vornehmlich durch ihre Länge von fünfzig Metern. Vorbild war die Jakobskirche, der heutige Dom, zu Innsbruck und damit letztlich wieder die Bauschule Johann Jakob Herkomers aus Füssen. 1725 wurde die Kirche, 1729 der Turm vollendet. Paul Zeiller malte die Altarblätter der Seitenaltäre um 1730, das des Hochaltares Franz Anton Weiß 1776.

Südlich Tannheims liegt die berühmteste Berghütte der Gegend, die Landsberger Hütte (1810m). Mußte man sie früher in direktem Anstieg vom Vilsalpsee auf drahtversichertem steilen Pfad erobern, so kann man sich heute mit dem Sessellift mühelos bis zum Neunerkopf (1864 m) emporschwingen und von dort über die Sulz- und die Schochenspitze ans Ziel kommen. Der Weg bietet herrliche Aussichten in die Tannheimer und Lechtaler Bergwelt. Die Hütte selbst steht auf einem hohen Felsgrat über dem Traualpsee, der durch einen Staudamm um ein Drittel vergrößert worden ist.

Noch weiter nach Westen liegt im Haupttal das Dorf *Schattwald,* bereits im 17. Jahrhundert gern von Fremden aufgesucht, die seine heilkräftigen Schwefelquellen benützten. Die moderne Straßenverbindung übers Oberjoch (1152 m) nach Hindelang hinunter besteht seit 1900, eine selbständige Pfarre ist der Ort erst seit 1948. Südlich von Schattwald liegt ein weites Erholungsgebiet für Sommer- und Wintertouristen, wobei besonders der Ponten und die Rhonenspitze dem Schiwanderer herrliche Hänge bereithalten.

Ein besonderes Kuriosum ist die Gemeinde *Jungholz,* eine echte Exklave Nordtirols, die nur am Gipfel ihres Hausberges, des Sorgschrofens (1638 m), knapp einen Meter breit mit Tirol zusammenhängt. Alpinistische Witzbolde haben festgestellt, daß man hier mit einem Schritt von Bayern über Tirol wieder nach Bayern hinübersteigen kann. Jungholz war einst Almgebiet des Stiftes Stams, und das herrliche, durch die Zivilisation kaum beeinträchtigte Gebiet ist ein Geheimtip Erholungssuchender geworden. Es hat noch mancherlei einer Endlandschaft an sich. Hinter den Weilern Giesenschwand und Langenschwand hören die Fahrstraßen einfach auf, da ist nichts mehr als Natur. Und die Stubentalalpe, ganz im äußersten nordöstlichen Zipfel des Gebietes gelegen, ist noch so einsam wie früher einmal die Engalm im Karwendel. Wirtschaftlich und währungsmäßig ist Jungholz seit 1868 Deutschland angeschlossen, politisch und steuerrechtlich gehört es zu Österreich.

Das Tannheimer Gebiet, in dem keine Industrie die herrliche Luft verdirbt, hat einen kuriosen Fluß. Es ist die Vils, die über Tannheim, Zöblen und Schattwald in weitem Bogen nach Pfronten ins Allgäu hinausfließt, von dort aber flugs wieder nach Tirol zurückkehrt und an der Stadt Vils vorbei in entgegengesetzter Richtung in den Lech mündet.

Lechtalwanderung

Das Lechtal erstreckt sich in etwa fünfzig Kilometer Länge auf Tiroler Gebiet von der westlichen Landesgrenze allmählich nach Norden, wo der Lech nach Füssen hinausfließt. Während sich das Tal um Reutte zu einem lieblichen Kessel erweitert, treten im Oberlauf des wilden Flusses die Berge nah an ihn heran. Stellenweise füllt er mit seinem Bett und den ungeheueren Geröllmassen den ganzen Talboden aus. Dazwischen gibt es aber auch landschaftlich freundliche Partien, wo die hübschen Dörfer liegen. Gegen Nordwesten schneiden Schwarzwasser- und Hornbachtal tief in die Allgäuer Alpen ein, nach Südosten zweigen Seitentäler nach Namlos, Pfafflar, Gramais, Madau und Kaisers in die Lechtaler Alpen ab. Ein Vergleich der zuletzt genannten Namen mit jenen nördlich des Lechs läßt erkennen, daß es sich im Süden um vorrömische und vordeutsche Bezeichnungen handelt. Diese Hochtalorte sind alle über die Jöcher besiedelt worden, indem zuerst alljährlich das Almvieh zur Weide herübergetrieben wurde, woraus Almen, Schwaighöfe und später geschlossene Siedlungen entstanden. Sie hingen bis ins 19. und 20. Jahrhundert mit den politischen und kirchlichen Bezirken im Inntal zusammen und haben sich erst spät zum Lechtal hin orientiert.

Weder in den Allgäuer noch in den Lechtaler Bergen gibt es Gletscher, der Hauptstein ist der brüchige Dolomit, und die höchste Erhebung, die Parseierspitze (3036 m) in den Lechtalern, ist zugleich der einzige Dreitausender der nördlichen Kalkalpen.

Auch das Lechtal konnte seine Einwohner bald nicht mehr aus Eigenem ernähren, so daß viele gezwungen waren, als Saisonarbeiter in die Fremde zu ziehen, als Hausierer, Zimmerleute, Maurer, Stukkateure. Gar nicht wenige sind erst wieder am Ende ihres Lebens in die Heimat zurückgekehrt, wovon der aufmerksame Besucher manches erfährt, wenn er auf die Hofnamen achtet: ›Zum Engländer‹ etwa oder ›Zum Holländer‹. Andere Dörfer haben Heimindustrie aufzubauen versucht; in den Zündholzhäusern wurden Zündhölzer hergestellt, in Stanzach Edelweiden zum Korbflechten gezüchtet, bekannt sind auch die Lechtaler Teppiche.

Das, was der Einheimische unter Lechtal versteht, beginnt erst bei Weißenbach und zieht von hier flußaufwärts bis zur Tiroler Landesgrenze bei Lechleiten.

Weißenbach am Lech, um 1200 ›Wizibach zi Ruting‹ genannt, liegt nicht nur am Beginn des eigentlichen Lechtales, sondern auch am Eingang ins Tannheimer Tal. Die Via Decia, die seit 250 nach Chr. hier über den Gaichtpaß nach ihrem Fernziel Brigantium (Bregenz) zog, begünstigte das Entstehen des Ortes. Ein Grabfund bestätigte 1948 das Vermutete durch seine römischen Beigaben. Auch der Weiler Gaicht bezog seine Bedeutung aus der Paßstraße, die im 16. Jahrhundert weiter ausgebaut und 1632 angesichts der Schwedengefahr militärisch gesichert worden ist. Täglich zogen im Durchschnitt dreihundert Vorspannpferde über den Paß.

Die Weißenbacher Pfarrkirche Sankt Sebastian, dem Pestpatron gewidmet, der hier oftmals benötigt wurde, hat der einheimische Baumeister Jakob Lutz 1738 erbaut, doch blieb von der zeitgenössischen Einrichtung nichts übrig.

Der nächste Ort lechaufwärts, *Stanzach,* im 18. Jahrhundert als der armseligste Ort im Tale bezeichnet, hat sich durch den Fleiß und Ideenreichtum seiner Bewohner deutlich in seiner Lage verbessert. Hier entstand ein Zentrum der Lechtaler Teppichindustrie, eine Heimweberei, und noch bis ins 20. Jahrhundert versuchte man, Edelweiden für die Korb- und Möbelflechterei zu züchten, doch vertrugen die Bäume das Klima nicht, und so ging dieser Erwerbszweig wieder ein. Nach einem Brand wurde 1775 bis 1780 eine baulich ansprechende Barockkirche errichtet, deren Freskenschmuck allerdings erst hundert Jahre später, 1880, der einheimische Künstler Johann Kärle im damals bevorzugten Nazarenerstil ausgeführt hat. Hingegen stammen das Hochaltarblatt (1777) von Johann Jakob Zeiller und die Kanzel aus der gleichen Zeit von Josef Georg Wittwer aus Imst. Dieser schuf auch das Kruzifix mit der Mater dolorosa an der Langhauswand.

Die Stanzacher kauften der Gemeinde Berwang die 1280 Meter hoch gelegene Alpe Fallerschein ab, die an einem Seitenarm des Namloser Tales liegt. Früher zogen die Stanzacher im Sommer selbst auf die Alm und bewirtschafteten sie. Heute vermieten sie die Hütten als Feriendomizile, und im Winter kann man von hier aus die Namloser Wetterspitze (2551 m) – als schönster Schiberg der Lechtaler Alpen ein Geheimtip! – ›machen‹.

Die beiden Gebirgsdörfer *Namlos* (1263 m) und *Kelmen* (1330 m) liegen weit hinter den Bergen, und ihre Bewohner führen das beschwerliche Leben echter Bergbauern. Der Weg von Namlos nach dem drei Kilometer taleinwärts gelegenen Kelmen ist jeden Winter an zwölf Stellen lawinenbedroht, und die Flucht aus beiden Siedlungen in die Industrieorte im flachen Land ist groß. Bis ins 13. Jahrhundert gehörten die Almweiden nach Imst hinüber, wurden zu Schwaighöfen und schließlich ganzjährig bewohnt. Man kann in den Grundbüchern verfolgen, wie sich beide Orte aus je einem einzigen Urhof durch Erbteilungen entwickelt haben. Um 1600 gab es in Namlos, das damals Namles oder Amles (vom rätoromanischen ›Ambla‹, Weißtanne) hieß, dreizehn, in Kelmen zwölf Höfe mit zusammen hundertfünfzig Personen; 1850 waren es 280, aber 1950 nur mehr 125. 1930 geriet Namlos in die Schlagzeilen der Weltpresse, als es vom 7. bis 8. Oktober das Epizentrum des größten historisch erfaßten nordalpinen Erdbebens war. Bis Zwickau, Wien, Mariazell und ins Burgenland (450 km) waren sechzehn Erdstöße der Stärke acht der zehngradigen Skala spürbar, und wochenlang bebte die Erde noch nach. Zu Schaden kamen an den Holzhäusern nur die Steinteile: Von vierzig Kaminen fielen dreißig herab.

Von Kelmen aus kann man auf guter Straße weiter nach Berwang gelangen oder vorher beim Weiler Rinnen (1271 m) ins Rotlechtal in Richtung Weißenbach abzweigen. Damit hat man dann die ganze Liegfeistgruppe umwandert, die durch weite Almhänge und Hochmähder unter steilen Felswänden gekennzeichnet ist. Besonders lohnend ist ein Blick ins schnurgerade Klammtal des Liegfeistbaches.

Gegenüber Stanzach liegt auf der nördlichen Lechseite der 1164 Meter hohe Beichelstein, der von seiner Spitze einen herrlichen Ausblick gewährt: lechabwärts bis zur Johannesbrücke zwischen Weißenbach und Forchach, flußaufwärts über Elmen bis zum Bschlabser Tal und gegenüber über Stanzach ins Namloser Tal hinein.

Hier mündet auch von Westen kommend das einsame Schwarzwassertal, wild- und wegereich, wovon besonders die

Übergänge nach Norden zur Landsberger Hütte (1810 m) oder nach Westen zum Prinz-Luitpold-Haus (1846 m) beliebt sind.

Kehren wir ins Haupttal zurück, so kommen wir nur wenige Kilometer südlich von Stanzach nach *Vorderhornbach*. Das schmucke Dorf liegt auf dem Schwemmkegel, den der Hornbach aus dem gleichnamigen Seitental herausgewälzt hat. Die 1947 nach Brand neuerbaute Kirche hat Wolfram Köberl 1965 ausgemalt. Auch in der Kirche zu *Hinterhornbach* am Ende des gleichnamigen Tales hat er 1962 den Freskenschmuck besorgt. Das Hauptstück stellt hier aber ein Bild der ›Muttergottes vom Guten Rat zu Rom‹ (1764) von Johann Jakob Zeiller dar. *Hinterhornbach* mit seinen siebzig Einwohnern ist die kleinste Gemeinde Österreichs. Es bildet den Ausgangspunkt für viele alpine Unternehmungen, besonders auf den Hochvogel (2593 m), die höchste Spitze der Allgäuer Alpen.

Im Haupttal folgt bald *Elmen,* das an der Biegung des Lechs liegt, der hier von Westen nach Norden umlenkt, umstanden von hohen Bergen, wovon die Elmer Kreuzspitze (2482 m) der bekannteste ist. Dank ihrer günstigen Lage soll man an hellen Föhntagen von ihrer Spitze bis nach Innsbruck hinaussehen können. Auch in Elmen erfolgte ein Kirchenneubau 1687 nach Brand, aber ein gütiges Geschick hat die alte Barockeinrichtung zum Teil erhalten. Zu nennen sind die Hochaltarstatuen der Heiligen Drei Könige, denen die Kirche geweiht ist, vom Imster Wittwer um 1765. 1632 warfen die Elmer zusammen mit den Bewohnern von Martinau schwedische Reiter zurück, welche die Ehrenberger Klause gesperrt gefunden und daraufhin versucht hatten, über das Bschlabser Tal nach Imst zu gelangen.

Durch dieses südliche Seitental mit den Dörfern Bschlabs (1314 m) und Boden (1357 m) verläuft der zweite Hauptverbindungsweg des Außerfern mit Nordtirol, das ja sonst nur über den Fernpaß zu erreichen ist. Über diesen Höhenweg sind die Bschlabser Siedlungen auch gegründet worden. Wer den Weg heute in umgekehrter Richtung nach Pfafflar und über das Hahntennjoch nach Tarrenz und Imst unternimmt, kann es auf gut ausgebauter Straße auch mit dem Wagen tun. Man versteht dabei sehr schnell, daß die Lust, durch die enge Schlucht, aus der sich der Streimbach ins Lechtal stürzt, in eine unwirtliche Gegend vorzudringen, ehedem nur gering sein konnte. Heute, da die Wiesenhänge weit in die Berge hinaufreichen, ist der Eindruck der wilden Natur etwas gemildert. Man kommt hinter dem Weiler Windegg nach *Tschach* (1314 m), wo das Kirchlein ›Maria Schnee‹ steht. Schnee – auch beweglichen in Form von Lawinen, die jeden Winter alle Straßenverbindungen mit der Umwelt unterbrechen – gibts hier wie in alten Zeiten bis weit in den Frühsommer hinein mehr als genug. Im Talgrund liegt *Boden*, wo jetzt nur mehr etwa vierzig Menschen ganzjahrs wohnen. Nach Westen steigt ein Pfad übers Sattele (2092 m), das Hochzeitsjöchl, ins Nachbartal nach Gramais hinüber. Dorthin zog es die Burschen zu ihren Bräuten.

Auch in *Pfafflar* unweit von Boden stehen ein paar alte Hütten, zum Teil noch aus behauenen Stämmen zusammengefügt, die früher ganzjährig bewohnt waren. Heute werden sie nur im Hochsommer während der Arbeit auf den Hochmähdern benützt. Im übrigen ist die Besiedlung wieder auf den Stand des frühen Mittelalters zurückgesunken, das hart und unmittelbar ein ganz anderes Gesicht zeigt, als man es aus den Kathedralen und Kunstmuseen zu kennen gewohnt ist. Monatelang saßen die Pfafflarer eingeschneit, von Lawinen umdonnert und von heulenden Winddämonen geschreckt.

Das Tal steigt noch gute fünfhundert Meter an, bis es die Paßhöhe Hahntennjoch (1895 m) erreicht. Vor und hinter der Höhe schützen zahlreiche Wetterkreuze vor den vielen Jochgeistern, die hier hausten. Ab der Maldonalm, südlich des Joches, nimmt die neue Straße eine andere Trasse als der alte Saumpfad, den man aber gehen sollte. Denn er führt über dem wilden Salvesenbach nach Tarrenz hinunter, vorbei an der Ruine Altstarkenberg mit dem mächtigen Bergfried Gebratstein, der heute ganz deplaziert anmutet, seinerzeit aber an diesem wichtigen Übergang seine Berechtigung hatte. Die Starkenberger besaßen viele Almgründe und Höfe jenseits des Jochs.

Nicht weniger einsam gehts vom Lechtal ins nächste südliche Seitental, das bei Häselgehr nach Gramais führt. Das Sträßchen, noch vor kurzem ungeteert, war stellenweise so steil, daß das hagere Bäuerlein, das mich mitnahm, seinen Traktor mit Sandsäcken beschwert hatte, um nicht ›aufgestellt‹ zu werden. Beim ›Gachen Blick‹ kann man einen schwindelerregenden Blick in die Schlucht des wilden Ottenbachs tun. *Gramais* (1321 m)

XV

LEOPOLD ROTTMANN

(1812–1881)

Die Gehrenspitze bei Reutte

Aquarell, 1872

München, Staatliche Graphische Sammlung

Leopold Rottmann stand – und steht heute noch – im Schatten seines älteren Bruders Karl, der vor allem als Schöpfer des Italien- und Griechenlandzyklus für König Ludwig I. von Bayern bekannt geworden ist. Anfänglich in Öl arbeitend und seinem Bruder nacheifernd, wandte sich Leopold um 1840 von dessen heroisierender Auffassung – die die süddeutsche Alpenwelt zu griechischen Landschaftsvisionen hochstilisierte – ab und ging auch in der Technik bewußt zum Aquarell über. Im Gegensatz zu den meisten seiner Malerkollegen war er selbst Alpinist und arbeitete auf seinen vielen Wanderungen in Bayern und Tirol auch in den Hochgebirgsregionen vor Ort, um die Berge nicht wegen ihrer Staffagewirkung oder ihres Stimmungsgehaltes, sondern um ihrer selbst – ihrer morphologischen Erscheinung, geologischen Struktur und natürlichen Eigenart – willen zu studieren und wiederzugeben. Zusammen mit dem etwa gleichzeitig tätigen Thomas Ender, einem der Kammermaler des Erzherzogs Johann, bildete Leopold Rottmann die erste Generation der eigentlichen Alpen-›Porträtisten‹.

selbst liegt dann in einer fast lieblich zu nennenden Talweitung, umgeben von Wiesen und Wäldern, umschlossen von hohen Bergen. Auch hier kamen die ersten Siedler vom Inntal herüber. Aus mehreren Urhöfen, die den Starkenbergern gehörten, entstand im Laufe der Zeit durch Teilungen das Dorf mit seinen jetzt 150 Einwohnern. Ein Kaspar Gramaiser vulgo Lechtaler stieg 1503 zum ›Obristen Jagermeister der niderösterreichischen Lande‹ unter Kaiser Maximilian auf, der ihn 1507 sogar adelte. Lechtaler kam 1514 bei einer Gamspirsch in den Hohen Tauern ums Leben. Die Gramaiser Pfarrkirche zum Heiligen Johannes dem Täufer wurde 1833 neu errichtet. Nur einzelne Stücke wie ein Kruzifix (1670) und eine Pietà (1760) stammen aus dem Vorgängerbau. Wer von Gramais aus wandern will, dem sei der dreistündige ungefährliche Weg zum Roßkarsee (2118 m) empfohlen. Das einsame Wasser liegt in einer Mulde zu Füßen gewaltiger Berge, von denen der Großstein (2632 m) der höchste ist.

Wir kommen zum Hauptort des oberen Lechtales, nach *Elbigenalp*. Es kam mit dem Heiratsgut der Kaiserwitwe Elisabeth 1260 an deren zweiten Gemahl, Graf Meinhard II. von Tirol. Damals existierte nur eine kleine Siedlung, wie so viele hier aus einer Alm, jener des Albigo (Albert), entstanden; heute zählt es 1300 Einwohner. 1312 ist es schon seit längerer Zeit die Urpfarre des oberen Lechtales. 1401 erzwingt der Bevölkerungszuwachs eine Pfarrteilung.

Obgleich sich Elbigenalp an einer breiten Stelle des Tales entwickelt hat, steht die Kirche fast abseits. Vom alten gotischen Bau hat sich eine Sakristei im Turm erhalten. Auch ein Wandbild von 1460 gibt es, und der Taufstein trägt naive Steinmetzarbeiten mit Darstellungen von Sonne, Mond, Hirsch, Lamm, Widder, Adler und ein Schriftband, das sagt: »Der Priester gibt am Altar statt des Lamm Gottes Leben und auch den Tod, 1411.« Zwischen 1664 und 1674 entstand ein Neubau durch Georg Falger, wie die – erneuerte – Bauinschrift an der nördlichen Langhauswand verkündet. Diese neue Kirche hat Johann Jakob Zeiller 1776 mit einem großen Deckenbild geziert, das eher von seinem Inhalt her interessiert, als daß es viel von barocker Bildraumgestaltung in sich trüge. Zu sehen ist Christus auf einem römischen Triumphwagen, den die Evangelistensymbole unter Leitung Johannes' des Täufers nach Art einer Quadriga ziehen. Paul Zeiller, der Vater Johann Jakobs, hat die Kreuzwegstationen geschaffen, die teilweise übermalt wurden. Eine positive Umgestaltung erfuhr 1969 der Hochaltar um eine barocke Josefsfigur (1770), die nun erst richtig zur Geltung kommt.

1489 ist die Friedhofskapelle Sankt Martin zwischen ihren Wandbildern mit Szenen aus dem Leben der Heiligen Magdalena datiert. Der doppelstöckige Bau dient heute im Untergeschoß als Beinhaus, im Oberraum als Totenkapelle. Hier ist die Holztonne 1607 datiert, zweifellos aber nach dem alten Vorbild erneuert, wie auch die Wandbilder beweisen, deren Kompositionen deutlich auf den sanften Spitzbogen der Tonne Rücksicht nehmen. Die Kreuzigungsgruppe davor wird um 1680 entstanden sein. Bemerkenswert ist der Totentanzzyklus auf Holztafeln an den Seitenwänden. Die Erhaltung dieser Doppelkapelle ist das Verdienst Anton Falgers (1791 bis etwa 1850), eines bedeutenden Sohnes von Elbingenalp. Er versuchte sich bereits in seiner Kindheit mit der damals noch jungen Technik des Steindrucks, ging dann nach München, wo er seit etwa 1818 in der Druckerei der Königlich bayerischen Steuer-Kataster-Kommission tätig war und sich als Zeichner, Illustrator, Radierer, Graveur und Lithograph einen Namen machte. Mit seinen etwa ab 1814 nachweisbaren zahlreichen Werken reicht er noch weit in die Inkunabelzeit des Steindrucks hinein, und der große Katalog von R. Arnim Winkler, das Standardwerk über ›Die Frühzeit der deutschen Lithographie‹, zählt bis 1821 allein 86 Nummern mit überwiegend vielteiligen Serien, die entweder aus seinem eigenen Verlag oder bei anderen namhaften Münchner Verlegern herauskamen. Später ging Falger, dessen Porträt das Tiroler Landesmuseum Ferdinandeum in Innsbruck verwahrt, wieder in seine Heimat zurück und gründete eine Malschule. Er hat viel über das Lechtal geschrieben und gesammelt, und ein kleines Museum erinnert an diesen weitblickenden Mann, dem selbst Goethe seine Achtung nicht versagt hat. Falger unterrichtete auch Anna Steiner-Kittel, die Tochter des Büchsenmachers von Elbingenalp, und bildete sie zu einer Blumenmalerin von Rang aus. Nur wenige wissen, daß Anna mit siebzehn Jahren, nach dörflicher Sitte im Wettstreit der Geschlechter herausgefordert, hoch oben bei Madau in den für unzugänglich gehaltenen Felsen zwei Adlerhorste ausgenommen hat und damit zum Urbild der Geierwalli geworden ist. Ludwig Steub berichtet davon.

Größere Berühmtheit erlangte der künstlerisch begabteste Sohn des Tales, Joseph Anton Koch (1768-1839), dessen Wiege bei zehn Geschwistern in Obergiblen stand, einem Nachbarweiler Elbigenalps. Schon als Hüterbub zeichnete Koch mit Kohle von seinen Hirtenfeuerchen auf die glatten Felswände seiner Umgebung, und der fromme Einsiedler Lukas Liskodin, dessen Ölbergkapelle heute noch über dem Dorfe steht, empfahl den Buben dem Augsburger Weihbischof Johann von Ungelter. Nach einigen Umwegen landete Koch schließlich auf der Hohen Karlsschule zu Stuttgart, drei Jahre nach Schillers Flucht. 1791 entsprang auch Koch und floh nach Straßburg. Auf der Rheinbrücke schnitt er sich als symbolische Tat der errungenen Freiheit den Schülerzopf ab und sandte ihn der Direktion zurück. Durch die Schweiz kam er nach mancherlei Ungemach im Winter 1794 zu Fuß über den Gotthard in sein Schicksalsland Italien, in dem er mit einer kurzen Unterbrechung bis zu seinem Tode blieb. 1806 heiratete er Cassandra Ranaldi aus Olévano. In Rom gehörte Koch bald zum Künstlerkreis der Deutsch-Römer, die im Geiste Winckelmanns die Kunst zu erneuern trachteten, indem sie das hohe Mittelalter in romantischer Rückschau wiederzuerwecken und mit der Antike zu verbinden suchten. Carstens, Fohr, Overbeck, Richter, Thorwaldsen, Rohden und andere gehörten dieser Gruppe an, die besonders vom kunstbegeisterten bayrischen Kronprinzen Ludwig gefördert wurde. Immer wieder hat Koch alpine Motive, Erinnerungsbilder aus seiner Kinderzeit in Tirol, in seine Bilder eingebracht, und seine ›Große Gebirgslandschaft‹ hat er stolz mit ›I. Koch Tyrolese in Roma‹ signiert. In der Tiroler Heimat ist er mit seinem Bild ›Tiroler Landsturm vom Jahre 1809‹, das er 1819 malte und das heute im Tiroler Landesmuseum hängt, am bekanntesten geworden. Auch diese Schöpfung ist ein Phantasiegebilde, Koch hat die Freiheitskriege nur aus der Ferne in Rom erlebt und keinen Freiheitskämpfer selbst gekannt. 1839 starb der Künstler nach einem Schlaganfall. Er liegt auf dem deutschen Friedhof beim Petersdom begraben.

Seine Kunst steht im Tirol des frühen 19. Jahrhunderts einzig da. Sie unternimmt den ersten Schritt fort von der idealen Landschaft, indem sie eine zeitlose realistische Detailbetrachtung vieler Einzelheiten zusammenbaut, wobei auf besondere Stimmungshinweise oder Lichtführung in den Spätwerken verzichtet wird.

In Elbigenalp steht eine ganze Reihe stattlicher Häuser mit bemalten Fassaden aus dem 18. und 19. Jahrhundert, wovon Nr. 46 Johann Jakob Zeiller 1776 geschaffen, andere dagegen der einheimische Maler Josef Köpfle, ein Schüler Franz Anton Zeillers, um 1830 gestaltet hat (Nr. 30 und 45).

Lechaufwärts kam der Gegend von *Bach* im Mittelalter und noch später lange Zeit erhebliche Bedeutung zu, denn hier zwischen den Höfen Begglerwald und Seesumpf stand nördlich des Flusses auf einer Anhöhe der Dingstuhl. Erst 1854 wurde der Gemeindesitz vom Nachbarort Stockach nach Bichl am Zusammenfluß des Alperschonbaches mit dem Lech verlegt und die ganze Gemeinde nun Bach benannt. Im nahen Madautal, das der Alperschonbach gegraben hat, schürfte man im 15. und 16. Jahrhundert auf Zink, Blei und Galmei, zu deren Verhüttung 1472 sogar ein Eisenwerk gebaut wurde. Flurnamen wie Karlesloch, Knappenböden und Knappenbodenalpe erinnern noch an den Bergbau.

Auch das Madautal ist wieder in den Almzustand zurückgekehrt, nachdem es bis zum Ende des 18. Jahrhunderts besiedelt war. 1782 wurde die letzte Geburt aus Madau vermeldet. Der Name wird von einer Pflanze, dem Mutterwurz – lateinisch: Ligusticum mutellina – hergeleitet, der im ganzen Außerfern Madaun heißt und auch zu mehreren Gipfelnamen wie Muttekopf, Hohe Mutte oder Muttler Pate gestanden haben soll. Einer der alten Höfe zu Madau stand zu Füßen der gewaltigen Saxerspitze (2693 m), in deren Wänden die Geierwalli ihre Großtat vollbracht hat.

Daneben gehts ins einsame Parseiertal, dessen Abschluß als Felsenarena bald vor des Wanderers Augen steht, und zur Memminger Hütte (2242 m) bei den drei stillen Seewiseen. Von hier kann man zur Parseierspitze (3036 m) gelangen, dem höchsten Gipfel der nördlichen Kalkalpen.

Holzgau, die Königin des Lechtales, zeigt eine Fülle von stattlichen Häusern, die zum Teil gleich an mehreren Seiten freskiert worden sind. So etwa das jetzige Gemeindehaus (Nr. 49), das Josef Degenhart 1790 geschmückt, oder die Häuser Nr. 32, 50 und das Pfarrhaus (Nr. 53), die Josef Anton Köpfle aus Höfen bei Reutte 1820 bemalt hat. Man kann von diesen Malereien einiges auf die Gemüter ihrer Eigentümer schließen, die alle im Schutze der christlichen Religion wohnen wollten, aber in Palästen, die unter den biederen Schindeldächern wie Versatzstücke aus Passionsspielen wirken.

Die Sebastianskapelle von 1487 oder 1490 – die Datierung schwankt – am Friedhof sollte man besuchen. Sie stellt in vielem ein Gegenstück zur Totenkapelle in Elbigenalp dar und besticht schon im Äußern durch eine schlanke Gotik mit schmalen Lisenen unter gefältelten Steindächlein, wie wir das bei Meister Johann von Imst finden. Das Türmchen stammt erst aus dem 19. Jahrhundert, als man auch die Hauptkirche 1868 neu errichtet hat, in der aus alter Zeit nur ein gotischer Taufstein übriggeblieben ist. Die Sebastianskapelle ist zweigeschossig, im unteren Teil, heute Lourdeskapelle, steht noch die Totenleuchte von 1500 und weist den Raum als Totenlege aus. Der obere Raum ist kreuzrippengewölbt mit wappenverzierten Konsolen und Wandbildern, die das Leben Sebastians schildern (1490). Als Baumeister könnte Christian Räffl gelten, der später in der Bauhütte Grins-Landeck arbeitet.

Die Holzgauer gehörten einst zu jenen Lechtalern, die während ihres Lebens weit in der Welt herumwanderten, Handel trieben, Niederlassungen gründeten, aber spätestens zum Sterben wieder in die Heimat kamen. Mit den erworbenen Reichtümern bauten sie ihre Häuser aus. Im 19. Jahrhundert geschah das Umgekehrte. Ein Engländer namens Frederick Simms ließ sich in Holzgau nieder und fand in seiner alpinen Begeisterung, daß zur Vollendung der romantischen Alpenlandschaft allhier nur noch ein Wasserfall fehle, weshalb er im nahen Höhenbachtal einen künstlichen errichten ließ.

Schließlich kommt man nach *Steeg*, dem letzten geschlossenen Dorf im Tiroler Lechtal, schon 1311 erwähnt, an der Lechbrücke gelegen, die damals Kaiserstög hieß und ins Kaisertal nach Süden führt. Das Stift Weingarten hatte hier Almbesitz. Die Kirche ist dem Schottenkönig Oswald geweiht und wurde

1969 verlängert. Die Hochaltarfiguren vom Imster Wittwer wurden ursprünglich für Wenns im Pitztal geschaffen, und die Deckenbilder malte der Schwabe Johannes Vogeler 1787. Die Kirche steht auf einem vor Muren und Lawinen sicheren Hügel südlich des Flusses, der sie von der Ortschaft trennt. So können die Einwohner bei jedem Kirchgang des Umstandes gedenken, der ihrem Ort den Namen gab.

Die Straße nach *Kaisers* zweigt jetzt bereits im Ort ab. Auch im Kaisertal wurde im 15. Jahrhundert geschürft, und am Zusammenfluß des Almajurbaches mit dem Kaiserbach stand im 16. Jahrhundert sogar ein Schmelzwerk. Erst zweihundert Jahre später wurde das Erz nach Reutte und Füssen geschafft, vorher ging es ins Stanzer Tal, von wo aus Kaisers (1518 m) über das Joch besiedelt worden war. Der Ortsname hat mit stolzem Kaisertum freilich nichts zu tun, sondern leitet sich viel prosaischer vom Käse her, der auf den Almen erzeugt wurde. Von der Härte des Lebens in Kaisers macht man sich einen Begriff, wenn man im Außerferner-Buch von 1955 folgendes liest:

Die Kaiserer sind ein echtes Bauernvölklein. Es gibt in Kaisers weder eine Gemischtwarenhandlung noch einen Handwerker. Der Wirt ist zugleich Bauer, auch der Pfarrer hat eine kleine Landwirtschaft, nur der Lehrer ist ohne Grundbesitz.

In Hausnähe sind winzige Gärten und Kartoffeläcker, Getreide gedeiht nicht. Aller brauchbarer Grund wird zur Heugewinnung bzw. Viehweide genutzt. Die kleinen Mähder bei den Häusern können knapp ein zweitesmal je Sommer gemäht werden, den weitaus größten Teil nehmen die Hochmähder ein mit einmaligem Schnitt.

Der jahreszeitliche Arbeitsvorgang ist etwa folgend: Von Peter und Paul bis zum Annatag wird das Frühheu eingebracht. Dann geht alles, was laufen kann, in die Hochmähder, wo in achtwöchiger schwerster Arbeit, verbunden mit Lebensgefahr, von jeder Familie einige Dutzend Burten Heu zusammengerafft werden. Nur von Samstags abends, wann von überall aus der Höhe die Leute mit braunen Gesichtern den Behausungen zustreben, bis Montag in aller Früh, ist das Dorf während dieser Sommerwochen bevölkert. Nach der Grumeternte und dem Einbringen der Kartoffeln, deren Menge für größere Familien nicht ausreicht, werden Wege ausgebessert, wird das im Frühjahr geschnittene Holz aufgescheitert. Je nach Witterung beginnt im Jänner der Heuzug, der durch mehrere Wochen wieder alle Kräfte anspannt. Ebenso wird bei gutem Schnee das Holz heimgeschafft, das zum größeren Teil westlich des tiefen Taleinschnittes zu holen ist und daher einmal hinunter und wieder über den steilen Hang heraufgebracht werden muß. Im März tritt eine Pause ein. Dann wird Dünger auf die Felder gebracht, Holz gefällt, Zäune werden ausgebessert. Im übrigen ist das Frühjahr eine Zeit der Ruhe vor den Mühen des neuen Sommers.

Da die Viehzucht allein eine vierköpfige Familie nicht ernähren kann, suchen viele erwachsene Söhne und Töchter ihren Lebensunterhalt als Hirten auf benachbarten Almen, als Knechte und Mägde im Lechtal und Stanzer Tal. Früher wanderten manche als Maurer, Gipser, Zimmerleute oder Knechte nach Württemberg, heute geht die Wanderung auch in die heimischen Fabrikbetriebe. Mädchen dienen als Kellnerinnen in den Sommer- und Wintersportorten der Umgebung.

Unsere Lechtalwanderung ist zu Ende. Was man in den Hochgebirgstälern hier noch erleben kann, ist das echte alte Bauerntum, die vielgepriesene Beschaulichkeit und Ruhe. Überall in den Seitentälern kann man stundenlang wandern, niemand stört beim Träumen auf hohen Bergwiesen oder auf Gipfeln, wenn man nicht gerade die berühmtesten aufsucht.

Ausklang

Ehe man ein Land verläßt, lohnt der Versuch, etwas von dessen Eigenart zu formulieren, um zu entscheiden, ob man es erkannt oder nur kennengelernt hat.

Eine besondere Eigentümlichkeit Tirols bestand schon immer in seinen großen Gegensätzen: Hohe, steile Berge über wasserreichen, schmalen Tälern; fortschrittliche, handelstüchtige Städte unter einsamen, nach Urvätersitte bewirtschafteten Almen.

Die Menschen waren und sind geprägt durch tiefe Religiosität und gleichzeitig von unbändigem Freiheitsdrang erfüllt. Daher steht unsere Zeit, die weltweit alles zu vereinheitlichen sucht, von vornherein in schroffem Kontrast zur natürlichen Wesenheit Tirols und seiner Menschen, selbst wenn sie sich aus Lebensnotwendigkeit in manchem den modernen Forderungen beugen müssen. Wohl ist ihnen nicht dabei.

Aus dieser zwiespältigen Situation befreit sich der Tiroler, indem er auf seine Berge steigt. Er beweist sich damit symbolhaft, daß er imstande ist, ein Ziel zu erreichen, und er empfindet im Blick vom Gipfel, mehr als er es durch Worte auszudrücken vermag, welcher Maßstab noch immer gilt, selbst wenn er ihn ob der Sorgen des Alltages einmal vergessen haben sollte. In dieser Möglichkeit, Abstand zu gewinnen zu den kleinlichen Ärgernissen des Existenzkampfes, wurzelt des Tirolers Gelassenheit gegenüber Schicksalsschlägen jeder Art. Die Natur seiner Heimat bildet die unversiegbare Quelle seiner Lebenskraft, die ihn am Ende trotz vieler Einflüsse immer wieder zu sich selbst finden läßt. Auf den vielen Wegen, die dieses Buch beschrieben hat, konnte dies wohl auch der Fremde erfahren, wenn er bereit war, auf die Stimmen des Landes im Gebirge zu hören.

Anhang

Die Tiroler Landesfürsten

Zum besseren Verständnis der genealogischen Zusammenhänge sind die folgenden Tafeln nicht in Form von Listen angelegt, sondern als Auszüge aus der Stammtafel. Dabei sind die Landesfürsten von Tirol in KAPITÄLCHEN und ihre Regierungszeiten **fett** hervorgehoben, die in Tirol nicht regierenden und nur im Zusammenhang erwähnten Fürsten in gewöhnlicher Type wiedergegeben und alle für den Überblick unwichtigen Seitenlinien unberücksichtigt geblieben.

I.
Grafen von Andechs als Grafen im Mittleren Inntale

BERTHOLD II. † 1151

|

BERTHOLD III. † 1188
1173 Markgraf von Istrien;
1180 Herzog von Meranien (Kroatien und Istrien);
Fundator Innsbrucks

|

BERTHOLD IV. † 1204

|

OTTO I. (als Andechser Otto VII.) † 1234

|

OTTO II. (als Andechser Otto VIII.) † 1248
⚭ Elisabeth, Tochter Graf Alberts III. von Tirol

II. Grafen von Görz-Tirol

ALBERT III. † 1253
(ohne männliche Erben;
Tochter Elisabeth ⚭ Otto II. von Andechs-Meranien,
Tochter Adelheid ⚭ Meinhard IV. von Görz)
Regiert in Nachfolge
seines 1248 gest. Schwiegersohnes Otto II. (siehe Tafel I)

MEINHARD I. (als Görzer Meinhard IV.) † 1258
⚭ Adelheid Tochter Alberts III. von Tirol (s. o.)

- MEINHARD II. **1258-95**
  seit 1286 Herzog von Kärnten
  ⚭ 1258 Elisabeth († 1273),
  Witwe Kaiser Konrads IV.
  und Mutter Konradins † 1268
  - LUDWIG **1295-05**
    Graf von Tirol
  - OTTO **1305-10**
    Herzog von Kärnten
  - HEINRICH **1310-35**
    König von Böhmen 1307-10
    Graf von Tirol 1310-35
    - MARGARETHE MAULTASCH
      1335-63; † 1369
      ⚭ 1330 Johann Heinrich von Luxemburg
      Markgraf von Mähren † 1375
      ⚭ 1342 Ludwig Markgraf von Brandenburg (Bayern)
      † 1361
      übergibt Tirol 1363 an das Haus Habsburg
- Albert II. von Görz † 1254

Auf dem Schutzumschlag

UNBEKANNTER MINIATOR: Ausschnitt aus dem *Titelblatt* zur Handschrift des vierbändigen Geschichtswerkes von Mathias Burglehner ›Tyrolischen Adlers Erste Beschreibung Vnnd Verbindtnus mit dem Rotten Habspurgischen Löben‹, Gouache, 1619-39; Wien, Haus-, Hof- und Staatsarchiv. Der Tiroler Adler hält in seinen Fängen die Wappentiere seiner Gegner, links den Steinbock Graubündens und rechts den venezianischen Markuslöwen.

AUTOR und Verlag danken den Besitzern der abgebildeten Werke für die Abbildungsvorlagen und für freundliche Reproduktionsgenehmigung.
Die Farbaufnahmen stammen von Blauel-Bavaria, Gauting (I, XV), Foto Fürböck, Graz (XI), Foto Linster, Telfs (II, IV, XIII), David Manso, Madrid (XII), Wolf-Christian von der Mülbe, Dachau (IX) und Studio Otto, Wien (V, VI).

Register